NOVA HISTÓRIA DAS MULHERES NO BRASIL

Conselho Acadêmico
Ataliba Teixeira de Castilho
Carlos Eduardo Lins da Silva
Carlos Fico
Jaime Cordeiro
José Luiz Fiorin
Tania Regina de Luca

Proibida a reprodução total ou parcial em qualquer mídia
sem a autorização escrita da editora.
Os infratores estão sujeitos às penas da lei.

A Editora não é responsável pelo conteúdo deste livro.
As Autoras conhecem os fatos narrados, pelos quais são responsáveis,
assim como se responsabilizam pelos juízos emitidos.

Consulte nosso catálogo completo e últimos lançamentos em **www.editoracontexto.com.br**.

NOVA HISTÓRIA DAS MULHERES NO BRASIL

Carla Bassanezi Pinsky
Joana Maria Pedro
Organização

Copyright © 2012 das Organizadoras

Todos os direitos desta edição reservados à
Editora Contexto (Editora Pinsky Ltda.)

Capa
Alba Mancini

Diagramação
Gustavo S. Vilas Boas

Preparação de textos
Lilian Aquino

Revisão
Ana Paula Luccisano

Dados Internacionais de Catalogação na Publicação (cip)
(Câmara Brasileira do Livro, sp, Brasil)

Nova História das mulheres no Brasil / organizadoras Carla
Bassanezi Pinsky e Joana Maria Pedro. – 1. ed., 5ª reimpressão. –
São Paulo : Contexto, 2023.

Várias autoras.
ISBN 978-85-7244-730-0

1. Mulheres – Condições sociais 2. Mulheres – História
I. Pinsky, Carla Bassanezi. II. Pedro, Joana Maria.

12-06707   CDD-305.409

Índice para catálogo sistemático:
1. Mulheres : História 305.409

2023

Editora Contexto
Diretor editorial: *Jaime Pinsky*

Rua Dr. José Elias, 520 – Alto da Lapa
05083-030 – São Paulo – sp
pabx: (11) 3832 5838
contato@editoracontexto.com.br
www.editoracontexto.com.br

SUMÁRIO

Apresentação 9

FAMÍLIA
O caleidoscópio dos arranjos familiares 15
Ana Silvia Scott

MULHERES DA ELITE
Honra e distinção das famílias 43
June E. Hahner

MENINAS
Trabalho, escola e lazer 65
Silvia Fávero Arend

MULHERES VELHAS
Elas começam a aparecer... 84
Alda Britto da Motta

CORPO E BELEZA
"Sempre bela" 105
Denise Bernuzzi de Sant'Anna

TRABALHO
Espaço feminino no mercado produtivo 126
Maria Izilda Matos e Andrea Borelli

LAZER
"Programa de Mulher" 148
Raquel de Barros Miguel e Carmen Rial

MIGRAÇÕES INTERNACIONAIS
Mulheres que vêm, mulheres que vão 169
Maria Sílvia Bassanezi

CULTURA E POLÍTICA
Participação feminina no debate público brasileiro 194
Maria Ligia Prado e Stella Scatena Franco

MOVIMENTO DE MULHERES
A conquista do espaço público 218
Rachel Soihet

O FEMINISMO DE "SEGUNDA ONDA"
Corpo, prazer e trabalho 238
Joana Maria Pedro

DIREITO
A trilha legislativa da mulher 260
Iáris Ramalho Cortês

VIOLÊNCIA CONTRA A MULHER
Da legitimação à condenação social 286
Lana Lage e Maria Beatriz Nader

ABORTO E CONTRACEPÇÃO
Três gerações de mulheres 313
Debora Diniz

EDUCAÇÃO
Mulheres educadas e a educação de mulheres 333
Fúlvia Rosemberg

ESCRAVAS
Resistir e sobreviver 360
Maria Odila Dias

MULHERES NEGRAS
Protagonismo ignorado 382
Bebel Nepomuceno

INDÍGENAS
Depoimento de uma militante 410
Azelene Kaingáng

EM ARMAS
Amazonas, soldadas, sertanejas, guerrilheiras 423
Cristina Scheibe Wolff

IMPRENSA FEMININA
Mulher em revista 447
Tania Regina de Luca

IMAGENS E REPRESENTAÇÕES 1
A era dos modelos rígidos 469
Carla Bassanezi Pinsky

IMAGENS E REPRESENTAÇÕES 2
A era dos modelos flexíveis 513
Carla Bassanezi Pinsky

Iconografia 545

As autoras 549

APRESENTAÇÃO

Carla Bassanezi Pinsky
Joana Maria Pedro

Uma História das Mulheres nos séculos XX e XXI? Sim. Já era hora.
O XX é chamado de "o século das mulheres" em razão das transformações aceleradas que propiciou à experiência feminina. Foi uma época de ampliação de direitos e oportunidades e de mudanças, tanto na qualidade de vida das mulheres, quanto no imaginário coletivo. Nosso século, embora ainda no início, já anuncia importantes novidades. No Brasil, o protagonismo feminino parece já não assustar tanto. Porém, se algumas conquistas conseguiram se firmar, outras estão ameaçadas de retrocesso e precisam de atenção. "O que aconteceu com as mulheres, como chegamos até aqui e quais serão os próximos capítulos dessa saga?" é o que as autoras – pesquisadoras das áreas de História, Ciências Sociais, Educação e Direito – procuram responder neste livro.
Então, um livro de especialistas, feito para a universidade? Nada disso. Ou melhor, sim, mas não apenas: temos aqui um livro para todos os públi-

cos. Destina-se a homens e mulheres que acreditam que compreender as relações sociais por meio da História contribui para melhorar o entendimento entre as pessoas.

É claro que estudantes, professores e pesquisadores se beneficiam de uma obra abrangente e atualizada sobre o assunto. Mas também é certo que os responsáveis por políticas públicas encontram aqui material para ajudar a executá-las. Ativistas, militantes de movimentos sociais, feministas e ONGs podem com este livro alicerçar melhor suas demandas. Jornalistas e profissionais das áreas do Direito, Saúde e Educação ganham subsídios para desenvolver com mais qualidade o seu trabalho.

Desafiadas pelas organizadoras a escrever com leveza sobre temas complexos, as autoras dos capítulos desta obra se saíram muito bem. Enfrentaram, com sucesso, a difícil tarefa de imprimir pinceladas amplas a cada cenário descrito, a ponto de compor, em conjunto, um panorama inédito e instigante sobre a história das mulheres. Contaram, é verdade, com os avanços dos estudos ocorridos nas últimas décadas. De fato, a situação atual das pesquisas difere muito do encontrado pelos pioneiros que se aventuraram a abordar a questão até meados da década de 1980, início da de 1990. Havia poucos trabalhos com que dialogar e muitas lacunas a preencher. De lá para cá, tornou-se consenso que as mulheres no Brasil têm uma história, que ela pode ser escrita e que é capaz de iluminar e sofisticar a História dita Geral, ao falar também das relações sociais, raciais, etárias e de gênero, tratar do poder e abordar tanto o privado quanto o público. Houve um aumento exponencial no número de trabalhos que resultaram em artigos e livros, mestrados e doutorados por todo o Brasil, a partir dos quais vimos ser possível elaborar uma síntese do porte que este livro exibe.

As pesquisas feitas por homens e mulheres, individualmente ou em grupos, resultaram em uma vastidão de dados e informações levantadas a ponto de já permitirem relatos mais consequentes do que os de alguns anos atrás, como se pode observar em temas como corpo, sexualidade, movimentos de mulheres, participação feminina no espaço público. Questões como trabalho, família, educação, imigração, violência, direito, imagens femininas vêm merecendo outros olhares e importantes atualizações. Assuntos muito pouco abordados antigamente – como mulheres negras, indígenas, velhas – vieram à baila impulsionados por conjunturas favoráveis e inéditas. Montado em torno dos séculos XX e XXI, o livro recorre, em alguns capítulos, ao XIX, para colocar os temas mais recentes em uma perspectiva histórica.

Entre as autoras, incluem-se nomes consagrados, estudiosas no apogeu de sua capacidade criativa, assim como jovens talentosas, já com pleno domínio de seus instrumentos. Dessa mescla, oriunda de todo o Brasil, apresentamos ao público esta obra de síntese cuidadosamente concebida, um painel de indiscutível unidade, dentro de sua necessária diversidade. Não se trata, pois, de uma coletânea, mas de um conjunto coerente, estruturado a partir de uma orientação clara. Um livro sério, profundo no conteúdo, agradável na forma. Ousado e relevante. Gostoso de ler.

* * *

Os capítulos seguem recortes temáticos e apresentam mudanças e permanências ao longo do tempo. O leitor pode notar que, por vezes, eles se sobrepõem, reproduzindo conexões existentes entre os diversos aspectos da experiência das mulheres. As representações do feminino, por exemplo, estão presentes no mundo do trabalho, na organização familiar, nas leis e nas políticas de Estado. Recortes de gênero, classe social, faixa etária, "raça" e etnicidade perpassam de um modo ou de outro todos os textos. Eles podem ser lidos em qualquer ordem, mas a inter-relação entre os temas tratados em cada um fica evidente na leitura do conjunto, como vemos a seguir.

Ana Silvia Scott, compreendendo a importância da família na vida das mulheres, descreve e analisa as mudanças nos arranjos familiares e as decorrentes transformações em suas representações nos séculos XX e XXI. Para conhecer as origens dos modelos que procuraram pautar as identidades femininas, mas também foram desafiados por mulheres concretas no passado, voltamos necessariamente ao século XIX e suas mulheres da elite, retratadas por June E. Hahner.

Em seguida, a trajetória da experiência de ser menina num país marcado por desigualdades sociais é examinada pela historiadora Silvia Fávero Arend, ao passo que as mulheres velhas finalmente ganham o direito a uma biografia no capítulo da socióloga Alda Britto da Motta, que mescla com maestria história e memória.

Com pitadas de humor e ironia sobre uma base sólida de pesquisa em fontes primárias, Denise Bernuzzi de Sant'Anna, por sua vez, descreve os caminhos da beleza feminina do tempo dos coletes e cintas aos dias atuais, em que a batalha pelo corpo continua.

Maria Izilda Matos e Andrea Borelli sintetizam a questão do trabalho feminino de forma crítica e despida de ilusões, por meio de seus avanços, limites e contradições. E o lazer feminino – assunto relativamente novo para a História no Brasil – é descrito em "Programa de mulher", capítulo de Raquel de Barros Miguel e Carmen Rial.

As imigrantes que chegam ao nosso país e as brasileiras que emigram são retratadas por Maria Sílvia Bassanezi. São mulheres concretas, com seus sonhos de uma vida melhor, escrevendo importante capítulo da nossa história.

Maria Ligia Prado e Stella Scatena Franco nos brindam com uma novidade ao observarem a produção cultural de mulheres do século xix agregada a uma dimensão política em sentido amplo. A leitura desse capítulo ilumina as possibilidades do protagonismo feminino que abririam as portas para as intensas lutas e conquistas dos séculos que se seguiram. Rachel Soihet apresenta o empenho das pioneiras que, na primeira metade do século xx, exigiam que a mulher fosse considerada membro ativo da sociedade, indo além das reivindicações sufragistas e educacionais para interessar-se vivamente por aspectos da vida pública como o bem-estar social e a democracia. Os percalços e vitórias do feminismo a partir dos anos 1960 são relatados por Joana Maria Pedro, que também desafia o leitor a se posicionar diante das reivindicações das mulheres a respeito de corpo, trabalho e prazer, e, ao final, responder se ele próprio é feminista.

A advogada Iáris Ramalho Cortês é muito feliz ao traduzir para os leigos a complicada linguagem do Direito e as mudanças na legislação, com comentários corajosos, em um texto que é verdadeiro guia, devendo ficar sempre à mão para ser consultado muitas vezes. As historiadoras Lana Lage e Maria Beatriz Nader ilustram as transformações da opinião pública e jurídica com relação à violência contra a mulher com casos que estamparam manchetes e comoveram o país ao longo de 112 anos.

Debora Diniz, antropóloga afeita a muitas mídias, aborda sem subterfúgios o tema da contracepção e do aborto, um dos mais polêmicos e candentes do Brasil de hoje e algo que não pode mais ficar debaixo do tapete.

Fúlvia Rosemberg discorre sobre a evolução da educação das mulheres no Brasil e o papel que as próprias mulheres educadas e o feminismo contemporâneo tiveram nesse longo e acidentado processo.

As mulheres negras ganham um capítulo especial nas mãos de Bebel Nepomuceno, que contempla as dimensões do trabalho, da educação, da mobilização e da visibilidade com destaque para o protagonismo exercido por elas ao longo da história. Mas antes, entendemos as raízes da desigualdade e a resistência que marca essa história com o capítulo sobre as escravas no século XIX escrito por Maria Odila Dias, que mostra como elas enfrentaram não só a opressão racial, mas também a violência de gênero, tanto da parte de senhores quanto de seus companheiros masculinos de infortúnio escravista.

A militante e socióloga Azelene Kaingáng prova que as indígenas são capazes de falar sobre si mesmas, sem intermediários, a respeito de papéis sexuais, espaços políticos, tradições, mudanças de comportamento e sua luta por reconhecimento social.

Desafiando estereótipos, Cristina Scheibe Wolff nos conta sobre as mulheres que participaram, muitas vezes de armas nas mãos, de combates violentos que vão das lutas pela Independência do Brasil à guerrilha contra a ditadura militar, passando pela Guerra do Paraguai, o cangaço e a Segunda Guerra Mundial.

Tania Regina de Luca nos traz com raro talento analítico o mundo diversificado da imprensa feminina, veículo da ordem mas também da mudança e da transformação. Carla Bassanezi Pinsky traça um panorama das transformações das imagens femininas entrelaçadas com o processo histórico, temperado com saborosas expressões de época.

Observe-se que produzimos uma História das *mulheres*. Reconhecemos – o livro deixa isso bem claro – sua pluralidade (etnias, classes sociais, grupos etários etc.). Falamos de *mulher* no singular quando nos referimos às representações presentes na cultura.

Boa leitura.

Família

O CALEIDOSCÓPIO DOS ARRANJOS FAMILIARES

Ana Silvia Scott

"Filha", "esposa", "mãe" há muito tempo deixaram de ser as *únicas* identificações valorizadas da mulher na sociedade. Já há algumas décadas reconhece-se que as brasileiras ultrapassaram os espaços tradicionalmente reservados ao dito "sexo frágil" e desempenham, hoje, papéis e funções sequer sonhados por suas bisavós e avós. Foi uma longa estrada percorrida, com percalços e desvios, mas que se mostra, aparentemente, sem volta. Junto com as mulheres, as famílias também mudaram, e de maneira muito rápida, se compararmos o século XX e início do XXI aos períodos anteriores.

QUANDO O PATRIARCADO DAVA AS CARTAS

Por muito tempo, ao longo da história do Brasil, os valores patriarcais, que remontam ao período colonial, foram referência quando o assunto é família: pressupunham a ideia de submissão de todos (parentes e/ou dependentes) que estivessem sob o poder do *pater familias*.¹ Na ordem patriarcal, a mulher deveria obedecer a pai e marido, passando da autoridade de um para a do outro através de um casamento monogâmico e indissolúvel. O domínio masculino era indiscutível. Os projetos individuais e as manifestações de desejos e sentimentos particulares tinham pouco ou nenhum espaço quando o que importava era o grupo familiar e, dentro dele, a vontade do seu chefe, o patriarca, era soberana.²

Sob a égide do patriarcado, o amor conjugal, por exemplo, não era considerado uma meta, nem mesmo um ideal. O sexo (tolerado) no matrimônio tinha o fim precípuo da procriação, sendo o desejo e o prazer vetados às esposas. Aos maridos, tais limites não eram aplicados, vigorando uma dupla moral que possibilitava que eles exercessem sua sexualidade como bem entendessem, inclusive, buscando satisfação fora do leito matrimonial.

A partir da virada para o século XX, entretanto, tais valores começaram a ser colocados em causa, muito embora a subalternidade e a dependência das mulheres em relação ao "sexo forte" na família se mantivessem ainda por um longo tempo, mesmo que disfarçadas sob um verniz de modernidade.

A *BELLE ÉPOQUE* E O "LAR DOCE LAR"

No final dos anos oitocentos, a abolição oficial da escravidão, o advento da República, a grande imigração e a decolada do processo de urbanização e industrialização mexeram com o país. Parecia que o Brasil, enfim, começava a deixar para trás seu caráter agrário e "atrasado", conforme a visão dos grupos dominantes citadinos que tinham a preocupação de construir, a partir de então, uma sociedade "moderna e higiênica". As mudanças em marcha fizeram com que o período entre os finais do século XIX e as primeiras décadas do XX fosse designado como a *Belle Époque* brasileira.³

Em meio às campanhas por modernização, um novo modelo de família começou a ser preconizado. Nele, a vontade dos indivíduos (por exemplo, com relação à escolha do cônjuge) ganhava um pouco mais de espaço, deixando de estar totalmente subordinada aos interesses coletivos da família comandada pelo patriarca. O autoritarismo atroz do "senhor" de bens e pessoas, possível e alimentado em uma sociedade escravocrata e que se estruturava a partir das propriedades rurais, não tinha mais lugar no país que se modernizava.

Divulgavam-se, então, os valores da chamada "família conjugal moderna". O amor romântico, pelo menos em termos ideais, ganhou maior relevância dentro do casamento reconhecido pelo Estado e pela Igreja. O próprio discurso de médicos e higienistas (inspirados em ideias já consagradas na Europa) chegava a criticar a separação entre "sexo e amor", advogando a integração de ambos no matrimônio como a forma mais saudável e moralmente recomendável de relacionamento.[4] A intimidade passou a ser enaltecida e a vida familiar ideal era agora aquela do "lar doce lar", em que os membros da família encontravam em casa a "proteção", o "aconchego" e a "higiene" que contrastavam com as "agruras" e a "poluição" do mundo exterior. Uma preocupação maior com a privacidade passou a dar o tom num momento em que agregados, dependentes, parentes em vários graus e serviçais eram cada vez menos identificados como "gente da casa" (antes associados ao modelo de "família patriarcal"), deixando, por outro lado, o núcleo familiar (pai, mãe e filhos) mais evidenciado aos olhos dos contemporâneos.

A "nova família" também exigia uma "nova mulher": uma mãe dedicada que dispensava especial atenção ao cuidado e à educação dos filhos (não recorrendo mais às amas de leite, por exemplo), responsabilizando-se também pela "formação moral" das crianças. Essa "nova mulher" seria também a esposa afetiva, ainda submissa ao marido, mas não mais completamente sem voz. Desobrigada agora de qualquer trabalho "produtivo", a mulher estaria voltada inteiramente aos afazeres do lar, o espaço feminino por excelência, ao passo que o espaço público seria o domínio dos homens. O homem, por sua vez, deveria ser o único provedor da família. É comum referir-se a essa nova concepção de família como inerente à "família conjugal moderna". Ao contrário do que poderíamos supor, esse novo modelo de família, que transformara a mulher na "rainha do lar", manteve a mesma hierarquia com relação aos papéis masculinos e femininos, com o homem à cabeça da casa e da família e a mulher como subalterna e dependente.[5]

Esses valores, contudo, não adquiriram a mesma importância na vida de todos os brasileiros e suas famílias. Nem todos quiseram ou puderam adaptar-se aos modos burgueses. Em uma sociedade profundamente diversa e desigual, hierarquizada a partir de elementos socioeconômicos e étnicos (com base, sobretudo, na "cor da pele" – herança do escravismo), não é de espantar que, ao se comparar famílias de áreas mais urbanizadas com as de áreas predominantemente rurais, as compostas por negros, brancos ou mestiços, as imigrantes e as locais, as ricas e as pobres, houvesse grandes diferenças.⁶ Entretanto, embora não tenha sido abraçado (pelo menos com a mesma intensidade) por toda a população, o ideal de família que as novas classes dominantes, com seus modos burgueses, estimulavam tornou-se o novo parâmetro.

Se, por um lado, era desejável para a construção da "nova sociedade" pretendida pelos grupos dirigentes que todas as famílias aceitassem o modelo considerado mais "civilizado" (inspirado em padrões europeus), esperava-se, por outro lado, que as classes populares fornecessem mão de obra adequada e disciplinada para a indústria que se disseminava, o que incluía o trabalho produtivo de mulheres e crianças. Assim, nos primórdios da industrialização no Brasil, as mulheres (assim como as crianças) integraram-se às atividades industriais. Gradativamente, contudo, o panorama foi mudando. Em 1872 (ano do primeiro recenseamento geral do Brasil), as mulheres constituíam 76% da força de trabalho nas fábricas; já em 1950 somavam pouco mais de 20%.

Será que podemos concluir que as operárias deixaram o trabalho nas fábricas para se voltarem inteiramente para o lar e para o cuidado de seus filhos? Elas teriam aderido ao modelo familiar preconizado pelas classes dominantes?

Não foi bem assim. Na verdade, a diminuição do peso da mão de obra feminina na indústria está associada especialmente ao aumento da oferta de trabalhadores masculinos ocorrido nas primeiras décadas do século XX – resultado tanto da entrada de grandes contingentes de imigrantes europeus, como do crescimento da migração do campo para as cidades. Isso provocou uma queda da participação feminina no mercado de trabalho, por conta da concorrência com a mão de obra masculina – e é aqui então que entra o peso dos valores familiares ditos "modernos", "civilizados", em que a mulher (de qualquer classe social) deveria restringir-se ao lar. O estímulo para a permanência da mulher operária no lar ia ao encontro da aspiração dos dirigentes que procuravam enquadrar grupos considerados potencialmente "perigosos e de valores morais e familiares fracos". O papel das mulheres/mães das famílias das classes populares seria, então, aquele de formar o "trabalhador ideal" que já sairia de casa com hábitos de rotina doméstica, ciente de suas responsabilidades, sem vícios, adaptado à disciplina do trabalho. Enfim, cabia à mulher manter a família "higienizada" que se pretendia, afinal eram elas, as mães, as responsáveis pela formação de uma descendência saudável, cuidando e vigiando o comportamento e as escolhas de seus filhos e filhas.⁷

Papéis de homem e de mulher eram bem definidos e diferenciados na sociedade conjugal do início do século XX. (Casal de noivos em 1911.)

Na prática, porém, as mulheres pobres, mesmo alijadas dos postos de trabalho nas indústrias, não deixaram de combinar atividades domésticas com as que pudessem gerar rendimentos para garantir condições mínimas de sobrevivência para sua família.

"AFEIÇOADAS AO CASAMENTO, DESEJOSAS DA MATERNIDADE"

Outros fatores, para além dos valores divulgados pelas classes dominantes ou das características da mão de obra disponível, contribuíram para modelar e alterar o comportamento das populações, o universo familiar e a própria relação da mulher com a família. Estamos falando aqui da política governamental brasileira e das mudanças nas formas de convivência entre homens e mulheres, jovens e adultos, decorrentes do aumento da urbanização no país.

Podemos verificar o surgimento das primeiras políticas públicas de massa voltadas para as populações urbanas na década de 1930, quando o Estado redirecionou a política econômica para o desenvolvimento do mercado interno e para o setor urbano-industrial. São dessa época, por exemplo, a Consolidação das Leis Trabalhistas, a criação da carteira de trabalho e da Justiça do Trabalho, a instituição do salário mínimo, a permissão do voto feminino.[8] Houve também uma preocupação explícita por parte do governo com a "organização e proteção da família". O Decreto-lei 3.200, de 19 de abril de 1941, assinado pelo presidente Getúlio Vargas, afirmava que o Estado faria educar a infância e a juventude para a família:

> Devem ser os homens educados de modo que se tornem plenamente aptos para a responsabilidade de chefes de família. Às mulheres será dada uma educação que as torne *afeiçoadas* ao casamento, *desejosas* da maternidade, *competentes* para a criação dos filhos e *capazes* na administração da casa.[9]

E como estava o Brasil nos meados do século xx? Estava plenamente urbanizado? Em 1940, a população brasileira ultrapassava os 40 milhões de habitantes, mas menos de um terço vivia em áreas urbanas. Mais da metade da população era analfabeta.

Esses indicadores servem para entendermos os limites da urbanização do Brasil daquela época, uma vez que a maioria da população brasileira, às vésperas dos chamados Anos Dourados, vivia em áreas rurais e tinha pouco ou nenhum contato e/ou acesso às novidades que chegavam através de imprensa, do cinema, da literatura, da escola...

Entretanto, nas áreas urbanas, o modo de vida das pessoas sofrera transformações significativas com relação ao início do século, especialmente no que diz respeito às classes médias, para as quais aumentaram as oportunidades de convívio entre os sexos, por conta do deslocamento para os locais de trabalho ou de estudo e das ofertas de diversão fora dos ambientes domésticos (cinemas, bailes, passeios de automóvel). Os contatos mais próximos permitiam outras formas de relacionamento, até por conta da valorização do afeto como uma das bases para o sucesso da união conjugal.

Nesse contexto, o namoro, por exemplo, tornou-se uma etapa mais importante do que havia sido antes: a oportunidade de estabelecer, dentro dos padrões de moral e de decência vigentes (que valorizavam, entre outros quesitos, a manutenção da virgindade feminina), um contato mais íntimo entre os namorados que permitisse o conhecimento mútuo e encaminhasse para o desfecho desejado: o casamento. Assim, mesmo mais livre, o namoro deveria ser "sério" e não apenas um passatempo. Se assim fosse, a moça correria o risco de ser malvista,[10] rotulada como "fácil", e perderia a chance de arranjar "um bom partido", isto é, um homem "sério e trabalhador" que pudesse prover as necessidades da futura esposa e mãe de seus filhos.

OUTRAS POSSIBILIDADES?

Como se vê, as mulheres tinham um espaço de realização muito restrito, definido pelos papéis que "a natureza" lhes havia determinado e pela moral imperante na época. Todo e qualquer desvio de comportamento poderia gerar críticas, desqualificação e, até mesmo, marginalização social. Não era fácil, por exemplo, a vida das mulheres que optavam por um comportamento "não conformista", como aquelas que, depois de casadas, reconheciam publicamente a escolha equivocada, a falência do seu matrimônio e optavam pela separação.

Num tempo em que o desquite era coisa recente – foi instituído no Código Civil em 1942 (artigo 315), estabelecendo a separação sem dissolução de vínculo matrimonial –, não bastava o reconhecimento legal para que a nova situação fosse socialmente bem-aceita. Aqueles que tinham a coragem de escolher essa via eram frequentemente vistos como párias (sobretudo as mulheres), indivíduos que haviam falhado na importante tarefa de constituir e manter uma família.

As mudanças que afetavam os valores sociais e as práticas familiares chegavam mais lentamente às áreas rurais.

Na prática, pelo menos a médio prazo, a inovação introduzida no Código Civil pouco contribuiu para uma mudança efetiva na vida da maioria das esposas. Especialmente as mulheres das classes médias e altas que não trabalhavam fora de casa, além de enfrentarem a reprovação social por conta da separação, tinham poucas condições econômicas de manter-se, e aos seus filhos, com dignidade e independência, sem ajuda de um marido ou dos pais. Situação muito diferente da vivenciada por mulheres das famílias menos privilegiadas que, mesmo ao casar, se mantinham, formal ou informalmente, trabalhando para contribuir financeiramente na manutenção da prole e do lar. De fato, em muitos casos – quando não havia marido ou quando seus ganhos eram insuficientes, por conta do desemprego ou da baixa qualificação – eram elas que verdadeiramente sustentavam a família.

Sublinhe-se ainda que foi somente no ano de 1943 que a legislação brasileira concedeu permissão para a mulher casada trabalhar fora de casa sem a "autorização expressa do marido".[11] A situação de dependência e subordinação das esposas em relação aos maridos estava reconhecida por lei desde o Código Civil de 1916. Neste código, o *status* civil da mulher casada era equiparado ao "dos menores, dos silvícolas e dos alienados", ou seja, "civilmente incapaz".

SUBVERSÕES E MUDANÇAS

Porém, as mudanças institucionais e sociais continuaram a ocorrer e, em 1962, vinte anos depois da introdução do desquite, entrava em vigor o Estatuto da Mulher Casada.[12] A partir daí passa a ser reconhecida a sua "condição de companheira, consorte, colaboradora dos encargos da família, cumprindo-lhe velar pela direção material e moral desta". Sem dúvida, um avanço em relação ao Código Civil de 1916, que as considerava simplesmente "incapazes".

Foi também a partir dos anos 1960 que as mulheres no Brasil passaram a ter acesso a meios contraceptivos mais eficientes, pois, no mesmo ano de 1962, teve início o comércio da pílula anticoncepcional no país.

As possibilidades educacionais também aumentaram para as mulheres, com reflexos mais ou menos evidentes nas relações familiares. Em 1961, por exemplo, a Lei de Diretrizes e Bases da Educação Brasileira (LDB) garantiu a equivalência de todos os cursos de grau médio, permitindo que as estudantes do magistério (escola normal) pudessem disputar e aceder a vagas no ensino superior.

Embora, com o Golpe Militar de 1964, o Brasil passasse a viver seus Anos de Chumbo, sob um regime ditatorial que restringia liberdades, o movimento feminista paulatinamente ganhava força, assim como produziam eco algumas vozes rebeldes que desafiavam os valores da "tradicional família brasileira". Em 1969, por exemplo, a atriz Leila Diniz (1945-1972) chegou a declarar-se, em uma entrevista ao jornal *Pasquim*,[13] a favor do amor livre e do prazer sexual para as mulheres: "Você pode amar uma pessoa e ir para a cama com outra. Isso já aconteceu comigo."[14] Como era de esperar, essas afirmações provocaram a ira machista e foram usadas como bode expiatório para a instituição por parte do governo da lei de censura prévia à imprensa, apelidada de "Decreto Leila Diniz".

Porém, as mudanças mais significativas para as mulheres e para as famílias ainda estavam por vir. Nos anos 1960, apesar da ampliação de visões alternativas, ainda era tido como altamente desejável que a mulher se casasse, tivesse filhos e pudesse se dedicar integralmente à família depois de casada. E era isso que a maioria das mães ensinava às filhas. Casamento e procriação continuavam a ser o destino da mulher; ser mãe (depois de tornar-se esposa, é claro) conferia-lhe uma posição de prestígio na sociedade, maior que qualquer outra "carreira". Não desempenhar o papel materno seria algo como "trair a essência feminina".

A "REINVENÇÃO DA MULHER" E A IGUALDADE NO CASAMENTO

Um conjunto de mudanças ocorridas no Brasil a partir das décadas de 1960 e 1970 permitiu às mulheres colocar em causa estes valores e ideais: o aumento da participação feminina no mercado de trabalho e a luta das mulheres por crescimento e reconhecimento profissional; o maior acesso à educação formal; a conquista feminina do poder de decidir *se* e *quando* ser mãe (com a disponibilização de métodos contraceptivos mais eficientes); a instituição do divórcio (por lei, em dezembro de 1977) e a possibilidade de estabelecer outros relacionamentos afetivos socialmente reconhecidos.

Diante de tantas transformações relevantes, houve quem localizasse no início da década de 1980 o fenômeno da "reinvenção da mulher" e, consequentemente, de seus papéis na família e na sociedade.

Um dos sinais dessa "reinvenção" diz respeito à sua participação no mercado de trabalho: enquanto em 1973 as mulheres compunham cerca de 30% da população economicamente ativa, em 2009, sua participação estava praticamente equiparada à dos homens (49,7%). Assim, pelo menos desde a década de 1970, as mulheres das classes médias e altas puderam vislumbrar para as suas filhas um futuro em que pudessem ter uma profissão e obter o seu próprio sustento, pensando em horizontes de vida para além do casamento, ao mesmo tempo que podiam ocupar uma posição mais igualitária em relação ao marido na sociedade conjugal.

Entretanto, para que a lei reconhecesse formalmente a igualdade de homens e mulheres no casamento, foi preciso esperar até a Constituição de 1988, com a subsequente incorporação dessa mudança em 1992, com o novo Código Civil. A título de comparação, na França isso já havia ocorrido 20 anos antes! A Constituição de 1988 significou conquistas relevantes para as brasileiras, defendendo, entre outros, os princípios da isonomia entre homens e mulheres.

Porém, em que pesem todos os avanços obtidos nas últimas décadas, a desigualdade é evidente, em especial em alguns quesitos, como, por exemplo, na comparação dos rendimentos médios entre homens e mulheres. O Censo de 2010 mostrou que, enquanto o rendimento médio dos brasileiros homens fica em quase R$ 1.400,00, o das mulheres ultrapassa, por pouco, os R$ 980,00. As brasileiras têm um rendimento médio cerca de 30% menor que o dos seus conterrâneos.

A FAMÍLIA MAIS DEMOCRÁTICA

Apesar de persistentes diferenças sociais entre homens e mulheres, hoje estamos diante de famílias que tendem a compor uma relação mais igualitária entre os parceiros, na medida em que, por exemplo, ambos contribuem financeiramente para a manutenção da unidade doméstica e de seus membros. Tal mudança conferiu maior "poder" para as mulheres[15] dentro das famílias, rompendo o antigo ciclo da dependência e da subordinação.

De uma família constituída em fortes bases hierárquicas passamos para uma família mais democrática, tanto no que diz respeito à relação entre homem e mulher, como também no que diz respeito ao relacionamento entre pais e filhos, e, especialmente, à valorização das filhas. Em relação a elas, por exemplo, os ditos populares antigos mostravam bem o que se esperava: "Antes filha malcasada que bem amancebada", "filha crescida, dá-lhe marido, aos vinte criada, logo casada", ou seja, só deixariam de ser fonte de preocupação e aborrecimentos ao sair da casa dos pais com aliança no dedo.

Antes os filhos tinham pouco espaço na família para expressar as suas vontades e deveriam obedecer aos pais "sem discussão". Caso contrário, corriam o risco de receber punições, inclusive físicas (às vezes mais que o chamado "bom tapa no bumbum"). Hoje, a situação é muito diferente e o socialmente esperado é que os desejos das crianças sejam levados mais em consideração (há até quem reclame de uma total inversão de valores, com as crianças praticamente "mandando nos pais", mas talvez não tenhamos chegado a tanto). O fato é que a "negociação" passou a fazer parte do cotidiano de pais e filhos, incluindo aí as filhas. O diálogo é valorizado e há espaço para a expressão das vontades individuais. A maioria dos filhos e das filhas tem, hoje, as mesmas possibilidades de participar das brincadeiras infantis, de estudar e de realizar-se profissionalmente, apenas limitadas diante das condições socioeconômicas de cada família, mas não mais de expectativas sociais diferenciadas por sexo nesses quesitos.

Enquanto no passado recente a família protagonizava sem concorrentes à altura o papel de socializar e educar as crianças, hoje a escola e os meios de comunicação detêm boa parte da responsabilidade na formação dos jovens, inclusive por conta da participação da mulher-mãe no mercado de trabalho, levando-a para fora de casa por longos períodos.

Enfim, acompanhando as transformações da sociedade e contribuindo, por sua vez, para mudar a própria sociedade, a "família conjugal moderna" tal como proposta na primeira metade do século xx deixou de ser a referência predominante. Já nas últimas duas décadas surgiram vozes que defendiam que o casamento e a família "refletiam a pós-modernidade". Isto é, se na literatura, na arquitetura, na arte, no discurso filosófico, nas práticas econômicas e políticas, a heterogeneidade, a pluralidade, a flexibilidade, a instabilidade e a incerteza tornaram-se a regra, isso também vale para a família e para o casamento, implicando diretamente o surgimento e reconhecimento de diferentes modelos de família e de relacionamentos conjugais nos dias de hoje. Um exemplo disso foi o que ocorreu em 5 de maio de 2011. Nessa data, o Supremo Tribunal Federal decidiu que as uniões civis entre casais do mesmo sexo – as chamadas "uniões homoafetivas" – deveriam ser autorizadas em todo o país. Essa decisão deu igualdade de direitos para os casais heterossexuais e homossexuais no Brasil.

SOBRE COMO MUDAMOS E PARA ONDE VAMOS

Se observarmos as últimas décadas do século xx e a primeira década do século xxi, através da análise de alguns dados arrolados pelo IBGE (Instituto Brasileiro de Geografia e Estatística), teremos uma ideia[16] das enormes transformações que caracterizam o Brasil e sua população para além da questão das imagens e representações.[17]

Quantos éramos e quantos somos? Em 1940 éramos pouco mais de 40 milhões, em 2010 ultrapassamos os 190 milhões. Como estamos? Nós nos transformamos numa população mais urbana, que vive mais, que gera menos filhos e que fica cada vez mais velha.

De um país eminentemente rural e agrário, passamos a ser um país industrializado e com predomínio da população urbana, com uma *taxa de urbanização* (proporção da população urbana em relação ao total) que chega perto de 85%. De um país onde mais da metade da população era analfabeta, hoje temos um índice de analfabetismo em torno de 12%.

Vivemos mais, independentemente do sexo. Mulheres e homens têm hoje uma *esperança média de vida*[18] que mais que duplicou em relação ao início do século XX. Como consequência, a população brasileira está mais velha. Se, em 1950, para cada cem pessoas jovens, menos de 6% eram maiores de 65 anos, em 2009, esse grupo já ultrapassa os 32%. Assistimos também ao consistente descenso da *natalidade* e da *mortalidade infantil* (mortes ocorridas no primeiro ano de vida)[19] e, neste último quesito, o Brasil apresentou queda significativa, em que pesem as variações regionais.[20] A melhoria desses indicadores pode ser atribuída ao desenvolvimento de políticas públicas voltadas para a mulher, para a criança e para a família, que foram introduzidas especialmente a partir das décadas de 1970 e 1980, e que visavam diminuir as profundas diferenças que marcavam a nossa população.[21] Vejamos agora como essas mudanças impactaram a família.

VELHOS E NOVOS ARRANJOS FAMILIARES

Comecemos com dois dados fundamentais: queda da natalidade e queda da mortalidade infantil. A consequência é a diminuição do tamanho da família. As brasileiras estão tendo menos filhos e as chances de sobrevivência dessas crianças está maior por conta do menor risco de morte no primeiro ano de vida. Nas décadas de 1960 e 1970, as mulheres tinham, em média, entre cinco e seis filhos. Ao ser medido em 2010, esse número despencou para menos de dois (1,9).[22]

Essas mudanças espelham transformações na relação entre as mulheres e a família. Se antes o "destino feminino" era a procriação, fazendo com que elas tivessem gravidezes sucessivas que as mantinham constantemente atreladas ao cuidado dos filhos, a possibilidade de controlar a concepção e a melhoria das condições de saúde da mãe e da criança permitiram que a maternidade passasse a ser planejada. Assim, a possibilidade de ter ou não filhos atrelou-se em maior grau aos desejos da mulher e/ou do casal. Também implicou no fato de que a sexualidade feminina se desvinculasse da maternidade (inevitável ou obrigatória).

Entretanto, cabe chamar a atenção para as diferenças no processo de transição de *taxas de fecundidade*[23] elevadas para taxas de fecundidade em níveis mais baixos que marcou o país desde a década de 1960 até os dias de hoje (os dados mais recentes são do ano de 2010). Os resultados baseados nos censos demográficos mostram que, assim como o processo de desenvolvimento econômico e social do Brasil é desigual e heterogêneo, o processo de transição da fecundidade ocorre de forma diferente entre as unidades da federação e entre os segmentos sociais, começando antes e em ritmo mais rápido nos estados mais desenvolvidos e nos segmentos de maior renda e escolaridade. Contudo, esse fenômeno também atingiu a população mais pobre, a que vive em áreas rurais, as de menor escolaridade, a população negra, ainda que de maneira mais lenta. Além disso, os indicadores mostram uma tendência em direção a um Brasil menos heterogêneo, através de um processo de convergência das taxas de urbanização e do número médio de filhos por mulher.[24] Em outras palavras, se até há pouco tempo se podia argumentar que, para as famílias que viviam em áreas rurais, os filhos eram numerosos por serem vistos como uma espécie de garantia de mão de obra necessária ao sustento da família, parece que, no futuro próximo, esse postulado não se sustentará. A propensão a comportamentos mais homogêneos em relação à fecundidade (geração de menos filhos) e à crescente taxa de urbanização no Brasil está nivelando certas características que anteriormente distinguiam os brasileiros do campo e da cidade.

Além dessas mudanças em relação à prole e ao poder decisório da mulher com relação ao próprio corpo, assistimos nas últimas décadas a alterações importantes também em relação ao casamento. Os dados indicam uma queda no número dos casamentos legalizados (assentados nos cartórios de registro civil) a partir da década de 1980, assim como um declínio das uniões realizadas apenas no religioso. Isso, contudo, não quer dizer necessariamente que as pessoas estejam "se casando menos". O fato é que um número cada vez mais significativo de homens e mulheres passa a viver como "casal", optando, contudo, por manter uniões informais e sem vínculo legal. Ocorre ainda um aumento nas separações e nos divórcios. Portanto, as uniões acontecem, mas em geral duram menos.

A partir dos anos 1960 as mulheres passaram a ter um maior controle sobre a concepção, podendo planejar melhor o número de filhos.

As transformações no casamento e na família indicam que interesses e projetos individuais assumem hoje lugar fundamental também na vida das mulheres, que se veem em funções que extrapolam o espaço da família. Diferentemente do que ocorria no passado recente, as mulheres, hoje, estudam, trabalham e se casam. Porém, se a relação com o marido não lhes satisfaz, elas rompem a sociedade conjugal com muitíssimo mais facilidade que antes. Mais ainda: hoje é socialmente aceitável que as pessoas separadas reconstruam a sua vida afetiva e familiar, partindo para novos relacionamentos. E, talvez, isso explique também o aumento do número de uniões sem vínculo legal: é admissível que os casais vivam a "experiência" da vida a dois, que, se for satisfatória, pode até ser "regularizada" ou "oficializada" como uma união conjugal ou, se não for, ser rompida sem os grandes traumas e preconceitos que envolviam as separações no passado. A mulher não ficará estigmatizada por ter vivido em concubinato (ou "em pecado", nas palavras dos religiosos), como ocorria no passado.

As novas possibilidades de relacionamentos fora dos limites do modelo de casamento heterossexual, monogâmico e indissolúvel, e que hoje são socialmente aceitas, modificam a própria organização dos domicílios. Embora o número absoluto de domicílios recenseados esteja aumentando, o seu *tamanho médio* está diminuindo consideravelmente por conta da queda no *número médio* de filhos (tanto em áreas urbanas quanto rurais). Uma comparação entre os anos 2000 e 2010 (dados revelados pelos respectivos Censos) mostra como o quadro mudou: de 3,8 para 3,3 pessoas em média por domicílio, ao passo que, na década de 1960, a média ultrapassava as cinco pessoas.

Algo bem significativo e sintomático também foi registrado: pela primeira vez, a *distribuição percentual dos arranjos domiciliares* apontou que os *casais com filhos* deixaram de ser maioria. Em 1999, segundo o IBGE e a PNAD (Pesquisa Nacional por Amostra de Domicílios), eles conformavam 55% dos domicílios, ao passo que em 2009 eram 47%. Por outro lado, as unidades chefiadas por mulheres sem cônjuge e com filhos mantiveram-se mais ou menos nos mesmos patamares (perto de 17%). Vale apontar ainda o aumento das unidades compostas por *casais sem filhos* (de 13% para 17%, respectivamente).

Essa é uma tendência interessante. Pelo visto, podemos deduzir que mais e mais casais estão optando por manter uma relação que exclui a participação de filhos. São as "famílias de dois", os chamados "casais DINK" (do inglês – *double income, no kids* – ou DINC, em português – duplo ingresso, nenhuma criança): casais em que ambos os cônjuges têm rendimentos e que optaram por não ter filhos. Esse é um fenômeno internacional que também ocorre, e está aumentando, no Brasil, indicando a tendência de os casais investirem na realização de objetivos e aspirações pessoais que não envolvem a existência de filhos em sua vida. Isso aponta na direção da vivência em casal e não no aumento dos casos de mulheres e/ou homens vivendo sozinhos com a prole. A grande inovação parece, portanto, ser *a escolha* de não ter filhos.

Sem dúvida, é uma mudança sensível para uma sociedade em que, há poucas décadas, as pessoas eram educadas para se casar e necessariamente procriar, como se o sucesso da família ou mesmo a felicidade delas dependesse disso. Atualmente, um número cada vez maior de pessoas (casais) começa a conceber uma ideia de felicidade conjugal desvinculada da existência de uma prole.

Sobre os casamentos oficializados no registro civil (*nupcialidade legal*), constata-se um movimento ascendente nas últimas décadas, embora os números não alcancem os níveis registrados para o final dos anos de 1970: se, em 1994, eram 4,9 casamentos por mil habitantes, em 2008, o número havia se elevado a 6,7 por mil.[25] É possível atribuir esse aumento mais recente à melhoria no acesso aos serviços de justiça, particularmente ao registro civil de casamento, que leva à procura dos casais por formalizar suas *uniões consensuais* (uniões não oficializadas no cartório do registro civil) incentivada pelo Código Civil renovado em 2002, assim como pelas ofertas de *casamentos coletivos* promovidos desde então.[26] Essas iniciativas acabaram por facilitar o acesso da população ao casamento, contornando aspectos burocráticos e econômicos.[27]

A família monógama e heterossexual, que continua a ser o único modelo aceito pela Igreja Católica, por exemplo, convive no Brasil com um espectro variado de formas familiares (e agora também de *modelos* aprovados por muitos e até por lei). Hoje nos deparamos com outros arranjos (além da "família de pai, mãe e filhos"), que incluem, até mesmo, composições impensáveis há algumas décadas, como as famílias constituídas por casais homossexuais (uniões homoafetivas) e seus filhos, uma vez que o STJ (Superior Tribunal de Justiça) reconheceu que esses casais têm o direito de adotar. É uma mudança e tanto!

"OS SEUS, OS MEUS E OS NOSSOS"

Os novos arranjos familiares mexeram, e muito, tanto na relação entre pais e filhos, como também na relação entre as próprias crianças/jovens de uma mesma família.

Para indicar, por exemplo, a tendência de ambos os pais serem igualmente responsáveis pela prole, existem estudiosos que não falam mais em maternidade/paternidade, mas preferem usar o conceito de *parentalidade*.

Os múltiplos arranjos familiares reconhecidos socialmente permitem uma convivência plural dentro das casas. As possibilidades de novos relacionamentos (hetero ou homossexuais) ou os *casamentos sucessivos* – as novas uniões que se fazem depois de desfeito um relacionamento anterior (consensual ou de casamento civil terminado em divórcio) – estão gerando a necessidade de se compreender a "vida em família" sob outros moldes. Novos arranjos, que incluem famílias *monoparentais*, formadas por um adulto (pai ou mãe) que vive com o(s) filho(s); famílias *recompostas* ou *reconstruídas*, que comportam pelo menos um membro de um casal que é separado/divorciado com seus filhos unido a outra pessoa que tem também filhos frutos de um relacionamento anterior...

Tais cenários reconfiguram as noções de pai/mãe, padrasto/madrasta, meio-irmão. O fato, hoje corriqueiro, de os casamentos se desfazerem acabou levando a que crianças de pais separados deixassem de ser discriminadas, como acontecia há algumas décadas.

Se nos anos 1950, por exemplo, a "foto de família" típica incluía o casal e seus filhos, numa imagem atual, podemos ter figuras como "o marido da mãe", o "irmão por parte de pai/mãe", os "filhos do marido/mulher da minha mãe/pai", os "avós e tios postiços", além de muitas outras combinações.

Como os filhos lidam com isso? Bem, essa é uma questão controversa, alvo de debates entre especialistas de diversas áreas e tratada sob diferentes ângulos, inclusive, na mídia.

E o que dizer da "madrasta"? Essa figura recorrentemente execrada através das gerações e estereotipada nos contos de fadas também está mudando no imaginário social por conta das novas realidades familiares, adquirindo uma aura "do bem". Obviamente que os desafios da convivência de madrastas e enteados também são lançados aos homens que assumem o papel de padrasto.

Se nem sempre a família é o *locus* da harmonia, podendo ser uma arena de grandes conflitos, podemos dizer que estes não são privilégio dos novos arranjos familiares. A diferença em relação ao passado está no fato de que as desavenças são mais explicitadas hoje que no tempo do modelo do "pai todo-poderoso", que podia mandar em tudo e todos da casa sem que ninguém ousasse contradizê-lo.[28]

Outra novidade a respeito da relação entre filhos e pais é a tendência de os filhos permanecerem cada vez mais tempo na casa dos pais. Se anteriormente (desde os anos 1970 pelo menos) falava-se da "síndrome do ninho vazio" (um período de depressão por conta do sentimento de solidão) que ocorria com muitos pais (especialmente as mães), no momento em que os filhos já crescidos saíam da casa, hoje, talvez devêssemos falar na "síndrome do ninho permanentemente cheio": pais irritados com o fato de os filhos já em idade adulta não saírem de sua casa, por não conseguir (ou não querer) viver independentemente da família de origem, por conta de dificuldades econômicas ou puro comodismo. Alguns chegam a trazer ainda outra pessoa, o(a) companheiro(a) (oficialmente casado ou não), para viver dentro da casa dos pais. Em muitas famílias, os jovens têm "casa, comida e roupa lavada", assim como liberdade de trazer os(as) namorados(as) para "dormir em casa" (dos pais): é só trocar, no quarto, a cama de solteiro por uma de casal.

Embora os dados do IBGE (Instituto Brasileiro de Geografia e Estatística) relativos ao Censo de 2010 tenham revelado o aumento dos *domicílios de pessoas sós*, é interessante verificar que mais de oito milhões de pessoas entre 25 e 40 anos (ou seja, gente não tão jovem) continuam morando na casa parental. E não são apenas aqueles que não tiveram experiências de conjugalidade, são também os filhos que, depois de uma relação desfeita, voltam para o ninho, muitas vezes, trazendo consigo os rebentos para os avós "darem uma força", ou seja, ajudar a criá-los.[29]

O grau de mudanças nas últimas gerações foi tão grande que, inclusive, foram criadas categorias para diferenciá-las e, embora sejam um pouco estereotipadas, nos dão alguns elementos interessantes no sentido de sinalizar mudanças:

- a geração dos *tradicionais*, nascidos até 1945, que vivenciaram as guerras e crises da primeira metade do século XX;
- a geração dos *baby boomers* (1946-1964), filhos do pós-Segunda Guerra, que não conviveram diretamente com as agruras decorrentes da guerra;
- a geração *X* (1965 a 1977), que vivenciou o desenvolvimento das novas tecnologias e enfrentou a crise econômica dos anos 1980;
- e, finalmente, a geração *Y* (dos nascidos a partir de 1978), que veio ao mundo numa época em que a infância é muito valorizada e idealmente as crianças devem ser o centro da atenção dos pais. Essa geração convive, desde sempre, com a era digital. As crianças e jovens da geração *Y* (ou "geração do milênio") nasceram também no contexto de ruptura e transformação da "família conjugal moderna" e são "fi-

lhos" de mulheres dedicadas à carreira profissional e outros interesses para além da vida familiar. É composta por pessoas que defendem o individualismo, a liberdade de escolha e têm pouco apreço pelas hierarquias. Por fim, os filhos e filhas já não recebem uma educação diferenciada por sexo e seu relacionamento com os pais é muito diferente daquele que predominou nas gerações que os antecederam, como vimos anteriormente. A dupla moral sexual que norteava outras gerações está cada vez mais em baixa entre os *Ys*.

AS BRASILEIRAS NO SÉCULO XXI

É difícil estabelecer um perfil da mulher neste início de século XXI, por conta da variedade enorme existente entre as mulheres no Brasil, como vem sendo apontado. Porém, os números ajudam a mapear algumas variáveis como escolaridade, faixa etária, "raça" ou cor.

Em 2010, a *taxa de fecundidade média* das brasileiras – 1,9 filho por mulher – está abaixo do limite mínimo que garante a reposição da população (2,1 por mulher) – isto quer dizer que, já há ou haverá, em um futuro próximo, redução da população no país.

Entretanto, esse indicador esconde importantes desigualdades, especialmente se for considerado o quesito escolaridade. Entre as brasileiras com até sete anos de escolaridade, o número médio de filhos é quase o dobro (3,2 filhos) daquelas que têm oito anos ou mais de estudo (1,7 filho em média). Entre os motivos que podem explicar esses comportamentos diferenciados em relação à média de filhos entre as mulheres mais escolarizadas, poderíamos elencar o fato de que elas podem ter mais informação e acesso a meios contraceptivos mais eficazes, incluindo o uso adequado de anticoncepcionais; o interesse em investir na sua carreira profissional, o que lhes abriria outras perspectivas de futuro; assim como o fato de conseguirem planejar a gravidez evitando a ocorrência da gestação numa etapa de vida inoportuna.

O nível de escolaridade também tem impacto na idade em que as mulheres têm filhos: mais instrução, maternidade mais tardia. Com mais de oito anos de estudo as mulheres têm filhos perto dos 28 anos, enquanto as menos escolarizadas têm filhos com pouco mais de 25 anos. Não só a escolaridade influencia a *idade média da maternidade* e a quantidade de filhos, como também afeta a incidência de gravidez na adolescência: as que têm mais escolaridade correm menos risco de engravidar nessa fase da vida.

Entretanto, esses indicadores talvez não levem em conta outros elementos que podem ter reflexo nesse quesito, como, por exemplo, o fato de que as mulheres que têm mais escolaridade têm também mais recursos econômicos e possibilidades até de recorrer ao aborto clandestino (que pode ser feito em clínicas e pagos pelos pais, namorados ou até pela própria mulher). Entre as mães de 15 a 19 anos de idade, são mais de 20% as com até sete anos de estudo, contra 13% das mais escolarizadas.

No tocante à educação, embora as mulheres sejam mais escolarizadas que os homens, o rendimento médio delas continua inferior ao deles: se as mulheres ocupadas ganham em média 70% do que recebem os homens, essa diferença de salários se agrava quando a escolarização aumenta. Nesse caso, o salário médio das mulheres mais escolarizadas é apenas 58% do rendimento médio dos homens na mesma situação. Apesar de todos os avanços, a isonomia entre homens e mulheres *não* foi alcançada no mundo do trabalho.

Estudam mais, ganham menos e, de quebra, trabalham mais! Embora as mulheres trabalhem menos horas semanais fora de casa que os homens (36 elas e 43 eles), se acrescentarmos às horas ocupadas fora de casa mais 22 horas semanais, em média, dedicadas aos afazeres domésticos por parte das mulheres, contra 9 horas dos homens, concluímos que as mulheres brasileiras acumulam mais de 58 horas de trabalho semanal, enquanto os homens ficam com 52 horas em média por semana.[30]

As desigualdades não param por aí se combinarmos a variável "trabalho" com "raça" ou a "cor". Assim, se entre as mulheres "brancas", 44% estão inseridas em trabalhos informais, o percentual sobe para 54% entre as "pretas" e para 60% entre as "pardas". Mais da metade das mulheres "não brancas" está na informalidade. Isto é, a possibilidade de ter um emprego com carteira assinada e aceder a todos os benefícios que isso traz é, comparativamente, mais difícil para as mulheres "pardas" e "pretas", levando-as a um círculo vicioso que impede ou dificulta o rompimento da vulnerabilidade social que marca a vida de grande parte desse contingente.

O que se percebe é que no século XXI a sociedade brasileira ainda é atravessada pela desigualdade e as mulheres vivenciam isso em seu cotidiano.

As mulheres da geração Y, o trabalho e a maternidade

Apesar de todas as conquistas sociais das mulheres nas últimas décadas, ainda é grande a pressão para que a maternidade aconteça a qualquer custo.

Nesse quesito, e a despeito da laicização da sociedade, a posição da Igreja Católica – assim como a de outras confissões – continua a ser relevante para muitos dos brasileiros: condenar de maneira irredutível tanto os métodos contraceptivos quanto a interrupção da gravidez e do aborto de todas as formas possíveis.

A legalização do aborto no Brasil é um assunto envolto em polêmica. Em nosso país ainda se criminaliza as mulheres que recorrem a essa alternativa para evitar filhos indesejados. Os que são a favor da opção travam uma luta em torno do que consideram um direito, o "direito reprodutivo". Aliás, o debate em torno dos direitos reprodutivos tem ganhado um espaço cada vez mais significativo tanto no que diz respeito às políticas populacionais colocadas em prática pelo Estado, como em relação à própria sociedade civil.[31]

Para as mulheres que desejam ter filhos, o dilema atual é: *quando?* As mulheres enfrentam a questão da premência da idade (fator biológico) e sua vontade de investir nos estudos e na carreira, adiando a gravidez. O "relógio biológico" insiste em andar mais rápido do que muitas gostariam e a gravidez em idade mais avançada continua a ser mais problemática em termos médicos. Assim, se nas décadas de 1960 e de 1970 a contracepção estava no centro das preocupações reprodutivas, atualmente ela divide espaço com as técnicas de concepção, a grande aposta de muitas mulheres que postergam a maternidade.

O fato de as mulheres abocanharem uma fatia cada vez maior do mercado de trabalho e, inclusive, estarem aumentando sua participação em postos de maior responsabilidade[32] apresenta a questão da maternidade em dois níveis: o das escolhas individuais e o "coletivo", de políticas empresariais/corporativas.

Do ponto de vista das escolhas individuais, as mulheres enfrentam não só o impasse "carreira *versus* maternidade", mas também a decisão de não ter filhos definitivamente ou adiar sua vinda, valendo-se, para isso, das várias técnicas de concepção e fertilização oferecidas hoje em dia: fertilização *in vitro* (FIV), congelamento dos óvulos, ovodoação, barriga de aluguel.[33] Outras consideram a alternativa de deixar de trabalhar,[34] ou pelo menos, trabalhar em outras bases – por conta própria, por exemplo, abrindo seu próprio negócio – para poder ter e cuidar dos filhos.

Na Europa e nos Estados Unidos, essa tendência obrigou várias empresas e corporações a repensar suas políticas, pois as mulheres da geração Y procuram, por exemplo, horários de trabalho mais flexíveis que lhes permitam cuidar de outros interesses além do emprego. Como várias dessas mulheres passaram a abandonar os empregos nas grandes empresas, optando por ficar em casa ou montar seu próprio negócio, as companhias

Qualquer que seja o tipo de casamento realizado nos dias de hoje (desde a união consensual até o matrimônio religioso), os casais tendem a estabelecer uma relação mais igualitária entre os parceiros.

começaram a procurar alternativas para não perder a valiosa contribuição feminina. No Brasil, a situação pode não ser exatamente igual à de países mais desenvolvidos, mas já é possível perceber mudanças na mesma direção: muitas empresas passam a incorporar programas de apoio à gravidez, à maternidade, às mães e adotam políticas de flexibilidade como o *home office* (literalmente "escritório em casa", ou a possibilidade de poder trabalhar em casa) ou horários não rígidos.

Entre as mulheres, há quem opte até pela "produção independente" (mulheres que têm filhos sem ter um parceiro fixo ou marido), valendo-se das modernas técnicas de reprodução assistida para exercer a maternidade de maneira autônoma (autossuficiente, sem a participação dos homens, salvo a indispensável contribuição dada através do esperma).

PRESENTE E FUTURO

Resta evidente o fato de que, apesar das grandes transformações pelas quais a família tem passado nas últimas décadas, não é o caso de se falar de sua "crise" ou de sua "destruição". *Viver em família*, ao que parece, continua a ser a aspiração da maioria das pessoas, embora a ideia que fazem de família e os arranjos familiares possíveis e socialmente aceitos sejam mais flexíveis que no passado e admitam um número enorme de configurações, um verdadeiro caleidoscópio familiar.

E se os modelos familiares são hoje mais diversificados, em termos de formas e composição que na primeira metade do século xx, as mulheres *na família* têm também reconhecidamente maior poder de decisão. Elas têm de fato muito mais voz ativa, tanto na família em que nascem e crescem quanto na sociedade conjugal que estabelecem na vida adulta. Também têm a seu alcance maiores possibilidades de fazer escolhas que envolvam filhos.

O efeito disso, contudo, pode ser uma faca de dois gumes. É verdade que nas últimas décadas do século xx e no início do xxi as mulheres granjearam importantes parcelas do mercado de trabalho, alcançaram uma maior escolarização, conseguiram ampliar o controle sobre a sua sexualidade e fecundidade, mas também aumentaram e muito a sua jornada de trabalho. Enfim, conquistas avassaladoras se comparadas com as opções de vida apresentadas às mulheres na virada para o século xx. Contudo, ainda temos uma estrada bem longa e difícil para que a divisão equitativa das responsabilidades e a isonomia entre homens e mulheres entre nós brasileiros sejam alcançadas.

Não faltam perguntas e dúvidas sobre o papel e as transformações que as famílias terão nas próximas décadas, especialmente considerando que, apesar da queda da natalidade, assistimos ao aumento dos casamentos e dos recasamentos, nos mais variados matizes, que estão reescrevendo a história das mulheres, dos homens e das famílias.

Se, por exemplo, os dados indicam que nós, brasileiros, estamos gerando menos filhos, na prática, os novos arranjos familiares até poderão dar um empurrãozinho no aumento do "tamanho das famílias", pois juntam agora pais, mães, padrastos, madrastas, meios-irmãos, avós, com participação importante e ativa nas redes familiares.

A família mudou e continua mudando. Como instituição histórica ela se reinventa, embora permaneça como referência afetiva e de socialização. Hoje, uniões e vínculos familiares levam em consideração, sobretudo, as relações afetivas. Ainda há mulheres, muitas mulheres, que se sentem obrigadas a permanecer em uma relação matrimonial por conta de dependência econômica, ou por pressão familiar, mas a sociedade contemporânea lhes dá cada vez mais escolhas. O ideal agora, o grande motivador da sociedade conjugal, com ou sem filhos, são relações amorosas e satisfação individual, tanto para homens quanto para mulheres.

NOTAS

[1] Etimologicamente a palavra família deriva de *famulus*. Em seu sentido primitivo designava o conjunto dos escravos/servidores pertencentes ao *pater familias*, que tinha poder de vida e de morte sobre todos que estavam sob sua autoridade: a mulher, os filhos, os agregados, os escravos.

[2] É importante chamar a atenção para o fato de que esse era o *modelo dominante*. Constituiu-se como uma referência para todos os grupos sociais (uns mais que outros), mas que não é o retrato fiel do que ocorria com todas as famílias na sociedade brasileira. A realidade vivenciada pelos indivíduos e pelas diferentes famílias era algo muito mais variado e nuançado.

[3] Não há consenso entre os historiadores sobre as datas exatas dessa periodização. Nicolau Sevcenko trata desse tema no volume 3 da *História da vida privada*, São Paulo, Companhia das Letras, 1998, p. 7-48.

[4] Nesse novo contexto, o discurso era de que o "amor" nascia da convivência. A união através do casamento (entre parceiros bem escolhidos, ou seja, de acordo com as exigências familiares e sociais) e o relacionamento cotidiano é que levariam ao fortalecimento dos laços amorosos. Veja-se Maria Helena B. Trigo. "Amor e casamento no século xx", em M. A. D'Incao (org.), *Amor e família no Brasil*, São Paulo, Contexto, 1989, p. 88-94. Para uma análise mais ampla sobre a questão do amor na história do Brasil, veja-se o estudo de Mary Del Priore, referido na Bibliografia.

[5] Fora da vida doméstica, poucas eram as alternativas para as mocinhas. A educação diferenciada para meninos e meninas continuou a ser estimulada, proporcionando a elas menores possibilidades no mercado de trabalho e de ascensão social fora da família e do casamento.

[6] Estudos que analisam a família nas classes populares, por exemplo, revelam que o namoro, a vida conjugal e a própria moral familiar diferiam dos padrões que a elite dominante queria impor. A maior parte dos resultados dessas pesquisas provém da análise de processos que correram na Justiça (defloramento e tutela, entre outros), mostrando que, de norte a sul do Brasil, o amasiamento ou as uniões

consensuais eram práticas comuns, e que os valores ligados à honra feminina e à questão da virgindade que vigoravam entre as classes populares pouco tinham a ver com o que os juristas definiam e defendiam como "os valores da sociedade". O comportamento sexual dessas mulheres estava longe daquele tido como ideal. Isso valia para lugares tão distantes entre si como o Rio de Janeiro, Belém ou Porto Alegre na virada do século XIX para o XX, e ainda chegou a ocorrer nas décadas seguintes. Contudo, é interessante notar que, nos processos judiciais, os réus envolvidos muitas vezes lançavam mão desses modelos ideais (instruídos pelos advogados, provavelmente) para tentar escapar das penalidades que lhes poderiam ser impostas. Veja-se M. Abreu, "Meninas perdidas", em M. Del Priore (org.), *História das crianças no Brasil*, 5. ed., São Paulo, Contexto, p. 289-316; S. M. F. Arend, *Amasiar ou casar? A família popular no final do século XIX*, Porto Alegre, Ed. da UFGRS, 2001; J. C. da S. Cardozo, *Enredos tutelares: o juizado dos órfãos e a (re)organização da família porto-alegrense no início do século XX*, Rio Grande do Sul, 2011, Dissertação de Mestrado, Unisinos.

[7] Veja-se entre outros: M. Abreu, "Meninas perdidas", em M. Del Priore (org.), *História das crianças no Brasil*, op. cit., p. 291; M. Del Priore, M. *História do amor no Brasil*, São Paulo, Contexto, 2006; e S. Chalhoub, *Trabalho, lar e botequim: o cotidiano dos trabalhadores na Belle Époque*, São Paulo, Brasiliense, 1986.

[8] Decreto-lei de 24 de fevereiro de 1932, assinado por Getúlio Vargas, embora o voto feminino sem restrição alguma só viesse a se consolidar em 1946.

[9] Simon Schwartzman. A Igreja e o Estado Novo: o Estatuto da Família, em *Cadernos de Pesquisa*, São Paulo, n. 37, maio 1981. Disponível em: <http://educa.fcc.org.br/scielo.php?script=sci_arttext&pid=S0100-15741981000200007&lng=pt&nrm=iso>. Acesso em: 13 out. 2011.

[10] Em relação aos homens, a dupla moral ainda permitia comportamentos sexuais diferenciados sem que eles fossem censurados socialmente.

[11] Ainda que isso fosse possível somente no caso de ele não conseguir prover a subsistência da família.

[12] Decretado pela Lei nº 4.121, de 27 de agosto daquele ano e que dispunha sobre a situação jurídica da mulher casada.

[13] Periódico que teve papel importante na oposição ao regime militar. Contava com a participação de jornalistas e colaboradores como Ziraldo, Millôr Fernandes, Sergio Porto, Henfil, Paulo Francis, entre outros.

[14] Anos depois (1971) a atriz voltou a protagonizar mais um episódio polêmico, sendo fotografada grávida de biquíni, na praia de Ipanema. Ver M. Goldenberg, *Toda mulher é meio Leila Diniz*, Rio de Janeiro, Record, 1995. Entrevista também disponível na íntegra em: <http://www.semcortes.com/?p=131>, acesso em: set. 2011.

[15] Certos estudiosos usam a expressão "empoderamento" para identificar essa nova situação das mulheres. O empoderamento da mulher identificado no Brasil não é algo isolado do resto do mundo, ocorre em vários outros países. Para acelerá-lo e promovê-lo em sociedades com grandes discriminações, foi criada a ONU Mulheres (2010) – entidade das Nações Unidas para a Igualdade de Gênero e o Empoderamento das Mulheres; é o resultado de negociações entre os Estados-membros e o movimento de defesa das mulheres no mundo. Busca favorecer a igualdade entre os sexos e a autonomia das mulheres, especialmente no mundo do trabalho. Iniciou suas atividades em 1º de janeiro de 2011.

[16] Embora escondam variações significativas por região, condição socioeconômica e em relação aos níveis de educação.

[17] Um panorama ilustrativo e mais aprofundado das várias mudanças que afetaram o Brasil nas últimas décadas está no livro organizado por Jaime Pinsky, *O Brasil no contexto*, São Paulo, Contexto, 2007, que aborda o período entre 1987 e 2007, a partir da perspectiva de profissionais de diferentes especialidades.

[18] Definição de *esperança de vida* ou *vida média* para o IBGE: corresponde ao número de anos de vida que cada indivíduo esperaria viver a partir de uma determinada idade x. Particularmente, se x = 0, tem-se a *expectativa de vida ao nascer*.

[19] Considera-se que esse indicador reflete as condições de desenvolvimento e acesso e aos recursos disponíveis para atenção à saúde materna e da população, além de sua qualidade.

[20] Segundo o SIS 2010 (Síntese dos Indicadores Sociais-IBGE) a taxa de mortalidade infantil em 2009 no Rio Grande do Sul era a mais baixa, ficando em 12,7 para cada mil nascidos vivos, enquanto em Alagoas, a mais alta, estava em 46,4 por mil.

[21] Entre as inovações das políticas públicas podemos citar o Programa de Saúde Materno-Infantil, de 1977, assim como o Programa de Assistência Integral à Saúde da Mulher (PAISM), de 1983, que, ampliando o anterior, se propunha a atender a saúde da mulher durante seu ciclo vital, e não apenas durante a gravidez e a lactação, dando atenção a todos os aspectos de sua saúde. Veja-se J. E. D. Alves, "As

políticas populacionais e os direitos reprodutivos", em A. J. Caetano (et al.), *Dez anos do Cairo*: tendências da fecundidade e direitos reprodutivos no Brasil, Campinas, Associação Nacional de Estudos Populacionais – ABEP/Fundo de População das Nações Unidas, UNFPA, 2004, p. 31.

[22] Veja-se J. E. D Alves, "A transição da fecundidade no Brasil entre 1960 e 2010", disponível em: <http://www.ie.ufrj.br/aparte/pdfs/art_100_a_transicao_da_fecundidade_no_brasil_1960_2010_21nov11.pdf>, acesso em: 25 abr. 2012.

[23] *Taxa de fecundidade* é uma estimativa do número médio de filhos que uma mulher teria até o fim de seu período reprodutivo. Também pode ser definida como: o número médio de filhos por mulher em idade de procriar, ou seja, de 15 a 49 anos.

[24] Cf. J. E. D Alves, "A transição da fecundidade no Brasil entre 1960 e 2010", cit. e também A. J. Caetano, op. cit.

[25] É uma inflexão de tendência se comparados aos dados para 1979, quando a nupcialidade legal era de 7,8 casamentos por mil pessoas, como nos aponta Elza Berquó, "Arranjos familiares no Brasil: uma visão demográfica", em L. M. Schwarcz (org.), *História da vida privada: contrastes da intimidade contemporânea*, São Paulo, Companhia das Letras, 1998, v. 4, p. 418.

[26] Os *casamentos coletivos* são iniciativas de alguns estados e municípios brasileiros através de uma parceria entre os Tribunais de Justiça e os Cartórios de Registro Civil, que, em cerimônias coletivas, oficializam-se as uniões estáveis em audiências realizadas pelos tribunais. Os casamentos coletivos têm por objetivo garantir uma maior proteção à família, seja em razão das garantias que a legislação oferece ao casamento, seja em decorrência da preparação e das orientações jurídicas que são propiciadas aos nubentes.

[27] De acordo com os resultados do SIS (Síntese dos Indicadores Sociais-IBGE) 2010.

[28] Sobre esse tema vale a pena ler a obra organizada por Lia Fukui, *Segredos de família*, São Paulo, Annablume/NEMGE-USP/Fapesp, 2002.

[29] É também muito interessante observar o novo papel dos avós e os novos direitos e deveres que lhe são atribuídos. Em 29 de março de 2011, eles ganharam na justiça o direito de visitar os netos no caso de separação dos pais. Por outro lado, foram "contemplados" com novos deveres que obrigam os avós (maternos e paternos) a pagarem a pensão não paga pelo pai da criança, uma vez que decisões desse tipo tomadas no STJ consolidam a jurisprudência na matéria. A questão é polêmica entre os especialistas no Direito de Família, mas o argumento a seu favor é que para a Justiça não importa quem vai pagar, mas sim "assegurar o direitos da criança".

[30] Dados que constam na Síntese de Indicadores Sociais 2010 (SIS 2010), publicado pelo IBGE. Além dessas informações, outros dados contribuem para mostrar a grande desigualdade que caracteriza a situação das mulheres no Brasil. Essa desigualdade é ainda mais aguda dependendo da "cor", "raça" ou região de residência.

[31] Sobre esse tema ver J. E. D. Alves, cit., 2004, em que o autor faz uma síntese muito útil e esclarecedora sobre o histórico das políticas populacionais no Brasil.

[32] Pesquisa do Instituto Ethos, para o ano de 2008, mostrava que as mulheres ocupavam 11,5% dos postos de diretoria (o dobro do que ocupavam em 2002), 24,6% dos postos de gerência e 37% dos de supervisão.

[33] Segundo especialistas, a fertilização *in vitro* é o tipo mais comum de tecnologia de reprodução assistida, em que o óvulo (oócito) é fertilizado fora do corpo da mulher e depois é reimplantado no útero; congelamento dos óvulos ou criopreservação é uma técnica que permite a preservação dos óvulos (e também dos espermatozoides) para serem usados posteriormente; *ovodoação* consiste na doação de óvulos de uma mulher para a outra (normalmente as receptoras são mulheres mais velhas), que os receberá, depois de ter sido submetida a uma técnica de fertilização assistida; barriga de aluguel é o termo que popularmente se usa para a maternidade de substituição, isto é, uma espécie de empréstimo de útero de outra mulher, no qual a gravidez se desenrolará.

[34] Sobre a questão do conflito sobre a volta da mulher que trabalha para casa, para cuidar dos filhos, ver E. Badinter, *O conflito: a mulher e a mãe*, Rio de Janeiro, Record, 2011.

BIBLIOGRAFIA

ALVES, J. E. D. As Políticas Populacionais e os direitos reprodutivos. In: CAETANO, A. J. (et al.). *Dez anos do Cairo*: tendências da fecundidade e direitos reprodutivos no Brasil. Campinas: Associação Nacional de Estudos Populacionais – ABEP/Fundo de População das Nações Unidas – UNFPA, 2004.

BARROS, L. F. W. et al. *Novos arranjos domiciliares*: condições socioeconômicas dos casais de dupla renda e sem filhos (DINC). Trabalho apresentado no XVI Encontro Nacional de Estudos Populacionais, realizado em Caxambu (MG), de 29 de setembro a 3 de outubro de 2008. Disponível em: <http://www.abep.nepo.unicamp.br/encontro2008/docsPDF/ABEP2008_1064.pdf>. Acesso em: 20 jun. 2011.

BASSANEZI, C. *Virando páginas, revendo as mulheres*. Rio de Janeiro: Civilização Brasileira, 1996.

BELTRÃO, K. I.; ALVES, J. E. D. Reversal of the gender gap in Brazilian education in the 20th century. *Cadernos de Pesquisa*. São Paulo, v. 39, n. 136, Apr. 2009. Disponível em: <http://www.scielo.br/scielo.php?script=sci_arttext&pid=S0100-15742009000100007&lng=en&nrm=iso>. Acesso em: 11 out. 2011.

BERQUÓ, E. Arranjos familiares no Brasil: uma visão demográfica. In: SCHWARCZ, L. M. (org.). *História da vida privada*: contrastes da intimidade contemporânea. São Paulo: Companhia das Letras, 1998, v. 4, p. 411-438.

DEL PRIORE, M. *História do amor no Brasil*. 2. ed. São Paulo: Contexto, 2006.

D'INCAO, M. A. Mulher e família burguesa. In: DEL PRIORE, M. (org.); BASSANEZI, C. (coord.). *História das mulheres no Brasil*. 9. ed. São Paulo: Contexto, 2009, p. 223-240.

GARCIA, L. S.; RODARTE, M. M. S.; COSTA, P. L. *Emancipação feminina e novos arranjos familiares*. Disponível em: <http://www.abep.nepo.unicamp.br/encontro2006/docspdf/ABEP2006_834.pdf>. Acesso em: 20 jun. 2011.

GOLDANI, A. M. *Reinventar políticas para famílias reinventadas*: entre la "realidad" brasileña y la utopía. Disponível em: <http://www.abep.nepo.unicamp.br/docs/anais/outros/FamPolPublicas/AnaMariaGoldaniFamilia2005.pdf>. Acesso em: 1º out. 2011.

PEDRO, J. M. A experiência com contraceptivos no Brasil: uma questão de geração. *Revista Brasileira de História*. São Paulo, v. 23, n. 45, 2003, p. 239-260. Disponível em: <http://www.scielo.br/pdf/rbh/v23n45/16527.pdf>. Acesso em: 21 jun. 2011.

_____. Mulheres. In: PINSKY, J. (org.). *O Brasil no contexto*: 1987-2007. São Paulo: Contexto, 2007, p. 169-181.

SCAVONE, L. *Maternidade*: transformações na família e nas relações de gênero. Disponível em: <http://www.interface.org.br/revista8/ensaio3.pdf>. Acesso em: 1º set. 2011.

SOIHET, R. Mulheres pobres e violência no Brasil urbano. In: DEL PRIORE, M. (org.); BASSANEZI, C. *História das mulheres no Brasil*. 9. ed. São Paulo: Contexto, 2009, p. 362-400.

UNIFEM. *O progresso das mulheres no Brasil*. Brasília: Fundação Ford/CEPIA, 2006. Disponível em: <http://www.generoracaetnia.org.br/publicacoes/Progresso%20das%20Mulheres-BR.pdf>. Acesso em: 24 maio 2011.

VAITSMAN, J. *Flexíveis e plurais*: identidade, casamento e família em circunstâncias pós-modernas. Rio de Janeiro: Rocco, 1994.

Gostaria de agradecer a Cláudio Pereira Elmir pela leitura da versão anterior deste texto, assim como pela indicação de algumas referências bibliográficas. Agradeço também a Dario Scott, que foi um leitor atento e crítico desde o início da elaboração deste texto.

Mulheres da elite

HONRA E DISTINÇÃO DAS FAMÍLIAS

June E. Hahner

As mulheres da elite faziam parte de um pequeno segmento da população brasileira do século XIX diferenciado da grande maioria das pessoas por conta de sua condição econômica privilegiada e por sua "raça" (a chamada "raça branca", considerada superior às demais). Como em qualquer outro lugar do mundo Ocidental à época, essas mulheres viviam em estruturas culturais, sociais e econômicas majoritariamente criadas por homens e para favorecê-los, já que baseadas em ideias de superioridade masculina e de subordinação feminina. Fossem elas esposas ou filhas de membros de alto escalão do governo imperial, de homens de negócios, fazendeiros, mercadores, banqueiros ou de donos de fábricas (mais no final do século) – membros das famílias que controlavam a riqueza nacional –, seu *status* era derivado de suas famílias e não de si mesmas.

Apesar disso, tiveram condições de vida variadas, entre outras razões, por conta do local onde habitavam (rural ou urbano, nordeste ou sul do país então espaçadamente povoado) e, também, do tempo, na medida em que, especialmente na segunda metade do século, a sociedade e a economia nacionais se tornaram mais complexas e as cidades aumentaram em tamanho e importância.

IMAGENS E ESTEREÓTIPOS

No início do século XIX, em geral, as brasileiras de classe alta eram muito menos cultas, ou mesmo letradas, que suas contemporâneas europeias ou norte-americanas. Muitas sequer sabiam ler ou escrever o próprio nome. Com isso, não mantinham diários e não eram muitas as que cultivavam o hábito de se corresponder por carta, o que limita nossa visão sobre o mundo feminino, suas atividades cotidianas, seus sentimentos, e nos torna tão dependentes dos relatos de viajantes estrangeiros que sobreviveram a nossos dias. Ao informar sobre as vidas dessas mulheres, tais relatos vêm carregados dos preconceitos que os estrangeiros traziam de sua terra natal. Por outro lado, como eram viajantes, por vezes chamavam a atenção para detalhes que, no dia a dia, passavam despercebidos aos brasileiros já familiarizados com eles.

Diferentemente das vendedoras de rua, das lavadeiras ou das escravas na lavoura, as mulheres da elite estavam menos expostas aos olhares masculinos, já que passavam muito tempo recolhidas dentro de casa. Assim, vários relatos se baseiam em contatos ocasionais dos visitantes com as moças e senhoras das famílias brasileiras abastadas.

De acordo com eles, tratava-se de famílias patriarcais, em que o pai e marido autoritário dominava seus filhos e filhas e sua esposa submissa, ao mesmo tempo que se cercava de concubinas ou se relacionava sexualmente com escravas. A esposa, por sua vez, era uma figura indolente e passiva, que pouco saía, dava à luz um grande número de filhos e costumava abusar de seus escravos negros.

Dentre os relatos de viajantes estrangeiros que fixaram tal imagem está o do mercador britânico John Luccock. Em 1808, Luccock comentou causticamente sobre o envelhecimento prematuro das mulheres da elite carioca, seu constante mau humor e crescente ganho de peso. Aos 13 ou 14 anos, meninas atraentes com "ar vívido e risonho" eram obrigadas a assumir "os cuidados de um lar". Aos 18, "a natureza da mulher brasileira já atingiu sua

Senhoras da elite comandavam o cotidiano dos casaroes em que viviam na companhia de parentes, agregados e escravos. Supervisionavam a produção doméstica de alimentos, bebidas, roupas, material de limpeza, além de cuidar da saúde da família e da instrução religiosa dos seus dependentes.

maturidade completa. Alguns anos depois ela se torna corpulenta e inclusive difícil de lidar [...] e aos 25, ou 30 no máximo, ela se torna uma velha perfeitamente enrugada". O observador estrangeiro atribuiu essa deterioração aos hábitos de reclusão e ao ócio, argumentando que essas mulheres "eram raramente vistas fora de casa, exceto quando na missa [...]. O exercício que essas senhoras fazem é quase completamente confinado ao lar [...]. Elas são cercadas de escravos e têm o privilégio de ter todos os seus desejos atendidos".[1] Conhecendo melhor os valores da época, podemos ver na corpulência das senhoras e na sua falta de ocupação sinais de alto *status*: acesso à comida em abundância e poder para delegar o cumprimento de tarefas a outras pessoas.

Com base em relatos como esse, por um bom tempo, difundiu-se de modo equivocado a ideia de que a mulher brasileira do passado vivia enclausurada. Hoje está claro que esse estereótipo não era universalmente válido e que o comportamento feminino variava de acordo com a classe social. Os constrangimentos que, de fato, cercavam as mulheres da elite refletiam considerações da época a respeito da honra feminina (baseada em sinais de pureza sexual e recato), que permanecia estreitamente ligada à honra familiar. Além disso, a integridade das mulheres servia para certificar a real paternidade dos filhos com suas decorrências óbvias em termo de herança e a transmissão do patrimônio.

Certamente, alguns dos mesmos homens da elite que defendiam o confinamento doméstico de suas parentas – onde poderiam ser mais bem defendidas contra supostos perigos da sedução ou do assédio sexual – procuravam oportunidades de abordar, com sutilezas, falsas promessas ou mesmo violência, as outras mulheres. As mais vulneráveis eram, obviamente, as das camadas populares, que não tinham quem as defendesse. É fácil entender que questões de honra feminina e familiar estavam estreitamente ligadas à hierarquia social.

Um provérbio de origem portuguesa, famoso na época, dizia que uma mulher virtuosa saía de casa somente em três ocasiões: para ser batizada, para ser casada e para ser enterrada. Porém, assim como em outros países, o ideal não necessariamente correspondia ao real. Do mesmo modo, as imagens cristalizadas com a divulgação do relato de determinados viajantes nem sempre eram os únicos retratos possíveis da vida das mulheres nas famílias privilegiadas.

No Brasil do século XIX, algumas mulheres chegaram a administrar propriedades com desenvoltura e independência. O reverendo Robert Walsh, capelão do embaixador britânico, viajou pelo interior da província de Minas Gerais no final da década de 1820 e observou que viúvas de fazendeiros costumavam gerir sozinhas suas fazendas e escravos, "e assumiam o papel e o fardo de seus maridos em todos os aspectos".² De fato, na viuvez, ficavam suspensas algumas das restrições legais impostas sobre mulheres casadas, e as viúvas passavam ser consideradas "chefe de família".

Nas cidades, mulheres da elite, mesmo permanecendo restritas ao lar, chegaram a dirigir o cotidiano de casarões, as chamadas "casas-grandes", cheios de parentes, agregados e escravos. Elas supervisionavam pessoalmente a produção de roupas, alimentos, utensílios domésticos, sabão, velas e bebida alcoólica, enfim, as necessidades de um lar bastante autossuficiente nesse aspecto. Responsabilizavam-se pela saúde da família e pelo cuidado dos idosos. Encarregavam-se de uma grande quantidade de obrigações religiosas e ainda instruíam seus dependentes. Como era grande o movimento de vendedores ambulantes à sua porta, as senhoras também podiam participar de pequenas transações comerciais sem pisar fora de casa. Apesar de alguns visitantes homens descreverem as donas de casa como pessoas que passavam seus dias bordando, fazendo renda, arrumando flores, tocando música ou preparando sobremesas que deliciavam os convidados, elas tinham muito mais o que fazer no cotidiano de seus lares.

Adèle Toussaint-Samson, uma francesa culta que passou a década de 1850 no Rio de Janeiro e circulou entre os membros da elite, negava a ideia de que as senhoras brasileiras fossem "preguiçosas" e que permanecessem "ociosas o dia inteiro":

> Enganam-se. A brasileira não faz nada por si mesma, mas manda fazer; põe seu amor próprio em jamais ser vista em uma ocupação qualquer. Porém, quando somos admitidos em sua intimidade, encontramo-la, de manhã, os pés nus em tamancos, um penhoar de musselina por toda vestimenta, presidindo a confecção dos doces, da cocada, arrumando-os no tabuleiro de suas negras ou de seus negros, que logo vão vender pela cidade os doces, as frutas ou os legumes da habitação. À saída deles, as senhoras preparam costura para as mulatas, pois quase todas as roupas dos filhos, do dono e da dona da casa são cortadas e costuradas em casa.³

CASAMENTO E ETAPAS DA VIDA FEMININA

O universo feminino era para ser doméstico. Mesmo as mulheres das classes privilegiadas não podiam entrar no mundo "masculino" da política. Apesar de algumas mulheres certamente exercerem, por debaixo dos panos, influência sobre os homens que ocupavam cargos de relevo na esfera pública, somente a princesa Isabel, como herdeira do trono imperial, realmente alcançou uma posição de importância reconhecida na política nacional.

Além disso, apenas alguns poucos indivíduos ousados, e já no fim do século, levantaram a questão da necessidade do sufrágio feminino. E, obviamente, não encontraram suficiente respaldo social para implantá-lo nessa época.

A própria Igreja Católica procurava restringir a atuação das mulheres à esfera privada. Ao desencorajar a participação feminina no mundo da política e do trabalho fora de casa, os religiosos reforçavam a hierarquia existente entre homens e mulheres e o ideal de reclusão feminina. Entretanto, ao mesmo tempo que promovia um modelo de sacrifício pessoal e resignação a ser adotado pelas mulheres, a instituição religiosa podia fornecer-lhes um espaço de atuação para além das paredes da casa. Afinal, as igrejas não eram somente um local para onde as "mulheres respeitáveis" podiam se dirigir para assistir a missas e decorar o altar. A própria instituição reservava alguns papéis ativos para elas ao incentivar que praticassem a filantropia. Com isso, algumas delas puderam criar associações de apoio a orfanatos e escolas para meninas pobres nas cidades sem afrontar os conservadores.

As opções de vida disponíveis às mulheres da elite estavam intimamente ligadas aos interesses de sua família. Com as uniões conjugais isso era bem nítido, pois, na época, do mesmo modo que no compadrio, o casamento (ou melhor, o casamento legalizado) era uma forma de consolidar laços familiares existentes entre os membros da alta sociedade. Especialmente no início do século XIX, como eram poucas as famílias importantes, as uniões matrimoniais entre parentes próximos (como primos de primeiro grau, tios e sobrinhas) eram muito comuns, tanto no mundo rural quanto nas cidades. Uma aliança considerada adequada preservava a posição financeira e social das famílias dos noivos. Os casamentos "arranjados" facilitavam a manutenção da linhagem e asseguravam a concentração de terras e demais propriedades nas mãos de poucas pessoas e grupos. Também evitavam que estas se dispersassem ao serem divididas entre os diversos herdeiros.

Apesar de celebrado como um sacramento nos rituais da Igreja Católica, o casamento entre pessoas da elite era de fato concentrado nas questões da propriedade e do prestígio social. As famílias buscavam evitar casamentos com "mistura racial", assim como aqueles com desigualdade em "berço", honra ou fortuna entre os noivos precavendo-se contra uniões que produziriam herdeiros inconvenientes, indesejáveis. (Um bom número de homens formava "segundas famílias" com concubinas, mas os filhos não podiam herdar o *status* e as propriedades de seus pais do mesmo modo que os filhos tidos com a esposa legítima.)

Com considerações econômicas e políticas prevalecendo sobre as do amor romântico, os filhos de classe alta tinham individualmente pouca ou nenhuma margem de escolha sobre seus parceiros matrimoniais. Para as moças as restrições eram ainda maiores. Meninas 13 ou 14 anos casavam-se a mando de seus pais, e frequentemente com homens bem mais velhos.

Consumado o casamento, esperava-se que as mulheres da elite engravidassem e tivessem vários filhos. Elas, em geral, procuravam cumprir tais expectativas. Porém, os perigos que envolviam a gravidez eram potencializados à época por conta da falta de esterilização do material utilizado ou mesmo sua limpeza. A infecção pós-parto seguida de morte era bastante comum entre mães e bebês. Ainda assim, suas taxas de fecundidade[4] tendiam a ser maiores que as das camadas populares, sem dúvida devido a melhores condições de vida e alimentação.

Não eram raras as mulheres que davam à luz uma dúzia de vezes. Entretanto, a morte levava consigo diversas crianças já no nascimento ou em seus primeiros anos de vida. Abortos espontâneos também eram muito comuns.

Se as parteiras tinham falhas, os médicos – que atendiam aos partos realizados nas casas de famílias ricas da cidade – não eram mais capazes, sendo às vezes piores. A princesa Isabel e seu marido, o conde d'Eu, perderam seu primogênito ao nascer pelas mãos de médicos brasileiros. Para que o nascimento do segundo filho, Pedro, em 1875, fosse bem-sucedido, insistiram em trazer ao país um médico francês, já que Paris era referência em Medicina.

Mães com muito mais filhos que a herdeira do trono imperial envelheciam prematuramente e ficavam fisicamente exaustas por conta das diversas gravidezes, abortos e partos a que estavam sujeitas.

Não se esperava de mulheres ricas que amamentassem seus proprios filhos, deixando essa tarefa para escravas ou mulheres livres pobres. As amas de leite continuariam a cuidar dessas crianças até que engatinhassem e, depois, começassem a caminhar e a falar.

No século XIX, o convento raramente era uma alternativa ao casamento para as mulheres da elite, apesar de ainda poderem servir como retiros temporários[5] e *recolhimentos*, clausuras informais das quais mulheres podiam fazer parte sem tomar votos. Mesmo assim, algumas mulheres de famílias abastadas permaneciam solteiras, por vezes contra sua vontade, pois, para evitar um casamento desigual, a família podia impedir que suas filhas se casassem, e inclusive as confinava (e às esposas rebeldes) em tais estabelecimentos.

Na lei e no costume, a ideologia da supremacia masculina prevalecia. Uma mulher passava diretamente da autoridade do pai para a de seu marido ao casar-se. O Código Filipino, compilado em 1603 em Portugal e que se manteve efetivo no Brasil até a promulgação do Código Civil de 1916, especificamente designava o marido como "cabeça do casal"; e somente com sua morte a mulher ocuparia a posição de "chefe da casa". Sob a lei civil do século XIX, portanto, as mulheres eram perpetuamente menores. Como esposas, elas tinham de submeter-se à autoridade do marido em decisões relativas à educação e criação de seus filhos, além da escolha do local de residência. A lei negava às mulheres o direito de comercializar, alienar propriedade imóvel por venda ou arrendamento, ou mesmo administrar tal propriedade sem o consentimento do marido. As viúvas, entretanto, podiam assumir os negócios da família (como faziam as fazendeiras), pois se esperava que preservassem o patrimônio familiar.

Mariana das Neves França Correa e Castro, por exemplo, era uma viúva que administrava, com o auxílio de seus filhos, sua fazenda na região de Vassouras, na província do Rio de Janeiro. Ela ditava não somente sua correspondência – pois não sabia ler ou escrever –, mas também sua intenção de manter a propriedade tal como estava ao casar sua neta de 15 anos de idade, Eufrásia Correa e Castro, com o tio da menina, Laureano, em 1824. A própria dona Mariana havia se casado pela primeira vez aos 14 anos de idade.[6]

No fim do século XIX, já é possível encontrar mulheres, cujos pais haviam morrido, com permissão legal para administrar pessoalmente sua herança e, consequentemente, gozando de uma vida mais independente.

SENHORAS, ESCRAVAS E CRIADAS

A divisão do trabalho dentro das casas da elite refletia as diferenças legais, além das de "raça" e de classe, existentes na sociedade, sendo que as escravas ou as criadas é que faziam a maior parte das tarefas domésticas, consideradas femininas.

Na sociedade escravocrata fortemente hierarquizada, a instituição da escravidão não só temperava as relações entre senhoras e escravas, mas também entre maridos e esposas, como veremos.

Apesar das hierarquias sociais profundas existentes na sociedade escravocrata, a convivência próxima de escravas e senhoras podia favorecer o surgimento de laços pessoais entre elas.

Entretanto, apesar de haver uma grande distância social entre brancas (ou ao menos as socialmente consideradas brancas) e suas escravas ou criadas de pele mais escura, essas mulheres viviam fisicamente bem próximas umas das outras, e podiam criar laços pessoais bastante estreitos. As *mucamas* (escravas ou criadas pessoais) penteavam as senhoras, cuidavam de suas melhores roupas e ajudavam-nas a se vestir. Faziam também o *cafuné* (nostalgicamente lembrado em muitos relatos), que incluía a retirada de piolhos – um reflexo das condições sanitárias da época. (As mulheres da elite apreciavam cabelos longos e usavam penteados elaborados em público, o que fazia contraste com o cabelo curto da maioria das escravas africanas.) Senhoras e escravas domésticas podiam sentar-se lado a lado em casa, costurando, bordando ou fazendo renda. Passavam longas horas juntas. Entretanto, apesar dessa proximidade, havia também muita desconfiança, como atestam as trancas nas portas das despensas e armários de alimentos das casas-grandes das fazendas cafeeiras do Vale do Paraíba.[7] Viajantes estrangeiros espantaram-se ao presenciar a violência com que senhoras puniam suas escravas, mesmo ao menor incidente ou à menor ofensa. O uso do chicote e da palmatória era frequente, mas punições ainda mais drásticas também podiam ocorrer.

Assim como se esperava que as mulheres dos fazendeiros tolerassem os maridos escolhidos para casar-se com elas, também se esperava que fechassem os olhos para as suas relações extraconjugais com escravas. As senhoras não tinham controle algum sobre as aventuras sexuais dos maridos, fossem na senzala ou em qualquer outro lugar. Por outro lado, estando a par da inclinação de seus esposos por jovens escravas, e dos filhos bastardos decorrentes, algumas resolviam reagir. Em casos de abuso extremo dos votos de casamento, como o gasto de grandes somas de dinheiro do marido com suas amantes escravas, instalando-as em casas confortáveis ou mesmo em sua própria cama, ou passeando com elas em público, uma esposa podia recorrer à separação legal. Algumas esposas, porém, preferiam lidar com o problema elas mesmas, vingando-se das escravas suspeitas de terem relacionamentos com o senhor; na ausência dos maridos, ordenavam que os capatazes marcassem os rostos das escravas a ferro ou chicoteassem-nas até a morte.

Na segunda metade do século xix, a participação de escravas no serviço doméstico das cidades foi decrescendo. A partir de então, as mulheres urbanas de classe alta passaram a lidar mais com criadas, gente livre, do que com escravas domésticas. Na década de 1870, por exemplo, cerca de dois terços dos trabalhadores domésticos do Rio de Janeiro eram pessoas livres e não escravos. (O serviço doméstico continuaria por muito tempo a ser a forma de emprego mais comum das mulheres pobres urbanas.) Nas cidades, assim como havia sido nas fazendas, as senhoras mantinham um contato próximo com suas criadas. Na domesticidade compartilhada, pouco podia ser escondido.

Em troca dos serviços e da obediência das criadas, as senhoras lhes ofereciam proteção,[8] um quartinho para dormir, algumas roupas e alimento diário. Além disso, esperavam que as criadas se mantivessem ao seu dispor e se submetessem a seus caprichos e castigos. As relações entre patroas e criadas podiam ser bastante estreitas, mas carentes de confiança, mesmo quando as senhoras acompanhavam-nas para supervisionar as compras. O menor gesto servia para demonstrar a "superioridade" da senhora; o simples ato de preparar com talento doces e sobremesas, para o deleite dos convidados, podia reforçar o poder da dona da casa.

A EVOLUÇÃO DOS COSTUMES SOCIAIS

Por todo o século XIX, as modificações nos costumes, nas instituições e nas vidas de algumas mulheres da elite pareceram ser mais evidentes nas cidades, especialmente a partir da chegada da Corte portuguesa no Rio de Janeiro em 1808 – contrastando fortemente com as poucas mudanças perceptíveis na vida das mulheres pobres. A invasão napoleônica da metrópole, que forçou a família real portuguesa a fugir para o Brasil, propiciou uma série de mudanças políticas, econômicas e sociais, desde a Abertura dos Portos para o comércio estrangeiro até a chegada de missões culturais estrangeiras que acelerariam o desenvolvimento brasileiro e levariam à independência política. A cidade do Rio de Janeiro foi a que mais se beneficiou. E a capital desenvolveu-se mais rapidamente que o interior, aumentando a disparidade entre eles. De acordo com a observação dos cientistas bávaros Johann B. von Spix e Karl F. P. von Martius, as mulheres participavam "da mudança que a transferência da Coroa para cá ocasionou, sendo vistas mais frequentemente [então] no teatro e ao ar livre".[9] No início dos anos 1820, Maria Graham, uma inglesa culta que circulava entre os membros da Corte imperial de Pedro I, notou o "maravilhoso polimento" que ocorreu no Rio durante os 12 meses em que esteve ausente; comentou: "tudo está ganhando um ar europeu".[10]

O Rio de Janeiro servia como modelo para as demais cidades brasileiras em assuntos como boas maneiras, roupas e mobiliário, porém, a natureza dessa influência e o grau de difusão dos novos hábitos diferenciavam-se conforme o lugar. Em cidades menores ou mais distantes do litoral, o universo feminino da classe alta não era o mesmo que nas cidades grandes. Na década de 1850, Adèle Toussaint-Samson notou a persistência de costumes antigos "no interior do país, onde as estradas só são transitáveis em lombo de mula e tornam as comunicações com a capital bastante difíceis, [tanto] que, quando se chega a uma fazenda, nunca se avista a senhora".[11] Na década seguinte, outra mulher educada e perceptiva, Elizabeth Agassiz, esposa do biólogo norte-americano Louis Agassiz, que viajou pela Amazônia e esteve no Rio de Janeiro, reparou que a vida das mulheres de classe alta era mais reprimida nas cidades do Norte do que na capital, que, em suas palavras, tinha seu "aspecto progressivo".[12] Anos depois, Herbert H. Smith, um naturalista americano em viagem pela Amazônia, relatou a diminuição da reclusão das mulheres de classe alta em Belém, mas não nas cidades menores da região.[13]

Durante quase todo o século XIX, bem poucas mudanças puderam ser vistas com relação à vida das mulheres afortunadas no interior do Nordeste em comparação com o que ocorria nas cidades costeiras ou em algumas partes do sul do país. De fato, no sertão, como tendência, as mulheres ainda se casavam bem jovens e com maridos de mais idade determinados pela família, sem qualquer margem de escolha; as esposas dos fazendeiros continuavam a ter muitos filhos, mesmo com a persistência das altíssimas taxas de mortalidade materna e infantil, e passavam muito pouco tempo fora de seus lares. Vestiam-se de maneira mais simples que as mulheres da elite costeira, mantinham os cabelos longos brilhantes com óleo de babaçu, e rapidamente ficavam obesas. Mesmo as famílias ricas que tinham casa na cidade, ocupavam-na, em geral, apenas durante as festividades da Semana Santa e do Fim de Ano. No sertão, onde a fortuna traduzia-se na posse de terras e gado, as mulheres mais ricas apreciavam caros equipamentos de montaria, como os estribos de prata que usavam em suas cavalgadas ocasionais, além de ostentar joias valiosas que demonstravam riqueza. Tal ostentação também podia ser manifesta em suas finas toalhas de mesa e redes de corte elaborado. Ainda assim, muitas esposas de fazendeiros mal escreviam o próprio nome.

A vida na capital brasileira, na mesma época, contrastava com essa realidade. A intensificação da vida comercial e a efervescência política no Rio de Janeiro, em meados do século XIX, levaram à promoção de eventos sociais

A caridade, prática incentivada pela Igreja Católica para promover um modelo feminino de resignação e sacrifício, propiciou às mulheres de classe alta oportunidades de atuação social e de contato com o mundo para além das paredes do seu lar.

maiores e mais complexos. Em tais eventos, assim como nas recepções formais de convidados, esperava-se que as mulheres de classe alta demonstrassem habilidades sociais adequadas e talentos que promovessem o nome da família – como entreter os convidados, conversar polidamente, tocar instrumentos, cantar de modo agradável, demonstrar maneiras refinadas, falar línguas. Até mesmo exibir joias e vestidos elaborados e decotados, cheios de laçarotes e babados, nos bailes e nas festas, assinalava a posição de suas famílias.

Não mais limitadas a somente parir bebês e gerenciar a casa, as mulheres da elite adquiriram então papéis relevantes na manutenção de redes sociais e das alianças estabelecidas entre as famílias. De maneira eficiente, passaram a manipular apadrinhamentos, e a trocar favores, pequenos e grandes, que garantiam em termos vantajosos a vigência das relações de parentesco. Uma cestinha de doces ou uma cartinha atenciosa mandada para a "pessoa certa" podia ajudar a levar a cabo a nomeação de um filho, um parente ou um protegido para um cargo político, por exemplo.

Do mesmo modo que as missas semanais, os banquetes e as festas de aniversário do início do século xix, os raros bailes grandiosos oferecidos pela família real ou os bailes do Casino Fluminense e as reuniões sociais e dançantes nas mansões de elite eram ocasiões propícias para que o flerte – sinais discretos de apreciação, insinuações e troca de olhares – tivesse lugar. Nas costumeiras reuniões familiares, em que moças "bem-nascidas", das "melhores famílias", recitavam poemas ou cantavam trechos do repertório operístico francês ou italiano, os primos já podiam conversar entre si com mais liberdade que antes, o que aumentava a possibilidade tanto de romance quanto de casamentos endogâmicos. Sem dúvida, mudanças nos costumes do galanteio, do "fazer a corte" e do namoro refletiam a influência da literatura sentimental vinda da Europa. No fim do século xix, poucas mulheres de classe alta pareciam admitir que pais pudessem "arranjar" casamentos sem consultar a noiva. Havia, então, espaço para o amor romântico e o sentimento no matrimônio, e as convenções do namoro e do casamento arranjado podiam misturar-se. Décadas antes, o aumento da urbanização e as mudanças político-econômicas já haviam colaborado para diminuir as discrepâncias na idade dos cônjuges na elite urbana a ponto de, agora no fim do século, serem vistas como algo bastante antiquado pelos mais jovens.

Até mesmo a tradição de fazer caridade facilitou mudanças de atitude e de comportamento. A expansão no número de sociedades beneficentes criadas por mulheres de classe alta nas últimas décadas do século xix fez crescer sua habilidade organizacional e sua capacidade de lidar com o mundo exterior. Algumas ainda foram além de ajudar órfãos e meninas pobres; na década de 1880, enquanto o movimento abolicionista ganhava forças, certas mulheres da alta sociedade ajudaram a angariar fundos para escravos libertos, apesar de não participarem de debates públicos sobre sua emancipação. Outras chegaram a fundar suas próprias sociedades abolicionistas. Mas poucas foram além das atividades filantrópicas como fez Leonor Pôrto, que chegou a abrigar escravos fugidios em sua própria casa no Recife.

Assim como a caridade, o caráter do consumismo burguês ajudou a tirar de casa algumas mulheres da elite, introduzindo-as em seus novos papéis de consumidoras no fim do século. As senhoras não tinham mais que mandar suas criadas às compras ou esperar que um vendedor ambulante as visitasse. As compras, assim como agradáveis passeios à tarde ou o chá em cafés elegantes, passaram a fazer parte do lazer das mulheres privilegiadas nos meios urbanos.

EDUCAÇÃO

Melhorias na alfabetização e na escolarização em geral ajudam a abrir as portas da modernidade para homens e mulheres. Mas no século XIX, a educação no Brasil permaneceu bastante limitada àqueles que tinham acesso a seus benefícios por conta de "berço" ou posição social. De acordo com o primeiro censo nacional de 1872, somente 19,8% da população masculina e 11,5% da população feminina sabia ler e escrever. Mesmo na elite, muito menos mulheres que homens haviam recebido alguma escolaridade, e esta era basicamente projetada para aumentar o valor da moça no mercado matrimonial. Entretanto, a ideia de escolaridade formal para meninas foi sendo aos poucos adicionada à ideia mais antiga de que deveriam receber uma educação para o cumprimento das funções domésticas, embora ainda não se tratasse de uma escolaridade idêntica à dos meninos. E, mesmo que as senhoras ricas pudessem cuidar de suas filhas durante sua breve adolescência, a educação dos filhos em termos gerais era supervisionada e controlada pelo pai.

A educação para mulheres de classe alta era centrada na preparação para seu "destino final" de esposa e mãe. Além disso, elas eram vistas como as guardiãs do lar e da família e mantenedoras da "base moral" da sociedade. Alguma educação poderia auxiliá-las a serem mães melhores, e melhores companheiras para seus maridos. Apesar de tanto tradicionalistas quanto os favoráveis à modernidade argumentarem que as mulheres pertenciam ao lar, os segundos alargavam o significado do papel familiar feminino ao enfatizar o poder das mulheres de direcionar o desenvolvimento moral de seus filhos e filhas e fornecer bons cidadãos (homens) à nação. Ao relacionarem a maternidade com o progresso e o patriotismo, atribuíram às mulheres um papel mais significativo na vida da nação, mas tal papel era para ser desempenhado somente no lar. Seus argumentos, de fato, forneceram uma justificativa para o incremento da educação feminina, mas ainda era uma instrução dirigida para o melhor cumprimento das responsabilidades familiares. Enquanto homens de classe alta podiam ler a respeito de política ou filosofia, as mulheres das famílias abastadas fariam bem ao exercitar seu intelecto "mais fraco" na leitura menos exigente da literatura devocional e moralista. Entretanto, as filhas dos "titulares do Império"[14] – homens que estimavam muito a cultura europeia – puderam receber uma educação muito mais séria e consistente que a de muitas outras jovens da elite urbana e, principalmente, que as da elite rural. Maria Graham serviu como preceptora de Maria da Glória, filha de Pedro I, no início da década de 1820. A princesa Isabel também era uma leitora culta.

Dentre os membros da elite, as crianças costumavam ser educadas em casa. As "melhores famílias" empregavam tutores particulares ou mandavam suas filhas para internatos de freiras, especialmente os dirigidos pelas Filhas da Caridade de São Vicente de Paula, que haviam chegado ao Brasil na metade do século XIX. E algumas meninas ricas frequentavam aulas ministradas por estrangeiros. As crianças de famílias menos ricas frequentavam escolas privadas, mas certamente não as públicas, que eram direcionadas a crianças pobres ainda que a maioria da população no Brasil não recebesse educação alguma. De acordo com Ina von Binzer, uma alemã que trabalhou como governanta em lares de cafeicultores e foi professora em um colégio carioca no início da década de 1880, "as melhores famílias absolutamente não mandam as filhas para colégios".[15] O Collège de Sion, porém, mudaria essa mentalidade. No fim da década de 1880, algumas mulheres da alta sociedade, especialmente titulares do Império lideradas pela condessa Monteiro de Barros, quiseram dar às suas filhas uma "educação católica apropriada", aos moldes franceses, mas em terras brasileiras, ao invés de enfrentar as dificuldades de mandarem-nas estudar nos internatos de freiras na Europa. Assim, em 1888, a ordem educacional da Congregação das Religiosas Nossa Senhora de Sion iniciou sua missão no Rio de Janeiro e logo estabeleceu a reputação de administrar a melhor e mais cara escola para meninas da "nata da sociedade". Estudantes do Collège de Sion eram famosas por seu francês impecável, seus modos refinados e conhecimentos em literatura clássica, tanto quanto por sua atitude apropriada de submissão à autoridade.

No século XIX, a educação superior servia para preparar homens para as profissões de maior prestígio, especialmente o Direito e a Medicina. As mulheres, mesmo as das classes privilegiadas, não deviam ingressar na vida acadêmica, pois esta oferecia um currículo clássico direcionado a capacitar os homens para atuar no mundo político da elite governante. As mulheres tirariam maior benefício do estudo de línguas estrangeiras e de música, o que as valorizaria como candidatas ao casamento. Mesmo depois que a educação superior passou a ser uma possibilidade legal, com a abertura das faculdades de Direito e Medicina para as mulheres em 1879, foram bem poucas as que conseguiram ingressar nelas nas últimas décadas do século XIX. A maior parte dos homens cultos ainda supunha que as energias femininas deveriam ser direcionadas inteiramente ao serviço de suas famílias.

REBELDES E LITERATAS

Na segunda metade do século XIX, o aumento da urbanização, das exportações e da industrialização criou uma economia mais diversificada e uma ordem social mais complexa, que incluía uma presença maior dos setores médios. Nesse contexto, cresceu o letramento entre as mulheres, principalmente nas cidades, onde a distância entre a porcentagem de homens e de mulheres alfabetizados diminuiu. Ao mesmo tempo, as diferenças no estilo de vida das mulheres de famílias privilegiadas na zona rural e nas cidades ficaram menores em vários aspectos. Por exemplo, pianos passaram a ser encontrados tanto nas casas de fazenda quanto nos lares urbanos. Seja em áreas mais tradicionais, como o Recôncavo Baiano, seja nas regiões do sul do país, com uma economia mais dinâmica (voltada para a exportação), as esposas e os filhos dos proprietários rurais visitavam agora com frequência as capitais de província. Na década de 1860, esposas de fazendeiros paulistas alternavam estadas entre a capital da província e as fazendas da família; logo o café transformaria São Paulo, antes uma pequena cidade acanhada e pobre, num centro regional, cada vez mais sofisticado, habitado por fazendeiros ricos. Com todas essas transformações, algumas mulheres ganharam mais autonomia.

Entretanto, pouquíssimas mulheres de elite da mesma geração tiveram trajetória similar à de Veridiana Prado (1825-1910). Ela não só conseguiu exercer uma grande influência nos assuntos culturais, econômicos e políticos da família Prado, como também deixou sua marca na sociedade paulistana da época. Em 1877, rebelando-se contra o destino prescrito para as mulheres de sua condição social, essa esposa de fazendeiro teve coragem de se separar do marido quando já contava 50 anos de idade (o marido era também seu tio, um homem com quem se casara aos 13). Nessa época, separações eram bastante incomuns e fortemente reprovadas pela sociedade. Sem se deixar abater, alguns anos depois, Veridiana fez sua primeira viagem à Europa. Ela também mandou construir para si uma mansão na capital da província de São Paulo, em estilo francês renascentista, que se tornou referência para sua poderosa família assim como para a cidade de São Paulo. Veridiana Prado quebrou o tradicional isolamento cultural desta cidade (ainda pequena, mas em rápido crescimento), apresentando aos paulistanos a "sociedade de salão", os saraus, aos moldes franceses.[16]

Para mulheres com educação, mas não suficientemente ricas, o caminho da emancipação era muito mais árido e incerto. Mulheres sem propriedades, mas bem distantes das camadas populares, não podiam usufruir as liberdades de uma Veridiana Prado a não ser que fossem verdadeiramente excepcionais. E Nísia Floresta Brasileira (Dionísia Gonçalves Pinto) o era. A intelectual mais extraordinária da época nasceu no Rio Grande do Norte em 1810 e foi obrigada a casar-se ainda bem jovem, como muitas meninas de então, aos 13 anos de idade. Logo, porém, abandonou seu marido e mudou-se para Olinda. Em 1832, publicou uma tradução livre da obra feminista pioneira de Mary Wollstonecraft, *A Vindication of the Rights of Woman*. Em Porto Alegre, aos 24 anos com dois filhos e uma mãe para sustentar, ela foi dar aulas em uma escola, uma das poucas opções de emprego "respeitáveis" para mulheres. Mudou-se depois para o Rio de Janeiro, onde fundou um colégio que perdurou por 17 anos. Nísia Floresta lutou pela educação e pela valorização social das mulheres, além de reivindicar a liberdade religiosa no país e a abolição da escravatura. Em 1856, mudou-se finalmente para a Europa, onde impressionou intelectuais franceses, converteu-se ao positivismo e publicou diversos outros livros. Exceto por um curto período, ela permaneceu no Velho Mundo, aproveitando sua atmosfera intelectual efervescente, até falecer aos setenta e cinco anos, em 1885.

Por muitos anos, poucas mulheres educadas falariam com tanta ênfase em favor da ampliação do papel público das mulheres quanto o fez Nísia Floresta. Na década de 1870, surgiram diversos jornais editados por mulheres somando-se a periódicos direcionados às mulheres, mas editados por homens. Muitos desses jornais (mesmo os que publicavam artigos escritos por mulheres), porém, se dedicavam apenas a assuntos como moda ou literatura sentimental. Afinal, agora, as mulheres de classe alta seguiam as modas francesas com muito mais empenho do que no início do século, além de lerem mais romances.

Entretanto, algumas editoras de jornais – uma minoria corajosa – advogavam pela emancipação das mulheres, enfatizando a importância da educação básica, tanto em benefício particular quanto para melhorar o mundo. Uma das mais eloquentes foi a professora Francisca Senhorina da Motta Diniz, editora do jornal carioca *O Sexo Feminino*. Francisca era uma mulher privilegiada, mas não afortunada o suficiente para não precisar ganhar a vida com seu trabalho. Sua própria experiência e suas observações convenceram-na da necessidade de capacitar as mulheres por meio da educação, pois muitas delas, como no seu caso (ela era professora), precisavam sustentar-se e a suas famílias.

A editora do jornal *A Família* (publicado inicialmente em São Paulo e mais tarde no Rio de Janeiro no fim da década de 1880), Josefina Álvares de Azevedo, vinha de uma família mais distinta e de mais posses e foi defensora pioneira do sufrágio feminino no Brasil. Além de artigos e biografias (em que destacava os papéis ativos e individualizados que vislumbrava para as mulheres), escreveu a peça de teatro pró-sufrágio intitulada *O voto feminino*.

Embora o aumento no número de mulheres letradas nas cidades permitisse um público potencial maior para jornais que defendiam a emancipação das mulheres,[17] esse público era limitado à classe alta e a algumas mulheres de classe média. E ainda assim, relativamente poucas dessas mulheres passavam a militar ativamente por estes ideais.

O movimento pela ampliação dos direitos das mulheres não expandiria seu alcance dentre as classes privilegiadas até se tornar mais conservador, no início do século xx, concentrando-se na reforma legal e constitucional e na questão de voto ao invés de lutar por bandeiras mais radicais. Enquanto membros das elites políticas e sociais desempenhavam papéis proeminentes no movimento pelo sufrágio feminino da década de 1920 (as líderes eram profissionais de classes alta ou média alta, bem-educadas e com excelentes contatos, como engenheiras, advogadas, médicas, cientistas, funcionárias públicas de nível mais alto), as professoras de escolas primárias e outras profissionais da classe média emergente (como datilográficas, encadernadoras, tipógrafas e funcionárias públicas de baixo escalão) engrossavam suas fileiras.

No fim do século xix, a atividade literária, que podia ser realizada em casa, era uma válvula de escape aceitável para as energias femininas, e foi abraçada de maneira crescente por mulheres de classe alta. Júlia Lopes de

Almeida, filha de um titular do Império que ajudou a promover sua carreira literária, tornou-se uma das escritoras brasileiras mais famosas da época, ao combinar seus esforços intelectuais com uma vida doméstica convencional. Mesmo propondo melhor educação e oportunidades profissionais para mulheres, essa autora popular e prolífica tendia a enfatizar o papel central da maternidade e administração do lar na vida feminina. Entretanto, apoiava o sufrágio feminino. Reconhecida como membro de valor da elite literária e admirada por seus colegas em razão de seus romances pós-naturalistas, tomou coragem e foi a primeira mulher a pedir entrada na recém-estabelecida Academia de Letras – e a primeira a ser recusada justamente por ser do sexo feminino (a Academia era muito conservadora).

Outras mulheres de famílias importantes, como as escritoras Inês Sabino Pinho Maia e Maria Clara Vilhena da Cunha, também contribuíram para periódicos de público feminino com diferentes opiniões sobre questões femininas; e mais mulheres publicaram na imprensa em geral. Elas não eram então figuras isoladas que produziam somente um poema ou prosa ocasional como nos tempos de Nísia Floresta, quando apenas mulheres extraordinárias, como Narcisa Amália de Campos, obtinham renome como poeta e figura literária. No fim do século xix, um número razoável de escritoras já podia ser encontrado nas cidades maiores de norte a sul do país, contribuindo com jornais e empreendimentos literários, mas geralmente demonstrando maior preocupação com o casamento e a domesticidade do que com a ampliação dos direitos legais das mulheres ou de suas oportunidades de emprego. Essa geração de escritoras continuaria a publicar no século xx. Não houve linha divisória entre o fim de um século e o início do outro no que tange às mulheres da elite.

No fim do século xix, o universo da elite tornou-se mais urbano em termos de localização e de valores, assim como mais exposto a influências estrangeiras. Uma sociedade antes bastante bipolarizada tornava-se aos poucos mais complexa na medida em que os setores médios cresciam e as distinções profundas existentes entre as camadas sociais se tornavam mais difusas. Porém, a mudança social em curso ainda estava contida dentro da hierarquia existente, e o domínio da elite permanecia intocado. Apesar das transformações ocorridas com relação à idade ao casar e à natureza dos arranjos matrimoniais, o casamento em si manteve um papel central na vida da grande maioria das mulheres da elite. É verdade que, nessa época, em geral, elas podiam se movimentar mais para além das paredes de seus lares,

Mesmo com as transformações ocorridas em relação à idade ao casar e à natureza dos arranjos matrimoniais, o casamento, fundado na ideia de superioridade masculina e subordinação feminina, manteve um papel central na vida da grande maioria das mulheres da elite no final do século xix.

mas o grau dessa mobilidade ainda dependia da região do país, do tamanho da cidade e da área em que se vivia. Ainda assim, no fim do século, essas mulheres tinham diante de si possibilidades muito maiores, que não eram sequer imaginadas em seu início.

NOTAS

[1] John Luccock, *Notes on Rio de Janeiro and the Southern parts of Brazil Taken during a Residence of Ten Years... 1808-1818*, London, S. Leigh, 1820, p. 112-3.
[2] Robert Walsh, *Notices of Brazil in 1828 and 1829*, London, Frederic Westley e A. H. Davis, 1839, v. 2, p. 28.

3 Adèle Toussaint-Samson, *Uma parisiense no Brasil*, Rio de Janeiro, Capivara, 2003, p.156-7.
4 *Taxa de fecundidade* significa o número de filhos nascidos vivos no total de 1.000 mulheres entre 15 e 49 anos de idade.
5 O governo baniria novas admissões às ordens em 1855 como resposta à suposta imoralidade de muitos dos membros das ordens masculinas.
6 Vide Miridan Britto Falci, "Parentela, riqueza e poder: três gerações de mulheres", em Miridan Britto Falci (org.), *Gênero e escravidão*, Rio de Janeiro, Encadernação Fátima Franklin, 2009, p. 13-23.
7 Stanley Stein, *Vassouras: um município brasileiro do café 1850-1900*, Rio de Janeiro, Nova Fronteira, 1990.
8 Sandra Lauderdale Graham, *Proteção e obediência: criadas e seus patrões no Rio de Janeiro, 1860-1910*, São Paulo, Companhia das Letras, 1992.
9 Johann B. von Spix e Karl F. P. von Martius, *Travels in Brazil in the Years 1817-1820*, London, Longman, Hurst, Rees, Orme, Brown e Green, 1824, I:159.
10 Maria Dundas Graham [Lady Maria Calcott], *Journal of a Voyage to Brazil and Residence There during Part of the Years 1821, 1822, 1823*, New York, Praeger, 1969, p. 350.
11 Adèle Toussaint-Samson, op. cit., p. 155.
12 Louis Agassiz e Elizabeth C. Agassiz, *A Journey in Brazil*, Boston, Ticknor and Fields, 1868, p. 270, 479, 481.
13 Herbert H. Smith, *Brazil. The Amazons and the Coast*, New York, Charles Scribner's Sons, 1879, p. 50, 122-123.
14 Pessoas com títulos de nobreza concedidos pelo imperador.
15 Ina von Binzer, *Os meus romanos: alegrias e tristezas de uma educadora alemã no Brasil*, Rio de Janeiro, Paz e Terra, 1980, p. 63.
16 Vide Darrell E. Levi, *A família Prado*, São Paulo, Cultura 70, 1977.
17 A alfabetização das mulheres cariocas, por exemplo, aumentou de 29,3% em 1872 para 43,8% em 1890 sem que houvesse mudança significativa no âmbito nacional.

BIBLIOGRAFIA

BARMAN, Roderick J. *Princesa Isabel do Brasil*: gênero e poder no século XIX. São Paulo: Unesp, 2005.

BRANT, Alice [pseud. Helena Morley]. *Minha vida de menina*. São Paulo: Companhia das Letras, 1998.

BITTENCOURT, Anna Ribeiro de Goes. *Longos serões do campo*. Rio de Janeiro: Nova Fronteira, 1992, 2 v.

FALCI, Miridan Knox. Mulheres do sertão nordestino. In: DEL PRIORE, Mary (org.); BASSANEZI, Carla (coord.). *História das mulheres no Brasil*. São Paulo: Contexto, 2002, p. 241-272.

HAHNER, June E. *Emancipação do sexo feminino*: luta pelos direitos da mulher no Brasil, 1850-1940. Florianópolis: Editora Mulheres, 2003.

LAUDERDALE GRAHAM, Sandra. *Proteção e obediência*: criadas e seus patrões no Rio de Janeiro, 1860-1910. São Paulo: Companhia das Letras, 1992.

LEITE, Miriam Moreira (org.). *A condição feminina no Rio de Janeiro*: século XIX. São Paulo: Hucitec, 1984.

MUZART, Zahide Lupinacci (org.). *Escritoras brasileiras do século XIX*. Florianópolis: Editora Mulheres, 2004, 2 v.

PEDRO, Joana Maria. *Mulheres honestas e mulheres faladas*: uma questão de classe. Florianópolis: Editora da UFSC, 1994.

RAGO, Elisabeth Juliska. *Outras falas*: feminismo e medicina na Bahia (1836-1931). São Paulo: Annablume/Fapesp, 2007.

SAMARA, Eni de Mesquita. *As mulheres, o poder e a família*: São Paulo, século XIX. São Paulo: Marco Zero, 1989.

SILVA, Maria Beatriz Nizza da. *História da família no Brasil colonial*. Rio de Janeiro: Nova Fronteira, 1998.

TOUSSAINT-SAMSON, Adèle. *Uma parisiense no Brasil*. Rio de Janeiro: Capivara, 2003.

VON BINZER, Ina. *Os meus romanos*: alegrias e tristezas de uma educadora alemã no Brasil. Rio de Janeiro: Paz e Terra, 1980.

Meninas

TRABALHO, ESCOLA E LAZER

Silvia Fávero Arend

– Ô mãe, me explica, me ensina, me diz o que é feminina?
– Não é no cabelo, ou no dengo, ou no olhar, é ser menina por todo lugar.
– Ô mãe, então me ilumina, me diz como é que termina?
– Termina na hora de recomeçar, dobra uma esquina no mesmo lugar.
Costura o fio da vida só pra poder cortar
Depois, se larga no mundo pra nunca mais voltar
(...)
E esse mistério estará sempre lá.

Os versos de "Feminina", canção de Joyce gravada em 1980, procuravam explicar o que é ser menina por meio da linguagem poética. Para responder a mesma pergunta, vamos lançar mão da História, que mostra que – longe de estar "sempre lá" – a experiência de "ser menina" muda ao longo dos séculos no Brasil, especialmente no mundo urbano, e varia bastante por conta das grandes desigualdades socioeconômicas sob as quais a sociedade brasileira foi edificada.

A SINHAZINHA E A CRIADA DE SERVIR

Durante o século xix, grande parte da população brasileira habitava na zona rural. Além do latifúndio voltado para a agroexportação, havia uma grande quantidade de pequenas plantações que abasteciam o mercado interno. Nesse universo, que possuía características próprias dependendo da região do Brasil, viviam as famílias dos proprietários rurais, dos escravos e dos agregados. Foi somente a partir de 1880 que o cenário começou a mudar e as cidades passaram aos poucos a adquirir maior importância. A escravidão foi abolida, a industrialização ganhou força e o setor de serviços desenvolveu-se. Nesse processo, observou-se a formação de uma elite industrial, do operariado urbano e de setores médios com novas características (profissionais liberais e burocracia civil e militar).

Na passagem para o século xx, o Brasil mudava lentamente. No que diz respeito às relações familiares, e particularmente à condição das mulheres, as mudanças eram bem mais lentas. Ainda nesse período, quando nascia um bebê do sexo feminino, logo os pais das famílias das elites e dos setores médios começavam a se preocupar. O destino das meninas estava socialmente traçado. No futuro, elas deveriam contrair núpcias com um filho de um parente não muito distante, de um compadre ou ainda de um político importante da região. Mas, para que isso se concretizasse, era de fundamental importância que as meninas tivessem um enxoval e um dote. O primeiro poderia ser confeccionado ao longo dos anos até a chegada do casamento. O dote é que era o problema. Podendo ser em dinheiro, terras, apólices bancárias, ou outras formas de riqueza, tinha que estar garantido de alguma maneira, pois, para uma donzela, a ausência ou a perda do dote significava a muito provável exclusão de determinados círculos sociais e a temida solteirice. Assim, a angústia ligada ao dote marcava a vida de tais meninas.[1]

Nas residências dessas famílias, tanto na zona rural quanto na urbana, as escravas (no tempo da escravidão) ou as "criadas de servir" eram as responsáveis pela execução das tarefas domésticas e o cuidado das crianças (em muitos casos, inclusive, sua amamentação). Não era necessário então que as pequenas "sinhás" aprendessem a realizar essas tarefas, mas sim a dar ordens para que fossem efetuadas.

Viajantes europeus, em visita ao Brasil – um tanto preconceituosamente –, registraram que as meninas brasileiras eram preguiçosas, mandonas e desprovidas de encantos. (É claro que falavam das jovens privilegiadas com a possibilidade de alguém para servi-las, pois as mais pobres trabalhavam, e muito.) Por outro lado, observaram que relações afetivas podiam estabelecer-se com frequência entre criadas e sinhazinhas, enquanto o respeito à autoridade era sentimento nutrido por pai e mãe consanguíneos.

Nos primeiros anos de vida, as sinhazinhas podiam brincar à vontade junto às crianças que compunham o contingente de escravos ou agregados. Mais tarde, eram apresentadas aos segredos do bordado, da confecção de rendas e da costura pelas mãos de mães, tias ou amas de leite. Assim, com bastante antecedência, o enxoval – lençóis de linho, toalhas de mesa, roupa branca – começava a ser produzido.

Ao longo do século XIX, saber tocar um instrumento musical, em especial o piano, tornou-se um imperativo para meninas bem situadas socialmente. Além de introduzir certa disciplina corporal e ajudar a passar o tempo, saber tocar piano seria considerado, na vida adulta, sinônimo de refinamento cultural. Nas cidades, a aprendizagem da escrita e da leitura do vernáculo ocorria com o auxílio de um preceptor, que ensinava as crianças da família e, raras vezes, também com o auxílio da mãe. Algumas noções de um segundo idioma, quase sempre o francês, eram também sinal de *status*. Era ideia corrente que tais saberes e habilidades proporcionariam à moça um "casamento melhor", ou seja, com um partido de mais posses.

A chegada das "regras" (menstruação) anunciava que a menina já estava pronta para o casamento. A *menina*, então, tornava-se *moça*! Nesse momento, o noivado entre a menina-moça e seu pretendente, geralmente mais velho, já podia ser selado pelos pais. A necessidade da virgindade da noiva era condição fundamental para que a aliança se concretizasse. Através das futuras gestações, não só *filhos*, mas *herdeiros* seriam produzidos, assegurando a "continuidade do sangue" e do patrimônio das famílias envolvidas.

Muitas vezes, o enlace acontecia sem que a jovem noiva tivesse qualquer conhecimento sobre práticas sexuais ou contracepção. Em outras situações, como nos casos em que a moça não era mais virgem ou havia engravidado de alguma paixão juvenil ou relação incestuosa, procurava-se manter segredo para não comprometer a possibilidade de casamento. Crianças nascidas dessas uniões, consideradas ilegítimas, eram depositadas na Roda dos Expostos ou encaminhadas para algum parente que pudesse criá-las.[2]

No outro extremo social, o labor era a sina das meninas que nasciam pobres, fossem elas escravas, libertas,[3] "ingênuas" ou livres.[4] A partir dos 4 ou 5 anos de idade, começavam a auxiliar nas lides domésticas, com os animais (galinhas, vacas, porcos) e no cuidado de outras crianças. Nas cidades, também saíam a vender mercadorias junto dos adultos, auxiliavam na lavagem de roupas das famílias de mais posses ou eram postas para pedir esmolas. Algumas aprendiam ofícios considerados especializados, tais como a tecelagem e a costura, os relativos aos partos e benzeduras e as habilidades para produzir quitutes populares que seriam vendidos em tabuleiros ou barraquinhas nas ruas. Nas propriedades agrícolas, a mão de obra infantil feminina era utilizada, sobretudo, em atividades que exigiam habilidade manual e menor força física.

Apesar de os religiosos católicos buscarem difundir o ideário da castidade, entre essa população era comum que relações sexuais acontecessem no momento em que o corpo das meninas adquiria os primeiros contornos da mocidade. Esses eventos, muitas vezes fugazes, respondiam a desejos e impulsos individuais. Porém, para uma parcela de meninas pobres, a história não se passava desse jeito; eram violentadas pelos seus senhores, patrões, parentes, conhecidos ou estranhos (algumas delas até pelos próprios pais, a despeito do tabu social do incesto). A prole das meninas pobres gerada a partir de relacionamentos considerados ilegítimos (com exceção dos incestuosos) não se constituía em um problema social na época; os bastardos iriam engrossar a fileira de trabalhadores e trabalhadoras necessários para a geração da riqueza do país.

A ESTUDANTE E A EMPREGADA DOMÉSTICA: 1900-1980

No século XX, o lugar social reservado às sinhazinhas e às meninas pobres seria questionado com a entrada em cena de uma nova noção de *infância*. A partir da metade do século anterior, as delimitações das chamadas idades da vida, no mundo Ocidental, passaram por profundas modificações associadas, sobretudo, a questões demográficas. Uma população adulta que pudesse trabalhar nas nascentes fábricas, consumir os produtos que começavam a ser produzidos em larga escala e compor os batalhões dos exércitos e

A Primeira Comunhão, ocasião em que as meninas de famílias católicas se vestiam com roupas brancas caprichadas, era parte da sua formação moral e religiosa.

das armadas tornava-se necessária. Porém, os índices relativos à mortalidade das crianças naquela época eram bastante altos. Assim, o crescimento demográfico tornou-se um objetivo comum de médicos, juristas, pedagogos, além dos governantes e demais autoridades.

A nova noção de infância, construída a partir de um conjunto de discursos enunciados pelos referidos profissionais em relação a crianças e jovens, foi forjada neste processo histórico. De acordo com esta nova apreciação sobre a vida humana, as pessoas entre 0 e 18 anos passaram a ser consideradas "seres em formação", tanto do ponto de vista corporal quanto psicológico. Nessa "fase da vida", agora bem delimitada, estariam interditadas práticas que pudessem colocar em risco a saúde das futuras mulheres e homens, ou seja, as atividades sexuais e determinados tipos de ocupação. A infância seria o momento fundamental dos processos de socialização para o ingresso no mundo adulto e estaria balizada, sobretudo, pelo saber escolar.

Esse ideal de infância não ganhou corações e mentes de um momento para o outro, mas lentamente foi obtendo adeptos. No Brasil, ele foi difundido por diferentes meios, com destaque para a imprensa e a escola. Mudar o cenário não era tarefa fácil, pois implicava modificar relações de longa data instituídas no âmbito da família. Entretanto, algumas inovações começaram a se tornar realidade na sociedade brasileira a partir do começo do século xx. Em primeiro lugar, o sentido da paternidade/maternidade foi alterado, sendo que a *criação* dos filhos e filhas passou a ser considerada de grande importância. Os genitores, especialmente a mãe biológica, seriam agora os responsáveis pelos cuidados e a educação doméstica de sua prole.

No início do período republicano brasileiro, os médicos foram os primeiros a criticar os matrimônios cuja única finalidade era a perpetuação dos bens das famílias Além disso, preocupavam-se com a alta taxa de mortalidade materna, especialmente na primeira gestação, e a elevada taxa de mortalidade infantil que marcavam a população da época. Passou-se a divulgar que a idade ideal para as núpcias deveria ser postergada para a faixa dos 20 anos, pois nessa época o corpo, especialmente o feminino, estaria "maduro" para produzir bebês mais saudáveis. Tendo em vista esse quadro, o processo de socialização das meninas das famílias das elites e dos setores médios sofreria mudanças, como veremos.

As brincadeiras de criança passaram a ser motivo de grandes preocupações. Em função do novo significado atribuído para a infância, as distrações mais corriqueiras atraíram a atenção de médicos e pedagogos e, depois, dos psicólogos. As meninas foram desaconselhadas a subir em árvores, correr com cavalinho de pau entre as pernas, nadar em lagos e rios e brincar de esconde-esconde com os meninos em lugares ermos após os 6 anos de idade. De acordo com os manuais de educação infantil publicados na primeira metade do século xx, as brincadeiras saudáveis eram as que não colocavam em risco a integridade do corpo da menina. Para elas, agora, apenas as bonecas,[5] as panelinhas, os ferros de passar, as imitações de tanques de lavar roupa; e, para os meninos, os carrinhos, os barcos, as ferrovias, as bolas e as raquetes.

Para além da socialização para o exercício de papéis no interior da família, as referidas brincadeiras e diversões contribuíam no processo de educação dos indivíduos de acordo com o que se esperava de mulheres e de homens na idade adulta. Docilidade, meiguice, serenidade e resignação eram as características consideradas femininas ao passo que as esperadas dos varões eram a coragem, o poder de decisão e a competitividade – valores e práticas que também seriam aprendidos na escola, agora entendida como o local por excelência para a educação formal das crianças e jovens de ambos os sexos.

As roupas, neste período, também contribuíam para diferenciar com maior clareza as idades da vida. No século xix, os bebês passavam muito tempo com seu corpo completamente enfaixado. Ao atingirem 2 ou 3 anos de idade, começavam a usar vestidos e, após os 6 anos, recebiam trajes similares aos dos adultos. A novidade do ingresso no espaço escolar exigiu roupas que facilitassem os movimentos do corpo: para os meninos, os calções curtos, camisas, jaquetas, coletes, bonés, meias e sapatos, e, para as meninas, os vestidos e saias sem armação, blusas mais folgadas e cabelos presos com fitas. Usar calças compridas, no caso dos garotos, e vestidos semelhantes aos das mulheres adultas, no caso das garotas, informava que eles e elas haviam ingressado em outra "idade da vida", a mocidade. O padrão de vestimenta que associava a aparência às idades da vida seria paulatinamente difundido também entre as famílias pobres.

Foi nos Estados Unidos da década de 1940 onde primeiro ocorreu a associação da cor azul ao masculino e da rosa ao feminino, sobretudo nas roupas para os bebês.[6] Esse processo foi alavancado pela publicidade das empresas de vestuário, interessadas em padronizar a produção e obter ganhos em larga escala. No Brasil, possivelmente, esse padrão firmou-se ao longo da década de 1970, quando a indústria nacional do vestuário abarcou o mercado infantojuvenil até então pouco explorado.

Desde o início do século XX, a sociedade brasileira esperava que as mulheres desempenhassem novos papéis no âmbito doméstico e na esfera pública. A escolarização em larga escala das meninas está associada a esse fenômeno socioeconômico.[7] Foi a partir dessa época que as filhas das famílias das elites e dos setores médios passaram a frequentar o curso primário, o ginásio e, eventualmente, o secundário nas escolas confessionais católicas femininas e de outras congregações religiosas presentes nas capitais dos estados da federação. Essas escolas, além do externato, contavam muitas vezes com um internato que acolhia as estudantes provenientes das cidades do interior. As meninas cujos pais não podiam arcar com os custos de uma escola privada dividiam com seus irmãos os bancos das escolas públicas, que, geralmente, eram mistas e se multiplicavam pelo país.

Paulatinamente, o saber escolar deixou de ser um privilégio dos meninos. Porém, enquanto vários desses meninos continuavam seus estudos até galgarem o diploma universitário, um número significativo de jovens mulheres até os anos de 1950 mal conseguia concluir o curso secundário. As que seguiam em frente nos estudos quase sempre optavam pelas carreiras profissionais consideradas femininas, ou seja, o Magistério e a Enfermagem. A rígida disciplina em relação ao corpo, o uso dos uniformes impecáveis, os castigos, as orações, as lições de canto e solfejo, as posturas vigiadas nas aulas de Educação Física e no refeitório, entre outras práticas, caracterizavam o cotidiano escolar dessas estudantes.

Em meados do século XX, enquanto os meninos saíam para brincar com maior liberdade nas vias públicas, nas famílias dos setores médios da sociedade, as meninas auxiliavam suas mães na cozinha e nas tarefas domésticas mais leves, tais como secar louça, tirar o pó dos móveis, passar roupa, bem como cuidar dos irmãos e irmãs mais jovens. A divisão sexual do trabalho começava desde cedo e permaneceria na fase adulta. Havia, inclusive, um temor entre os pais de que meninos que realizavam tarefas domésticas pudessem se tornar "afeminados".

A leitura de romances denominados "água com açúcar" e de revistas femininas constituía-se em um dos principais passatempos dessas meninas que haviam se tornado estudantes. Muitas das publicações literárias e periódicas, conjuntamente com informações obtidas na escola, difundiam regras de etiqueta e noções de elegância que seriam provavelmente colocadas em prática na vida adulta ao lado do futuro esposo. Tais escritos contribuíam também no processo de construção da subjetividade das meninas, ou seja, na forma como elas expressariam as suas emoções.

Os flertes e inícios de namoro de então se davam nos bailes de salão e nas reuniões dançantes ocorridas nos finais de tarde. Os relacionamentos eram construídos a partir da perspectiva do amor romântico e poderiam não redundar necessariamente em casamento. O namorado era, em geral, entre 2 ou 5 anos mais velho que a moça. Aos 14 ou 15 anos muitas meninas participavam dos bailes de debutantes onde eram oficialmente "apresentadas à sociedade". Em meados do século xx, a participação nos referidos eventos sociais, bem como nas famosas festas de aniversário de 15 anos, demarcava, entre as "famílias de bem", a passagem da meninice para a mocidade.

A chegada da menstruação, por sua vez, perdera a importância que tinha antes no sentido de demarcar a passagem para a condição de adulta/disponível para o casamento, mas continuava a trazer preocupações para os pais. O ideário da virgindade permanecia presente entre as elites e os setores médios da sociedade associado ao discurso da honestidade das mulheres, mas, agora, somava-se a ele a ideia da necessidade de concepção de filhos e filhas saudáveis – uma questão problemática em gravidezes precoces.

Manter relações sexuais antes do enlace matrimonial era uma prática condenada socialmente. Além disso, o medo de tornar-se mãe solteira, em um tempo em que os métodos contraceptivos conhecidos falhavam com frequência e o aborto seguia criminalizado e considerado pecado, assombrava as meninas. O melhor era permanecer casta até o matrimônio. Mas sabemos que havia meninas, mesmo nesses grupos sociais, que, na prática, transgrediam em segredo esses e outros preceitos, inclusive, o relativo às práticas sexuais heterossexuais.

Para as filhas e filhos das famílias pobres, da mesma forma que no período histórico anterior, continuava a ser necessário trabalhar para garantir o sustento. Porém, já nas primeiras décadas do século xx, as vozes dos médicos se somaram às dos representantes do movimento operário na crítica à utilização de mão de obra infantojuvenil no setor industrial. De acordo com elas, esse tipo de labor, além de colocar em risco o bom desenvolvimento do corpo das crianças, no caso das meninas, poderia afetar a sua reputação moral. O Código de Menores de 1927 e a legislação trabalhista, sobretudo a emitida durante o primeiro governo de Getúlio Vargas (1930-1945), buscaram interditar a meninos e meninas o espaço fabril. Contudo, nas cidades, atividades comerciais como as de ambulante, vendedor de jornais, leiteiro, engraxate, atendente de casa de comércio, entre outras, paulatinamente absorveram a mão de obra infantil masculina que saíra da indústria. Para

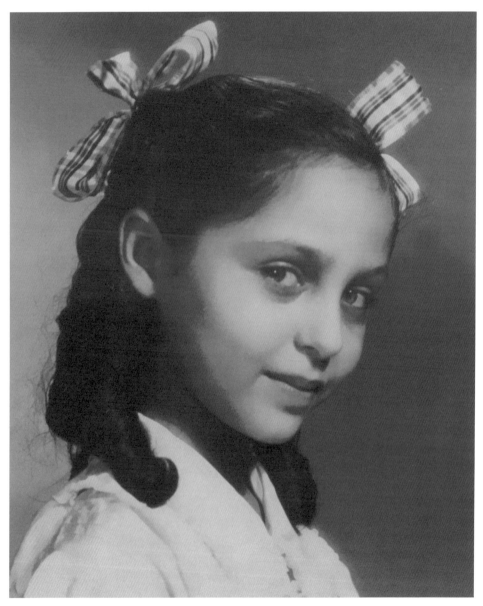

Nos anos 1950, esperava-se que as meninas fossem dóceis, meigas e serenas, brincassem com bonecas e panelinhas e evitassem subir em árvores e nadar em rios como faziam os garotos.

A partir da instituição do Estatuto da Criança e do Adolescente, em 1990, o Estado brasileiro buscou com maior ênfase criar programas sociais que melhorassem as condições de vida das crianças e adolescentes pobres, combatendo a exploração sexual, o trabalho infantil e a gravidez precoce das meninas.

as meninas, entretanto, também o setor comercial estava interditado, pois uma significativa parcela dessas atividades ocorria no espaço público. Como idealmente o local preferencial das mulheres era a casa, as autoridades judiciárias da época aconselhavam os patrões a não contratarem meninas para trabalhar em seus estabelecimentos.

Restava então, para a grande maioria das meninas sem recursos que habitavam o espaço urbano, o trabalho doméstico. Grande parte delas começava entre os 9 e 10 anos a trabalhar como babás e, com o avançar da idade, tornavam-se empregadas domésticas. Muitas das meninas e moças conhecidas como "filhas de criação" habitavam as residências das famílias das elites ou dos setores médios e recebiam como pagamento pelo seu labor somente cama, comida e algumas roupas. De maneira geral, o salário obtido pelas meninas até determinada idade contribuía para reforçar o orçamento da família e era, portanto, bem-vindo.

Apenas uma parcela das meninas que trabalhavam tinha a possibilidade de estudar. Apesar dos esforços de determinados governos no sentido de difundir o saber escolar para as filhas e filhos dos trabalhadores urbanos, a extensa jornada de trabalho das meninas as impedia de frequentar assiduamente a escola. As que conseguiam fazê-lo procuravam ao menos completar o antigo curso primário, pois o fato de serem alfabetizadas poderia lhes proporcionar maiores chances no mercado de trabalho, inclusive obter um posto na indústria ou no setor comercial quando adultas.

Para muitas famílias pobres, entretanto, suas filhas não precisavam estudar, pois entendiam que as meninas, desde muito cedo e sem escolaridade formal, já tinham conhecimento suficiente para ajudar os pais na manutenção da família e, depois, sobreviver na vida adulta. Nas zonas rurais, esse pensamento era ainda mais arraigado que na cidade, uma vez que as meninas, além de executar os serviços domésticos, eram obrigadas a atuar nas lides agrícolas.

Nos setores mais pobres da sociedade, havia ainda um contingente de meninas que trabalhavam nas zonas de meretrício e nos cabarés, bem como em ofícios que exigiam certo treinamento, tais como os bordados e as costuras, que eram aprendidos com os membros da família e, posteriormente, nas denominadas escolas profissionais femininas criadas no Brasil a partir das primeiras décadas do século xx.

Entre as populações femininas pobres, rurais e urbanas, além dos processos relativos ao corpo (a menstruação e a gravidez), o que continuava a demarcar o ingresso na mocidade era o fato de a menina estar apta para trabalhar (na maioria das vezes entre os 10 e 13 anos), especialmente fora de casa.[8]

Entre as jovens pobres, uma parcela mantinha abertamente relações sexuais com seus primeiros namorados, que resultavam, muitas vezes, em gravidez. Quando os parceiros não queriam se responsabilizar por seus atos, algumas delas entravam com ações junto ao Poder Judiciário para exigir casamento e/ou reconhecimento da paternidade da criança.[9] Para as autoridades judiciárias, que julgavam essas ações a partir de seus valores relativos à sexualidade e à noção de infância, essas meninas eram consideradas promíscuas e amorais. Foram necessárias várias décadas até que esse cenário concernente às meninas pobres no Brasil sofresse alterações.

1980-2010: HORIZONTES MAIS IGUALITÁRIOS

Os movimentos de contestação sociocultural da década de 1960 e a causa feminista criticaram de forma bastante contundente as relações que então pautavam as famílias das elites e dos setores médios. No caso brasileiro, em cidades como Rio de Janeiro, São Paulo, Belo Horizonte, Porto Alegre, Recife e Salvador, esses movimentos que, como em outros países, tiveram seu início ainda nos anos de 1960, somente produziriam ecos em uma parcela significativa da população a partir de meados da década de 1980, em função das restrições às liberdades individuais impostas pela ditadura militar implantada em 1964. Uma perspectiva mais igualitária nos relacionamentos entre homens e mulheres passaria a nortear os valores e práticas familiares, provocando mudanças na socialização das meninas no Brasil. Paralelamente, tivemos mudanças na economia brasileira que demandavam trabalhadores com maior qualificação.

A transformação da grande maioria das escolas públicas e privadas brasileiras em mistas foi um dos importantes resultados do processo de modernização iniciado a partir dos anos 1960. Meninas e meninos, desde a tenra idade, passaram a dividir os bancos escolares, possibilitando, assim, que ambos os sexos tivessem trajetórias similares nos estudos. Já na década de 1960, as mulheres brasileiras dos setores médios levantavam a bandeira em prol de seu ingresso no mercado de trabalho qualificado. Assim, a conclusão do ensino secundário e a posterior entrada na universidade tornou-se o objetivo de uma grande quantidade de meninas. Além disso, essas jovens, diferentemente das décadas anteriores, passariam a almejar também carreiras profissionais até então consideradas masculinas: Engenharia, Administração de Empresas, Economia, Jornalismo, Agronomia, Informática, entre outras.

O casamento permanecia no horizonte. Porém, a carreira profissional, que implicava autonomia financeira com relação ao pai e ao cônjuge, assumia cada vez maior importância entre as expectativas das meninas.

A invenção e popularização da pílula anticoncepcional é, sem sombra de dúvida, um marco na história das práticas sexuais no século xx. A perspectiva de um maior controle dos processos relativos à reprodução humana, conjuntamente com o discurso da chamada "contracultura", que preconizava a liberação sexual, produziu efeitos sobre as práticas afetivas e sexuais das jovens.

Com relação a isso, podemos dividir o cenário em dois momentos. Nos anos de 1980 e de 1990, entre os jovens das elites e dos setores médios, as práticas sexuais já podiam estar presentes desde a fase do namoro que se iniciava normalmente após os 15 anos de idade. Boa parte dos rapazes dos setores médios deixou de frequentar os espaços de prostituição, pois poderiam manter relações sexuais com suas namoradas sem os grandes entraves sociais que se apresentavam três ou quatro décadas antes. As mães e os pais desses rapazes e moças ainda observavam com desconfiança o quadro que se esboçava, mas o teor de suas reações já estava longe do que marcava a geração anterior. O temor da gravidez precoce, para essas famílias, adquiria agora outro sentido. O problema não era mais tanto de cunho moral, mas sim relativo aos projetos de futuro e às condições materiais para concretizá-los. Ter uma criança nessa etapa da vida certamente criaria muitos obstáculos à almejada carreira profissional por parte do jovem, incluindo-se aqui *as* jovens.

As antigas etapas dos relacionamentos afetivos – namoro, noivado e casamento – também começavam a ser questionadas. Já nos anos 1980 as pessoas podiam namorar por um determinado tempo e, depois, "morar juntas", sem a imposição social de um casamento formalizado. A partir dos anos 2000, a noção de namoro começou a ser questionada por uma parcela dos jovens. Muitas meninas e meninos, após os 13 anos, iniciavam-se nas relações sexuais sob a perspectiva do "ficar", ou seja, a partir de um relacionamento de caráter eventual. Na lógica desse relacionamento, as práticas sexuais homoafetivas, ainda que consideradas uma transgressão social, ganharam espaço no dia a dia, especialmente entre meninas.

Nos anos 1990, o conceito de *adolescência*[10] ganhou novos contornos no Brasil. Esse conceito começara a ser divulgado desde as primeiras décadas do século xx e passou a ser difundido na sociedade brasileira, sobretudo, a par-

A transformação da grande maioria das escolas brasileiras em mistas possibilitou que meninos e meninas dividissem os bancos escolares e tivessem trajetórias similares nos estudos.
(Alunos de uma escola particular paulista com seu diretor, em 1973.)

tir da década de 1970, quando o discurso da Psicologia, em especial do Desenvolvimento Infantil, começou a ser conhecido através da ação dos meios de comunicação de massa. Com a emergência de uma nova legislação para a população infantojuvenil, o Estatuto da Criança e do Adolescente,[11] em 1990, a *adolescência* (12 aos 18 anos) foi oficialmente considerada uma fase da vida posterior à *infância* (0 aos 12 anos) e anterior à *juventude* (após os 18 anos).

Do ponto de vista jurídico, o referencial etário é o divisor de águas entre as fases da vida. Nas legislações anteriores (Código de Menores de 1927[12] e Código de Menores de 1979[13]) não encontramos uma distinção deste tipo, uma vez que os *menores* eram as pessoas entre 0 e 18 anos. A partir dos anos 1990, porém, o quadro se torna mais complexo no âmbito jurídico: meninas e meninos de 16 anos podem votar e prestar exames para ingressar na universidade, mas não podem dirigir automóveis, casar-se sem autorização dos pais, ingerir bebidas alcoólicas, entre outras restrições sociais.

Por outro lado, certas distinções entre infância, juventude e fase adulta tornaram-se bastante fluídas, como, por exemplo, com relação ao vestuário: a calça *jeans*, praticamente um "uniforme" dos jovens, pode ser utilizada tanto por pessoas de 10 anos quanto por adultos de todas as idades.

Em uma época em que as subjetividades dos indivíduos tornaram-se um dos elementos norteadores no processo de escolha de parceiros afetivos e sexuais, a beleza corporal e o modo de vestir-se adquirem grande importância, ainda mais com o impulso da indústria de cosméticos e vestuário, além da mídia, com especial destaque para a imprensa feminina. A partir dos anos 1980, essa imprensa passou a explorar o nicho de mercado aberto pelo público adolescente. A revista *Capricho*, publicada pela Editora Abril, foi considerada o periódico brasileiro de maior destaque nesse sentido a partir do momento em que resolveu dedicar-se à construção da imagem da garota bonita, a "gatinha". Entre os anos 1980 e 2000, as características valorizadas da "gatinha" modificaram-se em alguns aspectos (comprimento do cabelo, das unhas, tamanho dos seios, a cor da pele, entre outros), todavia algo permanece inalterado: a magreza dos corpos. Menina considerada bonita é necessariamente magra. O sucesso de meninas brasileiras no mercado internacional de modelos reforçou a edificação desta imagem ideal, que começou a preocupar os profissionais da saúde em função das doenças (anorexia e bulimia) identificadas como parte do universo infantojuvenil atual, sobretudo, o feminino. O ideal de magreza da garota bonita é complementado pela indumentária (e maquiagem), que nos dias de hoje está disponível em lojas e departamentos especializados nesse lucrativo público consumidor. Esses parâmetros do belo são difundidos entre as meninas através da publicidade, de programas de auditório, seriados, novelas de televisão, entre outros meios, criando muita angústia nas que acreditam fugir aos padrões.

AS POLÍTICAS SOCIAIS

Na década de 1980, diminuiu bastante o número de meninas que trabalhavam como babás ou empregadas domésticas. Porém essas jovens continuavam a realizar tarefas domésticas e a cuidar de seus irmãos mais novos em suas próprias residências. Suas mães necessitavam trabalhar e as creches existentes no país ainda eram poucas ou de difícil acesso. A imprensa da época criticava a presença de meninas no espaço urbano vendendo objetos, mendigando, ou ainda na condição de *meninas de rua*.[14]

Com mais força a partir da instituição do Estatuto da Criança e do Adolescente, em 1990, o Estado brasileiro buscou implementar políticas sociais que alterassem as condições de vida de crianças e adolescentes pobres brasileiros. Já nessa época, os grandes desafios em relação à população infantojuvenil feminina foram detectados em três campos: nas relações de trabalho, na gravidez precoce e na exploração sexual infantojuvenil. Um esforço maior passou a ser feito no sentido de estender o saber escolar às meninas pobres como parte dos chamados "direitos sociais".[15]

A gravidez precoce entre a população pobre urbana é um problema social grave, uma vez que os nascidos nessas condições significam ainda mais despesas para as famílias das meninas, num quadro em que o reconhecimento da paternidade é muito difícil. Especificamente para as jovens – num momento histórico de escolarização em larga escala das meninas pobres –, a gravidez retarda ou impede que a menina adquira o saber escolar que lhe possibilitaria exercer uma profissão mais bem remunerada. Campanhas realizadas, sobretudo, por instituições vinculadas à área da saúde passaram a ser feitas no sentido de evitar a ocorrência de gravidez na adolescência.

A exploração sexual infantojuvenil foi criminalizada pelo Estado brasileiro em 2000. Entretanto, são imensas as dificuldades em combater essa prática, pois implica a percepção social (ainda um tanto débil) de que as meninas são sujeitos de direitos. Além da criminalização e das campanhas de esclarecimento a respeito do assunto, foram também criados programas sociais sustentados pelo Estado para dar suporte às meninas vitimadas por esse tipo de exploração. Porém, pelo que se vê nas ruas e nas proximidades das rodovias, além do que se sabe por meio das constantes denúncias, a exploração sexual de meninas continua a ocorrer em grande escala no país.

CONSIDERAÇÕES FINAIS

Ficou claro o quanto a infância e a adolescência, entendidas como as fases da vida em que ocorrem os processos de socialização dos indivíduos, possuem uma dimensão política. Conforme narramos, foi somente no limiar do século XXI que perceptivas mais igualitárias passaram a nortear a vida da maioria das meninas brasileiras e possibilitaram que seus destinos na fase adulta, em muitos aspectos, fossem semelhantes aos dos homens. Mostramos também que, apesar dos avanços, diferenças sociais permanecem definindo distintas experiências com relação ao "que é ser menina". As demais dimensões dessa problemática, tais como questões étnicas e religiosas, ficam à espera da divulgação de estudos que iluminem ainda mais a meninice no feminino.

NOTAS

[1] A historiadora Muriel Nazzari analisou processos relativos à transmissão do dote em famílias que habitavam o atual estado de São Paulo entre 1600-1900.
[2] A partir do século XVIII, o Estado português e, depois, o brasileiro instituiu em diversas cidades o complexo da Roda dos Expostos. Os recém-nascidos rejeitados podiam ser depositados na "roda" (um cilindro oco de madeira que girava, ligando a rua ao interior do abrigo e garantindo o anonimato das pessoas que entregavam as crianças) instalada, quase sempre, nos Hospitais de Caridade. Essas crianças, denominadas "expostas", eram enviadas para uma ama de leite, que geralmente as criava até os 7 anos de idade em troca de um pagamento feito pelas Câmaras Municipais. Essa política pública foi extinta no Brasil nas primeiras décadas do século XX. (Francisco Pilotti e Irene Rizzini (orgs.), *A arte de governar crianças*, Rio de Janeiro, Amais, 1995.)
[3] No Brasil, entre 1822 e 1888, era considerado *liberto* o escravo que se tornara livre por meio de uma carta de alforria.
[4] Depois da instituição da Lei do Ventre Livre (1871), as crianças de ambos os sexos nascidas de mãe escrava passaram a ser consideradas livres. Essas crianças, do ponto de vista jurídico, eram denominadas "ingênuas".
[5] Ao longo do século XX, a indústria paulatinamente transformaria os brinquedos e as outras diversões infantis, tais como os desenhos animados e as histórias em quadrinhos, em mercadorias. As bonecas – seja as em formato de bebê, nos anos 1940 e 1950, seja as com a aparência de uma jovem (a Suzi e, posteriormente, a Barbie) a partir da década de 1960 até os anos 2000 – seriam grandes sucessos de vendas no Brasil.
[6] Jo B. Paoletti, *Pink and Blue: Telling the Girls from the Boys in America*, Indianápolis, Indiana University Press, 2012.
[7] Só quando esta expectativa se modificou, sobretudo após os anos de 1970, devido ao processo de modernização e às lutas feministas, é que saberes escolares antes considerados masculinos passaram a ser paulatinamente acessíveis às meninas e jovens.
[8] Silvia Maria Fávero Arend, *Histórias de abandono: infância e justiça no Brasil, década de 1930*, Florianópolis, Editora Mulheres, 2011.
[9] Martha de A. Esteves, *Meninas perdidas: os populares e o cotidiano do amor na "Belle Époque"*, Rio de Janeiro, Paz e Terra, 1989.
[10] A partir da metade do século XIX, médicos e pedagogos, tendo em vista o que observavam no ambiente escolar, nos locais de trabalho e no exército, começaram a classificar como *adolescentes* as crianças de ambos os sexos que possuíam mais de 10 anos e passavam por transformações fisiológicas e psicológicas necessárias para o ingresso nas novas fases da vida: a *juventude* e a *fase adulta*. O conceito de *adolescência*, como uma fase da vida intermediária entre a infância e a juventude, seria difundido na sociedade ocidental no século XX.
[11] BRASIL. Lei n. 8.069, de 13 de julho de 1990.
[12] BRASIL. Decreto n. 17.943 A, de 12 de outubro de 1927.
[13] BRASIL. Lei n. 6.697, de 10 de outubro de 1979.
[14] O conceito *meninos/meninas de rua* foi forjado na década de 1980, referindo-se às crianças pobres que, desde a tenra idade, circulavam pelas ruas das grandes cidades brasileiras. Maria Filomena Gregori, *Viração: experiências de meninos nas ruas*, São Paulo, Companhia das Letras, 2000.
[15] Regina Novaes e Paulo Vannuchi (orgs.), *Juventude e sociedade: trabalho, educação, cultura e participação*, São Paulo, Perseu Abramo, 2004. Políticas sociais, com destaque para o programa social Bolsa Família, o Programa Social de Erradicação de Trabalho Infantil e o Pró-Jovem, através de um conjunto de incentivos de diferentes ordens, buscaram fazer com que essa população pudesse permanecer frequentando os bancos escolares até concluir o ensino secundário. Como esse é um processo que ainda está em curso, não há clareza quanto a alterações sociais proporcionadas por tais ações.

BIBLIOGRAFIA

AREND, Silvia Maria Fávero. *Histórias de abandono*: infância e justiça no Brasil, década de 1930. Florianópolis: Editora Mulheres, 2011.

ALANEN, Leena. Estudos feministas/estudos da infância: paralelos, ligações, perspectivas. In: CASTRO, Lucia Rabello de (org.). *Crianças e jovens na construção da cultura*. Rio de Janeiro: Nau, 2001, p. 69-92.

BECCHI, Egle; JULIA, Dominique (org.). *Histoire de l'enfance en occident*: du XVIIIe siècle à nos jours. Paris: Éditions du Seuil, 1998.

DEL PRIORE, Mary (org.). *História das crianças no Brasil*. São Paulo: Contexto, 1998.

ESTEVES, Martha de Abreu. *Meninas perdidas*: os populares e o cotidiano no Rio de Janeiro da *Belle Époque*. Rio de Janeiro: Paz e Terra, 1989.

FOUCAULT, Michel. *História da sexualidade*: a vontade de saber. Rio de Janeiro: Graal, 1980, v. 1.

FREITAS, Marcos C.; KUHLMANN JR., Moysés. *Os intelectuais na história da infância*. São Paulo: Cortez, 2002.

GREGORI, Maria Filomena. *Viração*: experiências de meninos nas ruas. São Paulo: Companhia das Letras, 2000.

NAZZARI, Muriel. *O desaparecimento do dote*: mulheres, famílias e mudança social em São Paulo, Brasil, 1600-1900. São Paulo: Companhia das Letras, 2001.

NOVAES, Regina; VANNUCHI, Paulo (orgs.). *Juventude e sociedade*: trabalho, educação, cultura e participação. São Paulo: Perseu Abramo, 2004.

NUNES, Eduardo Silveira Netto. *Infância como portadora do futuro na América Latina*: 1916-1948. São Paulo, 2011. Tese (Doutorado em História) – Universidade de São Paulo.

PAOLETTI, Jo B. *Pink and Blue: Telling the Girls From the Boys in America*. Indianapolis: Indiana University Press, 2012.

PERROT, Michelle. *Minha história das mulheres*. São Paulo: Contexto, 2007.

PILOTTI, Francisco; RIZZINI, Irene (orgs.). *A arte de governar crianças*: a história das políticas sociais, da legislação e da assistência à infância no Brasil. Rio de Janeiro: Amais, 1995.

STEARNS, Peter N. *A infância*. São Paulo: Contexto, 2006.

Para Maria Emília.

Mulheres velhas

ELAS COMEÇAM A APARECER...

Alda Britto da Motta

Se já é difícil encontrar uma história das mulheres, essas eternas prisioneiras da vida privada e do cotidiano, que dirá uma história das mulheres velhas! Quem estaria interessado na sua "desimportância" social?! Entretanto, mal ou bem, várias histórias – diretas ou adjacentes – das mulheres e da vida privada, têm se seguido. Mas, inadvertidamente, sempre omitindo as velhas.[1] Quando alguém se dispõe, afinal, a contar uma história das mulheres velhas, mesmo do tempo mais recente, como o século passado e a primeira década do presente, neste caso, enfrenta a escassez de pesquisa e de documentação sistemática. O jeito é ir sapeando, apurando as narrativas, compondo e contando devagarinho. Mesmo porque, tanto a visão geral quanto a vivência pessoal do processo de envelhecimento se dão de modo diferenciado segundo as várias épocas históricas e os segmentos populacionais. E dentro destes, se realizam diversamente, segundo as relações de gênero, os pertencimentos de classe social e os próprios grupos geracionais, entre outros marcadores sociais fundamentais. Então, são várias histórias.

O processo acelerado de mudança – tecnológica e nas relações sociais –, que foi próprio do século xx (mais veloz nos últimos dez anos), fica demonstrado na própria diferença de percepção e tipo de registro da vida das mulheres, especialmente das velhas, em diferentes momentos desse século. Assim é que, no início dele, as histórias existentes são referidas a apenas algumas, poucas, personagens, que se distinguiam individualmente, expressões biográficas possíveis de uma privilegiada condição de classe e seus recursos culturais, aliados a um certo destemor pessoal. Quase não há personagens femininos coletivos e, portanto, públicos, como iria se tornar possível a partir da década de 1960, por conta dos discursos emancipatórios que então eclodiram, com a atuação de vários e diferentes movimentos sociais – estudantil, feminista, negro etc.

Para suprir o escasso registro social de vida dessas mulheres do passado, um dos recursos possíveis é a história oral, as lembranças de mulheres que são velhas hoje e recordam seu tempo de jovem, as omissões e as pressões sociais exercidas sobre as mulheres de várias idades.

BUSCANDO AS PERSONAGENS

O clima social da primeira metade do século xx no Brasil é, em grande parte, consequência dos grandes acontecimentos e lutas do século xix. Sociedade recém-saída da escravidão e do Império tenta se aprumar como *Belle Époque*, com modos e modas "parisienses", mais finos e tipicamente burgueses. Para os brancos, os ricos e alguns "remediados", naturalmente.

Enquanto a Europa inaugura o fenômeno da Grande Guerra, ou Guerra Mundial, que se estende de 1914 a 1918 e atinge o Brasil com pouca intensidade, entre nós, as mulheres continuam votadas à vida privada, de família. Aparecem escassa e individualizadamente, nesses primeiros decênios: uma primeira advogada, a atriz ou a cantora que ganhariam notoriedade, a primeira diplomata em concurso no Itamaraty, a fundadora de um ou outro jornal "feminista" de pouco eco, a primeira deputada federal... Ah! Impacto estético/midiático: o claro chapéu feminino de Carlota no meio de tantos homens em seus ternos escuros![2] Velhas com visibilidade? Quase nenhuma, nesse tempo. Talvez apenas a escritora Júlia Lopes de Almeida, em final de carreira.

A oportunidade de as mulheres aparecerem como grupo, ou segmento social, vai se dar em raros momentos, como no caso da atuação da Socieda-

Carlota Pereira de Queiroz, a primeira deputada eleita no Brasil, se destaca no Plenário da Câmara dos Deputados. Escolhida para a Comissão de Saúde e Educação, dedicou-se a criar serviços sociais no país.

de Brasileira para o Progresso Feminino pelo direito ao voto, em discussões e atuações que se estenderam mais intensamente ao longo dos anos 1920 e iriam obter a vitória em 1932. Direito de votar; muito mais difícil ser votada, inclusive porque candidaturas femininas dificilmente eram aceitas e registradas.

As diferenças de classe – que eram em grande parte também diferenças de "cor" – continuam a se patentear também no campo profissional ou ocupacional das mulheres: as mulheres pobres, todas trabalham; da juventude à velhice, continuam em seus serviços "na rua" ou "para a rua", duplicando o trabalho doméstico para atender à sua própria família – e habitualmente dividindo-o com as suas filhas, mesmo quando meninas. Ao longo da vida, até a velhice. Uma velhice que chegava depressa, pois o trabalho incessante maltrata o corpo.

Em uma época sem previdência pública nem seguro-saúde, as velhas que adoeciam eram cuidadas pelas suas filhas, comumente, por uma filha que continuasse em casa. Filha, nunca filho. Cuidar é um verbo desde sempre conjugado no feminino. Por isso mesmo, nos casos, raros, da falta de filha, a mulher do filho – não ele! – cuidava da velha sogra quando esta adoecia ou se tornava dependente.

Porque os asilos para velhos, instituição existente desde o final do século XIX, meros depósitos de gente, sempre foram o último e indesejado recurso. Sua população, majoritariamente feminina, era (e continua sendo) constituída principalmente por solteiras e/ou viúvas, sem filhos. (O asilo pago, como hospedagem com alguma qualidade, é produto de consumo relativamente recente; quase contemporâneo da invenção da "terceira idade".)

A imagem da velha, personificada na avó, sempre foi dúplice (e continua sendo), a depender da classe social e da circunstância, assim como das inescapáveis variações individuais das relações. Um pouco fardo, um pouco afeto. Cotidianamente mais aceita do que o velho, a avó guarda a utilidade de deter o conhecimento doméstico – das lides e dos remédios caseiros – e ajuda a cuidar dos netos. Problema quando adoecia ou se tornava incapacitada – o que era menos comum, em um tempo de ainda escassa longevidade.

As Donas Bentas, naquele sentido de velha com informação cultural dos livros de Monteiro Lobato, não eram comuns em um tempo de escolaridade cerceada às mulheres. Ainda assim, as velhas silenciadas[3] podiam deter o encanto da palavra, ser narradoras atraentes para as crianças e os muitos jovens, netos ou visitantes, como atestam lembranças de velhas atuais.

> Eu sempre conversava com as avós de minhas amigas, quando ia em casa delas. Eu gostava. Achava engraçado que em mais de uma ocasião elas tivessem comentado em família sobre como eu era atenciosa e educada, conversando com velhos... Na verdade eu me aproximava espontaneamente, porque gostava, achava que velho sempre tinha algo interessante para dizer.[4]

As mulheres das classes mais favorecidas vão à escola – uma escassa minoria consegue ir além, até a universidade. Aprendem a ler e a escrever, e escrevem muito, atividade lúdica ou "respiro" particular; em alguns poucos casos, que vão aumentando com o tempo, discutem política, pleiteando ou afirmando direitos para as mulheres. Ao mesmo tempo são desencorajadas a estender o tempo de escolaridade e, mesmo formadas, a trabalhar fora de casa.

Nenhuma figura será, em verdade, mais significativa ou representativa do aprisionamento social das mulheres dessa metade do século XX do que a das viúvas com suas roupas severas e seus longos véus negros, insidiosamente denominados "chorões"...[5] Elas eram de variadas idades, de acordo com o "destino" que as levava a essa condição, mas quase todas permaneceriam viúvas – e socialmente vigiadas – até a "velhice". Que para elas também chegava depressa, pois a esperança de vida ainda era baixa – menos de 40 anos ainda nos anos 1930, e 50 anos na década de 1950 – e era triste ser só. Dificilmente recasavam, inclusive porque os próprios viúvos brasileiros (como ainda acontece no tempo atual) procuravam esposas quase sempre muito mais jovens.

Os diferenciais de classe, nesse meio século, continuavam se impondo fortemente. No âmbito da família, enquanto as classes dominantes tentavam se constituir, ou manter, como famílias nucleares[6] – um apreciado modelo ideológico –, os homens eram os chefes e as mulheres continuavam aprisionadas na domesticidade, embora, alternativamente, algumas chegassem a participar de movimentos culturais e até sociais, como o sufragismo e a especial Semana de Arte Moderna de 1922 e seus desdobramentos.

Nas classes populares ainda predominava uma solidariedade de grupo consanguíneo que destacava essa outra categoria, geracional, de mulher, por definição, "velha" – as avós, que criavam, frequentemente, os netos, não raro como chefes de família. Ser chefe de família sempre foi um traço frequente da mulher pobre brasileira.

Entre 1939 e 1945, uma nova Guerra Mundial. Dessa vez o Brasil está oficialmente nela – lutando "lá fora", na Itália (os "pracinhas"), mas também vivenciando internamente, no público e no privado, discussões sobre a participação do país no conflito, notícias de navios torpedeados em águas brasileiras e apagões preventivos em ruas e casas à beira-mar, os chamados blecautes.

Internacionalmente, é um momento de particular importância para a participação das mulheres no mundo do trabalho: elas se tornam necessárias como substitutas dos homens que vão para as frentes de luta – e essa participação, razoavelmente longa, poderá provar sua capacidade funcional e eficiência social. Não obstante, o mesmo movimento ideológico que direciona as mulheres para fora do monopólio da domesticidade em favor do "esforço de guerra", como se dizia então, findo o conflito, redireciona o fluxo de trabalhadoras para "a volta ao lar", para cuidar dos "heróis cansados"... e lhes deixar os postos de trabalho.

No Brasil, essa repercussão é bem menor, pois o surto de industrialização propiciado pelo esforço direcionado ao atendimento das necessidades internas do país diante do "fechamento" do mercado externo não deixa de aumentar as oportunidades de trabalho para as mulheres. Mas a ascensão social delas ainda era lenta. O sufragismo, com sua vitória pontual, em grande parte "descansara", e as mulheres não haviam alcançado ainda a independência econômica, que só o trabalho mais bem remunerado lhes daria, como base para conseguir e manter a autonomia social e política.

Nas décadas seguintes é que se dará o crescimento da participação feminina no mercado de trabalho, no setor de consumo coletivo – nos serviços públicos e no comércio e em profissões reconhecidas como femininas (professoras, enfermeiras, assistentes sociais) – paralelamente a uma maior escolaridade. Mas ainda permanecem os preconceitos contra o trabalho feminino.[7]

Mulheres que são velhas hoje lembram como, nessa época, resistiram. Histórias que não foram escritas, mas são rememoradas ainda com paixão. Por exemplo, a greve de fome a que uma delas conta ter, intuitivamente, recorrido, para obter a aquiescência da família para submeter-se ao exame de admissão ao ginásio (primeiro grau), no início da década de 1940 e, vitoriosa, a advertência, última tentativa de desencorajá-la, colocada aos seus teimosos dez anos de idade: "Mas então você vai lá [à escola] sozinha!" Ela foi.

Memórias de jovem saindo da adolescência, que, no início da década de 1950, conquistou o seu primeiro emprego público, em concurso, e em vez de ter comemoração em casa, deparou-se com a crítica severa ao "absurdo" de ter conseguido um bom emprego quando um dos seus tios, pai de família numerosa, tinha um salário muito menor que o seu! Memória da "petulância" da resposta da moça "malcriada": "E por que ele não fez, também, o concurso?!"

Eram "Anos Dourados", afinal, para poucas, e nada para as mais velhas.

Registrado apenas na memória, como inúmeros outros eventos, está o caso da avó, antes linda e inteligente, que ficara pobre depois da viuvez súbita, quando ainda era jovem e com filhos pequenos para criar sozinha. Trabalhou arduamente na produção doméstica de comida – marmitas e bandejas de doces para festas –, o que "mulheres finas" também sabiam fazer, embora não para a venda. Mais tarde, ousou namorar e ter mais um filho. Ficou "falada", como se dizia na época. Isolada. Envelheceu depressa. Ninguém adivinharia então a antiga beleza. Ficou também sutilmente exposta, para a neta adolescente, como exemplo meio atemorizante, entre outros casos semelhantes, porque ser "mulher descarada" – circulava naquele tempo – parecia um defeito hereditário... A capacidade de luta para a sobrevivência da família não seria transmissível, nem objeto de inspiração e nunca foi citada.

As lembranças das figuras das avós e outras velhas dessa época são muito semelhantes: aparência sóbria. Cabelos presos em coque, roupas escuras, com golas e saias compridas. Algumas conseguiam ser alegres.

Donas de casa diligentes, ao lado de maridos severos (a um desses velhos autoritários os filhos homens chamavam de "o governo"), davam a impressão de ter a "sabedoria" de viver bem com eles. (Bem poucos avôs de então são lembrados como "manso, humilde, muito católico"... casado com uma mulher "muito forte").

Algumas dessas avós eram especialmente queridas, faziam guloseimas apreciadas pelas crianças, e até compactuavam com as suas reinações, protegendo-as das severidades maternas. Umas, poucas, não eram muito próximas.

Algumas morreram cedo e quase não foram conhecidas pelos netos. Mas havia netas (filhas de pais que morreram cedo) criadas pelos avós.

Outras velhas, como tias-avós e outras parentas, eram figuras distantes e, não raro, pouco agradáveis: a "fofoqueira", a "com ares de bruxa", a "meio caduca", mas havia também avós de amigas que eram muito atraentes, "avançadas para o tempo".

Por fim, houve aquelas velhas não avós que intrigavam as meninas: como a Elisa, mulher inteligente e livre, que não casou, não morava com a família e era referida como "louca"...

No panorama social mais amplo, as velhas permaneciam em boa parte diligentes avós ou "beatas"; as casadas, das várias idades, ainda quietas "rainhas do lar"; as solteiras jovens continuavam com medo do ostracismo social do "barricão"; as "moças-velhas" permaneciam virgens, ou socialmente consideradas assim.

Definindo essas personagens:

"Beata" era um termo levemente depreciativo para as mulheres que "viviam na igreja" (católica). Comumente idosas, em geral solteiras ou viúvas, eram as que, sem maiores encargos de família, teriam tempo para ocupar-se com assuntos, tarefas e rituais da sua igreja de devoção, geralmente a mais próxima de casa. Diligentes auxiliares do padre, em alguns raros casos eram mencionadas – com ou sem razão – como tendo alguma aproximação amorosa com ele. Por outro lado, constituíam-se em autonomeadas fiscais do comportamento sexual dos paroquianos, principalmente das mulheres.

As então chamadas "moças-velhas" eram as idosas que nunca haviam casado e, levando uma vida "bem-comportada", continuariam supostamente virgens e, portanto, merecedoras de respeito social. Não raro tornavam-se "beatas".

Desintoxique o organismo com o refrescante LEITE DE MAGNÉSIA e...

desfrute ao máximo a alegria de viver!

Para aproveitar - em tôda sua plenitude e beleza - os prazeres da vida moderna, é indispensável manter o organismo sadio, limpo e desintoxicado. Por isso, é tão recomendável o uso do Leite de Magnésia de Phillips. Desintoxicante eficaz e gentil, de dupla ação laxativa e alcalinizante, o Leite de Magnésia de Phillips normaliza as funções do estômago e dos intestinos, neutralizando, ao mesmo tempo, o excesso de acidez.

A ação **laxativa** do Leite de Magnésia de Phillips é suave e natural. Tomado à noite, atua enquanto V. dorme. E, ao mesmo tempo, **neutraliza** a acidez.

RECOMENDADO PARA TÔDA A FAMÍLIA

LAXATIVO E ALCALINIZANTE

Nos Anos Dourados as velhas casadas permaneciam sossegadas "rainhas do lar" e diligentes avós, algumas delas especialmente queridas por mimar os netos com guloseimas, presentes e afetos.

"Barricão" seria o depreciado "depósito" social, simbólico, das mulheres que, até perto dos trinta anos, não haviam casado. Sem par e supostamente sem atrativos, não recebiam convites sociais. Ajudavam a criar os sobrinhos, e com isso adquiriam utilidade social, que ocupava seu tempo.

Contudo, ainda não é "feio" ou inadequado socialmente ser chamado de velho (como iria se tornar a partir da década de 1960) – pelo menos para os homens, os vitoriosos no mercado matrimonial, que se autodenominavam tranquilamente assim. Para as mulheres, nem tanto. Mesmo porque a esperança de vida se concentrava em torno dos 50 anos. As que ultrapassavam essa idade já estavam socialmente mortas. Isto é, não tendo trabalhado ou já estando aposentadas, com vida social rarefeita fora da família. Consideradas "velhas" e, frequentemente, viúvas ou "solteironas", não são objeto de atenção no terreno da sociabilidade.

Mas os anos 1950 já haviam começado a privilegiar os jovens e seu consumo. São brilhantes ou "dourados" exatamente por isso. E essa valorização da juventude vai atingir principalmente a representação das mais velhas, dando continuidade e ênfase à clássica avaliação social das mulheres pela aparência física. Com evidentes desvantagens para estas.

Nessa época, as mulheres estudam, trabalham, circulam – porém, não estão realmente livres; nem das prescrições de comportamento, nem dos preconceitos e da vigilância crítica do seu entorno social. As que circulavam muito eram "rueiras" e, portanto, "má influência" para as "mocinhas de família"; as estudiosas eram "de gabinete" e, portanto, pouco aptas a serem "boas esposas e mães"; as que saíam com rapazes e trocavam carícias mais ousadas eram "programistas" e "fadadas a não se casar". Casar-se: o grande objetivo das mulheres de então.

As velhas são, mais uma vez, apenas "a geração das avós", doces ou birrentas em suas variações ou avaliações individuais, e, portanto, "sem história". Ou, alternativamente, são a expressão original do quase sempre anônimo percurso de vida de alguém que ousara pensar e agir por sua própria cabeça e se profissionalizar. As desse tipo continuavam pouco numerosas: escritoras, políticas, atrizes, profissionais liberais.

AVANÇANDO... PARA A "TERCEIRA IDADE"

O divórcio será institucionalizado na década de 1970. Antes dele, e ainda também depois dele, cresciam as separações e os desquites. Mas a tentativa de desautorização social das mulheres separadas, independentemente de sua idade, era quase esmagadora. No século XXI, uma velha senhora rememora sua experiência de então:

> Tudo de errado que acontecia no edifício em que morava era atribuído aos meus filhos, de repente denominados "os filhos da desquitada". Tinha que reagir com muita firmeza para me impor. Além disso, deixei quase inteiramente de ser convidada para reuniões sociais festivas, porque as mulheres casadas diziam que eu poderia atrair seus maridos... O ex-marido, contudo, era tranquilamente convidado...[8]

Patente ficou, de logo, para ela, que "avanços sociais" se dão devagar demais na vida das mulheres.

Alguns outros "avanços femininos" estavam acontecendo. Eles não haviam chegado a tempo para o uso das velhas de então, como a pílula anticoncepcional, mas marcavam uma época; um modo novo de considerar o corpo das mulheres, que podia ser enfim gerido por elas próprias. E isso é tão inusitado, tão desavergonhado, que provocava até reações silenciosas, como lembra hoje uma velha senhora sobre um episódio ocorrido no início da década de 1960. Ela, jovem, comprando a pílula na farmácia, e o sorriso safado do balconista que a atendeu – tão chocante que a fez convocar a presença do marido: "Para o mês você vai comprar comigo!"

Os anos 1960 são realmente plenos de inovações de toda ordem no mundo. Os jogos de poder são especialmente radicais e estendem-se pelas décadas subsequentes. Ditaduras no Brasil e em vários outros países da América Latina (também na Europa). Lutas de resistência a elas. Movimentos sociais não classistas; movimentos libertários de jovens, estudantes e mulheres. A "Segunda Onda" do feminismo entre estes. E as velhas – quem se lembra delas? E onde elas estão?! Ora, vejam, não estão mais apenas no lar: em protesto ou diálogo tentativo com as ditaduras, as mais velhas afinal aparecem politicamente.

Aparecem em luta pela anistia aos seus familiares, então presos políticos ou exilados. No Brasil, cria-se um movimento, o primeiro deles no país, o Movimento Feminino pela Anistia, em 1975. Semelhante ao das Mães (depois Avós) da Praça de Maio, na Argentina. Como esposas, mães e avós de presos e desaparecidos – isto é, em seus papéis tradicionais na família, as ativistas podem – ou tentam – aparecer, falar e agir. Conseguem, a princípio, mas a ênfase muito forte na manifestação pode levá-las à prisão. Aprendem então a fazer política pelas vias oblíquas que o contexto social lhes propicia.

Ao final dessa mesma década, em países democráticos da Europa, inventa-se a "terceira idade". Lucra-se com uma velhice que não ousa dizer seu nome, adotando o termo "terceira idade", apesar de tão inexpressivo! É oferecido a ela todo um conjunto de serviços para o lazer (inclusive transportes e hotelaria), uma suposta educação continuada e, com seus receituários de "bem viver", até profissionais "especialistas em terceira idade". Para aqueles que a povoam, são organizados e oferecidos clubes, programas, "universidades", todos eufemisticamente denominados "para a terceira idade". Iniciados na França, são imediatamente adotados na Inglaterra, propagam-se rapidamente a outros países e logo estão também no Brasil. São iniciativas e serviços que se desenvolvem exitosamente e se estendem ao longo de várias décadas. Têm ênfase e aceitação social mais intensas nos anos 1980 e 1990 e permanecem em pleno século XXI. Desde o início, são aceitos gostosamente pelos "idosos jovens" – basicamente as mulheres de uma classe média que tem tempo e pensões ou proventos de aposentadoria para gastar e até, para ampará-las, um inesperado ideário feminista que impregna a sociedade e estimula as mulheres a descolarem-se da preponderância da vida privada e "sair de casa". Mulheres que completaram o *ciclo reprodutivo*[9] e, mais liberadas das demandas familiares – filhos criados, adultos ou casados; maridos menos exigentes ou envolventes, rotina doméstica consolidada –, entram no afã do "agora, afinal, pensar em mim".[10]

Aí, contraditoriamente, parece que as velhas entram na História – talvez pela primeira vez, são claramente pensadas (e, de certo modo, atuantes) como um coletivo.

Há uma institucionalização, uma formalização ou reconhecimento social da categoria "idoso", que também começa a ser visto como sujeito de direitos, para quem são organizados e oferecidos aqueles serviços específicos de viagens, festas, congressos, cursos, "grupos de convivência" e "universidades". Candidamente referidos, pelos especialistas em *marketing*, como "importante fatia do mercado consumidor", os idosos em grupos assumem uma fisionomia social própria.

Não se trata mais de uma categorização excludente como a dos "idosos pobres" que arrastavam sua desvalia pelas ruas do século XIX[11] e, reconhecidos como de outra natureza social que os mendigos e loucos, eram encaminhados a asilos específicos, onde talvez não vivessem muito melhor...[12]

A distinção agora é outra, as pessoas são válidas e têm como pagar pelo que recebem. A imagem social delas é dinâmica e alegre. São os "idosos jovens", categoria nova propiciada pelos avanços da ciência – da medicina e da saúde pública – e da facilidade de transmissão desses avanços ao público. Os "idosos jovens" estariam na primeira etapa de uma velhice que se estenderá para além dos cem anos. Já os idosos mais idosos – uma "quarta idade" – seriam outro tipo de consumidor, bem menos interessante, mas não deixam de ser "clientes" ou, principalmente, "pacientes", de médicos e cuidadores.

A maior longevidade das mulheres e a possibilidade de se aposentarem mais cedo que os homens pesam socialmente a ponto de se considerar a "terceira idade" como *much a feminine affair*.[13] Sim, mas seguramente a referida possibilidade de desvencilharem-se parcialmente do aprisionamento do mundo privado, de andarem despreocupadas das censuras na rua e participarem de eventos relativamente públicos terá contado fortemente para a adesão feminina, alegre, ao "mundo da terceira idade".

Essas mulheres se declaram, quase unanimemente, mais livres e satisfeitas do que quando eram jovens. Referem-se, muitas vezes, à condição de liberdade. Estabelecem cronologias curiosas quando expressam a satisfação em frases como a de uma setentona: "Agora é que eu sou jovem, porque quando estava jovem eu não podia fazer nada do que desejava." (Lembre-se de que, na juventude, muitas delas passaram da dura regulação de um pai severo para o comando de um marido típico "do tempo antigo".)

Muitas estão viúvas e são bem diferentes das tristes portadoras dos negros chorões de algumas décadas atrás. Não raro, além da sempre pontuada alusão à liberdade, também confidenciam viver certo alívio das injunções familiares no seu estado atual. (Diferentemente das confissões de desvalia doméstica e do recurso ao recasamento rápido apresentado pelos homens nessa condição.).

Dessas viúvas, dois depoimentos mais interessantes e ilustrativos podem resumir muitos outros: "Não é que eu não fosse feliz com o meu marido, eu era. Mas hoje é que vivo da maneira que eu gosto." Ou: "Estou estupidamente feliz!".

Mas por que essas idosas se sentem livres e felizes? Claramente, porque "saíram de casa", sem a proteção ou encargo de família, pela primeira vez. E para se divertirem e conhecerem coisas e lugares novos, em companhia de pessoas da sua geração. Tudo conspirou positivamente para que isso acontecesse: o contexto social de avanço de costumes e em que, desde a década de 1970, circulavam, mesmo inadvertidamente, ideias libertárias oriundas do feminismo (ainda que nunca pensando nas mais velhas, as alcançaram por ricochete). Ao mesmo tempo, uma sociedade de consumo sempre ampliado

As mulheres da "terceira idade", mesmo as viúvas, podem mostrar-se alegres, participar de eventos, festas e passeios, usar roupas leves e coloridas e se divertir, sem se preocupar com a censura social.

finalmente "precisou" dos velhos, atraiu sobretudo as velhas e as reincluiu no circuito das trocas, desde então.

Atualmente, está-se tentando reabilitar a palavra *velho/velha* proscrita pela ânsia da sociedade de consumo em eufemizar a "idade" e disfarçar a fobia social a essa etapa da vida, ao mesmo tempo que oferece serviços "específicos" para a "terceira", "melhor" ou "feliz idade".

Naturalmente alguma crítica foi produzida à constituição desse mercado "para a terceira idade" (com bens de consumo e até profissionais especializados), e a do historiador Phillippe Ariès foi particularmente severa: essas atividades e organizações circunscreveriam verdadeiros guetos e apenas consistiriam em meios de recolocar em circulação o dinheiro dos velhos.[14]

Verdade. Entretanto, foi necessário reconhecer que essas organizações com suas propostas de ressocialização e lazer também contribuíram para pôr em circulação social os próprios velhos – principalmente as velhas –, grande parte deles sem lugar na sociedade, ainda mais há algumas décadas. E pelo acompanhamento em pesquisas, que tem sido feito, da trajetória das mulheres nesses grupos, o resultado tem sido sempre animador, com a lenta, porém contínua, formação de uma identidade coletiva de geração, todo o tempo diferencial por gênero, centrada no feminino e nas mulheres – passo privilegiado para uma possível consciência política.[15]

UM JEITO FEMININO DE FAZER POLÍTICA

Iniciando-se na década de 1970 e crescendo muito nos anos 1980, um outro tipo de participação social de mulheres não jovens (adultas de meia-idade em sua maioria, mas também havia velhas entre elas) se instala e vai se desdobrar diretamente em ação política. São os movimentos de bairro, conhecidos então como Movimentos Sociais Urbanos, que se inscreviam no âmbito da reprodução social do cotidiano; diferentes das lutas sociais comuns, conhecidas, que se referiam ao âmbito da produção – sindicatos e associações de classe – ou à política mais "oficial", de partidos (lugares, aliás, masculinos por excelência). Guardando sua aprendizagem de vida e sua tradição de interesses voltados para a família e a maternidade, as mulheres mobilizaram-se como mães, esposas, donas de casa. Nessa qualidade, de novo em um tempo de ditadura, ousaram falar e desfilar publicamente, reivindicar ao Estado, em suas representações municipais, o posto de saúde que estava faltando, o reparo do esgoto que molhava os pés de suas crianças, o conserto do teto da escola, que estava desabando.

Na sua "insignificância" de mulheres podiam falar e exibir seus cartazes publicamente – não apresentariam perigo à ordem instituída. Foi frequente, no começo da sua atuação, não terem a percepção de que estariam participando de uma organização, ou criando uma nova, mas sim trabalhando com amigos e vizinhos por melhores condições de habitabilidade ou de serviços no bairro.[16] Eram principalmente mães que se mobilizaram (ou justificaram a mobilização). Mas contaram sempre com a participação regular das idosas, a ponto de, em algumas daquelas associações, haver uma "comissão de idosas".

Muito da prática dessas mulheres era inovadora também na forma, introduzindo elementos da vida doméstica, inclusive seus filhos e netos, nas passeatas – era, afinal, a sua experiência de vida – e até reagindo a situações problemáticas com especial criatividade. Uma delas rememora, gostosamente, um fato ocorrido em meados da década de 1980: os funcionários da prefeitura chegam, mais uma vez, para derrubar barracos recém-levantados em uma invasão de terreno. As mulheres, sozinhas (os homens estavam trabalhando), caminham até eles, resolutas: "Vamos deixar vocês nus." Na retaguarda, a velha senhora levava um molho grosso de pimenta que preparou... Os homens fugiram.

De novo, as mulheres podem se mobilizar diretamente a partir dos seus papéis de gênero consagrados, ou justificar a mobilização através deles, afinal são os que conhecem, e parecem retratar melhor sua vida. Mas, na continuidade da luta, vão construindo um novo espaço público e um aprendizado político, podendo também politizar e reconstruir o seu espaço privado. Muitos maridos cerceadores, críticos ou omissos dos primeiros tempos, passaram a respeitar o seu trabalho, e até a dividir com elas tarefas domésticas, para que as mulheres estivessem mais livres para atuar nas ruas e nas associações de bairro.

Nos anos 1980, esvaem-se as ditaduras, enquanto, paralelamente, se discute a crise do Estado de bem-estar social, buscando-se sua redefinição. As possibilidades das manifestações populares por políticas públicas se intensificam em um país onde o sistema de proteção social sempre foi frágil. Pior no que se refere à velhice, em que o direito à aposentadoria por idade deu-se apenas em 1973 e a renda mensal vitalícia para maiores de 70 anos, em 1974. E ao mesmo tempo que outros direitos dos idosos – como a assistência à saúde – deveriam "aguardar melhores dias",[17] a preferência, segundo o então INPS (Instituto Nacional de Previdência Social), devia ser dada à "infância" e aos "adultos jovens", fiada certamente no fato de que a responsabilidade pelos muito idosos sempre se fundamentou na solidariedade e apoio da família. E com tal força, que mesmo a Constituição "Cidadã" de 1988, a primeira a tratar diretamente da velhice (artigo 230) como consequência da contribuição e pressão política do movimento dos aposentados, ainda atribuiu à família a prioridade de encarregar-se do "seu" idoso.

Esse movimento, florescente na década de 1990, organizado e conduzido por associações e federações de aposentados, teve grande evidência no país, no auge da reivindicação do pagamento da diferença de 147%[18] a eles devida pela Previdência Social. Essa mobilização, intensa e ao final vitoriosa, foi objeto de constante noticiário da imprensa da época e contribuiu decisivamente para a afirmação da responsabilidade social pelos idosos e, ao lado dos grupos e programas para a "terceira idade", para aquele redesenho mais dinâmico e colorido da imagem social dos idosos, não mais "pobres velhinhos".

As mulheres desse movimento, quase todas pensionistas – isto é, viúvas com pensões dos maridos, e não ex-trabalhadoras aposentadas –, durante os primeiros tempos, tiveram desempenho politicamente inexpressivo. Sem a experiência sindical que era comum aos homens – pelo menos às lideranças do movimento – "faziam número" nas manifestações nas praças e nas ruas do país e, não raro, exerciam papéis "femininos" tradicionais de apoio "doméstico", como receber obsequiosamente os companheiros no recinto das reuniões semanais do grupo e lhes providenciar água e cafezinhos.[19]

Mais uma vez, as mulheres se iniciam no âmbito social mais amplo utilizando e estendendo os resultados do seu aprendizado doméstico. Entretanto, como toda participação contém sempre um traço pedagógico, anos depois vamos reencontrar mulheres como essas mais ativas, numerosas e eficientes politicamente, ao lado dos homens, como participantes de um Fórum Permanente em Defesa do Idoso, na Bahia.

Criado em Salvador, em 2004, por iniciativa da Associação de Aposentados do Estado (ASAPREV-BA), pretendendo articular a atuação de várias entidades envolvidas com a questão do envelhecimento, o Fórum inovou logo no início, começando com uma primeira coordenadora mulher. Pretendia ir além das propostas sindicais e da própria questão previdenciária em direção a horizonte mais amplo, o dos (vários) direitos dos idosos, estendendo-se à implementação do Estatuto do Idoso (2003), sua inspiração e estímulo.[20] Um exemplo, na sua amplidão de perspectiva, para outras regiões do país, o Fórum atingiu, quase de imediato, um dos seus objetivos prioritários: a criação de uma Delegacia do Idoso, em 2006. Ora, tratando essa questão atualmente crucial – o crescimento da violência – e pleiteando outras iniciativas ou resoluções, como órgãos e conselhos que gestionem direta e representativamente a política pública do idoso, o Fórum pode ser arrolado como elemento importante entre as mais significativas iniciativas em política para o idoso no país.

Porque foram longos os anos de desinteresse social e governamental pelos idosos no Brasil. Só na década de 1990, são ensaiadas, enfim, e coordenadamente, políticas específicas para os idosos. Em 1994 é promulgada a Política Nacional do Idoso (PNI), lei que pretendeu assegurar direitos sociais aos idosos, criar condições de promoção da sua autonomia, integração e participação efetiva na sociedade. Instituindo, inclusive, o Conselho Nacional do Idoso. Entretanto, só em 2003, depois de sete anos de tramitação na Câmara dos Deputados, o movimento dos aposentados alcançou a efetivação de um Estatuto do Idoso, assegurando direitos abrangentes aos maiores de 60 anos – agora com previsão de penalidades pelo seu descumprimento.

PASSANDO A LIMPO

Nessas décadas de pretendida História das velhas, que mudanças foram realizadas? Em primeiro lugar, até mais ou menos a década de 1950, as mulheres idosas não têm História, têm, sobretudo pequenas histórias privadas, não escritas.

Muitas das velhas de hoje ainda contam "seu tempo" assim: "Aconteceu no ano em que eu me casei." "Não foi nesse ano, meu primeiro filho ainda não era nascido." "Viajamos depois que Joãozinho fez vestibular." Seu tempo é o tempo do corpo e da vida reprodutiva, guardando alguns ditames da natureza: menstruar pela primeira vez era "ficar moça", mesmo se ocorresse aos 10 ou 11 anos de idade. Menstruação era designada como "incômodo". Na menopausa "acabava a mulher" e quem iria se surpreender se o marido a trocasse "por duas de 20"? A viúva, não raro, jurava ao marido, moribundo, que "homem nenhum dormirá nesta cama em que você dormiu" (e, com ela, provavelmente em nenhum outro leito) e tanto a viúva como a sua família (pelo menos o seu pai!) se orgulhavam dessa "fidelidade" e "retidão de procedimento", se a promessa fosse cumprida. As solteiras (chamadas então de "solteironas" ou "encalhadas") – cuja voz quase não se ouvia, envelheciam enquanto ajudavam a criar os sobrinhos e sobrinhos-netos – eram algo assim dual: "avós" antes do tempo, "moças-velhas" até o fim.

As idosas atuais, que desde a década de 1960 começam, enfim, a ter uma história coletiva, estão sempre se comparando com "as de antigamente" e avaliando sobre como a mãe e a avó jamais usariam as roupas leves e coloridas que elas usam, ou iriam aos mesmos lugares de lazer e sociabilidade festiva que elas hoje frequentam. A ideia comum a todas é de como se tivessem ganhado vinte anos – muito mais que apenas longevidade (apesar dos 77 anos de esperança de vida atingidos em 2010), mas de "juventude", sobretudo por conta desse modo de vida mais saudável, livre e leve: "A idosa de 80 anos, hoje, é a mulher de 60 do passado", dizem. Como se estivessem também ganhando um tempo para aprimorar a própria vida.

Participando de atividades culturais, sociais e políticas as mulheres idosas passaram a ter vida própria. Não são mais vistas apenas como cozinheiras dedicadas ou apoiadoras incondicionais das iniciativas dos filhos e netos. A família não é mais seu único horizonte.

E como estão vivendo o cotidiano essas "novas velhas"? Em primeiro lugar, longe da generalização do mito da solidão. Estão, certamente, mais sós do que as velhas do passado que, bem ou mal, viviam o casamento que não desata – solidão só por viuvez ou abandono, não por desquite ou divórcio. Mas a compensação das velhas de hoje é que estar só não significa, necessariamente, estar solitária. E muitas estão sós porque escolheram viver com mais tranquilidade, sem subordinação cotidiana. Além de que, quem tem amigos, concluem, nunca está inteiramente só.

Elas ironizam os "velhos gostosos" (que andam com garotas nos bares, que preferem companhias femininas mais jovens), mas não colocam isso como possível problema para as mulheres da sua geração. Consideram, em maioria, que a vida hoje é melhor, "mais jeitosa de ser vivida".

Um elo geracional realmente se construiu, ou intensificou, e elas o veem como positivo. O depoimento animado de uma participante de um "grupo de terceira idade", de 69 anos, pode sintetizar isso: "Depois que eu vim pr'aqui, vi uma coisa melhor, a gente se distrai tanto aqui: uma dá risada, os passeios que a gente faz [...], é uma turma de coroa."

Muito claramente a família ainda é considerada o grupo mais importante, mas deixou de ser a fonte única de prazer e sociabilidade para os seus idosos – pelo menos para os menos velhos (já que os velhos de mais idade, em geral, precisam de mais cuidados e saem pouco de casa). Aliás, os idosos, principalmente as idosas, ganharam um *status* familial novo: com seus proventos de aposentadoria ou suas pensões de viuvez e a propriedade das suas casas, tornaram-se, com a extensão atual do fenômeno do desemprego "estrutural", importantes arrimos ou mantenedoras da família.

O lado avesso desse quadro é – ainda que minoritário – a violência intergeracional exercida por filhos, também filhas, e netos, que maltratam e se apropriam dos proventos dos seus parentes, principalmente das velhas mais velhas, mais frágeis. Estas, sim, conhecem o abandono e a solidão.

Conhecem a solidão também as que não conseguiram constituir família, ou enviuvaram e não tiveram filhos. Elas são a maioria dos tristes habitantes de asilos, agora graciosamente denominados ILPIS (Instituições de Longa Permanência para Idosos). Com os mais variados feitios, custos e classificações; bem apresentados ou assustadores, todos têm, porém, como substrato comum serem, apesar de abrigos, o lugar surpreendente de negação da solidariedade geracional, construída pela falta de autonomia e de afetos que a todos desampara. Como no caso das prisões, pessoas que não escolheram viver juntas competem por atenção e supostas benesses, enquanto perderam a faculdade de identificar interesses comuns e alcançar o privilégio da amizade.[21]

Uma categoria especial de velhas ainda a ressaltar-se são as muito idosas que estão alcançando, em quantidades cada vez maiores, os cem anos e mais. Essa longevidade está contribuindo fortemente para a atual reconfiguração da família em um número cada vez maior de gerações, o que significa a possibilidade de existência simultânea de duas gerações de velhos, em que os mais idosos são frequentemente cuidados pelas idosas "jovens".[22]

No geral, a velhice, no decorrer do século XX, foi se tornando mais e mais uma categoria social distinta, embora guardando referência (explicitada ou não) a decadência, perdas e invalidez. Apesar da interferência, razoavelmente bem-sucedida, da recategorização como "terceira idade", fica esta contraposta pela tendência, bem século XXI, da busca incansável pela beleza jovem. Com tudo isso, a velhice é mantida como a indesejada de todos. Ao mesmo tempo, apesar da omissão e indiferença pelas velhas, as ideias feministas – porque libertárias – as beneficiaram indiretamente. A recente participação política nos movimentos de aposentados completa a sua visibilidade social. A velhice apresenta-se, então, como situação social e humana complexa, contraditória e indefinida.

Ao final, as velhas são "salvas" pelas avós. Porque apesar do descaso, preconceito e evitação social dos mais velhos, isso é individualmente atenuado ou contraditado pelo fato de que quase todo mundo tem uma avó de que gosta...

NOTAS

[1] Mais perto delas estão duas obras da década de 1970, hoje clássicas. *A velhice*, de Simone de Beauvoir (São Paulo, Difusão Europeia do Livro, 1970) e o brasileiro *Memória e sociedade*: lembranças de velhos, de Ecléa Bosi (São Paulo, T. A. Queiroz Editor/Edusp, 1973). Mas a velhice é analisada como segmento social ou condição etária, não propriamente segundo gênero. E não tratando apenas, ou destacadamente, as mulheres.
[2] Referência à conhecida foto de Carlota Pereira de Queiroz no plenário da Câmara dos Deputados em 1934.
[3] Sobre o silêncio das mulheres, ver Michelle Perrot, *As mulheres ou os silêncios da história*, Bauru, Edusc, 2005.
[4] Depoimento recolhido para confecção deste capítulo.
[5] Alda Britto da Motta, "Viúvas alegres: uma nova/velha geração", em Ana Alice Alcântara Costa e Cecília Maria Bacellar Sardenberg (orgs.), *Feminismo, ciência e tecnologia*, Salvador, Redor/NEIM-FFCH/UFBA, 2002, p. 263-289, Coleção Bahianas 8.
[6] Famílias nucleares são aquelas compostas apenas pelo casal heterossexual e seus filhos. Modelo idealizado, porque avós e tios sempre estiveram muito próximos e constituíram apoios. Desde o final do século xx, de forma ainda mais intensa, com o aumento da precariedade do emprego e os descasamentos dos mais jovens.
[7] Carla Bassanezi, "Mulheres dos Anos Dourados", em Mary Del Priore (org.) e Carla Bassanezi (coord.), *História das mulheres no Brasil*, São Paulo, Contexto/Edunesp, 2004, p. 607-639.
[8] Depoimento recolhido para confecção deste capítulo.
[9] Isto é, casaram-se, tiveram filhos e atingiram a menopausa.
[10] Alda Britto da Motta, *"Não tá morto quem peleia": a pedagogia inesperada dos grupos de idosos*, Salvador, 1999, Tese de Doutorado em Educação, Faculdade de Educação, Universidade Federal da Bahia.
[11] Kátia Jane Chaves Bernardo, *Envelhecer em Salvador: uma página de história (1850-1900)*, Salvador, 2010, Tese de Doutorado em História, Faculdade de Filosofia e Ciências Humanas, Universidade Federal da Bahia.
[12] São raras as informações sobre asilos de velhos. Sugeriria a leitura dos trabalhos de Daniel Groisman, "Duas abordagens aos asilos de velhos: da Clínica Santa Genova à história da institucionalização da velhice", em *Cadernos Pagu*, Campinas, Unicamp, v. 1, n. 13, p. 161-190, 1999; e de Márcia Queiroz de Carvalho Gomes, *Proteção social à velhice e o circuito de solidariedades intergeracionais*, Salvador, 2008, Tese de Doutorado em Ciências Sociais, Faculdade de Filosofia e Ciências Humanas, Universidade Federal da Bahia.
[13] Uma questão sobretudo feminina. Cf.: Peter Laslett, "The emergence of the third age", em *Ageing and Society*, Cambridge, v. 7, p. 133-160, 1987.
[14] Phillippe Ariès, "Une histoire de la vieillesse?", em *Communications*, Paris, v. 37, n. 1, p. 47-54, 1983.
[15] Alda Britto da Motta, op. cit.
[16] Como verificaram pesquisas que acompanharam a trajetória de muitas dessas mulheres. A exemplo de Alda Britto da Motta, "Familiarizando(-se com) o público e politizando o privado", em Tereza Ximenes (org.), *Novos paradigmas e realidade brasileira*, Belém, UFPA/NAEA, 1993, p. 414-426.
[17] Clarice Peixoto, "Entre o estigma e a compaixão e os termos classificatórios: velho, velhote, idoso, terceira idade...", em Myriam Moraes Lins de Barros (org.), *Velhice ou terceira idade?*, Rio de Janeiro, Fundação Getulio Vargas, 1998, p. 57-84.
[18] Em 1991, o salário mínimo recebeu o aumento de 147,06%, enquanto os benefícios da Previdência Social só foram reajustados em 54,6%. Isso significou, evidentemente, um aumento bem menor para os aposentados que recebiam acima do salário mínimo. A revolta resultante consubstanciou-se em inúmeras ações judiciais por todo o país e manifestações públicas em várias capitais.
[19] Rita Moreira et al., *Idosos em movimento: a conquista de um direito*, Trabalho de Conclusão de Curso (Graduação), Departamento de Sociologia, Universidade Federal da Bahia, Salvador, 1992.

[20] Eulália Lima Azevedo, *Um palco de múltiplas vozes*: *a nova inserção das/os idosas/os em luta pela cidadania*, Salvador, 2010,Tese de Doutorado em Ciências Sociais, Faculdade de Filosofia e Ciências Humanas, Universidade Federal da Bahia. Embora haja vários Fóruns do Idoso no Brasil, suas características são diferentes das deste da Bahia. Enquanto os dos outros estados acompanham as políticas – geralmente municipais – e são formalmente conduzidos por gestores institucionais do envelhecimento (assistentes sociais, gerontólogos, bacharéis em Direito, também políticos etc.), o da Bahia foi fruto do movimento popular dos idosos, através da referida ASAPREV, refletindo a visão larga do seu velho líder, Gilson Costa.

[21] Paula Lopes Pontes, "*Vivendo no lar*": *um estudo sobre os motivos de ingresso dos residentes idosos na instituição Lar Franciscano*, Salvador, 2006, Dissertação de Mestrado em Ciências Sociais, Faculdade de Filosofia e Ciências Humanas, Universidade Federal da Bahia.

[22] As referências aos centenários e à "geração pivô", seus, ou melhor, suas cuidadoras, estão sendo frequentes, mas os textos sobre eles ainda são escassos. Para uma perspectiva da situação, ver Alda Britto da Motta, *Mulheres entre o cuidado dos velhos e a reprodução dos jovens*. Trabalho elaborado para apresentação no XXVIII Congresso da ALAS (Associação Latino-Americana de Sociologia), Recife, 2011.

BIBLIOGRAFIA

ARIÈS, Phillippe. Une histoire de la vieillesse? *Communications*, Paris, v. 37, n. 1, p. 47-54, 1983.

AZEVEDO, Eulália Lima. *Um palco de múltiplas vozes:* a nova inserção das/os idosas/os em luta pela cidadania. Salvador, 2010. Tese (Doutorado em Ciências Sociais) – Faculdade de Filosofia e Ciências Humanas, Universidade Federal da Bahia.

BASSANEZI, Carla. Mulheres dos Anos Dourados. In: DEL PRIORE, Mary (org.); BASSANEZI, Carla (coord.). *História das mulheres no Brasil*. São Paulo: Contexto/EDUNESP, 2004, p. 607-639.

BEAUVOIR, Simone de. *A velhice*. São Paulo: Difusão Europeia do Livro, 1970.

BERNARDO, Kátia Jane Chaves. *Envelhecer em Salvador:* uma página de história (1850-1900). Salvador, 2010 Tese (Doutorado em História) – Faculdade de Filosofia e Ciências Humanas, Universidade Federal da Bahia.

BOSI, Ecléa. *Memória e sociedade*: lembranças de velhos. São Paulo: T. A. Queiroz, 1973.

BRITTO DA MOTTA, Alda. Familiarizando(-se com) o público e politizando o privado. In: XIMENES, Tereza (org.). *Novos paradigmas e realidade brasileira*. Belém: UFPA/NAEA, 1993, p. 414-426.

_____. "*Não tá morto quem peleia*": a pedagogia inesperada dos grupos de idosos. Salvador, 1999. Tese (Doutorado em Educação) – Faculdade de Educação, Universidade Federal da Bahia.

_____. Viúvas alegres: uma nova/velha geração. In: COSTA, Ana Alice Alcântara; SARDENBERG, Cecília Maria Bacellar (orgs.). *Feminismo, ciência e tecnologia*. Salvador: Redor/NEIM-FFCH/UFBA, 2002, p. 263-289. (Coleção Bahianas 8).

_____. *Mulheres entre o cuidado dos velhos e a reprodução dos jovens*. Trabalho elaborado para apresentação no XXVIII Congresso da ALAS (Associação Latino-Americana de Sociologia) – Recife, 2011.

GOMES, Márcia Queiroz de Carvalho. *Proteção social à velhice e o circuito de solidariedades intergeracionais*. Salvador, 2008. Tese (Doutorado em Ciências Sociais) – Faculdade de Filosofia e Ciências Humanas, Universidade Federal da Bahia.

GROISMAN, Daniel. Duas abordagens aos asilos de velhos: da Clínica Santa Genova à história da institucionalização da velhice. *Cadernos Pagu*. Campinas, Unicamp, v. 1, n. 13, p. 161-190, 1999.

LOPES PONTES, Paula. "*Vivendo no Lar*": um estudo sobre os motivos de ingresso dos residentes idosos na instituição Lar Franciscano. Salvador, 2006. Dissertação (Mestrado em Ciências Sociais) – Faculdade de Filosofia e Ciências Humanas, Universidade Federal da Bahia.

PEIXOTO, Clarice. Entre o estigma e a compaixão e os termos classificatórios: velho, velhote, idoso, terceira idade... In: LINS DE BARROS, Myriam Moraes (org.). *Velhice ou terceira idade?* Rio de Janeiro: Fundação Getulio Vargas, 1998, p. 57-84.

PERROT, Michelle. *As mulheres ou os silêncios da história*. Bauru: Edusc, 2005.

Corpo e beleza

"SEMPRE BELA"

Denise Bernuzzi de Sant'Anna

Em 1879, uma matéria do jornal *Correio Paulistano* anunciou que o sumo de morango aplicado sobre o rosto era excelente para conservar "a eterna beleza da pelle".[1] Naquela época, diversos produtos para a formosura e o asseio eram fabricados domesticamente. Mas já existiam cremes para proporcionar alvura à cútis, pomadas para disfarçar os cabelos brancos e vários perfumes importados da Europa. No Rio de Janeiro, a rua do Ouvidor exibia o que havia de mais luxuoso para a elegância e a vaidade. As lojas vendiam pentes de tartaruga, água-de-colônia, tinturas, carmim para as faces, além de tecidos finos, aviamentos, leques, joias, luvas de pelica e sapatos de cetim. Modistas e cabeleireiros famosos atendiam a mulheres ansiosas em acompanhar as modas parisienses e mostrar bom gosto nos saraus, espetáculos teatrais e outros eventos organizados pela elite carioca.

No entanto, a pintura do rosto não rimava com jovens decentes, de bons costumes. Havia uma forte oposição entre corpo natural e aparência artificial. Mesmo no começo do século xx, a beleza física tendia a ser vista como uma dádiva divina. À mulher cabia conservá-la, com recato e comedimento. Segundo um cronista carioca, se uma jovem aparecesse "de lábio rubro ou de tez colorida", já se sabia, era estrangeira. Dizia-se que Nossa Senhora não se pintava, e as jovens de boa família deviam seguir esse santo exemplo.[2]

Entretanto, o milenar dever de ser bela recaía com força sobre a indumentária. As roupas, os calçados e os adereços serviam como prova maior de beleza e distinção. Para as mulheres ricas, buscavam-se o luxo das joias, a elegância trazida pelo porte do chapéu, o esmero das luvas e do leque. Por baixo das várias subsaias, os coletes ou cintas, alguns acoplados a porta-seios, apertavam o ventre. Nas revistas mundanas da década de 1900, os traseiros das senhoritas da elite carioca apareciam em tufos, ressaltados por cinturas apertadas. As roupas sobrepostas, as botinas de couro, os cabelos longos, enrodilhados no alto da cabeça sobre a qual assentava um volumoso chapéu, pareciam mais apropriados ao clima europeu do que ao calor e à umidade dos trópicos.

Mas se a roupa escondia e constrangia a silhueta, esta ainda permanecia livre do controle de seu peso diário. O uso das balanças não era comum. Por conseguinte, a identidade de cada pessoa não incluía os quilos ganhos ou perdidos, menos ainda as calorias em excesso ou o que se chamará Índice de Massa Corporal. O corpo não era submetido a sessões de depilação e ao bronzeamento, tal como ocorrerá quando a voga do banho de mar se banalizou entre os brasileiros. A celulite não havia sido descoberta. Mas uma vasta e proeminente barriga, rebelde ao espartilho, podia ser malvista. Pior ainda eram os corpos magricelas. Os regimes aconselhados pela imprensa destinavam-se, sobretudo, a ganhar volume corporal. Magreza acentuada era sinônimo de doença e pobreza, assemelhava-se ao raquitismo e à neurastenia. Mulher muito magra corria o risco de ficar solteira para sempre. Por isso ela era aconselhada a comer grande quantidade de alimentos suculentos. Feiura, palavra usada com naturalidade pela imprensa, associava-se facilmente à silhueta chamada popularmente de "vara pau", "espantalho", "palito esturricado" e "bacalhau".

Mas sabia-se que a natureza humana não podia ser totalmente vencida, domesticada pelos desejos pessoais, modificada com os produtos disponíveis no mercado. O jeito era disfarçar a formosura ausente com toda a sorte de enchimentos. Além disso, nem sempre cabia corrigir a natureza. Segundo um conto de José de Alencar, aos 14 anos, Emília era uma jovem "muito feia, mas da fealdade núbil que promete à donzela esplendores de beleza". Porém, muitas jovens "saem das faixas como os colibris da gema: enquanto não emplumam são monstrinhos". Emília era assim, feiíssima, de uma excessiva magreza, um "esguicho de gente". Mas tudo mudou com o tempo: Emília ganhou formas e altivez, sua tez conquistou "a cor das pétalas da magnólia, quando vão desfalecendo ao beijo do sol".[3]

Assim, era possível ter alguma paciência para com a feiura das adolescentes. Como se ainda houvesse tempo para esperá-las "emplumar". No caso masculino também ocorria o mesmo. Meninos considerados sem graça e fracoides podiam naturalmente virar adultos interessantes e charmosos. Havia, portanto, esperança para os feiozinhos que não haviam completado 15 primaveras. Uma espécie de confiança na natureza ainda regia o sonho da beleza e, provavelmente, dotava de alguma paciência a espera necessária para o corpo desabrochar.

BELEZA CINEMATOGRÁFICA

O cinema inventou uma beleza reluzente e espetacular. E somente atores bem jovens resistiam à nova iluminação Klieg e Cooper-Hewitt, capaz de revelar as mínimas imperfeições da pele. Hollywood propagou desde então um verdadeiro culto à juventude. Os rostos adolescentes, maquiados segundo um roteiro de mulher fatal, conheceram um sucesso inusitado. Eles foram os grandes divulgadores das novas formas de cuidar do corpo.

Mas Hollywood inventou igualmente belezas originais: Louise Brooks é um exemplo marcante dessa tendência. Seu aspecto longilíneo, com cabelos cortados severamente, de modo a dar à cabeça a forma de um reluzente capacete negro, conquistou milhares de adeptas. Chamado de *à la garçonne*, esse corte de cabelo foi criado em 1926, três anos depois da importante descoberta da tumba de Tutankamon, quando, em várias partes do mundo, os tesouros e joias do antigo faraó egípcio serviram de inspiração à moda.

A imagem egípcia de um porte vertical e cilíndrico combinava de modo surpreendente com a valorização do aerodinamismo. Na era dos automóveis e dos esportes, era preciso ser prático e rápido. Cabelos longos, penteados complicados, chapéus grandes, saias de tecido grosso e a compressão do espartilho entravavam os movimentos que doravante precisavam ser de outra ordem: a vida metropolitana exigia um corpo menos arredondado, leve, impecavelmente liso e esguio.

No Brasil, essa tendência provocou adesões apaixonadas, mas também críticas ácidas e adaptações inovadoras. Cortar as longas madeixas femininas podia representar um ato de liberdade, uma autonomia feminina difícil de ser aceita. Mas também significava aderir ao último grito da moda. Para alguns higienistas, os cabelos curtos e as roupas leves representavam saúde. A beleza espartana cultuada por diversos eugenistas brasileiros concedia à mulher o direito de praticar alguns exercícios físicos, de abandonar cintas e espartilhos, de encurtar as saias e utilizar maiô nas praias. Mas, em matéria de maquiagem, aqueles senhores, em geral médicos e escritores, permaneciam bem menos entusiasmados. Viam na pintura do rosto um artifício sem utilidade, um traço vicioso do caráter.

Na década de 1920, o automóvel, símbolo de prosperidade e modernidade, já era um veículo fechado, o que dava margem a suspeitas sempre que uma jovem estava dentro de um carro com um rapaz. A indústria de cosmético era impulsionada pelo sucesso das estrelas do cinema. O batom utilizado pelas atrizes hollywoodianas já ultrapassava o tamanho dos lábios verdadeiros para redesenhá-los seguindo as imagens do coração.

Em 1914, a empresa norte-americana Max Factor produziu sua primeira maquiagem feita especialmente para as gravações cinematográficas. É quando, além do uso de perucas, algumas atrizes começaram a exibir os primeiros cílios postiços fabricados a partir de cílios naturais. Graças aos novos recursos da maquiagem e das técnicas cinematográficas, o embelezamento também modificou a visão do corpo masculino. Exemplar a esse respeito foi o surgimento de Rodolfo Valentino. Sua imagem combinava virilidade e sensibilidade, força do corpo e delicadeza dos gestos. Seu rosto, sem os traços da barba, convidava ao toque, sugeria um contato macio, próximo ao imaginário historicamente associado à feminilidade. Em várias partes do mundo, a morte de Valentino causou imensa comoção. No Rio de Janeiro, por exemplo, "uma comissão de senhoras da alta sociedade mandou celebrar uma missa para a sua alma".[4]

O sucesso de Valentino ocorreu em meio à propaganda destinada a estimular os homens a serem vaidosos e a cuidarem sozinhos de suas aparências. Novos produtos eram divulgados pela publicidade impressa como sendo os melhores companheiros dessa tarefa: cintas elétricas destinadas ao emagrecimento e aparelhos para "aparar o cabello à americana, sem auxílio de cabellereiro" foram alguns deles. Desde 1901, quando a sociedade norte-americana chamada Gillette inventou o barbeador manual, os homens

A chegada dos automóveis, a popularização dos esportes e o sucesso das estrelas hollywoodianas favoreceram a moda dos cabelos curtos, das roupas mais práticas e dos lábios maquiados em forma de coração.

puderam aderir mais facilmente ao gesto de "fazer a barba" sem ajuda de um barbeiro. E depois, em 1928, eles puderam utilizar o barbeador elétrico.[5]

O GLAMOUR E A LINHA

Entre 1930 e 1950, "manter a linha" era um conselho comum publicado nas revistas femininas. Ainda não se falava em "boa forma". Os exercícios aconselhados destinavam-se, em geral, a afinar a cintura e a endireitar a postura. Naqueles anos, era possível encontrar viúvas severamente vestidas, "sem decote e sempre com mangas compridas". Isso tudo "cheirando a Leite de Rosas".[6] As seduções se limitavam pelo medo de virar "moça perdida". A beleza rimava com uma certa contração da postura e alguma dose de cerimônia nos gestos. A demonstração de pudores hoje esquecidos não era incomum. Muitas jovens podiam enrubescer diante de um galanteio masculino. Inúmeros conselhos valorizavam as mulheres prestimosas, conhecedoras do minucioso universo dos bordados e fitas. Precisavam ser cândidas e obedientes diante do ideal da esposa fiel. Como um "anjo da família", dela se esperava uma força inabalável, emoldurada por uma graça irresistível. Robustez do espírito e graça corporal. Esse ideal feminino legitimava a autoridade masculina, justificava a restrição da vida pública às mulheres e, igualmente, os seus ímpetos sexuais.

Mas já havia anúncios para cirurgias de rejuvenescimento facial, realizadas pelo doutor Pires. Ele falava sobre o assunto nos programas da Rádio Clube do Brasil. Segundo Pires, as tristezas resultantes da falta de beleza eram injustificáveis e as promessas de um embelezamento radical incluíam as ditas operações. Mesmo assim, raras eram as mulheres que se aventuravam. A maioria se contentava com os produtos de uso externo. Passar a Pasta Russa sobre os seios, por exemplo, obedecia à vontade de dotá-los de firmeza e formosura. Os antigos *soutiens* de bojo também ajudavam a disfarçar a falta da beleza desejada. E vários conselheiros recomendavam um embelezamento comedido e provisório.

Contudo, a exposição do corpo feminino na imprensa era banalizada quando se tratava dos males uterinos. Regulador Gesteira era um dos produtos recomendados para melhorar os "incômodos mensais" e também ataques nervosos, vertigens, moleza do corpo, falta de ânimo, manchas na pele, certas coceiras etc. A beleza e a doçura de um sorriso feminino dependiam da saúde do útero, considerado o centro irradiador da saúde da mulher.

Enquanto isso, o cinema divulgava dezenas de exemplos sugestivos de uma beleza fatal e ardente, nem sempre considerada honesta ou moralmente decente. O glamour das estrelas hollywoodianas era um convite sedutor para deslizar rumo a paragens proibidas pelos pais daquelas jovens ansiosas para viver um grande amor. A imprensa feminina traduziu o glamour da mulher fatal em moldes mais superficiais e ligeiros. Durante anos, ela alimentou a polêmica sobre o que deveria ser o glamour e, a partir da década de 1950, contrastou-o com o que seria o *sex appeal* de uma *pin-up*.

Pouco a pouco, uma nova ênfase à ginástica e aos regimes destinados a "manter a linha" ganhou importância nos manuais de beleza e na imprensa feminina. Algumas reportagens começaram a mostrar fotografias de mulheres desconhecidas que faziam algum exercício físico, em casa, para manter o corpo elegante. A contemplação diária da própria silhueta diante dos espelhos, colados aos pesados guarda-roupas de madeira, acentuava o gosto pelo autoexame físico. E, na medida em que as cidades brasileiras cresciam e as mulheres integravam o mercado de trabalho, os conselhos de beleza incluíam recomendações relacionadas ao comportamento: saber andar, se sentar, dançar, descer as escadas, sair de um automóvel, conversar etc. Elza Marzullo, Isabel Serrano, entre outras autoras de conselhos dirigidos à mulher da década de 1950, insistiam exaustivamente na necessidade de educar o corpo para a vida social. Desde então, os manuais de embelezamento ganharam um aspecto mais pragmático do que seus antecessores. No lugar de ter páginas escritas sobre os modelos de beleza do passado grego ou sobre os problemas morais, os novos livros dirigidos às mulheres consagravam um grande número de páginas aos ensinamentos de como manter a linha, embelezar a cútis, cuidar dos cabelos e da higiene.

A necessidade de levar as jovens ao altar, encaminhando-as para a construção de um lar feliz e honesto, motivava uma grande parte dos conselhos de beleza. Mas as mulheres casadas também foram chamadas a jamais descuidarem de suas aparências. Era preciso manter acesa a vulnerável chama do amor conjugal. O que exigia o conhecimento de uma gama cada vez mais variada e sofisticada de cosméticos. Entre 1945 e 1955, um número volumoso de matérias sobre o amor tomou conta das revistas femininas. Em plena era de redução da família ao núcleo formado por pais e filhos, o amor se afirmou como conquista obrigatória, um sentimento essencial em nome do qual era preciso batalhar cotidianamente. Cabia sobretudo às mulheres garanti-lo. Segundo a imprensa, elas deviam ampliar o interesse masculino por seus corpos. O rosto permanecia o ponto alto da beleza vendida na propaganda, mas o corpo inteiro começava a insinuar-se no cinema e nas fotonovelas como lugar de cuidados permanentes.

ENCANTO FLORAL

Assim como as flores, as mulheres deviam encantar. O encanto era uma palavra comumente utilizada pela propaganda da primeira metade do século xx. Servia como uma luva para caracterizar a beleza feminina. Curiosamente, com o passar dos anos, o adjetivo "encantadora" deixou de ser usado com frequência. Os *slogans* publicitários posteriores à década de 1960 preferiram anunciar jovens "sempre livres", despojadas e arrojadas. Mas as gerações anteriores sonhavam com brotos e rosas de grande encanto. As primeiras desabrochavam em bailes de debutantes. Deviam ser colhidas na hora certa por homens considerados bons partidos. Uma vez casadas, viravam rosas, rainhas do próprio jardim, mães zelosas e esposas fiéis. Havia um tempo para desabrochar e outro para murchar.

Segundo a imprensa, uma "pequena" encantadora teria chances de encontrar o príncipe encantado. E mesmo quando o príncipe não fosse encantador, várias mulheres eram estimuladas a não descuidarem jamais do próprio encanto. Curiosamente, muitas possuíam o hábito de cantar ao longo do dia, durante as tarefas domésticas. Os filhos, pais e irmãos podiam ouvi-las. Cantavam as músicas aprendidas nos programas de rádio numa época em que Angela Maria era uma moreninha brejeira, cantora dos amores e desventuras comuns às brasileiras.

O imaginário da mulher-flor, encantadora e cantora, permaneceu forte durante a década de 1950. É quando a propaganda divulgou "mais encanto para você com Cashmere Bouquet". Havia também os sabonetes coloridos e perfumados das marcas Lifeboy, Lever, Palmolive e Gessy. E, para acentuar o encanto floral da época, os frascos de perfumes figuravam imponentes sobre as penteadeiras, móveis que reinavam em muitos dormitórios do passado.

Mas o encanto desejado também exigia uma silhueta curvilínea e pés delicados. Pés grandes sugeriam grosseria. Outro problema comum eram as peles ditas "encardidas". Não eram poucas as receitas dedicadas a branqueá-las. A maior parte da propaganda de cosméticos enfatizava a beleza de mulheres brancas, como se as demais não tivessem nenhuma qualidade estética.

"SEMPRE BELA"

Durante a década de 1950, o rosto permanecia o ponto alto da beleza vendida nas propagandas. Nas fotografias das revistas femininas que retratavam mulheres belas, era comum a presença da pele branca contrastada com sobrancelhas e cabelos escuros.

A presença da pele branca contrastada com sobrancelhas e cabelos escuros era muito comum nas fotografias das revistas femininas e também nos retratos de rostos masculinos. Entre os ideais de beleza para ambos os sexos, os morenos claros usufruíam de grande prestígio, talvez um pouco maior do que os louros bronzeados que ocuparão um lugar de destaque na publicidade brasileira das décadas seguintes. Entretanto, havia preferências regionais bem evidentes: por exemplo, diferentemente da cidade de São Paulo, no Rio de Janeiro, o bronzeamento da pele já marcava o lazer de algumas jovens desde a década de 1930. A mulher tendia, contudo, a ser vista como um ser mais cíclico do que retilíneo, mais susceptível do que o homem, levada facilmente a encantar por meio de lágrimas e, por isso, a saber, racionalmente, como e quando utilizá-las: sem exagero, porém com perícia e delicadeza. Mulher mimosa e elegante devia sorrir e ser comedida com as gargalhadas, demasiadamente abertas, despudoradamente francas para o universo floral.

Demorou cerca de trinta anos para que as mulheres que gargalhavam e expunham com orgulho a tonicidade muscular fossem ideais sedutores de feminilidade na imprensa. Também demorou anos para que aquelas mulheres de canto fácil fossem em grande medida substituídas pelas ouvintes do *walkman*, avô do atual *iPod*, ciosas de sua individualidade e dos prazeres pessoais.

BELEZA CURVILÍNEA

Cintura fina, quadris largos, ombros roliços, seios insinuantes, pernas grossas e bem torneadas: o ideal da beleza feminina durante a década de 1950 sugeria volúpia, mas ao mesmo tempo maciez e conforto. Isso não era uma novidade. Várias vezes na história, o universo erótico acolheu a preferência masculina por mulheres com formas curvilíneas e fartas. Logo após a Segunda Guerra Mundial, esse antigo ideal foi realçado no cinema, na publicidade e nos concursos de miss. É quando a mulher "violão", com quadris largos, contrastando com uma cintura fina, afirmou-se como sinônimo de uma beleza fascinante, tanto para o sexo como para o matrimônio. Isso porque, moças feitas para casar nem sempre foram as mesmas com quem os rapazes obtinham prazer sexual. Aceitava-se mais facilmente do que hoje toda uma vida na qual o amor e o desejo sexual residissem em zonas diferentes da cidade e do coração masculino.

Naquela época, era mais natural do que hoje considerar a mulher um ser inferior ao homem e mais imprevisível do que ele. Portanto, era recomendado logo cedo encaminhar as garotas para uma vida de fidelidade amorosa na qual houvesse grande prudência em relação ao prazer sexual. Todavia, as vedetes que faziam sucesso no Rio de Janeiro divulgavam a erotização corporal a partir de uma silhueta exuberante, combinada a um humor picante. A opulência vistosa de seus corpos contrastava com as antigas imagens da miséria e da fome que assombravam muitos brasileiros. Do lado masculino, a propaganda de produtos para a beleza raramente mostrava um corpo lânguido. A displicência tinha limites que pareciam intransponíveis; serviam para distinguir os verdadeiros machos dos demais. A imagem do homem de colarinho branco, terno, gravata e chapéu continuava a expressar charme e dignidade.

No reino das belas mulheres também havia as misses. Em 1955, a revista *O Cruzeiro* divulgou que para ser miss era necessário ter: entre 18 e 25 anos e no mínimo 1,60m de altura. Mas também era preciso pertencer à família respeitável e ser brasileira.[7] Um ano antes, Martha Rocha havia sido classificada em segundo lugar no concurso de miss universo. Conforme ficou conhecido, suas "duas polegadas a mais de quadril" impediram-na de vencer o concurso. Nos critérios de julgamento, as medidas exatas das partes corporais começavam a primar sobre outras qualidades, tais como aquela dos antecedentes familiares. O foco no corpo individual, com seu detalhamento de medidas e peso, ganhava importância no universo das misses.

No cotidiano nacional, as polegadas a mais eram bem-vindas. Muitas baixinhas e roliças eram um "chuá", especialmente antes da invenção da mulher-gata, longilínea e, a seguir, musculosa. Evidentemente, muitas leitoras das revistas brasileiras sonhavam em ter o *sex appeal* de Marylin Monroe, as charmosas curvas de Gina Lollobrigida ou de Sophia Loren, os olhos de Elisabeth Taylor e o exotismo de Ava Gardner. Ora, a partir da década de 1950, os conselhos de beleza e inúmeras publicidades declararam sem hesitação que "toda mulher tem o direito de se tornar bela e tão sedutora quanto suas artistas prediletas". Tratava-se não apenas de uma promessa. Era um aviso, um alerta, algo que mudaria o modo de ser feminino. Menos do que um dom, glamour e beleza, mostrava a imprensa, são os resultados de uma conquista individual e de um trabalho que não tem hora para acabar "Hoje é feia somente quem quer."[8]

BELEZA *"ANGEL FACE"*

A banalização internacional do "valor juvenil" contribuiu para flexibilizar a imagem do corpo masculino e modificar o ideal da mulher-flor. O estilo jovial era uma moda internacional. Os jovens usavam topetes esculpidos com brilhantina, mascavam chiclete enquanto suas garotas usavam pó de arroz compacto e se sentiam atraídas por pensamentos um pouco "birutas". Era a época do sucesso das *glamours girls*, da revista *Cinelândia* e das brotinhos levemente despenteadas, com rosto angelical e ar provocante. No lugar do glamour dos vestidos rabo de peixe, procurava-se um *sex appeal* com rosto de *baby*. Jovens mais longilíneas do que a geração de suas mães e cuja sexualidade parecia menos tímida conquistaram sucesso. Por exemplo, a atriz americana Sandra Dee, com 16 anos, declarou que glamour devia ser "juventude, frescura, naturalidade e meiguice";[9] com Brigite Bardot, a rebeldia tornava-se sexy; um ar de menina misturava-se à sexualidade provocante.

A voga dos *teenagers* existia desde a década de 1940, mas o tema do conflito de gerações eclode na mídia brasileira alguns anos mais tarde. A partir de 1960, sobretudo, mesmo se as brotinhos continuassem a esperar um marido talvez elas não o fizessem da mesma maneira que suas mães. A conquista da independência financeira começava a ser menos um sonho do que um direito que deveria ser rapidamente adquirido.

Menos recatadas, talvez, e cada vez mais consumidoras de recursos para embelezar e rejuvenescer o corpo, as mulheres transportavam em suas bolsas batons, espelhos, pós, absorventes e lenços descartáveis. O mercado de cosméticos e produtos para a higiene pessoal tornou-se maior e mais importante do que no passado. Na imprensa, a trajetória dos famosos e anônimos deveria, doravante, contar com provas escancaradas de suas ousadias com o corpo e adesão às marcas específicas à juventude. Em busca do *sex appeal* idealizado no cinema e na propaganda, sedutoras jovens mostravam-se displicentes e bronzeadas, como se estivessem totalmente convencidas dos benefícios anunciados pela propaganda de xampus refrescantes, cremes transparentes e as novidades da Avon. O sucesso fotográfico dessas jovens não contava mais com o uso do laquê nos cabelos. A partir de 1962, elas podiam descobrir o prazer de usar Vinólia, o primeiro xampu da Gessy Lever. O erotismo ampliava seu raio de exposição na publicidade e o tema da "virgindade" ganhava espaço na imprensa.

Enquanto isso, um tom científico se afirmou na cosmética, sobretudo depois da década de 1960. Foi a época dos primeiros congressos internacionais sobre o assunto e de uma progressiva evolução dos produtos. Questionava-se sobre as razões do surgimento das rugas, sobre sua identidade, formas de evolução e possíveis prevenções. A dermatologia foi chamada a integrar-se intensamente à indústria cosmética. A publicidade dos novos hidratantes prometia prevenir e corrigir os problemas existentes, proporcionar bem-estar e juventude, limpar a pele e ainda acelerar o trabalho de renovação celular. Produtos hiperpotentes, agradáveis de utilizar, dentro de embalagens visualmente apetitosas se tornaram as vedetes do comércio internacional. Estava aberto o caminho para a megaindústria da beleza contemporânea dentro da qual, desde 1990, foram desenvolvidos os dermocosméticos.

MAGRAS, CONSCIENTES E PRAFRENTEX: O EMBELEZAMENTO SE COMPLICA

No tempo de consagração das modelos consideradas modérníssimas, tais como Veruschka e Twiggy, ainda não se falava em *top model*. O sucesso estava com as "manequins", o que já significava um considerável trabalho sobre si: dieta, uso de cosmético e um certo ar irreverente. Era a época da minissaia, da pílula anticoncepcional e de uma nova valorização da magreza.

No passado recente, os jovens imitavam os mais velhos. Mas essa equação seria progressivamente invertida. Os pais podiam ser vistos como "quadrados" ou "coroas" diante da moda *unissex,* em que as roupas masculinas e femininas ganharam em semelhança e descontração. E é justamente a partir dessa época que a silhueta magra conquistou um valor inovador. Evidentemente, o exemplo do cinema foi precioso. Desde a década de 1950, Audrey Hepburn divulgava um charme de gazela, uma magreza chique e bela.

No Brasil, a partir de 1960, as balanças da marca Filizola começaram a aparecer na propaganda impressa e a marcar presença nas drogarias do país. Era uma novidade. Até então, sabia-se o próprio peso raramente: quando se ia ao hospital, ao médico (e, em geral, essas visitas eram poucas) ou, no caso masculino, também dentro do exército e em algumas escolas. Ora, com a introdução das balanças nas drogarias, saber o próprio peso virou algo natural, um conhecimento integrado à identidade de cada um, uma necessidade. Coincidentemente, é nessa época que apareceu Metrecal, um "alimento cientificamente preparado para o emagrecimento", disponível em vários sabores. Era o começo da tentativa de casar a dieta com o prazer de comer. Fora do Brasil, a indústria de alimentos *diet* e *light* iniciava uma carreira de sucesso. Os adoçantes tornavam-se símbolos de distinção social e a marca Suita anunciou na imprensa que ninguém gostava de gordos.

Nos anos 1960, com a voga do biquíni, os regimes para emagrecer dominaram a maior parte dos conselhos dirigidos à mulher. Quando os adoçantes começaram sua carreira de sucesso prometendo um corpo esbelto, a indústria do açúcar ensaiou uma reação...

Conforme o poema de Vinicius de Moraes, intitulado "Receita de mulher", a beleza feminina incluiria extremidades magras, saboneteiras visíveis. Juntamente com a voga do biquíni, os regimes para emagrecer dominaram a maior parte dos conselhos dirigidos à mulher, momento em que a celulite foi inventada. Desde 1961, os "detestáveis furinhos" tornaram-se objeto de questionamento. Doravante, era preciso ser magra, juvenil, conhecer e gostar do próprio corpo. Não por acaso, os problemas com a aparência física começaram a ser interpretados segundo a banalização do vocabulário psicanalítico: vergonha do corpo tinha lá suas razões inconscientes. Traumas e frustrações tornaram-se termos comuns nos conselhos de beleza. O embelezamento ganhava maior complexidade e complicação: era necessário não apenas ser, mas "*sentir-se* bela".

ASSUMIR O PRÓPRIO CORPO

Quando Leila Diniz exibiu a barriga grávida na praia, o corpo feminino ainda vivia sob pesadas suspeições. Mulher honesta devia conter o corpo e a palavra, casar virgem e evitar minissaia. Mas com os movimentos de emancipação feminina e o advento da contracultura, a necessidade de ser autêntico e sexualmente livre não tardaria a modificar o roteiro da beleza e da sedução. A histórica divisão entre feias e belas começou a concorrer com uma outra: existiam as que diziam ter assumido seus desejos e aquelas que tinham medo de fazê-lo. Mas era difícil perceber o quanto uma mulher que se assumia o fazia por coragem ou medo, conveniência ou inconformismo. Mesmo assim, a expressão "assumir" se banalizou na imprensa.

A revista *Pop*, por exemplo, anunciava jovens que assumiam uma vida dita mais autêntica e natural, na qual era possível "curtir sem grilos". Escapar do estresse e da poluição, palavras cada vez mais utilizadas, alimentava o gosto por produtos considerados naturais. A empresa brasileira Natura surgiu em 1969. Mais tarde foi criada a Boticário. Ainda não se falava em orgânicos, mas o vegetarianismo era bem-vindo. Para algumas jovens, o casamento não passava de um papel e era atraente imaginar "uniões livres" ou apenas "uma transa numa boa com a natureza". As batas indianas, as alpargatas e o jeans ajudavam a construir uma silhueta que parecia completamente à vontade com o mundo. Muitos corpos foram fotografados em poses capazes de convencer o espectador de que ninguém mais posava. Bruscamente, as mulheres do passado revelaram uma pesada artificialidade quando comparadas com aquelas que, diante das câmeras, abriam as pernas, faziam caretas, gargalhavam e se espreguiçavam.

Os esportes de influência californiana penetraram no imaginário juvenil e modificaram o modo de vestir, falar e cuidar do corpo. O biquíni virou tanga. Com ela, a antiga valorização do corpo violão perdeu espaço diante das nádegas empinadas e rígidas das adolescentes, mais próximas da sugestão ao sexo sem compromisso do que ao engajamento do casamento e da maternidade. As brotos foram ultrapassadas pelas gatas e cocotas, enquanto a revista *Nova*, versão da *Cosmopolitan*, ensinava a mulher a ser uma fera na cama. Algumas se tornaram companheiras na guerrilha contra a ditadura, outras mochileiras e parceiras de viagens alucinógenas. Muitas saíram à luta em searas do trabalho até então prioritariamente masculinas. E várias brigaram com os pais ou separaram-se dos maridos, tomaram pílula e deitaram-se no divã. Por um lado, o importante era "ficar na sua", ser consciente de si mesma, "curtir-se". Por outro, era preciso ousar, inventar "um jeito de ser", liberar-se. Os cabelos de ambos os sexos cresceram e encaracolaram. Astros com aparência doce e leve entraram na moda, tais como o cantor David Cassidy. A música *pop* revelava uma masculinidade próxima às imagens tradicionalmente consideradas femininas. E a luta pela liberação sexual, incluindo mulheres e homossexuais, ganhou uma importância até então inusitada.

Mas os gostos e as modas nunca foram lineares nem unívocos. Na década de 1970, diversas jovens continuavam a alisar os cabelos sem dispensar a doméstica touca, cheia de grampos. As que haviam sido "quadradas" agora seriam "caretas". Outras inspiravam-se na beleza de Gabriela, personagem da telenovela representada por Sonia Braga, ou ainda em "manecas" como Rose di Primo. E, para muitas, o casamento e o amor verdadeiro permaneciam valores importantes.

Ocorre que, em todos os casos, a densidade do gosto por si havia sido aguçada. Portanto, as diferentes mulheres daqueles anos viam com menos naturalidade do que suas mães os amores que as impedissem de assumir os próprios desejos. A indústria de cosméticos rapidamente captou a mensagem: os produtos deviam facilitar a relação da mulher com ela mesma e não apenas com o homem amado. Melhor: eles precisavam garantir satisfação pessoal.

BELEZA ATLÉTICA

Promotoras da atividade física com música, as academias de ginástica viraram moda desde a década de 1980. A partir delas, as gatinhas e as

Quando a beleza atlética entrou na moda, o programa da boa forma divulgado pela atriz norte-americana Jane Fonda tornou-se um dos mais populares dentre os diversos guias disponíveis para as mulheres no Brasil.

feras de todos os tipos deviam construir uma musculatura firme. Segundo a propaganda da época, sedentarismo era um decreto de morte à saúde e à beleza. "Tem que correr, tem que pular", cantava Marcos Valle.[10] O *jogging* virou objeto publicitário comum, cena banal em novelas e filmes. Dançar nas discotecas e suar nas academias de ginástica atualizaram o antigo dever de ser bela e aceleraram as expectativas de afirmação social.

Desde 1974, a voga das atividades físicas havia se intensificado no Brasil: a campanha "Mexa-se" e, a seguir, a "Esporte para Todos", juntamente com a propaganda das bicicletas dobráveis e coloridas, combinavam com a crítica à poluição urbana, ao estresse e à crise do petróleo. Mas foi a partir de 1980 que surgiram as primeiras revistas específicas para a boa forma, difusoras do fascínio pelo corpo considerado "performático".

O programa da boa forma elaborado pela atriz Jane Fonda era um entre os diversos guias de beleza em moda na época. No Brasil, a boa forma expressa por Ala Szerman valorizou as "aulas de *jazz*", conforme se dizia, misturando exercícios e passos de dança. O estímulo da atividade física, com disciplina e constância, exigia uma verdadeira *conversão*, uma mudança profunda no modo de vida. Progressivamente, a atividade física ganhou um novo direito de cidadania. Com o aumento da expectativa de vida ocorrido no final do último século, as mulheres até então consideradas "maduras" foram convidadas a ser sempre jovens. Muitos anúncios publicitários enfatizaram que a velhice é um estado de espírito, pois não há mais idade para o cultivo da beleza e da boa forma.

Sem se limitar aos esportistas ou bailarinos profissionais e saindo dos clubes, a paisagem dos infatigáveis corredores ganhou praias e avenidas. Paralelamente, "os lucros do suor" incluíram aparelhos de ginástica, bebidas isotônicas, tênis, abrigos de moletom e outras vestimentas esportivas.[11] A seguir, seria a vez das vitaminas destinadas a combater o cansaço: diferentemente dos anabolizantes, a vitamina C passou a ser considerada um "*doping* legal".[12]

"CORPO TURBINADO": O DERRADEIRO COMBATE

As décadas seguintes vão "turbinar" o corpo com um arsenal de vitaminas, próteses, preenchimentos e cremes extremamente diversificados. É quando o antigo tabu da cirurgia plástica desmorona. A evolução das próteses e técnicas, somada ao permanente espetáculo midiático de um corpo rigorosamente jovem e infalivelmente sedutor, encheu de naturalidade a decisão de modificar seios, nádegas, rosto, ventre, panturrilha etc. Feiura e velhice deixaram de ser palavras usuais na imprensa. Enquanto esta difundia as vantagens de "passar o corpo a limpo" – com cirurgias, depilações audaciosas, aplicações de toxina botulínica e ácido hialurônico –, técnicas como as do programa Photoshop inventavam belezas com precisões e clarezas até então nunca vistas.

Vários cosméticos se tornaram multifuncionais. E vários remédios e alimentos passaram a agir como cosméticos. As farmácias adquiriram a aparência de supermercados e estes assumiram cada vez mais a função de vender produtos para a beleza. A maquiagem tornou-se ela própria um tratamento, deixou de ser apenas um artifício dissimulador. As fronteiras entre o essencial e o supérfluo, o artifício e a natureza se misturaram em favor de uma terapêutica totalizadora. Surgiram também as "celebridades", que vivem da produção diária do próprio corpo, vencendo os limites naturais em cada refeição e a cada cirurgia. Se no tempo de Martha Rocha os hábitos alimentares das estrelas eram pouco comentados pela imprensa, agora eles se tornariam o centro das atenções.

Evidentemente, a liberdade de decidir o que fazer com o próprio corpo aumentou de modo significativo desde a década de 1960. Mas essa evolução não foi uma via de mão única. Ela exigiu que se integrasse à identidade pessoal o cálculo das taxas de colesterol, vitaminas e hormônios, além dos quilos ganhos e perdidos. Mentalidade calculista e vigilante, pois haveria sempre o risco de nascer uma ruga, iniciar uma flacidez, formar uma mancha na pele, além da redução do colágeno, do aparecimento de estrias... a lista parece infindável. Sem contar o perigo dos "radicais livres", expressão banalizada na publicidade de cosméticos e que, como outras, valoriza o produto anunciado ao mesmo tempo que seu significado permanece obscuro para a maior parte das consumidoras.

A linguagem da beleza foi violentamente penetrada pelo vocabulário científico, numa época de galopante medicalização cotidiana da própria existência. Depois de entrar nas alcovas para regular o sexo e o ímpeto dos prazeres amorosos, o olhar científico penetrou na frivolidade do gesto de ataviar-se, nas vaidades perfumadas dos artifícios embelezadores. Ele dotou os cuidados com o corpo de seriedade, ensinou que vários gordos são obesos, alguns mórbidos, e provou que seus opostos podem ser anoréxicos, todos, enfim, com muitos problemas de saúde. Os medos foram multiplicados, assim como as fórmulas para prevenir milhares de danos possíveis ao corpo. Entre eles, o mais geral e difícil de circunscrever: a "falta de autoestima". Curiosa expressão, hoje amplamente utilizada pela propaganda de medicamentos, cosméticos e serviços de lazer.

Os que não cuidam do corpo "conforme manda o figurino publicitário e científico atual" podem ser vistos como pessoas sem autoestima. O mais assustador é quando os rostos com rugas começam a se parecer com figuras de outro planeta, e um gordinho banal tende a ser visto como o obeso de amanhã, abarrotado de doenças e baixa autoestima, reduzido ao pesado corpo, seu principal martírio.

Parece que o corpo se tornou o centro de uma espécie de combate permanente, no qual aliados e inimigos pouco se distinguem. Quem não for à luta, quem desertar desse campo fisiológico, expressa fraqueza, mostra a pior das covardias, merece, portanto, desprezo. A falta de beleza ilustraria, assim, uma outra, bem maior. Por isso, tal como em várias batalhas, as formas de luta importam menos do que a coragem para empreendê-la. Não por acaso, vale tudo: cirurgias, preenchimento facial, rejuvenescimento por *laser*, bronzeamento, branqueamento, mas também adesão a vários tipos de moda, ou antimoda, regimes, meditação... o corpo necessita. Essa é a época propícia para defendê-lo e cultuá-lo, mas também para extenuá-lo e por ele se perder.

É verdade que a lendária pergunta feita ao espelho "quem é mais bela do que eu?" saiu da boca de uma mulher e encerra temores ainda hoje presentes no universo feminino. Mas é provável que a preocupação com a beleza atinja cada vez mais os dois sexos, misturando-se às dúvidas sobre a saúde e o bem-estar. E talvez nem seja necessário olhar-se no espelho para indagar sobre si. Pois a pergunta também mudou. É possível que na época atual se queira saber principalmente qual tratamento seguir, qual produto escolher, qual resultado será alcançado. Ora, de algum modo, é sabido que, dessa vez, não há resposta segura. A batalha pelo corpo está longe de chegar ao fim.

NOTAS

[1] Jornal *Correio Paulistano*, 27 nov. 1879, p. 2.
[2] Luiz Edmundo, *O Rio de Janeiro do meu tempo*, Rio de Janeiro, Imprensa Nacional, 1938, v. 1, p. 82.
[3] José de Alencar, *Diva*, São Paulo, Martin Claret, 2010.
[4] *Folha da Noite*, 29 ago. 1926, p. 3; sobre a repercussão de sua morte, ver também: *Diário Popular*, 24 e 28 ago. 1926, p. 1.

5 *Eu sei tudo*, n. 34, p. 52, mar. 1920.
6 Clarice Lispector, "As maniguanças de dona Frozina", em *Onde estivestes de noite*, Rio de Janeiro, Rocco, 1999.
7 *O Cruzeiro*, 23 abr. 1955, p. 100.
8 Ver, por exemplo, *Querida*, n. 50, p. 57, jun. 1956, 2ª quinzena.
9 *Cinelândia*, n. 151, p. 52, mar. 1959,
10 Canção de grande sucesso de Marcos Valle, intitulada "Estrelar", gravada em 1983.
11 *Veja*, p. 100-101, 13 mar. 1985.
12 *Veja*, p. 79, 30 jun. 1993.

BIBLIOGRAFIA

BONADIO, Maria Claudia. *Moda e sociabilidade*: mulheres e consumo na São Paulo dos anos 1920. São Paulo: Senac, 2007.

RODRIGUES, Mariana C. de F. T. *Mancebos e mocinhas*: moda na literatura brasileira do século XIX. São Paulo: Estação das Letras e Cores, 2010.

SANT'ANNA, Denise B. de. *La recherche de la beauté*. Paris, 1994. (Doutorado) – Universidade de Paris VII (mimeo).

_____. *Políticas do corpo*: fragmentos para uma história do corpo no Brasil. São Paulo: Estação Liberdade, 1995.

SOARES, Carmen L. *As roupas nas práticas corporais e esportivas*: a educação do corpo entre o conforto, a elegância e a eficiência (1920-1940). Campinas: Autores Associados, 2011.

Trabalho

ESPAÇO FEMININO NO MERCADO PRODUTIVO

Maria Izilda Matos
Andrea Borelli

Quando o apito da fábrica de tecidos
Vem ferir os meus ouvidos
Eu me lembro de você...
Mas você não sabe
Que enquanto você faz pano
Faço junto ao piano
Estes versos pra você
("Três apitos", Noel Rosa)

Entrei para a fábrica Bangu, no período da Primeira Guerra Mundial, com 7 anos de idade. Iniciava o trabalho às 6 e terminava por volta das 17 horas – sem horário de almoço... era critério dos mestres o direito de comer, e, tendo ou não tempo para almoçar, o salário era o mesmo. Isto, evidentemente, depois de passar a fase de trabalho gratuito, que chamavam de aprendizado...
(Luiza Ferreira de Medeiros, operária têxtil)

Em 1933, Noel Rosa compôs a canção "Três apitos" sobre uma operária da fábrica Bangu, a mesma indústria na qual Luiza trabalhou desde menina, marcando suas recordações. Esses rastros de memória evidenciam as *luzes* e *sombras* da trajetória do trabalho feminino.

O próprio termo é marcado pela polissemia: alguns confundem "trabalho feminino" com as funções domésticas, os cuidados com a família e a casa; já outros entendem que ele envolve as atividades remuneradas realizadas no próprio domicílio e mesmo a participação das mulheres no mercado de trabalho. Neste último sentido, o trabalho chegou a ser questionado como elemento impeditivo das ditas "funções naturais" das mulheres, as de mãe e esposa. Entretanto, basta olhar com atenção a história para ver que as mulheres sempre trabalharam, mesmo que, em várias situações, seu labor não fosse tão evidente ao confundir-se com os ofícios coletivos e familiares.

Condicionamentos e necessidades variadas levaram as mulheres a assumir diversas "funções produtivas", abraçando habilmente as possibilidades existentes, ocupando brechas no mundo do trabalho ou tomando para si postos e colocações antes vetados ou inacessíveis. Nesse processo, foram mais facilmente incorporadas ao mercado laboral quando assumiram ocupações para as quais eram consideradas hábeis ou vocacionadas (fiar, tecer, costurar, cuidar, servir) e enfrentaram maiores dificuldades quando foi necessário superar os preconceitos existentes, sobretudo nos setores mais conservadores, tidos como tradicionalmente masculinos.

Esse percurso foi complexo e tenso, e de modo algum linear e totalmente progressista. Houve momentos de maiores contingências, até de arranque, em contraposição a outros, de refluxo e resistência, em que foi preciso abrir caminhos por meio de enfrentamentos e lutas. Contudo, indiscutivelmente, uma das maiores transformações dos últimos cem anos foi a presença marcante e evidente das mulheres no mundo do trabalho.

MULHERES E TRABALHO FABRIL

Na última década do século xix, intensificou-se o processo de "modernização" do Brasil, com o final da escravidão e do regime monárquico, atrelado à crescente urbanização, imigração, migrações internas e industrialização, particularmente no sudeste do país. Essas mudanças provocaram, num curto espaço de tempo e em ritmo acelerado, transformações econômicas e sociais, gerando um novo perfil populacional, com considerável aumento demográfico, e mudanças com relação à presença feminina no universo do trabalho nas cidades e no campo.

O setor industrial em expansão arregimentou um número significativo de crianças e mulheres em diferentes setores. Na fiação e tecelagem (algodão, seda, juta e lã), mulheres e meninas eram cerca de 70% do total da mão de obra empregada.[1] No setor de vestuário, confecções de roupas, camisas, malharia, produção fabril de redes, fitas, bordados, tamancos, chapéus e alimentos (massas, biscoitos e chocolate), mais da metade dos trabalhadores eram mulheres. Elas também atuavam na manufatura de cigarros, charutos e fumos, tocador, fósforos, velas e sabão. Na construção civil, na metalurgia, na cerâmica e no setor de vidro, porém, a participação feminina era mais reduzida. Pesava na opção por empregar mulheres em determinados setores a ideia bastante difundida de que delicadeza para lidar com certos produtos, submissão, paciência, cuidado e docilidade eram atributos femininos.

O emprego feminino fabril se caracterizou pela expressiva participação de imigrantes e preferencialmente de jovens. O ordenado feminino representava apenas 65% do masculino adulto. Além disso, as atividades nas quais as mulheres penetraram foram sendo, progressivamente, desprestigiadas, desvalorizadas monetária e socialmente, e por fim descartadas pelos homens. Os baixos salários, as tarefas rotineiras, repetitivas, monótonas e menos qualificadas na hierarquia laboral foram determinantes do emprego maciço das mulheres nas indústrias. O cotidiano do trabalho era árduo, em ambientes insalubres, com jornadas extensas (11, 12, chegando a atingir 14 horas diárias), muitas vezes sem descanso semanal.

Apesar disso, as trabalhadoras eram tratadas, inclusive pela imprensa operária, como pessoas "frágeis e indefesas", "passivas" e "carentes de consciência política". Na verdade, mulheres participaram ativamente das lutas operárias, atuaram em mobilizações, paralisaram as fábricas, tomaram parte em piquetes, reivindicando a redução da jornada e melhores condições de trabalho. Muitas delas reagiram frente às reduções salariais, aos maus-tratos e aos assédios constantes impingidos por mestres e patrões. Por essa atuação, chegaram a ser demitidas e taxadas de "indesejáveis", arroladas nas "listas negras", acusadas de roubo, sabotagem ou boicote. Sobre a Greve de 1901 na Fábrica Santana, por exemplo, o jornal *O Estado de S. Paulo* relatou:

Todas as manhãs as 600 operárias em parede aglomeram-se nas imediações da fábrica e por ali ficam até às 9, às vezes até às 11 horas da manhã, não consentindo na entrada das que desejam trabalhar, vaiando e agredindo o novo pessoal... Ontem, pela manhã, por tentar armar uma desordem, discutindo acaloradamente com o cabo da força ali destacada, foi presa a tecelã Giusepina Cutolo e pouco depois Cutolo Giuseppe, seu irmão, que também ali estava e tomou o partido da moça barulhenta...[2]

Em grande parte como resposta às pressões do operariado, surgiu uma legislação trabalhista. Entre 1917 e 1919, vinculadas a preocupações de ordem moral, apareceram as primeiras medidas regulamentadoras do trabalho feminino, proibindo a jornada noturna das mulheres e a atividade durante o último mês de gravidez e o primeiro do puerpério. Contudo, essas medidas geraram ambiguidades e contradições; ao proteger as mulheres por considerá-las frágeis e vulneráveis, acabaram provocando demissões e dificultando a inserção feminina no mercado de trabalho, pois as mulheres passaram a ser vistas pelos empregadores também como mais onerosas.

FORA DA FÁBRICA: NA CIDADE, ENTRE PANOS E CESTAS

O aumento considerável da população urbana gerou novas oportunidades para o crescimento das atividades comerciais e de abastecimento. Multiplicaram-se os estabelecimentos de pequeno e médio porte como armazéns, açougues, adegas, quitandas, vendas, bares e botequins. A participação de mulheres nesse tipo de negócio foi, desde o início, determinante. Vários desses estabelecimentos eram, inclusive, conhecidos pelos nomes de suas proprietárias.[3]

No comércio de rua, entre os vários tipos de ambulantes, muitas mulheres comercializavam verduras, legumes, frutas, flores, ovos, batatas, cebolas, aves, carnes, peixes, leite, pão, entre outros produtos. Algumas vendas eram eventuais, como a oferta de um excedente disponível ou sobras da produção de quintal. Em muitos casos, entretanto, a atividade era regular, como a das verdureiras, na sua maioria imigrantes, que expunham nas feiras livres o que produziam em chácaras existentes nos arredores da cidade. Também havia as leiteiras, que cotidianamente percorriam um roteiro determinado, visitando a freguesia com seus animais (vacas e cabras), oferecendo leite tirado na hora.

Nos domicílios, exímias cozinheiras faziam doces, salgados e petiscos para serem comercializados pelas ruas em bandejas e cestas; algumas adquiriram clientela fixa e produziam regularmente quitutes sob encomenda.[4] Havia ainda as que forneciam refeições diárias e as que transformavam suas residências em pensão. Ocupações como essas foram abraçadas por mulheres, não só por conta das dificuldades de inserção no mercado de trabalho, mas por opção de não se empregar numa função regular, com horário fixo e jornada determinada.

Outra alternativa para as mulheres era o trabalho domiciliar, ou seja, atividades realizadas nas próprias residências para empresas, oficinas ou intermediários, no regime de pagamento por peça. Apesar da remuneração baixa, essas funções permitiam conciliar as atividades de mãe e dona de casa com uma que lhes proporcionava algum rendimento. No entanto, a possibilidade de trabalhar em casa não significava escapar às exigências de prazos e controle de qualidade feitas pelos contratantes.

Mesmo pouco visível (nas *sombras*), um número expressivo de mulheres trabalhava dessa maneira, particularmente nos chamados trabalhos "de agulha". A qualificação da mão de obra era feita através do processo de socialização e da educação, ou seja, as mulheres utilizavam no trabalho habilidades aprendidas com outras mulheres ao longo de suas vidas. Destreza, rapidez, repetição e precisão eram elementos importantes para a execução de bordados e rendas, costura, tricô, crochê, manufatura de flores, ornamentos e chapéus, elaboração de enxovais de cama e mesa, lingerie, chinelos e também para a "costura de carregação" de produtos, como os sacos de juta para o café e os uniformes fabris. Muitas dessas ocupações eram passadas de geração a geração.

Em geral, as trabalhadoras domiciliares foram identificadas como passivas e desarticuladas dos movimentos reivindicativos. Porém, há vários registros que demonstram sua capacidade de articulação e combatividade em associações como a União das Operárias Costureiras (1905), o Sindicato das Costureiras (1908) e a Liga de Resistência das Costureiras (1906). Em maio de 1919, por exemplo, a União das Costureiras liderou uma greve, manifestando-se a favor da definição de um salário mínimo, mas também pela redução dos aluguéis e contra a carestia. As resistências das trabalhadoras domiciliares também apareciam no boicote à costura, na adoção de um ritmo lento de produção, nos atrasos propositais, no alargamento do ponto, agilizando a tarefa remunerada por peça, mas pecando na qualidade do serviço.[5]

Em pleno século XXI ainda se pode observar no Brasil lavadeiras trabalhando à margem de córregos, seja apenas para sua família, seja para melhorar o orçamento doméstico (Alagoas, 2012).

Greve das Costureiras
Uma das classes mais ignominiosamente exploradas, a classe das costureiras de carregação, na sua quase totalidade de mulheres, agita-se atualmente em São Paulo, para arrancar um aumento de salário aos seus patrões. Estes, quase todos de nacionalidade estrangeira, sórdidos e exploradores em máximo grau, negaram-se a satisfazer o pedido das operárias. Estas declararam-se em greve imediatamente.[6]

Muitas mulheres reproduziam no mercado de trabalho suas ocupações nos quadros domésticos – como lavar, passar e engomar – num esforço de ganho extra ou mesmo para tentar sustentar a família. Em locais onde a presença das imigrantes era significativa, as mulheres negras tinham mais dificuldade em encontrar trabalho, pois, por conta do preconceito, os patrões preferiam contratar o serviço das brancas. Com isso, as negras acabavam se concentrando em postos ainda menos valorizados e pior remunerados como os de doméstica, cozinheira, lavadeira e catadora de restolhos. Apesar dos míseros ganhos, o trabalho das lavadeiras foi uma das ocupações mais procuradas pelas mulheres dos setores populares. A atividade de lavadeira era exercida fora das casas dos clientes, também nos portos e nas ferrovias, onde se encarregavam da roupa suja que chegava com as embarcações e os trens. Raramente as lavadeiras tinham um local privado para a lavagem das roupas, sendo esta realizada ao ar livre junto aos rios ou nos chafarizes. Assim, o trabalho e a secagem ficavam à mercê do clima, o que com frequência provocava atrasos. Para efetuar as entregas, as lavadeiras tinham que percorrer grandes distâncias com pesadas e volumosas trouxas, já que lhes era proibido utilizar bondes com os pacotes de roupas. Quando as autoridades se deram conta de que as dificuldades sanitárias urbanas ampliavam os graves problemas epidêmicos, passaram a alertar para os perigos de se lavar roupas em tinas e tanques comunitários nos quais se "misturavam as roupas de todas as gentes". Por conta disso, gradativamente e não sem resistência, o trabalho das lavadeiras perdeu o seu caráter externo, passando a ser feito prioritariamente nos domicílios dos patrões, corporificando o ditado popular "roupa suja se lava em casa". Uma ocupação feminina também comum no início do século xx era a de ama de leite. Comparada com as outras, possibilitava melhores ganhos devido à relativa valorização da responsabilidade dos cuidados com as crianças para os quais se requeria paciência, dedicação e asseio. A função era exercida tanto na casa dos patrões como na própria moradia das "amas criadeiras". O serviço das amas era utilizado também pelos poderes públicos e caritativos, no aleitamento e cuidado de órfãos. A questão do "aleitamento mercenário", entretanto, inquietava pais e autoridades médicas, devido a preocupações com a possibilidade de que as amas infectassem as crianças, principalmente com tuberculose e sífilis. Nesse sentido, buscou-se regulamentar a ocupação, começando por organizar o Serviço de Aluguel, que deveria se encarregar da seleção (por meio do exame do sangue e do leite das amas), do registro e da catalogação das qualificadas para o emprego, além de elaborar as regras dos contratos em termos de obrigações e deveres; contudo, essas tentativas foram descontínuas e não tiveram grande sucesso.

De um modo ou de outro, a prática da função foi usual até os finais dos anos 1920, quando ainda era hábito divulgar anúncios de procura e oferta de amas de leite, brancas e negras, nacionais e estrangeiras de diferentes proveniências, para dormir na casa dos patrões, servir de criadeira ou simplesmente "amamentar três vezes por dia".

> Ama offerece-se estrangeira com abundante e saudável leite de 4 mezes, pode dormir na casa dos patrões, com creança. [...]
>
> Ama offerece-se uma para amamentar 3 vezes por dia, leite de um mez, sem filho. [...]
>
> Ama offerece-se uma de cor, com leite de 3 mezes, criadeira. O leite e o sangue já foram examinados. [...][7]

Aos poucos, difundiu-se uma nova noção de maternidade pela qual a mãe passou a ser responsabilizada pelos cuidados higiênicos e atenções para com as crianças. A ênfase na importância da amamentação maternal foi acompanhada, gradativamente, pela expansão das ações de controle e finalmente exclusão do "aleitamento mercenário", em conjunto com a propagação dos princípios de dietética infantil e campanhas favoráveis ao uso do leite pasteurizado.

TRABALHO EM MOVIMENTO: MUDANÇAS E PERMANÊNCIAS

Após o final da Primeira Grande Guerra (1918), ganhou força, por toda a sociedade, a ideia de que a mulher deveria dedicar-se exclusivamente às tarefas do lar e à maternidade. O trabalho feminino passou a encontrar maior oposição por parte de diferentes grupos sociais e instituições, revestida de preocupações morais que se somavam a argumentos religiosos, jurídicos e higienistas. Profissões como operária, costureira, lavadeira, doceira, florista, artista (figurante de teatro, atriz, bailarina, cantora) foram estigmatizadas e associadas à "perdição moral" e até à prostituição.

Além disso, denúncias sobre as difíceis condições do trabalho feminino multiplicaram-se e circulavam constantemente na imprensa operária, que, em suas diferentes vertentes (anarquista, socialista e comunista), passou a condenar o labor das mulheres fora do lar. Visto como atividade transitória – que deveria ser interrompida por ocasião do casamento ou do nascimento de um filho –, o trabalho feminino fora de casa passou a ser tolerado apenas como uma fatalidade da pobreza.

Aos poucos, começou a ser condenado pelo senso comum como um desperdício das energias femininas, fator de dissolução da saúde e da capacidade de desempenho das funções prioritárias de dona de casa, esposa e mãe. Nas próprias famílias que antes incentivavam o trabalho feminino – considerado fundamental no orçamento familiar – cresceu a oposição à atuação das mulheres no mercado de trabalho.

Entre 1920 e 1940, ocorreu uma diminuição da presença feminina no universo fabril,[8] devido a uma conjunção de fatores: as transformações no processo de industrialização (desenvolvimento de setores tradicionalmente masculinos como o metalúrgico, o siderúrgico e o mecânico e adoção de novos métodos de organização do trabalho) somadas às ações (públicas, médicas e do movimento operário) contra o trabalho feminino e à legislação dita protetora deste. Entretanto, apesar da tendência de diminuição da presença relativa no emprego fabril, as mulheres se mantiveram no mercado de trabalho. De acordo com o censo de 1920,[9] 31% da população feminina acima de 21 anos e 14% com menos de 21 anos tinham empregos remunerados. Na indústria, anotava-se 30.070 mulheres, totalizando 33,7% de participação feminina, sendo a maioria absoluta no setor têxtil e de confecção (51%).

Concomitantemente com o refluxo da participação feminina no setor industrial, as mulheres passaram a ocupar mais espaço em empregos menos visíveis e estáveis, particularmente no serviço doméstico e no trabalho no domicílio. Também começaram a exercer novas funções no comércio e na burocracia dos escritórios – possibilidades abertas, a partir da década de 1920, com o desenvolvimento do setor terciário. Jovens balconistas, por exemplo, eram muito procuradas pelos varejistas; entretanto, apesar de ser uma alternativa frente ao trabalho fabril, o exercício desta função exigia longas jornadas retribuídas com baixa remuneração.

Nos estabelecimentos bancários, comerciais e de seguros, as mulheres foram incorporadas em postos na telegrafia, telefonia, contabilidade e como escriturárias, secretárias, guarda-livros, entre outros cargos burocráticos de menor *status*. A difusão da máquina de escrever abriu para as mulheres o promissor ofício de datilógrafa. Todos esses empregos demandavam preferencialmente moças solteiras (consideradas mais disponíveis), ágeis, assíduas, dóceis e submissas. Por outro lado, a necessidade de qualificação profissional levou à expansão dos cursos de Secretariado, Contabilidade e Comércio, com escolas e salas especiais para mulheres. Entretanto, conforme as mulheres que se empenhavam em melhorar sua formação profissional

Com o desenvolvimento do setor de serviços, mulheres foram incorporadas no mercado de trabalho como telefonistas, escriturárias, secretárias e datilógrafas.

ocupavam, cada vez mais, os postos de trabalho nos serviços de escritório, os salários pagos por esses serviços foram sendo rebaixados.

As profissões de maior prestígio e que exigiam nível universitário – na Medicina, na Engenharia e no Direito, por exemplo – eram de difícil acesso às mulheres, sendo o ambiente universitário considerado um domínio masculino e havendo inúmeras restrições ao ingresso das mulheres nos cursos. Foi somente em 1879 que a legislação brasileira autorizou as mulheres a frequentar instituições de ensino superior e se titular no país. Antes disso, as que queriam se tornar médicas e tinham condições econômicas para tanto, procuravam estudar fora do país. Rita Lobato seria a primeira mulher a receber o diploma de Medicina no Brasil (Bahia, 1887). As primeiras médicas brasileiras enfrentaram grande hostilidade no exercício da profissão, sendo a Ginecologia, a Pediatria e a Obstetrícia as especialidades que sofreram menor oposição.

Mirtes de Campo foi pioneira na área do Direito. Formou-se advogada em 1899, mas só conseguiu seu registro na OAB em 1905. A forte resistência que enfrentou para ser reconhecida na profissão provocou seu engajamento na luta pelos direitos das mulheres.

Em áreas para as quais as mulheres eram consideradas "mais aptas" – como Magistério, Enfermagem, Farmácia e Odontologia –, os obstáculos foram menores, mas ainda significativos.

MAGISTÉRIO

O advento da República no Brasil foi marcado pela influência da doutrina positivista, que apregoava a transformação da sociedade pela educação. Nesse contexto, a "mulher" ganhou certa valorização social por seu papel de "mãe" e "educadora": para que o cumprisse bem, era preciso estar preparada. Essa ideia ampliou as preocupações com a questão da educação formal de meninas e moças.

Para atender à nova demanda educacional do país era preciso formar mais mestres. Assim, foram criadas e se disseminaram as escolas normais de formação de professores. Apesar de mistas, com o tempo, essas escolas passaram a receber um número cada vez maior de moças, que ultrapassaria o de rapazes. Gradativamente, os homens abdicariam das salas de aula nos níveis mais básicos do ensino, mas mantendo-se em postos de maior prestígio, como direção e inspeção e em funções técnicas e administrativas.

O magistério podia ser uma opção interessante para moças: profissão atraente, proporcionava certo aprimoramento intelectual e era condizente com os papéis ditos femininos. (Formatura de alunas de uma Escola Normal em 1962.)

Entre 1835 e 1890, o magistério tornou-se basicamente feminino (essa tendência foi chamada de "feminização do magistério"), na medida em que passou a ser visto como um campo por excelência de mulheres, apreciadas como mais capazes de cuidar, educar e disciplinar as crianças.

Até os anos 1930, o magistério era uma das poucas possibilidades profissionais atraentes para as mulheres das elites e dos setores médios da sociedade. Seduzia as jovens por proporcionar um ganho financeiro, mas também por conta do aprimoramento intelectual, acenando com as possibilidades de um maior *status* social e de aceitação em funções públicas e ambientes intelectualizados. Algumas, depois de formadas, exerceriam a profissão por toda a vida, enquanto outras a abandonariam em função do casamento ou da maternidade. O magistério também foi considerado adequado às mulheres por poder ser um trabalho de "meio período", permitindo concatenar a atividade profissional com as obrigações do lar.

Na década de 1950, o aumento crescente do número de crianças na escola ampliou a necessidade de docentes, abrindo a área para outros estratos sociais e popularizando a profissão. Na mesma época, a expansão do ensino secundário também exigiu a contratação de novos quadros e abriu maiores possibilidades para as mulheres nesse nível.

A frequente identificação do exercício do magistério com um sacerdócio ajudou a difundir a ideia de que a "boa professora" não se preocupa com o pagamento, pois está concentrada na formação dos alunos. Esse foi um dos fatores que contribuíram para a queda no nível salarial da profissão ao longo do tempo.

A significativa diminuição dos ganhos dos docentes, no correr dos anos 1960 e 1970, gerou a necessidade de se trabalhar em mais de um turno, ao mesmo tempo que fez crescer a luta por melhores condições de trabalho e de salários, levando à institucionalização dos sindicatos e a uma maior mobilização da categoria.

ENFERMAGEM

Até o início do século xx, as enfermarias dos hospitais brasileiros eram lugares sombrios e sujos, desconfortáveis e insalubres, recebendo, no mesmo espaço, pobres, mendigos e doentes de todo o tipo. A posterior difusão dos preceitos higienistas foi transformadora: passou-se a ressaltar a necessidade de ordem, limpeza e higiene. Com as novas práticas médicas que surgiam e a concentração das intervenções nos espaços hospitalares, ampliaram-se as possibilidades de cura e a especialização de áreas médicas.

Na busca por melhorar a qualidade dos serviços prestados, a enfermagem acabou saindo da órbita do controle das freiras e passou a responder diretamente à chefia dos médicos. Nessa época, a "boa enfermeira" era valorizada por habilidades como esmero, paciência, abnegação, cautela e docilidade no trato geral do paciente (limpar, arrumar, ministrar remédios e curativos), contribuindo para o bom êxito das prescrições médicas.

Seguindo um regime de internato, as enfermeiras praticamente moravam no hospital e executavam um trabalho bastante árduo em jornadas extensas e algumas vezes noturnas, usufruindo poucas horas e dias de descanso. Além disso, as profissionais eram submetidas a uma intensa vigilância que recaía também sobre seu comportamento moral, dentro e fora do hospital, acompanhando um "regime disciplinar" de um momento anterior, a época das freiras.

No início, a formação em enfermagem era adquirida na prática hospitalar, mas, já na virada do século XIX para o XX, iniciativas públicas e particulares promoveram a criação de cursos específicos, alguns de duração efêmera.[10] A estruturação da enfermagem profissional no Brasil ocorreu na década de 1920, conjugando iniciativas do Estado e da Fundação Rockeffeler com a criação da Escola Anna Nery. Nas duas décadas seguintes, escolas de enfermagem foram instaladas em vários pontos do país (Rio de Janeiro, São Paulo, Belo Horizonte, Salvador, Rio Grande do Sul e Ribeirão Preto).

ODONTOLOGIA

No final do século XIX, eram raras as mulheres que prestavam serviços dentários, limitando-se a filhas, esposas e viúvas de dentistas, numa época em que era comum membros de uma família seguirem as mesmas atividades por conta da diminuição de custos e da distribuição de tarefas (aspecto particularmente relevante no caso da Odontologia que requer altos investimentos em equipamentos e material).

O curso de Odontologia foi institucionalizado no Brasil em 1884 e, com o tempo, passou a ser visto como uma possibilidade para as mulheres, especialmente as solteiras e as que pretendiam voltar-se ao atendimento de uma clientela feminina e infantil – na qual encontrariam maior receptividade. As dentistas eram consideradas mais cuidadosas e pacientes que os profissionais homens no trato com as crianças. Além disso, eram tidas como moralmente mais adequadas para cuidar de pacientes do sexo feminino.

No censo de 1940, entre os dentistas, registrou-se 11% de profissionais do sexo feminino. Em 2010, as mulheres já totalizavam 56,3% dos dentistas do país. Entre as razões elencadas pelas mulheres para seguir a profissão está, além do prestígio e da possibilidade de exercê-la com autonomia, a flexibilidade na jornada de trabalho – motivo de grande preocupação entre as mulheres obrigadas a se dividir entre o cuidado da casa e dos filhos e a profissão.

MULHERES NO CAMPO

No setor agrícola, o trabalho feminino sempre foi uma constante. Após o final da escravidão (1888), as fazendas de café adotaram o sistema de colonato. Por esse sistema, os fazendeiros contratavam a família de trabalhadores (de preferência imigrantes), estabelecendo que ela arcasse com os cuidados do cafezal, mediante pagamento predefinido em dinheiro, e participasse da colheita (maio a agosto), sendo remunerada de acordo com a quantidade de sacas de café colhidas.

Nessa forma de organização do trabalho, as mulheres, além de trabalhar no cafezal, eram também encarregadas da lavoura de subsistência localizada em área definida pelos proprietários, onde se plantava principalmente milho e feijão. Elas ainda cultivavam uma pequena horta, criavam animais de pequeno porte (porcos e galinhas), cuidavam de uma ou duas vacas e cavalos (quando havia), preparavam carnes (salgar, defumar), faziam embutidos e produziam banha e sabão, além de farinha (de milho e mandioca), conservas, doces, queijos e manteiga. O excedente dessa produção de subsistência era comercializado.

Mesmo frente às tensões e abusos do patronato, o sistema de colonato persistiu até os finais da década de 1950, coexistindo nas áreas rurais com o trabalho assalariado e os sistemas de parceria e de arrendamento. A partir dos anos 1960, a modernização da agricultura, a concentração de propriedade, a difusão de novas culturas e as alterações nas relações de trabalho (intensa redução de postos, precarização de condições de trabalho e êxodo rural) fizeram surgir de um novo tipo de trabalhador rural, o "boia-fria", contratado por empreitada para realizar tarefas sazonais. Homens e mulheres nessa condição passaram a enfrentar, durante longas jornadas, um trabalho árduo, feito sem as mínimas condições de higiene e submetido a exigências diárias de metas de produtividade. Além disso, geralmente, não havia contrato, registro ou proteção legal. Habitantes das cidades próximas ou vindos sazonalmente de outras áreas, tais trabalhadores não tinham mais como manter culturas de subsistência, o que gerou um aumento dos gastos com a sobrevivência, generalizando a miséria na categoria.

No corte da cana, na colheita da laranja, do café, do algodão, entre outras culturas, cresceram as dificuldades cotidianas das mulheres do campo. Pelo novo sistema, o trabalho das mulheres tornou-se individualizado, ou seja, não mais visto como parte do trabalho familiar. Porém, em comparação com os homens, os ganhos que essas trabalhadoras recebem são inferiores aos masculinos, em função da menor produtividade. Além disso, elas estão mais expostas a situações de assédio sexual e moral, escárnio e violência durante o trabalho.

Ao longo das décadas de 1980 e 1990, as boias-frias bancaram reivindicações por melhores condições de trabalho e benefícios de seguridade social em manifestações e greves da categoria. Conseguiram, assim, que demandas específicas, como a licença-maternidade, fossem parcialmente incorporadas pelos movimentos dos trabalhadores rurais.[11]

Para as trabalhadoras do campo, muitas dificuldades persistem enquanto outras parecem aumentar com o processo de capitalização e intensa mecanização da produção rural, que provoca a diminuição das possibilidades femininas ao limitar o número de mulheres entre os contratados como boia-fria e, dentre elas, selecionar apenas as mais jovens e produtivas.[12]

Cabe destacar também a importância do trabalho das mulheres em pequenas propriedades rurais espalhadas por todo o Brasil. Elas atuam inseridas em unidades familiares, ou seja, participam do esforço coletivo da família para manter a propriedade e cultivá-la. Em diversas regiões do país, esse trabalho adquire características distintas e cumpre diferentes objetivos que vão da manutenção da sobrevivência à ampliação da propriedade e aquisição de muitos outros bens. Tomando o exemplo histórico da região Sul, em que alemães e italianos se destacaram na colonização de determinadas áreas desde meados do século XIX, as mulheres trabalham na roça junto com o restante da família, cuidam da horta, do pomar e de animais de pequeno porte. Contudo, mesmo as mulheres trabalhando por toda a vida, o acesso à terra continua prioritariamente masculino, ou seja, a propriedade da terra fica quase sempre nas mãos dos homens da família, sendo poucas as mulheres proprietárias de fato.

LEGISLAÇÃO: PROTEÇÃO E EXCLUSÃO

No Brasil, a legislação que regulamenta o trabalho feminino foi implantada de forma assistemática, iniciando-se nos finais da década de 1910, pelo estado de São Paulo. Nos anos 1930, cresceu a interferência federal na órbita da regulamentação do trabalho e, no que se refere às mulheres, culminou no item "Da proteção ao trabalho da mulher" da CLT (1943). Por meio dele, ficou estabelecida a equiparação salarial entre homens e mulheres. Além disso, coibiu-se a participação de mulheres em tarefas inadequadas a sua capacidade física e/ou que colocassem em risco a saúde feminina. Com exceção dos empregos em telefonia, radiotelefonia, enfermagem, casas de espetáculos e diversão, hotéis e bares, o trabalho noturno também foi vetado às mulheres.[13] Regulamentou-se ainda a licença-maternidade e a exigência de creches em empresas com mais de 30 trabalhadoras. Entretanto, apesar dessas medidas, discriminações, ilegalidades e abusos continuaram a persistir por décadas.

Sob outro aspecto, as mulheres só adquiriram o direito de trabalhar sem a autorização do marido em 1943 e apenas com o Estatuto da Mulher Casada (1962) é que se retirou do Código Civil o direito do marido de impedir sua esposa de trabalhar fora do domicílio.

A partir da década de 1960, novas leis foram criadas no sentido de coibir as diferenças por motivo de sexo com relação a salários, critérios de admissão, exercício das funções e promoção na carreira. A licença-maternidade foi ampliada para 120 dias, sem prejuízo do salário, e deu garantias de estabilidade à gestante (1988[14]), sendo os benefícios estendidos também às mães adotivas (2002).

Na história do Brasil, a interferência do Estado na órbita do trabalho feminino foi marcada por ambiguidades. As ações governamentais priorizaram a proteção e defesa da instituição familiar, reforçando a importância da maternidade e os cuidados femininos do lar. Considerando o trabalho das mulheres fora do domicílio uma atividade provisória e/ou complementar ao trabalho exercido pelo chefe de família, tais ações, em geral, privilegiaram os homens em detrimento das mulheres no mercado de trabalho. Contudo, quando a economia demonstrou necessitar da mão de obra feminina, o Estado e o patronato facilitaram a sua incorporação ao mercado.

Mesmo as medidas de proteção das mulheres (como a licença-maternidade) tiveram como efeito colateral o fato de gerar ações discriminatórias e provocar refluxo na empregabilidade das mulheres em vários postos e funções, como os que ocorreram, por exemplo, nas décadas de 1920, 1960, 1980.

SOBREVIVÊNCIA, POSSIBILIDADES E LUTAS

A partir da década de 1960, a empregabilidade feminina cresceria de forma sistemática tornando-se constante, intensa e diversificada. Vários elementos contribuíram para tanto. A redução do poder de compra e o arrocho salarial colocaram em xeque a sobrevivência e capacidade de consumo das famílias, levando mulheres de setores populares ao mercado de trabalho.

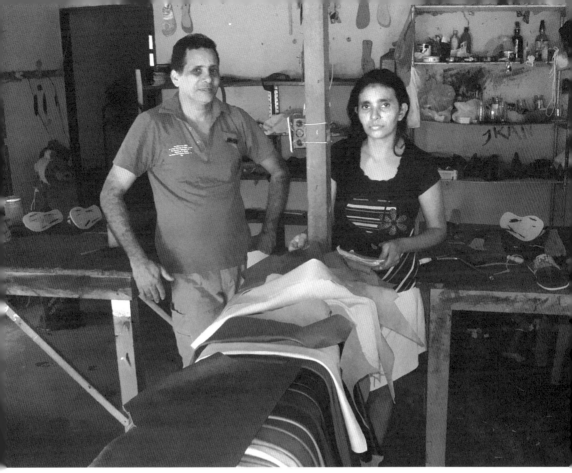

Ainda hoje, encontramos mulheres que atuam no mercado de trabalho dentro de unidades econômicas familiares. (Oficina doméstica de fabricação de calçados, 2012.)

Mudanças comportamentais (trazidas pelos movimentos feministas e de contracultura) alimentaram novas expectativas femininas, despertando o desejo de autonomia financeira e de realização profissional nas mulheres das camadas médias. A divulgação de novas possibilidades no controle da natalidade, como a difusão do consumo da pílula contraceptiva, possibilitou às mulheres escolher o número de filhos, diminuir e/ou postergar a maternidade, influenciando a entrada e permanência feminina no mercado de trabalho. Contribuiu ainda para incrementar a capacidade de investir nas carreiras profissionais.

Nos anos 1970, o dito "milagre econômico" consolidou a industrialização que modernizou suas linhas de produção, fazendo com que, nessa nova etapa, a mão de obra feminina fosse incorporada não só nos setores tradicionais (têxteis e alimentos), mas também nas indústrias de eletroeletrônicos, de brinquedos, farmacêuticas e de cosméticos. Nesses setores, as linhas de montagem encontraram nas mulheres os atributos considerados adequados à realização de atividades repetitivas, meticulosas e que requerem habilidade manual, cuidado, rapidez e concentração.

Da mesma forma, o crescimento dos setores de serviços e comércio abriu novas possibilidades de emprego para as mulheres, sendo exemplar o ocorrido no setor bancário. Para enfrentar o cotidiano do intenso processo inflacionário da década de 1980 e inícios de 1990, o sistema financeiro brasileiro optou pela informatização e alterou os critérios para a contratação e o trabalho de seus funcionários, levando a um rebaixamento salarial geral na categoria. Nesse contexto, num curto espaço de tempo, as mulheres se tornaram a maioria dos empregados nas instituições bancárias. Elas foram absorvidas em cargos secundários, envolvendo atividades repetitivas e de menores salários (mesmo quando mais qualificadas). Resistências e lutas coletivas, que também marcaram a experiência dos bancários neste período, levaram à organização da categoria, com o fortalecimento do sindicato e diversas ações grevistas. As bancárias participaram ativamente desse processo, presentes e atuantes em todas as frentes da luta trabalhista.

Em outras categorias, a participação feminina também se intensificou nas organizações laborais, nas inúmeras greves e nas manifestações por melhores salários e condições de trabalho. Com maior intensidade a partir do Primeiro Encontro Nacional das Mulheres Trabalhadoras, ocorrido em São Paulo em 1963, as mulheres passaram a discutir questões do cotidiano do trabalho, mobilizando-se pela aplicação da legislação existente, denunciando abusos, lutando por equiparação salarial e maiores possibilidades de ascensão nas carreiras e reivindicando a existência de creches.[15]

As grandes mobilizações de trabalhadores de diferentes setores da economia ocorridas no Brasil dos anos 1970 e 1980 culminaram na institucionalização do chamado "novo sindicalismo",[16] que se destacava pelas ações reivindicatórias, como aumento de salários. Entretanto, embora as mulheres participassem ativamente em todos os movimentos, elas sofriam uma evidente discriminação dentro dos sindicatos, além de verem suas demandas "específicas" ser constantemente menosprezadas pelos próprios colegas.

Com o tempo, buscando brechas e pressionando pela inclusão de suas reivindicações, as sindicalistas conseguiram abrir alguns espaços políticos, como a criação da Comissão da Questão da Mulher Trabalhadora na CUT (1986), que se propunha discutir, além das condições de trabalho e da militância sindical, o cotidiano feminino e as práticas familiares. Além disso, as militantes trabalhadoras passaram a se articular com outros movimentos de mulheres e grupos feministas para, juntos, lutarem pela melhoria das condições de trabalho, por justiça salarial, mas também contra a carestia e por serviços públicos capazes de ampliar sua qualidade de vida.

TRABALHO COMO DEMANDA FEMININA: EDUCAÇÃO E PROFISSIONALIZAÇÃO

A expansão do ensino médio e universitário possibilitou a ampliação da escolaridade feminina em diferentes níveis e áreas do conhecimento. Entre 1970-75, por exemplo, o número de mulheres nas universidades aumentou em cinco vezes, enquanto o de homens dobrou. O avanço da escolaridade entre as mulheres se ampliou nas décadas seguintes e gerou impacto no mercado de trabalho, tornando-as economicamente mais competitivas e capazes de enfrentar resistências e preconceitos e aumentar sua presença em setores até então impermeáveis ao feminino.[17]

Apesar de a presença feminina nas universidades ainda se concentrar nas áreas de Educação e Humanidades, observa-se a diversificação, com mulheres presentes em outros campos como as Engenharias, a Arquitetura, a Medicina, a Veterinária e o Direito, numa sistemática consolidação de novas trajetórias profissionais. Com isso, hoje elas atingem cargos elevados e consolidam carreiras.[18] O número de médicas, por exemplo, cresceu significativamente,[19] embora, na profissão, as mulheres se mantenham concentradas em especialidades como Clínica Geral, Pediatria, Ginecologia/Obstetrícia, Oftalmologia, Dermatologia, Anestesia e Homeopatia (que, de certa forma, reproduzem representações sociais de uma maior propensão do feminino aos cuidados, detalhes e persistência). No campo do Direito, a participação feminina teve seu momento de arranque nos anos 1990, com o grande aumento no número de mulheres formadas[20] e, consequentemente, a obtenção de cargos em empresas, na magistratura e no Ministério Público, além da crescente atuação como profissional liberal.

SAINDO DAS *SOMBRAS*

Ao longo deste último século, as mulheres ampliaram sua presença no mundo do trabalho (formal e informal) e ocuparam diversos campos profissionais. Porém, paradoxalmente, a maior parte das mulheres continua concentrada em ocupações de menor remuneração, em empregos precários e vulneráveis, sendo que elas são mais atingidas pelo desemprego que os homens. Persistem ainda dificuldades de inserção em determinadas especialidades ou funções, bem como desigualdades salariais e múltiplos obstáculos à promoção nas carreiras existentes.

Apesar do aumento da contribuição feminina para o orçamento da família e da constatação da chefia de domicílios encabeçada por mulheres, nos núcleos familiares, os cuidados dos filhos e encargos domésticos continuam majoritariamente sob responsabilidade das mulheres, sobrecarregando seu cotidiano envolto numa "dupla jornada".

Sombras e *Luzes* se mantêm, portanto, sobre as questões do trabalho feminino. Em sua história, as vivências das operárias cantadas por Noel Rosa se unem às das trabalhadoras contemporâneas, acrescidas das experiências de professoras, dentistas, enfermeiras, costureiras, domésticas, bancárias, médicas, advogadas e de muitas outras profissionais que, no cotidiano, constroem um mosaico de lutas e conquistas.

NOTAS

[1] No ano de 1912, dos 10.204 operários recenseados pelo Departamento Estadual do Trabalho de São Paulo, 6.801 eram do sexo feminino. *Boletim do DET/SP* (1-2): 41º 11º trimestre de 1911-12, p. 76-77.
[2] *O Estado de S. Paulo*, 24 fev. 1901.
[3] As mulheres casadas e solteiras não podiam registrar em seu nome negócios e estabelecimentos, tendo como exceção as viúvas, que gozavam de certa autonomia, podendo assumir os registros e as responsabilidades na condução de negócios e encabeçando empreendimentos.
[4] Várias tentativas oficiais buscaram organizar o fornecimento de gêneros alimentícios e regulamentar o exercício das profissões, principalmente para viabilizar a cobrança de impostos sobre as atividades.
[5] *Anima Vita* e *Terra Livre*, 1906; *La Battaglia*, 1907; *A Plebe*, 1919. Esses periódicos eram vinculados ao movimento operário de tendência anarquista e socialista, denunciavam as más condições enfrentadas pelos trabalhadores e buscavam articular resistências.
[6] *Terra Livre*, 26 nov. 1907.
[7] *Diário Popular*, 2 jan. 1926, 4 jan. 1926 e 6 jan. 1926.
[8] Apesar de os dados nacionais dos censos de 1920 e 1940 apontarem para uma diminuição da presença feminina, ao observarem-se os censos locais (Rio de Janeiro, São Paulo e Paraná), as informações apontam para um crescimento do trabalho feminino, com a concentração nos ramos têxteis, confecções, alimentícios, toucador e farmacêutico.
[9] Ministério da Agricultura, Indústria e Comércio. Recenseamento do Brasil, 1920, Directoria de Estatística. RJ, Typ. da Estatística, 1926, t. II, v. IV.
[10] Foram abertos cursos no Hospital Nacional de Alienados (Rio de Janeiro, 1890), no Hospital Samaritano (São Paulo, 1892), no Hospital São Joaquim da Sociedade Portuguesa de Benemerência (São Paulo, 1908), na Maternidade São Paulo (1908) e na Cruz Vermelha (Rio de Janeiro/1916, São Paulo/1914).
[11] A Constituição de 1988 igualou os trabalhadores urbanos e rurais com relação à extensão dos benefícios previdenciários, contudo, em 1991, o governo vetou algumas das conquistas dos boias-frias.

[12] Apesar das dificuldades femininas no campo, cabe observar alguns ganhos, como a prioridade dada para as chefes de família e para as mulheres, independentemente do seu estado civil, na distribuição dos títulos de propriedade da terra de acordo com a Classificação dos Beneficiários da Reforma Agrária (Incra, 2003).
[13] Este dispositivo foi consagrado no artigo 379 da Lei 5.452, de 1º de maio de 1943, que ficou conhecida como Consolidação das Leis do Trabalho. O artigo foi revogado pela Lei 7.855, de 24 de outubro de 1989, que alterou a CLT.
[14] Conscientes da importância da luta pelos direitos trabalhistas, as mulheres se articularam, constituindo grupos de pressão e ação junto à Assembleia Constituinte para discutir e garantir seus direitos na Constituição de 1988.
[15] A intensa entrada feminina no mercado de trabalho colocou em pauta as dificuldades com os cuidados das crianças e levou à criação do movimento de luta pelas creches, que se organizou nos anos 1980 em todo o país.
[16] As antigas práticas de organização sindical, criadas nos anos 1930, foram questionadas no período entre 1978-1990, levando a um ressurgimento do movimento de resistência operária denominado "novo sindicalismo". Neste, as estratégias de ação assentadas nas comissões de fábrica se caracterizaram por um sindicalismo de participação, que reivindicava não só uma política salarial justa e melhores condições, mas também a constituição de uma central sindical.
[17] Segundo o IBGE (2009), 74,4% das mulheres que estudaram por mais de 11 anos são economicamente ativas.
[18] Segundo o Instituto Ethos, o número de executivas aumentou 13,7% em 2010, em comparação com os resultados da pesquisa realizada pelo mesmo instituto em 2007. Contudo, ficou claro que, no acesso aos cargos mais altos, as mulheres ainda enfrentam barreiras.
[19] Em 1970, as mulheres representavam 11% dos médicos; em 1980, 22%; e em 1990, 32,7%. Segundo o Conselho Regional de Medicina de São Paulo, em 2006, já havia mais mulheres que homens entre os formandos inscritos.
[20] A OAB-RJ, por exemplo, aponta que as mulheres já são 50% dos inscritos na entidade e quase 80% do alunado de Direito e do conjunto de estagiários cadastrados. (Dados da Comissão Permanente da Mulher Advogada (CPMA) da OAB-RJ, referente à avaliação dos anos 2000/2010.)

BIBLIOGRAFIA

BOSCHILIA, Roseli. *Entre fitas, bolachas e caixas de fósforos*: a mulher no espaço fabril curitibano (1940-1960). Curituba: Artes & Textos, 2010.
BRUSCHINI, Cristina; PINTO, Celi Regina. *Tempos e lugares de gênero*. São Paulo: FCC/Editora 34, 2001.
HAHNER, June E. *Emancipação do sexo feminino:* a luta pelos direitos da mulher no Brasil (1850-1940). Florianópolis: Editora Mulheres, 2003.
LOBO, Elisabete Souza. *A classe operária tem dois sexos!*: trabalho, dominação e resistência. São Paulo: Brasiliense, 1981.
LOPES, Guacira Louro. Gênero e magistério: identidade, história, representação. In: CATANI, Denice et al. *Docência, memória e gênero*: estudos sobre formação. São Paulo: Escrituras, 2000.
MATOS, Maria Izilda. *Cotidiano e cultura*: história, cidade e trabalho. Bauru: Edusc, 2002.
MORAES, Maria Aparecida. *Errantes do fim do século*. São Paulo: Unesp, 1999.
MOTT, Maria Lucia et al. Moças e senhoras dentistas: formação, titulação e mercado de trabalho nas primeiras décadas da República. *História, Ciências, Saúde*. Manguinhos/RJ, v. 15, 2008.
MOURA, Esmeralda Blanco. *O trabalho da mulher e do menor na indústria paulistana (1890-1920)*. Petrópolis: Vozes, 1982.
NOGUEIRA, Claudia Mazzei. *A feminização no mundo do trabalho*. São Paulo: Autores Associados, 2004.
PENA, Maria Valéria Juno. *Mulheres e trabalhadoras*: presença feminina na constituição do sistema fabril. São Paulo: Paz e Terra, 1981.
RAGO, Luiza Margareth. *Do cabaré ao lar*: a utopia da cidade disciplinar (Brasil, 1890-1930). Rio de Janeiro: Paz e Terra, 1985.
SEGNINI, Liliana. *As mulheres no trabalho bancário*: difusão tecnológica, qualificação e relações de gênero. São Paulo: Edusp, 1998.
STOLCKE, Verena. *Cafeicultura*: homens, mulheres e capital. São Paulo: Brasiliense, 1986.

Lazer

"PROGRAMA DE MULHER"

Raquel de Barros Miguel
Carmen Rial

O que fazer com o tempo livre, o tempo de lazer? Ir ao cinema, passear no shopping, jogar uma "pelada", passar a tarde no salão de beleza, tomar um chope, ler um romance açucarado, assistir à novela, ver a final do Campeonato Brasileiro de Futebol na tv...

Várias podem ser as respostas e é bastante provável que, ao lê-las, automaticamente, classifiquemos algumas delas como "coisas de mulher" ou "coisas de homem". Entretanto, observamos hoje uma diluição crescente dessas fronteiras. Mulheres jogando futebol ou bebendo no barzinho e homens dedicando horas a tratamentos estéticos ou derramando lágrimas diante das desventuras da mocinha da novela não causam tanta estranheza ou provocam críticas como num passado recente, quando havia formas de lazer consideradas impróprias para "senhoras de respeito" ou "gente bem-nascida". Sim, porque lazer também foi, e ainda é, muitas vezes, não só uma questão de gênero, mas também de camada social. Obviamente, não eram todas as mulheres que, no início do século xx, tinham recursos para usufruir de programas culturais como óperas, embora o "sexo feminino" pudesse frequentar teatros líricos tanto quanto os homens. Por outro lado, nessa mesma época, não ficava bem ter mulheres de elite divertindo-se entre as mulatas pobres que se requebravam ao som da batucada.

Neste capítulo, vamos olhar mais de perto a questão do lazer feminino no Brasil, destacando algumas de suas formas e traçando breves considerações a respeito de suas características e transformações ao longo dos séculos xx e xxi.

É POSSÍVEL FALAR DE LAZER FEMININO?

Em meio a tantas variáveis que cercam a questão, podemos identificar algumas constantes que marcam o lazer das mulheres. Para além dos limites relacionados à condição social, preconceitos raciais, diferenças educacionais, oportunidades e espaços disponíveis, no campo e nas cidades, historicamente, existem normas que procuram regular as formas como as mulheres ocupam seu tempo que estão ligadas às funções de mãe, esposa e dona de casa, atribuídas à mulher. Assim, mais que com relação aos homens, estabelece-se, no caso delas, uma ligação estreita entre lazer, ocupações domésticas e família.

Essas normas são transmitidas, explícita ou implicitamente, de várias maneiras ao longo do tempo; estão nos discursos das autoridades, nas leis, nos meios de comunicação e afetam mesmo as mulheres que não se casam ou não têm filhos. O fato de várias mulheres terem forçado limites e ocupado espaços que, a princípio, não lhes eram destinados demonstra a seu modo a existência de fronteiras e obstáculos.

Até a década de 1960, diversas formas de lazer eram interditadas às mulheres que não quisessem ser alvo de censuras por parte de familiares, vizinhos, autoridades religiosas ou do Estado e demais guardiães dos costumes. Com a maior independência financeira trazida pelos salários mais elevados obtidos por elas a partir de então, muitos dos antigos tabus puderam ser rompidos e as mulheres passaram a decidir com maior autonomia o que fazer de suas vidas. Além disso, transformações tais como a urbanização e a popularização de métodos contraceptivos eficazes, que acarretaram a diminuição do número de filhos, liberaram as mulheres das obrigações relativas ao cuidado de uma prole numerosa, aumentando o tempo que poderia ser usado para elas próprias.

Os costumes mudaram, as diferenças sociais entre homens e mulheres diminuíram, mas, mesmo atualmente, pode-se dizer que, em vários aspectos, o lazer não é vivenciado pelas mulheres da mesma forma que é pelos homens. Basta pensarmos em quanto incômodo, espanto ou admiração ainda pode causar em alguns lugares do Brasil a cena de uma mulher desacompanhada no balcão de um bar ou em viagem de turismo, provocando talvez pena ("coitada, está sozinha, não conseguiu um marido...") ou reprovação ("está mal-intencionada ou disponível para qualquer assédio..."). Não é rara a sensação de que ainda lhe é cobrado uma espécie de visto, ou prestação de contas, para poder transitar por certos lugares. Também não é raro, ainda que menor, o sentimento de culpa por ocupar-se consigo mesma (ou qualquer outra atividade "inútil") quando se tem marido, filhos e uma casa à espera de sua atenção.

"O LAR É SEU MUNDO"

Como "cabeça vazia é morada do diabo", e "as mulheres são vulneráveis", é preciso fazer com que se ocupem de maneira inofensiva, útil e adequada – esta foi a diretriz que orientou por décadas o pensamento dos responsáveis pela manutenção da ordem social.

Mesmo quando lhes era outorgado participar de atividades que não comprometessem sua reputação – como andar nas procissões da Semana Santa, observar os desfiles patrióticos, ir a feiras ou quermesses, visitar as primas ou tomar café na casa da vizinha –, ficava a ressalva de que não podiam descuidar de suas obrigações domésticas, a indiscutível prioridade de suas vidas.

Especialmente até meados dos anos 1960, verificamos a ênfase no discurso de que o melhor lazer para as mulheres casadas seria estar no lar com os filhos e maridos, distraindo-se, por exemplo, na cozinha ao fazer pratos mais elaborados, bolos e outros quitutes para o fim de semana. A imagem da família contente reunida em torno da mesa ilustrava os anúncios publicitários e povoava o imaginário social, ocultando o fato de que, para torná-la real, foi preciso que uma mulher investisse tempo e trabalho no preparo daquela refeição.[1]

Vigorava a ideia de que, em seus momentos de lazer, as donas de casa deveriam dedicar-se a algo que fosse útil: confeccionar uma blusa de tricô para o filho mais velho ou uma toalhinha de crochê para deixar a casa bonita, acompanhar um curso de culinária a fim de aperfeiçoar seus dotes ou ter aulas de artesanato para, talvez, reforçar o orçamento doméstico com a venda informal de pequenas peças.

Para as jovens solteiras, com menos responsabilidades que suas mães, em meio aos afazeres domésticos, escolares ou profissionais com os quais se ocupavam, a leitura era uma das opções aceitáveis entre (poucas) outras, como o cinema ou os passeios com as amigas. Das esposas, esperava-se que abrissem mão de tais passatempos, pois tinham "mais o que fazer" e não deviam "bater perna" pela rua com a mesma frequência do tempo de mocinha.

A leitura prendia a jovem e a senhora em casa; podia ser feita nos intervalos entre o preparo das refeições e praticamente em qualquer lugar com luz suficiente. Embora moralistas alertassem para o fato de que livros podiam "colocar minhocas" na cabeça das mais tolas, era preferível tê-las entretidas dentro do lar que debruçadas na janela ou fofocando por aí, na melhor das hipóteses. Para contornar os perigos, bastava estar atento ao *tipo* de leitura acessível a elas.

A mulher é público-alvo privilegiado de determinadas leituras há bastante tempo, que o digam os romances de folhetim, gênero que chegou ao Brasil em meados do século XIX, alcançando grande popularidade entre as mulheres – possível graças ao aumento da alfabetização feminina observado na mesma época. No romance de folhetim, o suspense e o sentimentalismo imperam, encontrando entre as mulheres leitoras vorazes.[2]

Aproximadamente meio século depois, os romances de M. Delly e as fotonovelas passam a cumprir função semelhante às dos antigos folhetins, como um dos passatempos femininos mais populares. As tramas também se parecem, sendo comum, por exemplo, a história da moça que sofre bastante até finalmente alcançar felicidade ao casar-se por amor, geralmente, com um homem belo e rico. A narrativa "cor-de-rosa", que faz sonhar e leva para mundos distantes do cotidiano (muitas vezes sem graça e repetitivo das mulheres impedidas de alçar grandes voos na vida prática), não compromete na medida em que traz embutida a tarefa de "educar" sentimentalmente seu público.[3] Assim como as diversas matérias, cartas e imagens publicadas na maioria das revistas femininas da época, as histórias de amor consideradas adequadas perpetuam receitas de como bem se comportar, de como ser mulher, com o matrimônio e a indefectível prole decorrente como seus objetivos finais.

A ideia de que o "mundo dos afetos, dos sentimentos e das emoções"[4] é inerente ao universo feminino fez com que os editores apostassem em publicações que o espelhassem. As décadas de 1950 e 1960 foram o auge das fotonovelas no Brasil.[5] Sua leitura, assim como a de outras revistas femininas, ajudavam a integrar as mulheres na sociedade urbana, divulgando modos e modas a serem seguidos e copiados. Ao mesmo tempo, proporcionava-lhes momentos de fuga, verdadeiras válvulas de escape necessárias à manutenção da paz nos lares. O mergulho realizado pelas leitoras nas tramas com final feliz lhes possibilitava momentos de alento e liberdade das obrigações de filha, mãe, esposa e dona de casa.[6]

As radionovelas e os programas musicais também distraíam as mulheres em suas casas, com a vantagem de que podiam ser acompanhados enquanto se costurava, passava roupa ou trocava a fralda do bebê. As décadas de 1940 e 1950 já foram chamadas de "os anos dourados do rádio brasileiro". Nesse período, só a Rádio Nacional, do Rio de Janeiro, colocou no ar mais de 800 histórias acompanhadas com grande interesse, especialmente pelas donas de casa. Uma delas, *O direito de nascer*, fez tanto sucesso que ficou por mais de três anos no ar.

Assim como as fotonovelas e os livros, as radionovelas perderiam espaço com a chegada da televisão aos lares brasileiros a partir do final da década de 1960, momento em que a telenovela ganhou a preferência do público e abocanhou as maiores fatias dos investimentos publicitários. No início, muitas das histórias narradas no rádio foram adaptadas para a TV e, até hoje, a fórmula básica de sucesso das telenovelas pouco difere da utilizada por seus antecessores: histórias de amor com vilões e mocinhos e um final feliz.[7] Inspiradas também por suas congêneres em outros países, que também tinham as mulheres, em especial as donas de casa, como público-alvo, as novelas brasileiras ganhariam o "horário nobre" e rapidamente conquistariam público em todas as classes sociais, envolvendo grandes operações de marketing. Já na década de 1970, a novela aparecia como o mais lucrativo e popular programa na televisão brasileira. Em muitos lares, a rotina familiar e os afazeres domésticos passaram a girar em torno dos horários das novelas: preparar o jantar antes da novela, jantar durante o jornal ou em frente à TV, lavar a louça para "ficar livre" e não perder um minuto do novo capítulo. Não deixa de ser irônico que, depois de tanto tempo tendo que dar satisfações sobre seus momentos de descanso em casa, os familiares tivessem que se submeter ao cronograma imposto pelo lazer favorito da "rainha do lar".

"PROGRAMA DE MULHER" 153

As décadas de 1950 e 1960 foram o auge das fotonovelas no Brasil; suas tramas com final feliz proporcionavam momentos de fuga e liberdade das obrigações do dia a dia.

Mesmo havendo um número maior de homens que se renderam às novelas, as mulheres seguem predominando entre os telespectadores deste gênero. Da mesma forma, também são elas as maiores consumidoras de romances e literatura de ficção. Ainda no início do século XXI, as mulheres são também o público principal dos livros de autoajuda e das revistas de comportamento e de moda. Esses tipos de leitura continuam a orientar suas consumidoras acerca de como organizar e ajustar sua vida doméstica, pessoal, profissional e... seu tempo de lazer.

"VAI SAIR? JUÍZO!"

Moças e senhoras "de família", ao sair para se divertir, deveriam preocupar-se com fazer boa figura em público. No início do século XX, os lugares de sociabilidade considerados compatíveis com esse tipo de mulher eram expressivamente menos numerosos do que os masculinos,[8] não indo muito além das igrejas, dos cafés e confeitarias "bem frequentados", dos passeios públicos higienizados, dos bucólicos piqueniques e dos bailes em casas e clubes "de respeito". Para saírem de casa, essas mulheres deveriam ter uma razão e um destino predeterminado e estar sempre acompanhadas, seja pelo marido, pai, irmão, irmã ou, até mesmo, por uma criança que denotasse estarem envolvidas em alguma atividade honesta.

As mulheres de camadas populares, sem tantas expectativas que engessassem seu comportamento moral, chegaram muito mais rapidamente que as das camadas médias e altas ao carnaval de rua, às escolas de samba, aos bares e, poucas décadas mais tarde, aos programas de auditório.

O cinema era para todas (que podiam pagar). Acompanhadas de familiares ou amigas, frequentavam as salas de projeção espalhadas pelo Brasil desde os anos 1920, quando surgiram os primeiros cinemas no país. Os mais conservadores, especialmente os católicos, não perderam tempo em criticar as "más influências" dos filmes exibidos em ambientes escuros na mente dos jovens e das mulheres. Para evitar "indecências", em meados do século XX, vários cinemas brasileiros passam a exibir sessões exclusivas para moças e senhoras. Em Florianópolis, por exemplo, entre os anos de 1943 e 1962, às terças-feiras, o Cine Ritz, localizado no centro da capital de Santa Catarina, tinha sua "Sessão das Moças", em que só entrava mulher e se pagava menos da metade do valor do ingresso cobrado aos homens nas sessões comuns.[9]

"PROGRAMA DE MULHER" 155

o espetáculo começa aqui...

Poderá ser um capítulo daquela "emocionante novela".
Ou, mais um desenho animado para a garotada.
Ou, então, um bom jôgo de futebol...
O importante é que a televisão abriu um mundo nôvo de entretenimento para a família.
E, onde quer que você mora, quem garante o espetáculo é o TV Colorado RQ — através da máxima fidelidade de som e imagem cinematográfica.
É um televisor incomparável, mesmo nos locais de recepção mais difícil.

COLORADO RQ
O único televisor que tem Reserva de Qualidade

Colorado Rádio e Televisão S. A. — Rua Bueno de Andrade, 732 — Fone: 31-3141 — São Paulo

Desde o final da década de 1960, as mulheres já eram o público privilegiado das telenovelas brasileiras e chegavam a alterar as rotinas familiares para poder acompanhá-las assiduamente.

Os filmes especialmente escolhidos para essa sessão eram "leves", não proporcionavam questionamentos acerca dos modelos tradicionais de família e, com a mensagem "juntos por amor", reforçavam a ideia de relacionamentos únicos e eternos. A fita na tela, contudo, não era a protagonista destas *matinées* femininas, como mostra o poema de Sebastião Ramos sobre a tão esperada "Sessão das Moças" do Cine Ritz:

> Acabava a sessão das moças,
> Sessão esvaziada.
> Todos iam para o "footing",
> O "footing" da Felipe Schmidt.
>
> Moças bem-vestidas, passeando em pares,
> Para lá e para cá.
> Formigas matraqueiras, cochichadeiras,
> Risonhas, disfarçadas, flertando e flertadas.
> Os rapazes, sentinelas ao largo,
> Conquistadores, impulsivos, disputados.
> Conquistas conquistadas.
> Início de namoro, aliança de noivado –
> Casamento.[10]

Portanto, ir ao cinema não era apenas *ir ao cinema*. Conversas, lanches e o *footing* faziam parte desse evento social. Costume, provavelmente, importado de cidades europeias e introduzido no Brasil na primeira década do século xx, o *footing* teve seu auge entre os anos 1930 e meados dos 1960, proporcionando encontros e flertes entre moças e rapazes que, afinal, precisavam se conhecer, pois casais deveriam ser formados... Quando se dava em torno de uma praça, por exemplo, as moças andavam em sentido anti-horário, e os rapazes, circundando o círculo das moças, andavam em sentido horário. Os movimentos facilitavam o "olho no olho" e os sorrisos, pois os jovens ficavam frente a frente em cada volta dada. Caso o rapaz se interessasse por uma moça e ela por ele, eles saíam da "roda" para conversar.[11] Possivelmente, em algumas cidades menores, do interior, ainda se pratique o velho *footing*, porém, hoje, a paquera entre os jovens, a "azaração", se dê muito mais na saída da escola (mista), num "barzinho descolado" (frequentado também por garotas), na academia de ginástica (em que, com poucos pudores, ambos os sexos exibem seus corpos em trajes feitos para facilitar os movimentos e ressaltar os atributos físicos).

Voltando aos tempos em que as moças deveriam ostentar virtudes mais cândidas, temos o lazer dos bailes de debutantes, de formatura e de carnaval realizados em clubes sociais de norte a sul do Brasil. Entretanto, nem todas podiam participar. Na maioria dos clubes da época, negros e mulatos não eram bem-vindos, ainda que não houvesse regras explícitas quanto a isso. O poder econômico também contava, já que uma triagem social era feita em função dos preços de ingressos, das mensalidades pagas ou das preferências das comissões que selecionavam sócios e frequentadores. Como os bailes serviam, entre outras coisas, para aproximar, sob a vigilância dos pais, as "moças de família" de "bons partidos", obviamente não eram abertos a "qualquer um". Frequentar um clube "das altas rodas" ou ter sua foto em um baile publicada na coluna social de um jornal de prestígio era sinal de *status* em qualquer cidade. Colunistas sociais aproveitavam para arbitrar o bom gosto, na moda e no comportamento, divulgando regras de etiqueta sobre como portar-se à mesa, caminhar com elegância, exibir roupas e joias, ecoando o que era ou não aceito nessas ocasiões sociais. Mesmo as que não frequentavam tais bailes corriam os olhos pelos jornais para saber quem eram "As dez mais elegantes" ou como se divertia "a fina flor" da sociedade local.

Ao sabor das idas e vindas das modas, os bailes de debutante, em que meninas de 15 anos são "apresentadas à sociedade" e se tornam o centro das atenções, guardam resquícios do tempo em que arrumar marido era o objetivo maior da mulher, como evidenciam as palavras de Chiquita Faria, a madrinha das debutantes de 1980 do Clube Itajubense (de Itajubá, sul de Minas Gerais):

> Queridas afilhadas. Vocês, quais botões de rosa ensaiando os primeiros voos para um lindo desabrochar, têm no seu primeiro baile, a mim como madrinha, estabelecendo entre nós um visível contraste. É o ritmo esfuziante de uma discoteca, misturado à languidez profunda de uma valsa [...]. Um lembrete a vocês, queridas meninas: (aqui entre nós) dizem que Itajubá é uma fábrica de maridos!

Ensinando o que é ser mulher para meninas "de nível", os bailes de debutante prolongavam as normas aprendidas no ambiente doméstico. Porém, mesmo tendo a intenção de promover encontros entre os jovens que pudessem resultar em um casamento promissor aos olhos dos pais, os bailes nos "clubes badalados" das cidades também podiam ser espaços de leves transgressões, quando, em meio a danças de rosto colado, diante de um descuido do pai, até um beijinho podia acontecer.

Embora as normas apresentadas aqui em breves pinceladas constrangessem grande parte das senhoritas e senhoras em meados do século XX, isso não acontecia com todas. Nos anos 1950 e início dos anos 1960, nos grandes centros urbanos, já era possível observar mulheres usufruindo formas diferentes de lazer: as apresentações do Teatro de Arena (desde 1958) ou do Teatro Oficina (com mulheres no palco e na plateia) e cantoras como Maysa e Nara Leão faziam sucesso; o *rock* também fazia a cabeça de muitas jovens, que dançavam e cantavam ao som do novo ritmo, no palco, na plateia e nos salões onde a sensualidade era muito mais livre.

Hoje, os bailes de debutantes não têm o mesmo prestígio de antigamente. Os anos 1990, porém, viram renascer as "festas de 15 anos", que procuram imitar, pelo menos em termos de glamour, os bailes do passado. Essas festas, apesar de todas as modificações, continuam sendo "coisa de mulher".

A presença dos "bailes", ou melhor, dos espaços onde se dança (e se paquera), como uma forma de lazer permanece no século XXI, mas certamente de maneira repaginada. Os bailes de formatura continuam atraindo jovens e há uma grande indústria comercial atuando neste filão de mercado. As boates (ou "danceterias", como ficaram conhecidas por algum tempo), os *shows*, as "baladas", a *night,* ou "vida noturna", hoje são mais democráticos e permitem que homens e mulheres se comportem de maneira mais parecida, equitativa, além de admitir exercícios mais explícitos da sexualidade (beijos, abraços, carícias, "amassos"...). E não poderia ser diferente depois de tantas mudanças comportamentais e culturais ocorridas a partir da segunda metade dos anos 1960. Basta lembrar a revolução nos costumes proporcionada pela chegada da pílula anticoncepcional ao Brasil,[12] quando sexualidade e reprodução deixaram de ser vistos como sinônimos e as mulheres puderam manifestar seus desejos com maior liberdade, reivindicando para si o que antes parecia ser prerrogativa masculina apenas.

"EM BUSCA DO LAZER SAUDÁVEL"

No início do século XX, no Brasil, ganham corpo discussões em torno do "problema do lazer", cujo objetivo principal era tentar regular o uso que os trabalhadores faziam de seu tempo livre para que não incorressem em atividades que ameaçassem a ordem dominante. Nesse contexto, o lazer deveria ser atrelado aos ideais de moralidade e civilidade. A partir da década de 1930, a tendência era enfatizar, no tempo livre, a prática de atividades de "grande alcance moral e higiênico", com destaque para lazeres que envolvem um estilo de vida saudável.[13] É quando os banhos de mar e os esportes ganham mais atenção.

No final do século XIX, o banho de mar era associado a questões de saúde; e só aos poucos passou a ser tido como forma de lazer.[14] A partir de então, frequentar praias para entrar na água passaria a ser uma nova possibilidade de convívio social, usufruída também pelas mulheres. Mas sua amizade com o mar não foi tão simples. Os banhos de mar femininos eram cercados por regras que iam desde a definição dos trajes de banho (compostos por camisa e calça) até a de horários específicos para a atividade (no final do século XIX, por exemplo, as "moças de família" deveriam tomar banho de mar de madrugada e separadas dos homens). No início do século XX, a aceitação das mulheres em trajes de banho aumenta – as próprias revistas femininas os divulgam –, mas certas restrições permanecem, fazendo com que as que usam vestes mais "avançadas" sejam acusadas de escandalizar as "pessoas de bem".

A popularização dos banhos de mar impulsionou o ensino e a prática da natação ao lado de outras atividades físicas que também ganhavam adeptos na época. A natação preconizada para as mulheres, entretanto, era quase como um balé, mais dança do que esporte; deveriam mover-se suavemente, deslizando sobre as águas, sem demonstrações de força que as colocassem num plano físico mais próximo ao dos homens. Leveza e graça, aliás, eram as habilidades requeridas das que se dedicavam aos exercícios físicos e mesmo aos esportes, pois, no caso das mulheres, as atividades mais convenientes eram as que lhes garantiriam levar a bom termo a função reprodutiva.

A despeito da vestimenta necessária para a natação, que expunha o corpo de maneira que muitos reprovavam, o fato é que as brasileiras passaram a nadar com maior frequência, especialmente após a década de 1920, quando piscinas começaram a ser construídas no Brasil, inicialmente na cidade de São Paulo. Nos recintos protegidos dos clubes de elite, as nadadoras expunham-se com seus trajes de banho aos olhares avaliadores dos jovens casadouros de sua camada social.

Diante da popularização da natação para mulheres no Brasil, não é coincidência que a primeira participação de uma brasileira (e sul-americana) em uma Olimpíada (a de Los Angeles em 1932) tenha sido de uma nadadora. Maria Lenk (1915-2007) marcou o ingresso das representantes do Brasil nessa competição mundial 12 anos depois da primeira participação de homens brasileiros (na Olimpíada de Antuérpia, em 1920).

Foi a asma que levou a família Lenk a incentivar a jovem Maria a nadar nas águas do rio Tietê, em São Paulo, quando tinha 10 anos de idade. Foi o talento que levou nossa atleta a nadar mais longe.

Além da natação, os esportes mais praticados por mulheres na transição do século xix para o xx eram hipismo, tênis e esgrima – todos de elite, especialmente por conta dos custos envolvidos. Havia também mulheres no remo, certamente de forma mais tímida se comparado aos homens. Em 1911, por exemplo, há o registro de uma regata com mulheres promovida pelo Club Regatas Boqueirão do Passeio, na cidade do Rio de Janeiro.

Entretanto, o lugar especial reservado às mulheres no esporte era as arquibancadas. Sua presença na plateia dos eventos esportivos era noticiada com destaque nos jornais da época. As mulheres, então, "enfeitavam" a ocasião com seu "charme e elegância".

Mesmo tornando-se o esporte mais popular do país, identificado até como o que melhor representa a nação brasileira, o futebol excluiu do campo as mulheres por décadas. Durante muito tempo o papel das brasileiras nesse esporte limitou-se à torcida e aos concursos de madrinhas de clubes. No Brasil (como em muitos outros países, mas não em todos), o futebol era visto como um esporte bruto, portanto, impróprio para damas. Isso não quer dizer que, mesmo no início do século xx, não atraísse mulheres. De fato, há registros de partidas com jogadores de ambos os sexos em campo em 1908 e 1909. E, por muito tempo, um evento beneficente ocorrido em 1913 foi considerado a primeira partida de futebol feminino no Brasil, até se descobrir que o time era, na verdade, formado por jogadores homens do Sport Club Americano, campeão paulista daquele ano, vestidos de mulher, misturados a umas poucas "senhoritas da sociedade". Assim, aceita-se como "a primeira partida de futebol jogado por mulheres no Brasil" a que ocorreu em 1921, entre senhoritas dos bairros Tremembé e Cantareira (que hoje seria Santana), na zona norte de São Paulo.

O número de equipes de futebol feminino aumentou com o tempo até que o esporte sofreu um grande baque com uma lei de 1941 que proibiu as mulheres de jogar.[15] Por que se proibiu o futebol para mulheres no Brasil? Foram pareceres médicos que sustentaram a proibição com a justificativa de que as capacidades procriativas da mulher, que supostamente estariam em risco no campo de futebol, deveriam ser preservadas. Em 1965, a proibição

Com o fim da interdição legal à prática do futebol por parte das mulheres, vários clubes femininos surgiram no país, inclusive o Radar, do Rio de Janeiro.

fica mais clara, pois a palavra *futebol* passa a constar do texto da lei.[16] Porém, mesmo proibido, o futebol feminino continuou existindo através de esporádicas transgressões.

    Em plena década de 1970, momento de grandes transformações sociais e possibilidades para as mulheres, elas continuavam excluídas do jogo que ocupava (e ocupa) um lugar central no imaginário brasileiro. A proibição esperaria até a abertura política no país para ser revogada. Com a volta de muitas feministas brasileiras que estavam no exílio por sua vinculação com grupos de oposição à ditadura militar, várias questões relacionadas ao corpo feminino e aos direitos sexuais e reprodutivos das mulheres foram colocadas em pauta. É no bojo desse debate que feministas ligadas ao campo da Educação Física obtêm, com a promulgação da Deliberação n. 10, de 1979, do

Conselho Nacional de Desportes, o fim da interdição às mulheres da prática do futebol (e outros esportes) no Brasil.

Durante a década de 1980, vários clubes femininos de futebol surgiram no país, sendo o Radar, do Rio de Janeiro, o mais conhecido. Esse fenômeno abriu espaço para uma nova carreira profissional para as mulheres, ainda que com salários muito baixos se comparados aos dos homens. Algumas das jogadoras profissionais buscariam, então, melhores condições de trabalho no exterior, especialmente na Suécia e nos Estados Unidos, onde se destacariam Sissi, Michael Jackson, Pelezinha e, especialmente, Marta, que até 2011 conquistou cinco vezes o título de melhor jogadora do mundo outorgado pela Federação Internacional de Futebol, a Fifa.

Assim como os jogadores de origem mais humilde acabaram, aos poucos, tomando o espaço no futebol antes reservado aos filhos da elite, e os negros o espaço antes exclusivo dos jogadores brancos, também as mulheres puderam finalmente passar de meras torcedoras a praticantes. Em todos os casos houve resistências, mas nenhuma tão sólida e persistente como as enfrentadas pelas mulheres.

No Brasil, a presença de homens no gramado de futebol é um sinal inequívoco de masculinidade, sendo que os meninos são incentivados a chutar bola desde que dão seus primeiros passos. Já a presença de jogadoras em campo ou o mero interesse por praticar esse esporte ainda aparece como algo esquisito.

Atualmente, mulheres ocupam posições antes inimagináveis como treinadoras, árbitras e dirigentes de clube. Entretanto, a disparidade entre homens e mulheres nos esportes profissionais no Brasil ainda é enorme. Foi somente em 2004, nos Jogos de Atenas, que a delegação feminina brasileira aproximou-se da masculina em número de atletas. A luta das mulheres pelo reconhecimento de seus talentos nos esportes continua e é importante, entre outras coisas, por identificar sujeitos que se movimentam, agem, e não apenas que assistem e aplaudem.

"MULHER ADORA IR ÀS COMPRAS"

Como responsáveis por abastecer o lar com gêneros alimentícios, roupas, tecidos e objetos cotidianos, as mulheres seriam rapidamente identificadas com as saídas para compras. Depois que surgiram os primeiros anúncios

Hoje, praticamente todas as atividades de lazer estão ao alcance das mulheres da mesma forma como ocorre com os homens. Elas conquistaram o poder de decidir o que fazer com seu tempo livre, e algumas escolhem passá-lo esportivamente com os filhos.

publicitários, elas se tornaram o público-alvo da divulgação de produtos de limpeza, roupas, objetos de cozinha, produtos de higiene pessoal e beleza. Assim, não foi preciso muito para que o ato de *ir às compras* fosse visto como programa de mulher, ou seja, uma das formas privilegiadas de lazer feminino. A publicidade teve papel importante nessa associação entre compras e prazer, consolidando pontes de desejo entre a mulher e os bens de consumo.

As páginas de anúncio das revistas femininas reforçam a ideia da dona de casa como a compradora oficial da família. São divulgados não apenas produtos de uso pessoal das mulheres, mas também artigos infantis, para casa e, até mesmo, para os homens. No pós-guerra, quando internacionalmente (nos Estados Unidos e na Europa) o modelo de domesticidade da mulher é reforçado para facilitar o retorno dos soldados ao lar e aos postos de trabalho, algumas "maravilhas da vida moderna" entram em cena, conquistando as donas de casa, especialmente as de camadas médias: enceradeira, geladeira, ferro elétrico, batedeira de bolo, aspirador de pó, liquidificador, entre outras.[17] No Brasil, este momento é marcado também por uma forte urbanização e pelo ingresso de muitas pessoas no mundo das cidades, com suas lojas e uma grande disponibilidade de mercadorias. O crescimento econômico da época também vai facilitar o consumo.

Para as mulheres, os anúncios publicitários dos eletrodomésticos prometiam menos trabalho e mais tempo livre. A diminuição do tempo demandado para a realização de uma tarefa era vista como um investimento.[18] Um anúncio da máquina de costura Vigorelli[19] – "Seu prazer cresce... Seu trabalho decresce." – ilustra as vantagens do produto com a imagem de uma mulher sorridente em tamanho grande em contraste com a da máquina de costura, ou "o trabalho", em tamanho menor. E, logicamente, quanto menos trabalho, mais tempo livre para a "mulher moderna". Mas para que o tempo livre? Para fazer mais compras: a associação entre lazer e consumo ganha contornos bem nítidos no início da segunda metade do século xx. Está em pleno vigor a ideia de que o consumo liberta o indivíduo do trabalho e, ao mesmo tempo, é sua recompensa.

Para as mulheres, além de se relacionar mais estreitamente com o lazer, o ato de comprar e consumir significa a possibilidade de ultrapassar as fronteiras do seu cotidiano privado. Sair de casa para as compras, tomar decisões e *poder* escolher, além de ser o alvo das atenções (de anunciantes, vendedores e prestadores de serviço), têm também um caráter libertário para elas (para muitas, ainda hoje, ir ao shopping é quase um ritual, tido como um passeio).

Além das compras, cuidar da aparência entra no rol das atividades comumente associadas ao "lazer feminino" e ligada ao consumo de produtos (cremes, perfumes, xampus, maquiagem, esmaltes, roupas, sapatos, acessórios etc.) e serviços (salões de beleza, spas, aulas de ginástica, massagens, tratamentos etc.). Moda e beleza têm lugar cativo nas propagandas voltadas ao sexo feminino. Desde pelo menos meados do século xx, o cuidado com a aparência por parte da esposa aparecia como um dos ingredientes da felicidade conjugal e um pré-requisito de grande importância para a solteira no momento de se conquistar um pretendente.[20] Na atualidade, essa premissa permanece, ainda que modernizada; nos mais diversos espaços midiáticos, encontramos a recomendação de mais esta obrigação da mulher: estar sempre bonita ou, pelo menos, demonstrar cuidado nessa área é imprescindível.

É certo que uma maior autonomia com relação ao controle do dinheiro possibilita às mulheres participar de forma mais ativa nas atividades de consumo, quaisquer que sejam – o que ocorre de maneira crescente com as conquistas femininas no mundo do trabalho, novas possibilidades de inserção profissional e maior remuneração por suas funções.

Não se pode esquecer, contudo, que as disparidades sociais têm como consequência um acesso diferencial aos bens de consumo e às formas disponíveis de lazer. Entre outros significados, certas atividades de lazer das mulheres são também marca de *status* para a elite e as camadas médias. Mulheres com menos recursos, por sua vez, continuam a lutar para conseguir tempo e dinheiro para, então, poder descansar ou se divertir.

CONQUISTAS

Nesse breve panorama acerca do lazer das mulheres no Brasil foi possível verificar algumas de suas especificidades, bem como certas permanências e transformações relacionadas às conquistas femininas ao longo dos séculos XX e XXI.

Atividades que atualmente nos parecem corriqueiras, tais como uma mulher viajar sozinha, ir à praia de biquíni, escolher o que ler ou ver no cinema (ou navegar na internet) sem restrições são, na verdade, frutos de conquistas lentas de mulheres de outras gerações.

Acompanhamos um crescente romper de fronteiras por parte das mulheres com relação às atividades de lazer. Entretanto, ainda existem obstáculos e regras implícitas que engessam possibilidades de as mulheres usufruírem ou ampliarem seu tempo de lazer. A chamada "dupla jornada de trabalho" é um deles e afeta especialmente as casadas, com filhos, de camadas médias e populares que não dividem com maridos ou companheiros os afazeres domésticos. Ainda hoje, o lazer dos homens parece justificar-se por si mesmo: o "descanso do guerreiro" depois de um longo dia de trabalho. Já com relação às mulheres, poucas são as que podem chegar à noite, tirar os sapatos e colocar os pés para cima. Mesmo muitas das mulheres que trabalham fora e estabelecem com os maridos uma relação mais igualitária têm, depois de um dia de trabalho, ainda, casa e família para cuidar.

A mulher conquistou, aos poucos, o poder de escolher como passar seu tempo considerado livre. Ainda que as mulheres não estejam isentas de pré-julgamentos, hoje, praticamente todas as atividades de lazer lhes são possíveis. Mesmo diante de muitas permanências – calcadas, especialmente, nas ideias tradicionais do papel feminino –, mudanças são visíveis no campo do lazer das mulheres. Imaginamos que o futebol é um bom exemplo dessas mudanças no Brasil.

Uma conversa informal com uma mulher que viveu sua juventude nos idos dos anos 1960 sobre os lazeres daquela época trouxe à tona os bailes concorridos, os longos passeios na praça, as matinês do cinema e os jogos de futebol... "Futebol? Vocês jogavam?" – perguntamos. Ela imediatamente respondeu: "Não!! Assistíamos aos rapazes." Hoje a resposta poderia ser outra.

NOTAS

[1] Tammy Proctor, "Home and away: popular culture and leisure", em D. Simonton, (ed.), *The Routledge History of Women in Europe since 1700*, London and New York, Routledge, 2006.
[2] Maria Teresa Santos Cunha, *Armadilhas da sedução: os romances de M. Delly*, Belo Horizonte, Autêntica, 1999, p. 25.
[3] Angeluccia Bernardes Habert, *Fotonovela e indústria cultural: estudo de uma forma de literatura sentimental fabricada para milhões*, Petrópolis, Vozes, 1974.
[4] Maria Teresa Santos Cunha, op. cit., p. 25.
[5] As revistas de fotonovela chegam ao Brasil na década de 1950, mantendo relativa popularidade até os anos 1980, quando deixam de ser publicadas. A primeira foi lançada em 1951, sob o título *Encanto* (editora Artes Gráficas do Brasil). Em 1952, é lançada *Capricho*, com a novidade de trazer uma história completa em cada edição, e não em capítulos como as concorrentes; por este motivo chegou a vender mais de 500 mil exemplares em uma única edição nos anos 1960.
[6] Simone Meirelles Rodriguez, "Leitoras com o coração: usos de leitura dos romances sentimentais de massa", em *Revista Letras*, Editora UFPR, n. 65, p. 35. jan./abr. 2005.
[7] A primeira novela diária exibida no Brasil foi *2-5499 Ocupado*, protagonizada por Glória Menezes e Tarcísio Meira. No início, as tramas eram adaptações de histórias que vinham de outros países, como Argentina e Cuba, para, na sequência, serem criadas por escritores brasileiros.
[8] Mônica R. Schpun, *Les années folles à São Paulo: hommes et femmes au temps de l'explosion urbaine (1920-1929)*, Paris, Editions L'Harmattan, 1997.
[9] Alexandre Vieira, *Sessão das moças: história, cinema, educação (Florianópolis, 1943-1962)*, Florianópolis, 2011, Tese de Doutorado, UFSC.
[10] Sebastião Ramos, *No tempo do Miramar*, Florianópolis, Papa-Livro, 1993, p. 11.

[11] Scheyla Pinto da Silva, "Considerações sobre o relacionamento amoroso entre adolescentes", em *Caderno Cedes,* Campinas, v. 22, n. 57, p. 23-43, ago. 2002.
[12] Joana Maria Pedro, "A experiência com contraceptivos no Brasil: uma questão de geração", em *Revista Brasileira de História,* São Paulo, Anpuh/Humanitas, v. 23, n. 45, p. 239-260, jul. 2003.
[13] Denise B. de Sant'anna, *O prazer justificado: história e lazer (São Paulo, 1969/1979),* São Paulo, Marco Zero, 1994.
[14] Esta mudança ocorreu primeiramente com relação aos homens, que, além das prescrições médicas e da diversão, associavam a natação e o mergulho a demonstrações de coragem e masculinidade. Ver Victor A. de Melo, "Mulheres em movimento: a presença feminina nos primórdios do esporte na cidade do Rio de Janeiro (até 1910)", em *Revista Brasileira de História,* São Paulo, Associação Nacional de História, v. 27, n. 54, p.127-152, 2007.
[15] Tratava-se do artigo n. 54, que fazia parte do Decreto-lei de 14 de abril de 1941, que estabelecia as bases da organização do desporto no Brasil através da criação da Confederação Nacional de Desportos e dos Conselhos Regionais: "Às mulheres não se permitirá a prática de desportos incompatíveis com as condições de sua natureza, devendo, para este efeito, o Conselho Nacional de Desportos baixar as necessárias instruções às entidades desportivas do país." Dentre os esportes "incompatíveis" com a "natureza feminina" estaria o futebol, mencionado em uma série de debates junto ao Ministério da Saúde, embora a modalidade não estivesse explicitada no texto da lei. Ver S. Goellner, "Mulher e esporte no Brasil: entre incentivos e interdições elas fazem história", em *Revista Pensar a Prática,* v. 1, n. 8, p. 93, 2005.
[16] Trata-se da Deliberação n. 7/65, que proibia que mulheres praticassem futebol, rúgbi e luta.
[17] Raquel de Barros Pinto Miguel, *A revista* Capricho *como um "lugar de memória" (décadas de 1950 e 1960).* Florianópolis, 2009, Tese de Doutorado, ufsc, Pós-graduação Interdisciplinar em Ciências Humanas.
[18] Anna Cristina Camargo Moraes Figueiredo, "*Liberdade é uma calça velha, azul e desbotada*": publicidade, cultura de consumo e comportamento político no Brasil (1954-1964), São Paulo, Hucitec, 1998.
[19] Revista *Capricho,* n. 116, 1961.
[20] Carla Bassanezi, "Mulheres dos Anos Dourados", em Mary Del Priore (org.) e Carla Bassanezi (coord.). *História das mulheres no Brasil,* São Paulo, Contexto, 2001.

BIBLIOGRAFIA

ALMEIDA, Caroline Soares de. *"Boas de bola":* um estudo acerca de ser jogadora no Esporte Clube Radar durante a década de 1980. Projeto de dissertação de mestrado. ppgas/ufsc, 2011.

BASSANEZI, Carla. Mulheres dos Anos Dourados. In: DEL PRIORE, Mary (org.); BASSANEZI, Carla (coord.). *História das mulheres no Brasil.* São Paulo: Contexto, 2001.

CUNHA, Maria Teresa Santos. *Armadilhas da sedução:* os romances de M. Delly, Belo Horizonte: Autêntica, 1999.

FIGUEIREDO, Anna Cristina Camargo Moraes. "*Liberdade é uma calça velha, azul e desbotada*": publicidade, cultura de consumo e comportamento político no Brasil (1954-1964). São Paulo: Hucitec, 1998.

GOELLNER, S. Mulher e esporte no Brasil: entre incentivos e interdições elas fazem história. *Revista Pensar a Prática,* v. 1, n. 8, 2005.

HABERT, Angeluccia Bernardes. *Fotonovela e indústria cultural:* estudo de uma forma de literatura sentimental fabricada para milhões. Petrópolis: Vozes, 1974.

MELO, Victor A. de. Mulheres em movimento: a presença feminina nos primórdios do esporte na cidade do Rio de Janeiro (até 1910). *Revista Brasileira de História.* São Paulo: Associação Nacional de História, v. 27, n. 54, 2007, p.127-152.

MIGUEL, Raquel de Barros Pinto. *A revista* Capricho *como um "lugar de memória" (décadas de 1950 e 1960).* Florianópolis, 2009. Tese (Doutorado) – Pós-graduação Interdisciplinar em Ciências Humanas, ufsc.

Proctor, Tammy. Home and away: popular culture and leisure. In: Simonton, D. (ed.). *The Routledge History of Women in Europe since 1700*. London/New York: Routledge, 2006.

Rial, Carmen. Invisibles athletes inside, on the sport out-side: the Brazilian female football. Trabalho apresentado no simpósio *Sport as a Global Labour market; Male and Female athletes as migrants*. Copenhagen, 2010.

Rodriguez, Simone Meirelles. Leitoras com o coração: usos de leitura dos romances sentimentais de massa. *Revista Letras*. Editora da ufpr, n. 65, p.23-37, jan./abr. 2005.

Sant'Anna, Denise B. de. *O prazer justificado*: história e lazer (São Paulo, 1969/1979). São Paulo: Marco Zero, 1994.

Silva, Scheyla Pinto da. Considerações sobre o relacionamento amoroso entre adolescentes. *Caderno Cedes*. Campinas, v. 22, n. 57, p. 23-43, ago. 2002.

Schpun, Monica. *Beleza em jogo*: cultura física e comportamento em São Paulo nos anos 20. São Paulo: Boitempo/Editora Senac, 1999.

Vieira, Alexandre. *Sessão das moças*: história, cinema, educação (Florianópolis, 1943-1962). Florianópolis, 2011. Tese (Doutorado) – Pós-graduação em História, ufsc.

Migrações internacionais

MULHERES QUE VÊM, MULHERES QUE VÃO

Maria Sílvia Bassanezi

"Migrar é coisa para homem", costuma-se dizer sem pensar, sem atentar para estatísticas, fotos, depoimentos, histórias de famílias. Sim, as migrantes têm uma história. Desde sempre elas têm migrado, frequentemente na companhia de familiares, amigos e conhecidos em busca de melhores condições de vida e trabalho; mas migram também sozinhas, não só à procura de emprego, mas de independência, de casamento, ou até para fugir de discriminações e violências.

CONTEXTOS

Mulheres chegam ao Brasil desde a época colonial, mas se tornam mais visíveis (por mais numerosas) a partir das últimas décadas do século xix e nas primeiras do xx, no que se convencionou chamar de *período de migra-*

ção de massa.[1] Nesta época, Giovannas, Dolores e Marias principalmente, mas também Helgas, Yokos, Saras e Samiras desembarcam dos vapores que atracam nos portos brasileiros, especialmente o de Santos. Trazem consigo a cultura de sua terra natal. Cansadas pela longa e penosa viagem – com seus cabelos presos na nuca, vestidos de saias longas e rodadas, mangas compridas, avental, xale às costas, um lenço cobrindo a cabeça das mais velhas –, deixam o navio carregando cestas, malas e tralhas. As mães equilibram-se com um filho ao colo, outro pela mão. Na maioria são pobres, analfabetas ou semialfabetizadas, oriundas de áreas rurais e enfrentam a aventura migratória, movidas por projetos pessoais e familiares longamente acalentados em sua terra de origem. Se perguntadas sobre o que as motivava, responderiam simplesmente: "buscar uma vida melhor".

Nessa singela resposta, no entanto, encontram-se subjacentes razões complexas e multifacetadas. Na realidade, essas migrantes estão inseridas no contexto de uma intensa movimentação humana gerada por transformações sociais, demográficas, econômicas e políticas que afetaram a Europa e algumas regiões da Ásia na época, entre as quais crescimento populacional, expansão do capitalismo e importantes mudanças políticas (a Unificação da Alemanha, a da Itália ou a Restauração Meiji, no Japão). São transformações que fazem com que excedentes populacionais acabem conduzidos às migrações oceânicas – facilitadas, por sua vez, pelo desenvolvimento das comunicações, pelo barateamento dos custos dos transportes, por redes sociais preestabelecidas[2] e por políticas públicas que incentivam a saída dessas pessoas da terra natal, visando evitar ou diminuir convulsões sociais.

Do outro lado do oceano, no Brasil, o cenário é de um país que necessita de gente para levar adiante sua expansão econômica e ocupar seu território vasto e ainda pouco povoado. O rápido crescimento da cafeicultura (que também propicia a expansão da rede ferroviária e o desenvolvimento urbano e industrial), a necessidade de conquistar espaços e abastecer o mercado interno (com projetos de colonização agrícola baseados na pequena propriedade rural, principalmente nas regiões Sul e Sudeste) e importantes reformas institucionais e políticas (abolição da escravatura e estabelecimento de um regime republicano descentralizado) tornam viável a acolhida de muitos imigrantes. Uma consistente política imigratória então implantada privilegia a vinda de famílias brancas e europeias, homens e mulheres aptos para o trabalho.

As possibilidades de acesso ou posse da terra ou as oportunidades de trabalho no campo, na cidade e na ferrovia atraem imigrantes em grande es-

Diante da necessidade de mão de obra, o Brasil adotou uma política imigratória consistente, que acolhia preferencialmente famílias brancas e europeias.
(Recém-chegados alocados na Hospedaria dos Imigrantes de São Paulo, por volta de 1890.)

cala a partir de meados dos anos 1880, vindos principalmente da Itália, mas também de Portugal e Espanha e, em menor escala, da Alemanha, da Europa Oriental (poloneses, judeus, ucranianos), Síria e Líbano.[3] As japonesas e os japoneses vêm um pouco mais tarde (1908), quando são transpostas barreiras colocadas pelo Japão para a emigração em direção ao Brasil ao mesmo tempo que diminuem as restrições impostas pelo governo brasileiro à vinda deles.

A Primeira Guerra Mundial interrompe essa imigração, que retoma fôlego nos anos 1920, mas sem a mesma intensidade. Com o término da política de subsídios à imigração bancada pelo governo paulista (1927), seguida pela crise econômica mundial de 1929, pela crise de superprodução do café no final da década e pelos entraves à imigração colocados pelo governo brasileiro nos anos 1930, o fluxo imigratório volta a diminuir. Mesmo assim, ainda chegam imigrantes – agora mais portugueses e japoneses. Com a Segunda Guerra Mundial, a imigração no Brasil cai mais ainda.

Uma nova fase na imigração brasileira se anuncia com o fim da guerra e se estende até os anos 1970, contudo, sem atingir os níveis do período anterior.[4] Nesse momento, os deslocamentos populacionais são frutos diretos das consequências do conflito: a difícil tarefa de reconstrução nos países atingidos por ele, a reorganização internacional do trabalho e os acordos políticos celebrados por organismos internacionais que passam a orientar o movimento de refugiados e deslocados pela guerra.[5] Empobrecidos, despossuídos ou simplesmente cansados de guerra também querem emigrar.

O Brasil dessa época empenha-se na inserção de trabalhadores com perfil majoritariamente voltado para as atividades urbanas e industriais.[6] Mas, com menor ênfase, recebe também imigrantes destinados a uma agricultura que se moderniza, se mecaniza em projetos de colonização agrícola que incluem também as regiões Norte e Centro-Oeste.

Assim, imigrantes voltam a descer nos portos brasileiros e, alguns poucos, nos aeroportos internacionais. Trazem consigo traumas, incertezas, decepções, mas também esperanças de encontrar um "lugar ao sol" em um país não devastado, no qual talvez possam contar com a ajuda de parentes e patrícios. Nesse novo fluxo, as mulheres são bem menos numerosas que as do tempo da expansão cafeeira. São também mais urbanas e instruídas. Em geral, acompanham suas famílias ou chegam com filhos para se unir ao marido ou a parentes imigrados há mais tempo. São poucas as que estão sós.

No decorrer dos anos 1960 e 1970, o Brasil passa a registrar níveis bem baixos de entradas. O país não é mais atrativo aos europeus, mas recebe agora gente vinda de países vizinhos, da Coreia e de Angola, um fenômeno que se intensifica nas décadas posteriores.

De fato, a fronteira brasileira mostra-se permeável à entrada de pessoas procedentes de países vizinhos em que a economia se transforma e pessoas abandonam o campo em direção às cidades mais próximas e depois às cidades maiores (como o caso da Bolívia) e/ou que sofrem com os conflitos internos em seu país (como na Colômbia). Para elas, o Brasil é "a terra das oportunidades". Têm como principal destino a capital paulista; instalam-se também em cidades fronteiriças (Corumbá, Tabatinga, Guajará-Mirim, Foz do Iguaçu), outras capitais (Rio de Janeiro, Manaus, Belo Horizonte) e promissoras cidades do interior. Nesse fluxo, em que inicialmente predominam homens, nos últimos tempos, aumenta consideravelmente a presença feminina.

Entre os motivos da vinda de coreanos ao Brasil, principalmente para São Paulo, encontram-se: a impossibilidade da Coreia de absorver os trabalhadores disponíveis; as divergências entre o Norte e Sul; as restrições impostas para a entrada de coreanos nos Estados Unidos (a primeira opção). Na base da imigração angolana, por sua vez, estão os movimentos separatistas e a Guerra Civil (1975-2002), que destruíram a infraestrutura do país, desestruturaram a economia e deixaram muita gente em condições deploráveis; ainda, as ligações históricas Brasil-Angola e, mais recentemente, os acordos bilaterais entre esses países, principalmente na área da educação.[7]

Com a chegada dos anos 1980, as migrações internacionais reassumem importância no cenário mundial marcado pela *globalização*, que integra mercados econômico-financeiros, padroniza sistemas de produção, transporte e comunicação fundados em alta tecnologia e facilita a movimentação de pessoas pelo mundo.

A maior rapidez com que se processam as informações e as viagens encurta as distâncias entre locais e pessoas, torna os contatos mais frequentes, amplia e intensifica as redes sociais, levando mais gente a migrar com menores riscos e custos. Por outro lado, acentuadas desigualdades regionais e a proliferação de conflitos em diversas partes do mundo somam para que muitas pessoas deixem sua terra natal. Países europeus e os Estados Unidos recebem, então, fluxos migratórios expressivos, enquanto países da América Latina, da Ásia e da África enviam cidadãos para diferentes partes do mundo.

Nesse novo movimento – marcado por uma ampla diversidade étnica e de classe social, por uma acentuada clandestinidade e pela multiplicidade de relações que os imigrantes estabelecem entre o local de destino e de origem –, as mulheres aumentam significativamente a sua participação em relação aos homens. Elas não são mais somente aquelas que ficam, esperam ou seguem obedientes os passos de seus pais e maridos; elas já partem sozinhas ou em companhia de outras mulheres e, dessa forma, *feminizam*[8] a migração, antes vista apenas como um processo masculino ou familiar. A significativa movimentação de mulheres tem entre suas causas a emancipação feminina, as transformações na família e nas relações de gênero e as mudanças no mercado de trabalho no destino, que abrem espaço para uma crescente utilização da mão de obra feminina.

No mundo globalizado, brasileiras e brasileiros buscam a sorte em outras paragens.[9] O Brasil, mais intensamente a partir da década de 1980, a chamada "década perdida", começa a ver seus filhos e filhas deixarem o país. São em geral jovens adultos de classe média ou média baixa urbana, com diferentes experiências profissionais, distintos graus de instrução e oriundos de diversas partes do país, sem um perfil geral muito definido. Além da recessão econômica da década de 1980 e de expectativas não correspondidas nos primeiros tempos da redemocratização do país, para essa saída (movimento que continua nas décadas seguintes) contam-se também antigas relações econômicas entre o Brasil e os países de destino dos emigrantes.

Partem daqui Fernandas, Clarices, Aparecidas de cabelos soltos ao vento, presos em "rabo de cavalo" ou curtos, com *jeans* e camiseta ou vestido curto, calçando tênis ou botas, de bolsas nos ombros, mochilas às costas e malas às mãos. São brasileiras loiras, morenas, negras, muitas delas descendentes daquelas imigrantes das primeiras levas. Algumas embarcam com a família, outras vão ao encontro do companheiro e uma parcela bastante significativa viaja sozinha ou em companhia de outras mulheres.

Seguem para os Estados Unidos, Europa e Japão (Canadá e outros países em menor escala). Não importa que se trate de empregos de menor prestígio, rejeitados pelos cidadãos locais: os níveis salariais obtidos no desempenho de tarefas pouco qualificadas tornam atrativo o mercado de trabalho internacional. É bem verdade que o preço da aventura pode ser alto, sobretudo, quando se considera o número de horas trabalhadas, o isolamento social a que muitas se submetem e a quase inexistência do lazer. O apoio de familiares e amigos, na origem[10] e destino, também tem peso na decisão de emigrar. A obtenção da dupla cidadania, por sua vez, facilita a entrada de descendentes dos antigos imigrantes europeus instalados no Sul e Sudeste do Brasil nos Estados Unidos e nos países de origem de seus avós e bisavós.

Para o Japão, seguem quase exclusivamente os descendentes dos antigos imigrantes japoneses. Transformado em uma grande potência tecnológica, mas com uma população envelhecida nas últimas décadas do século XX, o Japão estimula a entrada em seu território de nipo-brasileiros adultos jovens, saudáveis e em idade economicamente ativa a fim de atender à demanda por força de trabalho. Passa, também, a valorizar a mão de obra feminina, considerada mais adequada para atividades que exigem destreza com as mãos, paciência e delicadeza.

Não se pode esquecer as brasileiras que atravessam a fronteira para se estabelecer em países vizinhos. Vão principalmente para o Paraguai, seguindo com seus familiares o movimento de expansão da fronteira agrícola. São as "brasiguaias", proprietárias ou trabalhadoras agrícolas.

Independentemente dos contextos de origem e destino, do momento da partida ou da chegada, a vida da mulher migrante, pelo menos nos primeiros tempos no país de adoção, é sempre muito difícil. Envolve muito trabalho, inúmeras perdas, e nem sempre traz compensações. Algumas das vivências relacionadas à migração chegam a ser comuns a todas as mulheres, outras são específicas a grupos e indivíduos; várias permanecem no decorrer do tempo, outras com ele se transformam ou desaparecem.

IMIGRANTES NO CAMPO

Oriundas, de um modo geral, de pequenas aldeias e áreas rurais, as italianas, portuguesas, espanholas, japonesas e outras estrangeiras que chegam ao Brasil, entre o final do século xix e primeira metade do século xx, fazem parte de unidades familiares, imigram na condição de mãe, esposa, filha ou nora do chefe que encabeça o passaporte coletivo. Em terras brasileiras, continuam – nas fazendas de café e nos núcleos coloniais – a realizar tarefas semelhantes àquelas que praticavam nas suas aldeias de origem.

Nas fazendas de café, sob o regime de *colonato*,[11] a mulher e suas famílias trabalham nos cuidados dos cafezais e na colheita do café, sob a coordenação do chefe da família e sob a supervisão de um "fiscal de colônia". Trabalha também na roça de subsistência, em terras destinadas a isso pelo fazendeiro. Cuida e educa seus filhos. Na casa, faz todo o necessário a fim de economizar e ajudar o grupo familiar: cozinha, lava e passa, costura, cuida da criação, da horta, da lenha; lida com porco (conserva carne, produz embutidos, banha, sabão), faz a ordenha, fabrica queijos e pães. A intensidade do seu trabalho no cafezal, na roça e em casa, contudo, depende do fato de poder contar, ou não, com a ajuda de outras mulheres da família (sogra, filha jovem) no cuidado das crianças e na execução das tarefas domésticas. Algumas mulheres, principalmente as solteiras, executam trabalhos na casa sede da fazenda como cozinheiras, copeiras ou costureiras. A gravidez não é empecilho para que deixem de trabalhar e não são raros os casos de darem à luz no cafezal.

Na pequena propriedade rural, nos núcleos coloniais, o trabalho da mulher imigrante é semelhante ao da colona do café. Aqui é o chefe da família, o dono da terra, quem determina as atividades que devem propiciar a manutenção da família e a garantia da propriedade da terra. As mulheres participam, com os outros membros da família, do preparo das lavouras, do plantio, trato, cultivo e colheita de culturas temporárias e permanentes. Além disso, dão conta dos afazeres domésticos. Com mais liberdade de locomoção que nas fazendas cafeeiras, as mulheres dos núcleos coloniais localizados próximos às cidades vendem aí os produtos de suas terras: ovos, galinhas, leite, queijos, legumes, frutas, feijão. Elas assumem todas as atividades da propriedade quando os homens, para aumentar a renda familiar, buscam trabalhos fora, na construção de ferrovias, na abertura de picadas e clareiras para a fixação de novos imigrantes. As mulheres mais jovens e as adolescentes dos núcleos coloniais também se empregam em "casas de família" como criadas ou costureiras.

Na fazenda cafeeira, assim como nas áreas de pequena propriedade rural, as mulheres, ao perder o marido (por viuvez ou abandono), acabam por executar todas as atividades antes exercidas pelo homem chefe de família. Elas assumem a chefia da família e/ou a condição de "dona da terra" com a mesma eficiência com que dirigem a casa. Chegam algumas vezes a diversificar sua atividade, somando às atividades agrícolas outras artesanais e comerciais. No entanto, não assumem seu próprio nome, são reconhecidas, por exemplo, como "Viúva Fulano de Tal" em contratos assinados com as fazendas, nos livros Conta-Corrente ou em documentos da Diretoria de Terras, de Lançamento de Impostos e na própria comunidade em que vivem. Poucas passam a se identificar como pessoa autônoma e reassumir o nome de solteira. A condição de viúva, no entanto, lhes garante algumas vantagens em relação aos homens, que elas sabem aproveitar muito bem, como, por exemplo, isenção de algumas atividades contratuais na fazenda (tais como auxiliar na reparação de caminhos e da estrada que leva à estação ferroviária ou atuar em caso de incêndio) ou de impostos, no caso da proprietária.

Enquanto as famílias do núcleo colonial tendem a se fixar no seu lote, as famílias imigrantes que trabalham na fazenda de café, em virtude do contrato assinado entre seu chefe e o fazendeiro ser anual (podendo ou não ser renovado), mudam-se com frequência. Ao longo de sua trajetória em busca de melhores condições de vida e trabalho, vão de fazenda em fazenda, da fazenda para os núcleos coloniais, para as cidades do interior ou para a capital, onde então passam a integrar a força de trabalho urbana.

Nas décadas finais do século xx, com o avançado processo de urbanização no Brasil, mulheres imigrantes internacionais, com raríssimas exceções,

Família de origem italiana instalada no estado de São Paulo no início do século xx.

não se inserem mais como trabalhadoras no campo. Já chegam para viver e trabalhar nas cidades.

IMIGRANTES NA CIDADE

A opção pela cidade não significa que as imigrantes deixem de trabalhar e contribuir para a renda familiar. Sem sair de suas casas, muitas delas tornam habilidades trazidas da terra natal fontes de renda financeira. São inúmeras as que se transformam em costureiras, modistas, bordadeiras, chapeleiras, doceiras. Mulheres da Ilha da Madeira e seus bordados tradicionais, por exemplo, enriquecem o enxoval das "moças casadoiras" das camadas médias e altas das cidades. Outras se dedicam às unidades artesanais e comerciais, de propriedade da família, as quais às vezes são extensão da própria casa. Italianas, alemãs, portuguesas e espanholas trabalham no mercado, nas feiras, nos armazéns, nas padarias, nos bares e nas fabriquetas de macarrão, de conservas; judias, sírias e libanesas nas lojas de armarinhos, nas confecções da família; japonesas nas tinturarias, quitandas, barracas de feiras. Jovens e senhoras são empregadas nas casas de famílias mais abastadas – algumas com maior grau de instrução exercem a função de governanta, de preceptora; as mais pobres e menos instruídas, limpam, lavam, passam, cozinham.

Imigrantes de todas as nacionalidades também formam a grande maioria das operárias das primeiras fábricas, principalmente da indústria têxtil paulista e do sul do país. A elas são reservadas as funções menos qualificadas, longas jornadas de trabalho e salários mais baixos que os dos homens. Sempre sujeitas a maus-tratos por parte dos patrões, mestres e contramestres. Apesar disso, algumas chegam a ascender a cargos de chefia. Adultas e garotas igualmente são empregadas em outros setores da indústria em trabalhos considerados, inclusive, "de homem": fábricas de fumo, fósforo, sabão, calçados.

Em menor número, mulheres imigrantes também atuam em ocupações consideradas femininas, como parteira, enfermeira em hospitais, professora, professora de música, de canto, de língua estrangeira. Algumas poucas se dedicam às artes: são atrizes, concertistas, pintoras.

Mulheres imigrantes estão também entre as profissionais do sexo. Conhecidas como "francesas" (verdadeiras ou falsas francesas) e "polacas" (de origem judaica provenientes do Leste Europeu), atuam no mundo da prostituição em terras brasileiras nas décadas finais do século xix e primeiras décadas do século xx. Várias são prostitutas experientes, outras nem tanto e muitas outras entram nesse ofício após serem enganadas por homens ligados ao tráfico internacional de mulheres. Iludidas por tais homens, mulheres jovens pobres veem na emigração, mesmo que clandestina, uma forma de encontrar um tipo de trabalho em que podem fazer alguma fortuna. Aqui chegando, são obrigadas a se prostituir para sobreviver.

No Brasil, a maioria das "francesas" trabalha em bordéis, *rendez-vous*, em prostíbulos "modernizados", atendendo principalmente a clientes da elite; as "polacas", instaladas em pensões ou prostíbulos mais simples, servem setores das camadas médias e baixas da população, além de marinheiros nas cidades portuárias. Em geral, levam uma vida muito difícil. Estão sujeitas a maus-tratos e vivem sob a ameaça dos "rufiões" que detêm o poder sobre seus corpos em troca de não entregá-las à polícia, por serem clandestinas no país, por não pagarem as dívidas contraídas por ocasião da viagem ou pela hospedagem, ou outro "motivo" qualquer. Algumas dessas profissionais, no entanto, chegam a trabalhar por conta própria e, umas poucas, com o tempo, tornam-se proprietárias de prostíbulos. Sonham "tornar-se uma cortesã de luxo, amante de um fazendeiro, industrial ou rico comerciante, instalar-se num apartamento ricamente mobiliado e decorado, vestir-se luxuosamente e frequentar as rodas elegantes dos teatros, cassinos e cabarés da cidade".[12]

As imigrantes que chegam após o fim da Segunda Guerra Mundial encontram um Brasil diferente daquele do *tempo do café*. No entanto, todas elas vivem no mundo do trabalho e da casa experiências até certo ponto semelhantes às das que as precederam. Dado o contexto do momento, é provável que muitas delas, não precisando contribuir para o orçamento familiar, permaneçam apenas como donas de casa, enquanto outras se inserem no mercado de trabalho em atividades também consideradas femininas – possivelmente em melhores condições, dado seu grau de instrução ser mais elevado que o de suas antecessoras. As falas de uma espanhola que emigrou jovenzinha com a família e de uma jovem brasileira neta de outra espanhola ilustram essas situações. Carmem diz enfaticamente: "Minha mãe nunca trabalhou fora"; enquanto Juliana conta: "Minha avó conseguiu, ainda na Espanha, trabalho numa camisaria de Jundiaí e veio sozinha; meu avô chegou depois e meses mais tarde os filhos."

Entre as imigrantes que o Brasil recebe em *tempos de globalização*, algumas experiências femininas se repetem, embora se trate de mulheres vindas de países com culturas bem diferentes dos anteriores.

A maior parte das bolivianas (e também paraguaias, que vêm chegando mais recentemente) dirige-se à cidade de São Paulo, trabalha na costura e vive situação semelhante às operárias das primeiras décadas do século xx. Pobres, com nível de escolaridade geralmente baixo, cumprem jornadas de trabalho que duram de 14 a 17 horas, em condições extremamente precárias, em ambientes pequenos e pouco ventilados. Muitas vezes sem descanso semanal e nenhum direito trabalhista (muitas são clandestinas), elas são ainda obrigadas, como condição para obter emprego, a adotar modos de se vestir alheios aos seus padrões culturais: as bolivianas abandonam a *pollera*, sua saia típica. Como o patrão lhes paga as despesas da viagem ao Brasil e lhes fornece casa e alimentação, exige delas fidelidade, submissão e dedicação total ao trabalho. Absorvidas pela costura, com prazos fixos de entrega, e serviços domésticos a realizar, não têm muito tempo para se dedicar aos filhos.

Uma boliviana em São Paulo chega a relatar que não amamenta a sua filha recém-nascida nos braços, mas em cima de uma mesa, para que a criança não se acostume com o calor de seu colo, pois tem "trabalho demais" a fazer.[13]

No mercado de trabalho brasileiro, as bolivianas também são operárias, empregadas domésticas e se dedicam ao comércio (pequenos estabelecimentos localizados nos bairros de maior concentração desses imigrantes nas cidades). Aliás, na cultura andina, o comércio é uma atividade exercida pelas mulheres e desprezada pelos homens. No Brasil, esse costume se repete. Na cidade fronteiriça de Corumbá (MS), por exemplo, são elas, e não os homens, que estão presentes nos balcões de lojas, nas barracas e bancas de feira.

Também vindas no movimento imigratório das últimas décadas, as mulheres coreanas e suas famílias se dedicam ao ramo da confecção de roupas e estão concentradas principalmente na cidade de São Paulo, no bairro do Bom Retiro. No país que deixaram para trás, a responsabilidade pela manutenção da família cabia ao homem, enquanto a mulher devia encarregar-se do serviço da casa e do cuidado dos filhos. Em terras brasileiras, as coreanas rompem com sua função tradicional: desempenham atividades econômicas que lhes proporcionam renda e, dessa forma, assumem um papel de reconhecida importância na vida econômica familiar. Nos primeiros tempos de Brasil, elas se dedicam à costura e ao bordado, feitos dentro de casa (com a ajuda dos filhos e maridos) e, ainda que inexperientes e mal falando português, também à venda de porta em porta (atividade considerada vergonhosa para o homem na cultura coreana) dos artigos que confeccionam, além de outros produtos originários da Coreia. Sua atividade comercial leva maridos a permanecerem em casa cuidando dos filhos, ou a se conformarem na função de motoristas das esposas em suas andanças pela cidade na venda das mercadorias. A atividade ambulante, além de culturalmente rejeitada pelos homens, fere o orgulho inerente à classe média coreana, da qual a maioria é oriunda.

Em terras brasileiras, com o passar do tempo, os coreanos veem a confecção como financeiramente promissora e passam a investir cada vez mais nessa atividade. Isso faz com que novos contingentes, legais e clandestinos (estes em geral chegam via Paraguai), continuem entrando no Brasil, contando inclusive com a boa vontade dos conterrâneos aqui estabelecidos para se inserirem também na confecção. As mulheres, algumas vezes, chegam ao país antes da família.

Vim para o Brasil, em companhia de três mulheres, deixando meu marido e meus três filhos pequenos no Paraguai. Aqui passei a trabalhar como costureira, numa confecção pertencente a coreano [...]. Alguns meses depois, vieram o meu marido e meus filhos pequenos. Passaram a morar comigo, nos fundos da casa de meu patrão [...] meu marido passou a trabalhar como gerente na loja do meu patrão.[14]

Aqui, seguindo o projeto familiar de ascensão social, não poupam esforços, trabalham por longas jornadas diárias, sem descanso semanal e sem lazer: "Três dias após o nascimento do meu primeiro filho, cheguei a passar trezentas blusas, porque eu estava preocupada com o prazo de entrega das roupas. Não podia ficar na cama..."[15]

Com o tempo e o capital acumulado nesta atividade artesanal e familiar e também na venda ambulante, várias famílias coreanas conseguem montar um negócio próprio: confecções e lojas com vendas no atacado e varejo, nas quais as mulheres continuam a desempenhar funções importantes, que vão desde a escolha de todo material utilizado nas confecções até a coordenação da produção e venda das roupas. Os maridos realizam o papel de contadores das lojas, resolvendo problemas financeiros com bancos ou controlando o caixa. Assim, as coreanas e os coreanos infiltram-se, pouco a pouco, no setor até então dominado por judeus e árabes. A meta seguinte é investir na educação universitária dos filhos, primeiro os meninos, depois as meninas.

Mais recentemente, as fábricas e montadoras de veículos coreanas contribuem para o aumento da presença desses imigrantes por aqui, trazendo novos profissionais (mulheres entre eles) ao Brasil.

Em todos os movimentos imigratórios, desde o século XIX, registra-se ainda uma pequena parcela de mulheres não trabalhadoras, mais instruídas, de camada social mais elevada, cuja família, por motivos diversos, emigra, trazendo algum capital para investir no Brasil. Essas mulheres e também aquelas cuja família consegue sucesso econômico rápido certamente gozam de uma vida mais confortável e podem ter mais acesso à instrução. Coordenam os serviços dos empregados de suas casas, recebem convidados, frequentam clubes, chás e jantares beneficentes, participam de associações diversas e de obras sociais bancadas pelos membros de sua colônia: italiana, judaica, portuguesa, síria e libanesa.

EMIGRANTES BRASILEIRAS AO NORTE DO EQUADOR

Brasileiras com diferentes experiências profissionais, graus de instrução e oriundas de todos os cantos do país, passam a buscar no final do século xx um "lugar ao sol", na Itália, Espanha, Portugal, principalmente, além de outros países da Europa Ocidental. Nessa busca, preferem áreas metropolitanas como Roma, Milão, Lisboa, Madri, Barcelona. Poucas são acompanhadas pela família, pelo menos no primeiro momento. Não se sabe ao certo quantas são, pois grande parte vive em situação irregular.

A maioria verbaliza um projeto individual bem definido: "fazer dinheiro e retornar". Escolhem esses países por motivos diversos: "é mais fácil de entrar", já têm por lá parentes e amigos, "a língua é mais fácil de entender", obtiveram a cidadania, "os salários pagos são altos", "a prostituição rende mais". Em geral, chegam com visto de turista e, quando este expira e não pretendem, ou não conseguem voltar, acabam por viver na ilegalidade. Sem documentação adequada, sujeitam-se a trabalhos aquém de sua qualificação, muitos dos quais as europeias não querem mais realizar: limpam casas de família e escritórios, trabalham como empregadas domésticas ou camareiras de hotel, cuidam de pessoas idosas ou de crianças em domicílios e asilos, empregam-se em restaurantes (garçonetes, ajudantes de cozinha, lavadoras de pratos); executam trabalhos sazonais, como, por exemplo, a colheita da maçã. Brasileiras no exterior trabalham ainda em casas de espetáculos e na prostituição. As com contrato de trabalho e/ou com passaporte de um país europeu nem sempre têm melhor sorte que as outras e acabam executando os mesmos duros serviços. Mulheres de Criciúma (sc), de origem veneta, com cidadania italiana e contrato de trabalho para atuar em sorveterias italianas sediadas na Itália e Alemanha, submetem-se a longas jornadas, todos os dias da semana, com apenas poucas folgas mensais.

No mercado informal, as emigrantes ficam à mercê da "boa vontade" de seus empregadores, no que diz respeito ao pagamento e ao estabelecimento da jornada de trabalho. Não são raros os casos em que eles retêm salários, passaporte e cerceiam a liberdade das brasileiras.

Recém-chegadas, essas mulheres, em geral, não dominam a língua, desconhecem a cultura e a realidade do país de destino, que é marcada, muitas vezes, pela falta emprego e moradia e por sérios problemas gerados pela discriminação em relação aos *extracomunitários*, os que não pertencem à União Europeia. Só se dão conta dessa realidade quando já estão em solo europeu.

Mesmo com todas as dificuldades, brasileiras continuam emigrando rumo a esses países. Redes de informação e/ou cooperação estabelecidas seguem representando um importante papel com a divulgação de casos bem-sucedidos e ajudando a recém-chegada a sobreviver e a buscar trabalho.

O crescimento do *turismo sexual*, nas regiões Norte e Nordeste do Brasil, tem contribuído para que brasileiras dessas regiões partam para a Europa com (ou convidadas por) turistas estrangeiros à procura de sexo. Nem todas essas mulheres, entretanto, são ou tornam-se profissionais do sexo nos países europeus.

As brasileiras que migram para os Estados Unidos são em geral jovens de classe média ou média baixa, com nível médio de escolaridade. Como na

Família judaica, de origem lituana, instalada no Rio Grande do Sul nos anos 1920.

Europa, entram com visto de turista, na esperança de um dia obter o *Green Card*. Até conseguir este documento, ou nunca conseguindo, permanecem clandestinamente. No período inicial, incorporam-se ao mercado de trabalho americano da mesma forma que suas compatriotas na Europa: sobretudo no setor de serviços, realizando funções aquém da sua qualificação, submetendo-se em muitos casos a trabalhos pesados e penosos.

As *nikkeis*[16] e as brasileiras casadas com *nikkeis*, por sua vez, inserem-se com contrato no mercado de trabalho no Japão nas mesmas funções que exercem seus maridos ou colegas homens. Os empregadores as consideram mais adequadas às atividades minuciosas e lhes pagam um salário inferior ao percebido pelos homens. Além do trabalho na indústria eletroeletrônica, de alimentos e peças para carro, cuidam também de idosos, empregam-se em firmas de limpeza terceirizada, são até carregadoras de equipamentos em campos de golfe.

Mesmo tendo conquistado uma maior escolarização e maior qualificação que as migrantes de outrora, muitas emigrantes brasileiras, quando chegam ao seu destino, continuam a executar as ocupações tidas tradicionalmente como femininas e recebem, nas mesmas funções executadas por homens, salários mais baixos que os deles. Continuam acumulando os serviços da casa com longas horas de trabalho formal ou informal muito cansativo e às vezes em precárias condições. A existência nos países de adoção de aparelhos elétricos e eletrônicos de última geração, que facilitam o trabalho doméstico e a comunicação com a terra natal, colabora para amenizar o cotidiano das migrantes de hoje (se comparadas às do passado), porém nem todas têm acesso a eles.

À medida que o tempo passa e as emigrantes dominam melhor a língua e a cultura do país, elas conseguem ocupações melhores no mercado de trabalho. Hoje já não são raros os casos de sucesso profissional e econômico de muitas das brasileiras mundo afora, como cabeleireiras, dançarinas, estilistas, pequenas e médias empresárias e comerciantes.

PARA ALÉM DO TRABALHO: VIVÊNCIAS FAMILIARES

Até meados do século XX, a maioria das imigrantes jovens e adultas chega ao Brasil fazendo parte de unidades familiares. A maior parcela delas é de esposas, com 30 e poucos anos de idade, em plena fase de sua vida produtiva e reprodutiva. Têm filhos pequenos ou nenhum filho e continuam dando à luz crianças no Brasil. Poucas são idosas. As jovens e solteiras em idades consideradas aptas à união conjugal, e as viúvas, casam-se nesse país formando novas famílias.

Mais no passado que no presente, as imigrantes casadoiras, ou mesmo as descendentes, defrontam-se com tradições, costumes e pressões familiares ao escolher seus parceiros conjugais em terras brasileiras – fatores que, na maioria das etnias imigrantes, influenciam para tornar a endogamia étnica uma regra. A própria comunidade imigrante emprega esforços no sentido de proporcionar casamentos entre seus iguais: as moças são levadas a clubes, festas, templos frequentados pela *colônia* com a finalidade de encontrar marido. A frequência a escolas, templos religiosos, clubes, associações recreativas e culturais, mais marcante entre alguns grupos de imigrantes do que em outros, ajuda a explicar as tendências de cada etnia na realização de casamentos dentro ou fora do grupo. Famílias também se valem de pessoas que buscam na comunidade o parceiro adequado para suas filhas. Italianas, espanholas, japonesas, judias e suas descendentes nascidas no Brasil acabam por se casar prioritariamente com um parceiro do seu próprio grupo étnico nos primeiros tempos de imigração.[17]

Moças solteiras, muitas vezes, aceitam passivamente a proposta de casamento com seus patrícios moradores do Brasil articulada entre seu pai e o pretendente, na expectativa de ser feliz, o que nem sempre acontece. No passado, homens sírios, libaneses, italianos e de outras nacionalidades, que não encontram no Brasil noivas consideradas adequadas, retornam ou enviam mensageiros à sua terra natal em busca de conterrâneas que compartilhem com eles sua língua e costumes.

Na busca de um casamento dentro do seu grupo étnico, a maior presença masculina beneficia as mulheres imigrantes, mas esta não é uma regra sem exceções. A concentração de um mesmo grupo étnico em uma fazenda de café, em área de pequena propriedade ou em um determinado bairro da cidade facilita os casamentos entre iguais. A mobilidade geográfica e a dispersão, por sua vez, chegam a interferir para quebrar essa tendência, mas podem também ajudar na manutenção da endogamia quando o objetivo é acompanhar ou encontrar conterrâneos.

Esses fatores ou condições, igualmente, interferem na idade ao casar, no tamanho da prole e ainda podem levar ao celibato definitivo ou ao adiamento do casamento e da maternidade para essas mulheres. As mulheres das primeiras levas chegadas ao Brasil casam-se em idades mais precoces e mais intensamente que aquelas que permanecem na terra de origem na época (na Europa, os casamentos eram mais tardios e o celibato definitivo feminino bastante comum). Esse padrão de casamento das imigrantes no Brasil representa, por um lado, um mecanismo utilizado pelas comunidades para preservar o grupo diante das condições encontradas na nova terra, que não coloca obstáculos às uniões conjugais (ao contrário das regiões de origem das imigrantes, no Brasil havia trabalho e possibilidade de acesso ou posse da terra). Por outro lado, a existência de mais homens que mulheres, no *mercado de casamento*, pressiona no sentido de baixar a idade das mulheres ao casar e a se casar mais intensamente em terras brasileiras.

Ao se casarem mais cedo, e na ausência de um controle deliberado da natalidade, essas mulheres imigrantes ficam expostas por um tempo maior ao risco de gerar filhos, dando à luz proles mais numerosas do que as que permaneceram na terra natal.

A presença forte da Igreja, na figura do padre, nas comunidades imigrantes católicas, restringe a sexualidade e a reprodução ao matrimônio, contribuindo para que as jovens italianas, espanholas, polonesas, ucranianas sejam criadas pelas famílias com muita severidade. O conhecimento de métodos contraceptivos existe, mas é cercado pelas resistências dos valores culturais e religiosos. Como gerar filhos configura-se como parte essencial do "papel feminino", a imigrante grávida não ocupa espaço privilegiado e desempenha a função procriativa sem regalias.[18] Este, no entanto, não é um modelo único. Uma parcela da comunidade germânica de Curitiba, nos primeiros tempos de Brasil, permite liberdade sexual aos seus jovens (pelo menos entre aqueles em idade de se casar), conservando, dessa forma, uma prática da cultura camponesa trazida de sua terra de origem, que com o tempo tende a diminuir e desaparecer.[19]

A rigidez, entretanto, não significa que as jovens imigrantes não encontrem brechas para o exercício da sua sexualidade e escolha do parceiro. São inúmeros os casamentos que se fazem à revelia dos pais e à presença do delegado para "salvar a honra" da família, de filhos dessas mulheres cujo pai não consta do registro de batismo ou nascimento; ou abortos praticados por parteiras estrangeiras, como Angelina, "casada, italiana de Vicenza, parteira diplomada" que sabia ler e escrever.[20]

No contexto da globalização, salvo algumas exceções, novos contornos e tendências são observados nos comportamentos sexuais, nos costumes ligados ao casamento, nas famílias da mulher migrante. No desenho desses contornos e tendências são fundamentais as conquistas femininas das últimas décadas.[21] Agora, a maioria das mulheres, migrantes ou não, se casa mais tarde, tem filhos em idades mais elevadas, encerra sua vida reprodutiva antes e tem menos filhos que as mulheres do passado. Porém, o casamento e o nascimento de filhos entre as imigrantes e emigrantes, na maioria das vezes, são planejados em função do projeto e das etapas migratórias percorridas, ou seja: migrar, estabelecer-se, conseguir sucesso no trabalho para, só depois, pensar em casar e/ou ter filhos.

Embora a endogamia por etnia continue tendo um peso razoável, muitas emigrantes brasileiras optam por se casar com um cidadão do país receptor. Esses casamentos, no entanto, nem sempre resultam de relacionamentos sentimentais, mas são realizados "por conveniência", para contornar as normas que dizem respeito ao ingresso ou à permanência no país estrangeiro e, também, para obter vantagens econômicas, para "subir na vida". Essas considerações também são comuns entre mulheres cearenses que se casam com turistas europeus em viagem pelo Brasil, quando do encontro entre eles ou já no destino, a Europa. Todavia, embora os casamentos exogâmicos que representam para as mulheres a materialização de um sonho de ascensão social possam envolver também romantismo, de um modo geral, eles não são duradouros, em função das diferenças culturais entre os cônjuges. Essas diferenças podem levar a uma vivência conjugal tumultuada, culminando às vezes em atos de violência por parte dos maridos provenientes de culturas mais machistas ou que, por se casar com uma "estrangeira", esperam uma esposa mais solícita.

Os casamentos com estrangeiros algumas vezes acabam com as emigrantes brasileiras forçadas a ingressar na indústria do sexo, fato denunciado pela imprensa com frequência. Tal situação, no entanto, não é uma prerrogativa dos nossos dias. No final do século XIX e primeiras décadas do século XX, homens ligados ao tráfico de mulheres percorriam aldeias europeias, iludindo as jovens e casando-se com elas apenas para facilitar o embarque de suas presas para o Brasil.[22]

Uma das motivações de europeus e americanos na escolha de esposas brasileiras é a procura de *estilos de feminilidade* considerados difíceis de achar entre suas conterrâneas. Para os italianos, conta também a disposição para a maternidade, pois ter filhos é importante para eles. É no mínimo curioso: se hoje é comum encontrar anúncios na *web* e em jornais italianos que oferecem contatos com potenciais esposas brasileiras, consideradas "bonitas, sensuais, atenciosas e carinhosas", no Brasil do passado, eram as mulheres italianas as valorizadas e procuradas através de anúncios dos jornais por serem "morigeradas e trabalhadoras".

A migração traz consigo o medo do desconhecido, a barreira da língua, desapontamentos e, muitas vezes, solidão e isolamento. Tais fatores acabam interferindo nas relações entre marido e mulher e podem gerar desentendimentos e incompreensões que às vezes levam às separações dos casais, tanto no passado como na atualidade.

Mudam os atores, mudam os cenários, mudam as épocas, mas o enredo continua o mesmo. No Japão contemporâneo, por exemplo, marido e mulher são muitas vezes levados a trabalhar em cidades diferentes, o que provoca dificuldades no relacionamento de ambos e deles com os filhos. As separações crescem, assim como a formação de novos casais. Mulheres chefes de famílias, separadas e solteiras com filhos tornam-se cada vez mais visíveis. Maridos desempregados ou subempregados passam a assumir as tarefas domésticas e de educação dos filhos. Por outro lado, mulheres da família (avós ou tias) e vizinhas são convocadas para cuidar dos filhos deixados no Brasil, enquanto a mãe das crianças busca "ganhar dinheiro" no Japão.[23] Situações semelhantes se reproduzem entre brasileiras na Europa e nos Estados Unidos e entre bolivianas e coreanas no Brasil.

PEDRAS NO CAMINHO

Além da luta diária pela sobrevivência e pela realização do sonho familiar, a imigrante, ao longo de nossa história, se vê muitas vezes molestada física e sexualmente. Casos de estupros, de defloramento de meninas e jovens, por parte de brasileiros ou mesmo estrangeiros, eram comuns nas fazendas de café, nos núcleos coloniais e mesmo nas cidades, como registram os processos crimes do passado. Não raros também eram os casos de mulheres imigrantes que enlouqueciam e acabavam internadas em sanatórios ou que, desgostosas, morriam precocemente. Casos como esses continuam a marcar a vida de muitas migrantes contemporâneas.

Na migração, as mulheres estão sujeitas a enfrentar o isolamento, fato que pode ser inédito em suas vidas. Egressas de aldeias rurais densamente povoadas, as primeiras levas de imigrantes eram conduzidas para espaços

Família de origem japonesa no Brasil na época da Segunda Guerra Mundial.
(O jovem fardado se despede da família, uma vez que se alistou como voluntário para lutar pelo Japão.)

vazios e distantes dos povoados. Nos dias atuais, imigrantes clandestinas são isoladas da rua e do mundo exterior temerosas de serem flagradas pela polícia e deportadas.

Inversamente, na São Paulo de ontem, encontram-se as italianas, espanholas, portuguesas amontoadas em cômodos e cortiços nas grandes cidades sem as mínimas condições de higiene e privacidade; na metrópole de hoje, as bolivianas enfrentam situação similar.

Discriminação e xenofobia marcam também a vida das mulheres migrantes. Embora tenham hoje um nível educacional melhor, gozem de maior independência em relação aos homens, contem com o apoio de redes sociais mais consolidadas e o de instituições religiosas (agora sem a força de antes para normatizar a vida pessoal das mulheres), as migrantes continuam vítimas de preconceitos, como suas antecessoras. Eles persistem mesmo com a maior tolerância ao pluralismo étnico e ao multiculturalismo dos tempos atuais.

QUANDO PROSSEGUIR É PRECISO...
"IR, VIR, VOLTAR, TOMAR OUTROS RUMOS"

A migração de mulheres não termina nos portos ou aeroportos de chegada. No Brasil do passado, a árdua viagem continua em direção às fazendas cafeeiras, aos núcleos coloniais ou às cidades. Quando, nesses locais, não encontram as condições de vida e trabalho sonhadas, passam, com sua família ou sozinhas, a se movimentar dentro do território brasileiro, optam por partir para outro país (Argentina, por exemplo), ou, o que é mais difícil, retornam à terra natal.

No mundo atual, os embarques e desembarques, "ir, vir, voltar, tomar outros rumos" são mais fáceis e frequentes e fazem parte da vida de muitas brasileiras e de muitas imigrantes no Brasil de hoje, em que se pesem as políticas migratórias restritivas e os poucos recursos econômicos disponíveis. Elas migram, voltam "apenas para matar a saudade da família e dos amigos" e retornam à terra adotada, voltam para sempre à sua terra natal ou tomam algum outro rumo, porque conseguiram o que buscavam ou porque se decepcionaram com o que encontraram. Esse movimento todo faz parte também da vida das brasileiras ligadas ao turismo sexual: elas vão e voltam porque expira seu visto de turista, porque se decepcionam com a experiência de viver com os "turistas" que as levaram para fora do país; voltam na esperança de encontrar outros estrangeiros que viabilizem a migração, a volta, para a Europa.

Essas idas e vindas proporcionam às migrantes contemporâneas uma avaliação do que ficou. O "estar lá" leva as emigrantes a supervalorizar o modo de vida e a cultura do Brasil, no que diz respeito à culinária, músicas, danças, carnaval e comportamentos mais descontraídos e, por outro lado, no "estar aqui", no Brasil, elas tendem a supervalorizar a vivência naqueles países, como o acesso à tecnologia, à educação, à segurança, e isso conta mais na opção de permanecer na terra de adoção, principalmente se têm filhos.

No entanto, as atuais crises econômicas, as duras políticas imigratórias, a vigilância severa nas fronteiras, as manifestações de xenofobia e os desastres naturais nos atuais países receptores têm pesado também na decisão de permanecer ou voltar.

As histórias dessas mulheres migrantes para e do Brasil não terminam aqui, falta ainda muito para contar...

NOTAS

[1] Entre 1886 e a Segunda Guerra Mundial, entram no Brasil pouco mais de quatro milhões de imigrantes. Desse total, cerca de 40% são mulheres (este percentual, no entanto, varia segundo o país de origem e o local de destino em terras brasileiras); 60% destinam-se ao estado de São Paulo e 70% aportam no Brasil entre 1895 e 1904 (cf. M. S. F. Levy, "O papel da migração internacional na evolução da população brasileira (1872-1972)", em *Revista de Saúde Pública*, São Paulo, v. 8, Supl., 1974).

[2] As redes sociais têm como base laços familiares, de amizade e comunitários; laços, que ligam migrantes e não migrantes, em uma complexa teia de relações interpessoais, que produzem informação, assistência, inclusive financeira.

[3] É preciso lembrar que, embora a maior entrada de imigrantes no Brasil ocorra nas décadas finais do século XIX e primeiras décadas do século XX, imigrantes se encontram em território brasileiro desde os tempos de Colônia. Embora as autoridades coloniais mantivessem um rigoroso controle sobre o ingresso de estrangeiros livres, restrito a profissionais que atendessem ao projeto colonizador do momento (religiosos, técnicos, artistas e militares), esse controle não impediu que muitos estrangeiros aqui se estabelecessem. Com a vinda da Corte Portuguesa para o Brasil, essa situação mudou. Os decretos de D. João VI (1808 e 1820) permitiram, então, a imigração de não portugueses, de "diversos povos da Alemanha e de outros Estados", formalizando um projeto de colonização agrícola, principalmente nas regiões Sul e Sudeste, com objetivos de defesa e povoamento da terra com base na pequena propriedade policultora. Esse projeto, iniciado com a colônia alemã de São Leopoldo (RS) em 1824, prolongou-se nas décadas seguintes. Além disso, em meados do século XIX, outro projeto, de introdução de mão de obra livre estrangeira nas fazendas de café sob o regime de parceria, foi colocado em prática, chegando a incorporar algumas centenas de novos imigrantes (suíços-alemães e outros) em território paulista.

[4] Nesse período dão entrada no país pouco mais de 850 mil pessoas, das quais ao redor de 40% são mulheres. Do total das entradas, 67% destinam-se ao estado de São Paulo (M. S. F. Levy, op. cit., 1974).

[5] Organização Internacional dos Refugiados (OIR/IRO), Hebrew International Assistance (HIAS). Comitê Intergovernamental para as Migrações Europeias (Cime), Comitê Intergovernamental Católico para as Migrações (CICM). Além desses, vários acordos bilaterais entre os países foram assinados visando à entrada de imigrantes no país, como por exemplo, acordos Brasil-Japão (em que se destaca a atuação da Japan Imigration and Colonization – JAMIC) e Brasil-Itália.

[6] Nesse momento, a indústria brasileira passa a incluir também os ramos automobilístico, eletroeletrônico, químico, farmacêutico.

[7] Como as mulheres angolanas são pouco numerosas no conjunto dos imigrantes angolanos, não são tratadas aqui.

[8] Entende-se por *feminização* não somente o aumento do volume de mulheres, mas também o conjunto de impactos causados com a entrada efetiva delas, num determinado fluxo migratório (Morokvasic, 2004, apud R. G. Peres, *Mulheres na fronteira: a migração de bolivianas para Corumbá – MS*, Campinas, 2009, Tese de Doutorado, Programa de Pós-graduação em Demografia, Instituto de Filosofia e Ciências Humanas, Universidade Estadual de Campinas).

[9] Estimativas do Ministério das Relações Exteriores do Brasil, para 2010, dão conta de que aproximadamente três milhões e cem mil brasileiros residem no exterior. O Centro de Apoio ao Migrante, vinculado à Conferência Nacional dos Bispos do Brasil (CNBB), contabiliza cerca de um milhão e duzentos mil estrangeiros vivendo no Brasil em 2011. Lamentavelmente, essas estimativas não trazem a proporção das mulheres nesses fluxos migratórios.

[10] Embora partam de quase todo o território nacional, na emigração para os Estados Unidos algumas cidades brasileiras se destacam pelo número significativo de emigrantes enviados para lá, como a famosa Governador Valadares (MG).

¹¹ O *colonato* se caracterizou como um sistema de organização de trabalho em bases familiares, típico da cafeicultura paulista, que combinava distintas formas de produção. O *colono* e sua família executavam todas as operações referentes à produção do café: trato e colheita. Eram responsáveis pela produção direta da sua própria subsistência e ainda deviam prestar serviços avulsos remunerados ou não à fazenda.
¹² M. Rago, "Nos bastidores da imigração: o tráfico de escravas brancas", em *Revista Brasileira de História*, São Paulo, v. 9, n. 18, ago./set.1989, p.150.
¹³ S. A. Silva, *Bolivianos: a presença doa cultura andina*, São Paulo, Companhia Editora Nacional, 2005, p. 21.
¹⁴ K. J. Choi, *Além do arco-íris: a imigração coreana no Brasil*, São Paulo, 1991, Dissertação de Mestrado, Faculdade de Filosofia, Letras e Ciências Humanas, Universidade de São Paulo, p. 116.
¹⁵ Idem, p. 103.
¹⁶ *Nikkei* é uma palavra da língua japonesa sem equivalente em português. Diz respeito à população descendente de japoneses que emigraram do Japão (cf. I. Kawamura, *Para onde vão os brasileiros? Imigrantes brasileiros no Japão*, Campinas, Editora da Unicamp, 1999, p. xi). Aqui, estou me referindo aos brasileiros e às brasileiras – descendentes de japoneses imigrantes no Brasil – que emigraram para o Japão nas últimas décadas.
¹⁷ Entre os portugueses no Brasil, predomina uma imigração individual masculina e urbana acentuada; no entanto, mesmo com excesso de conterrâneos, observa-se que uma parcela das mulheres portuguesas no interior de São Paulo se casa com homens de outras nacionalidades, tornando os índices de endogamia desse grupo mais baixos entre as principais etnias de imigrantes no Brasil. É possível que na base desse comportamento esteja o fato de os portugueses, ao contrário dos outros grupos, tenderem menos aos trabalhos agrícolas e à concentração em determinados espaços. Além disso, desde longa data, por não encontrar conterrâneas no mercado de casamento, os homens portugueses realizam uniões interétnicas em terras brasileiras. Muitas portuguesas solteiras que imigram, na época, chegam compondo unidades familiares pobres para o trabalho nas fazendas paulistas, onde as possibilidades de encontro com homens não portugueses são mais frequentes.
¹⁸ M. L. Andreazza, *Paraíso das delícias: um estudo da imigração ucraniana (1895-1995)*, Curitiba, Aos Quatro Ventos, 1999, p. 202.
¹⁹ S. O. Nadalin, "Construção de uma cultura imigrante: comportamentos demográficos numa paróquia de origem germânica em Curitiba – séculos xix e xx", em D. Celton, C. Miró e N. S. Albornoz, *Cambios demográficos en America Latina; la experiencia de cinco siglos*, Córdoba, Universidad Nacional de Córdoba/International Union for the Scientific Study of Population, 1998.
²⁰ S. A. L. Leite, *Le donne immigrante: famiglia, lavoro, vita (As italianas em Franca, 1900-1934)*, Franca, 2000, Dissertação de Mestrado, Programa de Pós-graduação em História, Unesp, p. 116.
²¹ A ampliação da presença das mulheres no mercado de trabalho, o maior acesso à educação formal, às informações veiculadas pelos meios de comunicação, aos meios contraceptivos (que permitem separar a sexualidade da reprodução), entre outras mudanças proporcionam a elas maior liberdade em suas escolhas: na opção por um parceiro conjugal, na decisão de adiar o casamento ou ser mãe, na questão do tamanho da prole, assim como querer não casar ou romper uma união conjugal.
²² Referências sobre as *profissionais do sexo* e *turismo sexual* foram obtidas em M. Rago, op. cit. 1989, e em Piscitelli, "Sexo tropical em um país europeu: migração de brasileiras para a Itália no marco do turismo sexual internacional", em *Estudos Feministas*, Florianópolis, v. 15, n. 3, set./dez. 2007.
²³ L. Kawamura, "Família, mulher e cultura", em C. Sakurai e M. P. Coelho (orgs.), *Resistência & integração: 100 anos da imigração japonesa no Brasil*, Rio de Janeiro, IBGE, 2008.

BIBLIOGRAFIA

ANDREAZZA, M. L. *Paraíso das delícias*: um estudo da imigração ucraniana (1895-1995). Curitiba: Aos Quatro Ventos, 1999.
ASSIS, G. O. Mulheres migrantes no passado e no presente: gênero, redes sociais e migração internacional. *Revista Estudos Feministas*, Florianópolis, v. 15, n. 3, set./dez. 2007. Disponível em: <http://www.scielo.br/pdf/ref/v15n3/a15v15n3.pdf>. Acesso em: 2011.

AYDOS, M. R. *Migração forçada*: uma abordagem conceitual a partir da imigração angolana para os estados do Rio de Janeiro e São Paulo, Brasil (1970-2006). Campinas, 2010. Dissertação (Mestrado) – Programa de Pós-graduação em Demografia, Instituto de Filosofia e Ciências Humanas, Universidade Estadual de Campinas.

BASSANEZI, M. S. C. B. Família e imigração internacional no Brasil. *Estudos de História*, Franca, v. 6, n. 2, 1999.

BÓGUS, L. M. M.; BASSANEZI, M. S. C. B. Brasileiros(as) na Itália: nuovi cittadini extracomunitari? In: CASTRO, M. G. (coord.). *Imigrações internacionais*: contribuições para políticas. Brasília: CNPD, 2001.

CHOI, K. J. *Além do arco-íris*: a imigração coreana no Brasil. São Paulo, 1991. Dissertação (Mestrado) – Faculdade de Filosofia, Letras e Ciências Humanas, Universidade de São Paulo.

GIRON, L. S. Produção e reprodução: a mulher e o trabalho na região colonial italiana do Rio Grande do Sul. In: DE BONI, L. A. (org.). *A presença italiana no Brasil*. Torino: Escola Superior de Teologia São Lourenço de Brindes; Fondazione Giovanni Agnelli, 1996, v. 3.

KAWAMURA, L. Família, mulher e cultura. In: SAKURAI, C.; COELHO, M. P. (orgs.). *Resistência & integração*: 100 anos da imigração japonesa no Brasil. Rio de Janeiro: IBGE, 2008.

LEITE, S. A. L. *Le donne immigrante*: famiglia, lavoro, vita (As italianas em Franca, 1900-1934). Franca, 2000. Dissertação (Mestrado) – Programa de Pós-graduação em História, Unesp.

LEVY, M. S. F. O papel da migração internacional na evolução da população brasileira (1872-1972). *Revista de Saúde Pública*, São Paulo, v. 8, Supl., 1974.

NADALIN, S. O. Construção de uma cultura imigrante: comportamentos demográficos numa paróquia de origem germânica em Curitiba – séculos XIX e XX. In: CELTON, D.; MIRÓ, C.; ALBORNOZ, N. S. *Cambios demográficos en America Latina; la experiencia de cinco siglos*. Córdoba: Universidad Nacional de Córdoba/International Union for the Scientific Study of Population, 1998.

PERES, R. G. Mulheres na fronteira: a migração de bolivianas para Corumbá – MS. Campinas, 2009. Tese (Doutorado) – Programa de Pós-graduação em Demografia, Instituto de Filosofia e Ciências Humanas, Universidade Estadual de Campinas.

PISCITELLI, A. Sexo tropical em um país europeu: migração de brasileiras para a Itália no marco do turismo sexual internacional. *Estudos Feministas*, Florianópolis, v. 15, n. 3, set./dez. 2007.

RAGO, M. Nos bastidores da imigração: o tráfico de escravas brancas. *Revista Brasileira de História*, São Paulo, v. 9, n. 18, ago./set. 1989.

SILVA, S. A. *Bolivianos*: a presença da cultura andina. São Paulo: Companhia Editora Nacional, 2005. (Série Lazuli, Imigrantes no Brasil).

Cultura e política

PARTICIPAÇÃO FEMININA
NO DEBATE PÚBLICO BRASILEIRO

Maria Ligia Prado
Stella Scatena Franco

A atuação feminina na vida literária, educacional e artística brasileira no século XIX foi efetiva e constante. Graças às pesquisas históricas mais recentes, nomes esquecidos e vozes abafadas ou excluídas voltam à cena, conferindo legitimidade e visibilidade às atividades intelectuais e políticas de mulheres que, de fato, participaram da vida pública do Brasil no passado. Aos que sugerem que tais mulheres tinham "ideias avançadas", estavam "à frente de seu tempo" e "fugiam às convenções sociais", podemos dizer que elas pensavam e agiam como indivíduos pertencentes à sua época e, assim, entre outras atividades, também se envolviam com política (mais intensamente do que se tem assinalado e não apenas a partir do final do século, quando as lutas sufragistas ganharam destaque).

Lembremos que *política* não se restringe à esfera do Estado e de suas instituições. Ela atravessa os domínios da vida cotidiana e se encontra presente nas relações variadas que se estabelecem entre os indivíduos, incluindo aquelas entre homens e mulheres. Também há política nas representações e simbologias elaboradas pelos diversos grupos sociais e nas manifestações (espontâneas ou organizadas) em que até mesmo os sentimentos têm peso importante. Com isso, fica mais fácil compreender determinadas atitudes, comportamentos e decisões tomadas por mulheres brasileiras no século XIX e observar com outros olhos sua produção cultural: agregando-lhes uma dimensão política até agora ainda não suficientemente notada. Vamos, então, explorar um rol de textos escritos por mulheres e homens – que englobam biografias, romances, ensaios, relatos de viagem e artigos de imprensa – em que é possível detectar, mesmo que nas entrelinhas, o envolvimento e a participação feminina com as questões da ordem pública da época.

"MULHERES CÉLEBRES", "BRASILEIRAS ILUSTRES"

Produzidos na segunda metade do século XIX, os dicionários biográficos e, mais substanciosos, os compêndios com as histórias de vida de figuras femininas denominadas "Mulheres Célebres" ou "Mulheres Ilustres" são portas de entrada interessantes para as atividades políticas das mulheres no passado brasileiro. Esses textos fazem parte de um movimento cultural e educacional mais amplo que se propunha a escrever a História da jovem nação brasileira, colaborando para forjar sua nova identidade.[1] Dentre os vários livros biográficos publicados no Brasil de então, duas autoras deixaram textos relevantes: Josefina Álvares de Azevedo, que editou, em 1897, *Galeria ilustre*, sobre antigas heroínas estrangeiras, e Inês Sabino, cujo livro *Mulheres ilustres do Brasil* saiu do prelo em 1899.[2] Outras referências de peso são o livro de Joaquim Norberto de Sousa e Silva, *Brasileiras célebres* (editado em 1862), e o de Joaquim Manuel de Macedo, *Mulheres célebres* (publicado em 1878), sobre figuras femininas estrangeiras "em todos os tempos".[3] Macedo também produziu um anuário de biografias de brasileiros (1876) que relata a trajetória de várias mulheres. A revista do Instituto Histórico e Geográfico Brasileiro, por sua vez, manteve (entre 1839 e 1889) uma coluna, publicada em quase todas as edições, chamada "Biografia de Brasileiros Distintos por Letras, Armas e Virtudes", na qual aparecem as biografias de quatro mulheres que viveram no período colonial.[4]

Elaboradas com a finalidade de despertar o patriotismo entre os brasileiros, essas biografias construíram imagens positivas e harmoniosas das vidas dos "heróis" e "heroínas" nacionais ao cantar suas "glórias". Nesse quadro amplo, não é possível fazer uma distinção muito nítida entre as escritas feminina e masculina; tanto os homens quanto as mulheres que as redigiram compartilhavam objetivos comuns. Inês Sabino, por exemplo, leu *Brasileiras célebres* de Joaquim Norberto, citando-o algumas vezes como sua fonte de consulta. Entretanto, sem dúvida, as intenções dessa escritora iam além do mero registro de "biografias oficiais", pois, ao lado da propaganda nacionalista, ela fez a defesa da importância do trabalho e do estudo para as mulheres – uma bandeira política levantada com muita clareza pela autora.

Os momentos históricos em que esteve em jogo uma ruptura institucional são particularmente interessantes para encontrarmos, nos textos escritos, as mulheres em ação. Na Revolução Pernambucana de 1817, por exemplo, destacou-se a figura de Bárbara de Alencar, cuja biografia foi elaborada por Inês Sabino, que a chamou de "Stäel brasileira" e "a primeira mulher política e presa" no Brasil. Bárbara de Alencar nasceu em Pernambuco em 1760; ao se casar, mudou-se para a vila do Crato, no Ceará. Aos 57 anos de idade, engajou-se com o irmão e três filhos na Revolução de 1817, defendendo a independência e as ideias republicanas. Ela também participou ativamente do movimento que proclamou a República no Crato. Pouco depois, derrotada a rebelião, Bárbara de Alencar foi presa, transferida para Fortaleza, Recife e, finalmente, para Salvador, onde foi encarcerada ao lado de um de seus filhos, o padre Martiniano de Alencar, pai do escritor José de Alencar. Libertada em 1820, ela ainda se envolveu na epopeia da Confederação do Equador, em 1824. Morreu no Piauí em 1832.

A Independência do Brasil é o marco cronológico consagrado pela produção literária do século XIX como o momento do nascimento da nação brasileira, e as mulheres que se destacaram nessa conquista foram louvadas como "heroínas da pátria" pela História escrita. A figura feminina de mais evidência nesse contexto é Maria Quitéria de Medeiros, notabilizada por se travestir de soldado para lutar nas batalhas pela independência com relação a Portugal que se desenrolaram na Bahia. Nascida em 27 de julho de 1792, em Cachoeiro (Bahia), Maria Quitéria era filha única do primeiro casamento do pai. Criada no ambiente rústico do sertão, em uma pequena propriedade rural, sabia montar, caçar e manejar armas de fogo. Não sabia, entretanto, ler ou escrever, mas ouviu histórias sobre a opressão de Portugal (representada na Bahia pela figura do general Madeira e seus soldados) que fizeram, de acordo com o que se escreveu a seu respeito, seu coração "arder de amor

Maria Quitéria, uma "heroína da pátria", notabilizou-se por travestir-se de soldado para lutar pela independência do Brasil com relação ao domínio português.

à pátria". Ao escutar as palavras de um defensor da independência, que recrutava soldados no interior da Bahia e pernoitara na casa de seu pai, Maria Quitéria teria se decidido a lutar como soldado. Dirigiu-se, então, à casa da irmã mais nova, casada, Teresa, que a apoiou em sua opção. Maria Quitéria cortou os cabelos, vestiu as roupas do cunhado e ingressou como homem no Regimento de Artilharia onde permaneceu até ser descoberta, semanas depois. Foi transferida para o Batalhão dos Periquitos e chegou a participar de algumas batalhas. Em 2 de julho de 1823, entrou na cidade de Salvador, acompanhando as tropas vitoriosas. Em agosto, foi recebida, no Rio de Janeiro, pelo imperador, que lhe ofereceu a Condecoração de Cavaleiro da Ordem Imperial do Cruzeiro e um soldo de alferes de linha.[5]

A segunda "heroína da Independência" é Joana Angélica de Jesus. Filha de uma família abastada nasceu em Salvador em 11 de dezembro 1761 e, aos 21 anos, ingressou no Convento de Nossa Senhora da Conceição da Lapa. Em 1814, tornou-se abadessa. Quando as tropas portuguesas sob o comando do general Madeira decidiram revistar o Convento da Lapa, em 19 de fevereiro de 1822, alegando que soldados brasileiros lá haviam se escondido, a abadessa, na ocasião com 60 anos, tentou impedir a invasão e foi ferida pela baioneta de um soldado. Faleceu no dia seguinte.

As biografias laudatórias mencionam ainda outras mulheres que assumiram atitudes políticas de diversas naturezas no desenrolar da luta pela independência. Joaquim Manuel de Macedo, por exemplo, escreve que Maria Quitéria teve seguidoras: "bateu-se heroicamente contra os soldados lusitanos à frente de dezenas de impávidas amazonas baianas", na foz do Paraguaçu. Inês Sabino e Joaquim Norberto, por sua vez, contam que, na Bahia, vencido o general Madeira, várias mulheres desejaram indicar publicamente seu apoio e escolheram M. J. Pires Camargo para levar à imperatriz Leopoldina "os votos de sua adesão à causa nacional" e a promessa de dispor de suas joias para a manutenção da guerra, se necessário. Joaquim Norberto registra ainda que várias delas, indignadas com os atos violentos do exército português, teriam pegado em armas. Os dois escritores também narram uma "ação patriótica" das freiras da Soledade que, após a vitória sobre o general Madeira, ofereceram uma recepção "aos defensores da pátria" para, entre outras coisas, vingar o "martírio de madre Joana Angélica". Elas ergueram, na cidade, um arco triunfal enramado de folhas verdes para bem receber os vitoriosos liderados pelo general Lima e Silva. Maria Quitéria, que acompanhava as tropas do general, foi coroada pelas religiosas com uma grinalda

Jovita Feitosa apresentou-se como "voluntário da pátria" para lutar na Guerra do Paraguai; não foi autorizada a seguir como soldado do Exército para os campos de batalha, mas tornou-se "heroína" em razão do sentimento patriótico a ela atribuído.

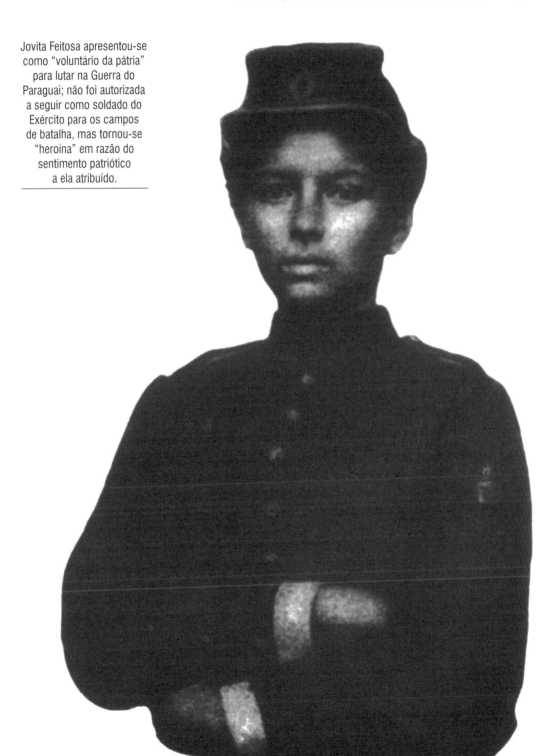

de folhas e flores. (Esses atos indicam que as religiosas conferiram à morte de Joana Angélica um conteúdo político, ao associar a simbologia cristã do "martírio" à "defesa da pátria". Também "perdoaram" a transgressão de Maria Quitéria – fazer passar-se por homem – com o ritual do seu coroamento.)

Sobre as "senhoras paulistas", Inês Sabino e Joaquim Norberto contam que um grupo de mulheres decidiu enviar um texto para "felicitar" a imperatriz Leopoldina, escolhendo José Arouche de Toledo Rendon como mensageiro. No texto, declararam seu "amor à pátria", afirmando ser esse um atributo não exclusivo do "sexo varonil". Disseram também estar prontas "para derramar até a última gota" de seu sangue, "transcendendo a debilidade" do próprio sexo em favor da estabilidade do trono.

Avançando para a segunda metade do século XIX, a Guerra do Paraguai é outro evento em que manifestações políticas femininas podem ser mais claramente captadas. Inês Sabino, que escreveu um capítulo sobre as mulheres nessa guerra, menciona duas jovens (embora nomeie apenas uma: Maria Amália do Rego Barreto) que, desejando seguir para o Paraguai como enfermeiras,[6] foram até Recife (pois viviam no interior de Pernambuco), onde teriam sido recebidas com grande entusiasmo. Entretanto, as autoridades, provavelmente por sua juventude extrema – uma delas tinha 14 anos –, impediram-nas de seguir para o Paraguai.

Uma terceira mulher também é citada por Inês Sabino: Antonia Alves Feitosa, mais conhecida como Jovita. Sobre a saga de Jovita, desde a pequena cidade de Jaicós, no interior da província do Piauí, até sua chegada à Corte, há também outras fontes. Nascida em 1848, em Brejo Seco (Ceará), ficou órfã de mãe e foi criada pelo pai. Ainda jovem, mudou-se para o interior do Piauí. Sabia ler, escrever e atirar e ganhava a vida como costureira. Quando a guerra com o Paraguai se iniciou, e seu irmão se alistou como soldado voluntário, Jovita decidiu fazer o mesmo, disfarçada de homem. Cortou os cabelos, vestiu calça e camisa masculinas e colocou um chapéu de couro. Em julho de 1865, apresentou-se como "voluntário da pátria", mas teve seu disfarce rapidamente descoberto. Mesmo assim, foi aceita como recruta e partiu para o Rio de Janeiro com os demais voluntários do Piauí. Durante a viagem, o navio que os transportava atracou em portos na Paraíba, Pernambuco e Bahia. Em todos eles, Jovita foi saudada pela população local e bem recebida, inclusive por autoridades. Ao aportar no Rio de Janeiro, ganhou novas homenagens por seu destemor e foi cumprimentada, juntamente com outros oficiais do Piauí, pelo imperador D. Pedro II. Contudo, seu alistamento foi considerado ilegal.⁷ Seu batalhão partiu para a guerra, mas ela ficou no Rio de Janeiro, impedida de seguir para o Paraguai. Morreu pouco tempo depois.

Em fins de 1865, saiu publicado um pequeno livro com cinco capítulos, intitulado *Traços biographicos da heroína Jovita Alves Feitosa, ex-sargento do 2º Corpo de Voluntários do Piauhy*. O autor anônimo (assinava apenas "um fluminense") afirmava ter realizado entrevistas com a própria Jovita e, provavelmente, utilizou como fontes as matérias publicadas sobre a "heroína" em jornais como o *Diário do Rio de Janeiro*, o *Jornal do Commercio* e o *Correio Mercantil*. O livro, portanto, é mais uma evidência do entusiasmo criado em torno da figura de Jovita Feitosa e do sentimento patriótico atribuído à personagem.⁸

De fato, a presença de mulheres no cenário político da Guerra do Paraguai despertou o interesse dos jornais. Até mesmo Machado de Assis pronunciou-se a respeito disso. Em texto publicado no *Diário do Rio de Janeiro*, no dia 7 de fevereiro de 1865, escreveu:

> Ao par da santa ideia da pátria agravada, vai na imaginação dos heróis a ideia santa da dedicação feminina, das flores que os aguardam, das orações que os recomendam de longe. É assim que ajudais a fazer a guerra. Deste modo estais acima daquelas aborrecidas Amazonas, que, a pretexto de emancipar o sexo, violavam as leis da natureza e mutilavam os divinos presentes do céu. [...]⁹

A posição do escritor sobre o lugar das mulheres na guerra é bastante convencional e ajustada à sua época. Entretanto, chama a atenção que ele tenha sentido a necessidade de escrever um longo artigo para demarcar o espaço de ação da mulher durante uma guerra: rezar, cuidar dos feridos, costurar para os soldados. Concluímos que a decisão de Jovita, e talvez de outras mulheres desconhecidas, de assumir o papel de "amazonas" o incomodou bastante e provocou sua reação.

Nos registros dos escritores do século XIX, entretanto, a participação das mulheres não aparece quando o assunto é a Revolução Farroupilha (1835-1845). Contudo, hoje se sabe que as mulheres se fizeram presentes também neste movimento político radical, que propunha a ruptura com o Império brasileiro e a proclamação da República.¹⁰ Algumas poetisas do Rio Grande do Sul, por exemplo, tomaram partido durante a Farroupilha. De acordo com as fontes que chegaram até nós, a maioria das escritoras declarou-se a favor da Monarquia, a começar pela poetisa Delfina Benigna da Cunha (1791-1857), que dedicou poemas elogiosos ao imperador, tendo recebido mais tarde uma pensão do governo como retribuição por seu trabalho.¹¹ Maria Josefa Barreto (1780-1837), fundadora de dois jornais, manifestou-se fortemente contra o revolucionário Bento Gonçalves. Ana Eurídice Baranda (1806-1866?) publicou o panfleto *Diálogos* (1836)[12] em defesa da participação política das mulheres e da liberdade de expressão do sexo feminino. Nesse panfleto, culpa os homens pelas guerras fratricidas e aponta os rebeldes como causadores dos maiores males. A favor dos farroupilhas encontramos Maria Josefa da Fontoura Palmeiro, que acabou sendo desterrada por ter espalhado, em Porto Alegre, conclamas dos rebelados e por ter levado pessoalmente informações a Bento Gonçalves durante o conflito. Duas esposas de líderes farroupilhas também tiveram papel relevante no movimento: Bernardina Barcellos de Almeida, casada com Domingos José de Almeida, e Clarinda Porto de Fontoura, casada com Antônio Vicente da Fontoura. Nas cartas trocadas entre os cônjuges, fica nítido o interesse das mulheres pela conjuntura política, a troca de ideias entre elas e os maridos e as opiniões que manifestavam a pedido deles.[13] Tais evidências contribuem para relativizar a imagem das sinhazinhas frágeis e desinteressadas das coisas públicas, marcadas pela educação tradicional e caladas por conta da repressão dos pais e maridos.

Mostramos, assim, a existência de mulheres envolvidas com questões políticas no século XIX. Se é verdade que as "galerias de celebridades" aqui analisadas tendem a retratar as mulheres afinadas com os projetos nacionais estabelecidos – colaborando, de maneira "abnegada", com a pátria e cumprindo, de forma exemplar, um dever cívico –, também é fato que uma outra dimensão de suas vidas ganhou destaque. Conhecemos nomes e trajetórias de mulheres que efetivamente participaram das lutas no espaço público, sofrendo, muitas vezes, consequências dramáticas em suas vidas. Ao contrário do que estamos acostumados a pensar, as mulheres não se limitaram, ao longo do século XIX, a militar em prol da inclusão cultural, educacional e intelectual. Enfatizamos que estiveram envolvidas com as questões políticas mesmo antes da campanha sufragista. As biografias laudatórias tiveram o mérito de nomear as mulheres em plena ação, participando das principais lutas políticas do país. Em seguida, acompanharemos seu ativismo contra a escravidão, contra a opressão das mulheres e a favor de mudanças nas convenções sociais.

NA LUTA CONTRA A ESCRAVIDÃO

Vários são os exemplos de figuras femininas que, ao longo do século XIX, combateram aquilo que algumas militantes chamaram de "a mancha negra", a existência da escravidão no Brasil. Dentre as mulheres que engrossaram significativamente as fileiras do movimento abolicionista no país estão as cariocas Narcisa Amália e Chiquinha Gonzaga; as baianas Inês Sabino e Ana Autran; as gaúchas Revocata de Melo, Ana Aurora do Amaral Lisboa e Luciana de Abreu; a cearense Emília de Freitas e as pernambucanas Maria Amélia de Queiróz e Leonor Porto.[14] Diversos foram os meios usados por elas para atacar o sistema escravista: criação de associações em prol da abolição, promoção de eventos beneficentes para arrecadar fundos a serem revertidos na alforria dos escravos e a escrita nos mais variados gêneros, passando pela poesia e pelo romance.

De fato, o romance constituiu uma poderosa arma política por conta da possibilidade de divulgar histórias com enredos dramáticos, em que os cativos eram retratados como pessoas sofridas, injustiçadas e excluídas da sociedade, com vistas a tocar os corações e mentes dos leitores, ganhando simpatizantes para a causa. Maria Firmina dos Reis (1825-1917), por exemplo, publicou o romance *Úrsula* (1859) altamente crítico à escravidão.[15] Ela própria era mulata e filha ilegítima e, ao longo de sua trajetória como autora, escreveu para diferentes periódicos, fazendo da situação de grupos sociais desfavorecidos, como negros e indígenas, matéria-prima de seus textos. Foi professora de primeiras letras, entre 1847 e 1881, tendo sido admitida por concurso público. Em Maçaricó (MA), inaugurou e dirigiu uma escola de educação mista para crianças pobres. Ao fim da vida estava cega e pobre.

Quando publicou seu romance, havia pouco tempo que o tráfico negreiro tinha sido proibido. Longe estava, entretanto, de se pensar na abolição como um fato consumado no país. Assim, antes de o movimento abolicionista ganhar maior apoio na sociedade, Maria Firmina já publicava uma obra contestando a escravidão e denunciando suas atrocidades.[16]

Em *Úrsula*, o escravo chamado Túlio exerce um papel importante na história da protagonista que dá título ao livro e do seu amado, o jovem Tancredo. Na narrativa, as mulheres e os escravos possuem as mesmas qualidades positivas e parecem – mas só à primeira vista – aceitar suas posições submissas. Úrsula é o protótipo da filha bem-educada: dedicada e cuidadosa com a mãe paralítica; é doce, bela, compassiva, piedosa, tímida, ingênua e singela. Diante do seu amado, a jovem é cândida, angelical e pura. Túlio, por sua vez, possui atributos equivalentes: é caridoso, cuidadoso, diligente, dedicado, desinteressado e fraternal. Por ser escravo, fala com acanhamento, é humilde e tímido e não possui grandes ambições. Já as figuras masculinas que exercem o poder dominante diferem completamente da imagem do escravo e da mulher; os senhores são tirânicos, irracionais, ferozes e animalescos, e conseguem impor respeito por meio da violência e da tortura.

Retratar mulheres e escravos na posição de vítimas oprimidas e, ao mesmo tempo, exaltar suas qualidades foi a estratégia encontrada pela autora para angariar simpatias e sensibilizar os leitores a favor delas. Longe, portanto, de aceitar a submissão de mulheres e escravos, a obra a denuncia. Denuncia ainda as diferenças sociais geradas pela escravidão e condena a imposição do poder do forte sobre o fraco. Numa passagem, o escravo fala de sua condição social e se identifica como excluído: "A minha condição é a de mísero escravo! Meu senhor – continuou – não me chameis amigo. Calculastes já, sondastes vós a distância que nos separa?" A escravidão, taxada de "odiosa cadeia", é também reprovada por significar desterro e separação forçada da terra de origem.[17] As palavras de Maria Firmina, em sua obra, soam por fim como uma condenação das diferenças sociais, hierarquias e separações direta ou indiretamente relacionadas à escravidão (Brasil/África; homem/mulher; branco/negro; rico/pobre).

No prólogo, a autora dá a entender que não queria provocar polêmicas com a publicação de seu livro. Colocando-se como pessoa de humilde formação intelectual, compara seu texto com uma "pobre avezinha silvestre [que] anda terra a terra e nem olha para as planuras onde gira a águia". Entretanto, a despeito da afirmação da própria autora, pensamos que o livro deve sim ser considerado algo desafiador do sistema de poder então estabelecido, tendo, portanto, um papel político nada desprezível. Além das críticas diretas que fez ao sistema escravista, Maria Firmina questionou as hierarquias de forma mais sutil; ao usar de qualidades semelhantes para descrever a mulher branca e o escravo, a autora aproximou os dois grupos separados por suas posições sociais, mas irmanados pela condição de subordinação a que estavam submetidos. Maria Firmina sugeriu que, apesar de diferentes, alguma identificação existia entre eles e, desse modo, projetou com seu romance rupturas nas tradicionais relações de poder.

ENTRE AS CONVENÇÕES SOCIAIS E O POSICIONAMENTO POLÍTICO

Nísia Floresta, considerada por muitos a primeira feminista brasileira, sintetiza as lutas em prol da capacitação intelectual das mulheres e de seu direito à educação. Mas, além disso, ela demonstra em seus escritos o envol-

Nísia Floresta, que lutou pela capacitação intelectual das mulheres e seu direito à educação, é considerada por muitos a primeira feminista brasileira.

vimento com outros temas políticos e a disposição de interferir em debates públicos, como aqueles ocorridos em torno da abolição da escravidão no Brasil e da Unificação da Itália.

A autora nasceu em um povoado do Rio Grande do Norte e faleceu na França. Era filha de um advogado português, que se fixou no Rio Grande do Norte, e de uma brasileira. Sua vida foi um verdadeiro périplo. No Brasil, morou em diferentes lugares (Rio Grande do Norte, Pernambuco, Rio Grande do Sul e Rio de Janeiro), e na Europa, residiu na França, tendo ainda viajado por vários outros países (Itália, Grécia, Portugal, Inglaterra, Alemanha). Abandonou um casamento de conveniência realizado quando era ainda bastante jovem e, mais tarde, em Olinda, estabeleceu uma relação afetiva com um jovem acadêmico, o estudante de Direito Manuel Augusto de Faria Rocha, com quem passou a conviver e de quem se lembraria por toda a vida como seu verdadeiro marido. Com ele teve uma filha e um filho.

Em 1832, publicou o livro que lhe trouxe notoriedade e ficaria conhecido como a "tradução livre" de *A Vindication of Rights of Woman*, da feminista inglesa Mary Wollstonecraft, intitulado por Nísia como *Direito das mulheres e injustiça dos homens*. Também se dedicou à educação, fundando, em 1838, no Rio de Janeiro, o Colégio Augusto, voltado para meninas. Publicou obras de caráter doutrinário, em que abordava a temática feminina, destacando o papel da maternidade na formação dos filhos. Na Europa, jamais deixou de mencionar o Brasil nos seus escritos, ressaltando a grandiosidade natural do país e o seu potencial de desenvolvimento ao mesmo tempo que criticava as precárias condições educacionais existentes, que afetavam, sobretudo, as mulheres.

No ensaio "A mulher", escrito em 1859, encontramos a defesa de posições tradicionais em relação aos papéis sociais da mulher.[18] Nele, Nísia Floresta reafirma valores consolidados, como a modéstia, que devem pautar a conduta das mulheres, e associa a mulher às tarefas domésticas, sobretudo à educação dos filhos. Não estaria com isso reproduzindo o mesmo tipo de pensamento que era dominante entre os homens e que colocava as mulheres num lugar subalterno na sociedade? Afinal, atrelá-las às tarefas tradicionalmente consideradas femininas significava, naquele contexto, privá-las de outras atividades, consideradas masculinas, como a participação política, por exemplo. Mas a verdade é que Nísia Floresta não tinha simplesmente a intenção de reproduzir o discurso hegemônico. Muito pelo contrário; queria, à sua maneira, subverter a ordem estabelecida.

No século XIX, os textos escritos por mulheres e publicados em livros, jornais e revistas, dependendo do tema abordado, eram alvo de especial atenção e estavam sujeitos a muitas críticas. Assim, é muito comum encontrarmos nos escritos femininos dessa época a convivência de propostas de mudanças bastante radicais com relação ao comportamento feminino ao lado de afirmações extremamente convencionais. As escritoras faziam isso porque se preocupavam com as repercussões de seus escritos entre o público leitor e com as represálias que podiam sofrer por pensarem muito diferente do esperado. No caso de Nísia Floresta, havia ainda um fator adicional que contribuía para que essas aparentes ambiguidades fossem frequentes em sua obra: a autora acreditava que, cumprindo as funções tradicionais, a mulher conseguiria ultrapassar as fronteiras estabelecidas, pois exerceria influência significativa sobre a família, o que acabaria por contribuir para o "bem da humanidade". Essa visão está de acordo com o projeto do filósofo francês Augusto Comte para as mulheres. O idealizador do positivismo acreditava que, sendo as mulheres quem primeiro educavam os homens, elas deviam ser muito bem formadas. Sabendo criar os meninos como bons cidadãos e empenhadas lideranças políticas das nações, as mulheres fariam um bem, não só para a família, mas também para a pátria e, enfim, para a humanidade.[19]

Nísia Floresta se apoia nessa ideia, mas dá a ela um sentido original: aponta a possibilidade de alterar a hierarquia de poder presente nas relações entre os sexos. Segundo a autora, exercendo sua influência sobre os homens, as mulheres podiam não só educá-los, mas também "regenerá-los", acabando com os preconceitos deles em relação a elas. Para isso, de maneira estratégica, defende que as mulheres não devem se manifestar abertamente contra as injustiças em relação à mulher, mas, ao contrário, desenvolver ao máximo suas "qualidades naturais", como a doçura, a bondade e a prudência. Cumprindo suas "obrigações naturais", as mulheres conseguirão obter uma "grande ascendência" sobre os homens, fazendo com que eles, ao invés de colocarem-nas em papel secundário, reconheçam "o proveito real que podem obter dessa importante parte da humanidade". Os "dons naturais da mulher" são, assim, entendidos como suas mais fortes armas de poder sobre o homem, os filhos e a sociedade. O uso adequado desses dons garantiria às mulheres, no futuro, um papel de destaque na vida social.

Apesar de ter escolhido, em "A mulher", um caminho indireto para projetar as mulheres na esfera pública, Nísia Floresta, em outros trabalhos, optou por tomar posições bastante explícitas. Dentre os vários exemplos existentes, mencionamos sua postura favorável à unificação italiana, que estava em curso justamente no momento em que Nísia Floresta encontrava-se na Itália.[20] Em seus escritos, elaborados ao longo de sua viagem e influenciados pela realidade política reinante em cada uma das regiões visitadas, incita os italianos a se unirem e se rebelarem contra os estrangeiros que dominam boa parte do território. Enquanto viaja, o seu olhar se detém nas questões políticas de um país que não é o seu. Emite opiniões bem firmes sobre os acontecimentos, tendo para isso que ler e informar-se previamente sobre eles, mostrando ser uma mulher curiosa, atenta e interessada por assuntos que, segundo o senso comum, atrairiam somente os homens.

Ao visitar os territórios então sob domínio bourbônico, no Reino das Duas Sicílias, Nísia Floresta critica a monarquia absoluta e narra um episódio em que mulheres do povo teriam desafiado, numa capela, as ordens dadas aos presentes pelos guardas do rei Fernando II, de se levantarem diante da entrada da corte. Admirada com o ato de coragem das mulheres, a escritora brasileira o associa às manifestações do desejo de libertação e independência nacional contra a opressão monárquica: "Pobres mulheres da última classe do povo estavam, portanto, ali mais rainhas do que a própria rainha! [...] um resto de liberdade ainda está de pé nesta terra onde, todavia, impera um monarca absoluto."[21]

Também são bem claras as críticas que faz à dominação austríaca no reino lombardo-veneziano, no norte da Itália, e os elogios que tece a Vitório Emanuel II e ao conde de Cavour, pelo papel desempenhado na luta pela unificação italiana. Enfim, Nísia Floresta acompanha o curso dos acontecimentos políticos na Itália nos anos de 1859 e 60, mostrando-se envolvida com o processo e instigada com os resultados.

Nísia Floresta não deixa de destacar o papel das mulheres no processo de unificação nacional italiana. Ao mesmo tempo que os homens haviam manifestado nas lutas todo o seu fervor patriótico, as mulheres italianas, segundo observa Nísia, haviam mostrado ser portadoras de um "impulso humanitário" exposto, no curso dos acontecimentos, "sem ruído e sem jactância". A autora coloca em relevo o apoio das mulheres aos seus maridos combatentes e, sobretudo, sua disponibilidade para consolar as famílias desprovidas de seus chefes. Nesses textos sobre a Itália, reafirma sua visão sobre o papel das mulheres anteriormente apresentada. Para ela, as atitudes demonstradas pelas italianas – ao apoiarem maridos e familiares durante a guerra, ao agirem modestamente e ao evitarem todo tipo de vaidade – estavam de acordo com a "essência naturalmente caridosa" da mulher, figura portadora de um coração devotado ao próximo, ao sofredor, mas nunca totalmente alheia à política. As italianas haviam cumprido um dever ao mesmo tempo doméstico e cívico. Desempenhando devidamente o papel feminino, conseguiram fazer com que suas atuações tivessem repercussão na sociedade.

Ao tratar de questões relativas à pobreza e à marginalidade social, Nísia Floresta as interpreta como problemas resultantes das diferenças sociais e econômicas, nascidas do descaso dos governantes. Ela entende que as desigualdades são fruto das arbitrariedades dos grupos dominantes e não culpa dos próprios desfavorecidos, como era comum se divulgar na época. No relato de sua estada na Itália, Nísia Floresta também menciona a escravidão no Brasil. Com relação a esse assunto, ainda que suas críticas pareçam se dirigir mais fortemente aos europeus, por terem dado origem ao sistema escravista, do que aos brasileiros, que mantêm o sistema, ela defende a libertação dos escravos. Em Livorno, por exemplo, quando se viu diante de uma estátua que representava um soberano europeu sustentado sobre os ombros de quatro escravos acorrentados, condena "o espírito despótico do Velho Mundo" por transmitir a escravidão – "funesta herança do Velho Mundo" – "às plagas felizes da livre América!". Por outro lado, Nísia Floresta justifica a necessidade da abolição da escravatura como medida preventiva aos possíveis danos causados pelas revoltas dos escravos. A abolição seria, assim, um "remédio" para evitar um mal maior. Aqui, mais uma vez, temos palavras que navegam entre as convenções sociais e o desafio da mudança política.

AS MULHERES NA IMPRENSA E O FEMINISMO SUFRAGISTA

Como vimos, a participação política das mulheres foi constante ao longo do século XIX e encontrou diversas formas de manifestação, da ação direta nas batalhas ao uso da escrita como arma política. A partir de meados do século, por meio da imprensa feminina, várias escritoras procuraram garantir um lugar para as mulheres no meio letrado.[22] Mais para o final do século, a luta pelos direitos políticos femininos se estabeleceu de forma mais efetiva.

A República, fundamentada na ideia de representação política dos diversos estratos sociais, foi proclamada no Brasil em 1889, e isso certamente acelerou o processo de engajamento das mulheres em prol da luta por direitos políticos. A Assembleia constituinte discutiu a temática do voto feminino e alguns dos presentes chegaram a defendê-lo. No entanto, a Constituição foi promulgada em 1891 determinando que o corpo de eleitores – e, consequentemente, de pessoas elegíveis – devia ser formado por cidadãos alfabetizados e maiores de 21 anos. O código deixava de fora uma menção explícita em relação às mulheres.[23] Essa ausência foi lamentada pelas sufragistas, que ao mesmo tempo tentaram utilizá-la como um trunfo: se não lhes estavam reservados os assentos nos mecanismos oficiais da política, por outro lado, nenhuma menção explícita as excluía. Aliado a isso, o fato de haver permissão aos alfabetizados abria as condições para que ao menos as "mulheres cultas" pleiteassem o direito de votar e ser votadas.

Diversas mulheres se manifestaram no sentido de defender sua participação na vida pública. Algumas, inclusive, tomaram a iniciativa de solicitar alistamento eleitoral, ou ainda de lançar sua candidatura. Maria Augusta Meira de Vasconcelos, que havia se formado pela Faculdade de Direito do Recife, e a dentista gaúcha Isabel de Sousa Matos, por exemplo, tentaram se tornar eleitoras, mas não conseguiram. A baiana Isabel Dilon apresentou-se como candidata à Constituinte, mas também não teve sucesso. Suas tentativas eram uma forma de pressão, já que elas estavam, por lei, impedidas da participação política.[24] Ficou claro então que, a despeito da adoção do sistema republicano, as mulheres estavam excluídas do direito de votar e de ser votadas.

Enfatizou-se na imprensa feminina da época que, se algo já havia sido feito no sentido de propiciar às mulheres melhores condições intelectuais – no Brasil, as meninas passaram a poder frequentar as escolas elementares a partir de 1827, e a educação superior, a partir de 1879[25] – dever-se-ia acrescentar, naquele momento, a possibilidade do exercício político. Refletindo sobre a formação intelectual como premissa para os direitos políticos, Josefina Álvares de Azevedo, por exemplo, expressou-se nos seguintes termos no periódico *A Família*:

> Nossas aptidões não podem ser delimitadas pelos preconceitos de sexo, principalmente nos casos com que tenhamos de afirmar a nossa soberania pelo direito de voto. O direito de votar não pode, não deve, não é justo que tenha outra restrição além da emancipação intelectual.[26]

Josefina Álvares de Azevedo pouco deixou escrito sobre sua vida pessoal, havendo, em torno dela, mais dúvidas do que certezas. Nasceu em 1851, não se sabe se no Rio de Janeiro ou em Recife.[27] O certo é que desempenhou uma vigorosa atividade intelectual e que se posicionou abertamente a favor da participação da mulher na política. Em 1888 fundou o periódico *A Família* em São Paulo, no ano seguinte, ele foi transferido para o Rio de Janeiro.[28] Foi considerado um dos mais radicais dentre os congêneres naquele período no tocante à luta pelos direitos das mulheres e a emancipação feminina.[29] Para angariar adesões e subscrições, Josefina viajou no ano de 1889 para o Norte e Nordeste, divulgando o perió-dico e suas ideias feministas. Apesar das dificuldades financeiras, o veículo teve vida longa para os padrões da época, tendo circulado até 1897.

Em suas páginas, várias são as referências à participação política e às conquistas das mulheres: informam sobre as primeiras mulheres a concluir escolas de ensino superior no Brasil; relatam que em outras partes "desenvolvidas" do mundo, como na Inglaterra, as mulheres já trabalham nas repartições públicas; apoiam o divórcio quando sustentado em consenso mútuo; defendem a importância da autonomia financeira da mulher e, portanto, a necessidade de a mulher se dedicar a trabalhos fora de casa; afirmam a legitimidade do direito ao voto pelas mulheres e condenam as proibições impostas àquelas que tentam se tornar eleitoras. O veto masculino ao direito de voto das mulheres é interpretado como um ato de "egoísmo".

Josefina Álvares de Azevedo considerava que as mulheres constituíam parte importante da sociedade, que estavam submetidas a leis e que tinham deveres como os homens, não podendo, portanto, ficar alheias às "responsabilidades morais e legais", passivas diante das decisões do governo, sem nelas poder influir. Ademais, respondeu às acusações que circulavam em jornais da época de que as mulheres andavam interferindo indevidamente nos negócios masculinos. Argumentou que os homens eram incapazes de colocar ordem numa casa e que as mulheres deviam, sim, competir com eles, atuando tanto "no governo da família como na direção do Estado".[30]

Sobre a ampliação do direito de voto às mulheres, Josefina Álvares de Azevedo escreveu, em 1890, uma peça de teatro, publicada em forma de folhetim em *A Família*. Trata-se de uma comédia, intitulada *O voto feminino*, que chegou a ser apresentada em palco no Teatro Recreio Dramático, no Rio de Janeiro. As cenas do único ato da peça se passam no interior de uma casa de um ex-ministro. As personagens são o ex-ministro e sua esposa; a filha de ambos e seu marido; a empregada da casa e seu noivo. No enredo, os casais discutem: as mulheres defendendo seus direitos políticos e a igualdade entre os sexos, e os homens repudiando essa luta. Além desses, há um personagem masculino solteiro, identificado como "Doutor", que defende o voto feminino. O contexto específico da peça é o próprio ano de 1890, no momento em que se está à espera da decisão que um ministro tomaria a respeito da lei do voto feminino.[31]

Na peça, a possibilidade de inverter os papéis tradicionais fica evidente, por exemplo, quando a empregada e seu noivo brigam porque ela exige que o casamento só se realize depois de ela arrumar um bom emprego, fazendo pairar a ameaça de que o futuro marido seria então obrigado a cuidar da casa. Entretanto, o radicalismo perde terreno em outras passagens, como quando o ex-ministro questiona a esposa sobre se, vindo as mulheres a ocuparem os cargos públicos, teriam os homens que desempenhar as atividades femininas ("Que querem que façam os homens? Que cedam o lugar às mulheres? Que vão para a cozinha? Que vão dar ponto nas meias?... Que vão... amamentar crianças?") e a resposta dada pela esposa ameniza esses temores ("Ninguém diz isso. Ninguém quer tirar o lugar aos homens, sem por isso continuarmos nós na humilhante condição em que temos jazido até hoje."). A mesma mensagem apaziguadora pode ser notada quando, mais adiante, ela afirma que nem todas as mulheres irão ocupar cargos importantes.

Outra ideia presente na peça é a de "reparação dos danos": a possibilidade de os homens terem que dividir o poder com as mulheres, e eventualmente desempenhar atividades tidas como femininas, aparece como uma forma de "pagamento" em relação às injustiças cometidas contra as mulheres ao longo da história.

A obra também chama a atenção para o fato de que mulheres desempenhavam atividades intelectuais nem sempre reconhecidas. Em determinada passagem, o ex-ministro pede respeito da parte da esposa, afirmando: "Senhora dona Inês, lembre-se de que eu sou um ex-conselheiro de Estado do ex-Império e já fui ministro!". Ao que a esposa responde: "Lembro-me, sim; e por sinal que não era o senhor quem escrevia os despachos; mas sim eu e minha filha, que nem sequer tínhamos o direito de assiná-los." Josefina Álvares de Azevedo enfatiza, portanto, a premissa de que o conhecimento intelectual habilita a mulher a participar politicamente e exercer os mesmos cargos que os homens (o que demonstra que as feministas sufragistas, como ela, estavam bem informadas sobre os debates legislativos acerca da definição do perfil da população votante e dos critérios de elegibilidade). O personagem defensor das mulheres na peça *O voto feminino* questiona: "Se a mulher tem aptidão para adquirir títulos científicos, por que não há de ter para os cargos públicos?".

Josefina Álvares de Azevedo, fundadora do periódico *A Família*, desempenhou vigorosa atividade intelectual e defendeu abertamente a participação da mulher na política.

Em 1890, Josefina lembra que o reconhecimento das iguais capacidades intelectuais entre homens e mulheres já é uma realidade em "países desenvolvidos", e que, portanto, as mulheres estão aptas a possuir os mesmos direitos que os homens. O veto a tais direitos denotaria o preconceito e o atraso existentes no país. Num momento em que se discutia a permissão do voto à população alfabetizada, foi de sagaz percepção das sufragistas de fins de século enfatizar a igualdade intelectual entre homens e mulheres como dado incontestável, uma conquista feminina adquirida e ainda uma prerrogativa para ampliação dos direitos femininos.

OLHAR AMPLIADO

Para concluir, afirmamos que muitas mulheres, no final do século XIX, assumiram a defesa de seus direitos políticos, concretizados na luta pelo sufrágio feminino. Entretanto, enfatizamos que a participação política não pode ser vista como algo restrito à conquista desses direitos. Indicamos, com base nas fontes documentais, que mulheres participaram, durante todo o século, dos principais debates e ações que envolveram a vida pública nacional. Elas se interessaram por temas da política em suas mais diversificadas instâncias. Escrevendo em jornais, produzindo romances ou peças teatrais, vestindo-se de soldado para ir à guerra, refletiram sobre a condição feminina em seu tempo e espaço e foram também protagonistas da história.

NOTAS

[1] Marco inicial desse projeto historiográfico foi a fundação, em 1838, do Instituto Histórico e Geográfico Brasileiro (IHGB), que tinha por objetivos centrais: a coleta de documentos e o incentivo ao ensino da História do Brasil.
[2] Josefina Álvares Azevedo, *Galleria illustre: mulheres célebres,* Rio de Janeiro, s.n., 1897; SABINO, Inês, *Mulheres illustres do Brazil,* Florianópolis, Editora Mulheres, 1996 (edição fac-similar).
[3] Joaquim Norberto de Sousa Silva, *Brasileiras célebres,* Rio de Janeiro, Livraria de B. L. Garnier, 1862; Joaquim Manuel de Macedo, *Anno biographico brasileiro,* Rio de Janeiro, Typographia e Lithographia do Imperial Instituto Artístico, 1876, v. 2; Joaquim Manuel de Macedo, *Mulheres célebres,* Rio de Janeiro, Livraria de B. L. Garnier, 1878.
[4] São elas: D. Rosa Maria de Siqueira, D. Maria Ursula de Abreu Lencastre, D. Clara Filippa Camarão e Damiana da Cunha. Também há biografias femininas regionais, como a escrita por Henrique Capitolino Pereira de Mello, intitulada *Pernambucanas Illustres,* Recife, Typ. Mercantil, 1879.
[5] Retornou ao interior da Bahia, onde se casou com o lavrador Gabriel Pereira de Brito, com quem teve uma única filha, Luísa Maria da Conceição. Em 1835, já viúva, mudou-se para Feira de Santana. Ali morou até o final da vida, vivendo com seu soldo de alferes. Morreu em 1853.

⁶ Vale lembrar que Ana Justina Ferreira Nery (1814-1880) é a figura emblemática de enfermeira que se notabilizou por seu trabalho na Guerra do Paraguai. A viúva baiana, aos 50 anos, decidiu acompanhar os filhos e os irmãos que iam para a guerra. No Rio Grande do Sul, aprendeu noções de enfermagem com as irmãs de caridade de São Vicente de Paulo. Com recursos próprios, herdados de família, montou uma enfermaria-modelo em Asunción, capital paraguaia sitiada pelo exército brasileiro. No final da guerra, em 1870, Ana voltou ao Brasil, acompanhada de seis meninas brasileiras órfãs. Foi homenageada e D. Pedro II, por decreto, lhe concedeu uma medalha e uma pensão vitalícia.

⁷ O motivo da *ilegalidade* do alistamento de uma mulher no exército deve ser entendido no contexto do Império brasileiro, em que havia um *exército profissional organizado*. Assim, Jovita foi impedida de participar como soldado. Diferentemente, no período das lutas pela independência, Maria Quitéria pôde integrar as *forças rebeldes* – portanto, não institucionalizadas – que lutavam contra o exército português comandado pelo general Madeira.

⁸ Sobre Jovita, ver Rafael Pessolato Marchesin, *Os grupos populares e as representações nacionais em narrativas sobre a Guerra do Paraguai,* São Paulo, 2011, Dissertação de Mestrado em História Social. Universidade de São Paulo.

⁹ Machado de Assis, "Crônicas", em *Obra completa,* Rio de Janeiro, Edições W. M. Jackson, 1937. Para referências a esse debate entre leitores realizado por meio da imprensa, ver Maria Teresa Garritano Dourado, *Mulheres comuns, senhoras respeitáveis: a presença feminina na Guerra do Paraguai,* Dourados, 2002, Dissertação de Mestrado em História. Universidade Federal de Mato Grosso do Sul, p. 93-96.

¹⁰ Ver, por exemplo: Zahidé Lupinacci Muzart, "Mulheres de faca na bota: escritoras e política no século XIX", em Elódia Xavier, *Anuário de Literatura,* 1996, p. 149-62.

¹¹ Inês Sabino chega a escrever sobre Delfina Benigna, mas sem lembrar sua inclinação monárquica no conflito. Inês Sabino, op. cit., p. 219.

¹² Em que constrói um *diálogo* – forma bastante usual para o debate de ideias políticas à época – entre Mariana, seu pai e seu primo.

¹³ Ver Carla Adriana da Silva Barbosa, "Guerra, família e correspondências (Elite farroupilha, 1835-1845)". Apresentado no IX Encontro Estadual de História – ANPUH – RS, 2008.

¹⁴ Ver Zahidée L. Muzart (org.), *Escritoras brasileiras do século XIX,* Florianópolis, Editora Mulheres/Santa Cruz do Sul/Edunisc, 2000.

¹⁵ Maria Firmina dos Reis, *Úrsula,* Florianópolis, Editora Mulheres; Belo Horizonte, PUC Minas, 2004. O romance ganhou quatro edições: 1859, 1975, 1988 e 2004.

¹⁶ Maria Firmina não foi uma exceção ao tratar sobre o tema da escravidão na literatura nacional. Quando *Úrsula* foi publicado, os escravos vinham sendo tratados na literatura havia pouco tempo, como no poema de Gonçalves Dias, "A escrava" (1846), e no de Bernardo de Guimarães, "A sepultura do escravo" (1852). Até a década de 1850 havia preponderado a visão da má índole do escravo, mas entre 1860 e a Abolição surgiram textos mais críticos, como os de Luiz Gama e José do Patrocínio. Maria Lucia de Barros Mott, *Submissão e resistência: a mulher na luta contra a escravidão,* São Paulo, Contexto, 1991.

¹⁷ Idem, p. 39. Para alguns analistas, o romance de Maria Firmina se diferencia de outras obras que abordam a figura do escravo por reservar um espaço relevante à África no enredo. Em vez de esquecer a origem dos negros, como é comum nos textos da época, as várias referências ao lugar de origem dos escravos são uma forma encontrada pela autora para assinalar a consciência do passado e da história dos povos africanos. Charles Martin, "Uma rara visão da liberdade", em Maria Firmina dos Reis, *Úrsula,* Rio de Janeiro, Presença, 1988, p. 11.

¹⁸ Ele consta de uma obra que reúne, além deste, outros quatro ensaios. Nísia Floresta, "A mulher", em *Cintilações de uma alma brasileira,* Florianópolis, Editora Mulheres, 1997.

¹⁹ Nísia Floresta e o filósofo Augusto Comte, pai do positivismo, foram amigos pessoais. Numa primeira viagem à França, em 1849, a brasileira acompanhou o curso de História Geral da Humanidade, ministrado por ele no Palais Cardinal. Na segunda viagem, a partir de 1856, aproximou-se do professor e se tornou amiga do filósofo. Comte chegou a idealizar a formação de um "salão positivista" sediado na residência de Nísia Floresta, em Paris, e presidido pela autora. Cf. Constância Lima Duarte, *Nísia Floresta: vida e obra,* Natal, Editora da UFRN, 1995, p. 38-39. Ver também Carta de Augusto Comte a um discípulo, datada de 29 de março de 1856, citada por Constância Lima Duarte (org.), *Cartas: Nísia Floresta & Auguste Comte,* trad. Miguel Lemos e Paula Berinson, Santa Cruz do Sul/Florianópolis, EDUNISC/ Editora Mulheres, p. 25.

[20] Nísia Floresta viajou pela Itália e pela Grécia entre 1858 e 1861. As suas impressões ficaram registradas em um relato de viagem publicado em dois volumes: Nísia Floresta, *Três anos na Itália seguidos de uma viagem à Grécia*, trad. Francisco das Chagas Pereira, Natal, EDUFRN, 1998, v. 1. A primeira edição do volume 1 foi publicada em Paris, em 1864, pela editora E. Dentu, a mesma que publicou o segundo volume: Nísia Floresta, *Trois ans en Italie suivis d'un voyage en Grèce*, Paris, E. Dentu, s/d, v. 2. O segundo volume não foi traduzido para o português.

[21] Nísia Floresta, *Três anos na Itália seguidos de uma viagem à Grécia*, cit., p. 197-198.

[22] O primeiro periódico brasileiro tinha esta característica. Intitulado *Jornal das Senhoras*, criado em 1852, foi idealizado por uma autora de origem argentina, Juana Paula Manso, que deixou a publicação, em 1855, ao retornar a sua terra natal. Juana Manso defendia a emancipação moral das mulheres, clamando pelo direito à educação e afirmando que as mulheres precisavam deixar de ser "propriedade" dos homens. Para uma análise da atuação das mulheres brasileiras na imprensa feminina nesse período: June E. Hahner, "The nineteenth-century feminist press and women's rights in Brazil", em Asunción Lavrín (ed.), *Latin American women: historical perspectives*, Westport, Conn., Greenwood Press, 1978.

[23] Já se afirmou que a omissão das mulheres não foi um simples descuido; ao contrário, significou o não reconhecimento dos constituintes em relação aos direitos políticos das mulheres. Celi Regina Jardim Pinto, *Uma história do feminismo no Brasil*, São Paulo, Fundação Perseu Abramo, 2003. O artigo 70 desta Constituição determinava serem eleitores, "os cidadãos maiores de 21 anos que se alistarem na forma da lei". O primeiro parágrafo desse artigo informava sobre a impossibilidade de votarem: "os mendigos, os analfabetos, as praças de pré, excetuados os alunos das escolas militares de ensino superior; os religiosos de ordens monásticas, companhias, congregações ou comunidades de qualquer denominação, sujeitas a voto de obediência, regra ou estatuto que importe a renúncia da liberdade individual". O segundo parágrafo definia como "inelegíveis os cidadãos não alistáveis".

[24] Só em 1928, uma mulher, Celina Guimarães Vianna, obteria título de eleitor, em Mossoró, Rio Grande do Norte, o que ocorreu por intermédio do governador Juvenal Lamartine. Mas, na época, tratou-se de um fato isolado.

[25] Maria Lygia Quartim de Moraes. "Cidadania no feminino", em Jaime Pinsky e Carla Bassanezi Pinsky (orgs.), *História da cidadania*, São Paulo, Contexto, 2003, p. 498.

[26] Josefina Álvares de Azevedo, *A Família*, 5 dez. 1889. Apud, Karine da Rocha Oliveira, *Josefina Álvares de Azevedo: a voz feminina no século XIX através das páginas do jornal* A Família, Rio de Janeiro, Fundação Biblioteca Nacional – Minc, 2009, p. 43.

[27] Também não há certeza sobre seus vínculos familiares com o escritor Aluísio Álvares de Azevedo, sendo que alguns afirmam ser ela irmã ilegítima e outros, ainda, ser ela prima do escritor tal como se definia nas páginas de *A Família*.

[28] Norma Telles, "Escritoras, escritas, escrituras", em Mary Del Priori (org.) e Carla Bassanezi (coord.), *História das mulheres no Brasil*, São Paulo, Contexto, 2009, p. 427.

[29] June Hahner, "The nineteenth-century feminist press...", op. cit., p. 268.

[30] *A Família*, ano 1, n. 1, apud Karine da Rocha Oliveira, op. cit., p. 25.

[31] As citações sobre a peça são de Valéria Andrade Souto-Maior, "Josefina Álvares de Azevedo", in Z. L. Muzart, *Escritoras brasileiras...*, op. cit., p. 484-99.

BIBLIOGRAFIA

ALGRANTI, Leila Mezan (org.). *A prática feminista e o conceito de gênero*. Campinas: IFCH/Unicamp, 2002.

DIAS, Maria Odila Leite da Silva. Teoria e método dos estudos feministas: perspectiva histórica e hermenêutica do cotidiano. In: BRUSCHINI, Maria Cristina; COSTA, Albertina de Oliveira (orgs.). *Uma questão de gênero*. Rio de Janeiro: Fundação Carlos Chagas/Rosa dos Ventos, 1991.

DUARTE, Constância Lima. *Nísia Floresta*: vida e obra. Natal: Editora da UFRN, 1995.

FRANCO, Stella Maris Scatena. *Peregrinas de outrora*: viajantes latino-americanas no século XIX. Florianópolis: Editora Mulheres; Santa Cruz do Sul: Edunisc, 2008.

HAHNER, June E. The nineteenth-century feminist press and women´s rights in Brazil. In: LAVRÍN, Asunción (ed.). *Latin American women:* historical perspectives. Westport, Conn.: Greenwood Press, 1978.

MUZART, Zahidée L. (org.). *Escritoras brasileiras do século XIX*. Florianópolis: Editora Mulheres; Santa Cruz do Sul: Edunisc, 2000.

OLIVEIRA, Karine da Rocha. *Josefina Álvares de Azevedo*: a voz feminina no século XIX através das páginas do jornal *A Família*. Rio de Janeiro: Fundação Biblioteca Nacional – Minc, 2009.

PERROT, Michelle. Práticas da memória feminina. *Revista Brasileira de História*. São Paulo, v. 9, n. 18, 1989.

PINSKY, Carla Bassanezi; PEDRO, Joana Maria. Mulheres. Igualdade e especificidade. In: PINSKY, Jaime; PINSKY, Carla Bassanezi (orgs.). *História da cidadania*. São Paulo: Contexto, 2003.

PINTO, Celi Regina Jardim. *Uma história do feminismo no Brasil*. São Paulo: Fundação Perseu Abramo, 2003.

PRADO, Maria Ligia C. A participação das mulheres nas lutas pela independência política na América Latina. In: *América Latina no século XIX:* tramas, telas e textos. São Paulo: Edusp, 2004.

_____; FRANCO, Stella Maris Scatena. A participação das mulheres na independência da Nova Granada. In: PAMPLONA, Marco Antonio; MÄDER, Maria Elisa de Noronha Sá. (orgs.). *Revoluções de independências e nacionalismos nas Américas:* Nova Granada, Venezuela e Cuba. São Paulo: Paz e Terra, 2009.

SABINO, Inês. *Mulheres ilustres do Brasil*. Florianópolis: Editora Mulheres, 1996.

SCOTT, Joan W. *A cidadã paradoxal*: as feministas francesas e os direitos do homem. Florianópolis: Editora Mulheres, 2002.

SOHIET, Rachel; PEDRO, Joana Maria. A emergência da pesquisa da história das mulheres e das relações de gênero. *Revista Brasileira de História*. São Paulo, v. 27, n. 54, dez. 2007.

TELLES, Norma. Escritoras, escritas, escrituras. In: PRIORE, Mary Del (org.); BASSANEZI, Carla (coord.). *História das mulheres no Brasil*. São Paulo: Contexto, 2009.

Movimento de mulheres

A CONQUISTA DO ESPAÇO PÚBLICO

Rachel Soihet

As aspirações das mulheres brasileiras mudaram significativamente a partir de fins do século XIX, com o advento da República. Ao lado das mulheres pobres, desde sempre inseridas no mercado de trabalho, passaram a buscá-lo também aquelas dos segmentos médios e mesmo mais elevados da sociedade. Para isso colaborou, entre outros motivos, o fato de os produtos consumidos pelas famílias, com a industrialização, passarem a ser adquiridos no mercado, dando lugar à crescente necessidade de contribuição financeira por parte também das mulheres. Em decorrência, em amplos setores médios sobrevieram reivindicações de aumento das possibilidades de capacitação profissional e da supressão das barreiras impostas ao trabalho feminino remunerado. A essas causas também aderiram mulheres da alta burguesia, igualmente desejosas de realização profissional e autossuficiência econômica. Acesso pleno à educação de qualidade, direito de voto e de elegibilidade foram, então, considerados instrumentos essenciais ao alcance desses objetivos.

Tais aspirações, porém, não se concretizaram de imediato, já que nas discussões da Assembleia Constituinte de 1891 foram rejeitadas emendas visando a explicitar o direito da mulher ao voto, do que alguns concluíram pela sua inconstitucionalidade. Outros alegaram que o elemento feminino estava incluído na categoria "cidadãos brasileiros". A partir dessa ambiguidade, algumas mulheres tentaram exercer o direito de voto, entre elas a advogada Myrthes de Campos, primeira mulher aceita na Ordem dos Advogados, em 1906, e a professora Leolinda Daltro. Ambas, porém, tiveram seus pedidos de alistamento eleitoral indeferidos. Inconformada, Leolinda Daltro optou pela luta política, fundando em 1910 o Partido Republicano Feminino, a fim de fazer ressurgir no Congresso o debate sobre o voto das mulheres. Em novembro de 1917, organizou uma passeata com 84 mulheres, surpreendendo a população do Rio de Janeiro, o que pode ter contribuído para que, no mesmo ano, o deputado Maurício de Lacerda apresentasse na Câmara um projeto de lei estabelecendo o sufrágio feminino. O projeto, entretanto, nem chegou a ser discutido. Em 1919, na votação de projeto similar encaminhado pelo parlamentar Justo Chermont ao Senado, Leolinda e um grupo grande de mulheres apareceram no local para acompanhar os trabalhos – tática que continuaria a ser seguida pelo movimento feminista, posteriormente.[1] Saíram desapontadas.

Na verdade, havia na sociedade brasileira em geral, e entre autoridades e políticos em particular, forte oposição às reivindicações das mulheres. Respaldando tal oposição, a ciência da época considerava as mulheres, por suas supostas fragilidade e menor inteligência, inadequadas para as atividades públicas, afirmando que o lar era o local apropriado à sua inserção social e o cuidado com a família, sua ocupação prioritária. Críticas ácidas às demandas femininas estavam presentes também em peças teatrais, crônicas, caricaturas e em diversas matérias na imprensa, que, inclusive, ridicularizavam as militantes.

É nesse ambiente que a feminista Bertha Lutz, ao retornar da Europa em 1918 – após uma estada na Inglaterra e na França, onde cursou Biologia na Sorbonne –, dará início a sua campanha pela emancipação feminina. Ao chegar ao Brasil, Bertha Lutz causou no mínimo curiosidade por conta da repercussão na imprensa de sua participação no concurso para o Museu Nacional, no qual foi classificada em primeiro lugar, constituindo-se na segunda mulher a entrar para o serviço público no Brasil, em que pese a necessidade de um parecer jurídico afirmativo, acerca da legalidade da medida.[2] Rapidamente, Bertha Lutz conseguiu agregar um grupo de mulheres que pensavam como ela. Em breve, ela se tornaria uma das maiores referências nos movimentos de mulheres da época e, nos meios políticos nacionais, a feminista mais influente. Bertha e suas companheiras organizam-se em associações,[3] fazem pronunciamentos públicos, escrevem artigos e concedem entrevistas aos jornais. Buscam o apoio de lideranças e da opinião pública e procuram pressionar parlamentares, autoridades políticas, educacionais e ligadas à imprensa. Apesar das grandes pretensões, por uma razão tática (não chocar demais os conservadores), a maioria das militantes desse grupo busca revestir o seu discurso de um tom moderado. Nessa mesma época, destacaram-se ainda mulheres ativistas de outras linhas, que explicitavam bandeiras mais radicais, como a defesa do amor livre e do controle da natalidade[4] (levantadas, por exemplo, por Maria Lacerda de Moura), e/ou apoiavam reivindicações especificamente anarquistas ou comunistas alimentadas nos meios operários.

Ainda, em fins de 1918, Bertha enviou uma carta à *Revista da Semana*, na qual convocava as mulheres a lutar pela sua emancipação. Conforme explicava, tal luta demanda requisitos básicos: espírito de iniciativa, exercício do trabalho e educação. Nessa visão, poder trabalhar é determinante, pois propicia às mulheres os meios de subsistência, livrando-as de uma "dependência humilhante para elas" e "nefasta para os homens", e favorece o amadurecimento da personalidade feminina, ajudando a "disciplinar a vontade e educar o pensamento". Bertha Lutz argumentava que a ascensão feminina resultaria não só em benefícios pessoais como também faria das mulheres "instrumentos preciosos do progresso do Brasil".[5]

As condições de trabalho das mulheres pobres também foram alvo da militância de Bertha Lutz, que, nesse âmbito, sugeriu a criação de associações de classe para as diversas categorias profissionais. Nas páginas do *Rio Jornal*, Bertha apresentou-se como uma das fundadoras da Legião da Mulher Brasileira, uma "associação das mulheres que por necessidade ou por princípio já trabalham, afrontando, indômitas, a luta". Sua participação efetiva, em 1922, fez-se sentir em favor das empregadas no comércio, intercedendo junto ao Conselho Municipal para redução do horário de trabalho dessa categoria, de 13 a 14 horas diárias para 8 horas. Essa era uma reivindicação que o movimento de trabalhadores – influenciados pela repercussão da Revolução Russa –, vinha fazendo desde 1917. Bertha Lutz incorporou essa demanda, intercedendo junto ao Conselho Municipal – no que foi bem-sucedida. Durante toda a Primeira República, inutilmente, a incansável feminista solicitou por várias vezes à Câmara de Deputados um projeto com base nos

As aspirações das brasileiras por maior participação política cresceram a partir do advento da República. (Mulher discursa em manifestação no Dia do Trabalho na praça da Sé, em São Paulo, 1915.)

dispositivos da Conferência Geral do Trabalho de Washington (1919), da qual participara como representante oficial do país, referentes ao trabalho da mulher na indústria. Tal reivindicação implicava a regulamentação de todo o trabalho e o estabelecimento de Leis de Previdência e Assistência. Entretanto, ela só seria contemplada pelo governo brasileiro nos anos 1930; na ocasião, Bertha Lutz participaria ativamente como membro da Comissão que elaborou o anteprojeto da Constituição de 1934.

A educação feminina, considerada essencial para a emancipação das mulheres, foi outro ponto de destaque da atuação das feministas que pleiteavam, para as mulheres, direitos idênticos aos dos homens, a fim de que estas dispusessem dos mesmos meios para o exercício do trabalho e, com isso, obtivessem a mesma remuneração.[6]

Na época, enquanto os rapazes cursavam o ensino secundário, que possibilitava o acesso aos cursos superiores, as moças que prosseguiam os estudos encaminhavam-se para as escolas normais, destinadas ao exercício do magistério elementar (além de serem vistas como uma forma de preparar as mulheres para melhor cuidarem de seus lares). Algumas poucas, levando em conta a possibilidade de cursarem instituições de ensino superior (conquistada pelas brasileiras a partir de 1879), realizavam o curso secundário em colégios privados, em geral, religiosos. Depois de intensa campanha feminista – da qual Bertha Lutz também participou –, em 1922, o Colégio Pedro II, no Rio de Janeiro, e os Liceus Provinciais – os únicos cujos diplomas qualificavam automaticamente os alunos a ingressarem no ensino superior – passaram a aceitar garotas ao tornarem-se mistos.[7]

Em 1920, Bertha Lutz e Maria Lacerda de Moura uniram-se para criar a Liga para a Emancipação Intelectual da Mulher. Essa entidade funcionaria como um grupo de estudos, diferentemente das Associações Cristãs e outras entidades voltadas para a filantropia, que, segundo Maria Lacerda de Moura, nunca resolveriam os problemas básicos das mulheres. Era preciso que as mulheres recebessem "uma educação racional" que as levasse à "sua perfeita emancipação intelectual".[8]

Entretanto, não tardou para que as duas maiores líderes feministas brasileiras começassem a divergir. Maria Lacerda de Moura discordava da prioridade dada à luta pelo direito de voto, considerando que este beneficiaria principalmente às mulheres dos segmentos médios sem provocar maiores alterações na estrutura social do país. Opunha-se ainda à Igreja e ao capitalismo e criticava a "dupla moralidade vigente" e a "hipocrisia reinante" na organização da família com seu complemento: a prostituição.[9] Ao preocupar-se com questões extremamente polêmicas na época, como a sexualidade e o corpo, e ao manifestar sua adesão ao anarquismo, Maria Lacerda de Moura distanciou-se das demais feministas (em sua maioria mulheres dos segmentos médios e elevados, avessas a bandeiras mais radicais) e de Bertha Lutz em particular.

A ESCALADA PELO VOTO

Quanto à Bertha – apesar da multiplicidade de atividades que conseguiu empreender, abrindo várias frentes de luta –, a conquista do voto mereceu sua prioridade. Acreditava, de acordo com o espírito dominante na época, que o acesso aos direitos políticos era essencial à obtenção de garantias com base na lei. Com isso em vista, Bertha e companheiras procuravam

A feminista Bertha Lutz, ativista desde 1918, foi uma das principais líderes da luta pela emancipação feminina no Brasil.

movimentar a opinião pública ao mesmo tempo que pressionavam diretamente os membros do Congresso. Aproveitavam-se dos laços de amizade existentes entre seus familiares e muitos dos grupos que ocupavam posições de poder para obter simpatias políticas e fazer avançar o debate a favor da causa sufragista. De fato, as mulheres que aqui lideravam a luta pelo voto eram em sua maioria de segmentos elevados da sociedade; intelectualizadas (como a engenheira Carmem Portinho, a advogada Myrthes de Campos e a cientista Bertha Lutz), parentes de políticos importantes (como Jerônima de Mesquita) ou de outras figuras nacionais de relevo (como Berta, que era filha do renomado cientista Adolpho Lutz). Além disso, a capacidade e o brilho intelectual que muitas apresentavam, subsidiando os parlamentares que defendiam suas demandas, contribuíram igualmente para abrir caminhos.[10]

Nesse contexto, inaugura-se a década de 1920, que amplia inúmeros descontentamentos que se vinham manifestando ao longo da República e que se expressam em vários movimentos: o tenentismo, o comunismo (o Partido Comunista do Brasil é criado em 1922), o modernismo e o próprio feminismo, que ganha mais adeptos. Passaram a ser alvo de críticas os privilégios concedidos aos grandes proprietários de terras, especialmente cafeicultores, em detrimento de outras atividades econômicas, sobretudo a industrial. Na esfera política, multiplicaram-se as demonstrações de insatisfação diante da corrupção que caracterizava o sistema eleitoral vigente e favoráveis a um governo realmente representativo. No terreno das ideias, surgiram ainda que tímidos protestos contra os arraigados preconceitos raciais e a inferiorização de manifestações culturais populares, como o samba, vistas como símbolo de atraso. Concepções vigentes acerca da fragilidade física e das limitações intelectuais das mulheres[11] também sofreram contestação. Em meio a tantos questionamentos, o movimento pelos direitos das mulheres ganhou mais corpo.

Nessa época, o feminismo brasileiro estreitou laços com entidades internacionais. Em 1922, por exemplo, Bertha Lutz participou da Primeira Conferência Interamericana de Mulheres, realizada em Baltimore, e aproximou a militância brasileira da norte-americana, no caso à NAWSA (National American Woman's Suffrage Association), vertente que assumira a liderança naquele país. Bertha contou com a colaboração de Carrie Chapman Catt, a presidente da NAWSA, para elaborar os estatutos da FBPF (Federação Brasileira para o Progresso Feminino), a nova associação que substituiu a Liga fundada pouco antes. Conforme esses estatutos, eram seus objetivos: "coordenar e orientar os esforços da mulher no sentido de elevar-lhe o nível da cultura e tornar-lhe mais eficiente a atividade social, quer na vida doméstica quer na vida pública, intelectual e política".

Em dezembro desse mesmo ano, a FBPF promoveu, no Rio de Janeiro, o Primeiro Congresso Internacional Feminino, com a presença de várias representantes vindas de outros países, entre elas a própria Carrie Chapman Catt. Por sugestão de Catt, políticos de prestígio também foram convidados para o evento, entre eles, o senador Lauro Müller, vice-presidente do Senado ao qual foi dada a honra de encerrar a Conferência. Em seu discurso, o político lembrou que a Constituição de 1891 não proibia direitos políticos às mulheres, mas admitiu que o Governo Federal era desfavorável às reivindicações feministas. Aconselhou às líderes que procurassem um governador de estado que estivesse disposto a instituir o voto feminino por interpretação da Constituição, afirmando que isso poderia resultar na adesão de outras unidades da Federação. "Os homens são como carneiros", disse o senador, "quando um vai na frente, outros vão atrás".[12] A luta da FBPF prosseguiu. Filiais da entidade surgiram em diversos estados do país. Ao mesmo tempo, outras associações assistenciais e profissionais aderiram a ela. As líderes feministas procuravam manter a questão do voto feminino na ordem do dia e, a partir de então, o debate tomou grande impulso, tanto que juristas conhecidos chegaram a se pronunciar favoravelmente à constitucionalidade do voto feminino. Jornais da época já comentavam com frequência o assunto. Além disso, a pressão das feministas no Congresso Nacional começou a dar frutos com a conquista de novos apoios nos meios políticos.

Antes mesmo de ocupar o poder como presidente do Rio Grande do Norte, o senador Juvenal Lamartine incluiu naquele estado um dispositivo estabelecendo igualdade de direitos políticos para os dois sexos.[13] O precedente aberto deu margem à ampla movimentação da FBPF, que enviou ao Senado uma mensagem contendo duas mil assinaturas. Nela, reivindicava o voto feminino, acentuando que "desde que uma só exista não há motivo para que não sejam eleitoras todas as mulheres habilitadas no Brasil". Como antecipara o senador Lauro Müller, sobrevindo a Revolução de 1930, dez estados passaram a aceitar o alistamento eleitoral feminino. Porém, as demandas em torno do voto das mulheres no âmbito nacional ainda não tinham sido atendidas.

Frente ao novo quadro político, a FBPF decidiu realizar o Segundo Congresso Internacional Feminista em junho de 1931. Ao encaminharem as conclusões do Congresso ao chefe do Governo Provisório, Getúlio Vargas, as representantes da FBPF enfatizaram sua reivindicação quanto aos direitos de votar e de serem votadas, de influírem na vida pública do país em condição de igualdade para ambos os sexos.[14] Também acentuaram a importância de se suprimir a incapacidade civil da mulher casada.[15]

Diante da impossibilidade de fechar os olhos para as reivindicações de amplos setores da sociedade pela moralização na política e o aperfeiçoamento do sistema eleitoral (e também para dar maior legitimidade ao governo recém-instalado), Getúlio Vargas nomeara uma comissão para criar uma nova lei eleitoral. Entretanto, apesar da pressão das feministas, o anteprojeto apresentado por essa comissão estabelecia ainda inúmeras restrições ao voto feminino.¹⁶ Isso provocou o protesto da líder feminista Carmen Portinho, que, ante a afirmação de Vargas de que ele era feminista, porque às mulheres se devia metade da Revolução, retrucou: "Senhor presidente, é por isso que só querem dar a metade do voto?". Vargas, manifestando estranheza, perguntou: "Metade como?". "Sim, o voto qualificado a determinadas categorias de mulheres" – respondeu Carmen – "Nós não queremos assim. Ou tudo ou nada!". Ao final, tais restrições foram eliminadas.

Em 1932, o Brasil finalmente ganhou um novo Código Eleitoral. Com o Decreto 21.076, de 24 de fevereiro de 1932, estabeleceu-se no país o voto secreto e o voto feminino. Com isso, o Brasil tornou-se o segundo país da América Latina (depois do Equador) a estender às mulheres o direito de voto; nisso também foi pioneiro com relação a países da Europa tidos, em outros aspectos, como mais desenvolvidos, como França e Itália.

Faltava agora a incorporação desse princípio à Constituição que só seria votada em 1934. Bertha Lutz foi indicada para representar a FBPF na Comissão de Elaboração do Anteprojeto à referida Constituição. Todo o trabalho desenvolvido pela Assembleia Constituinte foi atentamente acompanhado pela liderança da FBPF para evitar qualquer retrocesso nas conquistas obtidas e fazer aprovar as questões que as feministas consideravam básicas. Na verdade, os seus temores não eram infundados, pois ainda havia representantes que combatiam ferrenhamente o voto feminino. Graças às pressões feministas, e coroando uma luta de décadas, o sufrágio feminino foi finalmente garantido, com a inclusão do artigo 108 na Constituição de 1934.

Assim, embora a campanha sufragista de maior alcance não se tenha aqui tornado um movimento de massas, esta se caracterizou pela sua excelente organização, o que fez do Brasil um dos primeiros países a garantir o direito de voto às mulheres.

Por outro lado, apesar de ter sido um movimento articulado às elites, não se pode dizer que não tenha se empenhado também em outras causas democráticas. De fato, várias das militantes desse movimento estavam também preocupadas em garantir conquistas para os trabalhadores, particularmente, às mulheres das classes trabalhadoras.¹⁷ Entretanto, isso não foi prioridade da FBPF. Além disso, havia uma certa distância, em termos de interesses e visão de mundo, entre as militantes dessa entidade – em sua maioria, profissionais liberais ou membros da burguesia – e as mulheres das classes trabalhadoras, mais preocupadas com questões de sobrevivência que com o problema específico do voto.

— Haverá' ainda quem resista á poderosa influencia do partido Mulherista?!

A luta pelo voto feminino era ridicularizada e combatida na imprensa com argumentos de que as mulheres queriam trocar de lugar com os homens ou deixariam de bem cumprir suas funções domésticas e seu papel de mãe. (Caricatura de Raul publicada na *Revista da Semana* em 1934.)

EPÍLOGO DA CAMPANHA

Na Constituição de 1934, as feministas viram várias de suas reivindicações concretizadas. Nela foram incorporadas, por exemplo, as sugestões encampadas por Bertha Lutz como membro da comissão que elaborou o anteprojeto constitucional, reunidas numa publicação intitulada *Treze princípios básicos: sugestões ao anteprojeto da Constituição*. Nesse texto, Bertha fazia eco a uma ideia que ganhava força na época, a instauração do Estado de bem-estar social. Enfatizava a transformação da Revolução de 1930, "a princípio limitada ao campo político", "em uma revolução econômica e social". De fato, a nova constituição agradou as militantes ao defender a criação de condições para que as mulheres pudessem se integrar nos vários planos da vida nacional; as principal entre elas era a igualdade com os homens perante a lei.[18] Além de votar, as brasileiras casadas com estrangeiros adquiriram o direito de manter sua nacionalidade e transmiti-la aos filhos. Com relação ao trabalho, proibiu a diferença salarial para um mesmo trabalho por motivo de idade, sexo, nacionalidade ou estado civil. Determinou para os trabalhadores segurança econômica, direito ao lazer semanal e a férias anuais, além de liberdade de reunião e de associação. Permitiu ainda a participação dos trabalhadores no estabelecimento da legislação trabalhista e das condições de trabalho e assegurou-lhes conquistas de previdência social. Reconheceu a maternidade como fonte de direitos, devendo ser amparada pelo Estado. Propôs que os assuntos referentes à maternidade, infância, lar e trabalho feminino fossem tratados por mulheres habilitadas.[19]

Nos anos seguintes, as feministas procuraram ampliar as conquistas femininas para além do direito ao voto.[20] Mas os bons ventos democráticos durariam pouco no Brasil.

OUTROS MOVIMENTOS DE MULHERES, OUTRAS LUTAS

Em 10 de novembro de 1937, Vargas implantou uma ditadura no país, o chamado Estado Novo, dissolvendo o Congresso. Tal fato contribuiu para que os movimentos sociais, inclusive aqueles de mulheres, não pudessem se manifestar, ao menos de forma plena, até a deposição do ditador em 29 de outubro de 1945, quando a luta pela democracia ganhou força no país.

Mesmo assim, durante os anos em que os soldados brasileiros lutaram na Segunda Guerra Mundial, muitas mulheres se mobilizaram. Com

Alice Tibiriçá representou as brasileiras nas comemorações do Dia Internacional da Mulher em Paris, em 1946. No mesmo ano, o Brasil comemorou a data simbólica do 8 de março pela primeira vez.

a participação de mulheres dos segmentos médios e do proletariado, especialmente em São Paulo e no Rio de Janeiro, organizaram-se comitês com diversas finalidades: enviar roupas de lã para os soldados brasileiros que estavam na Itália, lutar contra a elevação do custo de vida e o câmbio negro e manifestar-se contra o nazifascismo. Nesse momento, os movimentos de mulheres não se preocupavam propriamente com as questões ligadas ao desenvolvimento de uma consciência feminista, ou seja, a percepção da desigualdade social, ainda existente, entre homens e mulheres.

Após o término da guerra, entretanto, cresceu o interesse na fundação de uma associação de mulheres de âmbito nacional que combatesse os preconceitos em relação às mulheres. Em 1946, dirigentes de várias associações, femininas e propriamente feministas, e mulheres não filiadas a nenhuma organização encontraram-se para um debate de três dias. Era nítida a presença de participantes de estratos médios e até de faveladas. Além de estratégias para combater a discriminação sexual, discutiram outros temas considerados de interesse das mulheres, como saúde, criança e até a questão agrária. No encontro, reiteraram a necessidade de criação de uma organização de âmbito nacional que proporcionasse unidade aos movimentos de mulheres. Entretanto, não foram bem-sucedidas em obter unanimidade (ou mesmo uma maioria significativa) em torno das propostas levantadas. Ocorreu que o encaminhamento dos debates para a defesa de bandeiras assumidamente de esquerda, como a luta a favor da reforma agrária no país, e a significativa presença do Partido Comunista (que voltava à legalidade e procurava impor suas teses) fizeram muitas mulheres recuarem em sua participação e apoio, entre elas a famosa Bertha Lutz.

De qualquer forma, em 28 de outubro de 1946 foi fundado o Instituto Feminino para o Serviço Construtivo (IFSC), embrião da Federação de Mulheres do Brasil (FMB), criada em 1949, a qual completou a estruturação formal de um novo movimento de mulheres que surgia no Brasil, agora sob a orientação política do pensamento de esquerda (e do PCB, em especial). Seu pressuposto básico era desenvolver a luta das mulheres por uma nova sociedade em que fossem abolidas as classes sociais, a partir do que se desvaneceriam todas as outras formas de opressão.

Logo após sua constituição, o IFSC obteve reconhecimento internacional ao ser convidado a participar da reunião do Conselho da Federação Democrática Internacional de Mulheres (FDIM),[21] a realizar-se em fevereiro do ano seguinte em Praga. Para discutir a aceitação do convite, o Instituto convidou representantes de outras associações femininas e feministas, como a Federação Brasileira para o Progresso Feminino (FBPF). Por unanimidade decidiu-se pelo envio de uma delegada, Alice Tibiriçá.[22] Alice também representou as brasileiras em Paris, na comemoração do Dia Internacional da Mulher, ocasião em que saudou as militantes em francês e fez um apelo em favor da paz. Também no Brasil comemorou-se pela primeira vez em 1946 o 8 de março, data simbólica que, apesar das imprecisões quanto às suas origens, serve para legitimar as lutas das mulheres.[23] Em pouco tempo, ficou clara a importância de uma entidade nacional como a FMB no sentido de agilizar, fomentar e ampliar a articulação com a organização internacional que ambicionava unificar o movimento de mulheres em nível global, a Federação Democrática Internacional de Mulheres (FDIM).

Enquanto isso, outros grupos de mulheres também encontravam espaço para se mobilizar no país. No Rio de Janeiro, por exemplo, vários grupos locais (que já se aproximavam de meia centena) organizaram a Primeira Convenção Feminina do Distrito Federal cujo mote foi: "Não abrimos mão da nossa feminilidade por isso mesmo queremos nosso lugar na sociedade". Através dele, as participantes diziam não pretender "uma reversão dos papéis sexuais tradicionais", mas exigiam a inserção plena das mulheres na sociedade. Nas resoluções, comprometeram-se a lutar pela defesa do lar, da economia doméstica e dos direitos da criança, não tendo, portanto, conotação feminista no sentido de criticar a prioridade dada aos papéis femininos de mãe, esposa e dona de casa. Fizeram também um apelo pela "paz mundial", considerada por elas "a causa maior".[24]

Pouco tempo depois, ocorreu a fundação da Associação Feminina do Distrito Federal (AFDF), que congregou grande número de mulheres já filiadas ou não às organizações já existentes, dentre elas as participantes da citada Convenção Feminina do Distrito Federal.[25] Essa associação chegou a ter cerca de mil associadas, distribuídas por várias organizações de bairros do Rio de Janeiro, então capital do Brasil. Além de defender a paz mundial, destinava-se a lutar para a solução de problemas específicos dos bairros cariocas, contra a elevação do custo de vida, pelos direitos da mulher e pela proteção da infância. Desenvolveu intensas campanhas em favor dessas bandeiras, mas também aderiu, muitas vezes, a campanhas iniciadas em outras organizações, com elas somando forças, por exemplo, em defesa do monopólio estatal do petróleo, da soberania nacional e da liberdade.[26]

Nessa mesma época, o Partido Comunista do Brasil se empenhava em organizar sob suas asas os movimentos sociais existentes, buscando instrumentalizar a luta política a partir de sua lógica partidária. Entre ativistas dos movimentos de mulheres, havia várias com tendências de esquerda e, embora nem todas essas fossem comunistas, a influência do PCB era forte.

O apelo comum à adesão às "causas nacionalistas"[27] e às "causas sociais" – como a luta contra o alto custo de vida e a proteção à infância e à família, entre outras – era o que unia essas mulheres todas que ousavam se manifestar publicamente. Entretanto, genericamente, elas foram tachadas pelos seus opositores de "comunistas", o que, além de uma forma de discriminação, era também uma maneira de legitimar o arbítrio e a violência policial que procuravam reprimir os movimentos sociais no país, em especial a partir de 1947, quando o Partido Comunista foi mais uma vez considerado ilegal.[28]

De 1949 a 1960, a FMB permaneceu como a associação nacional que congregava boa parte das militantes dos movimentos de mulheres. Em 21 de abril de 1960, em ato público, na Associação Brasileira de Imprensa, foi fundada a Liga Feminina do Estado da Guanabara, com os mesmos objetivos da organização que a havia precedido, a AFDF. Com a colaboração de economistas e técnicos do Ministério da Agricultura, a Liga realizou vários estudos visando descobrir as causas dos preços extorsivos de gêneros alimentícios e divulgou publicamente, com ampla cobertura da imprensa, suas descobertas. Além disso, a Liga, juntamente com organizações sindicais e estudantis, participou ativamente das movimentações sociais e políticas que antecederam o golpe de 1º de abril de 1964 em favor das reformas estruturais na sociedade brasileira, entre elas a reforma agrária. Porém, com o golpe, foi obrigada a cessar suas atividades, pois suas dirigentes passaram a ser perseguidas pelo novo regime imposto ao país, já que suas demandas foram consideradas subversivas pelos militares que assumiram o poder e pelos grupos civis que os apoiaram.

UMA AVALIAÇÃO

De forma similar aos diversos movimentos feministas internacionais na mesma época, o feminismo liderado por Bertha Lutz sofreu limitações no que tange ao alcance de seu objetivo assumido: a liberação feminina. Escaparam aos ideais do movimento vários dos fatores que impediriam, plenamente, tal liberação. Aceitava-se o exercício de certas atividades como mais adequadas à mulher por significarem uma "extensão de suas funções maternais" – ideologia que continuava a reproduzir a concepção acerca da inclinação de cada sexo para tarefas compatíveis com sua "natureza" (sem esquecer que aquelas consideradas mais adequadas ao gênero feminino eram as menos remuneradas). Mantinha-se, dessa forma, em grande medida, a força das ideias que impunham a divisão das atribuições entre mulheres e homens, comprometendo a total emancipação feminina. Enfim, a conquista dos novos direitos de participação na política não implicava uma reformulação no âmbito das obrigações familiares distintas para mulheres e homens; às mulheres ainda cabia a responsabilidade total pelas atividades domésticas e pela socialização dos filhos na primeira infância.

Entretanto, exigir daquelas militantes um questionamento que só viria à tona de maneira significativa na sociedade na década de 1970 parece ser um exercício sem sentido em termos históricos. Por outro lado, não é difícil imaginar que ao não contestarem a mentalidade da época, que atribuía o espaço doméstico como específico da mulher, ao mesmo tempo que reivindicavam o direito a trabalhar e participar politicamente, muitas sofressem por se sentir divididas, e mesmo culpadas, ao se dedicar com afinco ao trabalho e às lutas políticas fora do lar.

Não se observa, igualmente, por parte das feministas oriundas de famílias de elite e dos segmentos médios que atuaram no Brasil na primeira metade do século XX sequer menção à sexualidade feminina. Alegavam que esse era um assunto de foro íntimo.[29] Porém, outros motivos podem ser levantados para explicar essa omissão. Na época, o assunto era considerado tabu, delicado demais para tornar-se uma bandeira de mulheres de "boa família". Além disso, para elas, outras demandas – educação, trabalho e voto – eram prioritárias. E, finalmente, diante das preocupações com a aceitação do movimento pela opinião pública, para não ganhar ainda mais opositores, elas evitaram levantar tal questão.

De qualquer forma, há que se ressaltar a atuação de Bertha Lutz e da FBPF no sentido de propiciar às mulheres brasileiras as condições que possibilitassem sua participação como membros ativos da sociedade em geral. Não se restringiram às reivindicações sufragistas, interessando-se vivamente pelos diversos aspectos da vida pública. Partilhavam das ideias reformistas postuladas pela vanguarda da época a favor da implantação do Estado de bem-estar social e do regime democrático a partir de 1930. Quiseram modificar a condição feminina, mas também o país – e, nesse sentido, acreditavam na interação entre a ascensão feminina e o progresso da nação. Assim, é incontestável a validade de sua obra. A partir de 1920, assistimos ao avanço das mulheres em áreas como o trabalho extradoméstico, educação e participação na vida pública – avanço este, entre outros fatores, frutos do movimento feminista atuante na época.

Com relação aos movimentos de mulheres de conotação "esquerdizante" que se desenvolveram entre os anos 1940 e 1960, podemos dizer que buscaram mobilizar as mulheres em torno de demandas por uma sociedade mais justa frente aos desequilíbrios estruturais da sociedade brasileira, numa postura altamente crítica em relação ao *status quo* capitalista. Contudo, sofreram dos mesmos problemas dos movimentos políticos de esquerda em que se inspiravam ou aos quais se vinculavam (como o Partido Comunista, por exemplo): ao invés de pautarem sua ação com base em uma análise dinâmica da realidade brasileira, muitas vezes, utilizavam-se de esquemas prontos e, por isso, ineficazes. Para aqueles que seguiam mais de perto as posturas do PCB, a luta contra a discriminação sexual e a favor da emancipação feminina era considerada secundária e, de certo modo, perniciosa, já que contribuiria para retardar a luta pela conquista do objetivo principal – a instauração de uma sociedade sem classes. Com o advento do comunismo, tais questões seriam automaticamente resolvidas, já que, na sua avaliação doutrinária, a opressão das mulheres era resultante unicamente das condições existentes na sociedade capitalista.

Entre as organizações femininas que enfatizavam a imagem das mulheres como mães e donas de casa, o problema foi a pouca ênfase na necessidade de preparar as mulheres para o trabalho remunerado, dado fundamental para que se assumissem como sujeitos de sua própria história.[30] Também falharam ao relegarem a percepção das desigualdades ainda existentes entre mulheres e homens, não se preocupando em desenvolver uma consciência feminista no sentido estrito.

Entretanto, como pessoas de sua época, as militantes dos movimentos de mulheres de até meados do século XX lutaram por aquilo que, acreditavam, tornaria a situação das mulheres menos desigual em relação à dos homens e, com isso, conseguiram reduzir parte do fosso que as distanciava da cidadania plena. Mesmo que hoje suas posturas possam ser alvo de críticas, o que fizeram já foi um grande avanço: as mulheres passaram a ser pensadas – para além dos papéis familiares – como pessoas com capacidades profissionais, intelectuais e com possibilidades de eleger representantes e de ocupar elas mesmas cargos públicos. Como previam acertadamente os opositores desses movimentos, as mulheres brasileiras nunca mais seriam as mesmas.

NOTAS

[1] Branca Moreira Alves, *Ideologia & feminismo: a luta da mulher pelo voto no Brasil*, Petrópolis, Vozes, 1980, p. 96.
[2] A primeira mulher a ingressar no Serviço Público foi Maria José de Castro Rebello Mendes, em concurso para 3º oficial da Secretaria de Estado das Relações Exteriores, apoiada pelo parecer de Rui Barbosa. No caso de Bertha Lutz, o parecer coube ao doutor Raul Penido.
[3] No momento em que Leolinda deixa de protagonizar a cena feminista, dedicando-se prioritariamente a outros assuntos, uma nova geração assume a liderança, com destaque para Bertha Lutz. Nessa época, foram fundadas várias associações das quais Bertha Lutz participou ativamente como integrante. Uma delas foi a Aliança Brasileira pelo Sufrágio Feminino, dedicada especialmente à luta pela conquista do voto (Bertha representou a entidade brasileira no IX Congresso Internacional pelo Sufrágio Feminino, reunido em Roma em maio de 1923). Outra, com Bertha entre seus quadros, foi a União Universitária Feminina, que procurava congregar o elemento feminino graduado ou matriculado em Universidades e Escolas Superiores, a fim de propiciar o auxílio mútuo, a "defesa dos interesses femininos nas pro-

fissões liberais", o desenvolvimento da intelectualidade feminina brasileira e o seu espírito de colaboração na solução dos problemas sociais existentes no país (em 3 de maio de 1961, a entidade mudou seu nome para Associação Brasileira de Mulheres Universitárias).

[4] É bom ressaltar que o movimento comunista em si não costumava defender tais bandeiras, já que seu objetivo principal era a instauração de uma sociedade sem classes quando, pregava ele, as demais questões sociais se resolveriam. Maria Lacerda de Moura, por sua vez, não seguia propriamente as diretrizes de um grupo específico, agindo mais individualmente, o que teria contribuído para o seu isolamento na época. Depois de romper com Bertha Lutz, não se agregou a qualquer grupo.

[5] Rachel Soihet, *Bertha Lutz e a ascensão social da mulher*, Niterói, 1974, Dissertação de Mestrado em História, Departamento de História. Instituto de Ciências Humanas e Filosofia, Universidade Federal Fluminense, p. 9.

[6] Gilberta Lutz, "Em que consiste o feminismo", *Rio Jornal*, 24 abr. 1919. Arquivo. Nacional.

[7] Reunião de 16 de outubro de 1922, *Livro de Atas*, FBPF. Arquivo Nacional.

[8] Maria Lacerda de Moura para B. Lutz, 21 de outubro de 1920, Fundo da FBPF, Arquivo Nacional, Cx 69, apud June Hahner, *Emancipação do sexo feminino: a luta pelos direitos da mulher no Brasil, 1850-1940*, Florianópolis, Ed. Mulheres; Santa Cruz do Sul, Edunisc, 2003, p. 323.

[9] A crítica se voltava para a existência de um padrão de moralidade em que se exigia a virgindade das mulheres solteiras e a fidelidade incondicional das casadas, as únicas punidas por adultério pelo Código Penal de 1890. Pela mentalidade dominante na época, respaldada pelo discurso médico, as mulheres normais seriam despojadas do instinto sexual, realizando-se na maternidade, enquanto os homens, dotados de forte erotismo, tinham plena liberdade de exercer sua sexualidade. Em função disso, outras mulheres, em geral as mais pobres, deveriam se prostituir, embora fossem a todo o tempo objeto de repressão policial. Rachel Soihet, "Mulheres pobres e violência no Brasil urbano", em Mary Del Priore (org.) e Carla Bassanezi (coord.), *História das mulheres no Brasil*, São Paulo, Contexto/Unesp, 1997, p. 390.

[10] Branca Moreira Alves, op. cit., p. 105.

[11] Estas ideias tinham por base as teorias de Cesare Lombroso e Guglielmo Ferrero e eram defendidas pela maior parte dos médicos. Apud Rachel Soihet, *Condição feminina e formas de violência: mulheres pobres e ordem urbana (1890-1920)*, Rio de Janeiro, Forense Universitária, 1989, p. 81-110.

[12] Rachel Soihet, op. cit., p. 27.

[13] Na Primeira República, até 1930, os governantes das províncias eram chamados de "presidentes" e não "governadores". Lamartine foi um dos primeiros políticos brasileiros conquistados para a causa feminista. Em sua plataforma política, divulgada em abril de 1927, manifestou o propósito de contar "com o concurso da mulher não só na escolha daqueles que vêm representar o povo como entre os que elaboram e votam a lei". Rachel Soihet, *Bertha Lutz e a ascensão social da mulher*, cit., 1974.

[14] Em separado, Bertha Lutz comunicou o apelo, segundo voto por aclamação, do Congresso Feminista no sentido de permitir a colaboração da mulher brasileira nos trabalhos da Subcomissão Legislativa, onde fossem tratadas questões que interessassem diretamente às mulheres.

[15] Essas reivindicações eram comuns a diversos movimentos feministas internacionais com os quais as lideranças no Brasil estavam articuladas ou que produziam material de leitura consumido por aqui. Sufragistas de peso no Brasil, como Bertha Lutz, Carmem Portinho e Jerônima de Mesquita, em geral de famílias de elite, haviam morado no exterior ou viajavam para fora do país com frequência, tendo ocasião de acompanhar as discussões feministas existentes em outros países.

[16] O exercício do voto seria limitado às mulheres maiores de 21 anos, solteiras, viúvas e casadas que auferissem renda própria; àquelas que, por declaração judicial da ausência do marido, estivessem na direção dos bens do casal; às desquitadas e àquelas que tivessem sido deixadas pelo marido por um período maior que dois anos, encontrando-se este "em lugar sabido" (João Batista Cascudo Rodrigues, *A mulher brasileira: direitos políticos e civis*, Fortaleza, Imprensa Universitária do Ceará, 1962, p. 78).

[17] Entre os membros da FBPF havia mulheres de esquerda – como afirmou em entrevista a líder Maria Luíza Bittencourt, ela própria uma delas. Não queriam, porém, contrariar a diretriz de Bertha Lutz, que temia uma orientação aberta nesse sentido, que pudesse prejudicar o movimento que já não era dos mais bem-vistos. Cf. Branca Moreira Alves, op. cit., p. 174.

[18] Brasil, Constituição de 1934, artigos 108 e 106.

[19] Brasil, Constituição de 1934, artigo 121, parágrafo 3º: "Os serviços de amparo à maternidade e à infância, os referentes ao lar e ao trabalho feminino, assim como a fiscalização e a orientação respectiva, serão incumbidos de preferência a mulheres habilitadas"; artigo 141: "É obrigatório, em todo o território nacional, o amparo à maternidade e à infância, para o que a União, os Estados e os Municípios destinarão um por cento das respectivas rendas tributárias".
[20] Bertha Lutz, por exemplo, continuou atuando na política formal. Nas eleições de 1933, ela havia sido a candidata indicada para representar o movimento feminista liderado pela FBPF na Câmara Legislativa Federal. Apesar de receber 39.008 votos, Bertha Lutz ficou como suplente do deputado Candido Pessoa, a quem substituiu em 1936, por conta do falecimento do titular. Na Câmara Federal, Bertha Lutz destacou-se pela sua intensa e profícua luta em favor das mulheres.
[21] A Federação Democrática Internacional de Mulheres, existente até hoje, é uma entidade internacional, de conotação esquerdista, cujos principais objetivos residem na conquista da paz mundial e no reforço da participação das mulheres na sociedade, sem acirrar as contradições entre os sexos. Elza Dely Veloso Macedo, *Ordem na casa e vamos à luta!: movimento de mulheres: Rio de Janeiro 1945-1964. Lydia da Cunha – uma militante*, Niterói, 2001, Tese de Doutorado, Programa de Pós-graduação em História, Universidade Federal Fluminense, p. 165.
[22] Elza Dely Veloso Macedo, op. cit., p. 145.
[23] Há controvérsias sobre as origens dessa celebração. Segundo algumas versões, a data marcaria uma greve de operárias da indústria têxtil em Moscou por melhores condições de vida e de trabalho e contra a participação do país na Segunda Guerra Mundial em 8 de março (23 de fevereiro, no calendário gregoriano) de 1917 e seria o estopim da Revolução Russa. Em outra versão, teria sido a ativista do Partido Socialista Alemão, Clara Zetkin, quem teria lançado as bases do primeiro Dia Internacional da Mulher, em 1911, na Conferência Internacional de Mulheres em Copenhaguen, sem data especificada para a comemoração. No Ocidente, a data foi recuperada pelo movimento feminista nos anos 1960 e, em 1977, a Unesco decretou a comemoração oficial deste dia todos os anos.
[24] Elza Dely Veloso Macedo, op. cit., p. 165.
[25] Marie Emilie Tuminelli e Nieta Campos da Paz foram, respectivamente, as primeiras presidente e secretária-geral da AFDF.
[26] Heleieth I. B. Saffiotti, *A mulher na sociedade de classes: mito e realidade*, São Paulo, Livraria Quatro Artes Editora, 1969, p. 293.
[27] Na época, se usava essa denominação para referir-se à defesa da soberania nacional, da indústria nacional e da exploração nacional dos recursos naturais (notadamente o petróleo) contra as investidas do imperialismo, especialmente o norte-americano.
[28] Elza Dely Veloso Macedo, op. cit.
[29] Esta resposta me foi dada por Bertha Lutz em entrevista, a 18 de novembro de 1973.
[30] Heleieth I. B. Saffiotti, op. cit., p. 296.

BIBLIOGRAFIA

ALVES, Branca Moreira. *Ideologia & feminismo*: a luta da mulher pelo voto no Brasil. Petrópolis: Vozes, 1980.

BERNARDES, Maria Thereza Cayubi C. *Mulheres de ontem?* Rio de Janeiro – século XIX, São Paulo: T. A. Queiroz, 1989.

BESSE, Susan K. *Modernizando a desigualdade*: reestruturação da ideologia de gênero no Brasil – 1914-1940. São Paulo: Edusp, 1999.

DUBY, Georges; PERROT, Michelle. *História das mulheres no Ocidente*. Porto: Afrontamento/São Paulo: Ebradil, 1995, v. 5: O século XX. (sob a direção de Françoise Thébaud).

GOMES, Ângela de Castro; PANDOLFI, Dulce Chaves; ALBERTI, Verena (orgs.). *A República no Brasil*. Rio de Janeiro: Nova Fronteira/Fundação Getulio Vargas/CPDOC, 2002.

HAHNER, June. *Emancipação do sexo feminino*: a luta pelos direitos da mulher no Brasil, 1850-1940. Florianópolis: Editora Mulheres/Santa Cruz do Sul: Edunisc, 2003.

LEITE, Miriam Moreira. *Outra face do feminismo*: Maria Lacerda de Moura. São Paulo: Ática, 1984.
MACEDO, Elza Dely Veloso. *Ordem na casa e vamos à luta!*: movimento de mulheres – Rio de Janeiro 1945-1964. Lydia da Cunha – uma militante. Niterói, 2001. Tese (Doutorado) – Programa de Pós-graduação em História, Universidade Federal Fluminense.
SAFFIOTI, Heleieth I. B. *A mulher na sociedade de classes*: mito e realidade. São Paulo: Livraria Quatro Artes, 1969.
SCOTT, Joan. *Gender and the Politics of History*. New York: Collumbia University Press, 1988.
SOIHET, Rachel. *Bertha Lutz e a ascensão social da mulher*. Niterói, 1974. Dissertação (Mestrado em História) – Departamento de História, Instituto de Ciências Humanas e Filosofia, Universidade Federal Fluminense.
_____. Mulheres pobres e violência no Brasil urbano. In: DEL PRIORE, Mary (org.); BASSANEZI, Carla (coord.). *História das mulheres no Brasil*. São Paulo: Contexto/Unesp, 1997, p. 390.
_____. História, mulheres, gênero: contribuições para um debate. In: AGUIAR, Neuma (org.). *Gênero e Ciências Humanas*: desafio às ciências desde a perspectiva das mulheres. Rio de Janeiro: Rosa dos Tempos, 1997, p. 95-114.
_____. *Condição feminina e formas de violência*: mulheres pobres e ordem urbana (1890-1920). Rio de Janeiro: Forense Universitária, 1989, p. 81-110.
VARIKAS, Eleni. O pessoal é político – desventuras de uma promessa subversiva. *Revista Tempo 3*. Niterói, Relume Dumará, jun. 1997.

O feminismo de "Segunda Onda"

CORPO, PRAZER E TRABALHO

Joana Maria Pedro

Você considera que as mulheres são profissionalmente tão capazes quanto os homens? Revolta-se quando alguém é discriminada, sofre violência ou é desqualificada por ser mulher? Acha que as mulheres, assim como os homens, têm direito ao prazer sexual? Se respondeu *sim* a essas questões, então você se identifica com uma importante bandeira do feminismo: a igualdade de direitos para homens e mulheres. Mas você se autodenomina feminista?

A ONDA QUE ATINGIU O BRASIL

Durante muito tempo, no Brasil, as pessoas separaram *feminista* de *feminina*, como se fossem coisas opostas. Até o final dos anos 1980, por exemplo, poucas pessoas aceitavam o rótulo de feminista, porque, no senso comum, o feminismo era associado à luta de mulheres masculinizadas, feias,

Mulheres eram personagens presentes nas manifestações de rua. (Populares nas ruas do centro do Rio de Janeiro na tarde de 1º de abril de 1964.)

lésbicas, mal-amadas, ressentidas e anti-homens.[1] Se as mulheres que eram a favor da emancipação feminina não queriam ser vistas assim, o que dizer dos homens que, por apoiarem-nas, estavam sujeitos a todo tipo de gozação machista? Definir-se como feminista no Brasil era um grande risco.

Apesar dos preconceitos existentes, a partir dos anos 1960, o país viu surgir o feminismo de "Segunda Onda":[2] um movimento com objetivos um tanto distintos dos que haviam movido as militantes no passado. Junto com o combate às depreciações que tinham como alvos ativistas e simpatizantes, o novo feminismo apresentou reivindicações para além das relativas aos direitos políticos, econômicos e educacionais.

Ainda que fortemente inspirado pelos movimentos feministas de "Segunda Onda" que se multiplicavam no exterior, o do Brasil guardou especificidades por conta da conjuntura política; o país vivia sob uma ditadura militar[3] que colocava grandes obstáculos à liberdade de expressão e levava, como reação, a lutas políticas e sociais com viés de esquerda. Os grupos de oposição ao governo contavam com grande participação de mulheres que também estavam envolvidas nos chamados "movimentos de mulheres"[4] e na militância feminista. Com isso, no Brasil, a questão do trabalho e os problemas da mulher trabalhadora tiveram inicialmente prioridade sobre tantas outras pautas feministas da "Segunda Onda". Porém, em pouco tempo, as demais reivindicações ganhariam força, com destaque para os assuntos ligados a sexualidade e corpo e à violência contra a mulher, por exemplo.

VISIBILIDADE DAS MULHERES

O processo acelerado de urbanização[5] – iniciado uma década antes e intensificado a partir dos anos 1970 – fez das mulheres personagens visíveis em diversos espaços públicos. Entre outros, a presença feminina aumentou nas universidades e nos empregos formais. Os rostos femininos também eram nítidos nas manifestações de rua, como comprovam as fotos dos jornais da época.[6]

As mulheres estiveram, por exemplo, nas Marchas da Família com Deus pela Liberdade,[7] de direita, ocorridas antes do Golpe Militar, e na Passeata dos 100 Mil, de oposição ao governo, no Rio de Janeiro, em 26 de junho de 1968.[8] Ao longo das décadas de 1960, 70 e 80, mulheres atuaram ainda nos clubes de mães, nos movimentos por creche, nas marchas da "panela vazia" (ou "panelaços"), nas reivindicações por anistia política (aos presos e aos perseguidos pelo regime) e no movimento Diretas Já (por eleições diretas).[9] Além disso, criaram associações femininas específicas e "casas da mulher".[10] Nos sindicatos, reivindicaram a existência de seções femininas e exigiram a inclusão de mulheres nos cargos de diretoria; realizaram encontros de trabalhadoras e participaram ativamente da vida sindical.[11] Portanto, no Brasil, o feminismo de "Segunda Onda" foi contemporâneo de muitos outros movimentos que contavam (e contam) com expressiva participação de mulheres. A diferença está no fato de o movimento feminista propriamente dito ser o que desenvolve lutas contra a opressão específica das mulheres e reivindica direitos para elas. É o movimento feminista que também afirma que as relações entre homens e mulheres não são inscritas na natureza, mas sim fruto da cultura e, portanto, passíveis de transformação.

GRUPOS DE CONSCIÊNCIA OU DE REFLEXÃO

No Brasil, como em outros países, o feminismo de "Segunda Onda" adotou, em seus primeiros tempos, uma metodologia revolucionária de divulgação de suas ideias: os grupos de consciência, também chamados de grupos de reflexão. Esses grupos eram constituídos apenas por mulheres – elas diziam que a presença de homens as inibia – que se reuniam nas casas umas das outras, ou em lugares públicos, como cafés, escritórios, bares e bibliotecas, para discutir problemas específicos das mulheres e se contrapor ao machismo vigente. Para cada reunião, as componentes deveriam trazer outras participantes. Quando o grupo ultrapassasse 24 pessoas, seria dividido, formando novos grupos. A proposta era forjar uma rede, espalhando grupos desse tipo por diversos lugares.

Muitas das integrantes desses grupos não se diziam feministas, preferindo afirmar que faziam parte do Movimento de Libertação da Mulher.[12] As autointituladas "liberadas" eram as que adotavam explicitamente a postura de enfrentar o domínio dos homens nas relações sociais e nos relacionamentos particulares.

Um dos primeiros grupos de que se tem notícia surgiu em 1972 em São Paulo e era formado por mulheres intelectualizadas (algumas eram professoras universitárias) que tinham entre 30 e 38 anos de idade. Várias delas haviam realizado viagens aos Estados Unidos ou a países da Europa Ocidental, onde ouviram falar da existência de grupos desse tipo, sendo que algumas haviam tido a experiência de participar pessoalmente de algum deles. Retornando ao Brasil, trouxeram na bagagem livros que discutiam o feminismo e propunham mudanças culturais que começariam por meio da formação desses grupos. A maioria delas tinha atuado ou ainda militava em partidos políticos, ou, então, era parente de gente envolvida em algum tipo de luta de resistência contra a ditadura. Desse grupo de São Paulo, que se chamou Grupo de Conscientização Feminista e atuou como grupo de consciência até 1975, participaram nomes como Maria Odila Leite da Silva Dias, Célia Sampaio, Beth Mendes, Walnice Nogueira Galvão, Albertina Costa, Marta Suplicy, entre outros.[13]

No Rio de Janeiro, também foi criado um grupo desses em 1972. Branca Moreira Alves, que estudara em Berkeley, nos Estados Unidos, e lá participara por três meses de um grupo de reflexão, trouxe para o Rio de Janeiro sua prática de organização. O grupo carioca adotou o nome de Grupo de Reflexão e durou até 1973. Conseguiu reunir um número expressivo de mulheres que, depois, foi dividido em dois, em função da idade das participantes. O grupo das mais velhas se dedicava a ler e discutir literatura feminista. O das mais jovens – que funcionou por mais tempo – preocupava-se também com questões de sexualidade, dando espaço para depoimentos intimistas,[14] como narrado por Branca Moreira Alves:

> Nos dias de grupo de reflexão em que eu falava: "Eu nunca gozei", a outra também dizia que nunca tinha gozado e como era isso. E num grupo de reflexão, aqui no Rio, uma amiga minha me ensinou a tirar a cúpula do chuveiro e deixar a água cair no clitóris e aí foi o meu primeiro orgasmo. Isso aos 35 anos. Essa amiga disse: "Se você não sabe o que é orgasmo então vai saber." Me botou lá deitada com a água no clitóris e fechou a porta e disse: "Vou ficar aqui te esperando, fica aí." Aí, quando deu o orgasmo que eu tremi toda e saí de perna bamba, ela ficou rindo: "É, conseguiu." Foi uma revelação.[15]

Essa pequena história, um exemplo dos assuntos discutidos nessas reuniões, pode hoje causar espanto: como uma mulher adulta ainda não sabia o que era um orgasmo? A facilidade de obter informações que se tem atualmente sobre o corpo e o prazer sexual não existia em meados dos anos 1960 e início dos anos 1970. E, mais; durante muito tempo, acreditou-se que a "mulher distinta", "respeitável", não sentia desejo, nem prazer, pois todo seu ser deveria destinar-se à maternidade.

Foi para enfrentar a ignorância e o preconceito sexual que mulheres norte-americanas (brancas e de camadas médias urbanas) inventaram de

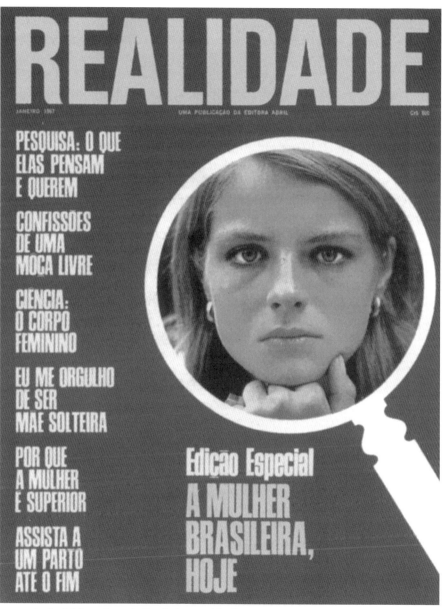

As feministas a favor da liberdade sexual feminina enfrentaram muitos preconceitos.
(Capa da edição especial da revista *Realidade* de janeiro de 1967 proibida de circular sob
a alegação de incentivar a "obscenidade" e ofender a "honra da mulher".)

se reunir formando grupos de consciência/reflexão em que discutiam sobre corpo e sexualidade. Seu exemplo inspirou mulheres no mundo todo. A necessidade de debater sobre tais assuntos e de lutar por mudanças de comportamento que dessem mais liberdade às mulheres foi reconhecida em vários países também graças a uma conjuntura favorável de mudanças.

Datam dos anos 1950 a publicação de grandes pesquisas sobre sexualidade feitas nos Estados Unidos. Em formato de livro, foram verdadeiros sucessos editoriais. Obras como as de Alfred Charles Kinsey, de Master & Johnson e de Shere Hite[16] divulgaram os resultados de estudos sobre o comportamento sexual de pessoas comuns nas suas mais diversas manifestações. No Brasil, as conclusões dos cientistas ficaram conhecidas principalmente por meio da imprensa, em especial revistas voltadas para as camadas médias urbanas. As pesquisas passaram a servir de ponto de referência para as pessoas pensarem sua própria sexualidade. O assunto sexo deixava então de ser tabu para virar tema de conversas e, pouco depois, de reivindicações.

Desde o início da década de 1960, estava disponível no mercado um método mais seguro de contracepção, a "pílula".[17] A existência desse método anticoncepcional ajudou a consolidar na mentalidade das pessoas a separação entre procriação e sexualidade, com o aval das ciências médicas. Com a existência da pílula, o prazer das mulheres nas relações sexuais tornou-se uma questão ainda mais importante. O medicamento que libertava as mulheres da gravidez indesejada levou-as a se preocupar cada vez mais com que seu desejo fosse levado em consideração na relação sexual. Difundiu-se a ideia de que o prazer não devia, como no passado, ser apenas prerrogativa dos homens. (Esta questão daria o tom de várias reuniões dos grupos de consciência/reflexão no Brasil.) Além disso, a pílula permitiu às mulheres planejarem com mais segurança se, quando e quantos filhos queriam ter, levando em consideração estilo de vida, carreira profissional e questões financeiras. Puderam, então, cogitar outros futuros.

Em seus debates, as participantes dos grupos de reflexão/consciência adotavam uma metodologia chamada "linha da vida" que as levava a falar sobre suas vivências pessoais. Conversavam sobre como viam o próprio corpo e o dos homens, contavam sobre a experiência da menstruação ou do aborto, narravam situações em que percebiam terem sido discriminadas por ser mulher na família ou no trabalho, comentavam a relação com o pai, com marido, com outros homens, diziam o que pensavam a respeito do desejo sexual e do prazer.

Essas mulheres consideravam que a vida privada era fruto da sociedade. Abraçaram, então, o *slogan* feminista difundido internacionalmente: "O pessoal é político". Além disso, questionavam os preconceitos machistas e procuraram divulgar para além do círculo restrito dos grupos a ideia do "orgulho de ser mulher", entendendo que isso é que definia a "condição feminina", e não a biologia como acreditava o senso comum.

Por negarem a existência de líderes ou de porta-vozes e rejeitarem hierarquias, as participantes prefeririam que as reuniões não tomassem um rumo predeterminado ou fossem dirigidas. Todas deveriam ter direito à palavra. Toda palavra seria qualificada. Ninguém seria a "dona da verdade". Ao trabalhar de forma coletiva e sem dirigentes, acreditavam recusar qualquer "relação competitiva" entre mulheres.

Por que tanta preocupação em dar o direito à palavra a *todas* as mulheres? Para entender isso é preciso lembrar que são também deste mesmo período os movimentos juvenis (como o "Maio de 1968" francês, que repercutiu no mundo todo), os pacifistas (contra a guerra do Vietnã, contra a corrida armamentista), os movimentos pelos direitos civis dos negros e outras minorias (particularmente nos EUA) e os movimentos de resistência a governos ditatoriais (na América Latina). Todos eles contavam com a participação de mulheres. Porém, elas, muitas vezes, eram menosprezadas pelos companheiros ativistas. Queixavam-se de que sua atuação consistia em datilografar, reproduzir material de divulgação, distribuir panfletos, fazer café, limpar os ambientes, enfim, realizar tarefas consideradas de pouca importância. As decisões políticas eram tomadas pelos homens, pois mesmo as mulheres que participavam das reuniões estratégicas tinham suas opiniões desqualificadas ou ignoradas, como se nada tivessem dito. Por essa razão, as militantes sentiram a necessidade de criar "alas femininas" em vários desses movimentos. Elas passaram a se reunir em separado, formando "grupos de consciência" no interior dos movimentos sociais; garantindo, assim, que a fala de cada uma fosse assegurada e respeitada. Porém, foram rapidamente acusadas pelos companheiros de dividir a militância ou de enfraquecê-la com "questões secundárias". Para as feministas, contudo, a questão do direito das mulheres era fundamental.

FORMANDO REDES

Um dos objetivos dos grupos de consciência/reflexão das mulheres era aumentar a solidariedade entre elas e melhorar sua autoestima. Esquemas semelhantes haviam sido utilizados, por exemplo, pelos camponeses na China pré-revolucionária. Fazer uso da palavra e expor suas queixas levavam as pessoas a compreender que os problemas vividos individualmente constituíam, em verdade, uma questão coletiva.[18]

É possível acompanhar a reprodução desses grupos de consciência/reflexão em diversos lugares do Brasil, que se comunicavam como numa rede. Em Florianópolis (Santa Catarina), por exemplo, nos anos 1980, formaram-se dois grupos feministas: Amálgama e Vivências. O primeiro contava com a presença da socióloga Julia Guivant, que tinha participado de um grupo em Campinas (São Paulo) na época de seu doutorado. Esse grupo de Campinas era coordenado por Marisa Correa. Marisa, por sua vez, tinha conhecido um grupo desses nos Estados Unidos antes de formar o de Campinas. Em Rio Branco (Acre), outro exemplo, Julia Matias participou do grupo organizado por Teresa Mansur, que viera de Vitória (Espírito Santo) e ensinara a mulheres de Rio Branco a trabalhar a partir da metodologia da "linha da vida".

Costumavam fazer suas reuniões em círculos; daí a preferência por nomearem seus grupos com as palavras "coletivo" e "círculo". Vários deles publicaram periódicos para divulgar suas ideias e atividades. Os títulos dessas publicações, em geral, traziam um sentido plural da palavra "mulher", por exemplo: *Nós Mulheres* e *Mulherio*. Fora do Brasil, havia publicações feministas intituladas *Nosotras* (no Chile e no México), *Nos/Otras* (na Espanha), *Noi Donne* (na Itália). Comunicando-se também dessa forma, os grupos de consciência/reflexão de mulheres formavam uma grande rede, uma "coletividade internacional".

No Rio de Janeiro, por exemplo, um grupo de reflexão formado no início dos anos 1970 conheceu, através de Marhel (Maria Helena Darcy de Oliveira), a literatura feminista europeia enviada ao Brasil por uma cunhada de Marhel exilada na Suíça.[19] Como se pode ver, as redes brasileiras que estavam se constituindo e se consolidando nesse período tinham ligações de vários tipos com o que ocorria em outros países.

A CRIAÇÃO DE CENTROS DA MULHER

Foi uma componente de um desses grupos, Mariska Ribeiro, quem conseguiu patrocínio da ONU[20] para realizar o encontro em 1975, na sede da Associação Brasileira de Imprensa, no Rio de Janeiro, que seria considerado o marco fundador do feminismo de "Segunda Onda" no Brasil. O encontro organizado para discutir "o papel e o comportamento da mulher na realidade brasileira" levou à decisão de se criar o Centro da Mulher Brasileira (CMB), na cidade do Rio de Janeiro, em uma sala alugada com recursos conseguidos pela feminista Rose Marie Muraro. Entre os objetivos do CMB, estavam o "estudo, a reflexão, pesquisa e análise" das questões da mulher e a "criação de um departamento de ação comunitária para tratar concretamente e em nível local dos problemas da mulher".[21] Em outras palavras, as feministas ligadas ao CMB tinham a intenção de "conscientizar" as camadas populares.

Aos poucos, porém, o Centro acabou sendo controlado por militantes do PCB (Partido Comunista Brasileiro),[22] o que desagradou a muitas ativistas do CMB. Em abril de 1979, uma parte das pessoas que compunham o CMB separou-se, formando o Coletivo de Mulheres. Num documento de junho de 1980, em que explicitaram sua pauta de reivindicações, declararam: "Queremos o aborto livre e gratuito. Precisamos da democracia pelo direito básico da Existência. Falamos muito de sexualidade, e por que não? Detestamos os patrões e assim por diante [...]."[23]

As ativistas do Coletivo de Mulheres não eram as únicas a levantar a bandeira do "aborto livre e gratuito". Ela fazia parte das reivindicações do feminismo internacional. Desde que os métodos contraceptivos passaram a enfocar o organismo feminino,[24] as mulheres começaram a exigir um controle maior sobre seu próprio corpo. E o direito à interrupção da gravidez indesejada passou a fazer parte da pauta feminista. "Um filho se eu quiser, quando eu quiser" e "Nosso corpo nos pertence" eram palavras de ordem nessa época. No Brasil, entretanto, a reivindicação do direito ao aborto encontrava muitos obstáculos para se fazer ouvir, já que, tendo em vista o contexto da ditadura, as mulheres ativistas tinham que buscar diferentes aliados, até mesmo na Igreja Católica, sendo obrigadas a fazer concessões estratégicas para mantê-los.

Em outubro de 1975, por exemplo, ocorreu na Câmara Municipal de São Paulo o Encontro para o Diagnóstico da Mulher Paulista, patrocinado pelo Centro de Informação da ONU e pela Cúria Metropolitana. Desse encontro nasceu, em novembro do mesmo ano, o Centro de Desenvolvimento da Mulher Brasileira (CDMB) com o objetivo de ser um centro, com sede física e estatutos, de estudos e reflexão voltados para o desenvolvimento de uma "consciência nacional da condição da mulher".[25] Duraria até 1979.

O SURGIMENTO DOS PERIÓDICOS

Data de 9 de outubro de 1975 a publicação do número zero do jornal *Brasil Mulher*. Impresso em Londrina, no Paraná, era ligado ao CDMB de São Paulo. Com oito páginas, tinha Joana Lopes à frente da editoria. Este jornal alcançou 20 edições. Sua periodicidade dependeu dos recursos que as ativistas conseguiram arrecadar com vendas e doações. O número 1 saiu em dezembro, trazendo um balanço do Ano Internacional da Mulher. O número 2, publicado no início de 1976, empregou, pela primeira vez, a palavra *feminismo*. Porém, essa palavra incomodava algumas mulheres que compunham a editoria do jornal, pois o periódico vinculava-se muito mais à luta contra a ditadura e pela anistia política do que às questões feministas propriamente ditas. A editoria do *Brasil Mulher* era formada por pessoas ligadas ao PCdoB (Partido Comunista do Brasil), à APML (Ação Popular Marxista Leninista) e ao MR8 (Movimento Revolucionário 8 de Outubro).[26] Este periódico manteve-se em circulação, mesmo de forma irregular, até 1980.

Em junho de 1976, surgiu outro periódico em São Paulo: o *Nós Mulheres*, tendo Marisa Corrêa como jornalista responsável. Era editado por mulheres que, apesar de se dizerem distantes da "militância política organizada", eram, em grande parte, ex-exiladas pertencentes à vertente Debate.[27] O objetivo desse jornal era privilegiar o tema "mulher" e, já no primeiro número, proclamou-se feminista. Durante toda sua existência (circulou até 1978), manteve com o periódico *Brasil Mulher* uma relação de disputas e solidariedades.

Progressivamente, o jornal *Brasil Mulher* incorporou temáticas específicas do feminismo e o *Nós Mulheres*, em vários momentos, comprometeu-se com a luta pela democracia e discutiu a questão das classes sociais.

Brasil Mulher e *Nós Mulheres*, além de divulgarem as ideias dos grupos aos quais pertenciam, também eram usados na busca de novas adeptas. A militante Maria Amélia de Almeida Teles, por exemplo, levava exemplares do *Brasil Mulher* para bairros da periferia de São Paulo onde havia clubes de mães e discutia seus artigos em 18 desses clubes, formando grupos de reflexão. A feminista Maria Lygia Quartim de Moraes também usava o periódico *Nós Mulheres* em discussões que promovia em clubes de mães em São Paulo.

Na década de 1980, surgiram inúmeros periódicos autoproclamados feministas, tais como: *Mulher Liberta Mulher* (1980), *Mulherio* e *Chana Com Chana* (ambos de 1981). Todos esses tiveram vida bem curta, com exceção de *Mulherio*, que circulou até 1987.[28]

CONVIVENDO COM AS CRÍTICAS

As críticas aos grupos de consciência/reflexão foram inúmeras, e vieram de muitos lugares, inclusive de muitas feministas. No mínimo, eles foram acusados de ser inócuos. A falta de hierarquias, tão decantada em sua metodologia, era, no final das contas, uma espécie de autoritarismo sem regras – diziam algumas.[29] A organização em rede não trazia resultados concretos – argumentavam outras. Várias ativistas entendiam que o necessário era realizar manifestações de rua ou criar centros de ajuda às vítimas da violência doméstica ou de cuidados com a saúde da mulher. Algumas, por sua vez, defendiam que a transformação real da sociedade machista viria somente com mudanças na legislação. Certas militantes diziam que a sexualidade não era relevante e que o mais importante era tratar da questão "mulher e trabalho". Havia mesmo participantes dos grupos de consciência/reflexão que tinham dificuldades em assumir que o faziam, por vergonha, especialmente dos assuntos íntimos que eram debatidos.[30]

Além de todas essas críticas, formuladas pelas próprias colegas de feminismo, as mulheres envolvidas em grupos de reflexão enfrentavam o forte preconceito então existente na sociedade brasileira contra o feminismo. Esse preconceito também atingia as militantes que atuavam nos Centros da Mulher, na elaboração de periódicos e nas reuniões com mulheres de bairros populares. Não foram poucas as vezes que as feministas se viram constrangidas a afirmar que não eram "contra os homens".[31] Muitas ativistas também achavam importante deixar claro que não eram lésbicas (epíteto frequentemente atribuído às feministas na época). Além disso, embora, no interior dos periódicos que publicavam com suas ideias, a identificação com o feminismo estivesse expressa em palavras, os títulos referiam-se à *mulher* ou às *mulheres*, e não ao *feminismo*.[32] A ausência de referências explícitas ao feminismo nos títulos é significativa. De fato, o antifeminismo era muito forte na sociedade brasileira dos anos 1970 e 1980.

GRUPOS NO EXÍLIO

Devido à ditadura militar, várias mulheres que se opunham às diretrizes do regime tiveram que sair do país; foram banidas ou fugiram para não serem presas, torturadas, assassinadas. No exílio, participaram de grupos de consciência feministas. São conhecidos pelo menos cinco grupos que contavam com a presença de brasileiras exiladas. Um em Santiago, no Chile, coordenado por Zuleika Alambert. Três em Paris: o Grupo Latino-Americano de Mujeres en Paris, coordenado por Danda Prado (que publicou um boletim periódico chamado *Nosotras*); um grupo coordenado por Zuleika Alambert; o Círculo de Mulheres de Paris, responsável pelo periódico *Agora é que são elas*. Em Lisboa, um grupo de reflexão (estudos e consciência) se reunia no apartamento de Marli Moreira Alves.[33] Desses grupos de exiladas, apenas os coordenados por Zuleika Alambert (que preferiam ser apenas "grupo de mulheres") não se autodenominavam feministas.

Regina (codinome), uma das brasileiras exiladas na França nessa época, explica como se deu, para ela e muitas outras, a identificação com o feminismo, que acabaria por traçar-lhe novos rumos de vida:

> Para a maioria de nós, a tomada de consciência feminista aconteceu aqui na França, porque existe um movimento social que serviu como ponto de referência. Foi todo um processo coletivo de troca de experiências com outras mulheres. Antes, no Brasil, a gente tinha um profundo desprezo pelas mulheres. Eu, por exemplo, queria ser homem como os outros companheiros, subestimava as companheiras, achava que elas eram todas limitadas, nunca trocaria minhas experiências com elas.[34]

Para elas, a "tomada de consciência" a partir da troca de experiências resultava na valorização das mulheres (de si mesma e das outras) e na identificação coletiva, que criava um sentimento de "irmandade". Esse sentimento, entretanto, era ameaçado dentro dos próprios grupos por causa do preconceito de algumas integrantes contra o lesbianismo. A crítica tantas vezes ouvida pelas feministas de que todas seriam lésbicas fazia com que algumas quisessem a todo custo se afastar desse rótulo, o que causava sérias divisões nos grupos de mulheres. Havia dentre elas, inclusive, as que acusavam as companheiras realmente lésbicas de serem "pessoas doentes". Em contrapartida, como forma de reação, lésbicas perguntaram, num dos artigos publicados no *Nosotras*, de Paris, se seria possível "curar a heterossexualidade".[35]

O TRABALHO DOMÉSTICO EM QUESTÃO

Direitos ligados ao corpo e à sexualidade, liberdade de expressão, participação no mercado de trabalho e educação igualitárias não eram as únicas bandeiras do feminismo de "Segunda Onda". O trabalho doméstico historicamente visto como um encargo feminino também passou a ser questionado. As feministas queriam que os homens dividissem com as mulheres os afazeres domésticos e, mais, que o Estado fizesse sua parte construindo creches nas quais as crianças pudessem ficar enquanto elas e eles iam para o trabalho; lavanderias coletivas, onde pudessem lavar e secar rapidamente as roupas da família; restaurantes populares para não precisarem fazer almoço e jantar em casa todos os dias.

Nos jornais *Nós Mulheres* e *Brasil Mulher*, por exemplo, eram comuns reportagens e charges criticando uma situação muito frequente no espaço doméstico: marido e mulher voltando do trabalho juntos, ele se encaminhando para a poltrona e se instalando na frente da televisão, e ela iniciando sozinha sua *outra* jornada de trabalho: lavar roupas e louças, preparar comida, limpar a casa, atender as crianças.[36]

Em 1974, o editorial de *Nosotras* registrou que, depois de muitas discussões, as ativistas haviam entrado em acordo a respeito daquilo que devia fazer parte da reivindicação para qualquer movimento feminista:

> 1) instalação de equipamentos coletivos para socializar a maior parte dos serviços domésticos [...]; 2) obrigatoriedade de incluir estes equipamentos dentro de todo plano urbanístico ou mesmo quando se trata da construção de um único imóvel; 3) união internacional entre os movimentos feministas quanto à denúncia contra a repressão de qualquer grupo de mulheres que esteja lutando em qualquer país pela divulgação, conscientização e aplicação destes princípios.[37]

Até hoje, a reivindicação de que o trabalho doméstico não recaia somente sobre os ombros das mulheres, mas seja dividido com os homens e o Estado, permanece, pois ainda não foi atendida a contento. Poucas mulheres têm a sorte de contar com a participação do companheiro nas tarefas do lar. Mesmo as que recebem tal colaboração (considerada uma "ajuda"), sentem-se as principais responsáveis pela organização e boa administração do lar. As cidades são carentes de equipamentos garantidos com recursos públicos que facilitem a vida das famílias. A "dupla jornada" continua, pois, sendo um grande peso para as brasileiras.

FEMINISMO À BRASILEIRA

Como vimos, viver sob uma ditadura fez muita diferença para o feminismo que se constituiu no Brasil. Na França, por exemplo, o "inimigo" principal das feministas era o *patriarcado*.³⁸ No Brasil, com tantas mazelas políticas e sociais, havia muito mais a fazer para além de combater o machismo ou defender a liberdade sexual da mulher, por exemplo. Aqui as feministas se posicionam contra o patriarcado, mas também foram impelidas a assumir outras lutas.

Durante a década de 1970 e grande parte da década de 1980, o embate ideológico das ativistas ficou centralizado entre as "lutas gerais" (contra a ditadura, por mudanças sociais ou pelo socialismo, por exemplo) e as "lutas específicas" das mulheres (as pautas feministas propriamente ditas). Nos periódicos feministas brasileiros, as chamadas "lutas gerais" eram sempre uma referência, como no editorial de *Nós Mulheres*, de agosto/setembro de 1977: "a luta pela emancipação feminina é parte integrante da luta por uma sociedade mais justa e democrática".³⁹

Mesmo assim, as feministas eram constantemente criticadas por organizações e militantes de esquerda. Os partidos políticos que estavam na clandestinidade, por exemplo, estranharam a emergência do novo feminismo. Achavam "um absurdo"⁴⁰ que os grupos feministas pudessem atuar como um movimento autônomo. Diziam que estes eram uma espécie de "chá das cinco" de mulheres ricas e ociosas, "uma terapia sem guru, nem terapeuta",⁴¹ um desperdício de tempo que poderia ser mais bem empregado se fosse destinado à luta "maior" e "geral". As facções políticas de oposição ao regime militar consideravam os grupos de consciência e as reivindicações específicas das mulheres como "desvio pequeno-burguês". Acusavam as feministas de divisionismo, pois, ao invés de somar esforços, estariam promovendo a discórdia nas famílias e no campo da esquerda. Além de tentar desqualificar as reivindicações feministas, partidos políticos e determinados grupos de esquerda tentaram cooptar e aparelhar não só o movimento feminista, mas também todas as ramificações autônomas do movimento de mulheres.⁴² Foi bastante comum, principalmente após 1975, o envio de mulheres militantes de partidos para os grupos de mulheres com a "missão" de fazer proselitismo e conquistar pessoas para as causas que consideravam "realmente importantes". Porém, muitas dessas enviadas acabaram por se tornar verdadeiramente feministas, contradizendo a intenção inicial de quando se agregaram aos movimentos de mulheres.

Por outro lado, a presença de mulheres em grupos de esquerda chegou algumas vezes a configurar uma "dupla militância", já que elas levavam para esses grupos ideias extraídas do movimento feminista.

O pensamento e as reivindicações discutidos nos grupos feministas foram divulgados em periódicos, livros, peças de teatro e programas de tevê. (Capa do livro da jornalista feminista Heloneida Studart lançado em 1974.)

Foi esse contexto que conduziu à incorporação da questão de classe social à pauta do feminismo brasileiro, que passou dar especial atenção à mulher trabalhadora. Assim, enquanto nos Estados Unidos, por exemplo, a reivindicação feminista era simplesmente "salário igual, por trabalho igual", no Brasil, além desta, as feministas lutavam pela participação das mulheres em sindicatos, pelos direitos das empregadas domésticas, pela saúde e a segurança das mulheres no trabalho e contra o assédio sexual de chefes e colegas.

PARA ALÉM DOS GRUPOS E DOS PERIÓDICOS

O pensamento e as reivindicações originados nos grupos de consciência/reflexão seriam divulgados em outros espaços, como, por exemplo, o teatro e a televisão.

Cidinha Campos, Marília Pêra entre outras atrizes levaram-nos para o espaço cênico na peça *Homem não entra*, escrita em 1975, de autoria de Rose Marie Muraro e Heloneida Studart. A ação da peça passava-se na plateia, e não no palco. Somente mulheres podiam participar; os homens podiam esperá-las fora do teatro e as crianças trazidas pelas mães ficavam sob os cuidados de outras pessoas. No decorrer do espetáculo, o público transformava-se em uma espécie de "grupo de reflexão": as mulheres contavam como eram suas vidas e faziam suas queixas. A peça foi acusada de sexismo e acabou proibida pela ditadura. *Homem não entra* era, em grande parte, inspirada em obras como a de Eve Ensler, *Monólogos da vagina*, que, desde os Estados Unidos, traziam para o teatro as discussões sobre a condição feminina.[43]

Apesar de todos os obstáculos e censuras, mais e mais mulheres foram se interessando por questões feministas no Brasil, mesmo sem se dar conta de que eram feministas. Observando o grande potencial mercadológico gerado por esse interesse, emissoras de televisão passaram a incorporar certas propostas do feminismo em sua grade de programação. Em 1980, por exemplo, a sexóloga Marta Suplicy foi convidada a apresentar um quadro do programa *TV Mulher*, da Rede Globo, no qual informava e discutia assuntos como prazer, orgasmo, sexualidade, masturbação, chegando a dar conselhos práticos.[44] O *TV Mulher* era exibido no período da manhã e seu público-alvo eram as donas de casa. O quadro apresentado por Marta Suplicy sofreu vários ataques de grupos organizados e de indivíduos conservadores, que se manifestavam através de cartas e abaixo-assinados. Entretanto, foi mantido até 1986, quando todo o programa *TV Mulher* foi retirado do ar.

Havia também outras iniciativas da mídia que colaboravam para divulgar reivindicações feministas: este era o caso dos episódios do seriado *Malu Mulher*, que foram ao ar na Rede Globo entre maio de 1979 e dezembro de 1980 e retratavam a vida de uma mulher divorciada e emancipada; da presença dos artigos da psicóloga feminista Carmen da Silva na revista feminina *Claudia*, desde os anos 1960; de diversas reportagens e entrevistas em revistas como *Realidade* e *Veja* e em jornais como a *Folha de S.Paulo*, entre outros.

Também passaram a dar visibilidade às ideias feministas as manifestações do Dia 8 de março; as campanhas para prevenir a violência contra as mulheres, como a que divulgou o famoso *slogan* "Quem ama não mata";[45] as ofertas de cursos, palestras e encontros em torno dos problemas das mulheres.

As feministas, aos poucos, também diversificaram sua atuação com a instituição de núcleos de estudos sobre mulher e gênero em universidades, a criação de ONGs (organizações não governamentais) e a construção de mais casas para abrigar mulheres vítimas da violência, por exemplo. Depois da Abertura Política,[46] as feministas, assim como outros movimentos sociais, puderam atuar mais abertamente, o que contribuiu para que suas reivindicações ficassem mais conhecidas, e várias delas fossem acatadas, no país.

A presença de mulheres na cidade e no campo participando de associações comunitárias e reivindicando espaço político promoveu o surgimento de várias líderes comunitárias no Brasil. Dentre elas, algumas (ainda poucas) chegariam a obter cargos no setor público através de eleições.

Graças à pressão do feminismo organizado, mudanças importantes ocorreram no Brasil, por exemplo, as garantidas pela Constituição de 1988 ou a famosa Lei Maria da Penha, que procura coibir a violência contra as mulheres. Se, hoje, o assunto sexo não é mais o tabu de antigamente ou se os brasileiros convivem mais tranquilamente com a ideia de mulheres em cargos de chefia, devemos reconhecer, nessas conquistas, a grande influência das lutas feministas.

VOCÊ É FEMINISTA?

Atualmente, não se fazem mais grupos de consciência/reflexão. Em certo sentido, podemos dizer que se transformaram em "oficinas", reuniões organizadas e desenvolvidas por ONGs, conduzidas por "especialistas" em realizar discussões sobre a intimidade e a sexualidade. Também não ocorrem mais com tanta frequência manifestações de rua em forma de passeatas (esta é uma prática utilizada agora mais pelo movimento gay, como os desfiles do Dia do Orgulho Gay). Mas as redes feministas continuam a existir. Entre outros espaços de divulgação de ideias, ocupam, de forma expressiva, a internet e suas redes sociais, onde continuam a debater, protestar e reivindicar. As ativistas no Brasil sabem que as poucas conquistas obtidas para as mulheres nunca estão asseguradas e que muito ainda há por fazer num país em que mulheres continuam morrendo em abortos clandestinos e um contingente enorme é alvo da violência doméstica, por exemplo.

Embora ainda exista preconceito contra a palavra (o rótulo, o título) *feminista*, um número muito maior de mulheres, e até de homens, se dizem feministas. Mas, mesmo não assumindo o nome, hoje já é comum mulheres e homens aceitarem que a mulher é capaz de constituir família ao mesmo tempo que investe na profissão e mantém um relacionamento equilibrado e satisfatório com o parceiro. Também é muito frequente a indignação diante da discriminação sexual, da violência que tem a mulher como alvo ou das restrições impostas à saúde e às decisões das mulheres sobre seu próprio corpo. Talvez a maior conquista das jovens feministas dos anos 1970 e 1980 – muitas vezes desconhecida das novas gerações – seja o reconhecimento da existência de *outras maneiras de ser uma mulher,* para além das funções idealizadas de esposa, mãe e dona de casa. Até meados do século xx, aquelas que queriam se dedicar a uma profissão, por exemplo, eram levadas a acreditar que deveriam abdicar do casamento e da maternidade. Hoje, o pensamento é outro.

E você, como se situa em tudo isso? Ainda acha que não é feminista?

NOTAS

[1] A desqualificação do feminismo, geralmente, é atribuída ao fato de as feministas sufragistas inglesas terem defendido suas reivindicações de forma barulhenta e violenta. Ver Christine Bard, *Un siècle d'antiféminisme,* Paris, Fayard, 1999, e Rachel Soihet, "Violência simbólica. Saberes masculinos e representações femininas", em *Revista Estudos Feministas,* v. 5, n. 1/97. Certamente, também, a reação machista às reivindicações feministas ajuda a reforçar os preconceitos.

[2] Costuma-se definir como "Primeira Onda" o movimento feminista que, no final do século xix e início do xx, reivindicava para as mulheres direitos políticos (votar e ser eleita), direito à educação com currículos iguais aos dos homens e direito ao trabalho remunerado com salário igual por trabalho igual. "Segunda Onda" denomina o movimento iniciado a partir de meados dos anos 1960 e que acrescenta reivindicações referentes à sexualidade (direito ao prazer), ao corpo (aborto e contracepção). Essa classificação, entretanto, tem sido questionada por alguns estudiosos. Ver Clare Hemmings, "Contando estórias feministas", em *Revista Estudos Feministas,* v. 17, n. 1, 2009, p. 215-241.

³ Iniciada em 1964 e tornada mais poderosa a partir de 13 de dezembro de 1968, com o AI-5 (Ato Institucional número 5).
⁴ Quando a maioria esmagadora dos participantes são mulheres, o movimento social é chamado de "movimento de mulheres". O feminismo é um tipo específico de movimento de mulheres.
⁵ Nos contingentes que se deslocaram progressivamente das áreas rurais para as áreas urbanas, havia um grande número de mulheres. Esse deslocamento deu-se, em grande parte, pelo desenvolvimento da indústria agropecuária, que dispensou mão de obra no campo e concentrou a propriedade em torno de grandes empreendimentos.
⁶ Isso era uma novidade com relação às manifestações da primeira metade do século XX, nas quais os homens eram maioria quase absoluta.
⁷ A primeira marcha de mulheres de direita ocorreu em São Paulo, em 19 de março de 1964, e era uma resposta ao comício do então presidente da República João Goulart, realizado em 13 de março daquele ano, quando foram anunciadas as reformas de base. As "marchadeiras" repudiavam essas reformas, que consideravam "comunizantes"; ou seja, poderiam levar ao comunismo. Outra grande manifestação de mulheres de direita ocorreu em 2 de abril de 1964, logo após o Golpe Militar. Ver Janaina Martinas Cordeiro, *"A nação que se salvou a si mesma": entre memória e história, a campanha da mulher pela democracia (1962-1974)*, Niterói, 2008, Dissertação de Mestrado, UFF.
⁸ A *Passeata dos 100 mil* foi feita contra a ditadura militar e sob o impacto da morte do estudante Edson Luís de Lima Souto, assassinado pela polícia militar no restaurante universitário chamado Calabouço.
⁹ *Clubes de mães* eram agrupamentos de mulheres ligadas às igrejas dos bairros populares que se reuniam para aprender e executar trabalhos manuais; com o tempo, muitas delas passaram a refletir criticamente sobre sua situação social e os problemas de seu bairro, o que as levou a reivindicar perante as autoridades melhores condições de vida. O *movimento por creches* manifestava-se diante de órgãos públicos especificamente pela construção de instituições que abrigassem as crianças enquanto suas mães trabalhavam. As *marchas da "panela vazia"* eram manifestações de rua em que mulheres batiam nas panelas ("panelaço"), fazendo muito barulho, exigindo o congelamento dos preços dos gêneros alimentícios de primeira necessidade. Essas marchas foram muito comuns no início dos anos 1980, devido ao crescimento da inflação. Também foram feitos "panelaços" nas manifestações a favor dos presos políticos e das eleições diretas.
¹⁰ *Casas da mulher* eram abrigos construídos para receber mulheres ameaçadas pela violência doméstica.
¹¹ Vera Soares, "Movimento feminista. Paradigmas e desafios", em *Revista Estudos Feministas*, n. especial/ 2º semestre/1994, p. 11-24.
¹² É deste período o intenso movimento pela independência de diversos povos que haviam vivido, até meados do século XX, sob o domínio – como protetorado, colônia ou província – de nações europeias. Os "movimentos de libertação" que surgiram em vários locais na África e na Ásia inspiraram, também, as mulheres.
¹³ Muitas das informações sobre grupos como esse no Brasil foram obtidas através de entrevistas realizadas pela equipe do Laboratório de Estudos de Gênero e História da Universidade Federal de Santa Catarina entre 2003 e 2008. Utilizamos neste texto dados obtidos em entrevistas com Maria Odila Leite da Silva Dias, Júlia Silvia Guivant, Júlia Matias de Albuquerque, Maria Amélia de Almeida Teles, Danda Prado e Maria Lygia Quartim de Moraes.
¹⁴ Ver Anette Goldberg, *Feminismo e autoritarismo: a metamorfose de uma utopia de liberação em ideologia liberalizante*, Rio de Janeiro, 1987, Dissertação de Mestrado, IFCS, UFRJ, e Céli Regina Jardim Pinto, *Uma história do feminismo no Brasil*, São Paulo, Fundação Perseu Abramo, 2003.
¹⁵ Moema Toscano e Mirian Goldenberg, *A revolução das mulheres: um balanço do feminismo no Brasil*, Rio de Janeiro, Revan, 1992, p. 55.
¹⁶ Alfred Charles Kinsey publicou *Sexual Behavior in the Human Male* (1948) e *Sexual Behavior in the Human Female* (1953). William Howell Masters e Virginia Eshelman Johnson formaram uma equipe de trabalho sobre sexualidade humana muito importante; seus livros mais significativos foram: *Human Sexual Response* (1966) e *Human Sexual Inadequacy* (1977). Shere Hite notabilizou-se, principalmente, por discutir a sexualidade feminina; seus livros *Sexual Honesty, by Women, For Women* (1974) e *The Hite Report on Female Sexuality* (1976) foram traduzidos no Brasil. Ver Roselane Neckel, *Pública vida íntima: a sexualidade nas revistas femininas e masculinas (1969-1979)*, São Paulo, 2004, Tese de Doutorado em História do Brasil, Pontifícia Universidade Católica de São Paulo.

[17] Convém lembrar que outros métodos contraceptivos eram conhecidos há muito tempo. Há relatos de coito interrompido até na *Bíblia*, o "pecado de Onan": no *Gênesis*. Ver a respeito Jean-Louis Flandrin, *Famílias: parentesco, casa e sexualidade na sociedade antiga*, Lisboa, Estampa, 1991, p. 230-231.
[18] Juliet Mitchell, *La condición de la mujer*, Barcelona, Anagrama, 1977, p. 63-66.
[19] Entrevista com Maria Luiza Heilborn, apud Anette Goldberg, op. cit., 1987, p. 101.
[20] O ano de 1975 foi declarado pela ONU (Organização das Nações Unidas) o Ano Internacional da Mulher. A ONU também promoveu, na Cidade do México, a Primeira Conferência do Ano Internacional da Mulher, entre 19 de junho e 2 de julho de 1975.
[21] Ver Joana Maria Pedro, "Narrativas fundadoras do feminismo: poderes e conflitos (1970-1978)", em *Revista Brasileira de História*, São Paulo, ANPUH, n. 52, v. 26, 2006, p. 249-272; Rose Marie Muraro, *Memórias de uma mulher impossível*, Rio de Janeiro, Record/Rosa dos Tempos, 1999, p. 176-177 e Céli Regina Jardim Pinto, *Uma história do feminismo no Brasil*, São Paulo, Fundação Perseu Abramo, 2003, p. 58.
[22] Anette Goldberg, op. cit., p. 121.
[23] "Reflexões sobre o feminismo", em *Coletivo de Mulheres do Rio de Janeiro*, jul. 1980, p. 2.
[24] O coito interrompido e a camisinha, dois métodos muito antigos, dependiam da destreza dos homens.
[25] Céli Regina Jardim Pinto, op. cit., p. 58.
[26] Rosalina de Santa Cruz Leite, "*Brasil Mulher* e *Nós Mulheres*: origens da imprensa feminista brasileira", em *Revista Estudos Feministas*, Florianópolis, 11(1): 234-41, jan./jun. 2003. Maria Amélia de Almeida Teles, *Breve história do feminismo no Brasil*, São Paulo, Brasiliense, 1993.
[27] *Debate* era uma dissidência política surgida no exílio que agrupava ex-militantes da Vanguarda Popular Revolucionária (VPR), da Vanguarda Armada Revolucionária Palmares (VAR-Palmares) e do Partido Comunista Brasileiro (PCB), além de mulheres autônomas. Ver Rosalina de Santa Cruz Leite, op. cit.
[28] Ver Elisabeth Cardoso, "Imprensa feminista brasileira pós-74", em *Revista Estudos Feministas*, Florianópolis, 12 (N.E.): 37-55, set./dez. 2004, p. 46-49.
[29] Jo Freeman, *A tirania das organizações sem estrutura*, São Paulo, Index Librorum Prohibitorum, 2002, p. 7.
[30] Maria Lygia Quartim Moraes, *A experiência feminista dos anos setenta*, Araraquara, Unesp, 1990, p. 29.
[31] "Editorial", em *Nós Mulheres*, São Paulo, n. 6, p. 2, ago./set. 1977.
[32] Apenas em São Paulo, em 1984, surge um periódico com o título *Folha Feminista*. Os demais, com o título de *Feminista*, serão publicados apenas nos anos 1990. Ver Elisabeth Cardoso, op. cit., p. 46-49.
[33] Depoimento de Albertina Costa, no "Colóquio Internacional Gênero, Feminismos e Ditaduras no Cone Sul", ocorrido na UFSC, em Florianópolis, entre 4 e 7 de maio de 2009.
[34] Este depoimento aparece em Albertina de Oliveira Costa et al., *Memórias do exílio*, Rio de Janeiro, Paz e Terra, 1980, v. II, p. 414.
[35] Convém salientar que, no Brasil, foi somente a partir de 1979 que feministas lésbicas passaram a atuar como grupo específico. Inicialmente ligadas ao SOMOS (Grupo de Afirmação Homossexual de São Paulo), a partir de 1980 formaram, em separado, o Grupo Lésbico-Feminista, que adotou, em 1981, a sigla GALF (Grupo de Ação Lésbico-Feminista), reivindicando respeito por suas escolhas. Ver Marylucia Mesquita, *Revista Lábia do GALF* – Grupo de Activistas Lesbianas Feministas Terceira Época, Lima, n. 18, diciembre 2004. Site: http://www.galf.org/
[36] Ver Soraia Carolina Mello, *Feminismos de Segunda Onda no Cone Sul: problematizando o trabalho doméstico (1970-1989)*, Florianópolis, 2010, Dissertação de Mestrado em História, UFSC.
[37] *Nosotras*, Paris, ano I, n. 1, jan. 1974, p. 1.
[38] *Patriarcado* é o nome dado à formação social na qual os homens detêm o poder. É quase sinônimo do conceito de *dominação masculina* e produz a *opressão das mulheres*. A ideia do *patriarcado* (ou *sistema patriarcal*) como o inimigo principal foi exposta no artigo de Christine Delphy, "L'ennemi principal". *Partisans*. Libération des Femmes Anné, em Paris, F. Maspéro, 1974.
[39] *Nós Mulheres*, n. 6, p. 2, ago./set. 1977.
[40] Entrevista com Armando Ribeiro, que militou no PCB, casado com a feminista Maria do Espírito Santo Tavares dos Santos, realizada em 4 de maio de 2004 por Marcos Montysuma, no Rio de Janeiro.
[41] Albertina Costa, "É viável o feminismo nos trópicos? Resíduos de insatisfação, São Paulo, 1970", em *Cadernos de Pesquisa*, São Paulo, Fundação Carlos Chagas, n. 66, ago. 1988.
[42] A respeito do aparelhamento do feminismo, ver Anette Goldemberg, "Tudo começou antes de 1975: ideias inspiradas pelo estudo da gestação de um feminismo bom para o Brasil", em *Relações sociais de gênero X relações de sexo*, Departamento de Sociologia – Área de Pós-graduação, Núcleo de Estudos da Mulher e Relações de Gênero, 1989. Ver, também, Céli Regina Jardim Pinto, op. cit.

[43] A peça de Eve Ensler foi publicada no, Brasil, pela Bertrand Russel. Essa mesma peça seria encenada em outro momento com adaptação de Miguel Falabela, no Brasil.

[44] Ver Rose Marie Muraro, op. cit.

[45] Esta campanha surgiu após o primeiro julgamento, com absolvição, de Doca Street, pelo assassinato de Ângela Diniz. Ver o capítulo sobre violência contra a mulher, neste livro, escrito por Lana Lage e Maria Beatriz Nader.

[46] Chamou-se Abertura Política ao período imediatamente posterior à distensão "lenta, gradual e segura", anunciada no governo do presidente general Ernesto Geisel (1974-1979). Esta Abertura foi caracterizada pela redução da censura e pelo retorno lento das liberdades democráticas. Só foi concluída em 1985, com a eleição indireta de Tancredo Neves para a presidência da República.

BIBLIOGRAFIA

CARDOSO, Elisabeth. Imprensa feminista brasileira pós-74. *Revista Estudos Feministas*. Florianópolis, 12 (N.E.): 37-55, set./dez. 2004.

COSTA, Albertina. É viável o feminismo nos trópicos? Resíduos de insatisfação – São Paulo, 1970. *Cadernos de Pesquisa*. São Paulo, Fundação Carlos Chagas, n. 66, ago. 1988.

GOLDBERG, Anette. *Feminismo e autoritarismo*: a metamorfose de uma utopia de liberação em ideologia liberalizante. Rio de Janeiro, 1987. Dissertação (Mestrado em Ciências Sociais) – Instituto de Filosofia e Ciências Sociais, Universidade Federal do Rio de Janeiro, p. 121.

HIRATA, Helena et. al., *Dictionnaire critique du féminisme*. Paris: Presses Universitaires de France, 2000.

HEMMINGS, Clare. Contando estórias feministas. *Revista Estudos Feministas*, n. 1, v. 17, 2009, p. 215-241.

LEITE, Rosalina de Santa Cruz. Brasil mulher e nós mulheres: origens da imprensa feminista brasileira. *Revista Estudos Feministas*. Florianópolis, 11(1): 234-241, jan./jun. 2003.

MITCHELL, Juliet. *La condición de la mujer*. Barcelona: Anagrama, 1977.

MORAES, Maria Lygia Quartim. *A experiência feminista dos anos setenta*. Araraquara: Unesp, 1990.

MURARO, Rose Marie. *Memórias de uma mulher impossível*. Rio de Janeiro: Record/Rosa dos Tempos, 1999.

NECKEL, Roselane. *Pública vida íntima*: a sexualidade nas revistas femininas e masculinas (1969-1979). São Paulo, 2004. Tese (Doutorado em História do Brasil) – Pontifícia Universidade Católica de São Paulo.

PEDRO, Joana Maria. Narrativas fundadoras do feminismo: poderes e conflitos (1970-1978). *Revista Brasileira de História*. São Paulo, ANPUH, n.52, v. 26, 2006. p. 249-272.

PINTO, Céli Regina Jardim. *Uma história do feminismo no Brasil*. São Paulo: Fundação Perseu Abramo, 2003.

SOARES, Vera. Movimento feminista. Paradigmas e desafios. *Estudos Feministas*, n. especial, 2º semestre 1994, p. 11-24.

TELES, Maria Amélia de Almeida. *Breve história do feminismo no Brasil*. São Paulo: Brasiliense, 1993.

TOSCANO, Moema; GOLDENBERG, Miriam. *A revolução das mulheres*: um balanço do feminismo no Brasil. Rio de Janeiro: Revan, 1992.

DIREITO

A TRILHA LEGISLATIVA DA MULHER

Iáris Ramalho Cortês

Estamos em uma época de conquistas inéditas para as brasileiras no campo político. Diante das boas-novas, fica até difícil imaginar o longo, difícil e penoso percurso que nossas antecessoras tiveram que trilhar para chegar até aqui e quanto ainda falta para que as mulheres sejam respeitadas e consideradas cidadãs em sua plenitude, repartindo igualmente com os homens os espaços de poder, os afazeres domésticos e os cuidados com a família. Quanto ainda falta para as mulheres deixarem de ser vítimas da violência doméstica, receberem salários iguais aos dos homens, poderem optar por um aborto legal e seguro, entre várias outras reivindicações ainda pendentes na pauta feminista? Uma observação atenta da legislação e de sua história pode nos ajudar a fazer essa avaliação.

Desde a criação da primeira norma de conduta, a humanidade não parou mais de elaborar leis, decretos, portarias, ordens de serviços e tantos outros ordenamentos que regulamentam a convivência de forma geral ou tratam de algum tema específico, criam situações, procuram mudar comportamentos ou penalizar o descumprimento das normas já existentes. Esse conjunto de preceitos é identificado como legislação. Infelizmente, a maioria das legislações, incluindo a brasileira, principalmente no que diz respeito à família, tradicionalmente primou por colocar mulheres e homens em patamares desiguais, atribuindo a elas menos e menores direitos. Legislações mais igualitárias são algo bem recente em nossa história.

CONSTITUIÇÃO

Cada país possui sua legislação interna, sendo sua principal norma a Constituição, também chamada de Carta Magna. A Constituição estabelece a forma de Estado e de governo, as limitações e competência dos poderes Legislativo, Executivo e Judiciário, os relacionamentos com Estados estrangeiros e chega até a vida íntima das pessoas, determinando as relações sociais, definindo a forma aceita de família, os direitos e deveres individuais e coletivos. Enfim, como um grande guarda-chuva, a Constituição abraça cidadãs e cidadãos e determina como deverão ser escritas normas específicas relacionadas aos direitos civil, penal, previdenciário, trabalhista, entre tantos outros. Nenhuma lei, código, decreto, portaria, ordem de serviço, enfim, qualquer tipo de legislação pode contrariar a Constituição sob pena de ser considerada nula, sem validade jurídica.

O Brasil já passou por oito Constituições, sendo a primeira a de 1824, dois anos após tornar-se independente de Portugal. Essa Constituição, quando falava de "cidadãos brasileiros", na verdade, falava do homem com propriedades, pois a mulher – juntamente com os escravos e os homens livres pobres – estava excluída de praticamente todos os atos da vida civil, como votar e ser votada, exercer cargo público, entre outras restrições.

A segunda Constituição, a de 1891, foi elaborada em clima republicano. O Brasil havia, em apenas um ano e meio, abolido a escravatura e a monarquia. Ampliando os direitos dos cidadãos, reconheceu o casamento civil como o único válido e determinou sua gratuidade. Não admitiu privilégios de nascimento, desconheceu foros de nobreza e extinguiu ordens honoríficas e suas regalias. Afirmou que "todos são iguais perante a lei", entretanto, mesmo tendo sido inspirada por princípios de igualdade, liberdade e fraternidade, nesses "todos", as mulheres não estavam incluídas.

Só 112 anos depois da Independência é que foi elaborada uma Constituição que consagrou explicitamente o princípio da igualdade entre os sexos, proibindo diferença de salário para um mesmo trabalho por razão do sexo e o trabalho das mulheres em indústrias insalubres. Garantiu assistência médica e sanitária à gestante e descanso à mulher antes e depois do parto. Com relação à família, a Constituição de 1934 criou um artigo específico, afirmando que o casamento civil era indissolúvel. Estabeleceu que, se celebrado perante autoridade competente, o casamento religioso teria os efeitos do civil e definiu que a lei civil determinaria os casos de desquite e anulação do casamento.

Três anos antes, por Decreto, a mulher conquistara o direito de votar e ser votada. Finalmente, a luta que teve início por volta de 1850 e tomou impulso em 1917 teve um final feliz, concretizando sonhos do movimento sufragista. Porém, esse direito veio com reservas, que acabaram incluídas no texto da Constituição de 1934: "O alistamento e o voto são obrigatórios para os homens e para as mulheres, quando essas exerçam função pública remunerada, sob as sanções e salvas as exceções que a lei determinar."

Em 1937, uma Constituição autoritária, imposta pelo presidente Getúlio Vargas, fechou o Congresso Nacional e extinguiu os partidos políticos. Em termos de cidadania, preservou algumas conquistas anteriores, acrescentando as garantias de assistência a famílias de prole numerosa, de educação integral das crianças e de reconhecimento facilitado para os filhos naturais, agora, por lei, com direitos iguais aos dos filhos legítimos. Especificamente para as mulheres, preservou o direito ao voto, eliminando as reservas.

A Constituição de 1946 trouxe um retrocesso para as mulheres ao eliminar a expressão "sem distinção de sexo" diante da afirmação de que "todos são iguais perante a lei". Com isso, retornou aquela antiga polêmica: "todos" inclui as mulheres? Quando? Onde? Entretanto, inovou ao estabelecer a assistência à maternidade, à infância e à adolescência como obrigatória em todo o território nacional; ao acrescentar aos motivos que proibiam diferença de salário para um mesmo trabalho, a idade, a nacionalidade e o estado civil; ao tornar o não pagamento de pensão alimentar (*inadimplemento*) razão para a prisão civil do devedor.

Nossa penúltima Constituição, a de 1967, não apresentou grandes modificações. Fruto de um governo militar, trouxe como único avanço para as mulheres a redução do prazo para aposentadoria de 35 para 30 anos de serviço.

Já em 1969, em pleno regime ditatorial, foi criada uma Junta Militar (formada pelos comandantes do Exército, da Marinha e da Aeronáutica e pelo presidente da República) com poderes constituintes. A Constituição de 1967 não foi discutida no Legislativo, embora tivesse tido apoio de vários políticos. Incorporou os dezessete Atos Institucionais (AI) baixados desde 1964, ano da tomada do governo pelos militares. A edição de Atos Institucionais havia sido a forma que os militares encontraram para desarticular a democracia brasileira.

De todos os atos institucionais, o mais temido e truculento foi o AI-5, que suspendeu a garantia do *habeas corpus* para determinados crimes; deu ao presidente da República poderes para decretar estado de sítio; possibilitou a intervenção federal sem limites constitucionais; suspendeu direitos políticos e restringiu o exercício de direito público ou privado. Cassou mandatos eletivos e determinou recesso do Poder Legislativo Federal, estaduais e municipais, entre outras restrições de direito e cidadania que afetaram igualmente homens e mulheres.

A Constituição de 1988

É nossa última e atual Constituição. Também chamada de "A Constituição Cidadã", foi elaborada com ampla participação da sociedade. O movimento de mulheres e feministas foi um dos grupos mais ativos e influenciou os constituintes com seu *"lobby* do batom", conseguindo incluir na nova Carta Magna a grande maioria de suas reivindicações de então.

Dentre as principais conquistas está a *isonomia* – igualdade de todos perante a lei, sem distinção de qualquer natureza. Homens e mulheres foram incluídos na Constituição com igualdade de direitos e obrigações, na vida civil, no trabalho, na família.

Com relação aos direitos humanos, foi estabelecida a proibição da tortura e do tratamento desumano ou degradante e garantida a punição de qualquer ação discriminatória e atentatória aos direitos e liberdades fundamentais, como, entre outras, a prática do *racismo*, definido como crime inafiançável, sujeito à pena de reclusão.

Os direitos sociais foram enumerados, bem como os direitos trabalhistas. Nestes últimos, o *"lobby* do batom" não conseguiu incluir as trabalhadoras domésticas no rol das demais categorias de trabalhadores brasileiros (e até hoje esta diferenciação é uma grande mancha que desvirtua a natureza cidadã de nossa constituição).

No capítulo dedicado à família, houve grandes inovações. Os direitos e deveres referentes à sociedade conjugal passaram a ser exercidos igualmente pelo homem e pela mulher, abolindo a posição superior e de chefia antes atribuída legalmente ao homem. Foram também reconhecidos os vários tipos de família constituídos: pelo casamento, pela união estável entre um homem e uma mulher; e por qualquer um dos cônjuges e seus filhos.[1]

O divórcio, já permitido no país desde 1977, tomou forma de preceito constitucional, mas ainda com restrições (só em 2010 alcançaria a plenitude).

Outra grande inovação da Constituição de 1988 foi a inclusão do planejamento familiar em seu texto. Ele afirma ser obrigação do Estado oferecer métodos educacionais e científicos a esse respeito, define o exercício do planejamento familiar como fruto de livre decisão do casal e proíbe qualquer forma de interferência coercitiva por parte de instituições oficiais ou privadas com relação a esse assunto. Certos direitos reprodutivos, porém, não foram contemplados, deixando no ar uma pergunta: se o exercício da maternidade/paternidade é livre decisão do casal e se é obrigação do Estado garantir tal liberdade, não seria também obrigação do Estado responsabilizar-se por permitir um aborto legal e seguro em casos de gravidez indesejada ou pelo tratamento médico adequado em casos de infertilidade?[2]

A Constituição de 1988 deu à mulher o direito ao título de domínio e a concessão de uso da terra, independentemente de seu estado civil, tanto na área urbana como na rural. (Na área rural, esse direito seria utilizado precariamente durante cerca de 15 anos, até ser devidamente regulamentado em 2003).[3]

Outras tantas inovações esta Constituição de 1988, abrangente e democrática, trouxe para a sociedade brasileira. Entretanto, mais de vinte anos depois, o Congresso Nacional ainda não daria conta de regulamentar muitos dos seus dispositivos de modo a permitir que a "Constituição Cidadã" cumprisse totalmente seu papel.

LEGISLAÇÃO CIVIL

A legislação civil regulamenta as relações entre pessoas na sociedade e na família. Trata de negócios, propriedades e obrigações, além de estabelecer critérios e limites para essas relações. Acompanha, enfim, as pessoas desde antes do seu nascimento até depois de sua morte, estando presente nos momentos mais importantes e também nos simples atos da vida cotidiana.

A principal fonte do direito civil é a Constituição Federal, em seguida vem o Código Civil. Temos ainda como fonte do direito civil os usos e costumes, a jurisprudência etc., que podem ser utilizados quando não existe no Código Civil, ou em outra lei ordinária, o assunto que está sendo tratado.

Durante 86 anos estivemos sob a égide de um Código Civil sancionado em 1916 e que, aos poucos, foi se tornando obsoleto. É bem verdade que ele já havia se transformado, durante este período, em uma verdadeira colcha de retalhos, de tantas alterações, inclusões ou supressões sofridas, entretanto, todas as emendas ou remendos feitos não conseguiram atualizar seus preceitos de acordo com a evolução dos valores e anseios da sociedade.

Com relação à mulher, o Código Civil de 1916 esbanjou em discriminações, tratando-a como um ser inferior, "relativamente incapaz", necessitada da proteção, orientação e aprovação masculina. Para dar uma ideia, eis algumas afirmações originais do Código que hoje parecem piada sem graça, machista e preconceituosa:

   a) No casamento, a mulher, ao assumir o sobrenome do marido, assume a condição de sua companheira, consorte e auxiliar nos encargos da família, enquanto o marido é o "chefe da sociedade conjugal", o representante da família, o administrador dos bens comuns e dos particulares da mulher e o único com direito de fixar e mudar o domicílio da família.
   b) O casamento pode ser anulado caso haja "erro essencial sobre a pessoa do outro cônjuge" – entre esses "erros" está o "defloramento da mulher, anterior ao casamento e ignorado pelo marido", ou seja, o fato de a mulher não ter chegado virgem ao matrimônio.
   c) As mulheres casadas são "relativamente incapazes", portanto, caso queiram exercer uma profissão, necessitam da autorização do marido. Essa autorização do marido pode ser geral ou especial, mas deve constar de instrumento público ou particular previamente autenticado.[4] (Por outro lado, o homem tem a obrigação de prover a manutenção da família, salvo se o regime do casamento for de *separação de bens* – aí a mulher também é obrigada a contribuir para as despesas do casal; neste regime cada cônjuge administra seus bens).
   d) A mulher não pode, sem autorização do marido, além de outros atos, vender, aceitar ou rejeitar herança, dar seus imóveis particulares como garantia de dívidas, aceitar ser tutora,[5] curadora[6] ou qualquer encargo público.

e) A mulher só pode entrar com alguma ação na justiça, sem a autorização do marido, quando essa ação for contra o próprio marido.
f) Com relação aos filhos menores, o homem tem o privilégio de decidir sobre eles e sobre seus atos. É quem concede a emancipação ou consente o casamento. A mulher só tem, por lei, voz e voto caso o pai esteja morto ou ausente. O argumento é que, na mulher, a emoção predomina sobre a razão, tendo o homem mais discernimento para avaliar o que é melhor para o filho.

Quando o Código Civil de 1916 falava em indenização por dano físico ou moral, as medidas eram diferentes para homens e mulheres. No caso de indenização por atos ilícitos, se a vítima fosse "mulher solteira ou viúva ainda capaz de casar", o ofensor deveria dotá-la, segundo suas posses, as circunstâncias e a gravidade do defeito. Se a vítima fosse homem, a indenização consistiria no pagamento das despesas do tratamento e os lucros cessantes até o fim da convalescença, além de importância da multa no grau médio da pena criminal correspondente, sendo duplicada se do ferimento resultar aleijão ou deformidade. O Código acrescentava:

> A mulher agravada em sua honra tem direito a exigir do ofensor, se este não puder ou não quiser reparar o mal pelo casamento, um dote correspondente à condição e estado da ofendida: I. Se, virgem e menor, for deflorada. II. Se, mulher honesta, for violentada, ou aterrada por ameaças. III. Se for seduzida com promessas de casamento. IV. Se for raptada.

Os Códigos (Civil e Penal) não explicitaram o que seria "mulher honesta". Por outro lado, em nenhum momento usaram a expressão "homem honesto", isto porque a honestidade era vista por ângulos diferentes: enquanto um homem era considerado "honesto" quando não praticava atos ilícitos em sua vida pública, como roubar, chantagear, explorar etc., a mulher era considerada "honesta" em razão de sua pureza, discrição, vida sexual restrita ao casamento, ou seja, era avaliada por sua vida privada.

O Código Civil de 1916 ainda previa o instituto do *dote*, uma das modalidades de regime de bens no casamento que deveria constar na escritura antenupcial e que consistia em uma quantia em dinheiro ou em bens que os pais da noiva entregavam ao noivo no dia do casamento.[7] (O dote ainda existe em alguns países. No Brasil, apesar de constar no Código Civil de 1916 até a data de sua revogação, 2002, nunca foi obrigatório e sim um costume machista que foi desaparecendo aos poucos.)

No título da *sucessão*, o Código Civil de 1916 dizia que: "Ao cônjuge sobrevivente, no casamento por comunhão de bens, cabe continuar, até a partilha, na posse da herança, com cargo de cabeça do casal." Trazia, entretanto, uma ressalva no caso de o cônjuge sobrevivente ser a mulher: só teria o mesmo direito se ela estivesse vivendo com o marido ao tempo de sua morte.

Na parte referente aos motivos permitidos para a *deserdação* de descendentes por seus ascendentes, figurava a "desonestidade da filha que vive na casa paterna".

Alterações no Código Civil de 1916

Muitas dessas que aos nossos olhos de hoje parecem aberrações acabaram sendo abolidas ao logo dos anos por leis ordinárias, pela falta de uso ou por julgados de tribunais transformados em jurisprudência, contribuindo para que nossa legislação civil refletisse um pouco mais as mudanças dos costumes da sociedade.

Em termos de legislações que alteraram o Código Civil de 1916, temos como uma das principais o Estatuto da Mulher Casada (Lei n. 4.121/1962), que mudou radicalmente a vida das esposas no Brasil. Suprimiu o artigo que dizia que as mulheres casadas eram "relativamente incapazes" para praticar certos atos, necessitando da assistência do marido. (Este dispositivo era um atestado da desigualdade entre marido e esposa no controle da propriedade e da família.) Também pelo Estatuto, a mulher que contrai novas núpcias tem o *pátrio poder* sobre os filhos havidos no casamento anterior, sem qualquer interferência do novo marido.

Apesar do avanço alcançado pelo Estatuto de 1962, a mulher ali ainda era considerada a "colaboradora" do marido e, só quando exercesse profissão lucrativa, tinha o direito de "praticar todos os atos inerentes ao seu exercício e a sua defesa".

A Lei do Divórcio (Lei 6.515/77) foi outro divisor de águas com relação ao casamento civil no Brasil. Para que esse remédio jurídico se concretizasse, foi preciso muita luta por parte de seus defensores homens e mulheres.[8]

O casamento havia sido domínio exclusivo da Igreja Católica do século XVI ao século XVIII, regido pelas leis eclesiásticas, sem qualquer interferência do Estado. Mesmo quando admitia que os cônjuges já estavam separados, considerava apenas uma *separação de corpos*, pois o vínculo matrimonial indissolúvel continuava a existir, sem permitir aos envolvidos nenhuma outra união. Do estágio de casamento-sacramento, no qual apenas as pessoas que professavam a religião católica podiam casar-se oficialmente, à possibilidade de casamento entre pessoas que não professam a mesma religião passaram-se cerca de 300 anos.

Com a proclamação da República, o Estado brasileiro tornou-se laico e o *casamento civil* substituiu o casamento religioso, que continuou como uma opção de festividade solene, entretanto, sem validade civil. Em janeiro de 1890, o presidente Deodoro da Fonseca, influenciado pelo ministro Campos Sales, adepto do divórcio, promulgou o Decreto n. 181, que regulamentou o casamento civil, incluindo o instituto do divórcio. Em que pese o termo *divórcio*, as limitações continuaram, só permitindo a separação de corpos, sem cortar o *vínculo matrimonial*.

Quando foi instituído o casamento civil em substituição ao casamento religioso houve uma grande resistência por parte da Igreja Católica, a ponto de seus representantes incitarem os paroquianos a não se submeterem ao Decreto que o institucionalizou. Para conter este fundamentalismo religioso, foi necessário outro decreto, estabelecendo que: "O ministro de qualquer confissão, que celebrar as cerimônias religiosas do casamento antes do ato civil, será punido com seis meses de prisão e multa correspondente à metade do tempo" (Decreto n. 521, de 26 de junho de 1890).

O Código Civil de 1916 introduziu no Brasil o termo *desquite*, um artifício encontrado pelos divorcistas para aplacar um pouco os ânimos dos antidivorcistas. O desquite permite a separação de corpos e põe fim ao regime matrimonial de bens, entretanto a pessoa desquitada não pode casar novamente, pois o vínculo conjugal continua a existir.

A *indissolubilidade*[9] do casamento apareceu na Constituição de 1934, bem como a adoção do casamento religioso com efeito civil.[10] As Constituições seguintes adotaram o mesmo modelo: *casamento civil*; *casamento religioso com efeitos civis* e *indissolubilidade*.

Finalmente, em 1977, foi aprovada a Emenda Constitucional n. 9/77, que tornou possível a dissolução do vínculo matrimonial. A Lei do Divórcio alterou o Código Civil, entretanto, veio repleta de condicionalidades: a) só poderia ocorrer uma vez; b) primeiro teria que haver uma separação judicial de três anos para então se requerer o divórcio; c) se não houvesse a prévia separação judicial, só seria possível com uma separação de fato por cinco anos.

Posteriormente, esses prazos foram diminuídos para um ano (*separação judicial*) e dois anos (*divórcio direto*); foi admitida a separação ou divórcio consensual pela via administrativa[11] quando não existissem filhos menores ou incapazes; foi retirada a proibição de mais de um divórcio, entre outras mudanças necessárias.

Em 2010, depois de 34 anos de admitido o divórcio no Brasil, foi aprovada a Emenda Constitucional n. 66, que excluiu todas as condicionalidades, inclusive a necessidade de separação judicial prévia. Assim, o divórcio direto sem prazo preestabelecido chegou finalmente à legislação brasileira, regulamentando situações de homens e mulheres que se sentiam presos a laços que não mais existiam, podendo ser requerido de forma simples e rápida. Porém, a adaptação da mudança ao Código Civil Brasileiro não foi automática, causando muita polêmica nesta questão jurídica e transtornos para as pessoas envolvidas.

Fazendo um breve balanço do reinado do Código Civil de 1916, vemos que ele passou por dezenas de cirurgias plásticas para conservar-se em vigor e poder acompanhar a dinâmica da sociedade. Tabus foram quebrados e restrições com relação às mulheres, abolidas. Além do Estatuto da Mulher Casada e da Lei do Divórcio, várias outras mudanças ocorreram, como, por exemplo: as ações de *alimentos* adquiriram um rito especial, tornando mais fácil e mais ágil seu procedimento; companheiros poderiam usar o sobrenome um do outro; a possibilidade de investigação de paternidade dos filhos havidos fora do casamento, dando direito à mãe de registrar o nascimento do menor com o sobrenome do pai; o direito de companheiros a *alimentos*[12] e *sucessão*[13] e o reconhecimento da *união estável*[14] como entidade familiar.

Outra legislação que veio consagrar o princípio da igualdade entre homens e mulheres foi o Estatuto da Criança e do Adolescente (ECA), que entrou em vigor em 1990. O ECA estabelece que o pátrio poder seja exercido "em igualdade de condições pelo pai e pela mãe" e que o dever de sustento, guarda e educação dos filhos caiba a ambos.

O Código Civil de 2002

Em junho de 1975, o Congresso Nacional iniciou a discussão do Projeto de Lei n. 634, que viria trazer para homens e mulheres brasileiros um novo Código Civil. Desde antes desta data, grupos de mulheres já apresentavam sugestões para a mudança do antigo Código Civil. Muitas dessas sugestões acabariam incluídas na redação final do projeto de 1975.

A caminhada pelos corredores do Congresso Nacional durou mais de 26 anos e teve cerca de 300 emendas. O novo Código foi aprovado no final de 2001 e sancionado em 10 de janeiro de 2002, transformando-se na Lei n. 10.406, vigorando a partir do dia 11 de janeiro de 2003. Possui mais de dois mil artigos e cerca de o dobro ou triplo de parágrafos, incisos e itens. Vejamos um pouco do muito que contém sobre a família e suas relações.

Como não podia deixar de acontecer, depois de tanto tempo de tramitação, tendo sido discutido em seis legislaturas, o novo Código Civil já nasceu com aspecto maduro e provocando polêmica. Será que veio com a "porção mulher" mais definida, ou o masculino continuou a imperar?

Logo de saída, as mulheres têm a grata satisfação de serem consideradas "pessoas", assim como os homens: o artigo que desde 1916 dizia "Todo homem é capaz de direitos e obrigações na ordem civil" passou a ser "Toda pessoa é capaz de direitos e deveres na ordem civil". Parece simplória essa mudança, mas, na realidade, vem desmistificar a soberania do homem como representante gramatical da humanidade e poderá servir como um marco educativo para mudanças na nossa linguagem.

O Código Civil de 2002 manteve alguns ranços herdados do Código Civil de 1916. No Capítulo Da Família, por exemplo, temos que a autorização para casamento de menores de 16 anos pode ser dada "para evitar imposição ou cumprimento de pena criminal" (porque fazer sexo com menores é proibido) ou "em caso de gravidez".

Com relação aos avanços do Código de 2002, vemos que a isonomia entre mulheres e homens na família ficou mais nítida. No Livro Do Direito de Família, o novo Código Civil estabelece que "o casamento é a comunhão plena de vida, com base na igualdade de direitos e deveres dos cônjuges". Reforça que o casamento, no Brasil, só é considerado quando realizado entre um homem e uma mulher e expressa que: "Pelo casamento, homem e mulher assumem mutuamente a condição de consortes, companheiros e responsáveis pelos encargos da família." Mais adiante, afirma que "A direção da sociedade conjugal será exercida, em colaboração, pelo marido e pela mulher, sempre no interesse do casal e dos filhos."

Com relação ao *casamento homoafetivo*,[15] apesar de não constar sua existência na legislação civil, o Poder Judiciário dos estados vem decidindo muitas vezes favoravelmente aos pedidos dos interessados. O Supremo

Tribunal Federal já se posicionou por reconhecê-lo como união estável e o Superior Tribunal de Justiça recentemente aprovou a realização de um casamento entre duas mulheres.

Com relação à adoção do nome do outro cônjuge, sabemos que a prática de a mulher adotar o nome da família do marido é bastante antiga. O nosso Código de 1916 estabelecia que a mulher, ao casar, deveria obrigatoriamente assumir o sobrenome do marido. A esposa não tinha escolha, deveria submeter-se. Foi apenas na década de 1970, com a Lei dos Registros Públicos, que adotar o sobrenome do marido passou a ser opcional: com o casamento ela "podia" adotar o sobrenome do marido. Já o novo Código oferece a possibilidade para qualquer dos nubentes, querendo, acrescentar ao seu nome o nome do outro, ou seja, o marido também pode acrescer ao seu nome o sobrenome da esposa. Ou ainda, ambos podem continuar com os sobrenomes de solteiros.

União estável

A Constituição Federal de 1988 reconheceu a *união estável* entre o homem e a mulher como entidade familiar. Posteriormente, em 1994,[16] uma lei regulamentou o direito dos companheiros a alimentos e à sucessão e, em 1996,[17] regulamentou esse instituto. Por sua vez, o Código Civil de 2002 adotou o dispositivo constitucional, repetindo o conceito adotado pela lei de 1996: caso não haja um contrato escrito, a união estável tem as mesmas consequências do casamento com relação ao patrimônio (regime de comunhão parcial de bens); às relações pessoais entre os companheiros (deveres de lealdade, respeito e assistência, e de guarda, sustento e educação dos filhos); e a impedimentos.[18] Se houver qualquer impedimento e não for uma relação eventual (um "namorico"), caracteriza-se o concubinato.

Além do tipo união estável, outro tipo de família foi incluído na legislação civil pelo novo Código: a comunidade formada por qualquer dos pais e seus filhos.

Poder familiar

O Código Civil de 2002 adota a expressão *poder familiar*, em substituição a *pátrio poder*, do Código de 1916 – isto pode ser visto como mais uma ruptura com relação à conceituação sexista, já que a palavra *pátrio* remetia à palavra *pai*. Mais adiante, o Código continua afirmando a isonomia quando diz que se houver divergência com relação à prole, qualquer dos cônjuges poderá recorrer ao juiz, que então decidirá com base no interesse das crianças ou adolescentes envolvidos.

A lei estabelece que a guarda dos filhos menores poderá ser *unilateral* ou *compartilhada.* Unilateral é quando a criança ou adolescente fica sob a responsabilidade exclusiva da mãe ou do pai. A guarda é compartilhada quando a responsabilização de exercer os direitos e deveres é conjunta, do pai e da mãe, mesmo que não vivam sob o mesmo teto (essa regra se refere exclusivamente aos filhos comuns do casal; quando se trata de filhos de leito anterior, a responsabilidade é do seu genitor ou genitora). Em caso de desacordo, será aplicada, sempre que possível, a guarda compartilhada.

O pai (ou a mãe) que não estiver com a guarda dos filhos poderá visitá-los e tê-los em sua companhia, segundo o que acordar com o outro cônjuge, ou for fixado pelo juiz. Poderá também fiscalizar sua manutenção e educação. O direito de visita estende-se a qualquer dos avós.

Se houver filho fora do casamento, ele poderá ser reconhecido pelos pais, conjunta ou separadamente, e esse reconhecimento é irrevogável.

Em caso de separação, se o pai (ou a mãe) casar-se novamente ou estabelecer uma união estável, ele (ou ela) continuará a deter os direitos ao poder familiar com relação aos filhos do relacionamento anterior e o novo cônjuge ou companheiro não poderá interferir nesse poder.

O pai (ou a mãe) poderá perder ou ter suspenso o poder familiar caso abuse de sua autoridade, falte aos seus deveres ou arruíne os bens dos filhos; cometa crime cuja pena seja superior a dois anos e a sentença seja irrecorrível; castigue imoderadamente o filho; deixe-o em abandono ou pratique atos contrários à moral e aos bons costumes.

Sustento da família

Partindo do princípio de que "a todo direito corresponde um dever", este novo Código, além de estabelecer o direito da igualdade, estabelece, também, a igualdade nas obrigações. Assim, as despesas com a família – educação, saúde, habitação, vestimenta, lazer, entre tantas outras – devem ser repartidas entre o homem e a mulher. Essa obrigação deve ser cumprida qualquer que seja o regime patrimonial e também em caso de separação do casal.

Divórcio

No capítulo do Código Civil dedicado à dissolução da sociedade conjugal e ao divórcio, questões que já haviam sido retiradas da nossa legislação com a Lei do Divórcio (6.515/77[19]), como o *adultério*[20] e o *abandono voluntário do lar conjugal*, voltaram de forma explícita, como motivos para separação judicial litigiosa.

Por fim, a Emenda Constitucional n. 66, de 2010, acaba com toda e qualquer polêmica, e sem usar subterfúgios diz pura e simplesmente: "O casamento civil pode ser dissolvido pelo divórcio."[21]

Planejamento familiar, direitos sexuais e reprodutivos

Duas inovações foram trazidas para o Código Civil. A primeira é tratar o *planejamento familiar* como livre decisão do casal, reproduzindo integralmente o texto constitucional e incluindo o tema como um artigo solto no Capítulo Da Eficácia do Casamento. A segunda é abordar a questão da inseminação artificial, mesmo que de forma superficial, sem maiores desdobramentos.[22] No texto, a *inseminação artificial* aparece como *presunção de filiação* no Capítulo Da Filiação: atendendo a determinados critérios, ela estabelece um vínculo não sanguíneo semelhante ao instituto da *adoção*.

No mundo inteiro, a questão da sexualidade tem passado por releituras (por conta de movimentos de mulheres, gays e feministas, entre outros) que procuram mudar os padrões que oprimem sua livre manifestação. Um dos seus efeitos é o reconhecimento de que os *direitos sexuais* não devem ficar entrelaçados aos *direitos reprodutivos* e sim ambos devem ser vistos como autônomos e paralelos, ou seja, para que sejam exercidos os direitos sexuais não é necessário exercer os direitos reprodutivos: uma pessoa pode gostar de fazer sexo, mas não deseja ter filhos. Por outro lado, para que os direitos reprodutivos sejam exercidos, não é obrigatório o exercício dos direitos sexuais: uma pessoa pode querer ser mãe ou pai e não deseja fazer sexo, para isso busca uma clínica especializada para fertilização artificial. Essa separação foi sendo construída no contexto da luta feminista por esses direitos e foi possível, em grande parte, a partir da descoberta da pílula e do DIU, entre outros métodos contraceptivos.

Durante muito tempo, as pessoas, em especial as mulheres, tiveram seus corpos controlados de um lado pela religião e de outro pelas políticas demográficas do momento. Até a década de 1950, em nosso país, se difundia a ideia de que o Brasil vivia um "vazio demográfico" e precisava ser povoado a qualquer custo. Com isso, a procriação foi incentivada por meio da legislação que protegia a maternidade e as famílias numerosas (sem levar em conta as dificuldades para criar e manter tantos filhos). Já nos anos 1960, passou a reinar o mito do "crescimento desenfreado" (a população seria tão grande que levaria ao empobrecimento do país), que conduziu à implantação de políticas controlistas, nunca oficiais nem abertas.[23]

Vigora no Brasil a Lei n. 9.263/1996, que trata do planejamento familiar. Essa lei foi discutida vários anos no Congresso Nacional, com a participação do movimento de mulheres e feministas. Define o *planejamento familiar* como "o conjunto de ações de regulação da fecundidade que garanta direitos iguais de constituição, limitação ou aumento da prole pela mulher, pelo homem ou pelo casal". Apesar de boa, na prática ainda não conseguiu uma aplicação satisfatória para todas as camadas da sociedade.

DIREITO PENAL

As regras estabelecidas no Direito Penal são fundamentais para a convivência humana, desrespeitá-las constitui crime, com penas cujo grau de severidade depende do ato praticado. A nossa Constituição estabelece que "não há crime sem lei anterior que o defina, nem pena sem prévia cominação legal". Também diz que "a lei penal não retroagirá, salvo para beneficiar o réu" (portanto, todo ato para ser crime tem que constar de alguma legislação antes de ser praticado). A Constituição define ainda quais os tipos de penas que podem ser ou não aplicados no Brasil[24] e quais são os crimes considerados *inafiançáveis* (não permitem que seja aceita nenhuma garantia em dinheiro para que o acusado responda o processo em liberdade), *imprescritíveis* (não têm prazo para serem considerados extintos) e *insuscetíveis de graça e de anistia* (não podem ser perdoados pelo Estado). Entre os inafiançáveis, imprescritíveis e insuscetíveis estão: a tortura, o tráfico de drogas ilícitas e afins, o terrorismo e aqueles definidos como *crimes hediondos*.

Nossa legislação ordinária tem uma lei específica para os crimes hediondos (Lei n. 8.072/1990) que inclui nessa categoria, entre outros, os crimes de *estupro* e de *estupro de vulnerável*.[25]

Além dessa lei, vigoram outras leis ordinárias que tratam de determinados crimes e suas respectivas penas. É o caso, por exemplo, do Estatuto da Criança e do Adolescente, do Estatuto do Idoso e da Lei Maria da Penha.

Código Penal

É no Código Penal que está relacionada a maioria dos atos considerados crime e suas respectivas penas. O artigo primeiro do nosso Código Penal em vigor repete os princípios constitucionais da legalidade ("Não há crime sem lei anterior que o defina") e da temporalidade ("Não há pena sem prévia cominação legal"). Assim, só é considerado crime se constar em lei, antes de cometido.

O primeiro Código Penal da República foi sancionado em 1890. Em 1940, passou a existir um novo Código, que ainda está em vigor, tendo sofrido alterações com o tempo.

Com relação à mulher, as leis penais brasileiras ao longo da história já apresentaram gravíssimas discriminações, tanto entre homem e mulher quanto ao diferenciarem as próprias mulheres. Por exemplo, "mulheres honestas" foram diferenciadas de "mulheres não honestas"; a lei só protegia a mulher de crimes de *natureza sexual* (como a prática de ato libidinoso diverso da conjunção carnal[26] ou diante do rapto mediante violência, grave ameaça ou fraude) se ela fosse considerada "honesta". Outra nítida evidência de machismo era o tratamento que a lei dava à mulher que casava sem ser virgem e não informava previamente o noivo sobre já ter sido "deflorada" – esse ato era considerado crime de *induzimento a erro essencial e ocultação de impedimento* e dava direito ao marido de pedir a anulação do casamento.

Na época do Brasil Colônia, as Ordenações Filipinas (de 1603 a 1830) estabeleciam que o homem "traído" que chegava a matar a mulher adúltera não cometia crime, pois a justificativa de "legítima defesa de injusta agressão à honra" isentava a punição de assassinos de esposas.

O Código Penal do Império, de 1830, considerava o adultério um crime *contra a segurança do estado civil e doméstico*; a mulher casada que cometesse esse crime seria punida com a pena de prisão de um a três anos e seu amante receberia a mesma pena; o marido que cometesse adultério só seria punido se tivesse concubina teúda e manteúda.[27] O primeiro Código Penal de 1890 repetiu o estabelecido no de 1830. Ocorreu o mesmo com a Consolidação das Leis Penais de 1932 e com a vinda do Código de 1940, ainda em vigor (aqui já com algumas alterações, por exemplo, nas penas, que passaram a ser menores e iguais para homens e mulheres, ou seja, detenção, de 15 dias a 6 meses).

A prática do adultério só deixou de ser crime na legislação penal brasileira em 2005. Permaneceu, porém, no Código Civil como um dos motivos para a dissolução do casamento, já que a "fidelidade recíproca" é considerada um dos deveres dos cônjuges.

Outras alterações do Código Penal brasileiro foram sendo feitas ao longo dos anos, conseguidas por meio de muita pressão de setores da sociedade que defendiam causas sociais e de direitos humanos.

Em 2009, com a Lei n. 12.015, todo o capítulo referente a crimes de *natureza sexual* foi alterado. O título passou "Dos Crimes Contra os Costumes – Dos Crimes Contra a Liberdade Sexual" para "Dos Crimes Contra a Dignidade Sexual – Dos Crimes Contra a Liberdade Sexual". O estupro, que antes era considerado crime apenas quando praticado contra mulheres, passou a ser considerado também quando praticado contra homens, pois a vítima passou a ser descrita como "alguém" e não apenas "a mulher". Também foi anexado a este artigo o crime de *ato libidinoso*.

Outro capítulo alterado por essa lei de 2009 foi o "Da Sedução e da Corrupção de Menores" que passou a se chamar "Dos Crimes Sexuais Contra Vulnerável", sendo que a pena foi aumentada nos casos de estupro de vulnerável. O crime de *sedução*[28] já havia sido revogado pela Lei n. 11.106, de 2005.

O trecho que antes se referia ao "lenocínio e do tráfico de mulheres" passou a ser intitulado "do lenocínio e do tráfico de pessoa para fim de prostituição ou outra forma de exploração sexual".

O que não mudou foi a questão do *aborto*. O nosso Código Penal, desde sua versão republicana, traz o aborto como um crime e assim continua até hoje, com a exceção de não ser punido quando é praticado para salvar a vida da mulher (*aborto terapêutico*) ou quando a gravidez é resultado de estupro. No dia 12 de abril de 2012, o Supremo Tribunal Federal (STF) declarou que a interrupção da gravidez de feto anencéfalo (sem cérebro) não se enquadra nos artigos do Código Penal que considera o aborto um crime. A decisão do STF tem força de lei e, assim, o Brasil passa a ter um tipo de aborto, se não legalizado, pelo menos descriminalizado. Importante saber que a interrupção da gravidez de feto anencéfalo só será realizada com a autorização da mulher.

Todas as alterações foram recebidas com regozijo pelos movimentos de mulheres e feministas, que durante muitos anos reivindicaram consertos no nosso Código Penal. Porém, nenhuma delas trouxe maior exultação do que a Lei n. 11.340, de 7 de agosto de 2006, que

> Cria mecanismos para coibir a violência doméstica e familiar contra a mulher, nos termos do § 8º do art. 226 da Constituição Federal, da Convenção sobre a Eliminação de Todas as Formas de Discriminação contra as Mulheres e da

Convenção Interamericana para Prevenir, Punir e Erradicar a Violência contra a Mulher; dispõe sobre a criação dos Juizados de Violência Doméstica e Familiar contra a Mulher; altera o Código de Processo Penal, o Código Penal e a Lei de Execução Penal; e dá outras providências.

LEI MARIA DA PENHA

A Lei n. 11.340 (Lei de Combate à Violência Doméstica), ou Lei Maria da Penha, como ficou conhecida, foi elaborada de modo atípico. Um grupo de seis entidades feministas reuniu-se em um consórcio e, durante dois anos, discutiu e elaborou uma minuta do que seria uma lei adequada de combate à violência doméstica, nos moldes das reivindicações e sonhos presentes no movimento de mulheres feministas desde a década de 1970, quando resolveram dar visibilidade à violência contra a mulher e combatê-la por todos os meios. A Lei Maria da Penha, fruto de toda essa luta, não é uma lei qualquer. É *aquela lei* com fins sociais que pegou e está na boca de todos os brasileiros.[29] Logo nos primeiros artigos, a Lei Maria da Penha conceitua a violência doméstica e familiar contra a mulher e apresenta suas diversas formas: física, sexual, psicológica, patrimonial e moral; aponta os locais de abrangência da lei: casa, trabalho, relações de afeto ou de convivência presente ou passada; estabelece medidas de assistência e proteção às mulheres em situação de violência doméstica e familiar.

Seus principais objetivos são o de prevenir (indicando ao Estado e à sociedade as políticas públicas necessárias para evitar a violência contra as mulheres), educar (mostrando os valores éticos, o respeito à dignidade da pessoa humana e a perspectiva de gênero, com programas educacionais e curriculares), mudar comportamentos (promovendo uma real transformação nos valores sociais baseados nos direitos humanos) e punir (aplicando penas mais severas que as anteriormente aplicadas).

Entre as dezenas de ações importantes relacionadas a essa lei, estão: a criação de Juizados Especiais e Centros de Atendimento Multidisciplinares, a utilização de dados e pesquisas ordenados e nacionais para planejar adequadamente as ações por ela previstas e a capacitação de profissionais envolvidos com a temática da violência doméstica. Como medidas integrais de prevenção, a lei incentiva a sensibilização dos meios de comunicação social e a criação de campanhas educativas voltadas tanto ao público escolar quanto à sociedade em geral.

Com relação às mulheres em situação de violência doméstica e familiar, a Lei Maria da Penha estabelece medidas de assistência e proteção, medidas integradas de prevenção e medidas protetivas de urgência.

Além disso, a lei articula a união do Poder Judiciário, Ministério Público e Defensoria Pública com as áreas de segurança pública, assistência social, saúde, educação, trabalho e habitação para ações preventivas e/ou de assistência às mulheres vítimas desse tipo de violência.

Ela também diz como e onde será desenvolvido o processo; fases; competências e julgamento e que os atos processuais poderão realizar-se em horário noturno, possibilitando à mulher vítima de violência doméstica buscar atendimento nas 24 horas do dia (em especial à noite, quando as agressões acontecem com mais frequência). A lei ainda proíbe a famosa "cesta básica" (antes comumente utilizada como "pagamento" pela agressão) ou qualquer outra prestação pecuniária, bem como a substituição de pena que implique o pagamento isolado de multa.

De fato, a lei aumenta a pena para crime de violência doméstica. E determina uma série de medidas protetivas de urgência que obrigam o *agressor* (por exemplo: suspensão da posse ou restrição do porte de armas; afastamento do lar, domicílio ou local de convivência com a ofendida; proibição de determinadas condutas, entre as quais, a aproximação ou contato com a ofendida, seus familiares e testemunhas; restrição ou suspensão de visitas aos dependentes menores, ouvida a equipe de atendimento multidisciplinar ou serviço similar; prestação de alimentos provisionais ou provisórios, podendo inclusive ser encaminhado para centros de educação e de reabilitação).

Pela lei, a *ofendida* tem direito a medidas protetivas de urgência, que, entre outras, são: encaminhamento a programa oficial ou comunitário de proteção ou de atendimento; recondução ao respectivo domicílio, após afastamento do agressor; afastamento do lar, sem prejuízo dos direitos relativos a bens, guarda dos filhos e alimentos e separação de corpos.

Com relação à proteção patrimonial da ofendida, pode ser ordenada a restituição de bens indevidamente subtraídos pelo agressor; proibição temporária para a celebração de atos e contratos de compra, venda e locação de propriedade em comum por parte do agressor, salvo expressa autorização judicial; suspensão das procurações conferidas ao agressor; prestação de caução provisória, mediante depósito judicial, por perdas e danos materiais decorrentes da prática de violência doméstica e familiar contra a ofendida.

Em todos os atos processuais, cíveis e criminais, a mulher deverá estar acompanhada de advogado e ter acesso aos serviços de Defensoria Pública ou de Assistência Judiciária Gratuita e será atendida por uma Equipe Multidisciplinar integrada por profissionais especializados nas áreas psicossocial, jurídica e de saúde.

Por fim, a Lei Maria da Penha aponta, embora sem obrigatoriedade, para a criação de centros de atendimento integral e multidisciplinar, casas-abrigos, delegacias, núcleos de defensoria pública, serviços de saúde e centros de perícia médico-legal especializados, programas e campanhas de enfrentamento da violência doméstica e familiar e centros de educação e de reabilitação para os agressores, por parte da União, do Distrito Federal, dos estados e dos municípios.

Uma questão importante é o estabelecimento de dotações orçamentárias específicas, em cada exercício financeiro, para a implantação das medidas estabelecidas nesta Lei, por parte da União, dos estados, do Distrito Federal e dos municípios, no limite de suas competências e nos termos das respectivas leis de diretrizes orçamentárias.

DIREITO DO TRABALHO

O Direito do Trabalho é o ramo do Direito que trata das relações de trabalho entre pessoas físicas ou entre pessoas físicas e jurídicas. No Brasil, sua principal fonte é a Consolidação das Leis do Trabalho, que foi elaborada em 1943 e que, embora repleta de emendas, supressões e inclusões, ainda está em vigor, determinando essas relações.

Para compreender a legislação trabalhista brasileira precisamos voltar à chamada Era Vargas, o período em que Getúlio Vargas foi presidente da República,[30] quando essa legislação sofreu grandes mudanças. De fato, Vargas aproveitou o tumulto mundial, político e econômico da época (ascensão do nazifascismo, Guerra Mundial) e, de modo populista, promulgou leis aparentemente favoráveis às classes trabalhadoras, mas que serviam também para evitar que os trabalhadores se unissem para reivindicar novos direitos.

Além de criar a Justiça do Trabalho, em 1939, Vargas homologou leis e decretos institucionalizando o salário mínimo, a semana de trabalho de 48 horas, a carteira profissional e as férias remuneradas. Formou uma comissão que consolidou toda a legislação trabalhista esparsa, unido-a na Consolidação das Leis do Trabalho, pelo Decreto-lei n. 5.452, de 1º de maio de 1943.

No mesmo ano, a nova Constituição incorporou a legislação trabalhista, incluindo, pela primeira vez no Brasil, a proibição de diferenças salariais por discriminação de sexo, idade, nacionalidade ou estado civil; estabeleceu salários mínimos regionais; jornada de oito horas; descanso semanal; férias anuais e remuneradas e indenização ao trabalhador em casos de demissão sem justa causa; regulamentou várias profissões e os sindicatos com representantes classistas na Câmara.

A Consolidação das Leis do Trabalho (CLT) reconheceu e regulamentou as relações dos trabalhadores brasileiros: mulheres, homens e menores, discriminando, entretanto, os trabalhadores rurais e os empregados domésticos.

Os trabalhadores rurais conseguiram alguns direitos com a Constituição de 1946. Com a Constituição de 1988, seriam igualados aos trabalhadores urbanos.

Quanto aos trabalhadores domésticos, cuja grande maioria é composta por mulheres, a luta para conseguir isonomia com as demais categorias tem sido árdua. A profissão foi reconhecida em 1972, passando com isso a ter direito a Carteira de Trabalho assinada; a ser segurada obrigatória da Previdência Social; receber salário-maternidade; férias de 20 dias e piso salarial não inferior a um salário mínimo.

A Constituição de 1988 conseguiu ampliar um pouco seus direitos sem, entretanto, igualá-los ainda às demais categorias de trabalhadores. Em 2001, foram contempladas com a possibilidade de, em caso de dispensa sem justa causa, receber o seguro-desemprego da Previdência Social, entretanto, esse benefício foi vinculado à sua inscrição como optante do FGTS e isso, por sua vez, depende da vontade dos patrões. Assim: a) se tiver inscrição no FGTS, recebe o seguro-desemprego; b) a inscrição no FGTS é opcional para o empregador; c) se não tem FGTS não tem seguro-desemprego. Dessa forma, poucas são as trabalhadoras domésticas que têm acesso ao programa do seguro-desemprego.

Em 2006, uma nova Lei (n. 11.324/2006) elevou um pouco mais os direitos dessa categoria: não podem ter descontos em seus salários pelo fornecimento de alimentação, vestuário, higiene ou moradia; as férias anuais, remuneradas, passam a ser de 30 dias com, pelo menos, 1/3 (um terço) a mais que o salário normal, após cada período de 12 meses de trabalho, prestado à mesma pessoa ou família. Fica proibida também a dispensa arbitrária ou sem justa causa da trabalhadora doméstica gestante desde a confirmação da gravidez até 5 meses após o parto.

A mulher e as leis trabalhistas

Atualmente, o grande problema da mulher trabalhadora brasileira é a falta de cumprimento da lei. Desde 1995, temos uma lei que proíbe "a exigência de atestados de gravidez e esterilização, e outras práticas discriminatórias, para efeitos admissionais ou de permanência da relação jurídica de trabalho". Apesar disso, em muitos empregos ainda existe a desigualdade de remuneração entre homens e mulheres que fazem o mesmo trabalho, além da exigência de atestado de gravidez e esterilização, as "revistas íntimas"[31] das trabalhadoras mulheres, o *assédio sexual* no ambiente de trabalho, entre outras formas de discriminação e constrangimento das mulheres trabalhadoras.

Pela Constituição Federal, a proteção à maternidade é um direito social e *licença-gestante* e *licença-paternidade* são direitos de trabalhadores urbanos e rurais, sem prejuízo do emprego e salário. A licença-maternidade é um direito trabalhista enquanto o *salário-maternidade*, hoje, é um benefício previdenciário (e que não está restrito apenas à trabalhadora empregada: tem direito ao salário-maternidade a trabalhadora avulsa, contribuinte individual, segurada especial e segurada facultativa).

A CLT trata do trabalho feminino em um capítulo próprio, que estabelece a proteção do trabalho da mulher, duração, condições do trabalho e da discriminação contra ela, fazendo entender que a adoção de medidas de proteção ao trabalho das mulheres é considerada de ordem pública, não justificando, em hipótese alguma, a redução de salário.

A preocupação específica com a mulher nas leis trabalhistas não é algo recente. Desde a segunda década do século XX, organismos internacionais como a Organização Internacional do Trabalho (OIT) pressionam os países-membros[32] por legislações, ações e programas nesse sentido. Ao longo do tempo, o Brasil acabou adotando várias dessas propostas.

Seguindo tendências internacionais, nossa legislação regulou a licença-maternidade pelo Decreto n. 21.417/1932, para as mulheres que trabalhavam nos estabelecimentos industriais e comerciais, públicos ou particulares, durante o período de quatro semanas antes e quatro semanas depois do parto, podendo esse período ser aumentado até o limite de duas semanas cada um, em casos excepcionais, comprovados por atestado médico. Ficou estabelecido que as mulheres podiam romper o contrato de trabalho se ele fosse prejudicial à sua gestação. Durante a licença, tinham direito a um auxílio correspondente à metade dos seus salários, de acordo com a média dos seis últimos meses, pago pelas Caixas criadas pelo Instituto de Seguro Social e, na falta dessas, pelo empregador. Em caso de aborto não criminoso, comprovado, a mulher tinha direito a um repouso de duas semanas, recebendo um auxílio. Para amamentar o filho, poderia usufruir de dois descansos diários, de meia hora cada, durante os primeiros seis meses depois do parto. Os estabelecimentos em que trabalhassem, pelo menos, 30 mulheres com mais de l6 anos de idade teriam local apropriado para as empregadas guardarem sob vigilância e assistência seus filhos em período de amamentação. A dispensa da empregada grávida só poderia ocorrer se houvesse um motivo justificado e haveria multa pelo não cumprimento do Decreto.

A CLT de 1943 estabeleceu ser proibido o trabalho da mulher grávida no período de seis semanas antes e seis semanas depois do parto. Mais tarde, o Decreto-lei n. 229/1967 alterou essa proibição para o período de quatro semanas antes e oito semanas depois do parto.

Desde 1974, o salário-maternidade faz parte das prestações previdenciárias. O empregador paga à empregada e é ressarcido pela Previdência Social. Em alguns casos, como o da trabalhadora avulsa, será pago diretamente pela Previdência Social.

A Constituição de 1988 estabelece que a licença-gestante tem duração de 120 dias, sem prejuízo do emprego e do salário. Esse dispositivo constitucional foi incluído na CLT.

Os principais direitos da trabalhadora gestante estão elencados na CLT e são, entre outros:

> a) poder aumentar os períodos de repouso, antes e depois do parto, em duas semanas cada, mediante apresentação de atestado médico; b) ter direito aos cento e vinte dias previstos em caso de parto antecipado; c) no caso da empregada que trabalha em condições que possam afetar sua saúde, poder pedir transferência de função tendo assegurado seu retorno à função anterior na volta ao trabalho; d) ser dispensada do horário de trabalho pelo tempo necessário para a realização de, no mínimo, seis consultas médicas e demais exames complementares.

O Programa Empresa Cidadã, criado em 2008, dá à servidora pública a opção de prorrogar a licença-gestante ou de adoção por mais 60 dias, caso a empresa adira ao Programa e a servidora requeira o benefício até o final do primeiro mês após o parto. Durante esse período não poderá exercer qualquer atividade remunerada e a criança não poderá ser mantida em creche ou organização similar sob pena de devolução do dinheiro recebido.

Para os casos de adoção, a Constituição Federal afirma que "Os filhos, havidos ou não da relação do casamento, ou por adoção, terão os mesmos direitos e qualificações, proibidas quaisquer designações discriminatórias relativas à filiação." Assim, os filhos adotivos têm hoje os mesmos direitos que os filhos naturais.

Quando elaborada em 1943, a CLT estabeleceu que "Em caso de nascimento de filho, o empregado [pai] poderá faltar um dia de trabalho e no correr da primeira semana, para o fim de efetuar o registro civil, sem prejuízo de salário." Essa falta ao trabalho pode ser vista como um esboço da *licença-paternidade* que se concretizaria na Constituição de 1988.

A licença-paternidade foi uma das bandeiras levantadas pelo movimento de mulheres na época dos trabalhos da Constituinte. Na ocasião, a ideia teve pouca adesão masculina (porém, o apoio masculino que obteve foi fundamental). De fato, muitos ridicularizaram a proposta, mas suas defensoras mantiveram-se firmes e, com o *slogan* "filho não é só da mãe", conseguiram que fosse aprovada pela maioria dos constituintes. A licença-paternidade integrou o elenco de direitos trabalhistas e foi disciplinada, temporariamente (o que dura até hoje), nas Disposições Constitucionais Transitórias com o prazo de cinco dias.

CONCLUSÃO

Este mergulho na legislação brasileira nos mostra que muita coisa mudou em nosso sistema jurídico nos últimos cem anos. Com relação aos direitos das mulheres, essas mudanças foram mais lentas e muitas vezes dolorosas, pois quase tudo foi obtido com muita luta e dificuldade, teve que ser extraído a fórceps. Hoje, podemos dizer que temos boas normas legais, sendo que algumas até podem servir como modelo para outros países. Faltam, entretanto, garantias maiores para o cumprimento das leis existentes, tais como políticas que facilitem a participação das mulheres na vida pública, equipamentos sociais (creches, escolas, serviços de saúde) que traduzam a valorização social da maternidade (e da responsabilidade paterna) e meios para uma maior conscientização da população a respeito da violência física, sexual, psicológica, patrimonial e moral que têm como alvo as mulheres.

NOTAS

[1] Com relação aos tipos de família, é bom lembrar que, durante os trabalhos constituintes, ocorreu um enfrentamento entre grupos progressistas e grupos conservadores. Na ocasião, os primeiros desejavam que fosse reconhecida também, como entidade familiar, a união de pessoas do mesmo sexo, amparando legalmente esse tipo de família – já existente – que se encontrava desprotegido da lei.

[2] A questão do aborto como livre decisão da mulher tem sido tema recorrente no movimento de mulheres. Depois da decisão do Supremo Tribunal Federal definindo não ser crime em caso de anencefalia,

a luta agora é para impedir a aprovação do Projeto de Lei 478/2007, em tramitação no Congresso Nacional, que dispõe sobre o "Estatuto do Nascituro". Esse projeto, se aprovado e transformado em lei, será um grande retrocesso para as mulheres brasileiras, que serão obrigadas a enfrentar a maternidade mesmo em caso de risco de morte, de gravidez resultante de estupro ou caso seu feto seja anencefálico. Essa imposição é uma completa violação aos direitos humanos das mulheres.

[3] Nos tempos da Assembleia Constituinte e nas três décadas que se seguiram, as mulheres rurais mobilizaram-se na luta por direitos e conquistaram grandes vitórias. Mulheres do campo e das florestas empenharam-se no sentido de ser "protagonistas de um novo processo de desenvolvimento rural voltado para a sustentabilidade da vida humana e do meio ambiente", no dizer das *margaridas*, um dos mais famosos desses grupos cujo nome é uma homenagem à dirigente sindical paraibana Margarida Alves, brutalmente assassinada em 1983.

[4] Autorização feita em um cartório (instrumento público) ou redigida pelo marido e confirmada por um cartório (instrumento particular).

[5] Ser responsável por uma pessoa menor de idade e pela administração de seus bens.

[6] Cuidar dos interesses de uma pessoa que está impossibilitada de fazê-lo, por incapacidade, ausência ou por ser pródigo (gasta tudo que tem de forma desmedida).

[7] Por muito tempo o dote foi considerado uma forma de arranjar marido para a filha; uma moça sem dote poderia jamais vir a casar-se, situação esta reprovada pela sociedade. A "solteirona" era considerada mulher enjeitada e rejeitada.

[8] Mulheres, embora ausentes de cargos de peso no poder Executivo, Judiciário e Legislativo, levantavam a bandeira do divórcio desde o final do século XIX, junto com outras reivindicações como o direito ao voto, a igualdade de tratamento com os homens nas leis civis, penais e trabalhistas, e em todos os campos da sociedade.

[9] De indissolúvel, que não se dissolve, não desuni. O casamento pode acabar, mas o vínculo permanece.

[10] Mesmo celebrado na igreja, devia passar por todas as formalidades legais (habilitação, publicidade e autorização), efetivadas em um cartório de registro civil.

[11] Diretamente em um cartório de registro civil de casamento sem depender de juiz. O escrivão faz uma escritura que servirá para o registro civil e para o registro de imóveis.

[12] Direito de requerer pensão alimentícia, caso necessite.

[13] Direito de herdar os bens do companheiro ou companheira em caso de falecimento.

[14] Viver juntos, um homem e uma mulher, como se fossem casados.

[15] Casamento entre pessoas do mesmo sexo.

[16] Lei n. 8.971, de 29 de dezembro de 1994.

[17] Lei n. 9.278, de 10 de maio de 1996 – regula o § 3º do art. 226 da Constituição Federal.

[18] Sofrem impedimentos as uniões entre: ascendentes com descendentes, seja o parentesco natural ou civil; afins em linha reta; adotante com quem foi cônjuge do adotado e o adotado com quem o foi do adotante; irmãos, unilaterais ou bilaterais, e demais colaterais, até o terceiro grau inclusive; adotado com o filho do adotante; pessoas casadas; cônjuge sobrevivente com o condenado por homicídio ou tentativa de homicídio contra o seu consorte.

[19] Alterada pelas Leis n. 7.841/1989 e n. 8.408/1992.

[20] O adultério, inclusive, já deixou de constar no Código Penal como crime, sendo, portanto, letra morta, não tem nenhuma consequência jurídica.

[21] Resta agora aos legisladores brasileiros levarem esta ordem para nosso Código Civil e Código de Processo Civil, da forma que ela se apresenta, sem roupagem fingida ou meandros nebulosos que só servem para procrastinar um resultado esperado, na certeza de que não é um instituto jurídico o responsável pelo desmoronamento de nenhum casamento. O divórcio, ao contrário, é um remédio jurídico que deve ser administrado quando as pessoas envolvidas percebem que o casamento acabou, e que o fim do casamento não é o fim da família, que sempre foi e será a base da sociedade.

[22] A inseminação artificial é um tema muito polêmico e ainda não possui legislação própria capaz de resolver importantes questões e anseios da sociedade.

[23] A falta de política de planejamento familiar, por parte do Estado brasileiro, na época, facilitou a entrada de instituições privadas internacionais que distribuíram gratuitamente pílulas anticoncepcionais e dispositivos intrauterinos (DIU), treinavam médicos brasileiros da área de Ginecologia e mantinham centros de saúde. Por outro lado, havia a vontade das mulheres (que começavam a desabrochar para a vida pública, profissional e social) de separar a vida sexual da procriação (e não engravidar repetidas

vezes como viram suas avós e mães fazerem durante suas vidas) e que se dispuseram a utilizar os métodos contraceptivos oferecidos por esses organismos.
24 Penas aplicáveis no nosso país: privação ou restrição da liberdade; perda de bens; multa; prestação social alternativa e suspensão ou interdição de direitos. Penas que não podem ser aplicadas no Brasil: de morte – salvo em caso de guerra declarada; de caráter perpétuo; de trabalhos forçados; de banimento; de caráter cruel.
25 *Vulnerável* é toda criança ou adolescente menor de 14 anos ou qualquer pessoa incapacitada física ou mentalmente que não tem condições de resistir fisicamente a um estuprador.
26 Todo ato sexual que não seja a penetração do pênis na vagina: coito anal, oral, chupões etc.
27 Teúda e manteúda – mulher que vive exclusivamente para seu amante, que é sustentada por ele, inclusive com habitação.
28 Seu texto dizia: "Seduzir mulher virgem, menor de dezoito anos e maior de catorze, e ter com ela conjunção carnal, aproveitando-se de sua inexperiência ou justificável confiança." A "sedução", no sentido em que o Código Penal dava à palavra, era a atração que uma pessoa exerce sobre outra e que culminaria na prática de ato sexual ou ato libidinoso, ou seja, aproveitar-se da inocência, candura, ingenuidade de uma mulher para tirar proveitos sexuais. Essa afirmação atualmente não tem sentido, pois não se pode admitir hoje em dia que mulheres – excluindo-se crianças, adolescentes ou deficientes mentais – possam ainda ser "seduzidas".
29 Pesquisa realizada em 2009 constatou que 83% das mulheres entrevistadas, residentes em capitais, conhecem ou já ouviram falar da Lei (Violência contra a mulher, pesquisa *DataSenado* 2009).
30 Durou de 1930 a 1954, intercalando o período ditatorial (1937 a 1945, chamado Estado Novo) e o período em que Vargas foi eleito pelo voto direto e secreto, de 1951 a 1954. Sentindo que seria deposto, preferiu suicidar-se.
31 "Revista íntima" significa obrigar a empregada a tirar a roupa, ou mesmo mandá-la levantar a blusa/camisa ou tirar calça ou saia para ver se está roubando algo; é proibida mesmo que seja feita por pessoa do mesmo sexo da que está sendo revistada.
32 Atualmente a OIT possui 183 países-membros, entre os quais está o Brasil.

BIBLIOGRAFIA

CORTÊS, Iáris Ramalho. *Guia dos direitos das mulheres.* Brasília: Centro Feminista de Estudos e Assessoria (Cfemea), 1995.
_____; MATOS, Myllena Calasans. *Lei Maria da Penha:* do papel para a vida. Brasília: Centro Feminista de Estudos e Assessoria (Cfemea), 2009.
RODRIGUES, Almira; CORTÊS, Iáris Ramalho. *Os direitos das mulheres na legislação brasileira pós-Constituinte.* Brasília: Centro Feminista de Estudos e Assessoria (Cfemea)/Secretaria Especial de Políticas para as Mulheres (SPM), 2006.
Artigos escritos pela autora, em especial para o jornal *Fêmea* do Centro Feminista de Estudos e Assessoria (Cfemea), interpretando a legislação brasileira que interfere na vida das mulheres, a partir do ano de 1990. Disponível em: <www.cfemea.org.br>, em "nossas publicações".
Legislação brasileira em vigor e algumas revogadas.

Violência contra a mulher

Da legitimação à condenação social

Lana Lage
Maria Beatriz Nader

A violência contra a mulher é reconhecida em muitos países como um problema social e tem sido alvo de políticas públicas, legislações e ações de organizações não governamentais, com o objetivo de coibi-la e proteger suas vítimas. Tratados e convenções internacionais, formulados a partir de meados dos anos 1970,[1] têm procurado sensibilizar um número cada vez maior de governos e sociedades, visando ampliar adesão a essa causa.

O Brasil é signatário de vários acordos[2] e, apesar de ainda apresentar um quadro grave no que diz respeito à ocorrência desse tipo de violência, tem se empenhado em combatê-la. Casos de maus-tratos físicos e psicológicos, assédio sexual, estupros, espancamentos e assassinatos de mulheres, frequentemente cometidos por maridos e companheiros, passaram a ser vistos com novos olhos e combatidos com maior ênfase depois que foram identificados como um tipo específico de violência e um atentado aos direitos humanos. A criação de delegacias especializadas no atendimento a esses casos, em meados dos anos de 1980, e a promulgação da Lei conhecida como Maria da Penha,[3] em 2006, constituem importantes instrumentos do esforço empreendido na esfera pública para prevenir e punir a violência contra a mulher por meio de sua criminalização efetiva. Organizações feministas[4] também têm tido importante papel na promoção da melhoria das condições de vida das brasileiras, lutando contra esse tipo de violência, seja através de ações diretas, seja fiscalizando a atuação dos serviços instituídos para esse fim.

Mas nem sempre foi assim. Na história do Brasil, durante muito tempo, a violência sofrida pelas mulheres não era considerada um problema social que exigisse a intervenção do Estado, pelo fato de ocorrer, sobretudo, no espaço doméstico e em meio a relações conjugais e familiares. Apesar de um grande número de mulheres de todas as classes sociais serem cotidianamente submetidas à violência de vários tipos, isso era visto como questão de ordem privada.

A ideologia patriarcal, que estruturava as relações conjugais e familiares desde o tempo em que o Brasil era uma colônia portuguesa, conferia aos homens um grande poder sobre as mulheres, justificando atos de violência cometidos por pais e maridos contra filhas e esposas. Nascida do estilo de vida das minorias dominantes, essa ideologia acabou influenciando todas as outras camadas da sociedade, disseminando entre os homens um sentimento de posse sobre o corpo feminino e atrelando a honra masculina ao comportamento das mulheres sob sua tutela. Assim, cabia a eles disciplinar e controlar as mulheres da família, sendo legítimo que, para isso, recorressem ao uso da força.

O Código Filipino – legislação do período colonial que permaneceu vigente no Brasil até o século XIX – permitia que o marido assassinasse a esposa adúltera. Também era facultado aos homens o enclausuramento forçado da esposa e filhas. Os recolhimentos, instituições criadas para abrigar mulheres com vocação para a vida religiosa sem que fossem obrigadas a fazer votos solenes como as freiras, tornaram-se por conta disto verdadeiras prisões femininas.[5]

Legitimada pela ideologia patriarcal, institucionalizada e garantida por leis, a dominação masculina fez do espaço do lar um *locus* privilegiado para a violência contra a mulher, tida como necessária para a manutenção da família e o bom funcionamento da sociedade. Uma moral sexual dupla – permissiva para com os homens e repressiva com as mulheres – atrelava a honestidade da mulher à sua conduta sexual. O comportamento feminino considerado fora do padrão estabelecido para as "mulheres honestas" justificava a violência como forma de disciplina, culpando, no fim das contas, a mulher pelas agressões sofridas. "Desonestada" era um dos termos usados para identificar a mulher que perdera a virgindade fora do matrimônio e que, portanto, não merecia o respeito social. As "honestas" eram as que tinham a conduta marcada pelo pudor, pelo recato e por uma sexualidade controlada e restrita ao leito conjugal. Esse entendimento a respeito do comportamento ideal da mulher permaneceu até o século xx, como se depreende da leitura dos nossos códigos penais. Todos, desde o Código Criminal do Império, ao definir, por exemplo, os *crimes sexuais*, referem-se ao agravo cometido contra "mulheres honestas", termo que constou do Código Penal de 1940 (artigos 215 e 216), em vigor até 2003, quando foi finalmente banido da legislação brasileira por ocasião das comemorações do Dia Internacional da Não Violência contra a Mulher, em 25 de novembro.

Outro exemplo significativo da ingerência da dupla moral sexual na legislação é a criminalização do adultério. Tanto nos códigos de 1830 e 1890, quanto na Consolidação das Leis Penais, de 1932, a mulher casada que cometesse adultério seria punida com pena de um a três anos de prisão. Mas o marido só incorreria nessa pena quando tivesse concubina "teúda e manteúda", o que significa ser permitido aos homens ter amantes, desde que não as sustentassem. Essa distinção só desapareceu no Código Penal de 1940, que também reduziu a pena para detenção de 15 dias a 6 meses. Até 2005 (quando o adultério deixou de ser crime no Brasil), a condenação legal da mulher adúltera legitimava, no senso comum, a violência conjugal – incluindo, no limite, o assassinato "em defesa da honra" – como forma de punição privada, praticada por maridos, supostamente ou de fato, traídos.

Além de refletir-se diretamente na legislação, a ideologia patriarcal banaliza e justifica diversas formas de violência cometidas contra as mulheres, criando na sociedade um sentimento de tolerância, que dificulta ou mesmo impede a punição desses atos, ainda que estejam tipificados como crimes nos códigos penais.

Esse quadro ideológico resistiu às mudanças políticas e econômicas que marcaram o século xix e a primeira metade do xx, ainda que as mulheres tivessem, no período, obtido inegáveis avanços com relação aos direitos políticos e ao mercado de trabalho. Foi, porém, na segunda metade do século xx que a história começou a mudar efetivamente. Liderado por vozes feministas, o questionamento da situação subalterna e vulnerável a que as mulheres estavam submetidas foi minando a legitimidade das formas de violência específicas contra elas. Como exemplos desse questionamento e al-

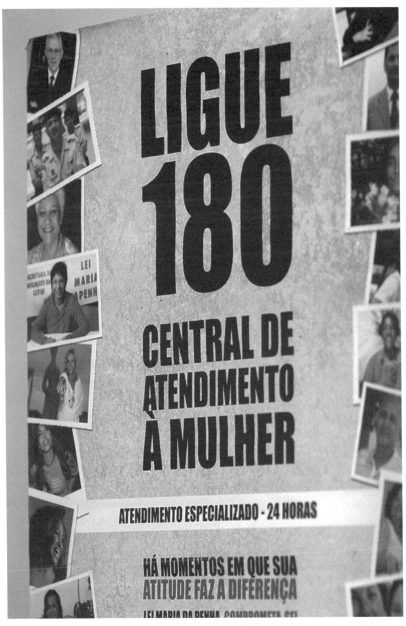

A criação da Central de Atendimento à Mulher – Ligue 180 foi resultado dos questionamentos da situação subalterna e vulnerável das mulheres e da luta a favor dos direitos humanos.

guns de seus resultados, temos: a criação do Conselho Nacional dos Direitos da Mulher, que promoveu a Campanha Nacional contra a Violência contra a Mulher, em 1985; a Campanha Nacional "Denuncie a violência contra a mulher", resultado do Primeiro Encontro Nacional de Delegadas, em 1986; a eleição, também em 1986, de deputadas constituintes que atuariam no combate à violência contra as mulheres; a conquista legal, na Constituição de 1988, da inclusão do parágrafo 8º do artigo 226 que firma a presença do Estado na assistência a cada membro da família no que diz respeito à coibição da violência no âmbito das relações familiares; a Convenção Interamericana para Prevenir, Punir e Erradicar a Violência contra a Mulher, em 1995; a criação da Central de Atendimento à Mulher – Ligue 180,[6] em 2003.

Um meio interessante de acompanhar as mudanças e permanências verificadas na sociedade brasileira no que diz respeito à violência cometida contra as mulheres são as notícias veiculadas pela imprensa. Casos de assassinatos ou graves agressões, publicados muitas vezes de forma sensacionalista, sempre agitaram a opinião pública, provocando debates e ajudando a vender jornais. Esse material revela as motivações e justificativas para a violência, os valores em jogo e as opiniões predominantes em cada contexto e época histórica.

"A RAINHA DO BAILE" (1905)

Em 11 de setembro de 1905, o jornal *O Correio Paulistano* noticiava um incidente no qual saíra gravemente ferida Joanna Maria Ramos, agredida por um homem na saída da gafieira. A vítima foi descrita como "uma dengosa mulata, abundante de formas e de seduções [...] metida vaidosamente no seu vestido vermelho de bolinhas brancas, e com um farto ramalhete de cravos-chita no bandó engruvinhado". O agressor, apresentado como um "cafuzo pernóstico", não tinha relações com a vítima, mas a cortejava, chamando-a, "num mísero francês" – segundo o jornal – de *"la reine du bal"*. A agressão teria sido motivada por ciúmes, causados pelo fato de Joanna Maria, depois de aceitar de bom grado a corte do agressor, ter voltado sua atenção para outro homem. O episódio desembocou em "tremendo rebuliço e muito chilique", mas, quando a polícia chegou, só encontrou a vítima, com um grave ferimento à faca, localizado na clavícula, e "meia dúzia de pretas velhas de cabeças enrodilhadas", que comentavam "furiosamente" já ter previsto o acontecido desde que Joanna entrara na sala.[7]

A narrativa articula preconceitos contra a mulher com preconceitos raciais e de classe. Sendo os envolvidos no conflito negros e pobres, o deboche e não a tragédia é que dá o tom da notícia, que desqualifica tanto o agressor quanto a vítima. Mas, ainda assim, como era frequente, a mulher é apresentada como culpada pela violência sofrida. Sedutora e leviana, Joanna Maria teria provocado a agressão, mesmo que partindo de um homem que não tinha com a vítima nenhum relacionamento que motivasse o sentimento de posse sobre ela ou a ofensa de sua honra. Mas, para o senso comum da época, o comportamento de Joanna Maria havia ferido a virilidade do agressor e sua *performance* de mulher sedutora justificava sua punição.

A abordagem jornalística era distinta quando os envolvidos eram de outra classe social e a vítima considerada uma "senhora de respeito". Mesmo assim, a hierarquia social que estabelecia a superioridade masculina garantia, na esmagadora maioria das vezes, a impunidade do agressor, especialmente nos casos em que a vítima, por seu comportamento "moralmente condenável", "merecia" a violência.

A TRAGÉDIA DE ICARAÍ (1912)

No dia 3 de dezembro de 1912, em Icaraí, bairro nobre de Niterói, no Rio de Janeiro, Anna Levy Barreto, grávida, foi assassinada com um tiro disparado por seu marido, o poeta João Pereira Barreto.

O famoso jurista Evaristo de Moraes encarregou-se da defesa. Como vários outros em seu tempo, alinhados à corrente positivista do Direito, ele considerava que, nos "crimes passionais", a motivação e a índole do criminoso poderiam levar à sua absolvição, desde que se mostrassem compatíveis com os interesses e valores da sociedade. A lógica que presidia as decisões jurídicas nesse tipo de crime apoiava-se, assim, nos papéis sociais designados para homens e mulheres. Quanto mais o agressor se aproximasse do padrão masculino ditado pela sociedade de homem honrado e cumpridor de suas obrigações de provedor do lar, mais se beneficiaria de atenuantes para o seu crime. Por isso, também, a desqualificação da mulher, por um comportamento considerado inadequado ou imoral, servia para justificar a agressão de que fora vítima. Enfim, o comportamento costumeiro, o caráter e a posição social dos envolvidos eram mais valorizados nos discursos jurídicos do que o próprio crime.

Ao desprezar, em seus argumentos, os depoimentos das testemunhas de acusação que indicavam que o réu tinha delírios de ciúmes causados por sua condição de alcoólatra, a defesa, num primeiro momento, enfraqueceu-se. Além disso, enfrentou, durante o julgamento, a pressão da presença no tribunal de um grande número de mulheres "da melhor sociedade", exigindo dos jurados a condenação do réu.

João Pereira Barreto foi considerado culpado e a pena imposta foi de 21 anos de prisão. Evaristo de Moraes apelou e, num segundo julgamento, o réu acabou absolvido pelo júri. Inconformado com a absolvição, o promotor público fez nova apelação e, três anos após o crime, o réu foi levado a um terceiro julgamento. Novamente o assassino foi absolvido, sendo o júri constituído, na sua maioria, por homens "diplomados", ou seja, pessoas do mesmo meio social, elevado, que o réu. Ao final, João Pereira Barreto foi considerado mais como vítima de um ciúme doentio, estimulado pelo alcoolismo, do que culpado por um crime, ou como veiculou o jornal *A Época*: "Fraco e constitucionalmente enfermo – isto é, degenerado –, parece ter sido antes uma vítima da literatura do que um instrumento de força irrefreável do crime".[8]

O ASSASSINATO DE AMEDEA FERRARI (1919)

No bairro de Santa Efigênia, na cidade de São Paulo, pouco antes das 22h, quando as ruas já estavam desertas, os moradores dos arredores da esquina entre as ruas Vitória e Triunfo ouviram vários tiros. Correndo à rua se depararam com dois corpos: um homem e uma mulher ensanguentados estavam estendidos na calçada e, próximo a eles, havia um menino de três anos de idade, que não sabia explicar o que ocorrera com seus pais. O homem, já morto, tinha nas mãos a arma do crime, uma Smith & Wesson com cabo de madrepérola. A mulher ainda apresentava sinais de vida quando foi removida.

O caso foi divulgado pelo jornal *O Estado de S. Paulo*. O jornal explica que os dois viviam amasiados há 15 anos, tendo 3 filhos dessa união, mas que "não podendo suportar os maus-tratos do amante", a mulher o abandonara havia cerca de um mês, levando consigo as duas crianças menores, enquanto a mais velha permanecera internada em um colégio. No dia do crime, a vítima, de nome Amedea Ferrari, tinha saído com o filho mais novo para comprar um chapéu, quando foi abordada pelo ex-companheiro, que lhe pediu que voltasse para casa. Diante da recusa, foi alvejada com quatro tiros à queima-roupa. Em seguida, o assassino, Nicola Noce, se matara com um tiro na boca. Entre os papéis que trazia, foi encontrada uma carta dirigida ao delegado, relatando que durante 12 anos a vítima tinha sido uma boa companheira, mas, nos 2 últimos anos, tornara-se infiel e perversa, abandonando a casa e a filha. E, como ela se recusava a voltar para ele, decidiu eliminá-la.[9]

O sentimento de posse sobre a mulher, mesmo numa relação não legalizada pelo matrimônio, transformava (e ainda transforma) em assassinos homens inconformados com o abandono, visto como equivalente à traição. Esse sentimento despertava, senão a tolerância, ao menos a compreensão da sociedade diante de crimes passionais cometidos por homens.

"VIOLENTO ATÉ A MEDULA": O CASO CECI SODRÉ (1954)

Em 7 de fevereiro de 1954, o pedreiro Domingos Santos espancou violentamente sua mulher Ceci Sodré e, depois, lhe deu oito punhaladas. Ceci, no sétimo mês de gravidez, não resistiu aos ferimentos e morreu três dias depois.

Domingos, que vivia com Ceci há anos, não sabia que ela ainda era casada com outro e que o marido, que ela havia dito estar morto, estava vivo. Aborrecido com a descoberta desse fato, saiu de casa e passou a noite inteira na rua. No outro dia, pela manhã, comprou carne no mercado e, ao chegar a casa, mandou Ceci cozinhá-la. Segundo seu depoimento, a mulher respondeu "com estupidez" que não iria fazer isso porque a carne não era boa. Então, Domingos "investiu ameaçadoramente contra a mulher" e "violento até a medula" – como explicou o *Jornal Pacotilha/O Globo*, do Maranhão, que noticiou o caso – "desferiu-lhe socos e bofetadas". "Armado de comprido e afiado punhal", puxou-a até o quintal e apunhalou-a várias vezes, deixando Ceci tombada "ao chão, encharcando-se de lama e sangue".

Após o crime, pediu a uma mulher, provavelmente uma vizinha, que cuidasse da filha. O jornal afirmou que ele tentou fugir e foi perseguido pelos moradores da rua que, após o prenderem, o levaram à Delegacia do 2º Distrito.

Lá, em sua defesa, Domingos alegou que Ceci era uma mulher infiel e que sempre o traía. Disse que fora informado por um amigo que, numa noite em que ele estava fora, Ceci, ao voltar de um baile, levou um homem para a sua casa, o qual teria permanecido lá até a manhã do dia seguinte. Além disso, afirmou não ser o pai da criança que Ceci carregava no ventre.

Em outro depoimento, acusou a mulher de, por duas vezes, ter tomado remédios para abortar e que, como queria muito um filho, alguns anos antes não a deixara "cometer o crime, como era costume seu". Assim, segundo Domingos, ela tivera a filha, mas a partir daí passou a odiá-lo, como também à sua "filhinha Maria da Graça".

Em entrevista ao jornal, Domingos descreveu Ceci como uma mulher que recusava o papel de mãe e, ao praticar o aborto, ia contra os "desígnios de Deus". Além de traí-lo com outro homem, ao viver em concubinato com ele, traía também o marido legítimo, que ainda estava vivo. Dessa forma, Domingos buscava no comportamento de Ceci a justificativa para o crime que cometera.[10] Ele provavelmente sabia que, em crimes como esse, a avaliação do comportamento anterior da vítima costuma ter grande influência na decisão dos jurados e na opinião pública. De fato, pesava a favor do agressor o fato de a vítima não se enquadrar no modelo de comportamento feminino de esposa indubitavelmente fiel, obediente, recatada e dedicada ao lar e à maternidade, o que podia servir para atenuar a culpa ou mesmo justificar o ato criminoso. Essa tendência permaneceu por décadas (e, em muitos casos, verifica-se ainda hoje). Homens acusados de homicídios passionais eram avaliados não tanto pelo crime em si, mas pelo grau de adequação de seu comportamento aos padrões desejados pela sociedade, enquanto as mulheres podiam facilmente ser transformadas de vítimas em culpadas pela agressão sofrida se não se enquadrassem no modelo de conduta idealizado. Como homens e mulheres eram apreciados por critérios diferentes e assimétricos, o poder masculino sobre o corpo das mulheres ganhava legitimidade, justificando os mais diversos crimes contra elas.

O CASO AÍDA CURY (1958)

A história do assassinato de Aída Cury, em 14 de julho de 1958, marcou fortemente todas as adolescentes da época, funcionando como uma advertência sobre o que poderia ocorrer se aceitassem convites de rapazes para irem a lugares onde "moças de família" não deviam ir. O caso tornou-se um pesadelo social, auxiliando os pais a controlar suas filhas, e alertou a sociedade para o perigo que a "juventude transviada" – um fenômeno novo no Rio de Janeiro – representava para a "família brasileira".[11]

O caso da jovem Aída Cury, que morreu por ter resistido a uma tentativa de estupro, mobilizou a imprensa da época e marcou toda uma geração.

Aída e uma amiga caminhavam pela rua Miguel Lemos, em Copacabana, quando foram abordadas por dois rapazes, Ronaldo Guilherme de Souza Castro, de 19 anos, e Cássio Murilo Silva, de 17. Os dois teriam convidado as moças a acompanhá-los ao apartamento de um amigo, na avenida Atlântica, para ouvir música, certamente um *long playing* com o novo ritmo que seduzia a juventude em várias partes do mundo. Aída aceitou o convite. Na ausência do amigo, Cássio Murilo teria sugerido que fossem para o terraço do prédio apreciar a vista da cidade. Foram seguidos pelo porteiro, que, depois da morte da garota, relatou ter ficado escondido por cima da caixa-d'água e ter visto a moça ser violentamente assediada pelos rapazes e, logo depois, ser jogada ou ter se jogado do terraço, para escapar de ser currada por eles.

A condição de classe média da vítima e dos acusados mobilizou a imprensa. O fato de Cássio Murilo ser enteado de um coronel do Departamento de Ordem Política e Social (Dops), amigo do chefe da polícia, aumentou o escândalo. Repórteres policiais se debruçaram sobre o caso, investigando os antecedentes dos envolvidos. David Nasser, que escrevia na famosa revista *O Cruzeiro*, clamava por justiça, retratando a vítima como uma garota doce, religiosa, saída de um colégio de freiras, ótima aluna, caseira, que lutara até a morte para não ser estuprada. Enfim, legítima representante do modelo de comportamento feminino idealizado pela sociedade. Mas, se isso ajudava a mobilizar a sociedade contra os acusados, não garantiu sua condenação completa.

O homicídio terminou sendo imputado apenas a Cássio Murilo, que, por ser menor de idade, foi internado no Serviço de Assistência ao Menor (SAM), onde permaneceria até 1962. Ronaldo foi condenado no primeiro julgamento a 37 anos de prisão (25 por homicídio e o restante por atentado violento ao pudor e tentativa de estupro). Contudo, no segundo julgamento, foi absolvido do *homicídio*, assim como o porteiro do edifício, e considerado culpado apenas por *crime sexual*, o que resultou em 6 anos de reclusão.

Sua absolvição provocou fortes reações. O *Correio da Manhã* registrou que, desde o início, previra esse desfecho, isto é, Cássio Murilo seria o único considerado culpado por homicídio exatamente por ser menor de idade, fato que o impediria de ir para a cadeia. Por seu turno, a revista *O Cruzeiro* declarou que, ao salvar o "tarado currador", o júri havia "morrido no conceito público como instituição de justiça", afirmando ainda que, dali em diante, somente "os criminosos vulgares, os assassinos das favelas" temeriam a justiça.[12]

O CRIME DA PRAIA DOS OSSOS (1976)

O assassinato da *socialite* mineira Ângela Diniz constituiu um divisor de águas no que se refere à reação da sociedade diante dos crimes passionais contra mulheres. Desencadeou manifestações públicas e questionamentos, liderados pelas feministas, com importantes consequências para a vida das mulheres no Brasil.

O crime ocorreu em 30 de dezembro de 1976, em Armação dos Búzios. Aos 32 anos, separada do marido, o engenheiro Milton Villasboas, e mãe de três filhos, Ângela foi morta com quatro tiros, três no rosto e um na nuca, disparados de uma pistola Bereta 7.65 por Doca Street, como era conhecido o rico empresário Raul Fernandes do Amaral Street. Doca Street, de 42 anos e também pai de três filhos, tinha fama de *playboy* e abandonara a mulher, a milionária paulista Adelita Scarpa, para ficar com Ângela.

A condição de amante de Doca e mulher separada, cujo comportamento afrontava os padrões femininos da época, serviu de base para a construção da defesa do assassino, a cargo de um dos mais renomados advogados de então, Evandro Lins e Silva.

A defesa construiu sua tese com base na ideia de que Doca Street teria agido "em legítima defesa da honra", argumento baseado na tipificação do adultério como crime. Ângela foi descrita no tribunal como promíscua e bissexual, uma verdadeira "Vênus lasciva", termo usado pela defesa, que a acusava de manter casos com outros homens e mulheres. Na imprensa era denominada "Pantera de Minas" e descrita como "uma mulher do mundo", não afeita a "ligações definitivas", que "tinha compulsão em provocar os homens à sua volta", e cujo comportamento "inquietava as mulheres bem casadas" e "intranquilizava maridos bem-comportados...".

Acabado o julgamento, ocorrido no fórum de Cabo Frio, o assassino, de cabelos grisalhos e um impecável terno cinza-chumbo, foi festejado por uma torcida apaixonada que comemorava a sentença. Por cinco votos a dois, Doca Street foi condenado a dois anos de reclusão por homicídio culposo, sendo imediatamente beneficiado pelo *sursis*, isto é, a suspensão condicional da pena, conforme o artigo 696 do Código de Processo Penal.

A revista *Veja,* num artigo intitulado "Doca vai, mata e vence", publicado em 24 de outubro de 1979, ano do julgamento, divulgou o seguinte comentário:

Mais uma vez, como num videoteipe de outros julgamentos envolvendo réus do mesmo patamar social, o crime cometido na tarde do dia 30 de dezembro de 1976, na praia dos Ossos, em Búzios, terminava com a condenação da vítima e com a virtual absolvição do assassino.[13]

O repúdio da revista *Veja* indicava que os tempos eram outros. Embora o Brasil, mergulhado em um dos períodos mais brutais da ditadura militar, apresentasse uma conjuntura desfavorável a qualquer posicionamento crítico ao *establishment* – tanto no campo da política quanto no campo da moral e dos valores – internacionalmente, a situação era diferente. A declaração da ONU, considerando 1975 o Ano Internacional da Mulher, dando início à Década das Nações Unidas para as Mulheres, Igualdade, Desenvolvimento e Paz, respaldava os debates sobre a melhoria na condição de vida das mulheres.

Particularmente em São Paulo e no Rio de Janeiro, inspiradas na experiência norte-americana, grupos de mulheres de classe média passaram a organizar encontros em que promoviam leituras e discussões que, posteriormente, iriam embasar reivindicações feministas. Essas mulheres se conscientizavam de que seus problemas pessoais eram compartilhados, apesar das diferenças culturais, por muitas mulheres em todo o mundo, e que esses problemas, incluindo a violência contra a mulher, eram derivados da maneira como as relações entre homens e mulheres se estruturavam desigualmente em diversas sociedades. Essa percepção refletiu-se no *slogan* cunhado pelo feminismo internacional, "O pessoal é político", indicando o alcance da transformação das relações cotidianas entre homens e mulheres para além do mundo doméstico.

Nos anos 1970, as feministas apontavam que as desigualdades sociais entre homens e mulheres eram fruto de relações de poder construídas ao longo da história e não determinadas biologicamente[14] e poderiam, portanto, ser mudadas em favor de uma vida melhor para as mulheres. Essa afirmação serviu de base para um novo entendimento sobre as motivações e características próprias das agressões de várias naturezas sofridas pelas mulheres no seu cotidiano, como estupros, maus-tratos, incesto, espancamentos, entre outras.

Nesse contexto, a pressão das feministas levaria Doca Street a novo julgamento, a partir de um pedido de revisão feito pelo promotor do caso. Da frase "Matei por amor", proferida dramaticamente pelo assassino após sua absolvição no primeiro julgamento, nasceu o *slogan* "Quem ama não mata", amplamente divulgado pelas feministas por meio de uma campanha que teve grande adesão popular, já num período de distensão política, no início dos anos de 1980.

O assassinato de Ângela Diniz constituiu um divisor de águas no que se refere à reação da sociedade diante dos crimes passionais contra mulheres.

Em meio a tais manifestações, Doca Street acabou sendo condenado, em novembro de 1981, a 15 anos de prisão em regime fechado, dos quais cumpriria apenas 3, por obter a liberdade condicional.[15]

LINDOMAR CASTILHO: "O ASSASSINO ROMÂNTICO" (1981)

Em 1981, a cantora Eliana de Grammont, quando se apresentava no bar Belle Époque, em São Paulo, foi morta com um tiro no peito, disparado pelo ex-marido, o também cantor Lindomar Castilho. Eliana tinha uma filha com Lindomar, que era tido como agressivo e ciumento, fazendo o estilo "macho latino" como cantor de boleros.

A justificativa dada pelo assassino foi ter agido em "legítima defesa da honra", dizendo-se transtornado pelo relacionamento da ex-mulher com seu primo. Lindomar também declarou que amava Eliana.

Porém, nos anos de 1980, as feministas estavam mais fortes e organizadas. No contexto da transição democrática em curso no país e do movimento de massas denominado "Diretas Já", que tomaria as ruas em 1985, o movimento feminista procurava dar visibilidade à questão da violência contra a mulher, caracterizando-a como um problema social de ordem pública e não algo de ordem privada. Através dos meios de comunicação e de protestos realizados em espaços públicos, as feministas questionavam a aplicação do argumento de "legítima defesa da honra" como justificativa para os crimes passionais. Criticavam também a costumeira desqualificação das vítimas e repudiavam a atitude tolerante da sociedade para com os assassinos.

Em 1984, Lindomar Castilho, mesmo no auge da fama como cantor, foi condenado a 12 anos de reclusão. Em 1988, porém, seria beneficiado com a liberdade condicional, após ter cumprido menos da metade da pena em regime fechado.[16]

Além de denunciar e acompanhar os casos de violência e prestar assistência às vítimas, através de suas ONGs, na década de 1980, o movimento feminista procurou articular-se às diferentes instâncias governamentais com o objetivo de incluir na pauta dos governos as suas reivindicações, dentre as quais se destacava o combate à violência contra a mulher. O resultado dessa luta foi positivo. Progressivamente, seriam implantadas políticas públicas e criados órgãos e serviços com a finalidade de proteger e apoiar as mulheres em situação de violência. As delegacias especializadas no atendimento às mulheres consistiram, sem dúvida, na mais importante iniciativa pública no sentido de incriminar de fato diversas formas de agressão cometidas contra as mulheres.[17]

A primeira delegacia especializada no atendimento à mulher foi implantada em São Paulo em 1985. A partir daí, outras se seguiram em vários estados do país, não sem enfrentar resistências, inclusive dentro da própria polícia. Afinal, como membros da sociedade brasileira, os policiais também minimizavam a violência contra a mulher, sobretudo quando ocorria nas relações conjugais e no espaço doméstico, tendo dificuldade de considerá-la crime, a não ser nos casos de lesões corporais muito graves ou homicídios. Fiéis ao ditado "Em briga de marido e mulher não se mete a colher", a polícia, de um modo geral, considerava que não lhe cabia intervir nesses conflitos. Essa postura ainda é encontrada entre policiais, mesmo que a mentalidade que a sustenta esteja em processo de mudança.

É preciso ressaltar que essa visão nunca foi exclusiva dos homens, sendo compartilhada por muitas mulheres, que também consideram que a violência doméstica faz parte das relações conjugais. Assim, os obstáculos de ordem cultural vêm somar-se a outros, de ordem econômica, afetiva e psíquica, dificultando a quebra do ciclo da violência e impedindo a denúncia da agressão. Por isso, até hoje, muitas mulheres ocultam da própria família as investidas agressivas de seus maridos e companheiros, mesmo com medo e vergonha por conviver com um homem que as maltrata e humilha. Muitas até chegam a se sentir culpadas pelas agressões sofridas.

Por meio de campanhas públicas, as feministas e os governos têm procurado fortalecer as mulheres para que elas possam dar um basta à violência, recorrendo, para isso, à polícia e à justiça. Apesar das falhas existentes no serviço prestado pelas delegacias especializadas, decorrentes de fatores que vão desde as precárias condições materiais até o machismo de alguns de seus policiais, o atendimento nessas unidades é mais adequado às necessidades das mulheres e às especificidades desse tipo de violência. Nas delegacias distritais, esses conflitos concorrem com outros tipos de casos que são considerados alvo legítimo do trabalho policial, como roubos, furtos, tráficos de drogas etc. Nesse contexto, a violência interpessoal, sobretudo a que atinge as mulheres, acaba sendo desqualificada com termos pejorativos, como "feijoada" e "fubasada", e tratada como questão menor.

Além da implantação das delegacias especializadas, o movimento feminista alcançou, nos anos 1980, outras vitórias que repercutiram também no enfrentamento à violência contra a mulher. Mobilizadas, as organizações feministas empreenderam uma grande campanha junto à Assembleia Constituinte, reunida em 1986, pela aprovação de suas demandas. Chamada na imprensa de "*lobby* do batom", essa campanha obteve diversas vitórias legais. As feministas constituíram o setor organizado da sociedade civil que mais aprovou emendas no texto constitucional. Cerca de 80% de suas reivindicações foram incluídas na Constituição de 1988.

A incorporação de muitas dessas demandas deu ensejo à implantação paulatina de políticas públicas voltadas "para a família e para as mulheres". A Constituição de 1988 contempla uma das principais bandeiras de luta dos movimentos feministas nos anos de 1970 e 1980, isto é, o reconhecimento da violência doméstica e intrafamiliar contra a mulher como um problema público e a responsabilização do Estado pela implantação de políticas públicas, programas e serviços voltados para mulheres em situação de violência. Esse reconhecimento é fundamental para a mudança progressiva da atitude tolerante da sociedade brasileira para com esse tipo de violência, que ainda resiste, mormente quando os agressores são considerados "homens de bem".

O ASSASSINATO DE SANDRA GOMIDE (2000)

No ano de 2000, Sandra Gomide foi morta por seu ex-namorado, o jornalista Antônio Marcos Pimenta Neves, diretor de redação do jornal *O Estado de S. Paulo*, com dois tiros, um na cabeça e outro nas costas. O crime ocorreu no Haras Setti, em Ibiúna (a 70 km de São Paulo). Seu proprietário ouviu os tiros e os gritos de Sandra, que foi encontrada caída no pátio, perto das baias que abrigavam os cavalos.

O jornalista havia conhecido a namorada em 1995, no jornal *Gazeta Mercantil*, cuja direção de redação tinha acabado de assumir. Dois anos depois, quando foi convidado a trabalhar n'*O Estado de S. Paulo*, levou Sandra Gomide consigo, como editora de Economia. Quando o namoro terminou, em 1997, Pimenta Neves demitiu a jornalista. O caráter de retaliação da demissão foi confirmado pela psicóloga do jornal, que fazia o acompanhamento psicológico de Pimenta Neves (o fato só viria a público após o crime). O jornalista desqualificou o diagnóstico e se demitiu, sendo, no entanto, convencido a permanecer no cargo pelos seus empregadores.

Após o término da relação, Pimenta Neves passou a perseguir Sandra obsessivamente, com difamações e ameaças de morte, feitas por e-mail e telefone. Chegou a invadir seu apartamento, agredi-la e ameaçá-la com um revólver, exigindo a devolução dos presentes que lhe havia dado. Esse episódio foi denunciado pela vítima na Segunda Delegacia da Mulher de São Paulo. Sandra chegou a contratar um segurança para protegê-la, que foi, no entanto, logo dispensado.

Um dia antes do crime, o pai de Sandra Gomide havia pedido ao jornalista que deixasse a filha em paz. A família, entretanto, não acreditava que a violência chegaria a assassinato. No dia seguinte, Sandra foi ao haras, onde pretendia cavalgar, em companhia de duas sobrinhas. Lá encontrou Pimenta Neves e a morte.

Preso, o assassino confessou o crime, cujo motivo seria ciúmes e o fato de não se conformar com a separação. Durante sete meses, o jornalista permaneceu detido, aguardando julgamento, até que seu advogado conseguiu a revogação da prisão preventiva, por recurso apresentado ao Supremo Tribunal Federal (STF), que concedeu a liminar que colocaria Pimenta Neves em liberdade. Julgado, finalmente, em maio de 2006, Pimenta Neves foi condenado a 18 anos de reclusão e ao pagamento de multa aos pais da vítima, mas, valendo-se da decisão do STF, confirmada em 2007, não foi preso. Em

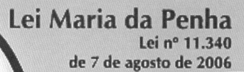

A Lei Maria da Penha, bastante divulgada pelo país, tem se tornado um marco na defesa das mulheres contra a violência. (Cartazes que mencionam a lei.)

2008, diante de nova apelação, o STF negou o pedido de anulação da pena, mas a reduziu para 15 anos. Uma infinidade de recursos faria com que, somente 11 anos depois, o assassino, confesso e condenado, fosse finalmente detido, o que ocorreu no dia 24 de agosto de 2011. Em entrevista, Pimenta Neves alegou que o uso de medicamentos psiquiátricos o teria privado da razão no dia do crime.[18]

Casos como esse continuavam a acontecer no início da década de 2000, apesar dos avanços que o movimento feminista vinha conseguindo junto aos governos, no sentido de promover a implantação de políticas públicas de proteção à mulher.

A ARTICULAÇÃO NACIONAL DAS POLÍTICAS PARA AS MULHERES

Em 2003, a criação da Secretaria Especial de Políticas para as Mulheres foi fundamental para a articulação de diversas ações, destacando-se a elaboração dos Planos Nacionais de Políticas para Mulheres, nos anos de 2004 e 2008, mediante ampla mobilização por meio da organização das Conferências de Políticas para as Mulheres nos níveis municipal, estadual e nacional; e o Pacto Nacional de Enfrentamento à Violência contra a Mulher, em 2007.

No campo legislativo, a principal vitória do movimento feminista foi a sanção da Lei n. 11.340, denominada Lei Maria da Penha, em 7 de setembro de 2006.[19] Aprovada por unanimidade no Congresso Nacional, a lei propôs a criação de uma política nacional de combate à violência contra a mulher; a introdução de medidas de proteção às vítimas; a criação de um juízo único com competência civil e criminal através de Varas Especializadas de Violência Doméstica. A lei conceitua a violência doméstica contra a mulher com base na Convenção de Belém do Pará, incluindo a violência física, psicológica, sexual, patrimonial e moral, e prevê a garantia de assistência jurídica gratuita para as mulheres e a não aplicação da Lei n. 9.099/95 nos casos de violência doméstica contra as mulheres.

Em vigência desde 22 de setembro de 2006, a chegada da Lei Maria da Penha respondeu ao descontentamento causado pelo frequente enquadramento da violência contra a mulher no âmbito da Lei n. 9.099/95, que criara os Juizados Especiais Criminais (JECrims). Implantados para proporcionar uma forma mais simples e célere de julgar delitos com pena máxima não superior a dois anos, os JECrims passaram a absorver os conflitos envolvendo violência contra a mulher, pelo fato de serem tipificados, em sua maioria, como *lesão corporal leve* e *ameaça*,[20] considerados delitos de menor potencial ofensivo.

De um modo geral, cerca de 80% dos conflitos administrados por esses juizados passaram a ser constituídos por casos de violência contra a mulher. No entanto, a prática da conciliação, objetivada por esses tribunais, resultou numa forma de intervenção desastrosa nesses conflitos. Os conciliadores raramente levavam em conta as especificidades das relações entre as partes, insistindo numa conciliação cujo preço era o conformismo da mulher e a abdicação de seus direitos de cidadania em nome da preservação da família. O apelo à religião e o uso de argumentos dramáticos em prol do perdão foram relatados por vários pesquisadores que se debruçaram sobre as práticas verificadas nesses tribunais. Por outro lado, a imposição aos agressores do pagamento de cestas básicas, determinado frequentemente pelos juízes, como pena alternativa, serviu para banalizar ainda mais essas agressões historicamente toleradas na sociedade brasileira.

Assim como ocorreu com a implantação das delegacias especializadas, a Lei Maria da Penha vem encontrando inúmeros obstáculos para a sua aplicação, tanto no âmbito policial quanto no judiciário, tendo sido, inclusive, alvo de muitos questionamentos sobre sua constitucionalidade. Parte da resistência à nova lei pode ser atribuída aos problemas operacionais e materiais que dificultam sua aplicação, mas grande parte ainda decorre da visão tradicional decorrente da ideologia patriarcal, que banaliza e legitima a violência contra a mulher, sobretudo a que ocorre no espaço doméstico entre cônjuges.

O CASO ELOÁ (2008)

Em 13 de outubro, Lindemberg Fernandes Alves, de 22 anos, invadiu, armado com um revólver, a casa de sua ex-namorada, Eloá Cristina Pimentel, de 15 anos, no bairro de Jardim Santo André, em Santo André (na Grande São Paulo), onde ela estava reunida com três colegas, uma moça e dois rapazes, para realizar trabalhos escolares. Os dois rapazes foram imediatamente liberados, permanecendo no apartamento, sob poder do sequestrador, apenas Eloá e sua amiga Nayara Silva, também de 15 anos. Avisada do que acontecia, a polícia cercou o prédio e deu início às negociações para libertação das reféns. No dia seguinte, Nayara foi libertada, retornando à sua casa. No entanto, um dia depois, foi procurada pela polícia, que lhe explicou a necessidade de sua presença para a continuação das negociações. Temerosa do que pudesse acontecer à jovem, a mãe de Nayara autorizou apenas que conversasse com o sequestrador por telefone. No entanto, Nayara, por sugestão da polícia, retornou ao cativeiro, para entregar um celular a Lindemberg, através do qual continuariam a manter contato. Ao chegar à porta, Lindemberg, com a arma apontada para Eloá, ordenou que a amiga entrasse novamente no apartamento, onde ela permaneceria até o desfecho do sequestro.

Após mais de cem horas de cárcere privado, policiais do Grupo de Ações Táticas Especiais (Gate) e da Tropa de Choque da Polícia Militar do Estado de São Paulo explodiram a porta, alegando ter ouvido um disparo de arma de fogo no interior do apartamento, e entraram em luta corporal com Lindemberg, que atirou em direção às reféns. Nayara foi ferida com um tiro no rosto e Eloá baleada na cabeça e na virilha, vindo a falecer por morte cerebral no dia 18 de outubro. O sequestrador, sem ferimentos, foi levado para a delegacia e, depois, para a cadeia pública da cidade e daí para o Centro de Detenção Provisória de Pinheiros, também na cidade de São Paulo. No dia 8 de janeiro de 2009, o juiz José Carlos de França Carvalho Neto, da Vara do Júri e Execuções Criminais de Santo André, determinou que Lindemberg fosse a júri popular pelo assassinato da ex-namorada. Além desse crime, ficou determinado que ele deveria responder pela tentativa de homicídio de Nayara Rodrigues e do sargento Atos Valeriano e pelo sequestro e cárcere privado de menores de 18 anos.

Esse caso é mais uma evidência de como o sentimento de posse do homem em relação a sua esposa, namorada ou companheira, ainda motiva ações criminosas. No Caso Eloá, o próprio Lindemberg, de dentro do apartamento, dizia aos policiais:

> Não tenho vontade de ter mais ninguém, mano. Não tenho vontade nem de ter a Eloá, mano, mais. Tem um mês que estou tentando esquecer ela. Tem um mês que estou tentando sair, me divertir, me distrair, mas não dá, mano, não dá, alguma coisa está falando para mim: "Cobra, mano, cobra e cobra". [...] "Uma situação só de vingança, só de vingança".[21]

O sequestro teve repercussão internacional, pautada por inúmeras críticas quanto à atuação policial. Em depoimento à imprensa, o coronel Eduardo Felix, comandante da Tropa de Choque, justificou a estratégia adotada:

Os policiais tiveram condições de atingir Lindemberg, sim. Nós poderíamos ter dado o tiro de comprometimento. Mas era um garoto de 22 anos, sem antecedentes criminais e vivendo uma crise amorosa. Se tivéssemos atingido com um tiro de comprometimento, fatalmente estariam questionando por que o Gate não negociou mais, por que deram um tiro em um jovem de 22 anos de idade em uma crise amorosa, fazendo algo em determinado momento em que se arrependeria para o resto da vida.[22]

Essa fala reproduz a tradicional desqualificação do conflito em que as mulheres são vitimadas e indica a descriminalização de um sequestro com arma de fogo, interpretado pelo policial como um simples ato inconsequente motivado por uma crise amorosa. O Caso Eloá demonstra que a tolerância diante de crimes passionais cometidos por homens inconformados com o fim da relação ainda resiste em nossa sociedade, apesar dos avanços institucionais e legais visando à sua efetiva criminalização. Por outro lado, revelou a existência de espaços para críticas a essa tolerância, como a reação da procuradora de Justiça do Ministério Público do Estado de São Paulo, Luiza Nagib Eluf:

> [...] É inacreditável que, com tantos avanços conquistados pelas mulheres ao longo do último século, os crimes passionais continuem ocorrendo no País [...] passionalidade não se confunde com violenta emoção. [...] Não é um homicídio de impulso, ao contrário, é detalhadamente planejado, exatamente como fez Lindemberg. [...] Desde o começo seu intento era matar a moça [...]. Por essa razão, a negociação que se estabeleceu durante todo o período de cativeiro não teria a menor chance de prosperar. [...] de nada adianta procurar pessoas experientes em negociações com sequestradores para cuidar de um caso passional. [...] O intento assassino não admite barganha. [...] Na conduta do criminoso passional encontra-se embutida uma causa exógena, ou seja, uma pressão social para que ele não aceite a autodeterminação da mulher. Além do fato em si de ter sido desprezado, o passional preocupa-se em mostrar aos amigos e familiares que ainda continua no comando de sua relação amorosa e castigou com rigor aquela que ousou desafiá-lo.[23]

Três anos e quatro meses após o crime, Lindemberg foi levado a julgamento e, no dia 16 de fevereiro de 2012, condenado a 98 anos e 10 meses de reclusão, além do pagamento de 1.320 dias-multa.[24] Na sentença, a juíza Milena Dias afirmou que Lindemberg "agiu com frieza, premeditadamente, em razão de orgulho e egoísmo, sob a premissa de que Eloá não poderia, por vontade própria, terminar o relacionamento amoroso". A juíza reconheceu, assim, como motivo do crime, não a paixão, tradicionalmente alegada nesses casos, mas a convicção por parte do homem de que a mulher não é livre para pôr fim a uma relação, como se a mulher fosse sua propriedade. A menção ao "orgulho" remete à ideia da honra masculina, ferida pelo abandono. Enfim, o parecer da juíza apontou, como motivo do assassinato, a própria ideologia patriarcal, abrindo possibilidade para uma nova atitude do judiciário diante da violência contra a mulher.

O CASO ELIZA SAMUDIO (2010)

A moral patriarcal tem interferido também na aplicação da Lei Maria da Penha no âmbito do judiciário. Caso exemplar é o de Eliza Samudio. Em outubro de 2009, Eliza fez um registro de ocorrência na Delegacia Especializada de Atendimento à Mulher de Jacarepaguá (Zona Oeste da cidade do Rio de Janeiro), acusando o goleiro do Flamengo, Bruno Fernandes, de quem dizia estar grávida, dos crimes de agressão, indução ao aborto e cárcere privado. A delegada encaminhou um pedido de medida protetiva, segundo faculta a Lei Maria da Penha, para garantir que o denunciado se mantivesse afastado de Eliza. O indeferimento da juíza Ana Paula Delduque Migueis Laviola de Freitas foi justificado pelo fato de considerar que não cabia a aplicação de uma lei cuja finalidade era a proteção da família, proveniente de união estável ou casamento, e não de relações de caráter sexual e eventual. Com esse veredicto, retirou o foco da lei da proteção da mulher como sujeito de direitos em face da violência – como enfatizaram as feministas – para a proteção da família, vista pela ótica conservadora da cultura patriarcal.

Em março de 2010, em entrevista televisionada, o goleiro, ao expressar seu apoio a um colega do mesmo time, o jogador Adriano, que espancara sua mulher, daria a seguinte declaração aos jornalistas:

> Qual de vocês que é casado, que nunca brigou com a mulher, que não discutiu, que não até saiu na mão com a mulher, né cara? Não tem jeito. Em briga de marido e mulher, ninguém mete a colher, xará. Então eu acho que isso é problema pessoal do cara. E ele é o Imperador e por isso que repercute muito, mas ele é um cara que tem sentimentos e é normal se abater um pouco.[25]

Três meses depois, Bruno seria denunciado pelo Ministério Público como mandante do assassinato e desaparecimento do corpo de Eliza Samudio, sendo decretada sua prisão temporária no sistema penitenciário. Ela e o filho recém-nascido teriam sido sequestrados no Rio de Janeiro, em 4 de junho, por Luiz Henrique Romão e por Sérgio Rosa Sales, primo de Bruno, e levados para o sítio do jogador, localizado em Esmeraldas (na Grande Belo Horizonte), onde teriam ficado em cárcere privado até o dia 10 daquele mês. Daí, Eliza teria sido levada para a casa do ex-policial civil Marcos Aparecido dos Santos, o Bola, em Vespasiano, onde teria sido assassinada por ele. O bebê foi entregue à ex-mulher do goleiro, Dayanne de Souza. Segundo o Ministério Público de Minas Gerais, que apresentou a denúncia, Eliza foi morta porque pedia a Bruno o reconhecimento da paternidade da criança. O corpo de Eliza não foi encontrado.

Ao abordar o caso, a imprensa enfatizou a condição de garota de programa da vítima e, inclusive, o fato de ela já ter trabalhado em um filme pornográfico. Muitas manifestações populares, através de cartas aos jornais e da internet, consideravam Bruno vítima de um golpe, ressaltando sua importância como atleta do Flamengo e o fato de ser celebridade.

A imprensa também noticiou que Bola teria feito ameaças à juíza presidente do processo, Marixa Fabiane Lopes Rodrigues; ao delegado que coordenou as investigações, Edson Moreira; ao advogado José Arteiro, assistente de acusação, e ao deputado estadual Durval Ângelo, presidente da Comissão de Direitos Humanos da Assembleia Legislativa de Minas. Bruno negou qualquer envolvimento com as ameaças e também com o traficante Antônio Francisco Bonfim Lopes, o Nem, da Rocinha (grande favela do Rio de Janeiro), a quem teriam sido encomendadas as mortes dos envolvidos na apuração do caso.

Durante o processo, o goleiro mudou quatro vezes de advogado. Em janeiro de 2012, dois pedidos de *habeas corpus* em favor de Bruno tramitavam no Supremo Tribunal Federal. Ao responder ao ministro Cezar Peluso, que pedira informações relativas ao primeiro deles, impetrado por um advogado do Paraná, a juíza da Vara do Tribunal do Júri de Contagem, em Minas Gerais, encaminhou cópia da sentença de pronúncia, que determinou que o caso fosse julgado por júri. No documento, a juíza considerou que, apesar de o corpo ou vestígios dele não terem sido encontrados, a materialidade do crime de homicídio era suficientemente indicada pelas demais provas dos autos. Entre elas, as declarações feitas por Eliza Samudio à polícia e o exame de corpo de delito, realizados em 2009, desconsiderados na época pela juíza Ana Paula Delduque Migueis Laviola de Freitas, ao negar a aplicação da Lei Maria da Penha. Mencionou ainda o vídeo gravado por Eliza, afirmando ser vítima de perseguição por parte do ex-jogador, a perícia feita em seu computador pessoal e a transcrição de conversas pela internet, além de depoimentos de diversas testemunhas, concluindo: "Os delitos de sequestro, cárcere privado, homicídio qualificado e ocultação de cadáver, que contam com detalhes sórdidos e ultrapassam os limites da crueldade, geram perplexidade e intranquilizam a sociedade".[26]

As diferentes posturas das duas juízas diante da aplicação da legislação em um mesmo caso, que reúne diversas formas de violência contra a mulher, da agressão ao assassinato, exemplificam a transição entre dois momentos históricos diferentes. Um, em que predominava um modelo de família e de comportamento feminino pautado na ideologia patriarcal, cuja consequência era a banalização da violência, sobretudo quando cometida contra mulheres que não seguiam os padrões desejados e impostos pela sociedade. Outro, em que a violência de gênero não será mais aceita. O protagonismo feminino nas transformações sociais, desde a maior inserção da mulher no mercado de trabalho até a conquista de políticas públicas, tem afirmado a capacidade das mulheres de lutar por uma vida melhor, enfrentando e modificando os sistemas de dominação social fundamentados na desigualdade de direitos entre homens e mulheres.

NOTAS

[1] Em resposta às reivindicações feministas, o ano de 1975 foi declarado pela Organização das Nações Unidas (ONU) como o Ano Internacional da Mulher. A ONU também definiu os dez anos posteriores como a Década das Nações Unidas para as Mulheres, Igualdade, Desenvolvimento e Paz, estimulando uma série de eventos e debates em que os direitos humanos das mulheres passaram a ser conceituados internacionalmente, evidenciando que, em diferentes sociedades e culturas, as mulheres não gozavam, na teoria ou na prática, de direitos já garantidos aos homens.

[2] Em 1979, a Convenção sobre a Eliminação de Todas as Formas de Discriminação contra a Mulher (CEDAW, na sigla em inglês) foi aprovada pela Assembleia Geral das Nações Unidas, sendo ratificada pelo Brasil em 1984, ainda que com reservas. Em 1994, a Convenção Interamericana para Prevenir, Punir e Erradicar a Violência contra a Mulher (Convenção de Belém do Pará) foi aprovada no Brasil por Decreto Legislativo em setembro de 1995 e ratificada em novembro do mesmo ano. Ambas as convenções constituem instrumentos jurídicos internacionais importantes, dando origem a legislações nacionais assinadas a partir da atuação de diferentes agências e organismos ligados à ONU, tais como Organização Internacional do Trabalho (OIT), Organização Mundial de Saúde (OMS), Organização dos Estados Americanos (OEA), Comissão Econômica para a América Latina e o Caribe (Cepal).

[3] A denominação Maria da Penha foi uma homenagem a Maria da Penha Maia Fernandes, farmacêutica, residente no Ceará, que no início dos anos 1980 ficou paraplégica após sofrer, em sua própria casa, duas tentativas de homicídio por parte do marido. O processo de investigação judicial arrastou-se por 19 anos

e só chegou a seu término, com a condenação do agressor, em 2002, graças à intervenção da Comissão Interamericana de Direitos Humanos, que, em abril de 2001, havia considerado o Estado brasileiro responsável por negligência, omissão e tolerância em relação à violência contra as mulheres, determinando que a reparação não tivesse apenas alcance individual, mas implicasse a adoção, em todo o país, de medidas político-jurídicas e de políticas públicas voltadas para a garantia dos direitos das mulheres.

[4] Tais como o SOS Mulher, entidade social sem fins lucrativos, criada em 1980, que promove o atendimento às mulheres e famílias em situações de violência, com base nos princípios dos Direitos Humanos e da Cidadania.

[5] A internação compulsória de mulheres nessas instituições assumia um caráter punitivo de adultérios, arroubos amorosos não aprovados pelas famílias e maternidades ilegítimas, além de servir também para impedir o parcelamento de heranças e dotes, pelo afastamento das filhas mais novas. Essa prática era frequente ainda no século XIX, a ponto de, em 1825, D. Pedro I proibir a entrada de mulheres casadas no Recolhimento dos Perdões, na Bahia, por considerar ser este um costume prejudicial ao próprio recolhimento e contrário à indissolubilidade do matrimônio.

[6] A Central de Atendimento à Mulher – Ligue 180 é um serviço de utilidade pública, confidencial, de atendimento telefônico da Secretaria de Políticas para as Mulheres da Presidência da República, que tem como objetivo ouvir, orientar e encaminhar mulheres em situação de violência para os diversos serviços da Rede de Enfrentamento à Violência contra as Mulheres em todo o Brasil.

[7] Elizabeth Cancelli, *A cultura do crime e da lei: 1889-1930*, Brasília, Editora da UnB, 2001, p. 141-142.

[8] Disponível em: <http://www.oabsp.org.br/institucional/grandes-causas/a-tragedia-de-icarai>, acesso em: set. 2011.

[9] Elizabeth Cancelli, op. cit., p.126-128.

[10] Mayana Hellen Nunes da Silva, "'Até que a morte nos separe': violência de gênero e crimes passionais no Maranhão. (1949 -1958)". *Outros Tempos: Dossiê Estudos de Gênero*, n. 9, v. 7, p. 189-210, jul. 2010.

[11] No Brasil, ganharam a denominação de "transviados" jovens de classe média que usavam *blue jeans*, jaquetas de couro e penteados com grandes topetes, locomoviam-se em lambretas e eram fãs de *rock and roll*, música que condensava sua atitude de rebeldia. Tais jovens formavam verdadeiras *gangs* e, respaldados por um sentimento de impunidade garantido por sua origem social, comportavam-se de maneira violenta, envolvendo-se em brigas, badernas e agressões sexuais, que incluíam "curras", palavra que foi incessantemente repetida pela imprensa da época.

[12] Disponível em: <http://decadade50.blogspot.com/2006/09/juventude-transviada-o-caso-aida-curi.html> e <http://copacabana.com/aida-cury.shtml>, acesso em: set. 2011.

[13] Disponível em: <http://veja.abril.com.br/arquivo_veja/capa_24101979.shtml>, acesso em: set. 2011; Cecília Lana, "Lugar de fala, enquadramento e valores no caso Ângela Diniz", em *Revista Anagrama: Revista Científica Interdisciplinar da Graduação*, ano 3, edição 4, jun./ago. 2010. Disponível em: <http://www.usp.br/anagrama/Lana_Diniz.pdf>, acesso em: set. 2011.

[14] Para enfatizar essa ideia, muitas, mas não todas, preferiram usar o conceito *gênero* no lugar de *sexo*, tratando, portanto de *relações de gênero*.

[15] Disponível em: <http://opiniaoenoticia.com.br/brasil/nacional/assassino-de-Angela-diniz-diz-que-mereceu-ser-condenado/>, acesso em: jan. 2012.

[16] Disponível em: <http://www.terra.com.br/istoegente/148/reportagens/capa_paixao_lindomar_castilho.htm>, acesso em: dez. 2011.

[17] Apesar de tipificados no Código Penal, esses delitos não costumavam ser tratados como crime pelos policiais, sobretudo quando os agressores eram maridos ou companheiros da vítima. Assim, as delegacias comuns, que deveriam ser a porta de entrada para a punição dos denunciados, constituíam mais um obstáculo para que isso acontecesse.

[18] Disponível em: <www.terra.com.br/istoegente/56/reportagem/rep_sandra.htm> e <http://contigo.abril.com.br/noticias/pimenta-neves-vai-para-prisao-pela-morte-de-sandra-gomide>, acesso em: jan. 2012.

[19] A proposta de lei foi elaborada por um consórcio composto pelas ONGs Advocaci, Agende, Cepia, Cfemea, Cladem/Ipê e Themis, tendo como base os princípios e normas internacionais de proteção aos Direitos Humanos das Mulheres, sobretudo nos termos da Convenção de Belém do Pará, e da Convenção para a Eliminação de Todas as Formas de Discriminação contra a Mulher (CEDAW).

[20] *Ameaça* – Art.147 do Código Penal: ameaçar alguém, por palavra, escrito ou gesto, ou qualquer outro meio simbólico, de causar-lhe mal injusto e grave.

[21] Marcio Campos, *A tragédia de Eloá: uma sucessão de erros*, São Paulo, Landscape, 2008, p. 70.
[22] Idem, p. 102.
[23] O artigo de Luiza Nagib Eluf foi publicado e reproduzido à época em vários meios de comunicação: jornais, revistas e blogs, incluindo o jornal *O Estado de S. Paulo* e a *Revista Consultor Jurídico* (nesta em 28 de outubro de 2008, com o título: "Morte anunciada: Eloá não foi um caso isolado de homicídio passional. Foi mais um"). Disponível em: <www.conjur.com.br/2008-out-28/eloa_não_foi_isolado_homicidio_passional>, acesso em: dez. 2008.
[24] Corresponde a um valor em dinheiro que pode variar conforme as condições financeiras do condenado. Uma vez fixado, é multiplicado pelo número de dias determinados em sentença. Nesse caso especifico, é uma punição pelos quatro disparos de arma de fogo feitos por Lindemberg.
[25] *Jornal Tribuna do Norte*, 7 de mar. 2010.
[26] Disponível em: <http://www.stf.jus.br/portal/cms/verNoticiaDetalhe.asp?idConteudo=197864>, acesso em: jan. 2012.

BIBLIOGRAFIA

CAMPOS, Marcio. *A tragédia de Eloá*: uma sucessão de erros. São Paulo: Landscape, 2008.
CANCELLI, Elizabeth. *A cultura do crime e da lei*: 1889-1930. Brasília: Editora da UnB, 2001.
COSTA, Ana Alice Alcantara. O movimento feminista no Brasil: dinâmicas de uma intervenção política. *Labrys*, Estudos feministas, jan./jul. 2005. Disponível em <www.unb.br/ih/his/gefem/labrys7/liberdade/anaalice.htm>. Acesso em: jan. 2006
LANA, Cecília. Lugar de fala, enquadramento e valores no caso Ângela Diniz. *Revista Anagrama. Revista Interdisciplinar da graduação*, ano 3, edição 4, jun./ago. 2010. Disponível em: <http://www.usp.br/anagrama/Lana_Diniz.pdf>. Acesso em: 24 abr. 2012
LIMA, Lana Lage da Gama. As práticas de administração de conflitos de gênero no cotidiano das delegacias de polícia. *Dimensões* – Revista de História (UFES), v. 22, 2009, p. 117-139.
_____; SOUZA, Suellen André de. Representações de gênero e atendimento policial a mulheres vítimas de violência. *INTERthesis* (UFSC), v. 6, 2009, p. 61-85.
_____. O recolhimento das macaúbas". In: GORENSTEIN, L.; CARNEIRO, Maria Luiza T. *Ensaios sobre a intolerância*: inquisição, marranismo e antissemitismo. São Paulo: Humanitas, 2005, p.267-294.
_____; et al. As delegacias especializadas de atendimento à mulher no estado do Rio de Janeiro na visão de suas delegadas. In: KANT DE LIMA, Robert; EILBAUM, Lucia; PIRES, Lenin (orgs.). *Conflitos, direitos e moralidades em perspectiva comparada*. Rio de Janeiro: Garamond, 2010, v. 1, p. 163-190.
LOPES, Adriana Carvalho. Violência contra a mulher na mídia impressa. In: SUÁREZ, Mireya; BANDEIRA, Lourdes. *Violência, gênero e crime no Distrito Federal*. Brasília: Editora da UnB, 1999, p. 121-143.
MACHADO, Lia Zanotta. "Atender vítimas, criminalizar violências: dilemas das Delegacias de Mulheres". In: AMORIM, Maria Stella de; KANT DE LIMA, Roberto; BURGOS, Marcelo Baumann (orgs.). *Juizados Especiais Criminais*: sistema judicial e sociedade no Brasil. Niterói: Intertexto, 2003, p. 67-94.
NADER, Maria Beatriz; LIMA, Lana Lage da Gama (orgs.). *Família, mulher e violência*. Vitória: PPGHis/UFES, v. 8, 2007, p. 19 -38.
_____. Violência sutil no ambiente doméstico: uma nova abordagem de um velho fenômeno. In: NADER, Maria Beatriz; FRANCO, Sebastião Pimentel; SILVA, Gilvan Ventura da (orgs.). *História, mulher e poder*. Vitória: EDUFES, 2006, p. 235-252.
_____. Violência sutil contra a mulher: manifestações históricas. In: NADER, Maria Beatriz; LIMA, Lana Lage da Gama (orgs.). *Família, mulher e violência*. Vitória: PPGHis/UFES, 2007, v. 8, p. 9-18.
_____. Cidades, aumento demográfico e violência contra a mulher: o ilustrativo caso de Vitória-ES. *Dimensões* – Revista de História da UFES, n. 22, 2009, p.156-171.
SILVA, Mayana Hellen Nunes da. Até que a morte nos separe: violência de gênero e crimes passionais no Maranhão (1949 -1958). *Outros Tempos*: Dossiê Estudos de Gênero, n. 9, v.7, p. 189-210, jul. 2010.

Aborto e contracepção

TRÊS GERAÇÕES DE MULHERES

Debora Diniz

A fazedora de anjos é uma tela de Pedro Weingärtner de 1908, obra do acervo permanente da Pinacoteca do Estado de São Paulo. Retrata uma história desconcertante em três atos: uma jovem mulher enamora-se de um senhor da aristocracia; na cena seguinte, com um bebê no colo e rosto melancólico, é vigiada por uma senhora impaciente; por fim, o forno aceso e os anjos na fumaça denunciam o ofício da senhora. Há poucos relatos históricos das fazedoras de anjos, mulheres a meio caminho entre parteiras e bruxas, que no passado sumiam com os recém-nascidos de mocinhas desprovidas de matrimônio.

Não se sabe qual a proximidade entre as fazedoras de anjos e as especialistas tradicionais em sexualidade e reprodução (as parteiras, as curiosas, as benzedeiras ou as comadres dos chás e xaropes), que por vezes faziam também o papel de aborteiras. A fazedora de anjos e a aborteira simbolizam

Fazedora de anjo era o nome dado à mulher que ajudava outras a eliminar o fruto de uma gravidez indesejada. (*A fazedora de anjos* (1908), obra de Pedro Weingärtner.)

a fronteira tênue entre o aborto e o infanticídio, duas categorias que, ao longo do tempo, passaram a ser vistas sob as óticas médica e penal, narrativas que costumam esquecer as razões individuais e as necessidades femininas. Sobre a prática do aborto, as histórias são um pouco mais conhecidas, ainda que nelas as vozes das mulheres continuem abafadas ou mesmo envoltas em segredo.

Como forma de romper esse segredo e chamar a atenção para os sentimentos envolvidos, a artista portuguesa contemporânea Paula Rego apresentou, em 1998, uma série de quadros em que retrata mulheres que abortam às voltas com suas dores.[1] Nas cenas, aparecem os apetrechos utilizados para o aborto, mas não as aborteiras, que são apenas pressentidas. Entre as obras de Rego e a tela de Weingärtner passou-se um século. Em Portugal, o aborto foi finalmente descriminalizado em 2007. No Brasil, a luta por garantir às mulheres o direito ao aborto continua.

UMA HISTÓRIA DE DISPUTAS, CONQUISTAS E DIFICULDADES

Os saberes das senhoras especializadas nos chás e mezinhas para evitar a gravidez ou o nascimento conviveram lado a lado com o saber médico das faculdades de Medicina no Brasil. O aumento dos partos realizados por médicos em hospitais, a partir dos anos 1920, e a revolução causada pelo surgimento dos contraceptivos orais, nos anos 1960, provocaram uma ruptura entre saberes e especializações, com a consequente separação entre os personagens autorizados e os desautorizados para os cuidados reprodutivos.[2] Embora não tenha desaparecido, a parteira ou a curiosa foi perdendo terreno para o médico, que acabou assumindo socialmente o papel de autoridade sobre os cuidados reprodutivos. Com isso, a contracepção passou a ser discutida como uma questão biomédica e de política pública ligada ao planejamento familiar, enquanto o aborto permaneceu inscrito nos registros da criminalidade e da moral religiosa.

As constantes mudanças técnicas, políticas, legais e culturais relativas aos métodos contraceptivos – tais como pílula anticoncepcional,[3] laqueadura tubária, condom, DIU, vasectomia e pílula do dia seguinte – não tiveram paralelo na história do aborto nos séculos XX e XXI. Diferentemente de países em que a descriminalização do aborto foi o passo seguinte à disseminação dos contraceptivos médicos, uma particularidade da história brasileira é a dissociação política desses dois domínios reprodutivos.[4] Ainda hoje, o aborto é crime no Brasil, segundo o Código Penal de 1940. Por isso, os relatos sobre o aborto são esparsos, e as fontes às quais os pesquisadores têm acesso são, em sua grande maioria, produzidas por autoridades médicas e jurídicas.[5]

Além dos efeitos da criminalização, a permanência da moral cristã, que descreve o aborto como um pecado, contribui para o silêncio das mulheres em torno do assunto. A resistência da Igreja Católica aos métodos contraceptivos nem de longe se assemelha à intensidade com que ela e outras Igrejas cristãs repudiam o aborto. Muito embora ainda considere os métodos contraceptivos "vias ilícitas para a regulação dos nascimentos", a Igreja Católica gradativamente reduziu a resistência aos chamados "métodos modernos de contracepção" para concentrar esforços na condenação moral e política do aborto. Porém, mesmo entre o crime e o pecado, as mulheres produziram saberes, difundiram práticas e rotinas para o cuidado do corpo.

PRÁTICAS REPRODUTIVAS

Este capítulo apresenta algumas práticas reprodutivas das mulheres nos últimos 40 anos no Brasil, tendo dois produtos farmacológicos como eixo – a pílula anticoncepcional e a pílula abortiva Citotec (misoprostol).[6] O percurso se inicia com a emergência da pílula anticoncepcional nos anos 1960, quando as práticas reprodutivas foram radicalmente alteradas na sociedade brasileira. A partir da pílula anticoncepcional, foi possível uma separação definitiva entre sexualidade e reprodução, e três gerações de mulheres já viveram as consequências da "revolução da pílula".

Nas décadas seguintes ao surgimento da pílula, as mulheres experimentaram novas formas de planejar ou simplesmente evitar a gravidez com o DIU (dispositivo intrauterino), o condom ou mesmo a laqueadura tubária, esta última feita em conjunto com o parto cirúrgico a partir dos anos 1970. A história da epidemia do HIV/aids cruzou o caminho dos métodos contraceptivos ampliando seus sentidos não apenas para as mulheres em relação conjugal, mas para todas aquelas para quem a reprodução não seria o destino da sexualidade.

Nesse mesmo período, a questão do aborto fez um percurso diferente: de um tema relacionado à morte materna (pelo uso de métodos inseguros) nos anos 1970, porém pouco discutido como uma questão de saúde pública ou de direitos humanos, tornou-se uma bandeira do feminismo na luta por políticas públicas que levariam à regulamentação das normas técnicas de aborto legal pelo Ministério da Saúde nos anos 1990.[7] O mais recente capítulo da história do aborto foi a popularização da pílula abortiva Citotec nos anos 2000. Nesse momento, as fazedoras de anjos, as aborteiras e os médicos cederam espaço para a entrada de um novo personagem das práticas de controle reprodutivo: o vendedor de medicamentos ilegais.[8]

A PÍLULA ANTICONCEPCIONAL

A popularidade dos anticoncepcionais, conhecidos simplesmente como "pílula", é um dos grandes responsáveis pela queda da natalidade no país. De um padrão familiar de, em média, cinco filhos nos anos 1970, as mulheres brasileiras passaram a ter menos que dois filhos nos anos 2010.[9] No entanto, a entrada da pílula no Brasil no início dos anos 1960 não se deu sem controvérsias médicas e religiosas. A década seguinte assistiu ao uso político da pílula mais como um instrumento de *controle de natalidade* (diminuir o tamanho da população) do que de promoção de *direitos reprodutivos* (permitir que as mulheres fizessem escolhas sobre quando ter filhos e quantos). Este último conceito somente faria parte do cenário político internacional nos anos 1990, como efeito dos debates da Conferência do Cairo sobre População e Desenvolvimento.[10]

O movimento feminista internacional, por sua vez, optou por aproximar *métodos contraceptivos* e *aborto*, instaurando um novo capítulo na história reprodutiva das mulheres. "Nosso corpo nos pertence" ou "Esse corpo é nosso" foram algumas das expressões usadas pelas feministas a partir dos anos 1990, em um giro argumentativo sobre a quem caberia controlar o corpo e a reprodução. O lema "Nosso corpo nos pertence" reconhecia que cabe às mulheres a soberania sobre quando, como e com quem ter filhos. E cabe ao Estado proporcionar-lhes os meios para tanto.

A PRIMEIRA "GERAÇÃO PÍLULA"

Para a maioria das mulheres da chamada primeira "geração pílula" (nascidas entre 1940 e 1959), a chegada da pílula anticoncepcional não foi vista pura e simplesmente como uma "conquista revolucionária" ligada à liberdade sexual. Seu uso por parte das mulheres era tido mais como algo necessário para o planejamento do número de filhos e, ao mesmo tempo, como um perigo à saúde por conta de seus efeitos colaterais.[11] Essa tensão entre "necessidade" e "risco" acompanharia o imaginário das mulheres nas gerações seguintes. A preocupação com os riscos impostos à saúde pelos hormônios sintéticos ainda se mantém, agora reavivada pelas terapias de reposição hormonal para as mulheres em menopausa que evidenciam a médicos e usuárias o resultado da ação desses hormônios no corpo.

As primeiras duas décadas da pílula coincidiram com o período da ditadura militar no Brasil. Como um dos dispositivos da opressão política, havia um forte cerco à circulação da informação. Um programa de TV chamado *TV Mulher*, exibido de 1980 a 1985 pela Rede Globo, provocou alvoroço com as aparições da sexóloga Marta Suplicy falando sobre temas da sexualidade e da reprodução, incluindo a anticoncepção. Exibido pelas manhãs, um horário estratégico para o público feminino, o programa fez muito sucesso especialmente entre mulheres de classe média e alta que se apropriavam dos ideais emancipatórios do final da década de 1960 – como a igualdade entre os sexos, a liberdade sexual ou a necessidade de trabalho assalariado para as mulheres –, ainda que reprimidos pelo conservadorismo favorecido pela ditadura militar.

Foi nesse mesmo período que começaram a ser noticiadas pela imprensa histórias de mulheres presas ou mortas por práticas inseguras de aborto nas clínicas clandestinas. Um caso ocorrido no Rio de Janeiro em

1980, que acabou com a prisão de duas mulheres, ativou a voz do movimento feminista pela descriminalização do aborto em consonância com reivindicações de movimentos feministas internacionais em que esse tema já integrava a agenda política.[12] Porém, seria somente nos anos 1990 que a tese feminista do aborto como um direito reprodutivo passaria a fazer parte das negociações com o governo referentes à regulação das políticas públicas nacionais.[13]

Além disso, ficou claro nas décadas de 1970 e 1980 que a mortalidade e a morbidade maternas consequentes do aborto inseguro eram altas no Brasil.[14] Entre os anos 1960 e 1980, os métodos utilizados pelas mulheres para abortar iam de ingerir chás ou líquidos cáusticos a inserir na vagina sondas e objetos perfurantes. Nesses casos, as mulheres abortavam sozinhas ou com auxílio de "curiosas" ou parteiras. Para as mulheres mais ricas, as clínicas com recursos médicos já eram uma opção. Muitas mulheres combinavam os métodos abortivos, ou por apostar na eficácia da sequência chás-ervas-clínica, ou por utilizar os diferentes métodos como etapas de um convencimento pessoal sobre a decisão para o aborto. Os chás, xaropes e ervas seriam a primeira medida, em geral ineficaz, sucedida por um método mais invasivo, como a sonda ou a internação clínica.

O que se sabe sobre aborto da primeira "geração pílula" é um conhecimento produzido à beira do leito, a partir de casos de mulheres que buscaram os serviços de saúde para a finalização do aborto incompleto. Foi com base nos registro de médicos e enfermeiras que se recuperaram os encontros e desencontros entre contracepção, aborto e morte materna nas décadas de 1960 e 1980. Nesse sentido, as vozes dos médicos e das enfermeiras foram fundamentais para descrever o risco do aborto inseguro: as mulheres chegavam aos hospitais sangrando, em quadro infeccioso grave, e muitas morriam após dias de peregrinação por clínicas ou escondidas com medo da polícia.

A primeira "geração pílula" fez uso dos métodos contraceptivos, mas, por razões variadas, os métodos não eram suficientes para planejar de maneira definitiva a reprodução – ou as mulheres erravam quanto ao uso, ou os métodos falhavam. Diversos fatores também contribuíam para o uso descontinuado, tais como os efeitos colaterais da pílula ou mesmo acesso aos métodos, o que levou muitas mulheres a escolher a laqueadura como o método mais eficaz e seguro.[15] Entre o uso dos métodos, em particular a pílula anticoncepcional, e a decisão pela laqueadura, muitas mulheres recorreram ao aborto.

A SEGUNDA "GERAÇÃO PÍLULA"

A segunda "geração pílula" (mulheres nascidas entre 1960 e 1979) sobreviveu aos métodos inseguros de aborto e às clínicas clandestinas. Conheceu a epidemia do HIV/aids em suas redes de relações afetivas e sexuais. Mas foi também a geração que corporificou a revolução das tecnologias reprodutivas, por exemplo, o surgimento dos "bebês de proveta".[16] Louise Brown foi a primeira bebê de proveta do mundo, nascida em 1978 na Inglaterra. Anna Paula Caldeira foi a primeira bebê de proveta latino-americana, nascida no Brasil em 1984. Desde então, o Brasil é um país referência para as inovações e intervenções reprodutivas com o objetivo de contornar a ausência involuntária de filhos por casais ou mulheres inférteis.

As tecnologias reprodutivas simbolizaram uma outra revolução que, com a da pílula, ajudou a separar sexualidade e reprodução: além de serem assumidas como "um milagre da criação", essas tecnologias podem subverter o padrão de família heterossexual pela formação de outros arranjos conjugais e de parentalidade, como um casal gay ou de lésbicas com filho. Em permanente atualização, a revolução provocada pelo bebê de proveta se revigora a cada nova descoberta: técnicas que permitem o anonimato dos doadores e o congelamento de óvulos e espermas para uso futuro são algumas de suas ramificações na reprodução biológica ou na pesquisa científica.

Mas há uma fronteira nebulosa entre a medicina que trata da infertilidade e a técnica de produção de bebês, principal alvo das tecnologias reprodutivas. Já em início dos anos 1990, a produção de bebês passou a ser a promessa das novas tecnologias do corpo: a "medicina a serviço de um sonho".[17] Mulheres à procura de filhos biologicamente vinculados testaram em seus próprios corpos as potencialidades e os limites das tecnologias reprodutivas. A luta contra o "relógio biológico" (o envelhecimento do corpo que compromete a gravidez) foi o principal aliado para o rápido desenvolvimento dessas novas tecnologias.

A medicina reprodutiva foi também descrita como uma especialidade voltada para um novo perfil de mulher – a mulher de classe média e alta que, talvez por conta da carreira profissional, atrasou o projeto de maternidade com o uso de métodos que controlavam sua fertilidade. Muitas técnicas foram aprimoradas em clínicas reprodutivas e testadas, quanto à eficácia e segurança, nos corpos das próprias mulheres ávidas por uma gravidez. E um novo universo de relações e produtos se estabeleceu por meio das tecnologias: doadores de sêmen, úteros de aluguel e gestação de substituição (em que uma mulher gesta o feto para outra mulher), além da explosão de gêmeos na demografia da infância, visto que a gemelaridade é um dos efeitos colaterais das tecnologias reprodutivas.[18]

Nessa revolução permanente, repleta de riscos à saúde da mulher ou dos fetos e potencializadora de um mercado lucrativo em torno das novas possibilidades de reprodução, o silêncio e o segredo uniram mulheres e médicos. Diferentemente do aborto, o tema das tecnologias reprodutivas mobilizou sociólogos e antropólogos (mulheres na absoluta maioria), resultando em publicações sobre motivações, trajetórias e percursos das mulheres pelas clínicas, além de relatos em primeira pessoa de mulheres inférteis que contaram suas histórias de apelo à medicina reprodutiva para ter filhos. No entanto, essa proliferação de vozes pouco rompeu com os segredos da alcova e do consultório: o que de fato vem sendo feito nos corpos das mulheres?

Foi preciso um escândalo para que se falasse mais abertamente de como as tecnologias reprodutivas cruzaram o caminho da história do aborto e da contracepção nos últimos 30 anos.

Descrito como o "médico das estrelas", Roger Abdelmassih foi um dos principais precursores das tecnologias reprodutivas no Brasil.[19] Sua clínica atendia artistas e membros da elite intelectual e financeira do país. O próprio médico era um personagem midiático. Porém, em 2009, um grupo de quase 40 mulheres procurou o Ministério Público e acusou Abdelmassih de abusá-las sexualmente após a sedação para exames. A principal defesa do médico foi alegar que as que o acusavam eram mulheres majoritariamente amarguradas pela infertilidade, para quem a medicina reprodutiva não se mostrara eficaz. Sua tese era de que elas o acusavam como vingança pelo fato de não terem tido filhos.

O principal rival da medicina reprodutiva de fato ainda é o pouco sucesso das técnicas e o permanente risco de gemelaridade. Além disso, muitas mulheres submetem seus corpos a intensas rotinas de práticas sexuais e fertilidade, mas poucas obtêm sucesso no primeiro ciclo de transferência dos embriões fecundados. O tratamento médico é comercializado no formato de pacotes de tentativas, dada a certeza de que as taxas de sucesso são baixas.

Ainda não se sabe fazer um único feto por gestação – a cada ciclo reprodutivo se transferem pelo menos três embriões para o útero da mulher. A transferência múltipla de embriões desencadeia outro paradoxo, também trazido à tona no rompimento do segredo da violência do caso Abdelmassih:

o aborto faz parte da medicalização da reprodução para a criação dos bebês em laboratório. Não importa a rejeição da Igreja Católica e do Conselho Federal de Medicina à redução embrionária, ela é prática corrente nas clínicas e descrita como uma medida de proteção às mulheres em busca de gerar uma família biológica.[20]

Diferentemente do aborto, a redução embrionária é tida como uma necessidade de saúde e negociada no segredo da clínica entre mulheres e médicos – um paradoxo moral que somente a inserção da medicina reprodutiva em um projeto social de família biológica pode explicar. Com isso, a promessa de contornar a infertilidade, de construir famílias para casais sem filhos e de oferecê-los com laços biológicos permitiu que a medicina reprodutiva lançasse uma nova visão moral sobre o aborto. Se antes o aborto era um procedimento que desafiava o imperativo da maternidade (pela recusa das mulheres ao "dever" da gestação), as práticas derivadas das tecnologias reprodutivas devolvem as mulheres ao lugar de mães, um símbolo valorizado histórica e socialmente.

A TERCEIRA "GERAÇÃO PÍLULA"

A terceira "geração pílula" (mulheres nascidas entre 1980 e 1999) vive sob uma cultura que valoriza os medicamentos para o exercício da sexualidade e da reprodução.[21] As mulheres dessa geração são conhecedoras e usuárias da pílula anticoncepcional e de alternativas anticonceptivas, em particular da pílula do dia seguinte,[22] mas também da pílula abortiva, chamada de Citotec, o nome comercial dado por seu primeiro laboratório.

O Citotec, um medicamento para o tratamento da úlcera gástrica, foi introduzido no país em 1986 e se popularizou para a prática do aborto no Brasil nos anos 1990. Até a primeira regulação proibindo-o para o aborto pela Agência Nacional de Vigilância Sanitária, em 1991, chegou a ser livremente comercializado nas farmácias.[23] Não se sabe como as mulheres se apropriaram de suas propriedades abortivas – se uma leitura literal da bula do medicamento em que uma caveira ao redor de um feto em um útero denunciava os poderes abortivos, ou se por sugestão de médicos ou balconistas das farmácias. Nessa época, as propriedades do misoprostol, princípio ativo do Citotec, eram ainda desconhecidas da ciência como confiáveis para o aborto medicamentoso.

A apropriação do Citotec como o principal método abortivo no Brasil ficou clara a partir de dois momentos. O primeiro foi em meados dos anos 1990, quando se constatou uma queda da mortalidade materna por aborto inseguro: os métodos perfurantes, cáusticos e de maior risco haviam sido substituídos pelo Citotec e as mulheres passaram a chegar aos hospitais apenas para a finalização do aborto e não mais em risco eminente de morte por infecção, como nas décadas de 1970 e 1980. O segundo foi o primeiro estudo nacional que entrevistou mulheres para o registro da magnitude do aborto no Brasil, a Pesquisa Nacional do Aborto, realizada em 2010.[24] Essa pesquisa mostrou que, aos 40 anos, uma em cada cinco mulheres já havia feito ao menos um aborto. O principal método abortivo utilizado por elas foi o Citotec. As que afirmaram terem recorrido não ao remédio, mas a clínicas clandestinas, eram as mulheres mais velhas cobertas pela pesquisa.

A popularização do Citotec, no entanto, não significa que as clínicas clandestinas tenham desaparecido do cenário nacional das práticas abortivas. O caso das 10 mil mulheres denunciadas em uma clínica em Campo Grande, Mato Grosso do Sul, em 2007, é um exemplo de sua permanência. O assunto chegou a ser noticiado nos principais jornais do país, e o rosto de várias mulheres, estampado nas mídias: 2.800 prontuários médicos foram investigados pelo Judiciário. Alguns processos foram destruídos antes mesmo de as investigações terem sido iniciadas e algumas mulheres, para escapar do júri popular, aceitaram realizar trabalhos comunitários em creches e escolas. A dona da clínica se suicidou durante as investigações.

O caso do Mato Grosso do Sul revelou parte de uma realidade conhecida pela mídia, mas jamais investigada pela pesquisa acadêmica: as clínicas sobreviveram ao Citotec, mas pouco se sabe sobre o perfil de suas usuárias ou sobre os profissionais que nelas trabalham. Na verdade, clínicas e Citotec se aproximaram: na clínica do Mato Grosso do Sul, o Citotec era o método de aborto para as mulheres descritas como "banguelas", isto é, aquelas mais pobres, que não dispunham de recursos para pagar os custos do aborto cirúrgico.

Em maio de 2008, a revista *Época*, um dos principais semanários de distribuição nacional, apresentou a história de cinco mulheres processadas pelo caso do Mato Grosso do Sul. A matéria "Punidas por abortar" ouviu as vozes das mulheres que recorreram ao aborto, da médica acusada de gerenciar a clínica, de juízes, de promotores e de feministas. O juiz responsável pelo caso justificou sua decisão de encaminhar as mulheres para trabalho comunitário em creches e escolas em vez de levá-las a júri popular pelo crime de

Rostos e biografias ajudam a romper o silêncio e os estigmas com relação à prática do aborto no Brasil. (Capa da revista *Veja* n. 1513 de 1997.)

aborto: "se elas forem trabalhar em creches e escolas, vão ver que muitas mulheres podem criar um filho com pouco esforço".[25]

Porém, tanto as mulheres da matéria quanto os resultados da Pesquisa Nacional do Aborto mostraram que há um equívoco no julgamento moral do juiz: grande parte das mulheres que abortam já tem filhos, portanto, sabe o que é cuidar de crianças e exercer a maternidade. Esse caso revela como o tema do aborto se cruza com o do planejamento reprodutivo, mas principalmente com ideais sociais sobre a maternidade e o feminino. Mas, diferentemente de outras mudanças no campo reprodutivo, como as tecnologias reprodutivas ou a pílula do dia seguinte, o aborto se mantém escondido sob um manto de silêncio e tabu.

Embora, ao longo de todos esses anos, a imprensa tenha sido um dos espaços públicos em que se revelaram segredos do aborto, essas revelações não se fizeram sem ambiguidades e tensões quanto ao enquadramento moral e a frequência noticiosa. Nas páginas policiais, o aborto é tema constante – clínicas descobertas, mulheres denunciadas, médicos e enfermeiras presos pela prática ilegal. As histórias estão por todo o país e o roteiro de descoberta das clínicas se mantém com alguma regularidade no tempo e no espaço: uma denúncia anônima inicia a investigação, uma policial simula a cena de uma mulher à procura do aborto e, por fim, há o desmantelamento da clínica e seu anúncio público, seguido de uma breve discussão sobre a moralidade do aborto. A principal diferença no enfoque dado pelas notícias relativas ao aborto nos anos 2000 é que os responsáveis pelas clínicas estão sendo largamente substituídos por um novo personagem: o vendedor do medicamento abortivo, que não só vende o Citotec, como também difunde os modos e regimes de uso.

Um programa de televisão muito popular, o *Fantástico*, da Rede Globo, apresentou em julho de 2010 matéria especial sobre o aborto em quase 20 minutos de jornalismo investigativo, uma extensão inusitada para um programa dominical dedicado à informação das famílias trabalhadoras sobre cotidiano, política e sociedade.[26] As imagens, gravadas com câmeras escondidas, mostraram espaços e relações sociais desconhecidas da pesquisa acadêmica – clínicas clandestinas, filas de mulheres à espera do aborto, médicos e enfermeiras. A equipe de reportagem peregrinou pelo país: há imagens de Belém, Fortaleza, Rio de Janeiro, Salvador e Recife. A matéria, entretanto, não retratou histórias de vida ou falou da biografia das mulheres. Ao final, houve um excesso de segredos desvendados, mas uma permanência do silêncio sobre as mulheres de carne e osso.

Um contraponto aos enquadramentos jornalísticos que esquecem as biografias ou tratam do tema do aborto do ponto de vista do castigo são as ainda raras matérias que operam como um sinal de resistência: abordam a intimidade das mulheres. Uma capa de 1997 da revista *Veja*, semanário de grande circulação nacional, estampava: "Eu fiz aborto – o depoimento das mulheres e a polêmica no Brasil".[27] Vários rostos ilustravam a capa da revista; atrizes, artistas e intelectuais se misturavam às mulheres comuns. Muitas das entrevistadas eram mulheres da primeira "geração pílula" e contaram suas histórias, os percursos e os métodos utilizados para interromper a gestação indesejada. A busca por narrativas, o rompimento do silêncio e a coragem de expor o rosto para ilustrar uma reportagem sobre um procedimento ainda estigmatizado entre o pecado e o crime mobilizaram 18 repórteres, 20 fotógrafos, 80 mulheres. A editora da reportagem, Laura Capriglione, se confessou em primeira pessoa na matéria: "Eu fiz aborto".

A edição da revista foi estrategicamente planejada para que sua publicação ocorresse 15 dias antes da visita do papa João Paulo II ao Brasil, já que a ação da Igreja Católica é um dos principais obstáculos à descriminalização do aborto no país. Em certo sentido, a revista *Veja* repetiu o feito do "Manifesto das 343", publicado no periódico *Nouvel Observateur*, de 1971, em que 343 mulheres declararam ter realizado o aborto na França. A lei francesa que legalizou o aborto data de 1975.[28] No Brasil a descriminalização do aborto é ainda um assunto polêmico no Congresso Nacional, havendo projetos de lei que propõem a criminalização integral do aborto, inclusive em caso de estupro e risco de vida da mulher. Em nenhum dos dois casos veiculados pela imprensa houve mulheres presas, dada a mobilização política em torno das notícias.

ANENCEFALIA E MORTE MATERNA

As mulheres da segunda e da terceira "geração pílula" conheceram uma inovação tecnológica que provocou alterações profundas na forma de perceber seu corpo e a reprodução biológica – as tecnologias por imagem.[29] Com a ecografia, por exemplo, usada por médicos nos cuidados pré-natais, o feto passou a atrair mais atenção. Por outro lado, esse mesmo conjunto de tecnologias provocou um abalo do silêncio em torno do aborto. Ao permitir o diagnóstico de má-formação fetal incompatível com a sobrevida do feto, as tecnologias por imagem abriram um flanco de novas ideias morais sobre a questão do aborto na sociedade brasileira.

De posse da certeza científica de que a anencefalia é uma má-formação incompatível com a vida fora do útero, uma organização feminista (Anis – Instituto de Bioética, Direitos Humanos e Gênero) e uma confederação de trabalhadores em saúde (Confederação Nacional dos Trabalhadores na Saúde) propuseram em 2004 uma ação ao Supremo Tribunal Federal (STF) para autorizar as mulheres a realizar o aborto de fetos anencéfalos.[30] O caso, que ficou conhecido como "ação de anencefalia", tramitou durante anos na corte à espera de uma decisão e provocou a convocação das primeiras audiências públicas da história do STF em 2003.[31] O caso foi concluído em abril de 2012, com decisão favorável da Suprema Corte às mulheres. Essa foi a primeira alteração concreta da legislação em setenta anos de um Código Penal que criminaliza o aborto.

Em 2005, um documentário – intitulado *Uma história severina*[32] – foi produzido para associar uma história concreta à abstração da ação judicial.

Severina enfrenta 32 horas de trabalho de parto do filho que nascerá morto.

TRÊS GERAÇÕES DE MULHERES 327

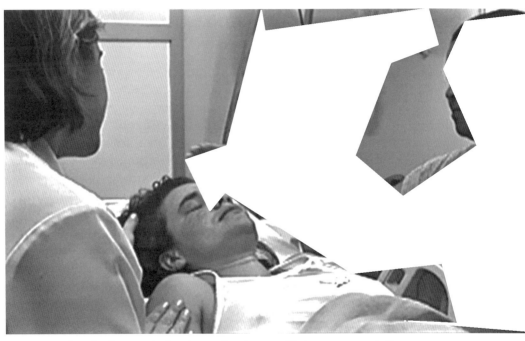

Severina é amparada durante o parto pela sogra, Maria, e por uma psicóloga.

O filme conta a desventura de uma trabalhadora rural do interior de Pernambuco, grávida de três meses, que estava internada em um hospital público no mesmo dia em que o STF cassou a liminar que autorizava o aborto do feto anencéfalo, em outubro de 2004. Com o cancelamento da liminar, os médicos deram alta à Severina, que iniciou uma busca por uma autorização judicial na comarca da cidade em que vivia, Chã Grande. Severina era casada com Rosivaldo e mãe de uma criança de seis anos, Walmir.

Aos sete meses de gestação, finalmente com uma autorização do juiz de sua comarca em mãos, Severina peregrinou por vários hospitais públicos de Recife. Em um deles, os médicos se recusaram a aplicar a anestesia, alegando o "direito à objeção de consciência", isto é, a recusa de assistência médica em nome de crenças religiosas ou morais.[33] Severina deu à luz sem anestesia um feto morto, após horas de trabalho de parto. O rosto, a voz e o sofrimento de Severina, registrados no documentário, passaram a acompanhar a história da primeira ação de aborto na Suprema Corte brasileira. Essa ação fez estremecer a tese que considerava o aborto um crime potencial contra a vida do feto. Após a apresentação da ação ao STF, uma liminar vigorou durante quase quatro meses e dezenas de mulheres interromperam legalmente a gestação em caso de anencefalia.

Tão trágica quanto a história de Severina é a de Alyne da Silva Pimentel, uma jovem brasileira de 28 anos que morreu em 2002 por falta de atendimento adequado cinco dias após ser internada em um hospital público do Rio de Janeiro com sinais de gravidez de alto risco. Por quase dez anos, a família de Alyne buscou respostas na Justiça brasileira, até que uma organização feminista internacional, o Centro para os Direitos Reprodutivos, sediada em Nova York, levou o caso ao CEDAW (Comitê para a Eliminação da Discriminação contra as Mulheres), da Organização das Nações Unidas.[34] Em julho de 2011, baseada no parecer emitido no caso de Alyne, pela primeira vez, a ONU considerou que um caso de mortalidade materna é matéria de direitos humanos. O que ocorreu com Alyne é um dos inúmeros exemplos de como a história da contracepção, do aborto e do parto ainda se cruza com a morte de mulheres no país. Mas também é um marco na luta política em favor dos direitos reprodutivos das mulheres no mundo. Muitos capítulos dessa história ainda virão.

NOTAS

[1] Paula Rego expressou, na série *Aborto*, sua indignação com o momento político em que um referendo marcado por alta taxa de abstenção manteve a criminalização do aborto em Portugal.
[2] A partir dos anos 1920 houve crescimento da quantidade de faculdades de Medicina no Brasil, o que contribuiu para a maior frequência de partos realizados em hospitais. Porém, isso não significou a extinção da figura das parteiras, que existem até hoje em muitos lugares do país.
[3] A pílula é um método contraceptivo hormonal, como são também os adesivos cutâneos, os anéis vaginais, os implantes subdérmicos e as injeções.
[4] A ex-União Soviética (1919), a Islândia (1935) e a Suécia (1938) foram alguns dos países em que a legalização do aborto antecedeu a contracepção médica. A França legalizou o aborto em 1975, os Estados Unidos, por uma decisão da Suprema Corte, em 1973, a Inglaterra, em 1967, Portugal, em 2007, a Espanha, em 1985 e 2010, e a Itália, em 1978.
[5] As principais fontes de pesquisa para as historiadoras do aborto são os arquivos médicos e judiciários, documentos em que as vozes das mulheres são ruídos infames sobre um crime que ameaça o ideal de maternidade e a reprodução social da família. Exceções a esse marco historiográfico são, por exemplo, os estudos de Danielle Ardaillon (1997).
[6] O Citotec é o nome comercial do medicamento cujo princípio ativo é o misoprostol. Inicialmente, o medicamento era indicado para o tratamento de úlcera gástrica. Seus poderes abortivos foram descobertos nos anos 1980 e "divulgados" nas décadas seguintes. A entrada do Citotec no Brasil ocorreu nos anos 1980, mas sua universalização como principal método abortivo se deu nos anos 2000. O Citotec não é produzido no Brasil e é vendido ilegalmente como pílula abortiva.
[7] O PAISM (Programa de Assistência Integral à Saúde da Mulher) foi concebido em 1983 e implementado pelo governo federal em 1986. Com ele, entrou no cenário das políticas públicas o conceito de *planejamento reprodutivo*, que trazia as mulheres à condição de sujeitos em seus cuidados de saúde e nas decisões quanto à sua fecundidade e reprodução. Além disso, no PAISM, o aborto clandestino e inseguro foi reconhecido como grave problema de saúde pública. O momento seguinte foram os debates na Assembleia Constituinte, quando, por um lado, o movimento feminista pleiteou a legalização do aborto e, por outro, a Igreja Católica pressionou para que o texto constitucional incluísse o direito à vida desde a concepção (Sonia Corrêa e Betânia Ávila, "Direitos sexuais e reprodutivos: pauta global e percursos brasileiros", em Elza Berquó, *Sexo e saúde: panorama da saúde reprodutiva no Brasil,* Campinas, Unicamp, 2003). A Constituição brasileira de 1988 não reconhece o direito à vida desde a concepção.
[8] Cf. Debora Diniz e Rosana Castro,"O comércio de medicamentos de gênero na mídia impressa brasileira: misoprostol e mulheres", em *Cadernos de Saúde Pública*, Rio de Janeiro, n. 1, v. 27, p. 94-102, jan. 2011.
[9] Nessa queda drástica da fecundidade, o método que concorreu com a pílula foi o da laqueadura tubária. No começo dos anos 1990, estudos sobre os motivos que levaram à queda da fecundidade concluíram que se havia constituído no país uma "cultura de esterilização feminina", na expressão da pesquisadora Elza Berquó ("Brasil, um caso exemplar (anticoncepção e parto cirúrgicos) à espera de uma ação exemplar", em *Revista Estudos Feministas*, Rio de Janeiro, n. 2, v. 1, p. 366-381, 1993). Na década anterior, falava-se na existência de um "mercado de laqueaduras", em que médicos de serviços públicos ou contratados pelo Sistema Único de Saúde (SUS) cobravam pelo procedimento, muitas vezes em associação com políticos locais (cf. André J. Caetano e Joseph E. Potter, "Politics and female sterilization in Northeast Brazil", em *Population and Development Review*, n. 1, v. 30, p. 79-108, 2004). Em troca de votos, os políticos ofereciam laqueaduras tubárias a mulheres pobres. O uso da laqueadura tubária como instrumento de negociação política se manteve nos anos 2000. Mais recentemente, por exemplo, a Suprema Corte brasileira condenou um deputado federal do Pará por ter utilizado a laqueadura tubária como uma "moeda de troca política" nas eleições estaduais em 2004. Além disso, a laqueadura tubária provoca inquietações: por um lado, permite às mulheres um domínio seguro do projeto reprodutivo, ao possibilitar que ela controle a quantidade de filhos que quer ter; por outro lado, a opção pela esterilização pode se tornar uma sentença de infertilidade para mulheres muito jovens (histórias de mulheres arrependidas da cirurgia de laqueadura tubária começaram a ser identificadas já nos anos 1980). O uso da laqueadura como método de planejamento reprodutivo lançou, naquele momento, perguntas de cunho ético: em que medida as mulheres escolhiam autonomamente a laqueadura? Essa era a escolha possível, diante das restrições de métodos disponíveis?

[10] Cf. Sônia Corrêa e Rosalind Petchesky, Direitos sexuais e reprodutivos: uma perspectiva feminista, *Physis*, v. 6, n. 1-2, p. 147-177, 1996. O conceito de *direitos reprodutivos* foi adotado em uma conferência internacional com ativistas feministas de diversas partes do mundo, inclusive com várias brasileiras, em Amsterdã em 1984 (Sonia Corrêa e Betânia Ávila, op. cit., 2003). Ele foi, no entanto, legitimado na Conferência de Cairo dez anos depois.

[11] Cf. Joana Maria Pedro, "A experiência com contraceptivos no Brasil: uma questão de geração", em *Revista Brasileira de História*, v. 23, n. 45, p. 239-260, 2003. Porém, vale ressalvar que o anticoncepcional evoluiu com o tempo, diminuindo seus efeitos indesejáveis.

[12] Cf. Rachel Soihet, "Preconceitos nas charges de *O Pasquim*: mulheres e a luta pelo controle do corpo", em *Revista Espaço Acadêmico*, n. 84, p. 39-53, maio 2008.

[13] Cf. Leila Barsted, "Legalização e descriminalização do aborto no Brasil: 10 anos de luta feminista", em *Revista Estudos Feministas*, Rio de Janeiro, v. 0, n. 2, p. 104-130, 1992. Em artigo de 1987, publicado no Suplemento Cultural do *Diário Oficial de Recife*, com o título "A perspectiva feminista dos direitos da reprodução", Sônia Corrêa explica o significado do conceito de *direitos da reprodução*: "é recente e foi formulado no interior da reflexão das mulheres a respeito de seu papel e das condições sociais e políticas que as diferentes sociedades oferecem para o exercício da função reprodutiva".

[14] Ainda hoje a questão da morte materna é considerada prioritária para os grupos que lutam pelos direitos das mulheres. Diminuí-la é uma das metas do século XXI assumidas pela Organização das Nações Unidas, o que demonstra sua persistência como um tema de saúde pública e direitos humanos.

[15] Cf. Brasil, *Aborto e saúde pública no Brasil: 20 anos*, série B: textos básicos de saúde, Brasília, Ministério da Saúde, 2009.

[16] Bebês de proveta são crianças geradas a partir da fecundação em laboratório, via inseminação artificial ou fertilização *in vitro*.

[17] Cf. Marilena Corrêa, *Novas tecnologias reprodutivas: limites da biologia ou biologia sem limites?*, Rio de Janeiro, EdUERJ, 2001.

[18] Entre 1990 e 1991, uma novela, transmitida pela Rede Globo, popularizou a discussão sobre as tecnologias reprodutivas em seus inícios no Brasil: *Barriga de aluguel*. A trama envolve um jovem casal de classe média alta que "aluga o útero" de uma mulher mais jovem. Durante a gestação, a personagem que aluga o útero desiste do contrato e, ao se ver infértil após o parto, resolve fugir com o recém-nascido prometido ao casal. A novela levantou ainda várias questões: o comércio da filiação, a infelicidade pela infecundidade involuntária, a natureza do espírito maternal nas mulheres.

[19] A revista *IstoÉ*, em sua edição n. 2.045, de 21 de janeiro de 2009, trazia como título da matéria sobre o caso: "A outra face do médico das estrelas – Roger Abdelmassih é acusado por 40 ex-pacientes de molestá-las em sua clínica".

[20] O Conselho Federal de Medicina não autoriza a *redução embrionária*, mas os estudos qualitativos com mulheres que se submeteram à medicina reprodutiva mostram que o procedimento de fato ocorre. Outro tema intensamente discutido, objeto de controvérsia devido à decisão da Suprema Corte brasileira sobre pesquisa com células-tronco embrionárias – em que a lei de biossegurança foi aprovada em 2008 –, é do "descarte de embriões supranumerários". Embriões supranumerários são aqueles que sobram após um procedimento de fertilização artificial bem-sucedido. Há um debate se esses embriões devem ser descartados e se podem ser utilizados em pesquisas.

[21] Diferentemente dos anos 1970, hoje a pílula anticoncepcional e outros métodos para o planejamento reprodutivo e a sexualidade segura, entre eles a pílula do dia seguinte, são distribuídos em postos de saúde do Sistema Único de Saúde (SUS).

[22] A pílula do dia seguinte, também conhecida em alguns países como "plano B", tem o uso regulamentado pelo SUS desde 1996, tendo sido reconhecida como medicamento essencial pela Organização Mundial de Saúde em 1995. Para evitar o nascimento de filhos, deve ser utilizada até 72 horas após a relação sexual desprotegida.

[23] Um estudo de Margareth Arilha e Regina Barbosa de 1993, publicado na *Revista Estudos Feministas* em um dossiê temático sobre direitos reprodutivos, falava da "experiência brasileira com o Cytotec". A grafia é tanto Citotec quanto Cytotec na literatura médica.

[24] Cf. Debora Diniz e Marcelo Medeiros, "Aborto no Brasil: uma pesquisa domiciliar com técnica de urna", em *Ciência & Saúde Coletiva*, v. 15, supl. 1, p. 959-966, 2010.

[25] Cf. *Época*, São Paulo, Globo, n. 521, p. 5, 12 maio 2008.

²⁶ Para se ter uma ideia da audiência do *Fantástico*, o programa registrou uma média de 21 pontos de acordo com o Ibope (Instituto Brasileiro de Opinião Pública e Estatística). Cada ponto equivale a cerca de 58 mil domicílios em São Paulo.
²⁷ Cf. *Veja*, São Paulo, Abril, n. 1513, 17 set. 1997. Em março de 2005, a revista *TPM* também explorou o tema do aborto com histórias de mulheres famosas que o haviam feito. A capa da revista de número 41 apresentava uma atriz com a frase "eu fiz aborto". A ousadia da revista não se limitou a narrar histórias, mas se estendeu à publicação de um manifesto em favor da descriminalização do aborto no Brasil.
²⁸ Cf. Jacira Melo, "A polêmica do aborto na imprensa", em *Revista Estudos Feministas*, Florianópolis, v. 5, n. 2, p. 406-412, 1997.
²⁹ Mesmo mulheres que jamais engravidaram chegam, por conta de pedidos médicos, a submeter seus corpos ao esquadrinhamento dessas tecnologias que permitem diagnósticos e o monitoramento da saúde reprodutiva.
³⁰ A ação não menciona a expressão "aborto", mas "antecipação terapêutica do parto".
³¹ As audiências públicas de anencefalia foram as primeiras convocadas na história do STF, mas as audiências para a ação de células-tronco foram as primeiras realizadas. Por uma demora processual no andamento das duas ações, as audiências públicas de células-tronco ocorreram antes das de anencefalia, apesar de esta última ter sido convocada antes.
³² Cf. *Uma história severina*. Direção e roteiro de Debora Diniz e Eliane Brum. Brasília, ImagensLivres, 2005, n. 1 DVD (23 min.), color.
³³ A objeção de consciência é um recurso que permite que profissionais se recusem a participar de alguma atividade que fira sua moral privada. Entre os profissionais da saúde é comum que médicos, por exemplo, acionem o dispositivo da objeção de consciência para não atenderem a mulheres que recorrem ao serviço de aborto legal.
³⁴ O Brasil ratificou em 1984 a Convenção para a Eliminação de Todas as Formas de Violência contra a Mulher, do CEDAW, proposta pela ONU em 1981, responsabilizando-se, a partir de então, por implantar as sugestões da entidade. O livro de Rebecca Cook e Simone Cusack (*Gender stereotyping: transnational legal perspectives*, Philadelphia, University of Pennsylvania Press, 2010) desenha uma metodologia para a implementação da Convenção para a Eliminação de Todas as Formas de Violência contra a Mulher.

BIBLIOGRAFIA

ARDAILLON, Danielle. *Cidadania de corpo inteiro*: discursos sobre o aborto em número e gênero. São Paulo, 1997. Tese (Doutorado em Sociologia) – Universidade de São Paulo.
ARILHA, Margareth; BARBOSA, Regina. A experiência brasileira com o Cytotec. *Revista Estudos Feministas*. Rio de Janeiro, v. 2, p. 408-417, 1993.
BARSTED, Leila. Legalização e descriminalização do aborto no Brasil: 10 anos de luta feminista. *Revista Estudos Feministas*. Rio de Janeiro, v. 0, n. 2, p. 104-130, 1992.
BERQUÓ, Elza. Brasil, um caso exemplar (anticoncepção e parto cirúrgico) à espera de uma ação exemplar. *Revista Estudos Feministas*. Rio de Janeiro, v. 1, n. 2, p. 366-381, 1993.
BRASIL. *Aborto e saúde pública no Brasil*: 20 anos. Série B: Textos básicos de saúde. Brasília: Ministério da Saúde, 2009. 427 p.
CAETANO, André J.; POTTER, Joseph E. Politics and female sterilization in Northeast Brazil. *Population and Development Review*, v. 30, n. 1, p. 79-108, 2004.
COOK, Rebecca; CUSACK, Simone. *Gender stereotyping*: transnational legal perspectives. Philadelphia: University of Pennsylvania Press, 2010. 288 p.
CORRÊA, Marilena. *Novas tecnologias reprodutivas*: limites da biologia ou biologia sem limites? Rio de Janeiro: EdUERJ, 2001. 264 p.
CORRÊA, Sonia; ÁVILA, Betânia. Direitos sexuais e reprodutivos: pauta global e percursos brasileiros. In: BERQUÓ, Elza. *Sexo e saúde*: panorama da saúde reprodutiva no Brasil. Campinas: Unicamp, 2003.
_____; PETCHESKY, Rosalind. Direitos sexuais e reprodutivos: uma perspectiva feminista. *Physis*, v. 6, n. 1-2, p. 147-177, 1996.

DINIZ, Debora; CASTRO, Rosana. O comércio de medicamentos de gênero na mídia impressa brasileira: misoprostol e mulheres. *Cadernos de Saúde Pública*. Rio de Janeiro, v. 27, n. 1, p. 94-102, jan. 2011.

_____; MEDEIROS, Marcelo. Aborto no Brasil: uma pesquisa domiciliar com técnica de urna. *Ciência & Saúde Coletiva*, v. 15, supl. 1, p. 959-966, 2010.

MELO, Jacira. A polêmica do aborto na imprensa. *Revista Estudos Feministas*, Florianópolis, v. 5, n. 2, p. 406-412, 1997.

PEDRO, Joana Maria. A experiência com contraceptivos no Brasil: uma questão de geração. *Revista Brasileira de História*, v. 23, n. 45, p. 239-260, 2003.

SOIHET, Rachel. Preconceitos nas charges de *O Pasquim*: mulheres e a luta pelo controle do corpo. *Revista Espaço Acadêmico*, n. 84, p. 39-53, maio 2008.

Fabiana Paranhos foi uma criativa assistente de pesquisa.
Sônia Corrêa, uma leitora e uma inspiração.

Educação

MULHERES EDUCADAS E A EDUCAÇÃO DE MULHERES

Fúlvia Rosemberg

Cada mês do século xx contou tanto para a formação das mulheres quanto todos os séculos anteriores deste milênio. À luz dessas mutações, as discussões dos séculos anteriores sobre a educação a ser dada às mulheres se assemelham a antecipações monstruosas, mesquinhas e desajeitadas: máquinas voadoras de Leonardo ao lado do Concorde.[1]

Se não podemos, como os autores franceses do trecho citado, remontar nossa memória nacional ao início do segundo milênio e tampouco evocar o Concorde como símbolo de contemporaneidade, é possível, contudo, emprestar o sentido da metáfora: no Brasil, também, a educação das mulheres é fato recente e intenso.

Uma prova eloquente provém do índice de analfabetismo de homens e de mulheres – informação que, desde o primeiro recenseamento brasileiro da população, o censo de 1872, até o de 1950, vem denotando uma realidade praticamente imutável: os índices de analfabetismo de mulheres eram vários pontos percentuais maiores que os dos homens (quase nove pontos em 1872). Uma redução gradual do diferencial foi ocorrendo a partir de então, até sua inversão detectada no início dos anos 1990.

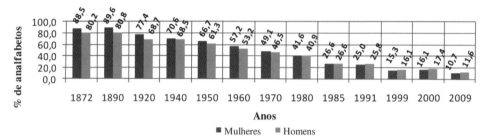

Fonte: Censos Demográficos (1872 a 1980, 1991, 2000), PNADs (1985, 1999, 2009). Apud Rosemberg e Madsen (2011).

LONGO E ACIDENTADO PERCURSO

Longo foi o processo para a permissão legal do acesso geral e irrestrito das brasileiras à educação escolar. Autorizada em 1827 pela Lei Geral do Ensino de 5 de outubro, mas restrita apenas às escolas femininas de primeiras letras, a educação das mulheres só conseguiu romper as últimas barreiras legais em 1971 com a Lei de Diretrizes e Bases da Educação (LDB), que atribuiu equivalência entre os cursos secundários. A partir de então, o curso normal secundário, ramo intensamente frequentado pelas mulheres desde o final do século XIX, não mais foi discriminado por ser "apenas" um curso profissionalizante, mas passou a possibilitar, também, o acesso ao ensino superior. A partir de então, as inúmeras normalistas poderiam ingressar na academia. E foi o que fizeram.

Várias amarras à educação formal e pública das mulheres foram sendo rompidas no transcorrer desse acidentado percurso: a segregação sexual das escolas, interditando a educação mista; o ideário de que a educação de meninas e moças deveria ser mais restrita que a de meninos e rapazes em decorrência de sua saúde frágil, sua inteligência limitada e voltada para sua "missão" de mãe; o impedimento à continuidade dos estudos secundário e superior para as jovens brasileiras.

O processo que permitiu legalmente o acesso geral e irrestrito das brasileiras à educação escolar foi longo e repleto de obstáculos. (Capa de cartilha publicada em 1916.)

A segregação sexual nas escolas foi uma barreira não só para a educação das meninas, mas também para a formação de mestras. Criadas entre as décadas de 1830 e 1840, as escolas normais públicas, frequentadas de início apenas por homens, enfrentaram "transtornos" durante décadas quando se dispuseram a acolher também mulheres. Para manter a segregação sexual, as artimanhas parecem bizarras não só ao nosso olhar, mas também ao da época: frequência de homens e mulheres em dias, períodos, prédios separados ou alternados, por exemplo. Ilustram bem a questão as ponderações do diretor da escola normal da província do Rio de Janeiro, ao justificar sua proposta de fusão das escolas masculinas e femininas diante da imprensa e das famílias dos alunos, que, em sua maioria, já eram mulheres. Em extenso relato, ao diretor da instrução, ele explica "como funcionaria o sistema de entrada e saída dos alunos e alunas por locais separados de forma que não se vissem a não ser durante as aulas, mesmo assim vigiados por duas inspetoras atentas". Tal sistema seria preferível "ao da escola de Pernambuco, em que um muro passado pelo meio da sala, à frente do professor, permitia que ele desse sua aula simultaneamente a alunos e alunas, mas não permitindo, entretanto, que esses dois grupos se enxergassem".[2]

A convivência de meninos e meninas e de rapazes e moças em um mesmo espaço público escolar não era vista como prática recomendável nem pela Igreja Católica, nem pelo ideário positivista que foi se alastrando no país no século XIX. É um equívoco, porém, atribuir às missões protestantes, pelo menos na província de São Paulo, a abertura de escolas mistas.[3] Nessa província, as classes mistas, disponíveis desde os anos 1850,[4] teriam sido criadas por razões *econômicas*: era muito caro para o Estado manter dois sistemas de ensino.[5] Também por razões econômicas, um século depois, a Igreja Católica inaugurava, nas pequenas cidades, classes mistas frente ao reduzido contingente de estudantes.[6] Antes, porém, defendera ardorosamente o dispositivo da autoritária Reforma Capanema (1942) que, pelo Decreto-lei n. 4.244 (Lei Orgânica do Ensino Secundário) em consonância com o Estado Novo, estabeleceu, entre os objetivos desse nível de ensino, alimentar uma ideologia política "patriótica e nacionalista de caráter fascista". A Reforma Capanema também determinou a educação militar para os rapazes, proibiu pessoas com mais de 25 anos de frequentar o curso normal e promoveu a segregação sexual escolar – o recato, o pudor das mulheres, deveria ser preservado judiciosamente nas aulas de Educação Física. A reforma estabeleceu, por exemplo, normas precisas sobre o funcionamento dessas aulas:

o modelo de registro para exames práticos e médico, a regularidade das aulas, entre outros aspectos. Porém, a Confederação Católica Brasileira de Educação reagiu e enviou ao ministro Capanema um memorial contestando especialmente as normas relativas ao exame médico, que previa a mensuração do diâmetro da perna, do quadril, da coxa: tomar tais medidas feriria "o recato natural" das moças.[7]

Nas Prescrições "especiais" para o ensino secundário feminino na Lei Orgânica do Ensino Secundário de 9 de abril de 1942, podemos ler:

1. É recomendável que a educação secundária das mulheres se faça em estabelecimentos de ensino secundário de exclusiva frequência feminina.
2. Nos estabelecimentos de ensino secundário frequentados por homens e mulheres, será a educação destas ministrada em classes exclusivamente femininas. Este preceito só deixará de vigorar por motivo relevante, e dada especial autorização do Ministério da Educação.
3. Incluir-se-á nas 3ª e nas 4ª séries do curso ginasial e em todas as séries dos cursos clássico e científico a disciplina da Economia Doméstica.
4. A orientação metodológica dos programas terá em mira a natureza da personalidade feminina e bem assim a missão da mulher dentro do lar.

Tantas atribuições e restrições permitem entender por que a primeira brasileira a dispor de diploma de ensino superior, Maria Augusta Generosa Estrela, graduou-se, em 1882, em Medicina, nos Estados Unidos e não no Brasil: foi apenas em 1879 que a Lei Leôncio de Carvalho garantiu às mulheres o direito de estudar em instituições brasileiras de ensino superior. Setenta e nove anos após a fundação da primeira instituição de ensino superior no país, a branca Rita Lobato graduou-se na Faculdade de Medicina da Bahia (1887). Quase trinta anos depois (1926), a negra Maria Rita de Andrade obteve o título de bacharel pela Faculdade de Direito da Bahia. Somente em 2006, Maria das Dores de Oliveira, da etnia pankararu, foi reconhecida como a primeira mulher indígena a obter o título de doutor, tendo defendido a tese *Ofayé, a língua do povo do mel: fonologia e gramática*, junto ao Programa de Pós-graduação em Letras e Linguística da Universidade Federal de Alagoas.

As barreiras foram intensas, mas a indignação diante da incipiência da instrução feminina não se deu na mesma medida, embora estivesse presente desde o século XIX, principalmente expressa por mulheres educadas. Nísia Floresta (1809-1885), escritora, jornalista e educadora feminista, foi uma delas. Tomando por base o *Quadro Demonstrativo das Províncias do Império e do Município da Corte* de 1852, Nísia Floresta alertou para o fato de que, em um total de 55 mil alunos das escolas públicas, apenas 8.433 eram mulheres. Como outras feministas que a sucederam – Bertha Lutz (1894-1976), Maria Lacerda de Moura (1887-1945), entre outras –, Nísia Floresta defendia a instrução feminina ao considerar que dela dependia, também, o avanço de uma nação: "quanto mais ignorante é um povo mais fácil é a um governo absoluto exercer sobre ele o seu ilimitado poder".

Porém, nem sempre a defesa do acesso e progressão das mulheres à educação formal foi sustentada por razões emancipatórias para além da função doméstico-maternal. Durante os séculos XIX e XX, e mesmo nesse início do terceiro milênio, tem sido possível encontrar a justificativa de que se deve investir na educação da mulher porque "mulheres educadas são melhores mães".

Ao observar o percurso da educação das mulheres no Brasil no sistema educacional, é possível apreender que as mudanças de regime – Colônia, Império, Primeira República – pouco afetaram a paisagem. A efígie feminina da República – inspirada na *Liberdade guiando o povo,* de Delacroix – serviu mais a cunhar moedas que a guiar a nação para promover a educação das mulheres: nos 122 anos de vida republicana e nos 74 anos do Ministério da Educação, tivemos apenas uma ministra da educação, Esther de Figueiredo Ferraz (1915-2008), no governo de João Batista Figueiredo, entre agosto de 1982 e março 1985, isto é, durante a ditadura militar.

Conforme são retirados os impedimentos e as interdições, as mulheres vêm se educando e educando outras mulheres e homens, a despeito das máximas sexistas que permaneceram ou foram sendo criadas, divulgadas, promulgadas ao longo da história (com mais ou com menos sucesso, dependendo da época e da conjuntura).

Em um breve panorama, vemos que, no Brasil, denegou-se a educação formal às mulheres em nome de sua "natureza corruptível": o modelo de educação feminina virtuosa até o século XIX era o de Sant'Anna Mestra, avó de Cristo, que ensinava a Virgem, sua filha, com seu livro de preces. Posteriormente, sustentou-se a necessidade de se educar as mulheres (comedidamente, porém) porque elas seriam "educadoras de homens", necessários à nação. Defendeu-se a educação diferenciada, porque mulheres eram tidas como menos inteligentes e mais frágeis que os homens. Incluiu-se Economia Doméstica em seu currículo, porque "a mulher é rainha do lar". Criticou-se a escola mista, por ser "promíscua". Estimulou-se a formação de professoras, porque elas, "verdadeiras mães", têm "vocação para o sacerdócio" que é

Conforme são retirados os impedimentos e as interdições, as mulheres vêm se educando e educando outras mulheres e homens. (Alunas de colégio do interior do estado de São Paulo no final dos anos 1950.)

o magistério. Combateu-se a educação diferenciada, com o argumento de que servia para relegar a mão de obra das mulheres ao "exército de reserva", fazendo com que ocupassem postos com menor remuneração que os ocupados pelos homens no mercado de trabalho. Defendeu-se a ampliação da educação de meninas e moças, porque "mulheres educadas adiam a primeira gravidez, espaçam os partos, cuidam melhor dos filhos, impedem a reprodução do círculo vicioso da pobreza", e porque "seus filhos são mais educados". Voltou-se a defender a segregação sexual na escola para que meninas pudessem ter melhor desempenho em Matemática e meninos melhorassem seu rendimento escolar, ao não terem que enfrentar a competição com o outro sexo. Atualmente, reivindicam-se não apenas a escola mista, o acesso, permanência e sucesso das mulheres no sistema educacional, mas, sobretudo, a coeducação. Isto é, uma educação escolar que não diferencie conteúdos e práticas pedagógicas para homens e mulheres conforme ideais masculinos e femininos hegemônicos, além de uma educação de qualidade sem discriminação étnico-racial, regional ou socioeconômica.

Da longa trajetória aqui esboçada, este capítulo esmiuçará apenas quatro décadas mais recentes (1970-2010), quando assistimos, no Brasil, ao ressurgimento e consolidação dos movimentos de mulheres e/ou feministas que adotaram em sua agenda política o combate à educação diferenciada, o chamado *sexismo na educação*. Mulheres educadas que se preocuparam com a educação de mulheres.

MULHERES EDUCADAS E O FEMINISMO CONTEMPORÂNEO

A existência de um bom número de mulheres educadas em Ciências Humanas constituiu uma base importante para que aqui se desenvolvesse, já na década de 1970, um campo de estudos e pesquisas sobre a mulher, estreitamente imbricado com o feminismo renascente. É nessa imbricação que se construíram as análises que apoiariam as reivindicações contemporâneas sobre a educação das mulheres.

O surgimento dos *estudos sobre a mulher* no Brasil carrega marcas da vitalidade e turbulência do período, quando a expansão da Pós-graduação nas universidades foi estimulada pelo governo federal, de acordo com uma determinada proposta de modernização do país. Nessa época intelectualmente rica e contraditória, segmentos da elite intelectual, dentro e fora do mundo acadêmico, sofreram o impacto da repressão, geraram formas de resistência ao governo militar, conheceram o exílio, foram anistiados e, no retorno ao país, se envolveram em diferentes projetos de redemocratização.

Era o tempo do cientista "engajado", homem ou mulher, participando das vibrantes reuniões da SBPC (Sociedade Brasileira para o Progresso da Ciência), colaborando nos jornais tradicionais e criando os alternativos. Quando se fundaram os principais centros de pesquisa fora das universidades e as primeiras ONGs progressistas. Quando militantes das esquerdas se envolveram em experiências de educação popular, da população negra e indígena. Quando mulheres se movimentaram no espaço público. Quando pesquisadores em Ciências Sociais fundaram uma associação nacional, a ANPOCS (Associação Nacional de Pós-graduação em Ciências Sociais), que criaria, em 1979, um grupo de trabalho especialmente dedicado aos estudos sobre a mulher (ou *estudos feministas* como alguns preferiram chamar).

Tais estudos foram influenciados por ideias vindas do exterior, através da circulação de literatura (principalmente francesa e norte-americana), de pessoas exiladas e brasilianistas e de financiamento internacional. Quem visse de fora possivelmente estranharia um país subdesenvolvido (ou "em desenvolvimento"), submetido a uma ditadura militar, contar, já nessa época, com um bom número de mulheres educadas e em movimentação.

No encontro entre mulheres educadas e expressões dos movimentos feministas ocorrido no Brasil, diferentemente de outros países, a universidade foi apenas um dos contextos em que se deram a produção e a divulgação de conhecimentos sobre a mulher (e/ou sobre as relações de gênero). Outros cenários foram usados por acadêmicas (no sentido restrito) e por mulheres educadas (no sentido amplo) para produzir ensaios, reflexões, pesquisas sobre a condição feminina, incluindo a temática da educação: partidos políticos, Igreja Católica, grupos e organizações feministas e de mulheres e instituições governamentais. Os registros se confundiram e os discursos se interpenetraram: se nos EUA o *Women's Studies* foi "o braço acadêmico do feminismo", no Brasil, de início, os estudos e pesquisas sobre mulher "foram o braço feminista de mulheres educadas".

O início foi árduo. "Guetos individuais" – é assim que a pioneira Heleieth Saffioti relembra a paisagem em que trabalhavam meia dúzia de intelectuais (jornalistas, advogadas, editoras, professoras universitárias) que, na década de 1960, escreviam sobre a mulher.[8]

Em abril de 1971, Betty Friedan veio ao Brasil para o lançamento de *A mística feminina*, bíblia do feminismo liberal norte-americano: uma visita de quatro dias com direito a entrevista para o jornal *O Pasquim*, um periódico de oposição ao regime militar com trânsito entre intelectuais progressistas. Algumas perguntas e comentários dos jornalistas: "Você está mais fascinada pelas mulheres ou pelos homens brasileiros? Há muito lesbianismo no movimento?" Lá pelas tantas, um deles comenta: "No ato sexual, nós realmente precisamos de uma certa submissão da parte da mulher. Isso não é apenas uma tradição, é importante para nós" [9] Entrevista paradigmática: dela se capta a representação do feminismo no imaginário brasileiro da época.

E por que seu conteúdo não suscitou reações indignadas ou críticas? A explicação pode estar no fato de que o autoritarismo também era marca dos grupos de oposição ao regime militar, que rejeitavam a demarcação da diferença (como, por exemplo, reconhecer problemas que afetam especialmente as mulheres) como "diversionista", "antirrevolucionária", algo que atrapalharia "a luta" por causas "mais importantes" ou "prioritárias". Assim, tematizar a questão "mulher" em meio ao regime autoritário significou manter um delicado equilíbrio entre situar-se nos grupos de oposição e criar um discurso novo, que levasse a condição feminina em consideração.

Para isso, algumas opções estratégicas foram feitas: as semelhanças entre as mulheres no Brasil foram destacadas e o feminismo brasileiro tomou um caminho próprio, distinto do das correntes que vigoravam no Primeiro Mundo. Por exemplo, expurgaram-se, do ideário feminista brasileiro de então, temas que afugentassem aliados, tais como "sexualidade" e "direito a controlar o próprio corpo". (É bom lembrar que a Igreja Católica – que na época organizava o "povo" nas Comunidades Eclesiais de Base e as mulheres nos clubes de mães – e as esquerdas se uniam no repúdio ao controle da natalidade. Naquele momento, não valia a pena indispor-se com elas.)

Nesse contexto, a preocupação maior do feminismo brasileiro e dos estudos sobre mulher da década de 1970 foi "a trabalhadora". Essa opção fez com que as ativistas pudessem tanto questionar a postura ortodoxa das esquerdas (de evitar discutir a questão feminina) quanto dialogar com a corrente do feminismo que via no acesso ao trabalho profissional a grande possibilidade de liberação da dona de casa.[10] A "educação", contudo, ainda não recebia a devida atenção, embora fosse um tema a apresentar desafios, já que a maioria dos estudantes eram mulheres e a maioria dos educadores eram educadoras.

Ordenando registros, memórias e textos desse início da década de 1970, pode-se perceber que o tema "mulher" se transformou em objeto de interesse e debate políticos quando uma sucessão de pequenas ações tornaram públicas as lutas antes desenvolvidas em âmbitos mais restritos, coincidindo com o momento em que a ONU (Organização das Nações Unidas) decretou 1975 o Ano Internacional da Mulher. A respeitabilidade das Nações Unidas somada à atuação de mulheres educadas – professoras universitárias e pesquisadoras ao lado de outros intelectuais, militantes da esquerda e do feminismo – criou condições para novas expressões do feminismo brasileiro contemporâneo, cuja agenda passou a incluir, entre outras, a pauta da "educação não sexista". Finalmente, a questão educacional ganhou destaque, embora, em termos de prioridades, tenha ficado atrás das questões relativas ao "trabalho feminino", à "vida reprodutiva" e à "violência doméstica".

O ESTADO E AS DEMANDAS FEMINISTAS

Na década de 1980, ocorreu a institucionalização do feminismo em suas vertentes militante e acadêmica. Na vertente militante, houve a profissionalização de antigos e novos grupos, que passaram a adotar um modelo de organização mais formal (como ONGs feministas ou a serviço do movimento de mulheres) e ampliaram seu leque temático para além das pautas consensuais que haviam garantido suas alianças com outros grupos de oposição à ditadura militar na década de 1970. Assim, preocupações com "violência contra a mulher", "direitos sexuais e reprodutivos", "negras", "lésbicas" foram acrescentadas à agenda feminista. Muitos grupos, então, ampliaram suas atividades, incluindo ao lado da "conscientização" e da "organização" das mulheres a prestação de serviços, tais como: apoio e encaminhamento em situação de violência doméstica, abrigo, exame ginecológico, orientação sexual, assessoria jurídica. Alguns incluíram também a realização de novas pesquisas e estudos sobre a condição feminina.

Outro cenário de atuação do movimento de mulheres na década de 1980 foi o Estado. Na verdade, o desejo de formar parceria com o Estado no projeto de emancipar as mulheres não era novidade. Historicamente, no plano nacional, a deputada federal Bertha Lutz (1936-1937), por exemplo, já havia proposto a criação do Departamento Nacional da Mulher – que não chegou a ser implementado em decorrência do fechamento do Congresso em 1937 pela ditadura do Estado Novo. No plano internacional, mesmo antes da Década da Mulher (1975-1985), o Conselho das Nações Unidas sobre o Status da Mulher já havia proposto "a criação de órgãos nacionais de políticas públicas para a mulher".[11]

Tal recomendação, entre outras, fora apresentada à Comissão Parlamentar Mista sobre a Condição da Mulher (CPI da Mulher), realizada no Brasil em 1976, um ano antes da aprovação da Lei do Divórcio. Essa comissão, presidida pelo senador Gilvan Rocha (do partido MDB), tinha por finalidade "examinar a situação da mulher em todos os setores de atividade".[12] Só mulheres depuseram (36) – entre outras, alguns nomes que já eram famosos, como o da jornalista Carmen da Silva, da escritora Dinah Silveira de Queiroz, da nadadora Maria Lenk e da ativista Romy Medeiros da Fonseca.

A leitura dos depoimentos hoje produz alguns espantos, mesmo para quem lá esteve presente como depoente, como, por exemplo, um antifeminismo evidente entre algumas ("se me permitem a expressão, eu sou uma antifeminista..."); por outro lado, a confirmação de tendências, como a predominância de reflexões e reivindicações sobre a participação das mulheres no mercado de trabalho, creche e direitos civis. Foram raros os depoimentos ou comentários sobre educação da mulher, mas estes incluíram uma rica e vanguardeira agenda de recomendações a respeito da "reorientação da educação, a ser também objeto de um programa específico":

- estabelecimento de igualdade de oportunidades para ambos os sexos quanto a programas e currículos escolares;
- inclusão, nos currículos escolares de todos os graus de estudo, do desenvolvimento psicossexual e análise da situação da mulher;
- reavaliação dos livros didáticos a fim de que, se necessário, sejam reescritos para que reflitam uma imagem não estereotipada do papel da mulher na sociedade;
- revisão dos cursos de formação e treinamento de professores para promover mudanças em atitudes preconceituosas;
- intensificação de programas de orientação educacional visando encaminhar ambos os sexos para novas ocupações e novos papéis dentro da família e da sociedade;
- desenvolvimento de um programa educativo para mudar atitudes do público em geral, de pais e de professores e para conscientizá-los da necessidade de igualdade de tratamento das crianças de ambos os sexos desde a mais tenra idade.[13]

Porém, as recomendações da CPI referentes à criação de um órgão de Estado para atuar no campo das políticas para as mulheres ficaram soterradas até 1982, quando a vitória das oposições ao regime militar e o fim do bipartidarismo reabririam discussões sobre a natureza institucional de um órgão governamental responsável pela implementação de políticas visando à abolição das discriminações sexuais. Em 1983, um grupo de mulheres feministas, ligadas ao PMDB de São Paulo, decidiu inaugurar o "feminismo de Estado", criando o Conselho Estadual da Condição Feminina.[14] As conselheiras representavam tanto os movimentos da sociedade civil quanto as Secretarias de Estado. Acadêmicas no sentido estrito, isto é, professoras universitárias e pesquisadoras, compuseram o Conselho, juntamente com outras mulheres, do movimento feminista, de sindicatos e do PMDB. Seu programa de ação, que propôs formular uma política global para a mulher no âmbito do estado de São Paulo visando ao "estabelecimento da igualdade social entre os sexos", previa também a promoção de estudos, debates e pesquisas sobre a condição da mulher, aí incluindo a luta contra a educação diferenciada. "Não aos estereótipos sexuais na educação" foi lema, palavra de ordem e tema de livros, artigos, palestras, cursos, pesquisas a partir de então.

A experiência de São Paulo se estendeu progressivamente a outros estados e municípios, podendo-se contar, em 2011, com Conselhos Estaduais em todos os estados e em mais de mil municípios. Durante a campanha por eleições diretas à presidência da República (1984), feministas organizadas em partidos políticos discutiram a criação do Conselho Nacional dos Direitos da Mulher (CNDM), que se tornaria realidade em 1985.

Essa frente de atuação das feministas evidenciava uma interação estreita entre militância e academia, mas agora em plano governamental. Os Conselhos não só integraram acadêmicas feministas, mas também fomentaram a produção e divulgação de conhecimentos. Atuando através de equipes que se especializaram em temas advindos da agenda feminista – trabalho, saúde, creches, violência, educação –, as campanhas e propostas dos Conselhos se apoiaram nos conhecimentos já acumulados sobre as condições de vida das mulheres e suscitaram novos estudos e pesquisas a grupos externos ou equipes internas. Com tais bases, os Conselhos puderam organizar seminários, palestras, encontros e publicar livros e folhetos. Eles também convocaram acadêmicas para depor nas comissões da Assembleia Nacional Constituinte, em que se debatiam as propostas das mulheres para a nova Constituição, num movimento que ficaria conhecido como "o *lobby* do batom". Dentre as reivindicações no âmbito da educação, talvez a de maior visibilidade e mobilização tenha sido a de que a creche fosse incluída como direito universal das crianças pequenas à educação (e também um direito de pais e mães trabalhadores).

Em 1987, o Conselho Nacional dos Direitos da Mulher lançou, em parceria com a Capes (Coordenação de Aperfeiçoamento de Pessoal de Nível Superior), um programa de apoio a teses sobre a questão da mulher e a campanha nacional "Discutindo na escola o papel da mulher na sociedade", que se configurou como uma intervenção antissexista no currículo escolar dos então primeiro e segundo graus do sistema público de ensino. Avaliações de ambas as iniciativas insistiram na necessidade de que as experiências continuassem. Porém, o esvaziamento do Conselho Nacional, já no final do governo Sarney, retirou por um período esse cenário do palco feminista.[15]

A educação das mulheres entrou na agenda da educação nacional dos anos 1990 quando o Brasil, como outros países da América Latina, viveu um intenso processo de reformas educacionais impulsionadas por organizações internacionais (Unesco, Unicef, Banco Mundial, entre outras), subsumidas nos compromissos da campanha internacional "Educação Para Todos". Considerando a educação como instrumento fundamental para a redução de desigualdades nacionais e internacionais, as reformas se propunham ampliar a oferta e obter ganhos de qualidade sem aumentar os gastos nacionais com a educação. No Brasil, tais reformas visaram a diferentes frentes, inclusive a elaboração de novos parâmetros curriculares nacionais para os ensinos fundamental e médio. Diferentemente do que ocorria, por exemplo, na Argentina, como vimos, no Brasil, a educação não era um tema de grande mobilização feminista. Por seu lado, o Estado parecia satisfeito com a situação educacional das mulheres, que já ostentavam indicadores semelhantes ou melhores que os de homens. Assim, as reformas da década de 1990, com exceção da questão da educação infantil[16] que mobilizou feministas históricas, a nova Lei de Diretrizes e Bases da Educação Nacional (1996) e as demais ações do governo federal pouco contemplaram as parcas reivindicações feministas referentes à educação.

Portanto, até a administração Luiz Inácio Lula da Silva (2003), no âmbito da política nacional da educação, além de acolher os documentos internacionais que reiteravam a busca de igualdade de oportunidades entre homens e mulheres, a atuação federal, quando confrontada, por exemplo, com a política de saúde, tem sido considerada pífia: inclusão da diretriz de eliminação de preconceito sexual nos livros didáticos no Programa Nacional do Livro Didático desde 1996 (com impacto relativamente restrito); inclusão do princípio de "orientação sexual" (entendida como educação sexual) nos Parâmetros Curriculares para os Ensinos Fundamental e Médio. Em exaustiva revisão das ações federais, feministas assinalam a incipiência das ações. Além disso, fizeram críticas ao "conteúdo heteronormativo" (que não levava em conta a homossexualidade) e à ênfase excessiva no tripé corpo-saúde-doença (ao invés de enfoques mais culturais) ao tratar de orientação sexual. Houve quem criticasse o emprego por parte dos documentos governamentais do genérico masculino para referir-se a professores (quando são professores *e* professoras) e alunos (quando são alunos *e* alunas) como "vocabulário sexista", propondo a adoção de fórmulas que permitam captar a presença feminina (por exemplo, usar profess*oras* nos casos em que as mulheres são maioria).[17]

Na administração Lula da Silva, duas iniciativas procuraram aproximar as questões de gênero da questão educacional, no âmbito da administração federal: a criação da Secretaria de Promoção de Políticas para as Mulheres (SPM) que estabeleceu, em concertação com movimentos feministas e

Principalmente após os anos 1960, intensificou-se o acesso de mulheres às universidades brasileiras. (Alunos em formatura de faculdade, 1965.)

de mulheres, Planos Nacionais de Políticas para as Mulheres durante duas conferências nacionais (em 2004 e em 2007); a criação, no Ministério da Educação (MEC), da então denominada Secretaria de Educação Continuada, Alfabetização e Diversidade (Secad),[18] que tinha por objetivo induzir, nas diversas instâncias do Ministério, políticas de identidades via "valorização da diversidade brasileira". Os objetivos elencados nos dois Planos Nacionais eram ambiciosos. Incluíam não apenas objetivos específicos ao sistema educacional, como "garantir matrícula" ou "eliminar conteúdos sexistas e discriminatórios", mas também se referiam ao combate ao *sexismo* (atitude discriminatória fundada no sexo) "na cultura e na comunicação", adotando, portanto, um sentido amplo de educação.

Entretanto, as iniciativas para efetivar essas agendas na política de educação brasileira contemporânea continuaram insuficientes por conta dos parcos recursos (financeiros e humanos) de ambas as Secretarias e do seu reduzido poder de ação no âmbito do governo.[19]

Humildes iniciativas, humildes resultados diante do intenso acesso de mulheres ao sistema de ensino brasileiro, principalmente após os anos 1960. Durante séculos, o Estado brasileiro fora eficiente em manter as mulheres afastadas da educação pública. Depois, sem as antigas restrições e impulsionadas por mudanças econômicas e culturais (aí incluindo os feminismos), as mulheres vêm dando conta do recado por sua conta e risco, isto é, mesmo sem políticas de ação afirmativa: aproveitam as brechas do sistema, educam-se.

NA ACADEMIA

Os estudos sobre mulher e os sobre relações de gênero conheceram um processo contínuo de crescimento e institucionalização nas universidades e centros de pesquisa. A expansão, se não foi espetacular, tem sido continuada e notada através de vários indicadores. Há evidências do aumento do número de teses defendidas, de cursos ministrados na Pós-graduação e mesmo graduação. Praticamente todas as associações profissionais e de Pós-graduação nas Ciências Humanas contam com pelo menos um grupo de trabalho sobre mulher ou sobre gênero. Textos também têm sido publicados de forma continuada, compondo um acervo bibliográfico crescente. Ao mesmo tempo, outras disciplinas e novos temas ganharam destaque procurando apreender a construção da identidade de gênero, desvelar práticas de resistência no cotidiano de nossas antepassadas, identificar uma escritura feminina, estendendo as temáticas para além do trinômio trabalho-sexualidade-violência.

O campo de estudos sobre mulher ou sobre gênero e educação, entretanto, até recentemente, foi objeto de um certo abandono por ambos recortes disciplinares: o predomínio de preocupações com as desigualdades regionais e de classe (ou socioeconômicas) afastou da agenda de pesquisas e dos cursos em Educação o enfoque nas mulheres ou nas questões de gênero. Porém, indícios de mudança podem ser detectados, pois observamos um crescimento exponencial no número de títulos referenciados, por exemplo, nas três maiores revisões bibliográficas sobre mulher/gênero/educação efetuadas no período 1981-2007.[20]

Em resumo, nessas quatro últimas décadas vimos se expandirem os campos de estudos sobre educação das mulheres, educação e gênero, estudos feministas na educação – expansão associada, também, ao número crescente de mulheres educadas (estudantes, professoras e pesquisadoras na Pós-graduação), seja na área específica de Educação, seja nas diversas áreas do conhecimento.

ESTUDANTES E PROFESSORAS

Raras eram as pesquisas anteriores a 1970 que tinham, pelo menos, controlado a variável "sexo" em diagnósticos gerais ou sobre a educação.[21] Os primeiros textos que se propuseram a fornecer uma visão panorâmica sobre a situação educacional masculina e feminina datam de 1975; entre outros assuntos, preocuparam-se em identificar e criticar o sexismo observado em práticas educativas, fazer um balanço das contribuições das Ciências Humanas para a compreensão da condição feminina, relacionar a educação das mulheres e sua participação na vida econômica e observar o acesso das mulheres ao ensino superior.[22] Nesse conjunto de trabalhos já se configuravam quase todos os temas que ocuparam a agenda acadêmica e política referente à educação escolar da brasileira nas três décadas subsequentes: o avanço incontestável do acesso e progressão das mulheres no sistema escolar; a persistência de "guetos sexuais" quanto à trajetória de carreiras ou ramos do conhecimento; a denúncia de padrões sexistas no currículo escolar, particularmente nos livros didáticos. A defesa da Educação Sexual entraria alguns anos mais tarde, quando as pesquisas sobre a situação educacional já contavam com certa legitimidade pública.

As pesquisas sobre o acesso e progressão da educação que levavam em conta diferenças sexuais e outras questões de gênero foram associadas às análises sobre "raça"/etnia que receberam impulso principalmente a partir da Conferência de Durban (Terceira Conferência Mundial contra o Racismo, a Discriminação Racial, a Xenofobia e as Formas Conexas de Intolerância), em 2001, quando o Ipea (Instituto de Pesquisas Econômicas Aplicadas), o IBGE (Instituto Brasileiro de Geografia e Estatística) e a Abep (Associação Brasileira de Estudos de População) passaram a se envolver com o tema. Nos anos 1970, já se observava que as mulheres eram maioria entre estudantes matriculados e concluintes do ensino médio. Nos anos 1990, tal situação foi observada no ensino superior de graduação. Na passagem para os anos

2000, foi a vez de a Pós-graduação ostentar maior proporção de mulheres que de homens no corpo discente.[23]

Porcentagem de mulheres entre os(as) estudantes na população de 5 anos ou mais, por ano e nível de ensino. Brasil

Nível/Grau escolar	1970	1980	1990	2000	2009
Educação infantil	-	-	-	48,9	47,3
Ensino fundamental (primeiro grau)	49,2	50,1	50,8	49,1	48,0
Ensino médio (segundo grau)	50,7	53,4	56,8	54,6	54,6
Ensino superior	42,4*	49,2	52,3*	56,5	56,9
Mestrado e doutorado	-	46,0	-	52,0	58,0

* Inclusive mestrado e doutorado.
Fontes: Censos Demográficos e PNADs, apud Rosemberg e Madsen (2011).

As pesquisas foram ficando mais sofisticadas e puderam mostrar que os melhores índices de escolaridade das mulheres em comparação aos dos homens se sustentavam nos diferentes segmentos de "raça"/etnia (brancos, negros e indígenas), no campo e na cidade bem como nas diversas regiões brasileiras. Além disso, observaram que as diferenças no acesso e progressão escolar não são equivalentes a todos os segmentos de renda e que afetam, particularmente, os estratos de renda inferior. Ou seja, o melhor desempenho escolar observado entre meninas, moças e mulheres adultas do que de meninos, rapazes e homens adultos, praticamente desaparece nos níveis de renda médios e superiores.[24]

Também foram se aprimorando os indicadores usados para aferir esses diferenciais, particularmente após a introdução, pelo MEC, nos anos 1990, de inúmeras estratégias de avaliação de estudantes, tais como: SAEB (Sistema de Avaliação da Educação Básica), Pisa (Programa Internacional de Avaliação de Alunos/Program for International Student Assessment), Enem (Exame Nacional do Ensino Médio), ENC (Exame Nacional de Cursos). Pode-se observar, então, que em média, as mulheres tendem a obter melhores resultados que os homens nessas provas, principalmente em Português.[25]

Estudos passaram a mostrar que as desigualdades de rendimento familiar, "cor"/"raça", região e local de residência, bem como geração, afetam mais intensamente a escolaridade de homens e mulheres no Brasil que as diferenças de sexo, o que faz com que o acesso e a progressão na educação das mulheres seja equivalente (mas não idêntica) aos de coetâneos masculinos. Por outro lado, pesquisas mais recentes sugerem que o ritmo um pouco mais intenso do avanço educacional das mulheres até os anos 1980 parece estar se arrefecendo nas últimas décadas, particularmente no ensino superior.[26] Argumentam que a competitividade exacerbada no mercado de trabalho, assim como as políticas de ação afirmativa via *sistema de cotas*[27] para ingresso no ensino superior público podem estar contribuindo para que mais homens tenham passado a vislumbrar a progressão escolar.

Essa configuração do perfil de homens e mulheres no acesso e progressão na educação brasileira vem suscitando variadas interpretações. Aqui, a paisagem não propicia a transposição linear do que se observa no mercado de trabalho: uma discriminação inconteste contra a mulher. Na educação, as mulheres são maioria enquanto estudantes, professores e trabalhadores.[28]

Porém, as interpretações que podemos localizar nos discursos de gestores nacionais e internacionais, pesquisadores e ativistas sobre o acesso e progresso das mulheres na educação podem, por vezes, se inspirar em discursos arcaicos e evocar interpretações que naturalizam as diferenças sexuais ou literalmente discriminam as mulheres. Assim, um bom número de "causas" do avanço das mulheres na educação são localizadas em condições exteriores à escola: a socialização familiar, que geraria maior docilidade das meninas e empurraria a participação mais intensa e precoce de rapazes no mercado de trabalho; a "natureza" ou "tendência" de rapazes ao enfrentamento de "risco"; a gravidez "precoce" das adolescentes. Outras se referem a condições da própria escola, em articulação ou não com as condições familiares: melhor adaptação de meninas e moças à cultura escolar; estratégias de resistência à escola menos agressivas ou abertas entre as moças que entre os rapazes.[29] Estas últimas interpretações se enquadram em concepções mais amplas e interessantes de infância e adolescência, considerando-as também como sujeitos ativos na construção da cultura e não apenas receptores passivos de valores preexistentes.

Algumas interpretações veiculadas por organizações internacionais (Banco Mundial, por exemplo) adotaram discursos mais habituais nos Estados Unidos e no Canadá, nos quais se apreende um estilo próximo ao da "guerra entre os sexos", como se ocorresse uma disputa entre o desempenho de homens e mulheres: estudantes de sexo masculino "ficam para trás", "perdem terreno" frente às mulheres, que "estão dominando a educação". Por outro lado, alguns documentos de autoria do governo brasileiro, ao constatarem o progresso das mulheres na educação, trombetearam que no país as mulheres não mais enfrentam barreiras para se escolarizarem; outros anunciaram que o país não precisa adotar políticas de igualdade de oportunidades entre homens e mulheres na educação; outros, ainda, que o progresso na educação de moças brasileiras é auspicioso porque "mulheres mais escolarizadas têm filhos mais escolarizados".

A verdade é que o acesso mais intenso das mulheres à educação escolar não tem garantido de fato uma igualdade de oportunidade a toda e qualquer mulher, bem como a experiência da coeducação; isto é, meninos e meninas, rapazes e moças não vivenciam o mesmo currículo, pois a antiga segregação sexual escolar, com seus currículos diferenciados, deixou suas marcas. Tem-se observado, e denunciado desde os anos 1970, uma segregação sexual *informal* que ocorre mesmo nas escolas mistas: quando a escola permite, isto é, abre perspectivas de diferenciação, meninos e rapazes tendem a seguir, preferencialmente, trajetórias escolares com conteúdos tecnológicos e das Ciências Exatas; meninas e moças se voltam para Ciências Humanas, Letras e Literatura, Magistério. Quando, no Brasil, esta especialização por sexo podia ocorrer a partir do antigo ginásio já se observavam crianças, desde os 11 anos de idade, a fazer tais "escolhas", que se mantinham constantes no ensino médio e no ensino superior.

Quando disponível no sistema educacional, as mulheres prodigavam, já no ensino médio, o curso normal, que formava professoras para o ensino fundamental; no ensino superior acorriam (e acorrem) aos cursos oferecidos pelas Faculdades de Filosofia, Ciências e Letras, que, em boa medida, preparam para a carreira de professor do ensino médio.

Com a ampliação do ensino superior no país, acompanhada do ingresso maciço de mulheres, a permanência, ou mesmo acentuação, dos "guetos sexuais" preocupava pesquisadoras feministas desde o trabalho pioneiro de Heleieth Saffioti. Tal inquietação decorria, principalmente, da associação entre educação escolar e mercado de trabalho: os ramos escolares seguidos por mulheres desembocavam em nichos menos valorizados no mercado de trabalho. Novamente se recorreram a explicações variadas, mas simplificadas, focalizando, principalmente, as mulheres: desde sua precocidade na aprendizagem da fala, quando se compara o desenvolvimento de meninos e meninas (ele extrapolaria na parte motora; ela na linguagem), passando pelo processo de socialização diferenciado, ou por restrições à conciliação entre vida doméstica e profissional.

Tanto quanto os garotos, as meninas de hoje desenvolveram enorme talento na absorção de novas tecnologias.

As análises mais recentes vêm apontando, porém, a partir dos anos 2000, uma tendência à redução dos diferenciais entre homens e mulheres com relação às áreas de conhecimento. Na verdade, tem-se observado maior entrada de mulheres em carreiras anteriormente "masculinas" que de homens em carreiras consideradas "femininas". Possivelmente em decorrência desse quadro, o tema da opção masculina e feminina por carreiras típicas (por exemplo, o magistério pelas mulheres) se viu acrescido do interesse por carreiras atípicas, como homens na Educação ou mulheres na Engenharia.[30]

Novas explicações, mais oportunas, foram entrando no repertório: alterações internas nas ocupações, ampliando os perfis de cargos e funções; uma sociedade mais habituada a encontrar mulheres em ocupações antes masculinas; sabedoria de conciliação de mulheres quando optam por carreiras mais flexíveis, que permitem conciliar cuidado com filhos e atividade profissional.

A formação em Magistério seria uma dessas carreiras flexíveis: o ideário social desde o final do século XIX reconhece o magistério como profissão digna para as mulheres, se não a profissão feminina por excelência.

Algumas pesquisas apreenderam uma certa circularidade do sistema de ensino ao abrir vagas para mulheres como alunas e professoras. Na passagem do século XIX ao século XX, "a feminização do magistério pode ter colaborado para que mais meninas fossem encaminhadas às escolas em busca de instrução e a frequência às escolas normais intensificou-se, com grande procura de moças querendo se tornar professoras".[31] Posteriormente, elas eram integradas como professoras no sistema educacional em expansão, mas em deterioração, seja no plano das condições de trabalho, seja no plano salarial.[32]

Outros estudos históricos assinalaram momentos em que, através de atos impostos pela administração escolar, mulheres foram abertamente encaminhadas ao magistério. O depoimento de Jandyra Bonzaghi – que foi aluna da Faculdade de Filosofia, Ciências e Letras da USP no final dos anos 1930 – relata este tipo de intervenção no estado de São Paulo.

> Uma das finalidades da nova Faculdade de Filosofia, Ciências e Letras [da USP] era formar professores secundários, especializados nas diversas matérias. Sabiamente, o governador do Estado se dirigiu à legião de professores primários, secundários, assinalando-lhes o comissionamento pelo curso todo, desde que fosse mantida a nota 7 em cada uma das matérias do currículo. As professoras acudiram em massa, espalharam-se por toda a Faculdade: primeiramente matriculadas em caráter condicional, logo depois convertida em matrícula regular, com aceitação do diploma de escola normal, desde que anterior a 1937, isto porque em 1936 tinha sido criado o Colégio Universitário e, daí por diante, nos anos seguintes, só os alunos que cursavam teriam ingresso na Faculdade.[33]

Analisando a notável abertura do sistema universitário brasileiro às mulheres, na década de 1970, apontávamos que essa abertura não era total. As universitárias dirigiam-se a cursos relativamente baratos, muitas vezes particulares e que as encaminhavam para o magistério.

Isso se mantém. A forte associação entre ampliação do sistema de ensino e ampliação do número de postos para o magistério acaba acarretando números extraordinários: em 2009, para atender aos estimados 57 milhões de estudantes brasileiros, dispúnhamos de número também estimado de 2,674 milhões de professores (de ambos o sexos), sendo 81,1% de mulheres. Porém, o percentual de professoras pelos diferentes níveis e etapas de ensino não ocorre de modo homogêneo: as professoras se concentram nas etapas iniciais da escolaridade, enquanto os professores estão concentrados nas etapas terminais.[34]

Distribuição percentual de professores por sexo, segundo os grupos de níveis de ensino em que trabalham. Brasil e regiões, 2009

Regiões	Mulheres etapas / níveis			Homens etapas / níveis		
	Iniciais*	Terminais*	Total	Iniciais*	Terminais*	Total
Brasil	78,1	21,9	100,0	37,0	63,0	100,0
Norte	82,0	18,0	100,0	53,8	46,2	100,0
Nordeste	77,1	22,9	100,0	48,0	52,0	100,0
Sudeste	75,9	24,1	100,0	28,6	71,4	100,0
Sul	74,2	25,8	100,0	30,2	69,8	100,0
Centro-oeste	69,0	31,0	100,0	31,6	68,4	100,0

Fonte: Tabulações especiais de microdados da PNAD 2009.
* Agrupamos nas etapas iniciais a educação infantil e o ensino fundamental; nas terminais, o ensino médio e superior.

As etapas iniciais da educação brasileira – as menos valorizadas com respeito ao custo aluno e ao salário pago a quem ensina – são as que necessitam de um corpo docente mais numeroso e que acolhe, generosamente, as mulheres. Também desde o final do século XIX sabemos do desprestígio do magistério. Assim, comparações entre ocupações que exigem nível de escolaridade equivalente ao de profissionais da educação assinalam intensa desvalorização do salário pago a professores e professoras. A vocação, a missão, o sacerdócio do(a) mestre(a), expressões mais que centenárias na valorização retórica de quem se dedica a ensinar, não causam impacto na distribuição de salários. Ou a santidade da ocupação parece ser incompatível com o vil metal.

Nos últimos tempos, observa-se uma pequena deserção das mulheres da "nobre função".

Porcentagem de mulheres entre professores por ano e nível de ensino

Nível de ensino	1980	1991	2003	2009
Magistério (total)	86,6	85,4	83,5	81,1
Educação infantil	99,0	96,1	95,9	94,4
Ensino fundamental no ensino 1º grau (1ª a 4ª)	96,2	93,5	89,6	90,4
no ensino 1º grau (5ª a 8ª)	85,7	85,7	89,0	87,3
Ensino médio/2º grau	70,4	73,2	70,3	66,6
Ensino superior	42,2	45,4	49,2	45,7

Fontes: Censos Demográficos e PNADs.

Mulheres educadas continuam a educar meninos e meninas na escola. Porém, vem ocorrendo uma diminuição no interesse de meninas e moças dos segmentos médios e superiores em exercer o magistério. Sabidamente, meninas e moças na atualidade parecem ter menos "vocação" para o tal "sacerdócio".

NOTAS

[1] Christian Baudelot e Roger Establet, *Allez les filles*, Paris, Seuil, 1991, p. 10.
[2] Apud Heloisa Villela, "O mestre-escola e a professora", em Eliane Marta Teixeira, Luciane Mendes Farias Filho e Cynthia Greive Veiga (orgs.), *500 anos de educação no Brasil*, Belo Horizonte, Autêntica, 2002, p. 101.
[3] Como alerta Jane Soares de Almeida, *Ler as letras: por que educar meninas e mulheres?*, São Bernardo do Campo: Universidade Metodista de São Paulo; Campinas: Autores Associados, 2007.
[4] A legislação brasileira, facilitando a entrada das mulheres no sistema de ensino ou introduzindo a educação mista (ou coeducação), não foi mais atrasada em relação à europeia. Ao contrário: França, Inglaterra e Bélgica só permitiram o acesso de mulheres ao ensino superior na década de 1880. A suspensão da segregação sexual formal nas escolas só ocorreu nos anos 1970 para alguns países europeus, como a Suécia.
[5] Heloisa Villela, op. cit.
[6] Classes e escolas mistas tornaram-se a regra geral em escolas católicas apenas após o Concílio Vaticano II (1962), durante o papado de João XXIII.
[7] Cantarino Filho, apud Fúlvia Rosemberg, Edith Piza e Thereza Montenegro, *Estado da arte e bibliografia sobre a educação brasileira*, São Paulo, Reduc, 1990, p. 129.
[8] *A mulher na sociedade de classes* (Heleieth Saffioti, 1969), *A mulher brinquedo do homem* (Heloneida Studart, 1969), "O subdesenvolvimento e a situação da mulher" (artigo de Olga Werneck publicado na *Revista de Civilização Brasileira*, 1965), *A declaração universal e os direitos da mulher* (Fanny Taback, 1968). Ver artigo de Fúlvia Rosemberg, "Estudos sobre mulher e relações de gênero", em Sérgio Miceli (org.), *Fundação Ford no Brasil*, São Paulo, Fapesp/Sumaré, 1993, p. 205-236. Aos poucos, textos brasileiros sobre a temática se juntavam às poucas traduções disponíveis: *O Segundo sexo*, de Simone de Beauvoir, havia sido traduzido em 1961; *Mulheres, a revolução mais longa*, de Juliet Mitchell, fora publicado pela *Revista de Civilização Brasileira* em 1967.

9 Entrevista publicada em *O Pasquim*, 94 em 24/4/1971. O episódio da visita de Betty Friedan ao Brasil foi descrito e comentado, entre outras, por Anette Goldberg, *Feminismo e autoritarismo: a metamorfose de uma utopia de liberação em ideologia liberalizante*, Rio de Janeiro, SCP, 1987.
10 Reflexões a partir de Cinthia Sarti citadas por Rosemberg, op. cit., 1993.
11 Yumi Garcia dos Santos, "A implementação dos órgãos governamentais de gênero no Brasil e o papel do movimento feminista: o caso do Conselho Estadual da Condição Feminina de São Paulo", *Cadernos Pagu*, (27), p. 426, jul./dez. 2006.
12 Participaram da CPI, do lado do partido do governo (Arena), oito senadores (entre eles Jarbas Passarinho) e seis deputados (entre eles Lygia Lessa Bastos). Do lado do MDB, três senadores, destacando-se Nelson Carneiro (fervoroso defensor da aprovação da Lei do Divórcio), Franco Montoro (posteriormente governador de São Paulo) e o próprio Gilvan Rocha, além de cinco deputados.
13 *CPI da Mulher*, Brasília, Senado Federal, 1978.
14 Essa decisão, como tantas outras, foi precedida de intensa discussão: feministas temiam que a burocracia estatal atrapalhasse a autonomia do movimento e que ideários partidários deglutissem as reais necessidades das mulheres.
15 Atualmente, o Conselho Nacional dos Direitos da Mulher (CNDM) é uma das estruturas da Secretaria de Políticas para as Mulheres (SPM), criada em 2003 pelo governo Luiz Inácio Lula da Silva. Outros órgãos do governo focalizados em políticas para as mulheres:
- Conselhos Estaduais da Condição Feminina. O primeiro surgiu em São Paulo (1983); na atualidade, todos os estados dispõem de um.
- Órgãos municipais em 1.049 municípios.
- Conselho Nacional dos Direitos da Mulher (CNDM) – função predominantemente consultiva. Criado em 1985, atualmente integrado à SPM.
- Secretaria de Estado dos Direitos da Mulher (SEDIM), criada em 2002 e substituída pela SPM.
Ver Nina Madsen, *A construção da agenda de gênero no sistema educacional brasileiro (1996-2007)*, Brasília, 2008, Dissertação de Mestrado, Universidade de Brasília, Instituto de Ciências Sociais, Departamento de Sociologia.
16 A educação infantil entra aqui sob a perspectiva da creche como instituição que responde aos direitos da criança e da mãe trabalhadora.
17 Cláudia Vianna e Sandra Unbehaum, "O gênero nas políticas públicas de educação no Brasil", em *Cadernos de Pesquisa*, 34 (121): 77-104, jan./abr. 2004.
18 Atualmente Secadi (Secretaria de Educação Continuada, Alfabetização, Diversidade e Inclusão).
19 Nina Madsen, op. cit.
20 São elas: o capítulo sobre Educação a cargo de Elba Sá Barreto em *Mulher brasileira: bibliografia anotada* (São Paulo, Brasiliense, 1981), publicado pela Fundação Carlos Chagas; *Mulher e educação formal no Brasil: estado da arte e bibliografia*, de 1990, de autoria de Fúlvia Rosemberg, Edith Piza e Maria Thereza Montenegro (São Paulo, Reduc); *Base de dados Ariadne*, organizada pelo Grupo de Pesquisa, Estudos de Gênero, Educação e Cultura Sexual da Universidade de São Paulo. Ver Rosemberg et al., op. cit., 1990, Claudia Vianna et al., "Gênero, sexualidade e educação formal no Brasil: uma análise da produção acadêmica entre 1990 e 2006", em *Educação & Sociedade*, 32 (11), p. 525-545, abr./jun. 2011.
21 Heleieth Saffioti havia analisado a participação das mulheres no sistema educacional nos anos 1960, com especial destaque para as universitárias; Eva Blay havia se interessado pelo ginásio industrial em São Paulo, Aparecida Joly Gouveia e Robert Havighurst, José Pastore, Carmen Barroso e Lólio L. de Oliveira haviam realizado pesquisas em que comparavam estudantes homens e mulheres frequentando o ensino primário, médio, superior e candidatos(as) aos antigos exames de madureza (supletivos). Em 1973, Bolivar Lamounier publicou estudo pioneiro sobre a alfabetização de homens e mulheres, brancos(as) e negros(as), vivendo em Salvador. (Informações retiradas de Fundação Carlos Chagas, op. cit., 1981.)
22 Estão reunidos no número especial dos *Cadernos de Pesquisa* nº 15, de 1975, sobre a "Situação da mulher" e foram apresentados nos eventos públicos desse mesmo ano, identificados como a marca do ressurgimento do feminismo no Brasil: (1) o Seminário "Pesquisa sobre o papel e o comportamento da mulher brasileira" (em julho, no Rio de Janeiro, patrocinado pelo Centro de Informações das Nações Unidas no Brasil e pela Associação Brasileira de Imprensa) – com os trabalhos de Guiomar Namo de Mello ("Os estereótipos sexuais na escola") e de Fúlvia Rosemberg ("A mulher na literatura infantoju-

venil: revisão e perspectivas"); (2) a XXVIII Reunião Anual da SBPC – um dos poucos espaços públicos de resistência política acadêmica em uma época de restrição às liberdades individuais e de associação – (em julho, em Belo Horizonte) incluiu dois pioneiros eventos feministas envolvendo acadêmicas: o organizado pelo chamado "grupo da Walnice Galvão" e o das pesquisadoras da Fundação Carlos Chagas (intitulado "Contribuições das Ciências Humanas para a compreensão da situação da mulher") em que Glaura V. de Miranda apresentou resultados parciais sobre "Educação da mulher brasileira e sua participação nas atividades econômicas" (ver Anette Goldberg, op. cit., 1987). Nas comunicações livres, trabalhos de Carmen Barroso e Guiomar Namo de Mello ("O acesso da mulher ao ensino superior brasileiro"), de Maria Malta Campos e Yara Lúcia Espósito ("Relação entre sexo da criança e aspirações educacionais e ocupacionais das mães") e de Fúlvia Rosemberg ("A escola e as diferenças sexuais") (mencionados por Rosemberg et al., op. cit., 1990).

[23] A presença notável de mulheres como estudantes na Pós-graduação acarretou a adoção de licença-maternidade para bolsistas da Capes em 2011.

[24] Fúlvia Rosemberg e Nina Madsen, *Educação formal, mulher e gênero no Brasil contemporâneo*, Rio de Janeiro, Cépia, 2011.

[25] Mencionado por Fúlvia Rosemberg e Nina Madsen, op. cit., 2011.

[26] Idem.

[27] Estratégias de seleção para ingresso no ensino superior que reservam vagas para seleção em separado de candidatos egressos do ensino médio público e de origem étnico-racial negra ou indígena.

[28] Constatação que levou Mariano Fernandez Enguita ("Os desiguais resultados das políticas igualitárias: classe, gênero e etnia na educação", em *Revista Brasileira de Educação*, n. 3, set./dez. 1996) a sustentar que, frente a outros espaços sociais – a casa, a rua, as igrejas, as mídias, o mercado de trabalho –, a escola, nas sociedades ocidentais contemporâneas, seria menos sexista.

[29] Fúlvia Rosemberg e Nina Madsen, op. cit., 2011.

[30] Idem.

[31] Jane Soares de Almeida, op. cit.

[32] Fúlvia Rosemberg et al., op. cit., 1990.

[33] Depoimento dado a Eva A. Blay e Alice B. Lang, *Mulheres na USP: horizontes que se abrem*, São Paulo, Humanitas, 2004, p. 38.

[34] Fúlvia Rosemberg e Nina Madsen, op. cit., 2011.

BIBLIOGRAFIA

ALMEIDA, Jane Soares de. *Ler as letras*: por que educar meninas e mulheres? São Bernardo do Campo: Universidade Metodista de São Paulo; Campinas: Autores Associados, 2007.

BAUDELOT, Christian; ESTABLET, Roger. *Allez les filles*. Paris: Seuil, 1991.

BLAY, Eva A.; LANG, Alice B. *Mulheres na USP*: horizontes que se abrem. São Paulo: Humanitas, 2004.

COSTA, Albertina de Oliveira; BRUSCHINI, Cristina. Uma contribuição ímpar: os Cadernos de Pesquisa e a consolidação dos estudos de gênero. *Cadernos de Pesquisa* (80): 91-99, fev. 1992.

FERNANDEZ ENGUITA, Mariano. Os desiguais resultados das políticas igualitárias: classe, gênero e etnia na educação. *Revista Brasileira de Educação*, n. 3, set.-dez. 1996, p. 5-17.

FUNDAÇÃO CARLOS CHAGAS. *Mulher brasileira*. *Bibliografia anotada*. São Paulo: Brasiliense, 1981.

GOLDBERG, Anette. *Feminismo e autoritarismo*: a metamorfose de uma utopia de liberação em ideologia liberalizante. Rio de Janeiro: SCP, 1987.

MADSEN, Nina. *A construção da agenda de gênero no sistema educacional brasileiro (1996-2007)*. Brasília, 2008. Dissertação (Mestrado) – Instituto de Ciências Sociais, Departamento de Sociologia, Universidade de Brasília.

ROSEMBERG, Fúlvia. Estudos sobre mulher e relações de gênero. In: MICELI, Sérgio (org.). *Fundação Ford no Brasil*. São Paulo: Fapesp/Sumaré, 1993, p. 205-236.

_____; MADSEN, Nina. *Educação formal, mulher e gênero no Brasil contemporâneo*. Rio de Janeiro: Cépia, 2011.

_____; PIZA, Edith; MONTENEGRO, Thereza. *Estado da arte e bibliografia sobre a educação brasileira*. São Paulo: Reduc, 1990.

SANTOS, Yumi Garcia dos. A implementação dos órgãos governamentais de gênero no Brasil e o papel do movimento feminista: o caso do Conselho Estadual da Condição Feminina de São Paulo. *Cadernos Pagu* (27), p. 426-440, jul./dez. 2006.

VIANNA, Cláudia; UNBEHAUM, Sandra. O gênero nas políticas públicas de educação no Brasil. *Cadernos de Pesquisa*, 34 (121), p. 77-104, jan./abr. 2004.

_____ et al. Gênero, sexualidade e educação formal no Brasil: uma análise da produção acadêmica entre 1990 e 2006. *Educação & Sociedade*, 32 (11), p. 525-545, abr./jun. 2011.

VILLELA, Heloisa. O mestre-escola e a professora. In: TEIXEIRA, Eliane Marta; FARIAS FILHO, Luciane Mendes; VEIGA, Cynthia Greive (orgs.). *500 anos de educação no Brasil*. Belo Horizonte: Autêntica, 2002, p. 95-134.

Agradeço a Marcia Caxeta pela formatação digital do texto e das referências bibliográficas; a Leandro F. Andrade pela elaboração do gráfico; e a Cristiano Miglioranza Mercado pela atualização de gráficos e tabelas.

Escravas

RESISTIR E SOBREVIVER

Maria Odila Dias

Para as mulheres de origem africana que viveram como escravas nas grandes propriedades rurais do Brasil, sobreviver já era uma vitória. Distantes de suas redes familiares originais, elas constituíam minoria no plantel de escravos, majoritariamente masculino. No Brasil, vistas mais como mercadoria do que como seres humanos, essas mulheres foram obrigadas a trabalhar e sobreviver em condições extremamente precárias, que incluíam se submeter a constantes maus-tratos, além da violência inerente ao sistema escravista.

Seguir vivendo em ambiente tão hostil exigiu força, inteligência, capacidade de adaptação e, sempre que possível, rebeldia. É como se, a todo momento, fosse preciso inventar formas de não morrer, não adoecer e não enlouquecer enquanto serviam a seus senhores.

AINDA ANTES DE CHEGAR

Na África, havia pontos institucionalizados de comércio de escravos e rotas por onde eles eram conduzidos até os compradores finais, que levariam a carga humana ao Novo Mundo. Na África Central, guerras internas entre grupos rivais africanos proporcionavam um grande número de capturados que se tornavam escravos. Grande parte do tráfico do Atlântico dependeu de guerras no interior de Angola e da África Central protagonizadas pelos próprios africanos, e muitas delas eram desencadeadas pelos traficantes de escravos com a finalidade de capturar homens.[1] As mulheres eram mais caras no tráfico interno – porque eram vistas como reprodutoras e como trabalhadoras agrícolas – e reservadas para consumo dos próprios africanos ou revendidas para os países árabes e a Índia. Havia, entretanto, um tráfico ilegal, em que grupos de bandidos viviam da pilhagem indiscriminada das comunidades locais e do sequestro de mulheres jovens para escravidão. Essas negras capturadas clandestinamente eram transportadas à força até o litoral do Atlântico, onde eram embarcadas na calada da noite. As demais, do tráfico legal, esperavam pelo embarque presas em quintais cercados por muros altos.[2]

A travessia do mar durava cerca de 15 dias, quando o negreiro partia de Angola, e até 60 dias, se saía da Costa Oriental, de Moçambique e seus arredores. No mar, muitas mortes ocorriam em razão da desnutrição. Apesar de separadas em compartimentos só de mulheres, as escravas eram bastante vulneráveis a estupros. Quando levadas ao convés para tomar sol e se alimentar, temiam que os traficantes fossem canibais e se apavoravam com a visão dos caldeirões de cobre, prevendo a possibilidade de serem comidas ainda vivas. Era tanto o medo que se punham a tremer a ponto de não conseguirem chegar às barricas de água.[3]

Ao chegarem ao Rio de Janeiro ou a Salvador, elas já tinham passado por mil necessidades: o sofrimento por separar-se da terra de origem, a carência de alimentos, as surras e os martírios constantes. Desembarcavam doentes e enfraquecidas. Algumas, apenas para morrer em terra. As sobreviventes jamais esqueceriam as experiências traumáticas desses dias de terror, que associaram a Olodum, o deus da morte.

Segundo estimativas, desde o aprisionamento na África e até o fim da fase de aclimatação no Brasil, dentre 1.000 cativos, apenas 200 escravos sobreviveriam. Particularmente as escravas tendiam a morrer mais na viagem pelo interior da África até o porto de embarque que no decorrer da travessia marítima. Morriam muitas também (proporcionalmente mais do que os cativos homens) no porto brasileiro e nos primeiros anos de Brasil.[4] O número de escravas era 30% menor do que o de escravos homens, tanto no tráfico africano como no tráfico interprovincial (1854-1881), em que, proibido o tráfico em 1850, foram iniciadas no Brasil vendas internas de escravos do norte e do nordeste para o sul cafeeiro. Dentre os escravos aportados no Rio de Janeiro e falecidos pouco tempo após o desembarque, entre 1833 e 1849, por exemplo, contavam-se muito mais mulheres entre 12 e 24 anos de idade do que homens na mesma faixa etária. No cemitério da Santa Casa, onde os recém-chegados falecidos eram enterrados, enquanto os homens abaixo de 30 anos mortos representavam 2/3 dos enterrados, as mulheres jovens figuravam na casa dos 4/5. Várias dessas jovens morreram provavelmente em decorrência de complicações na gravidez e no parto.[5]

NO BRASIL: COTIDIANO E TRABALHO

Na África, apesar de haver acentuada falta de homens adultos jovens, por conta do tráfico, prevaleciam relações patriarcais, em que os homens mais velhos detinham o poder sobre as mulheres. Essas mulheres estavam acostumadas a suportar o trabalho de sol a sol, a dor, o cansaço e os castigos impostos por maridos mais velhos. Quando escravizadas e trazidas à força ao Brasil, passavam a conviver com outras adversidades para além de terem que obedecer aos homens. Uma delas era estar distante de seu grupo de referência e serem obrigadas a viver e trabalhar nas propriedades rurais com escravos de outras etnias.

Advindas do Congo e da África Central, as escravas do sudeste do Brasil, embora todas de origem bantu, falavam dialetos diferentes e, no início, era preciso esforço para se fazer compreender por meio de alguns poucos sons ou palavras comuns.[6] Uma vez instalados nas fazendas, os escravos procuravam estabelecer laços de compadrio, a partir de critérios endogâmicos, conforme as línguas e os grupos étnicos a que pertenciam.

Nas lavouras brasileiras, os escravos homens eram mais valiosos do que as mulheres em razão de sua maior capacidade de executar trabalhos pesados. A demanda dos grandes proprietários era voltada para a aquisição de trabalhadores homens, fortes e jovens, entre 15 e 25 anos. Eles não valorizavam as mulheres, cujos preços, aliás, eram cerca de 20% mais baixos do que os dos escravos do sexo masculino[7] e tenderam, na década de 1860, a desvalorizar mais rapidamente do que os dos homens nas fazendas de café do Oeste Paulista.[8]

Até o último quartel do século XIX, os grandes proprietários rurais não haviam mostrado interesse na capacidade reprodutiva de suas escravas; a população escrava na grande lavoura era mantida muito mais pelo tráfico que pelos nascimentos. Para esses senhores, criar os filhos das escravas era mais caro do que comprar meninos. Também não eram dadas às escravas condições para cuidar de seus rebentos. Quando pequenos, iam amarrados com panos vistosos às suas costas para os canaviais ou os cafezais. À medida que eles cresciam, a função de cuidar, nutrir e preparar as "crias de pé" para o trabalho era suprida através das sociabilidades das senzalas, pelos cuidados das escravas mais velhas.

Tanto nos engenhos de açúcar como nas fazendas de café, as escravas grávidas não se livravam dos castigos violentos – como os pontapés na barriga aplicados pelos capatazes –, que, muitas vezes, eram responsáveis pela morte do bebê dentro da mãe. Além disso, os senhores sujeitavam suas escravas grávidas ao serviço da roça e às mesmas tarefas que faziam antes de engravidar, chegando algumas a dar à luz no momento em que trabalhavam,

> como uma negra que em tempo de parir havia sido assim mesmo mandada colher café. Porém, sentindo muitas dores, acabou retirando-se para casa com o que tinha colhido à cabeça, quando, no caminho, ocorreu o parto, após o qual desmaiou e, ao despertar, os porcos tinham dilacerado a criança.[9]

O desequilíbrio entre a quantidade de homens e mulheres escravos manteve-se no século XIX, chegando a haver propriedades com quatro vezes mais escravos que escravas, principalmente no Oeste Paulista.[10] Com a extinção do tráfico em 1850, a situação não mudou, pois passaram a comprar escravos do norte e do nordeste através do tráfico interprovincial, em que novamente a grande demanda era por homens. A população de mulheres escravas somente cresceu nas cidades ou nas retaguardas do povoamento em regiões de pequena propriedade e cultivo de gêneros alimentícios.

O quadro de concentração de população masculina nas grandes propriedades refletia diretamente nas relações entre os indivíduos. Nos locais em que era possível estabelecer uniões conjugais, com a permissão dos senhores, os casais eram uma pequena minoria diante do número de solteiros, promovendo instabilidade nas relações afetivas. A situação das mulheres ficava ainda mais difícil quando eram observados os sentimentos de posse e de ciúme cultivados pelos homens; elas sofriam violências, e muitas chegavam a ser assassinadas pelos próprios companheiros de escravidão. Em

1868, numa fazenda de café em Campinas, Benedito, escravo de Francisco José de Camargo Andrade, ausentou-se por um mês, levado por seu senhor para outra fazenda; ao voltar, percebeu que sua mulher estava mantendo relações com outro escravo, a quem ela deu um prato de carne e uma garrafa de pinga. Desesperado de ciúme, Benedito assassinou a mulher.[11]

Nos engenhos e nas fazendas, o trabalho das escravas, embora desprezado, chegava a constituir metade dos grupos de trabalhadores do *eito* (nome dado ao trabalho na lavoura, na roça, no cafezal); no caso das fazendas do Vale do Paraíba e no Oeste Paulista constituíam às vezes 1/3 da mão de obra da lavoura. Ainda assim, a descrição da escrava Thereza, de 25 anos, informava que ela "não era prendada, só sabia fazer o serviço da roça".[12] Apesar de consideradas incapazes, as escravas se encarregavam de um trabalho bastante árduo, trabalhando durante o dia com os homens, na lavoura, realizando as mesmas tarefas. Além disso, as mulheres assumiam com seus filhos e filhas o trabalho de cultivo de gêneros de subsistência. O costume do senhor de oferecer a um casal de escravos uma roça para plantar e criar animais atingia no Brasil uma abrangência que ia de Pernambuco e Bahia ao Rio de Janeiro. Em geral, as escravas com seus filhos trabalhavam a roça doméstica sem os maridos. Elas também processavam alimentos como o arroz, o milho e a mandioca, manuseando instrumentos como o pilão e o ralador. Cumpriam serões noturnos e eram requisitadas nos dias santos. Responsabilizavam-se ainda por cozinhar os alimentos para todos. Todo o trabalho era supervisionado de perto pelas senhoras que não cansavam de reclamar da morosidade das escravas na execução de suas tarefas.[13]

É difícil sequer imaginar a possibilidade de uma vida familiar estável entre os escravos, tanto nas plantações de açúcar, como nas fazendas de café. Muitas escravas casadas não coabitavam com os maridos, sendo em geral permitido ao casal que se encontrasse por algumas horas à noite após o serão.[14] A própria maneira como o trabalho era organizado nas fazendas, através da distribuição de tarefas, também contribuía para separar as famílias. Para os trabalhos de mais responsabilidade ou tarefas mais especializadas, como a de tropeiro, capataz, carpinteiro, entre outras, os senhores preferiam designar escravos homens. Os escravos especializados nem sempre ficavam na mesma fazenda; por vezes eram mandados trabalhar em outra das várias fazendas que os proprietários mais ricos mantinham. Essa prática, em parte, explica a existência de escravas morando sozinhas com seus filhos. Mas não é o único motivo. Os senhores não tinham pudor em separar famílias (com a venda de um ou mais de seus membros) ou estimular uniões transitórias que levavam as escravas a terem filhos de vários homens. Além disso, os próprios senhores ou seus capatazes costumavam se servir sexualmente de suas escravas.

Em Campinas, certa manhã de fevereiro de 1881, a escrava Maria foi repreendida e castigada pelo "senhor moço" por não ter feito uma boa comida para seus parceiros. Aos prantos, dirigiu-se ao terreiro da propriedade, onde foi vista por Mariano, seu marido, que indagou a razão dos ferimentos e do choro. Maria narrou-lhe o ocorrido e mostrou-lhe as mãos que sangravam devido ao castigo com a palmatória. Disse-lhe que prepararia o jantar e depois se jogaria no rio. Ao testemunhar o desespero da mulher, Mariano sentiu vontade de matá-la e matar-se depois. Atacou-a, então, com algumas machadadas e, em seguida, duas facadas.[15] Que teria realmente se passado na casa-grande que a deixara aflita e sangrando? É significativo que o relato do réu nesse processo criminal parece repetir narrativas do *candombe* ou do *jongo*,[16] em que o verdadeiro sentido está escondido. Como dizia o candombeiro de tradição bantu: "Mas a gente fala pareceno uma coisa e é otra coisa... Uma palavra pode sê uma penca de ideias".[17]

Gregório, escravo de uma fazenda em Campinas, acusado de matar sua mulher, foi obrigado a explicar perante a justiça, em 1876, os motivos que o levaram a tal violência:

> o feitor exigia dele, homem fraco, e de sua mulher, aleijada, a mesma produtividade cobrada aos demais cativos. Um dia, faminto, matou um capado, e por isto foi castigado. Desesperado, comunicou à mulher sua intenção de suicidar-se, ao que ela implorou que nesse caso matasse-a primeiro, o que ele fez, tendo depois tentado o mesmo contra si.[18]

Surras de chicote, humilhações e estupros eram frequentes no cotidiano das escravas. Em 1856, na fazenda Jaraguá, em São Paulo, um escravo africano originário de Cabinda foi processado por agredir o feitor motivado por ciúmes de sua mulher, Felicidade, constantemente assediada por este. Em seu depoimento, o escravo justificou-se dizendo que Felicidade era "sua *malumbu* e parceira, e não sua *denga*.[19]

Uma das alegações mais frequentes para o assassinato de capatazes por escravos era a reação contra o castigo excessivo ou mesmo o estupro de suas mulheres ou filhas. Na fazenda São Roque, em Vassouras, em 1873, "um escravo perdeu a cabeça quando o feitor se recusou a interromper o castigo que infligia à sua mulher, pegou uma espingarda e atirou nele".[20]

CASAMENTOS: MELHORIA DE VIDA OU PESADELO?

Na vida das escravas, as uniões conjugais podiam tanto servir como estratégia de sobrevivência quanto ser mais uma fonte de sofrimento. Entre as recém-chegadas era comum casar-se com homens mais velhos, como no costume africano. Essa era também uma maneira de obter alguma proteção contra o assédio de seus senhores, mas tal escolha era duvidosa: se os senhores as assediassem, o que poderiam fazer seus maridos a respeito?

Convencidos de que assim evitariam fugas e revoltas, os grandes proprietários passaram a deixar os casais viverem fora das senzalas coletivas, em pequenas choças de pau a pique. Era certamente vantajoso para as escravas obter uma casinha e um espaço propício a uma roça e, com isso, garantir uma melhor alimentação para suas crianças e, eventualmente, com a venda do excedente, vir a comprar a própria alforria e a de seus filhos, como já era costume na sua terra de origem.

As escravas de origem africana que sobreviviam aos maridos, logo se casavam de novo. A partir da segunda geração no Brasil, as escravas crioulas e as libertas preferiam não se casar.

Diferentemente da África, onde as mulheres se casavam por volta dos 19 anos, no Brasil, as africanas recém-chegadas se uniam a um companheiro mais cedo, com cerca de 15 anos de idade.[21] Quando engravidavam, corriam sério risco de morrer no primeiro parto, de complicações decorrentes do excesso de trabalho e da má nutrição.

A sucessão de uniões e a instabilidade eram realidades notórias na vida das escravas. Às vezes, as uniões eram legitimadas por celebrações, mediadas pelas mulheres mais velhas, em que era invocada a proteção dos deuses. Outras vezes, eram impostas pelos senhores.

Quando feitos por opção, os matrimônios entre escravos podiam traduzir uma série de costumes africanos. Na África, celibato era sinal de pobreza e de vulnerabilidade; o casamento era uma negociação para ajuda mútua e envolvia toda a comunidade, pois o casal representava uma aliança entre grupos familiares afins. Em geral, as uniões eram sugeridas pelos anciãos, que procuravam, com sua autoridade, fazer valer o interesse da aldeia como um todo. O compromisso assumido perante a comunidade era precedido de rituais de adivinhação e consulta às divindades locais. Devia ser aceito pelo grupo e abençoado pelos ancestrais e pelas entidades de sua devoção. Em algumas etnias, os casamentos eram celebrados junto à "árvore da fertilidade", chamada, entre os bantus, de árvores de Nsanda.[22]

Do ponto de vista das escravas, nem sempre as uniões conjugais representavam uma estratégia de sobrevivência. Por vezes se tornavam mais uma fonte de sofrimento.

No Brasil, os senhores não se importavam com as crenças dos escravos e a unidade conjugal significava pouco em termos de garantir o bem-estar do casal, ou mesmo sua sobrevivência. Mais importantes que o casamento eram os laços de compadrio que os escravos estabeleciam entre si. Eles se manifestavam, por exemplo, nos mutirões para construir as habitações ou no cuidado com os filhos uns dos outros. Era importante para a sobrevivência das mulheres escravas fortalecer, por meio do casamento ou do compadrio, relações de ajuda mútua.

Ser padrinho ou madrinha nos batizados católicos significava assumir uma importante responsabilidade para com os afilhados.[23] Como o cuidado dos filhos era uma atribuição feminina, as mulheres procuravam escolher bem os padrinhos. No Brasil, em sua maioria, o compadrio se circunscrevia aos conhecidos do próprio plantel e somente nas duas últimas décadas antes da Abolição é que os padrinhos passaram a ser, com maior frequência, escolhidos entre os parentes libertos, já numa fase em que a desintegração do sistema escravista finalmente favorecia a expectativa de vir a ser livre. As próprias famílias, nessa época, já se tornavam complexas na medida em que um escravo poderia ser casado com uma liberta e seus filhos formalmente já nasciam livres.

Ainda que a Igreja tenha lançado, em 1835, um documento que garantia o casamento do escravo ser de escolha própria, os senhores, muitas vezes, agiam contra essa regra. Enquanto os fazendeiros do café de Campinas, por exemplo, estimulavam as uniões entre os seus cativos na esperança de que isso freasse as fugas, os senhores das fazendas recém-abertas no sertão tratavam com indiferença os sacramentos da Igreja para seus escravos ou simplesmente impunham as suas vontades sobre os cativos, gerando situações de extremo conflito e violência.[24]

Em 1865, uma fazendeira de Caetité (no sertão baiano), proprietária da Fazenda Condeubas, decidiu casar a forra crioula Inocência Maria de Jesus com o escravo Ricardo, união que desagradava Inocência. Diante das reiteradas recusas da moça, a senhora mandou atrás dela um capataz acompanhado de três escravos. Inocência, que se achava grávida quase por parir, estava numa roça arrancando *mucunan* para seu sustento. O capataz agrediu Inocência, servindo-se de um chicote amarrado a um pau, até que ela desfalecesse e ficasse sem roupa alguma, em razão das chicotadas. Depois abandonou a vítima. O escravo Ricardo, seu suposto noivo, carregou Inocência e a deixou num brejo "ao pé da cerca em cujo lugar lançou ela uma criança de que estava pejada". Quando finalmente Inocência pôde se levantar para voltar para casa, foi cercada pelos escravos da fazenda e levada para a sede, onde foi algemada num tronco. Ficou presa ali por três dias, ao fim dos quais o escravo João Barauna, a mando de dona Florentina, dona da fazenda, deu-lhe quatro dúzias de palmatoadas, que "deu lugar a arrebentar-se-lhe as mãos sangrando". Depois disso, Inocência casou-se com o escravo Ricardo. Somente dois anos depois é que a crioula teve coragem de dar um depoimento à polícia, tendo suas cicatrizes ainda visíveis para comprovar o que dizia ter acontecido.[25]

Era comum entre os proprietários a tomada de decisões em desrespeito à lei de 1869, que proibia expressamente a venda em separado de marido e mulher e de mães e filhos menores de 15 anos. Até uma década antes da Abolição, o escravo, bem mais que a terra, era a riqueza de maior valor da elite agrária; os senhores não se constrangiam por parâmetros legais: o costume era mais forte que a lei. Principalmente nos momentos de crise financeira ou quando do falecimento de algum senhor, para desespero dos cativos, famílias escravas acabavam sendo desdobradas e esfaceladas com as negociações.

Muitas escravas encontraram formas de resistir a essas violências. Na Bahia, há notícias de escravas as quais, quando se achavam na iminência de serem vendidas para longe de seus filhos, fugiam com eles. Em alguns episódios, três gerações de mulheres (avó, mãe e filha) conseguiam fugir juntas. Em 1840, o proprietário da Fazenda do Campo do Meio, termo de Santa Isabel, anunciou a fuga de duas crioulas, Maria Joana, de 45 anos de idade, e sua filha Custódia, de 20 anos, que, por sua vez, levou consigo uma filha de 2 meses e tantos, que parecia "cabra, já era batizada e chamava-se Isabel".[26] Era também muito comum as escravas fugirem apavoradas num momento de desespero diante de castigos excessivos: a negra "fula" Maria aparece descrita como tendo "no meio dos peitos umas costuras de ferimentos que recebeo, outras no meio da cabeça, e outra no meio das costas; fugia com um menino embigudo com pernas arqueadas de apenas 10 meses de idade".[27]

RELIGIÃO, MAGIA E PALAVRAS QUE FEREM

Entre as inúmeras formas encontradas pelas escravas para enfrentar as adversidades, estava o recurso à religião e à magia. O acesso das escravas ao mundo espiritual era feito através de plantas, folhas e raízes, colhidas segundo costumes secretos oriundos da África. Além de exercerem importante papel como agregadoras da vida comunitária, mantenedoras e divulgadoras de costumes culturais advindos da África, as escravas mais velhas atuavam também como feiticeiras e curandeiras. Lançavam mão de ervas para diversos fins, entre eles o de invocar os deuses. Eram elas também que distribuíam entre as demais escravas os *obi*, os "trabalhos" a serem feitos para agradar os deuses e garantir sua intervenção contra a violência dos capatazes, impedir os estupros, fornecer alimentos para os filhos pequenos e preservar sua saúde. Algumas acolhiam as mais jovens como afilhadas e as iniciavam no culto aos deuses, com promessas, amuletos, intermediando todo tipo de proteção sobrenatural.

Os senhores, por sua vez, sentiam-se ameaçados pelas escravas curandeiras. Temiam ser envenenados por elas e ordenavam aos feitores que infringissem às suspeitas de curandeirismo bárbaros castigos. Em 1865, numa fazenda em Campinas, a escrava Rosaura, acusada de feitiçaria, foi acorrentada à mesa de escolher café e açoitada até a morte. Na mesma época, mais três escravas da mesma fazenda, Joana, Verônica e Lourença, também acusadas de feitiçaria, morreram açoitadas pelo feitor.[28]

Teodora era uma escrava de origem conga, que vivia numa fazenda no interior da província de São Paulo com o marido e um filho. Em 1866, seu senhor resolveu vender sua família separando uns dos outros. Teodora foi vendida para um homem rico de Campinas, em seguida, foi comprada por um padre em São Paulo. Inconformada, Teodora empregou todos os esforços para localizar o marido e o filho, mantendo-se firme nas promessas que fizera de reunir-se a eles, comprar suas alforrias e voltar à África antes de morrer. Ao se casarem (ditava a um escravo alfabetizado uma carta dirigida ao seu marido) tinham feito promessas à Rainha (provavelmente Nossa Senhora do Rosário, ou uma rainha ou juíza eleita na festa anual da irmandade local). Nas cartas que endereçou ao marido, revelava que a seu ver a separação tinha sido uma desgraça tanto para o casal como para a Rainha. Na sua visão cosmológica, o casal fazia parte intrínseca da comunidade e das entidades sobrenaturais. Em consequência da separação, a Rainha teria sido perdida no mar por São Benedito, o que provavelmente acarretaria represálias para Teodora e os seus.[29]

Proveniente do Congo, Teodora recebera a influência das tradições católicas dos povos da região catequizados por missionários portugueses desde o século xv. Os escravos do Congo chegavam ao Brasil já iniciados na re-

Escravas utilizavam-se de plantas, folhas e raízes, colhidas segundo costumes africanos, para buscar acesso ao mundo espiritual.

ligião católica, embora simultaneamente com os santos católicos cultuassem outras divindades, tais como os *bisimbi*, entidades bantus que mediavam as relações entre os vivos e seus ancestrais mortos.[30] O cotidiano de Teodora, assim o como de outras escravas do Congo, era impregnado de entidades tangíveis que, quando descontentes com os mortais, podiam causar-lhes os maiores infortúnios.[31]

No concernente às escravas, tudo indica que os seus próprios costumes predominavam sobre a influência da Igreja Católica. No entanto, estavam sempre dispostas a aumentar o círculo de seus santos incorporando os de seus senhores para garantir toda e qualquer proteção divina. Era um sábio costume aprendido das guerras na África: a possibilidade de incorporar aos seus deuses os dos inimigos, sempre que vencedores.

Outra forma de resistir, com raízes na cultura africana, era cantar nas horas de trabalho. Letras e melodias variadas, entoadas por homens e mulheres, ritmavam os golpes de enxada, amenizavam as dificuldades da lida e, por vezes, evocavam os deuses para que dessem aos que trabalhavam energias para resistirem ao cansaço e à dor das chibatadas. As cantigas do jongo, ou "de desafio", eram comuns entre os escravos nos cafezais.

Dentre os diferentes modos de evocar os deuses, os bantus tinham o costume de dirigir-lhes impropérios sempre que o fardo de trabalho parecia injusto e sofrido demais. Os mesmos palavrões e desabafos dirigidos aos deuses acabavam sendo ditos também aos senhores mais cruéis.[32] Os proprietários reclamavam frequentemente da rebeldia das escravas e de seu temperamento indomável. O administrador de uma negra africana livre chamada Maria desabafava num ofício ao seu superior: "Maria estava quase a maior parte do tempo fugida, tem já esse dote por hábito, é má negra na extensão da palavra, atrevida, de má língua, possuída da liberdade, um precipício, não tem por onde se lhe pegue".[33] Os gestos arrogantes e as palavras desbocadas ou desaforadas das escravas eram motivos de frequentes castigos de chicote a fim de dobrar-lhes a têmpera forte.

Os escravos bantus, às vezes, interpretavam seus males como produto da indiferença de suas entidades para com seus sofrimentos; o que antes era um costume religioso e uma lamentação, adquiriu outro sentido no Brasil, onde assumiu o nome de *zombaria* ou *quinzumba*.[34] No Vale do Paraíba, quando um senhor de terno de linho branco percorria o cafezal a cavalo, fiscalizando o trabalho, as escravas se punham a fazer caretas, sussurrar ou cantar nos dialetos bantus frases de sentido irônico e expressões de escárnio. Ao entoar "Com tanto pau no mato/embaúba é *coroné*", comparavam o senhor a uma madeira do mato oca e podre por dentro.[35]

A resistência por meio de palavras explica o grande número de processos por injúria contra escravas de norte a sul do Brasil. Provocavam a ira dos senhores a ponto de ocasionar tumultos que ficaram documentados nos ofícios da polícia e nas ocorrências de delegacias. Durante a Revolta de 1817, em Pernambuco,

> Maria da Conceição, preta forra, moradora no beco do Marisco, remetida pelo major Merme [...], pela culpa de descompor uma mulher branca, e dizer em

altas vozes que não fazia caso do Sr. General e nem dos brancos. No dia 1º de setembro sofreu o castigo de setenta e duas palmatoadas. Em 2 [de setembro], duas dúzias, e ficou suspensa da ordem de ir continuando o castigo pelo deplorável estado em que se achava.³⁶

Mais do que palavras ditas em situações de desespero, que normalmente levavam à prática de "crimes" mais graves, as queixas e injúrias eram uma reação à exaustiva rotina de trabalho das escravas nas plantações de açúcar ou nas fazendas de café. Suas reclamações ficaram registradas nas canções de duplo sentido dos jongueiros, como a que diz:

O castigo da palmatória era comumente aplicado às escravas na punição de faltas consideradas leves.

Não me deu banco pra sentar
Dona Rainha me deu uma cama
Não me deu banco pra me sentar. [ou o alerta:] Não senta não
No toco de embaúba tu não senta não.[37]

MANIFESTAÇÕES DE INCONFORMISMO

Uma das formas de resistir das escravas era ludibriar seus senhores. Nas plantações em que trabalhavam por longas e penosas horas na colheita do algodão, no seu descaroçamento e na sua fiação, as escravas se utilizavam do engodo para poder suportar a vida que levavam. No seu livro de memórias, Maria Pais de Barros contava o cuidado que era preciso ter para supervisionar as escravas depois de um dia de trabalho fiando o algodão. Desafiavam a autoridade de sua jovem senhora ao recobrirem os fios com um pedaço de barro, de modo a aumentar seu peso, quando apresentavam os novelos para serem pesados em uma balança.[38]

Desentendimentos, ameaças, agressões mútuas e, em alguns casos, até mesmo o assassinato podiam fazer parte das manifestações de inconformismo por parte das escravas. O temor dos senhores de serem envenenados pelas escravas não era sem fundamento, já que havia as que conheciam ervas e misturas capazes de fazer mal ou mesmo matar. Não foram raras as vezes em que as escravas puseram em prática esses conhecimentos.

Em Taubaté, em 1864, a crioula Josefa, de 35 anos, obteve permissão de sua senhora para organizar uma festa às vésperas do Natal. Tarde da noite, a senhora, cansada com o batuque, o barulho dos cantos e as danças, chamou a escrava para que interrompesse a festa. Josefa respondeu-lhe com agressividade, deitou-a no chão e deu-lhe pancadas e unhadas, depois a ameaçou também com uma foice, exclamando que ia acabar "com essa diaba".[39]

Em Campinas, no ano de 1876, a escrava Anna e vários parceiros justificaram o assassinato de seu senhor pelo fato de ele ser mau, fazendo-os trabalhar aos domingos e dias santos sem pagamento.[40] O direito dos escravos ao recebimento por pequenos serviços e vendas de produtos caseiros tinha sido reconhecido pela Lei do Ventre Livre, de 1871, mas esse senhor não cumpria a lei.

Sob certos aspectos, as maneiras femininas de resistir à escravidão eram distintas das dos homens. As escravas, por exemplo, raramente fugiam abandonando seus filhos, o que dificultava bastante seu acesso a um refúgio em outras fazendas, em quilombos ou vilas ao longo das estradas. Entretanto, em todos os quilombos havia mulheres lutando, participando dos assaltos e colaborando para a subsistência do grupo, plantando, cozinhando e lavando roupas.

Ser escrava em uma grande plantação monocultora era diferente e, em certos sentidos, pior do que ser escrava na África ou escrava urbana no Brasil (esta podia contar com reais possibilidades de acumular um pecúlio e comprar a alforria). As alforrias de escravas rurais eram raras. Por outro aspecto, a inferioridade numérica das mulheres nas grandes plantações aumentava o poder dos homens sobre elas e, com isso, as possibilidades de sofrerem diversos tipos de violência. Se, durante o dia, recebiam as chicotadas dos capatazes, que ditavam o ritmo das atividades, à noite eram marcadas pelas pancadas do marido ou as investidas dos companheiros de plantel. As formas encontradas por elas para resistir se dirigiam tanto a seus senhores (e senhoras), capatazes, feitores, quanto aos homens que eram escravos como elas.

SONHO DE LIBERDADE

No mundo das grandes propriedades rurais, muitas cativas procuraram desenvolver habilidades que lhes proporcionassem algum conforto no seu dia a dia. Boas cozinheiras, engomadeiras e lavadeiras eram requisitadas para prestar serviços na sede da fazenda. As escravas domésticas, as mucamas, eram poupadas dos trabalhos mais pesados da lavoura e podiam andar mais bem-vestidas e limpas. Na casa-grande, usavam roupas no estilo europeu, mas as que iam e vinham, como as lavadeiras e as passadeiras, ousavam manter seus turbantes e saias de bicos, conservando os penteados e os estilos de vestir de suas terras de origem e do seu grupo étnico. Para as suas festas e batuques, as escravas que serviam à casa-grande conseguiam ostentar acessórios. Amuletos, figas, estrelas de Davi e vestimentas coloridas inacessíveis para a maioria das escravas que trabalhavam na terra.[41]

O diferencial nas condições de vida e trabalho obtido por algumas estabelecia certas hierarquias entre as próprias cativas que despertavam ressentimentos e se somavam aos demais conflitos que pudessem existir, como as rivalidades étnicas (as escravas minas, por exemplo, provindas de regiões mais urbanizadas da costa ocidental da África, costumavam se julgar superiores às outras). Os jongueiros caçoavam das disputas entre escravas:

Ana com Maria
Pra que demandar?
Ana é padeira
Pra que demandar?
Joaquina é cozinheira
Pra que demandar?
Ana com Maria
Pra que demandar?[42]

Foi justamente das fileiras das escravas domésticas que saiu a maioria das escravas que conseguiram migrar para as cidades. Para elas, o espaço urbano prometia mais, inclusive a possibilidade de comprar sua alforria. As de melhor aparência (segundo os critérios dos proprietários), as mais inquietas, espertas ou habilidosas conseguiam trabalhar como quitandeiras ou escravas "de ganho" na cidade. Os pequenos excedentes constituíram a oportunidade de as mulheres escravas conquistarem sua liberdade, através do pequeno comércio de gêneros alimentícios e vendas ambulantes. Tratava-se de um comércio clandestino, que não respeitava os preços tabelados pelas autoridades municipais, mas que garantiu a sobrevivência de familiares e dos escravos fugidos que viviam em quilombos.[43]

As que obtinham algum dinheiro com seu trabalho eram obrigadas a dar parte dele a seu senhor ou senhora. Como a Lei do Ventre Livre legalizou o direito de comprar a própria liberdade, as escravas poderiam, ao entrar em acordo com o proprietário ou proprietária em relação ao preço que deveriam pagar por sua liberdade, comprá-la aos poucos; quando boa parte (normalmente, um terço) já havia sido paga, elas eram consideradas "coartadas", ou seja, mulheres em processo de liberdade. Ao término do pagamento, tornavam-se "forras", libertas.

Entretanto, o caminho até a conquista da alforria era longo, muitos anos e sacrifícios eram necessários para que uma escrava conseguisse economizar o suficiente. Foram essas mulheres persistentes, aliás, que tornaram as alforrias um fenômeno majoritariamente feminino e urbano no século XIX.

Os desentendimentos entre as forras empregadas como domésticas e suas patroas eram comuns. Uma senhora escreveu no prontuário de domésticas administrado pela polícia: "Declaro que a negra é a não poder ser mais atrevida... no dia 9 foi me preciso sahir e esta me dice *eu não tomo conta de sua casa porque não sou sua escrava*, desta maneira não a quero nem de graça em rasão de sua velhice e ser muito atrevida."[44]

Nas cidades as escravas participavam do pequeno comércio de gêneros alimentícios como vendedoras ambulantes.

Era raro a alforria ser concedida pelo senhor e em geral era condicionada a certo número a mais de anos de serviço. A natureza desse contrato de trabalho forçado variava: às vezes, o senhor exigia que elas ficassem por mais sete anos, ou pelo resto da vida da pessoa que lhes concedia a alforria. Havia também casos em que os herdeiros diziam desconhecer ou desconheciam de fato a alforria e outros em que a senhora obrigava a alforriada a servir sua filha por tempo indeterminado até que esta se casasse.'[45]

Ser liberta não eximia as mulheres do ônus de viver em uma sociedade escravista. As forras enfrentavam inúmeros preconceitos, eram acusadas de "levar vida airada", de não ter moral. Eram constantemente abordadas pelas autoridades como se fossem escravas fugidas e algumas chegavam a ser presas várias vezes, amargando processos judiciais para comprovar o seu *status* de liberta. Muitas chegaram mesmo a ser raptadas, reescravizadas e revendidas como escravas.[46]

Além disso, a dificuldade de se afirmar como pessoa livre muitas vezes ocorria no interior da própria família. Os processos criminais do final do século XIX estão cheios de histórias de homens agredindo mulheres em razão da liberdade por elas adquirida. Os motivos variavam: uma vez estando livre, a mulher se negava a fazer sexo com o cônjuge, o companheiro resolvia proibir a mulher de circular pela cidade ou opor-se a que ela trabalhasse. Muitas vezes elas apanhavam sem saber o motivo.

Algumas reagiam como Maria Madalena, crioula natural de São Paulo, de 15 anos de idade, que, em 1866, cansada de ser maltratada, tentou envenenar com folhas de cicuta o companheiro João Pedro, africano livre e trabalhador na estrada de ferro. Maria Madalena justificou-se dizendo que, desde que tinha se casado contra a sua vontade, vivia debaixo do azorrague (açoite) de seu marido, o "seu algoz, que queimou-a em vida, que espancou-a a cacete como fácil se verá no corpo de delito".[47]

De uma forma ou de outra, as libertas que atuavam como quitandeiras, lavadeiras, costureiras ou taverneiras faziam questão de afirmar sua autonomia na organização da sua vida material, bem como nas suas relações sociais. As forras eram mulheres independentes, sendo que a maioria tinha comprado sozinha a própria liberdade. Maria Marcelina, de nação Benguela, em 1874, fez uma petição a um juiz, dizendo-se pobre e apelando para não pagar os encargos a ela atribuídos na questão judicial com Antonio, caixeiro de uma firma portuguesa. O advogado do réu contestou veementemente, afirmando que Maria Marcelina vivia "constantemente alugada" e que possuía uma quantia de dinheiro, obtida "pelo oferecimento de trabalho a diversas pessoas", para alforriar sua filha e que, além disso, tinha bens de raiz, pois o seu finado marido havia comprado uma casa na Penha, da qual recebia os aluguéis.[48] Marcelina era um exemplo entre muitas de forras trabalhadeiras e autônomas.

Entre 1870 e 1888, na fase final da escravidão, as alforrias se ampliaram para os espaços rurais, principalmente as áreas de terras gastas e de senhores empobrecidos. Muitas roceiras passaram a vendedoras e quitandeiras e, uma vez nas cidades, conseguiram comprar a própria alforria.[49] O movimento dessas mulheres rumo à liberdade foi uma aventura árdua, com embaraços e impedimentos de todo tipo e nas mais diferentes instâncias, incluindo as violências perpetradas no seio familiar em nome de uma suposta honra masculina.

Quando finalmente ocorreu a Abolição no Brasil, as libertas encontraram outras tantas dificuldades para se inserir na sociedade em condições mais dignas. Seus problemas iam desde os obstáculos para passar seus bens para os descendentes até o preconceito sofrido em virtude de seu sexo e sua "cor". Em 1890, uma lei proibiu as mães solteiras de criar seus filhos. A separação judicial e o encaminhamento desde os filhos como "crias" para a casa de particulares era um modo de prolongar o trabalho escravo.[50] Mesmo assim, essas mulheres de têmpera forte sobreviveram. Quando tudo conspirava contra suas vidas, abriram caminhos, combateram preconceitos e afirmaram posições conquistadas. Embora tivessem figurado como mão de obra na economia de exportação do açúcar e do café, o seu papel histórico mais marcante foi na economia de subsistência, nas feiras e no mercado interno de abastecimento das várias e diferentes regiões do país.

NOTAS

[1] Patrick Manning, "Escravidão e mudança social na África", em *Novos Estudos Cebrap*, v. 21, jul. 1988. Dossiê escravidão, 19.
[2] Joseph C. Miller, *Way of death. Merchant capitalism and the Angolan slave trade, 1730-1830*, Madison, University of Wisconsin Press, 1988, p. 146-7.
[3] Robert Edgar Conrad, *Tumbeiros: o tráfico de escravos para o Brasil*, São Paulo, Brasiliense, 1984, p. 47.
[4] Idem, p. 30.
[5] Mary C. Karasch, *A vida dos escravos no Rio de Janeiro (1808-1850)*, São Paulo, Cia. das Letras, 2000, p. 147.
[6] Robert Slenes, "A árvore de Nsanda transplantada: cultos Kongo de aflição e identidade escrava no sudeste brasileiro (século XIX)", em Douglas Cole Libby e Junia Ferreira Furtado (orgs.), *Trabalho livre/Trabalho escravo*, São Paulo, Annablume, 2006, p. 279 ss.
[7] "Stein, Herbert S. African Women in the Atlantic slave trade", em Claire C. Robertson e Martin A. Klein, *Women and Slavery in Africa*, Portsmouth, NH, Heinemann, 1997, p. 36.
[8] Robert Slenes, *Na senzala, uma flor: esperanças e recordações na formação da família escrava (Brasil. Sudeste, século XIX)*, Rio de Janeiro, Nova Fronteira, 1999, p. 92.
[9] Alisson Eugênio, "Reflexões médicas sobre as condições de saúde da população escrava no Brasil do século XIX.", em *Afro-Ásia*, Salvador, 42 (2010), p. 125-156.
[10] Flavio Motta, Carlos A. M. Lima, "A cana, o café, os alimentos e o tráfico ilegal de escravos para São Paulo", em *Estudos Avançados*, 18 (50), 2004.
[11] Maria Helena Pereira Toledo Machado, *Crime e escravidão: trabalho, luta e resistência nas lavouras paulistas, 1830-1888*, São Paulo, Brasiliense, 1987, p. 43.
[12] Ana Maria Leal Almeida, *Da casa e da roça: a mulher escrava em Vassouras*, Vassouras, 2000, Dissertação de Mestrado, Universidade Severino Sombra, p. 121.
[13] Stanley Stein,*Vassouras: um município brasileiro do café, 1850-1900*, São Paulo, Brasiliense, 1961, p. 169; Maria Paes de Barros, *No tempo de dantes*, São Paulo, Brasiliense, 1946, p. 69.
[14] Sandra Lauderdale Graham, *Caetana diz não: histórias de mulheres da sociedade escravista brasileira*, São Paulo, Companhia das Letras, 2005.

[15] Cristiany Miranda Rocha, "Escravidão e crimes passionais no contexto do tráfico interno", em *Gerações da senzala*: famílias e estratégias escravas no contexto dos tráficos africano interno, Campinas, 1850-1888, Campinas, 2004, Tese de Doutorado, Unicamp, Departamento de História, cap. 3.
[16] *Jongos* e *candombes* eram ocasiões de cantoria em desafio feita pelos escravos e, hoje em dia, por seus descendentes.
[17] Edimilson de Almeida Pereira, *Os tambores estão frios: herança cultural e sincretismo religioso no ritual de candombe*, Belo Horizonte, Funalfa/Mazza, 2005, p. 353.
[18] Maria Helena Pereira Toledo Machado, op. cit., p. 118.
[19] *Malumba* era o termo usado para designar os(as) companheiros(as) de travessia no navio negreiro. Eram laços fortes de solidariedade nunca mais esquecidos. *Denga* dizia respeito a uma mulher com a qual se mantinham relações passageiras. Maria Cristina Cortez Wissenbach, *Sonhos africanos, vivências ladinas: escravos e forros em São Paulo (1850-1880)*, São Paulo, Hucitec/História Social, USP, 1998, p. 112.
[20] Stanley J. Stein, op. cit., p. 169.
[21] Manolo Florentino, "Tráfico atlântico, mercado colonial e famílias escravas no Rio de Janeiro, Brasil, c. 1790-c.1830", em *História: Questões & Debates*, Curitiba, n. 51, p. 69-119, jul./dez. 2009.
[22] Robert Slenes, op. cit., p. 273- 316.
[23] Stanley J. Stein, op. cit.
[24] Cristiany Miranda Rocha, *Histórias de famílias escravas*, Campinas, Unicamp, 2004.
[25] Maria de Fátima Novaes Pires, *Fios da vida: tráfico interprovincial e alforrias nos sertoens de sima*: *Bahia, 1860-1920*. São Paulo, Fapesp/Annablume, 2009, p. 198.
[26] Isabel Cristina Ferreira dos Reis, "'Uma negra que fugio, e consta que já tem dous filhos': fuga e família entre escravos na Bahia", em *Afro-Ásia*, Salvador, 23 (1999), p. 36.
[27] Idem, p. 31-32.
[28] Maria Helena Pereira Toledo Machado, op. cit., p. 74.
[29] Maria Cristina Cortez Wissenbach, op. cit., p. 135, 253.254.
[30] Robert Slenes, op. cit., p. 287.
[31] Maria Cristina Cortez Wissenbach, op. cit., p. 251-3.
[32] Edimilson de Almeida Pereira, op. cit., p. 479.
[33] Enidelce Bertin, *Os meia caras: africanos livres em São Paulo no século XIX*, São Paulo, 2006, Tese de Doutorado em História Social, FFLCH/USP.
[34] Robert Slenes, op. cit.
[35] Stanley J. Stein., op. cit., p. 250.
[36] Mônica Duarte Dantas, *Revoltas, motins, revoluções*, São Paulo, Alameda, 2011; D. A. M. Bernardes, "Campesinato e escravidão no Brasil: agricultores livres pobres na Capitania Geral de Pernambuco (1700-1817)", *Outubro*, São Paulo, v. 12, p. 153-155, 2005.
[37] Sílvia Hunold Lara e Gustavo Pacheco (orgs.), *Memória do jongo: as gravações históricas de Stanley J. Stein*, Rio de Janeiro, Folha Seca; Campinas, CECULT, 2007, p. 178.
[38] Maria Paes de Barros, op. cit., p. 120.
[39] Maria Helena Pereira Toledo Machado, op. cit., p. 117.
[40] Idem, p. 118.
[41] Slenes Stein, op. cit., p. 215, 216 e 241; M. C. Karasch, op. cit., p. 301.
[42] Silvia Hunold Lara e Gustavo Pacheco (orgs.), op. cit., p. 183.
[43] Maria Odila Leite da Silva Dias, *Quotidiano e poder*, São Paulo, Brasiliense, 1984, cap. 5 e 6.
[44] Lorena Feres da Silva Telles, *Libertas entre sobrados: contratos de trabalho doméstico em São Paulo – 1880-1900*, São Paulo, 2011, Dissertação de Mestrado em História Social, Departamento de História da FFLCH da USP, p. 114.
[45] Enidelce Bertin. *Alforrias na São Paulo do século XIX: liberdade e dominação*, São Paulo, Humanitas, 2004.
[46] Maria Helena Pereira Toledo Machado, "Corpo, gênero e identidade no limiar da abolição: a história de Benedicta Maria Albina da Ilha ou Ovídia, escrava (Sudeste, 1880)", em *Revista Afro-Ásia*, Salvador, n. 42, 2010.
[47] Maria Cristina Wissenbach, op. cit. p. 143.
[48] Idem, p. 141-142.
[49] Maria Odila Leite da Silva Dias, op. cit.
[50] Maria José Papali, "A legislação de 1890, mães solteiras pobres e o trabalho infantil", em *Projeto História*, São Paulo, n. 39, p. 209-216, jul./dez. 2009.

BIBLIOGRAFIA

BERTIN, Enidelce. *Alforrias na São Paulo do século XIX*: liberdade e dominação. São Paulo: Humanitas, 2004.
CONRAD, Robert Edgar. *Tumbeiros*: o tráfico de escravos para o Brasil. São Paulo: Brasiliense, 1984.
EUGÊNIO, Alisson. Reflexões médicas sobre as condições de saúde da população escrava no Brasil do século XIX. *Afro-Ásia*. Salvador, 42, p. 125-156, 2010.
GRAHAM, Sandra Lauderdale. *Caetana diz não*: histórias de mulheres da sociedade escravista brasileira. São Paulo: Companhia das Letras, 2005.
KARASCH, Mary C. *A vida dos escravos no Rio de Janeiro (1808-1850)*. São Paulo: Companhia das Letras, 2000.
LARA, Sílvia Hunold; PACHECO, Gustavo (orgs.). *Memória do jongo*: as gravações históricas de Stanley J. Stein. Rio de Janeiro: Folha Seca; Campinas: CECULT, 2007.
MACHADO, Maria Helena Pereira Toledo. *Crime e escravidão*: trabalho, luta e resistência nas lavouras paulistas, 1830-1888. São Paulo: Brasiliense, 1987.
MOTT, Maria Lucia Barros. *Submissão e resistência*: a mulher na luta contra a escravidão. São Paulo: Contexto, 1988.
PARÉS, Luis Nicolau. *A formação do candomblé*: história e ritual da nação jeje na Bahia. Campinas: Editora Unicamp, 2011.
PEREIRA, Edimilson de Almeida. *Os tambores estão frios*: herança cultural e sincretismo religioso de candombe. Juiz de Fora: Funalfa Edições; Belo Horizonte: Mazza Edições, 2005.
PIRES, Maria de Fátima Novaes. *Fios da vida:* tráfico interprovincial e alforrias nos sertoens de sima. Bahia, 1860-1920. São Paulo, Fapesp/Annablume, 2009.
REIS, Isabel Cristina Ferreira dos. Uma negra que fugio, e consta que já tem dous filhos: fuga e família entre escravos na Bahia. *Afro-Ásia*. Salvador, 23 (1999), p. 27-46.
SLENES, Robert. *Na senzala uma flor*: esperanças e recordações na formação da família escrava (Brasil. Sudeste, século XIX). Rio de Janeiro: Nova Fronteira, 1999.
WISSENBACH, Maria Cristina Cortez. *Sonhos africanos, vivências ladinas*: escravos e forros em São Paulo (1850-1888). São Paulo: Hucitec/História Social, USP, 1998.

Mulheres negras

PROTAGONISMO IGNORADO

Bebel Nepomuceno

Nas muitas décadas que nos separam da virada do século XIX para o XX, mulheres de boa parte do mundo, e em particular no Brasil, alçaram voos de dimensões então inimagináveis. Embora ainda não se possa dizer que as mulheres tenham obtido igualdade com os homens em todos os aspectos, há o que comemorar. Saíram do lugar subalterno que lhes era reservado para ocuparem posições significativas no mundo do trabalho e atuar em profissões antes tidas como exclusivamente masculinas. Elevaram seu grau de instrução e conquistaram diplomas, chegando a ultrapassar os homens nesses quesitos. Obtiveram o direito ao voto e galgaram cargos diretivos e políticos da mais alta importância. Avanços podem ser contabilizados também nos campos da sexualidade, dos direitos reprodutivos, dos relacionamentos familiares e da liberdade de expressão.

Entretanto, tal trajetória não se aplica do mesmo modo a todas. Mulheres de grupos sociais distintos viveram-na de maneiras diferentes e ritmos variados. Partiram de patamares desiguais e, no desenrolar dos acontecimentos, não caminharam juntas nem no mesmo passo, com determinadas situações de nítidos privilégios para umas e exclusão para outras.

A história das mulheres negras no Brasil pós-Abolição da escravatura ilustra como nenhuma outra essas constatações. Para contá-la, elegemos sete recortes temáticos: raízes da desigualdade, trabalho, educação, chefia da família, mobilização, espaços de poder e visibilidade.

RAÍZES DA DESIGUALDADE

Às mulheres negras não coube experimentar o mesmo tipo de submissão vivido pelas mulheres brancas de elite até inícios do século XX. Tampouco seu espaço de atuação foi unicamente o privado, reservado às bem-nascidas, uma vez que, pobres e discriminadas, se viram forçadas a lançar mão de uma gama de estratégias para sobreviver e fazer frente aos desafios cotidianos.

A chegada do novo século encontrou-as trabalhando como pequenas sitiantes, agricultoras, meeiras, vendedoras de leguminosas e demais produtos alimentícios nas ruas das cidades brasileiras. Muitas delas viviam em lares sem presença masculina, chefiando a casa e providenciando o sustento dos seus. Outras trabalhavam para famílias de mais posses como criadas para todo o serviço. Algumas haviam conseguido acumular patrimônio, formar núcleos familiares estáveis, criar redes de solidariedade e comunidades religiosas. Ao contrário do prescrito para a mulher idealizada da época, as negras circulavam pelas ruas, marcando a seu modo presença no espaço público.

Tal presença, entretanto, incomodava e seria alvo de intervenções das autoridades de então. Apesar de uma memória gloriosa e aparentemente popular, construída *a posteriori*, a República nascera de um ato orquestrado por uma pequena elite, em 1889, trazendo consigo um projeto de Brasil pautado em uma imagem de modernidade no qual progresso e civilização, praticamente sinônimos à época, eram as palavras de ordem. As mudanças desejadas implicavam, entre outras coisas, a transformação do aspecto das cidades, dos modos de vida e da mentalidade da população. Formas de morar, trabalhar, se vestir, curar e se divertir passaram a ser tratadas sob a ótica policial, com intensa repressão a elementos da cultura popular considerados incompatíveis com a imagem civilizada que se queria atribuir ao país.[1]

Tornaram-se comuns (perdurando até o início dos anos 1940), por exemplo, as incursões policiais contra terreiros de candomblé e de macumba e as perseguições a benzedeiras, curandeiras, herbaristas e parteiras, associadas à superstição e ao charlatanismo.

Grupos populares começaram a ser sistematicamente expulsos da área central da cidade do Rio de Janeiro, destinada agora "ao desfrute exclusivo das camadas aburguesadas". Para se ter uma ideia, desejou-se que a remodelada avenida Central, marco europeizado da cidade, fosse interditada àqueles "que não pudessem se trajar decentemente". Para os homens isso significava "calçados, meias, camisa, colarinho, casaco e chapéu", enquanto das mulheres esperava-se que cobrissem seus corpos, contidos por espartilhos, com veludos, tafetás franceses ou quaisquer outros tecidos importados. Negras pobres com suas "roupas amarfanhadas", "chinelinhas", "carregando criancinhas de peito" deveriam sumir não só do "asfalto polido" da avenida Central, mas da paisagem do país, à medida que o modelo desenhado para a Capital Federal passasse a ser aplicado ao Brasil como um todo.

Envergonhada e queixosa por não contar com um povo branco e homogêneo, a nova elite do país concebeu soluções cínicas no tocante à população negra. A mais radical e consequente foi tentar substituir os trabalhadores negros por uma nova onda de trabalhadores importados, brancos, europeus. Por trás disso estava a ideia de embranquecer a nação pela gradual desaparição dos negros – acusados de manchar a sociedade brasileira por conta de sua "raça" ou seu "primitivismo cultural" – com a mestiçagem sucessiva das gerações futuras.[2] Em outras palavras, acreditava-se que, a partir dos estoques de "sangue ariano" do imigrante europeu, seria possível, num futuro breve, reduzir significativamente do fenótipo da miscigenada população brasileira os traços negroides emprestados pelo africano.

O fluxo de imigrantes iria alterar as então recentes relações de trabalho estabelecidas entre ex-escravizados e ex-senhores, principalmente em São Paulo, estado que, além de se beneficiar da política nacional de imigração, estabeleceu uma política própria, financiando a vinda de mais de dois milhões de europeus. A adoção da mão de obra imigrante nos meios rurais e urbanos marginalizou os trabalhadores afro-brasileiros, preteridos pelos patrões nos mais diversos setores da economia.[3]

Nas duas primeiras décadas da República, intensificaram-se significativamente os contornos racistas da política imigrantista que teve sua origem no Império, com a adoção de teorias racialistas que postulavam a inferioridade de povos não brancos e a proposição de leis proibindo a entrada no país de "colonos da raça preta".

Data também do Império a mentalidade de que os negros teriam um "caráter degenerado". Expressões como "alienado", "bêbado", "imoral" e "práticas bárbaras", associadas à população negra, tornaram-se cada vez mais frequentes nas diferentes seções dos jornais, intensificando-se ante a iminência da Abolição e o suposto acesso dos negros à cidadania. Uma vez abolida a escravidão, impuseram-se as dificuldades de inserção dos ex-escravos, homens e mulheres, na "nova" sociedade. Começa aqui, em evidente desvantagem, nossa História das mulheres negras.

TRABALHO

Abolida oficialmente a escravidão, o preconceito racial adquire nuances, interpondo obstáculos sutis, mas eficazes, aos que sonhavam com a mobilidade social sofregamente experimentada por algumas poucas famílias de descendentes de africanos no período imediatamente anterior.

Uma das faces mais cruéis e visíveis da exclusão deu-se no mercado de trabalho. Alijada por conta do preconceito racial dos postos abertos na indústria, no comércio ou no serviço público, a população negra encontrou poucas alternativas fora dos trabalhos intermitentes e pequenas atividades de baixa remuneração. Em vários pontos do país, a seletividade racial, mesmo nas ocupações mais subalternas, fez-se presente.

Não era raro encontrar anúncios como estes dos jornais do Rio de Janeiro: "Precisa-se de uma boa cozinheira alemã para casa de família de tratamento, paga-se bem, dirija-se à rua Cosme Velho n. 113" ou "Precisa-se de criada para todo o serviço em casa de família sem crianças, prefere-se estrangeira, rua do Resende n. 180". O critério racial de seleção dos empregadores coadunava-se aos ideais de "branqueamento" bancados pelo Estado brasileiro.

O desejo das patroas brasileiras de dotar suas residências de serviçais de pele clara, no entanto, esbarrava no baixo número de estrangeiras dispostas a se sujeitar às condições impostas pelas famílias contratantes, que implicavam, quase sempre, extensas jornadas de trabalho, ausência de direitos, parca remuneração, humilhação e abusos sexuais. Assim, apesar da discriminação, a presença de mulheres negras no serviço doméstico continuou predominante.

O Censo de 1890 (dois anos após a Abolição) revela que 48% da população negra economicamente ativa trabalhava nos serviços domésticos, 17% na indústria, 9% em atividades agrícolas, extrativas e na criação de gados, enquanto 16% exerciam outras profissões não declaradas.[4]

O quadro de exclusão no mercado de trabalho atingia mais duramente o homem negro, sem muitas oportunidades de se inserir nas brechas do sistema, mas penalizava duplamente a mulher negra, obrigada a assumir redobradas responsabilidades no tocante à família, como lembraria em depoimento, tempos depois, um militante negro dos anos 1920 e 1930.

> A maior parte das mulheres era que arcava com as despesas da família, porque eram importantes na época as empregadas domésticas, principalmente as negras, pois elas sabiam lidar com a cozinha, com a limpeza e elas encontravam emprego mais facilmente que os homens.[5]

Em meados do século xx, as mulheres negras continuariam a desempenhar o importante papel de "artífices da sobrevivência":

> Sem a sua cooperação e suas possibilidades de ganho, fornecidas pelos empregos domésticos, boa parte da "população de cor" teria sucumbido ou refluído para outras áreas. Heroína muda e paciente, mais não podia fazer senão resguardar os frutos de suas entranhas: manter com vida aqueles a quem dera a vida! Desamparada, incompreendida e detratada, travou quase sozinha a dura batalha pelo direito de ser mãe.[6]

O fato é que, nas primeiras décadas do século xx, essas mulheres valeram-se dos trabalhos ligados à cozinha, à venda de salgados e doces nas ruas e à lavagem de roupas. Serviram também como empregadas domésticas. Buscaram a alternativa do trabalho em grupo como pequenas empreendedoras independentes, produzindo e vendendo suas mercadorias. Ou, ainda, dedicaram-se a atividades artísticas, ocupando palcos baratos de teatros de revista, cabarés e "chopes-berrantes".[7]

Nas áreas urbanas, os cortiços – casarões coloniais localizados nas áreas centrais das cidades transformados em habitação coletiva – iam além da simples moradia. Para as mulheres eram também o local em que, cercadas por crianças, lavavam roupas "para fora", preparavam quitutes para a venda e costuravam peças de vestuário, fazendo dessas habitações também locais de produção econômica.[8] Nessas pequenas corporações de trabalho, o saber circulava das mais velhas, ou daquelas que sabiam mais, para as mais jovens ou iniciantes. Quando os cortiços foram demolidos e seus habitantes passaram a morar em favelas ou bairros pobres das periferias, as mulheres carregaram suas tralhas, seus saberes e expedientes para outros pontos da cidade.

Ao circular pelo país, como no caso das negras baianas forras e livres adeptas do candomblé que aportaram no Rio de Janeiro a partir do início dos anos 1900, levavam traços culturais de um lugar a outro. Onde quer que se instalassem, faziam de suas casas espaços de trabalho e de convívio social e religioso. Ialorixás do candomblé, conhecidas por "tias", zelavam pelo santo e também cuidavam dos filhos das mulheres engajadas no serviço nas "casas de família", que só voltavam para vê-los de tempos em tempos, quando a "folga" permitia.

Entre as mulheres negras, acostumadas aos percalços da vida, não havia muito espaço para a imagem da esposa passiva, submissa ao marido e dedicada exclusivamente ao lar. A preocupação maior era que a mulher tivesse meios de obter uma fonte de renda e não ficasse dependente economicamente do companheiro, como relatou em depoimento Tia Cincinha, neta da baiana Ciata, uma das mais famosas "tias" da "Pequena África", região que concentrava expressivo número de negros após a remodelação urbana da Capital Federal, a respeito de suas antepassadas: "A gente aprende de tudo. Elas diziam pra gente: 'amanhã, quando casar, se tiver um fracasso com o marido, não precisa pedir ao vizinho nem a parente, é só fazer qualquer coisa pra ganhar dinheiro'".[9]

Nos postos disponíveis para mulheres na indústria e no comércio, a discriminação racial vigorava disfarçada pelo eufemismo da "boa aparência", exigida das candidatas aos empregos. Persistiu por décadas, funcionando com eficiência como estratégia para alijar a população negra daqueles trabalhos considerados mais adequados a "pessoas de pele branca".[10]

O preconceito racial, mesmo no serviço público, não passava despercebido e foi motivo de denúncia por parte da imprensa ligada ao movimento negro dos anos 1930 e 1940. No Primeiro Congresso Afro-Brasileiro, em 1934,[11] o militante Miguel Barros, dirigente da Frente Negra Brasileira Pelotas, Rio Grande do Sul, protestou:

> A mulher é a ama, doméstica, costureira. Atualmente, onde a mulher pode exercer sua atividade é no funcionalismo, no professorado. Muitas etíopes, que se diplomam educadoras, lutam para conseguir lecionar e tem que o fazer particularmente, na impossibilidade de trabalhar para o Estado. A maioria desiste, vendo os exemplos dolorosos e vão para a costura, condição máxima, que pode desejar a mulher que possui os "considerados" característicos da descendência africana.[12]

O impacto da imigração europeia foi diferenciado no país, de acordo com a região e também com o setor de trabalho, afetando de maneiras diferentes a disponibilidade de mão de obra branca e negra no mercado de trabalho. Um quadro da ocupação na indústria de transformação do Rio de Janeiro nos anos 1950, por exemplo, mostra que a mão de obra negra feminina era superior à cota das mulheres brancas. Pretas e pardas eram em torno de 15%, ao passo que as mulheres brancas não ultrapassavam 3%. O quadro invertia-se completamente, contudo, no setor do comércio, no qual havia a exigência de contato com o público, com as brancas em maioria. Entre as mulheres ocupadas no setor de serviços – telefonistas, aeromoças, empregadas de escritório entre outras – as brancas superam a soma das pretas e pardas.[13]

Muitas décadas depois, apesar da adoção de uma legislação antirracista e da criminalização do racismo introduzida pela Constituição Federal de 1988, ecos da vigência do critério racial na seleção de candidatos a empregos, em empresas ou residências, continuavam a existir. Em 1997, em São Paulo, um classificado de jornal pedindo uma doméstica destacava como uma das exigências que a candidata fosse branca. Ao atender ao anúncio, Simone André Diniz foi recusada por ser negra.[14]

Nem sempre, porém, o critério racial aparecia tão explicitamente, mas continuava a ocorrer de maneira sistemática nos anos 1990, afetando a condição da mulher negra no mercado de trabalho.[15] No imaginário de chefias e profissionais de recursos humanos que empregavam vendedoras, recepcionistas, secretárias, a tal da "boa aparência" estava relacionada a uma estética europeia, isto é, pele clara, nariz afilado, cabelo liso. No final dos anos 1990, uma pesquisa constatou que, em postos de trabalho no setor de serviços, as brancas e as amarelas estavam representadas de quatro a cinco vezes mais que as negras, com respectivamente 8,9%, 11% e 2,2%.[16]

No final dos anos 1980, por pressão do movimento feminino negro, os estudos sobre trabalho e renda incluíram as variáveis sexo e "cor"/"raça", podendo, assim, identificar especificidades da trabalhadora negra. O perfil retratado pelos indicadores foi o de mulheres ocupantes, maciçamente, de postos de trabalho mais vulneráveis, concentradas nas profissões tradicionalmente femininas e menos remuneradas, e sub-representadas em cargos de direção, gerência ou planejamento. Em 2007, por exemplo, constatou-se que a participação da mulher negra no mercado de trabalho caracterizava-se por "altas taxas de participação, maiores taxas de desemprego, maior tempo médio de busca de emprego, saída tardia da força de trabalho e menor cobertura previdenciária". Os dados relativos ao mercado de trabalho tornam evidente que a discriminação sexual fica agravada quando se associa à discriminação racial, mergulhando a mulher negra num ciclo de vulnerabilidade que se caracteriza por baixos salários, jornadas de trabalho maiores e pouca escolaridade e que se estende às gerações mais novas, obrigadas a entrar mais cedo no mercado de trabalho, predominantemente nos serviços domésticos. De fato, as afrodescendentes são as que mais cedo entram no mercado de trabalho e as que dele saem mais tardiamente. Em 2000, as mulheres negras com 15 anos ou mais representavam 75% do trabalho doméstico infantil.

Em geral, se conseguir ser contratada, a trabalhadora negra receberá salário inferior ao recebido pelo trabalhador negro. Este, por sua vez, ganhará menos do que a mulher branca. No Brasil, a desigualdade de rendimentos por sexo e "raça" se repete em todos os estados e regiões e em todos os graus de escolaridade. Em 2003, a renda mensal das mulheres negras no Brasil era inferior a R$ 280,00, enquanto a das mulheres não negras era praticamente o dobro, chegando a R$ 554,60.[17]

Na década de 2000, programas federais de transferência de renda beneficiaram em maior proporção a população negra, mas as mulheres negras ainda são um dos maiores contingentes de pobreza e indigência do país.

EDUCAÇÃO

A ascensão social pela educação é sempre uma boa aposta. Porém, desde muito cedo, a população negra, e a mulher negra em particular, teve maiores dificuldades em integrar o quadro educacional (os reflexos disso podem ser sentidos ainda nos dias atuais).

Na Colônia e no Império, a condição jurídica de escravo vetava a negros e negras o acesso à educação formal; no pós-Abolição, por conta do racismo existente na sociedade, essa população encontrou muita dificuldade de obter um lugar nos bancos escolares da rede pública. Paradoxalmente, a educação foi sempre vista pelo segmento negro como um caminho eficaz, não só para a eliminação do preconceito racial como para a conquista de lugares menos subalternizados na sociedade.

No início do século XX, muitas mulheres negras que haviam amealhado pecúlio e até patrimônio imobiliário com o comércio de rua preocuparam-se em proporcionar educação para seus descendentes, ainda que tivessem que recorrer a professores ou instituições particulares. Essa preocupação estava presente tanto no seio de algumas famílias quanto nas organizações negras da primeira metade do século, que chegaram a constituir escolas, visando compensar a falta de unidades escolares e o descaso do governo para com o grande número de crianças negras mantidas à margem do sistema educacional por conta da pobreza ou da discriminação velada (pois no Brasil nunca houve leis raciais que proibissem negros de ingressar nas escolas públicas).

Os casos da poetisa potiguar Auta de Souza e da educadora, jornalista e deputada catarinense Antonieta de Barros ilustram bem essa situação. Auta (1876-1901) foi criada pela avó materna analfabeta em uma chácara no Recife e alfabetizada por professores particulares. Aos 11 anos, finalmente ingressou no Colégio São Vicente de Paula, dirigido por freiras vicentinas francesas, onde aprendeu francês, inglês, literatura, música e desenho. Já Antonieta (1901-1952) aprendeu a ler com estudantes que moravam em sua casa em Florianópolis transformada em pensionato pela mãe, lavadeira, após a morte precoce do marido. Depois de formar-se no curso normal, abriu sua própria escola na casa em que morava, alfabetizando as crianças das redondezas.

Os movimentos negros da primeira metade do século xx[18] destacavam a educação como instrumento de ascensão social, incentivando os demais negros a se educarem. As próprias entidades militantes desenvolviam iniciativas educacionais, ainda que sem qualquer suporte do Estado. Nos anos 1930, várias dessas associações estimulavam as mulheres a buscar uma educação "moderna", como exortava um anúncio no jornal *O Clarim d'Alvorada*, de São Paulo: "A vida ativa de nossos dias, mobilizando todos os seres capazes, não pode deixar [de fora] como elemento de primeiro plano, a mulher [...], principalmente aquela [que] pela instrução se tornou capaz para certos serviços como o homem".[19] O incentivo para que as moças negras procurassem se instruir visava também romper com o lugar estigmatizado e subalterno ocupado por elas no mercado de trabalho. No mesmo *O Clarim d'Alvorada*, em 1935, Eunice Cunha, uma das lideranças negras da época, conclamava a suas congêneres que "se movessem" para fugir do único lugar que a sociedade parecia lhes destinar.

> Tudo se agita, os espíritos cultos lançam novas ideias com o fim de melhorar a situação mundial. [...] E nós, negras patrícias, precisamos nos mover, sacudir a indolência que ainda nos domina e nos faz tardias. [...] Olhemos o que nos

O jornal *O Clarim d'Alvorada* circulou entre 1929 e 1940.
Entre outros objetivos, procurava valorizar as mulheres negras.

preparam, notemos a fundação dessa escola Luiz Gama com o fim de preparar meninas de cor para serviços domésticos. Por essa iniciativa se vê que para os brancos não possuímos outra capacidade, outra utilidade ou outro direito a não ser eternamente escravo. No passado íamos das senzalas aos eitos, e hoje pretendem nos promover achando que só podemos ir da cozinha à copa.[20]

Na urgência em buscar solução para a questão educacional, as instituições negras não só chamavam para si e para as famílias a responsabilidade com a escolarização das crianças (e também dos adultos), como muitas vezes culpavam os próprios negros pela precariedade educacional que defrontavam.[21] Mas foram além. A Frente Negra Brasileira – originada em São Paulo, mas presente também em Minas Gerais, Bahia e Rio Grande do Sul –, por exemplo, montou uma experiência escolar (à volta de 1933) que beneficiou cerca de quatro mil alunos só no curso de alfabetização.

A falta de escolas públicas no país para a população pobre não era o único problema das crianças negras. As poucas delas que conseguiam ingressar na escola tinham pela frente outro obstáculo: o preconceito de colegas e professores, como denunciado no jornal *A Voz da Raça*, em 1934:

[...] há grupos escolares que recebem negros porque é obrigatório, porém os professores menosprezam a dignidade da criança negra, deixando-os de lado para que não aprendam, e os pais pobres e desacorçoados pelo pouco desenvolvimento dos filhos resolvem tirá-los da escola e entregar-lhes serviços pesados.[22]

O que já era percebido e abordado criticamente pelo movimento negro nos anos 1930, só cinquenta anos depois, na década de 1980, seria reconhecido por parcelas do meio acadêmico brasileiro como fator de evasão escolar, ou seja, a postura discriminatória de instituições de ensino e docentes em relação às crianças negras, levadas, no limite, a abandonar a escola por sentirem que tal espaço não lhes pertence.

A análise dos Censos de 1940 e 1950, que incluíram o quesito *cor da pele*, mostra que a exclusão do sistema educacional recaía mais fortemente sobre as mulheres negras, com um índice de alfabetização de 15,29%, o menor dentre a população daquele período.[23] Os dados do Censo de 1980, no qual o quesito *cor* voltou a ser considerado, continuaram a mostrar números muito desfavoráveis para essa parcela da população: 80% das mulheres negras estavam enquadradas na faixa das pessoas com até quatro anos de estudos,

Em 1954, o jornal *O Novo Horizonte* exalta a figura da mãe preta como "símbolo de uma raça em prol da nacionalidade".

ante 67% das mulheres brancas nessa mesma condição. Em termos de analfabetismo, as negras eram o dobro em relação às brancas, apresentando 50% mais probabilidade de abandonar a escola sem ter sequer aprendido a ler.

Nas últimas décadas, a expansão dos sistemas de ensino no Brasil, aliada ao emprego de novas tecnologias, tem provocado mudanças. Porém, a população negra segue em desvantagem em relação à branca. Em 1999, o índice de analfabetismo na população brasileira ainda era alto (15,7% na população de 5 anos e mais) e os negros formavam o maior contingente de analfabetos, quer em números relativos, quer em números absolutos. Entretanto, a porcentagem de mulheres alfabetizadas ultrapassou a dos homens (84,7% entre as mulheres e 83,9% entre os homens) e no quesito *defasagem série-idade* (defasagem entre a idade ideal e a idade real para frequentar uma determinada série escolar), as mulheres negras cederam o último lugar da fila aos homens negros. Mais recentemente, temos que mulheres negras, para quase todas as faixas etárias, apresentam melhores indicadores educacionais que homens negros, o mesmo ocorrendo com as mulheres brancas em relação aos homens da mesma "cor".[24]

Os indicadores dos níveis básicos da educação refletem-se no ensino superior, no qual a presença de negros e negras ainda é bastante reduzida, embora demonstre crescimento nos últimos anos. Esse aumento está, em parte, relacionado à adoção, desde 2001, de políticas públicas que contemplam a implantação de cotas no ensino superior para estudantes negros e oriundos de escolas públicas. Nos primeiros anos deste século, o número de estudantes negros e negras em cursos superiores dobrou em relação aos números registrados nas três últimas décadas do século xx.

A necessidade de trabalhar para garantir a sobrevivência da família quase sempre manteve as mulheres negras afastadas do universo escolar, dando-se o mesmo com seus filhos e filhas, ingressados precocemente no mercado de trabalho para ajudar na renda familiar, atuando em trabalhos de baixa remuneração. Porém, os baixos níveis de escolaridade não explicam por si sós a subalternidade da mulher negra no mercado de trabalho. A discriminação racial (além da de gênero) também colabora, e muito, para a precária situação vivida por esse grupo, na comparação com os demais, sobretudo homens e mulheres brancos. A escolarização, para a mulher negra, ainda não é garantia automática de acesso a postos de trabalho mais valorizados ou a melhores salários.

No final dos anos 1980, num universo de quatro milhões de mulheres negras economicamente ativas, somente cerca de 1.700 ganhavam mais de 20 salários mínimos. Esse cenário de desigualdades persiste no século XXI. Os avanços obtidos nesse período na sociedade brasileira não ocorreram em uma proporção capaz de tirar a mulher negra da base da pirâmide socioeconômica. A maioria do segmento feminino negro permanece em último lugar numa fila em que os homens brancos despontam em primeiro, seguidos das mulheres brancas e, mais atrás, dos homens negros. Mesmo nos casos em que ostentam um tempo de estudo maior do que o dos homens negros, por

Preconceitos, dificuldades materiais e falta de redes sociais privilegiadas nem sempre foram suficientes para impedir a presença de mulheres negras na universidade. (Congresso de estudantes de História em 1963.)

exemplo, as mulheres negras, ao buscarem um posto de trabalho valorizado, têm grandes chances de se deparar com dificuldades de toda ordem.

CHEFIA DA FAMÍLIA

A condição de mulher chefe de família, que ganhou maior visibilidade na sociedade brasileira a partir da década de 2000 com a constatação do crescimento acelerado do número de famílias com tal característica, não é fato novo para as mulheres negras. Desde o pós-Abolição, em função da exclusão do homem negro do mercado formal de trabalho, a mulher negra viu-se premida a assumir o papel de mantenedora da família. Essa situação foi percebida na década de 1930, em Salvador, por Ruth Landes, pesquisadora estrangeira dedicada à questão racial brasileira, que se chocou com o nível de pobreza de boa parte das mulheres negras, religiosas e chefes de família, que não tinham maridos para dividir as despesas da casa nem a responsabilidade na educação com os filhos.[25]

As transformações nas estruturas familiares nas últimas décadas apontam para a formação, cada vez em maior número, de famílias conduzidas por chefia feminina, para a redução de famílias do tipo *casal* e para o crescimento das famílias de uma só pessoa, principalmente nos centros urbanos. Para as mulheres negras, esses "novos arranjos familiares" apenas trouxeram visibilidade e legitimidade a uma situação vivida por elas há muito tempo.

As mulheres brancas, que só assumiram mais destacadamente o papel de chefes de família na segunda metade do século xx, compartilham com as negras a "dupla jornada" casa/trabalho e a responsabilidade pelas tarefas reprodutivas, que ainda incidem pesadamente sobre a mulher, mas distanciam-se quando se analisam os padrões econômicos e sociais de seus lares, independentemente de faixa etária, grau de escolaridade ou posição no mercado de trabalho. As mulheres negras são a maioria entre as responsáveis por famílias do tipo *mulher com filhos*. Por sua vez, as mulheres brancas predominam quando se trata da estrutura *unipessoal feminina*.[26]

Uma pesquisa feita em São Paulo, nos anos 1990, revelou que as famílias chefiadas por mulheres negras representavam a parcela com menores condições de oferecer cuidados básicos aos filhos.[27] Essas famílias aparecem em posição desvantajosa em relação às sustentadas por mulheres não negras em termos de moradia, nível educacional dos integrantes, trabalho e renda familiar. Cerca de metade das famílias com chefia feminina negra (49%)

estava abaixo da linha de pobreza, em contraponto com 21% de famílias chefiadas por mulheres brancas. Em 2000, famílias com renda de até um salário mínimo chefiadas por mulheres negras somavam 60%, mas caíam para apenas 29% no caso daquelas com renda em torno de três salários ou mais, detentoras de um nível mais alto de escolaridade.

Os "novos arranjos familiares" têm maior incidência nos meios urbanos, mas cada vez são mais comuns também no meio rural, onde o número de domicílios chefiados por mulheres passou de 11,4%, em 1993, para 13,8% em 2004. Porém, um dado novo emerge desse quadro: a ausência masculina em muitos dos lares monoparentais não decorre só de fatores como a sobremortalidade masculina negra, a instabilidade nas relações e a migração masculina em busca de melhores oportunidades de vida, como no passado. Deve-se também ao crescente número de mulheres chefes de família que assumiram sua homossexualidade.

MOBILIZAÇÃO

A resposta da população negra, nas primeiras décadas do século xx, aos preconceitos raciais veio na forma de um associativismo, representado por clubes e organizações, mais visíveis e perceptíveis nas capitais e centros urbanos.[28] Quase simultaneamente, surgiram, com maior concentração em São Paulo, jornais publicados por negros e voltados à abordagem de questões de interesse da comunidade negra.

Tanto as associações quanto os jornais negros sustentavam padrões dominantes das relações de gênero da época, atribuindo valor unicamente ao papel de esposa e mãe que "cabia" à mulher. Um trecho do editorial do jornal *O Getulino* (de Campinas, SP), de 1923, ajuda a entender a apagada presença feminina nas instâncias de poder dessas instituições: "A mulher foi criada para mãe, para doce companheira do homem e, nesse sentido, a sua constituição física e moral é para o completo desenvolvimento dessa missão".

Embora mantidas à margem das decisões e com responsabilidades limitadas, na maioria das vezes, aos departamentos e assuntos femininos (como orientar outras mulheres a respeito de comportamento, beleza e higiene), as mulheres eram maioria em boa parte das associações. Além de predominantes nas instituições dirigidas pelos homens, as mulheres negras articularam-se, entre as décadas de 1920 e 1950, para criar suas próprias organizações.[29]

Em 1931, surgiu em São Paulo, com ramificação para outras regiões do país, a Frente Negra Brasileira (FNB), "união política e social da Gente Negra Nacional, para afirmação dos direitos históricos da mesma", como pregava seu estatuto. Cinco anos depois de criada, a FNB se transformaria em partido político, sendo cassada pelo governo Getúlio Vargas no ano seguinte. Também nela, as mulheres nunca chegaram a ocupar a instância decisória máxima da organização. No entanto, funcionavam na FNB duas divisões femininas, cujas dirigentes eram responsáveis por atividades recreativas e de assistência social, além de escreverem para o jornal *A Voz da Raça*, o órgão oficial da Frente. Embora essas militantes tratassem da "questão da mulher", o que se destacava em seus discursos e materiais produzidos era o fato de propagarem os mesmos valores pregados às mulheres pela sociedade da época. Por outro lado, mesmo diante da reprodução de estereótipos de gênero, elas conseguiram, como mulheres, definir um lugar específico dentro de uma das mais importantes organizações negras da história do Brasil.[30]

As mulheres negras voltaram a se destacar nos anos 1950 com a criação, no Rio de Janeiro, do Teatro Experimental do Negro (TEN).[31] Maria de Lurdes do Nascimento, responsável pelo Departamento Feminino do TEN, fundou o Conselho Nacional das Mulheres Negras, composto, majoritariamente, por empregadas domésticas. Seu discurso de posse guarda elementos que ainda hoje pontuam as lutas das mulheres negras: "A mulher negra sofre várias desvantagens sociais por causa do seu despreparo cultural, por causa da pobreza, pela ausência adequada de educação profissional".[32]

Para promover a integração da mulher negra, o Conselho procurou criar um departamento especializado em assuntos relativos à mulher e à infância, cujos objetivos eram "lutar pela integração da mulher negra na vida social, pelo seu levantamento educacional, cultural e econômico" e promover cursos de artes culinárias, corte e costura, alfabetização, datilografia, admissão e ginásio, entre outros, a serem ministrados por professores voluntários.

Enegrecendo a luta feminista

O Golpe Militar de 1964, que cerceou direitos e a livre expressão, inviabilizou manifestações antirracismo no país e "desmobilizou as lideranças negras, lançando-as numa espécie de semiclandestinidade"[33] da qual só iriam emergir no final dos anos 1970 com a criação, em 1978, do Movimento Negro Unificado contra a Discriminação Racial (MNU). Assumindo um dis-

Muitas atividades que discutem a consciência negra são realizadas atualmente em todo o Brasil.

curso radical contra as práticas discriminatórias e opondo-se à ideologia da democracia racial, o MNU efetivou protestos de grande visibilidade pelo país, com repercussões na mídia.

A reconstrução dos movimentos negros brasileiros deu-se no contexto de articulação dos movimentos sociais e feministas, no cenário nacional, e no cenário internacional, das lutas pelos direitos civis nos Estados Unidos e a anticolonialista dos povos africanos.[34] As mulheres negras estabeleceram seu espaço próprio de luta tanto no movimento feminista quanto no movimento negro, mas logo iriam contestar as ações e discursos desses dois organismos ao atentar para a especificidade da experiência histórica das afrodescendentes, no caso do primeiro, e exigir uma agenda que incluísse a dimensão de gênero no trato da questão racial, no caso do segundo, denunciando ainda as atitudes sexistas no interior do grupo.

A ativista e intelectual Lélia González, uma das fundadoras do MNU e referência teórica dos grupos militantes, e a também ativista e intelectual Beatriz Nascimento tiveram relevante papel no desenrolar desse processo, que ficaria conhecido como o "enegrecimento do feminismo".

> Esse novo olhar feminista e antirracista, ao integrar em si tanto as tradições de luta do movimento negro como a tradição de luta do movimento de mulheres, afirma essa nova identidade política decorrente da condição específica do ser mulher negra. [...] ao trazer para a cena política as contradições resultantes da articulação das variáveis de raça, classe e gênero, promove a síntese das bandeiras de luta historicamente levantadas pelos movimentos negro e de mulheres do país, enegrecendo de um lado, as reivindicações das mulheres [...] e, por outro lado, promovendo a feminização das propostas e reivindicações do movimento negro.[35]

Diferentemente de suas congêneres do início do século, que, embora atuantes, ficaram alijadas do poder nas organizações negras, as ativistas dos anos 1980 em diante procuraram trilhar uma trajetória própria de autodeterminação política. O resultado foi a formação de inúmeras organizações feministas negras por todo o país.[36]

Num primeiro momento, as ativistas negras foram acusadas de fragmentar tanto a luta feminista quanto a luta contra a discriminação racial, mas a insistência na implantação de uma agenda específica deu destaque à questão racial e permitiu combater, simultaneamente, as desigualdades de gênero.

Em 1995, tanto o movimento negro quanto o movimento feminino negro deram maior visibilidade às suas ações com a Marcha Zumbi dos Palmares, comemorativa do tricentenário da morte do líder do Quilombo dos Palmares, e a participação na IV Conferência Mundial das Nações Unidas sobre a Mulher (Conferência de Beijing), na China. Na celebração a Zumbi, mais de 30 mil pessoas concentradas em Brasília entregaram ao governo federal um documento denunciando as péssimas condições de vida da população negra no Brasil e cobrando ações com vistas à superação do racismo e das desigualdades raciais. Como resposta, o governo brasileiro prometeu formular políticas que garantissem a igualdade de cidadania para os negros.

A preparação para Beijing deu-se com a realização de seminários e eventos que contaram com a participação de mulheres de todos os pontos do país, a partir da segunda metade dos anos 1980. Os dados levantados nesses encontros resultaram na publicação *Mulher Negra: Política Governamental da Mulher*, de autoria das ativistas Tereza Santos e Sueli Carneiro em parceria com a feminista branca Albertina Costa, lançada durante a Terceira Conferência Mundial de Mulheres, em Nairobi, no Quênia, em 1985.

O avanço e a importância da estratégia de luta das mulheres negras brasileiras podem ser mensurados a partir de 2002. A Plataforma Política Feminista, resultante da Conferência Nacional de Mulheres Brasileiras, nesse mesmo ano, elencou entre as questões mais candentes do milênio a luta antirracista e a defesa dos princípios de equidade étnico-racial.

Um dos marcos da estratégia de ação desenhada pela liderança feminina negra brasileira foi a participação na Terceira Conferência Mundial contra o Racismo, a Discriminação Racial, a Xenofobia e as Formas Conexas de Intolerância, realizada em 2001, em Durban, na África do Sul.[37] Ativistas homens e mulheres aglutinaram-se em torno da implantação de políticas públicas de ação afirmativa, conseguindo, depois, colocar o assunto definitivamente na pauta do governo brasileiro. Apesar de uma forte oposição, uma articulação entre o movimento negro, ONGs de Direitos Humanos e setores do governo conseguiu incluir a proposta de adoção de cotas raciais no ensino superior público no Programa de Ações Afirmativas que o Brasil se comprometera a implementar. A participação na Conferência provou que as militantes negras brasileiras das décadas de 1980 e 90 haviam aprendido a se articular em nível local e global, com resultados evidentes.[38]

ESPAÇOS DE PODER

Gradualmente, lideranças femininas negras passaram a ocupar posições até então interditadas ao segmento negro da população e os brasileiros foram se acostumando com essa realidade. No governo Brizola, no estado do Rio de Janeiro, em 1983, a médica Edialeda do Nascimento foi nomeada para a Secretaria de Promoção Social. Em São Paulo, a mobilização feminina negra impulsionou a criação de uma Comissão da Mulher Negra no Conselho Estadual da Condição Feminina (CECF), órgão que seria presidido pela psicóloga negra Maria Aparecida de Laia em duas gestões consecutivas a partir de 1995.

Em 1994, Benedita da Silva tornou-se a primeira mulher negra a conquistar uma cadeira no Senado Federal.[39] Deixou o Senado para ser eleita, em 1999, vice-governadora do estado do Rio, passando à chefia do Executivo após a renúncia do governador, em 2002. Em 2003, assumiu o Ministério da Assistência Social do governo federal.

Ainda no ano de 1994, a ativista Dulce Pereira foi escolhida para presidir a Fundação Cultural Palmares, órgão do Ministério da Cultura encarregado de desenvolver ações para a valorização da cultura e população negras.[40] Em Alagoas, em 2002, Vanda Maria Menezes foi indicada para a Secretaria da Mulher, o mesmo ocorrendo com Mara Regina Aparecida Vidal, no Acre. Em 2004, a educadora Eliane Cavalleiro assumiu, em Brasília, a Coordenadoria Geral da Secretaria de Educação Continuada, Alfabetização e Diversidade do Ministério da Educação. Em 2005, Maria Olívia Santana foi nomeada Secretária Municipal de Educação e Cultura de Salvador (BA).

Algumas militantes negras conquistaram espaços também em organismos internacionais. A ativista Edna Roland, de São Paulo, foi a Relatora Geral da Conferência de Durban, em 2001, atuação que lhe rendeu, posteriormente, o cargo de Coordenadora de Combate ao Racismo e à Discriminação na América Latina e Caribe, da Unesco. A socióloga Luiza Bairros, do movimento negro baiano, trabalhou em diversas instâncias internacionais a partir de 2001, assumindo a coordenação do Programa de Combate ao Racismo Institucional do PNUD (órgão das Nações Unidas para o Desenvolvimento), de 2005 a 2007, antes de dirigir, em 2008, a Secretaria de Estado de Promoção da Igualdade Racial da Bahia e ser convidada pela presidente Dilma Rousseff, em janeiro de 2011, para comandar a Secretaria de Políticas de Promoção da Igualdade Racial (SEPPIR). Nesse cargo, Luiza Bairros foi precedida pela ativista Matilde Ribeiro, à frente da Secretaria de março de 2003 a agosto de 2008. Em 2003, pela primeira vez na história brasileira, três titulares de ministérios eram mulheres e negras: Matilde Ribeiro, na SEPPIR, Marina Silva, na Pasta de Meio Ambiente, e Benedita da Silva, no Ministério da Assistência Social.

As conquistas e avanços não se limitaram ao campo político propriamente dito, estendendo-se a outras áreas. A magistratura brasileira, por exemplo, ganhou, em 1984, sua primeira juíza negra, a baiana Luislinda Dias Valois dos Santos. Atuando no Tribunal de Justiça de Salvador, ela foi também a primeira a proferir uma sentença tendo como base a Lei do Racismo, em 1993.[41]

Também no mundo artístico-cultural e científico as mulheres negras se fizeram notar. Em 1921, a soprano negra Zaíra de Oliveira conquistou o primeiro lugar num concurso do Instituto Nacional de Música (atual Escola Nacional de Música, no Rio de Janeiro), mas não pode desfrutar o prêmio (uma viagem à Europa) por causa de sua "cor". O quesito "cor" também esteve por trás da alegação de que era "um atentado aos foros de nossa civilização" a turnê internacional da Companhia Negra de Revistas, formada apenas "por gente da raça", em 1927. Algumas décadas mais tarde, em 1954, a atriz Ruth de Souza não precisou vivenciar tal constrangimento na condição de primeira brasileira indicada a um prêmio internacional de melhor atriz, o Leão de Ouro da Mostra de Cinema de Veneza, por sua atuação no filme *Sinhá Moça*.

O século xx testemunhou mulheres como Ivone Lara e Lecy Brandão abrirem espaço na ala de compositores, então exclusivamente masculina, de destacadas escolas de samba cariocas[42] e, outras, caso da cantora Negra Li, quebrarem a hegemonia masculina no cenário do *hip-hop*. No campo literário, viu o livro de estreia de uma jovem escritora mineira, Ana Maria Gonçalves, ser aclamado como obra-prima de nível mundial,[43] enquanto na área das Ciências, em que a presença negra feminina é escassa, a professora Sonia Guimarães tornou-se a primeira negra brasileira a obter o título de Doutora em Física, e a mestre em Engenharia Química, Viviane dos Santos Barbosa, trabalhando com Nanotecnologia, fez história ao desbancar 800 concorrentes e conquistar o prêmio de melhor trabalho científico, concedido pelo International Aerosol Research Assembly, na Finlândia.[44]

VISIBILIDADE

A branquinha é prata fina
Mulata – cordão de ouro
Cabocla – cesto de flores
A negra – surrão de couro.

A branca come galinha
Mulata come peru
Cabocla come perdiz
A negra come urubu.[45]

A trova popular, recolhida e publicada em 1907, revela estereótipos atrelados à imagem da mulher afrodescendente.[46] Rótulos em torno da sexualidade desenfreada e da sensualidade exacerbada das mulheres não brancas conviveram, de forma ostensiva, por décadas e décadas, com imagens negativas em torno da suposta "ignorância" e "idiotice" da mulher negra, bem como de sua "feiura", seu cabelo "ruim", seu "mau cheiro" constante.

Nos anos 1920, era comum o uso da expressão "pancrácia" como designativo pejorativo da serviçal doméstica cuja imagem, invariavelmente, era a da preta gorda, de lábios grossos e caídos e falar intrincado. Hoje, pelo menos publicamente, esse tipo de ofensa perdeu espaço e, se ocorrer, pode ser punido por lei.

Se nas primeiras décadas do século xx era bastante difundido o dito "branca para casar, mulata para f..., negra para trabalhar",[47] hoje, mesmo com todas as mudanças culturais, mulheres afrodescendentes, principalmente as mestiças ou "mulatas", continuam a ser alvos do estereótipo de as mais sensuais e libidinosas entre as mulheres, perpetuado, principalmente, através da mídia, particularmente a televisão. Esta herdou (e reproduziu até muito recentemente) dos romances e folhetins do período escravista personagens negras que obedecem a certo padrão de comportamento: ora humilde e resignada, ora infantilizada, ora irresponsável ou má, ora imoral ou sedutora. Essas caracterizações conviveram durante muito tempo com a condição de alegoria da personagem negra, principalmente a feminina, eternizada em papéis subalternos, desvinculada de laços familiares e destituída de história própria.

Além dos papéis subalternizados, atores e personagens negras na televisão estiveram sempre sub-representados em relação à sua presença na população brasileira. Entre 1951 e 1994, apenas quatro famílias negras ganharam representação em novelas na "telinha",[48] e só em 1995 os telespectadores puderam acompanhar no enredo uma família negra de classe média. A temática racial foi ignorada pelos criadores de novelas até o início dos anos 1990, mesma década em que uma atriz negra, pela primeira vez, atuou como protagonista numa trama.[49]

A situação foi ainda mais contundente na publicidade, que relutou em incorporar negros e negras a suas peças. Uma amarga invisibilidade, transformada em poesia por Elisa Lucinda:

> Ela viu um anúncio da Cônsul para todas as mulheres do mundo.
> Procurou, não se achou ali. Ela era nenhuma.
> Tinha destino de preto.
> Quis mudar de Brasil: ser modelo em Soweto.
> Queria ser realidade. Ficou naquele ou eu morro ou eu luto...
> Disseram: Às vezes um negro compromete o produto.
> Ficou só. Ligou a TV.
> Tentou achar algum ponto em comum entre ela e o Free:
> Nenhum.
> A não ser que amanhecesse loira, cabelos de Seda Shampoo
> Mas a sua cor continua a mesma!
> Ela sofreu, eu sofri, eu vi.
> Pra fazer anúncio de Free, tenho que ser free, ela disse.
> Tenho que ser sábia, tinhosa, sutil...
> Ir à luta sem ser mártir.
> Luther marketing
> Luther marketing... in Brasil.[50]

Em setembro de 1996, um lançamento editorial sacudiu o mercado brasileiro, tornou-se um fenômeno de vendas e mexeu com a publicidade. A revista *Raça Brasil*, estampando negros e negras e temas a eles relacionados da primeira à última página, vendeu em poucos dias toda a edição de 280 mil exemplares e precisou reimprimir mais 100 mil. Dizia seu primeiro editorial:

> *Raça Brasil* nasceu para dar a você, leitor, o orgulho de ser negro. Todo cidadão precisa dessa dose diária de autoestima: ver-se bonito, a quatro cores, fazendo sucesso, dançando, cantando, consumindo. [...] Estaremos atentos para negar o preconceito, mas, acima de tudo, queremos afirmar nossas qualidades. [...]

A revista sofreria críticas por reproduzir, em alguns momentos, estereótipos sobre o corpo negro, mas é inegável que contribuiu para novas visões sobre a estética negra e levou o mercado publicitário e os fabricantes de produtos, principalmente cosméticos, a repensarem o consumidor negro.

CONCLUSÃO

As mulheres negras compreenderam e souberam usar com maestria os poucos espaços de sobrevivência deixados por uma sociedade profundamente hierarquizada por "cor" e sexo. Igualmente, vêm enfrentando com determinação formas de exclusão e desigualdades, responsáveis por manter esse grupo em condições de extrema vulnerabilidade, a despeito dos avanços obtidos ao longo dos anos.

Alijadas do mercado formal de trabalho no início do século, fizeram de suas casas unidades de produção movidas pela solidariedade. Privadas, por circunstâncias diversas, da presença de um companheiro, improvisaram arranjos familiares, tornando-se mãe e pai de suas proles. Lutaram, no passado, por acesso à educação básica de seus filhos e filhas tanto quanto lutam no presente para ampliar a presença dos afrodescendentes nos espaços de conhecimento e de poder. Interlocutoras políticas de grande capacidade, mulheres negras foram capazes de provocar mudanças na agenda social dos governos. A invisibilidade a que por muito tempo foram relegadas contrapõe-se a seu real protagonismo em diversos momentos e situações ao longo dos séculos xx e xxi.

NOTAS

[1] Nicolau Sevcenko, *Literatura como missão*, São Paulo: Melhoramentos, 1983, p. 30; Martha Abreu, *O Império do divino*, Rio de Janeiro, Nova Fronteira; São Paulo, Fapesp, 1999.
[2] Antonio Sergio Guimarães, "Apresentação", em Antonio Sergio Guimarães, Lynn Huntley (orgs.), *Tirando a máscara: ensaios sobre o racismo no Brasil*, São Paulo, Paz e Terra, 2000, p. 17-30.
[3] George R. Andrews, *Negros e brancos em São Paulo*, São Paulo, Edusc, 1988, p. 93.
[4] O termo *negro* é empregado aqui com o sentido classificatório adotado atualmente pelo IBGE, relativo a *pretos e pardos*. Cf. Roberto Moura, *Tia Ciata e a pequena África no Rio de Janeiro*, 2. ed., Rio de Janeiro, Sec. Municipal de Cultura; Dep. Geral de Doc. e Inf. Cultural, Divisão de Editoração, 1995, p. 73
[5] Márcio Barbosa, *Frente negra brasileira*, apud Luis A. O. Gonçalves, Petronilha B. G. Silva, "Movimento negro e educação", em *Revista Brasileira de Educação*, n. 15, set.-dez. 2000, p.134-158.
[6] Nas palavras do sociólogo Florestan Fernandes, que estudou nos anos 1950 a inserção do negro na sociedade brasileira e percebeu a importância do papel desempenhado pelas mulheres negras, embora tenha focado sua pesquisa mais na questão do trabalho masculino e defendido equivocadamente a ideia da incapacidade de adaptação dos negros ao trabalho livre. Ver: Florestan Fernandes, *A integração do negro nas sociedades de classe*, 3. ed., São Paulo, Ática, 1978.
[7] Assim a imprensa da época chamava pejorativamente os locais frequentados por negros e pobres em contraposição aos cafés-concerto de inspiração parisiense que recebiam as elites.
[8] Roberto Moura, op. cit., p. 54.
[9] "As vozes desassombradas do museu", Museu da Imagem e do Som, Rio de Janeiro. Apud Roberto Moura, op. cit., p. 69.
[10] Caetana Damasceno, *Segredos da boa aparência: da cor à boa aparência no mundo do trabalho carioca (1930-1950)*, Rio de Janeiro: Editora UFRRJ, 2011.

[11] Realizado em Recife, sob a organização do sociólogo Gilberto Freyre.
[12] Apud Petrônio Domingues, "Frentenegrinas: notas de um capítulo da participação feminina na história da luta antirracista no Brasil", em *Cadernos Pagu*, Campinas, n. 28, jun. 2007, disponível em: <http://www.scielo.br/scielo.php?script-sci_arttext&pid-S0104-83332007000100015&lng-en&nrm-iso>, acesso em: 25 jan. 2012.
[13] Luis da C. Pinto, *O negro no Rio de Janeiro*, 2. ed., Rio de Janeiro: Editora da UFRJ, 1998, p. 92.
[14] O caso de Simone rendeu ao Brasil uma condenação por racismo na Comissão Interamericana de Direitos Humanos da Organização dos Estados Americanos (OEA). Simone recorreu à Justiça no Brasil, mas o caso foi arquivado sob o argumento de que não configurava crime de racismo. Instituições do movimento negro e social recorreram, então, a instâncias internacionais.
[15] Maria Aparecida S. Bento, "A mulher negra no mercado de trabalho", em *Estudos Feministas*, ano 3, n. 2, 1995, p.479-488.
[16] Benilda Brito, "Mulher, negra e pobre: a tripla discriminação", em *Teoria e Debate*, n. 36. out./nov./dez. 1997, disponível em: <http://www.fpa.org.br/o-que-fazemos/editora/teoria-e-debate/edicoes-anteriores/sociedade-mulher-negra-e-pobre-tripla-discr>, acesso em: 20 abr. 2012.
[17] Os dados aqui apresentados são compilados de: *Brasil. Retrato das desigualdades. Gênero e raça*. Publicação do Fundo de Desenvolvimento das Nações Unidas para a Mulher (Unifem) e Instituto de Pesquisa Econômica Aplicada (Ipea), 2005; *Dossiê sobre a situação das mulheres negras brasileiras*. Relatório preparado pela Articulação de Organizações de Mulheres Negras Brasileiras (AMNB), 2007; Maria Aparecida S. Bento, "A mulher negra no mercado de trabalho", em *A Mulher no Mercado de Trabalho – Observatório Social em Revista*, Florianópolis, ano 3, n. 5, mar. 2004.
[18] É extensa a bibliografia sobre as associações negras dessa época em várias partes do país. Ver Regina. P. Pinto, *Movimento negro em São Paulo: luta e identidade*, São Paulo, 1994, Tese de Doutorado, FFLCH/USP; Maria A. Silva, *Visibilidade e respeitabilidade: a luta dos negros nas associações culturais e recreativas de São Paulo (1930-1960)*, São Paulo, 1997, Dissertação de Mestrado, PUC-SP; E. T. Peres, *"Tempo da Luz": os cursos noturnos masculinos de instrução primária da biblioteca pelotense (1875-1915)*, Porto Alegre, 1995, Dissertação de Mestrado, UFRGS; Joselina Silva, "A União dos Homens de Cor: aspectos do movimento negro dos anos 40 e 50", em *Estudos Afro-Asiáticos*, ano 25, n. 2, Rio de Janeiro, 2003, p. 215-236; Paulino J. F. Cardoso, *A luta contra a apatia: estudo sobre a instituição do movimento negro antirracista na cidade de São Paulo (1915-1931)*, São Paulo, 1993, Dissertação de Mestrado, PUC-SP; Marcelino Felix, *As práticas político-pedagógicas da Frente Negra Brasileira na cidade de São Paulo (1931-1937)*, São Paulo, 2001, Dissertação de Mestrado, PUC-SP; Beatriz A. Loner, "Negros: organização e luta em Pelotas", em *História em Revista*, n. 5, Pelotas/RS, 1999, p. 7-28; Liane S. Muller, *As contas do meu rosário são balas de artilharia: irmandade, jornal e associações negras em Porto Alegre (1889-1920)*, Porto Alegre, 1999, Dissertação de Mestrado, IFCH/PUC-RS.
[19] Apud Luis Gonçalves e Petronilha Silva, op. cit, p. 143 e 152. Ressalte-se que, na época, educação "moderna" para a mulher significava ingressar em cursos de corte e costura e datilografia.
[20] *O Clarim d'Alvorada*, 1935. Apud Schuma Schumaher e Érico Vital Brazil (orgs.), p. cit., p. 297.
[21] Luis Gonçalves e Petronilha Silva, op. cit, p. 155.
[22] *A Voz da Raça*, ano 1, n. 32, fev. 1934, p. 2, apud Ahyas Siss, "Multiculturalismo, educação brasileira e formação de professores: verdade ou ilusão?", disponível: <www.anped.org.br/reunioes/28/textos/gt21/gt211442int.rtf>, acesso em: 20 abr. 2012.
[23] Carlos Hasenbalg, *Discriminação e desigualdades raciais no Brasil*, Rio de Janeiro, Graal, 1979.
[24] Fúlvia Rosemberg, "Políticas educacionais e gênero. Um balanço dos anos 1990", em *Revista Pagu*, n. 16, p. 151-97.
[25] Ana C. L. Pacheco, "Raça, gênero e relações sexual-afetivas na produção bibliográfica das Ciências Sociais brasileiras – um diálogo com o tema", em *Afro-Ásia*, Salvador, 34, 2006, 153-188.
[26] Dossiê sobre a "Situação das mulheres negras brasileiras", em *Articulação de Organizações de Mulheres Negras Brasileiras*, 2007, p. 15. Por família do tipo *mulher com filhos* entende-se aquela em que a mulher solteira, separada ou viúva, com filhos, é a principal responsável pelo domicílio; *família unipessoal* é aquela composta unicamente por uma pessoa (e implica um padrão de vida mais elevado, o que requer um melhor nível de escolaridade). Em geral, a mulher negra apresenta padrões de sobrevivência inferiores aos das brancas, o que se reflete nos lares por elas comandados.
[27] *Condições de Vida para a Região Metropolitana de São Paulo*, Seade, 1994.

[28] Só na cidade de São Paulo, entre 1907 e 1937 foram registradas 123 instituições negras, nas categorias beneficentes, cívicas, esportivas, recreativo-dramático-literárias, dançantes e carnavalescas. Em Porto Alegre, de 1889 a 1920 foram criadas 72 instituições, enquanto em Pelotas (RS), entre 1888 e 1929 havia em torno de 50 delas. Apud Petrônio Domingues, *Movimento negro brasileiro: alguns apontamentos históricos*, disponível em: <www.scielo.br/pdf/tem/v12n23/v12n23a07.pdf>, acesso em: 4 abr. 2012.

[29] Entre as organizações femininas conhecidas estão a Sociedade Brinco de Princesa (1925, dirigida por cozinheiras, promovia bailes e saraus literodramáticos, entre outros eventos), o Grêmio Recreativo Rainha Paulista de São Paulo e a Sociedade de Socorros Mútuos Princesa do Sul (1908, de Pelotas, RS).

[30] Petrônio Domingues, op. cit., p. 106.

[31] O TEN foi apenas uma das várias organizações negras surgidas após o fim da ditadura varguista empenhadas em denunciar a situação de exclusão vivida pela população negra e postular a adoção de uma legislação antidiscriminatória no país.

[32] Apud Deise Benedito, "As mulheres negras no dia 14 de maio de 1888", disponível em: <http://amaivos.uol.com.br/amaivos09/noticia/noticia.asp?cod_noticia=8598&cod_canal=71>, acesso em: 16 mar. 2012.

[33] Lélia Gonzalez, "O movimento negro na última década", em Lelia Gonzales, Carlos Hasenbalg (orgs.), *Lugar de negro*, Rio de Janeiro, Marco Zero, 1982, p. 30.

[34] Ver Paulino E. S. Cardoso, "Notas sobre o movimento negro no Brasil", disponível em: <http://multiculturalismoepopulacoesafricanas.blogspot.com/2008/07/notas-sobre-o-movimento-negro-no-brasil.html>, acesso em: 22 abr. 2012.

[35] Sueli Carneiro, "Enegrecer o feminismo: a situação da mulher negra na América Latina a partir de uma perspectiva de gênero", em *Racismos Contemporâneos*, Organização Ashoka Empreendedores Sociais e Takano Cidadania, Rio de Janeiro, Takano, 2003, p. 49-58.

[36] Em 1978, foi fundado o Aqualtune, no Rio de Janeiro. Na década de 1980, nasceram o Luiza Mahin e o Grupo de Mulheres Negras, ambos no Rio de Janeiro; o Coletivo de Mulheres Negras de São Paulo (1983); o Centro de Mulheres de Favela e Periferia do Rio de Janeiro (1986); o Coletivo de Mulheres Negras da Baixada Santista (1986); o Grupo de Mulheres Negras Mãe Andresa, no Maranhão (1986); o Coletivo de Mulheres Negras, em Minas Gerais (1986); o Maria Mulher – Organização de Mulheres Negras do Rio Grande do Sul (1987); o Geledés – Instituto da Mulher Negra de São Paulo (1988); o Grupo de Mulheres do Alto das Pombas de Salvador, na Bahia (1988); a Comissão de Mulheres Negras de Campinas, São Paulo (1989). Ver Ana A. Sebastião, *Memória, imaginário e poder: práticas comunicativas e de ressignificação das organizações de mulheres negras*, Rio de Janeiro, 2007, Dissertação de Mestrado, Programa de Comunicação Social da UFRJ. Disponível em: <http://www.programabolsa.org.br/pbolsa/galeria/arqDownTese/AnaAngelica_versaoFord.pdf>, acesso em: 30 abr. 2012.

[37] Na preparação para a Conferência, as entidades femininas negras formaram a rede Articulação de ONGs de Mulheres Negras Brasileiras (AMNB), a que se seguiu a criação do Fórum Nacional de Mulheres Negras.

[38] A consolidação do movimento feminista levou à criação, nos anos 1980, de órgãos estaduais e municipais em defesa dos direitos das mulheres. São Paulo deu a partida, em 1983, com a criação do Conselho Estadual da Condição Feminina. Contudo, não havia representantes negras nele. Somente após denúncia feita pela radialista Marta Arruda, as militantes Tereza Santos e Vera Lúcia Saraiva foram indicadas para integrar o órgão. Um ano depois da efetivação do Conselho Estadual da Condição Feminina (CECF), seria criado em São Paulo o primeiro órgão governamental voltado à discussão das questões envolvendo a comunidade negra, o Conselho Estadual de Participação e Desenvolvimento da Comunidade Negra.

[39] Foi eleita vereadora pelo estado do Rio de Janeiro, em 1982, e cumpriu dois mandatos como deputada federal (1987-91 e 1991-95). Em 2011, após ocupar por três anos a Secretária de Estado de Assistência Social e Direitos Humanos do Rio de Janeiro, voltou a se eleger deputada federal.

[40] Posto que acumulou, por um período, com o de secretária-executiva da Comunidade dos Países de Língua Portuguesa (Palop), comunidade internacional que reúne Brasil, Portugal, Angola, Moçambique, Guiné-Bissau, São Tomé e Príncipe, Cabo Verde e o Timor-Leste.

[41] A sentença foi em favor de uma doméstica, acusada injustamente de furtar um frango e um sabonete em um supermercado.

[42] Com o samba "Os cinco bailes da história do Rio", em 1965, Ivone Lara tornou-se a primeira compositora mulher da Escola de Samba Império Serrano. Na década de 1970, Lecy Brandão passou a integrar a ala de compositores da Escola de Samba Mangueira.

[43] *Um defeito de cor*, Rio de Janeiro, Record, 2006.

44 Sonia Guimarães, professora do Instituto Tecnológico da Aeronáutica (ITA), obteve o doutoramento no Institute of Science and Technology da Universidade de Manchester (Reino Unido). Viviane Barbosa graduou-se e fez mestrado na Universidade Técnica de Delft, na Holanda.
45 Apud Martha Abreu, "Sobre mulatas orgulhosas e crioulos atrevidos: conflitos raciais, gênero e nação nas canções populares (Sudeste do Brasil, 1890-1920)", em *Tempo*, Rio de Janeiro, n. 16, 2003, p. 143-173.
46 Muitas vezes, a própria população negra lançava mão desses ditos e quadrinhas. A utilização de sátiras, ironias, insultos entre a população negra era uma arma contra a opressão, uma forma de liberar as frustrações e unir a comunidade. Na "Pequena África" do Rio de Janeiro do início do século XX, por exemplo, integrantes de um bloco carnavalesco fantasiavam-se de macacos e saiam às ruas gritando "nós somos gente", completando, em tom baixo: "macaco é o outro". Ver Marta Abreu, op. cit., p. 28-30; Rachel Sohiet, *A subversão pelo riso*, Rio de Janeiro, Fundação Getulio Vargas, 1998.
47 Gilberto Freire, *Casa-grande & senzala: formação da família brasileira sob o regime de economia patriarcal*, Recife, Governo do Estado, Imprensa Oficial, 1966, p. 12.
48 Joel Araújo, "Identidade racial e estereótipos sobre o negro na TV brasileira", em A. S. Guimarães, Lynn Huntley, op. cit., p. 77-95.
49 A novela foi *Xica da Silva*, da Rede Manchete, exibida entre setembro de 1996 e agosto de 1997, com a atriz Thaís Araújo no papel-título.
50 Elisa Lucinda, "Ashell, Ashell, Ashell pra todo mundo, Ashell" – O negro na televisão, em *Revista SESC TV*, nov. 2009, disponível em: <http://www.sesctv.org.br/revista.cfm?materia_id=65>, acesso em: 24 abr. 2012.

BIBLIOGRAFIA

ANDREWS, George R. *Negros e brancos em São Paulo*. São Paulo: Edusc, 1988.
ARAÚJO, Joel Z. *A negação do Brasil*: o negro na telenovela brasileira. São Paulo: Senac, 2000.
BARBOSA, Márcio. *Frente Negra Brasileira*. Depoimentos. São Paulo: Quilombhoje, 1998.
CARNEIRO, Sueli; SANTOS, Tereza. *A mulher negra*. São Paulo: Conselho Estadual da Condição Feminina, 1985.
CUTI, Luiz S. *E disse o velho militante José Correia Leite*. Prefeitura do Município de São Paulo/Secretaria Especial de Cultura/Coordenadoria Especial do Negro, 1992.
DAMASCENO, Caetana. *Segredos da boa aparência*: da cor à boa aparência no mundo do trabalho carioca (1930-1950). Rio de Janeiro: Editora UFRRJ, 2011.
DOMINGUES, Petrônio. *Uma história não contada:* negro, racismo e branqueamento em São Paulo no pós-abolição. São Paulo: Senac, 2004.
FELIX, Marcelino. *As práticas político-pedagógicas da Frente Negra Brasileira na cidade de São Paulo (1931-1937)*. São Paulo, 2001. Dissertação (Mestrado) – Pontifícia Universidade Católica.
GONZÁLEZ, Lélia; HASENBALG, Carlos. *Lugar de negro*. Rio de Janeiro: Marco Zero, 1982.
GUIMARÃES, Antonio S.; HUNTLEY, Lynn (orgs.). *Tirando a máscara:* ensaios sobre o racismo no Brasil. São Paulo: Paz e Terra, 2000.
MOURA, Roberto. *Tia Ciata e a Pequena África no Rio de Janeiro*. 2. ed. Rio de Janeiro: Secretaria Municipal de Cultura; Dep. Geral de Doc. e Inf. Cultural, Divisão de Editoração, 1995.
PINTO, Regina. P. *Movimento negro em São Paulo*: luta e identidade. São Paulo, 1994. Tese (Doutorado) – Faculdade de Filosofia, Letras e Ciências Humanas, Universidade de São Paulo.
SCHUMAHER, Schuma; VITAL BRAZIL, Érico. *Mulheres negras do Brasil*. Rio de Janeiro: Senac Nacional, 2007.
WERNECK, Jurema; MENDONÇA, Maísa; WHITE, Evelyn (orgs.). *O livro de saúde das mulheres negras*: nossos passos vêm de longe. Rio de Janeiro: Criola/Pallas, 2000.

Indígenas

DEPOIMENTO DE UMA MILITANTE

Azelene Kaingáng

Nunca pensei que fosse tão difícil falar de nós mesmas, escancarar os nossos medos e fragilidades, mostrar os nossos limites e fraquezas, mas, ao mesmo tempo, revelar a nossa capacidade incontestável de superar barreiras, romper paradigmas e continuar fortes, guerreiras e imbatíveis.

Nasci na Terra Indígena Carreteiro, no Rio Grande do Sul. Estudei os primeiros anos escolares na própria comunidade indígena. Minha língua materna é o kaingáng. Falo, leio e escrevo fluentemente em kaingáng. Fiz faculdade de Sociologia na PUC do Paraná e faço mestrado em Políticas Sociais na Unochapecó de Santa Catarina. Trabalho como voluntária no Warã Instituto Indígena Brasileiro e sou funcionária pública federal na Funai em Chapecó. Sou mãe de duas filhas: Tarê e Nimoah. Sou casada com um advogado indígena do povo wapichana, Ubiratan Maia.

Minha família toda mora nas aldeias na região Sul. Meus pais estão na Terra Indígena Serrinha (Rio Grande do Sul), onde também tenho minha casa.

Faço questão de manter minhas raízes e minhas referências de origem e de pertencimento: sou filha de pais indígenas, venho de uma família de líderes tradicionais, tanto políticos quanto espirituais. Meu pai é *kuya* (pajé). O povo kaingáng é formado por dois clãs: kanhru e kame. Eu pertenço ao segundo.

OS PAPÉIS DO HOMEM E DA MULHER

No caso dos povos jês, os homens têm o poder formal, porque somos povos *patrilineares* (quem dá a identidade ao filho é o pai). No caso dos tupis, quem tem o poder, pelo menos historicamente, são as mulheres, porque eles são *matrilineares* (quem dá a identidade aos filhos é a mãe). Isso acontece de forma muito natural no cotidiano das comunidades e todos sabem, mas quase ninguém comenta.

Assim, entre nós, a liderança política tradicional, com raríssimas exceções, é sempre exercida pelos homens nas aldeias. A autoridade máxima é uma figura masculina e não uma mulher, embora as mulheres, desde sempre, enfrentem mais diretamente os problemas que envolvem a saúde, a segurança alimentar e a responsabilidade pela educação dos filhos.

As mulheres têm formas próprias de se impor, de se fazer ouvir, de fazer valer a sua "autoridade" e de comandar revoluções silenciosas no interior das suas aldeias, sem que isso fique explícito. Entre os kaingáng, por exemplo, recordo que meu pai, cacique durante muito tempo, trazia os problemas da comunidade para dentro de casa e os discutia com minha mãe. Embora ninguém mais soubesse, muitas das decisões e das soluções que ele adotava eram ideias dela. Como minha mãe, muitas outras mulheres kaingángs participavam e participam na resolução de questões complexas que afetam as comunidades indígenas. Sabemos que também entre povos macro-jês essa é uma prática bastante comum, embora as mulheres não façam questão de comentá-la, numa espécie de "deixe que eles pensem que a ideia foi deles".

Quando um filho adoece e está com fome, por exemplo, a mãe é a primeira pessoa que sente. É a mãe quem sai atrás de medicamentos ou de chás, ou de qualquer coisa que cure seu filho. Ela nunca come sem antes dar de comer ao filho. No inverno, não se produz nada nas aldeias indígenas do Sul, por isso, é a época em que aumentam os casos de desnutrição e de pobreza extrema. Lembro-me de que minha mãe nos colocava para dormir para que não sentíssemos fome. Para que não sentíssemos frio, dormíamos no sol. Percebia a tristeza no rosto dela quando pedíamos comida e não havia nada que pudéssemos comer.

Quando se fala em educação, é importante separar a *educação indígena* da *educação escolar indígena*. A educação indígena é responsabilidade da família e da comunidade. A mãe inicia o processo de aprendizagem do filho; é ela quem dá ao seu filho as primeiras noções de identidade e pertencimento. Essa relação especial começa durante a amamentação, quando a mãe fala as primeiras palavras no idioma kaingáng, que, aos poucos, se torna familiar aos ouvidos do bebê até que este comece a falar a língua de seu grupo.

A mãe é quem mais convive com o filho. Ele fica literalmente amarrado nela o dia todo até uma certa idade (que depende de cada povo indígena). O pai cuida dos afazeres que competem aos homens, o que significa trabalhar para prover uma vida digna a sua família.

A formação da pessoa e da personalidade indígena, enfim, é responsabilidade da mãe. Quando a mãe não cumpre com esse papel, é como se ela não tivesse dado conta de ser mãe. Já o pai e toda a coletividade passam à criança as noções sobre os ritos, a organização política e social do seu povo e o que pode e o que não pode na vida coletiva.

E o que torna uma mulher *indígena*? No caso kaingáng (já que isso muda muito de povo para povo), em primeiro lugar, o *pertencimento*: de onde você veio? Quem é você? De que família? Neta de quem? Filha de quem? Em segundo, vem o sentimento de ser indígena. O sentimento genuíno, claro. (Existem casos conhecidos de pessoas que sabemos que não são indígenas e que se identificam como tal para poder usufruir de benefícios como cotas de vagas em universidades federais, em cursos de graduação e de Pósgraduação, certos espaços políticos de visibilidade, entre outros.)

ESPAÇOS POLÍTICOS

Mesmo com toda a responsabilidade que têm dentro do grupo, só recentemente as mulheres indígenas passaram a atuar como militantes no movimento indígena. Atuação ainda restrita e muito complicada. Quando nós chegamos a ocupar espaços políticos e de representação é como se isso se desse porque contamos com a chancela dos homens – uma espécie de "ela está lá porque os homens permitiram" –, pois os espaços de protagonismo são uma exclusividade masculina.

"Sou kamé, filha do povo kaingáng, em minhas veias corre o sangue macro-jê."

Porém, essa tradição foi mudando aos poucos, na medida em que os povos e comunidades indígenas conheceram a sociedade que os cerca e com a qual passaram a se relacionar, de forma amistosa ou conflituosa. Com as transformações trazidas pela "civilização", o contato mais intenso com as sociedades não indígenas, em especial para os povos indígenas que possuem territórios mais reduzidos e que estão mais próximos aos vilarejos e centros urbanos, trouxe inevitáveis mudanças de comportamento e de olhar sobre suas realidades. A partir daí, houve a necessidade de agregar aos conhecimentos tradicionais aqueles que os ajudariam a entender a complicada posição da sociedade não indígena e defender seus interesses diante das ameaças cotidianas.

Foi assim que, depois do contato com os não indígenas, as mulheres nas aldeias passaram a ter, por exemplo, o papel de "reensinar" o que é ser indígena e como sê-lo, ou seja, afirmar e reafirmar o seu pertencimento a um povo distinto.

LÍNGUA

Infelizmente, muitos povos – em especial do Nordeste, Sudeste e Sul – estão perdendo ou já perderam seus idiomas tradicionais em função de toda pressão que sofrem no cotidiano, e que sofreram historicamente, pois muitos chegaram a ser proibidos de falar suas próprias línguas.

Quando se deu essa proibição, no período da ditadura militar, as mulheres e as crianças foram as que mais sofreram. As mulheres, porque foram prejudicadas no seu papel de mãe, e as crianças, porque subtraídas do direito de falar a língua do seu próprio povo. Gerações deixaram de falar as línguas indígenas, ou sequer aprenderam.

Minha família sofreu muito com isso, porque somos, como mencionei, uma família tradicional na sociedade kaingáng. Na ditadura militar, havia um programa do governo federal chamado "Panelão". Na hora do almoço, se tocava um sino para chamar a comunidade para comer. Formávamos uma fila quilométrica com pratos e bacias para pegar comida. Homens, mulheres, crianças. Com um detalhe: era proibido pedir comida em kaingáng, só recebia quem falasse "língua de gente" e não "de bicho". Eu tinha 4 ou 5 anos e queria comer e não me conformava porque meu avô me mandava pedir comida em kaingáng. Eu dizia que não, que eles tinham que me ensinar a pedir em português, porque senão eu teria que voltar ao final da fila... e a comida iria acabar! Mesmo assim, meu avô me consolava e dizia que eu deveria pedir comida em kaingáng. Eu voltava várias vezes para o final da fila e nunca conseguia pegar comida, mas, no final, meu prêmio era o prato de comida do meu avô. A resistência à repressão da nossa cultura iniciava dentro de casa, porque era lá que falávamos nossos idiomas e era lá o único lugar onde a ditadura não entrava. O limite dessa repressão era a porta da nossa casa!

A autonomia das comunidades indígenas foi violada quando o índio sequer podia falar sua língua original. Mais tarde, porém, vários retomaram e mantiveram seus idiomas. Hoje somos referência, porque, apesar de tudo, nunca deixamos de falar nossa língua.

MUDANÇAS DE COMPORTAMENTO

Assim como o kaingáng, muitos povos, em especial os do Nordeste, Sul e Sudeste do Brasil, sofreram as consequências dos avanços do braço da "civilização" com o chamado "desbravamento" como política de Estado.

Nas décadas de 1940 e 1950, os territórios indígenas da região Sul, em especial os do Rio Grande do Sul, sofreram uma drástica diminuição e a partir daí passaram a ser explorados pelos governos. Essa exploração ia desde os seus recursos naturais até o arrendamento de terras para famílias não indígenas, o que permitiu que os territórios indígenas, além de invadidos, tivessem suas riquezas destruídas, desestabilizando a vida coletiva. Iniciou-se então um período crítico para os kaingáng de toda a região Sul, que trouxe para o interior das comunidades o alcoolismo, a prostituição, novas doenças.

Com o aumento de conflitos internos em função dos novos hábitos, como o alcoolismo e a prostituição e suas consequências, se intensificaram as violências domésticas, que iam de agressões físicas até prisões em cárcere privado. Se a violência contra as mulheres sempre existiu entre os indígenas, com os conflitos com a sociedade não índia, a diminuição territorial, a introdução do álcool e, de modo geral, a mudança de hábitos nas comunidades indígenas, sem dúvida atingiu graus mais elevados e até então desconhecidos entre nós.

ORGANIZAÇÕES INDÍGENAS

Com o passar dos anos e a mudança inevitável de comportamentos, os povos indígenas começaram a se organizar aos moldes das sociedades não indígenas. O objetivo era criar alianças e se fortalecer para defender o pouco que lhes restava em algumas regiões e proteger o que ainda não havia sido tocado pelo homem não indígena em outras, de difícil acesso, como a região Amazônica. As discussões, que já aconteciam de forma localizada, em diferentes realidades, ganharam dimensão maior em torno do objetivo comum.

Com o crescimento do movimento e a criação de organizações indígenas, foi inevitável perceber que a participação das mulheres era muito tímida e limitada. Agora, fora de suas aldeias, numa arena em que todos e todas deveriam ser iguais na luta por seus direitos, as mulheres mais uma vez ficavam em larga desvantagem. As mulheres indígenas, que antes eram submetidas à autoridade masculina no interior de suas comunidades, passaram a ser submetidas aos mandos de "outros homens" que não os "seus" (da sua casa, da sua família e do seu povo), homens "desconhecidos".

Para os povos indígenas, as décadas de 1980 e 1990 são marcadas como as décadas da resistência e do surgimento e fortalecimento das organizações indígenas. Ainda que protagonizado amplamente pelos homens, o movimento provoca nas mulheres um sentimento de esperança. É um espaço em que elas podem falar de suas preocupações, angústias, vontades e desejos de finalmente conquistarem a tão almejada participação política.

A LUTA POLÍTICA DAS MULHERES

A bandeira das mulheres indígenas se inicia com as discussões e reivindicações de criação de espaços políticos próprios. Neles, começaram a discutir questões específicas referentes à saúde da mulher, aos direitos reprodutivos e aos projetos políticos direcionados a este seguimento, tais como participar em espaços de debate e proposição de políticas sociais como os Conselhos Nacionais, em especial o Conselho Nacional dos Direitos da Mulher e o Conselho Nacional de Segurança Alimentar, dentre outros. Além disso, as mulheres indígenas passaram a discutir também questões mais gerais, como demarcação de terras, saúde das populações e educação.

A criação de organizações indígenas não governamentais, nesse primeiro momento, mais uma vez excluiu as mulheres: na maioria das vezes em que alguém saía para representar a comunidade em algum fórum, discussão ou trabalho, o escolhido era homem. Apenas na falta de homens disponíveis se indicava uma mulher para ocupar o espaço.

Com muito esforço as mulheres conquistaram seu espaço como militantes no movimento indígena. (Azelene Kaingáng presente na 5ª Cúpula dos Estados Americanos em Trinidad e Tobago, 2009.)

Mas as mulheres quebraram paradigmas e abriram seus próprios espaços ancoradas num novo argumento: a qualificação técnica e profissional para uma defesa qualitativa dos seus direitos. Assim, se o simples fato de ser mulher diminuía o espaço de atuação, ao se profissionalizar e se qualificar, as mulheres ampliavam suas possibilidades. Os homens passaram então a perder terreno para elas até chegar o momento em que a maioria das representações em Conselhos Nacionais, de 2005 a 2010, por exemplo, era ocupada por mulheres indígenas, em especial na área da segurança alimentar.

Porém, como a estrutura de poder no Brasil também é historicamente machista, as mulheres indígenas encontram dificuldades para se inserir nos espaços de discussão política das questões que afetam os povos indígenas.

A tendência é reduzir suas reivindicações a "coisas de mulher". Mas elas não se deixam vencer e não param por aí.

Ultrapassadas as barreiras da sub-representação nas aldeias, elas lutaram, e ainda lutam, para conseguir se sobrepor ao machismo existente no movimento indígena.

Quando as mulheres passam a conquistar a autonomia sobre suas decisões (conquistas polêmicas e fruto de muitas discussões e conflitos no interior das comunidades), ocorrem também mudanças estruturais. A mulher deixa de ser uma simples companheira ou coadjuvante e passa a ser "protagonista" num outro lugar, fora de seu território de origem. É como se os homens da sua comunidade e de seu povo não pudessem mais alcançá-las por estarem agora num território neutro. Mas a volta para junto dos seus ainda é conflituosa.

A negação de espaços e a disputa política com os homens são ainda muito difíceis de ser superadas. No povo kaingáng, que conheço bem, talvez essa questão seja uma das mais complicadas. Estendo essa observação para a maioria dos grupos indígenas, onde os homens ainda não admitem que as mulheres ocupem papéis políticos de destaque, relegando a elas sempre um lugar secundário, como forma de reforçar a sua autoridade. Isso continua a ocorrer mesmo que as mulheres se revelem grandes líderes (muito mais do que as autoridades indígenas masculinas) e detentoras de conhecimentos técnicos com que, não raras vezes, elas elaboram documentos e projetos para serem assinados pelos homens. Ou seja, as mulheres são os degraus nos quais eles pisam para chegar aonde desejam.

Temas polêmicos como aborto, infanticídio, controle de natalidade, entre outros, são, na maioria das vezes, pautas de reuniões em que só participam homens. Deveriam ser discutidos também pelas mulheres. Muitas vezes, as mulheres não têm sequer gerência sobre suas próprias vontades, seu próprio corpo ou sobre seus filhos e família e, quando decidem assumi-la, o custo pode ser muito alto.

Temos como exemplo o que aconteceu com Muwaji, uma indígena suruwahá que não permitiu que sua filha Iganani, que sofria de paralisia cerebral, fosse enterrada viva (pela tradição do seu povo, ela deveria ter sacrificado a criança). Isso lhe custou a saída de sua comunidade para viver na cidade, um mundo totalmente diferente do seu, já que o povo suruwahá tem poucos anos de contato com a sociedade não indígena.

Muwaji enfrentou não só os costumes de sua sociedade, mas toda a burocracia da sociedade nacional, para garantir a vida e o tratamento médico de sua filha. Ela foi homenageada com o Projeto de Lei n. 1.057, que pretendia criminalizar a prática do infanticídio. Conhecido como Lei Muwaji, o projeto foi aprovado na Câmara dos deputados em junho de 2011.

CONTRA A VIOLÊNCIA

A luta contra a violência que afeta as mulheres indígenas no interior das suas comunidades é constante. Apesar dos avanços e da organização das mulheres indígenas, ainda há muito por fazer para conseguir, pelo menos, controlar a violência.

Quando se usa o argumento de que determinada violência "faz parte da cultura", em nome da "cultura", os direitos humanos ficam esquecidos. Ora, se, ao longo da história, abrimos mão de muitas coisas preciosas de nossa cultura para nos adaptar e sobreviver, também podemos abrir mão daquilo que há de mais perverso nela, como o machismo, o infanticídio, a tortura e tantas outras formas de violência. Isso não nos fará menos indígenas do que somos. Não considero que a luta pela igualdade de direitos entre homens e mulheres seja uma violação cultural. Se assim fosse, poderíamos dizer que os indígenas que saem de suas aldeias para estudar deixam de ser índios. Ao contrário: no contato com "o outro", com "o diferente", a minha diferença se explicita e, somente assim, me percebo diferente e valorizo minha diferença.

Os direitos humanos têm que ser soberanos, em especial quando esse direito humano é o direito à vida. Nesse sentido, uma tradição pode, sim, ser mudada. O povo indígena kayapó também já teve a prática do infanticídio. No entanto, em dado momento, decidiu que toda a comunidade cuidaria de qualquer criança que nascesse nas condições que até então exigiriam o infanticídio. E essa decisão não fez dele menos kayapó.

CONTROLE DA NATALIDADE E ABORTO

Em conversa na aldeia com as mulheres sobre controle de natalidade e aborto, para minha surpresa, vi que muitas delas acham que está na hora de começar a discutir temas como esses e outros abertamente, porque, enquanto nos negamos a fazê-lo, outros o fazem e decidem por nós. Elas vão além: dizem que, em algumas comunidades, as próprias mulheres já controlam o número de filhos utilizando-se da medicina e dos conhecimentos tradicionais.

Segundo elas, a fome e a pobreza aumentam cada vez mais. A desnutrição pela falta de alimentos traz muitos males, doenças e tristeza para as comunidades. O controle do número de filhos evita muitos problemas. Embora reconheçam que é um tema polêmico, dizem que está na hora de quebrar os tabus, enfrentar essa questão e discutir abertamente para que não tenhamos surpresas.

O aborto é discutido de forma bastante natural entre as mulheres indígenas. Elas são quase unanimemente contra o aborto, dizem que "sempre tem lugar para mais um" e que "criar, educar e ensinar uma criança indígena é responsabilidade de toda a comunidade e não apenas da família".

CASAMENTOS

Os casamentos indígenas diferem entre si, dependendo de cada povo. Entre os kaingángs ainda é comum as moças fugirem com o namorado e, no dia seguinte, se apresentarem para as lideranças e depois se casarem.

Existem os casamentos formais, com festas e comemorações. Na sua maioria são monogâmicos. Acontecem separações, mas, em geral, as lideranças tentam manter as uniões. Porém, quando não há alternativa, o casal se separa e é comum os filhos ficarem com a mãe.

As mulheres indígenas costumam se preocupar com a idade, mas encaram o envelhecimento como um processo natural sem grandes crises. Em casamentos com pessoas não indígenas – tanto de homens quanto de mulheres indígenas –, no entanto, há uma preocupação maior em seguir os padrões não indígenas de beleza. Com a saída das jovens e dos jovens para estudar fora das aldeias também se percebe uma mudança de valores no que diz respeito a essa questão.

No caso dos casamentos mistos, quando os pais residem nas aldeias, a tendência é que os filhos se adaptem à vida indígena. Naqueles povos que ainda mantêm suas tradições, é levada em consideração a questão do pertencimento. Por exemplo, no kaingáng, como somos patrilineares, é kaingáng quem é filho de pai kaingáng.

MULHERES INDÍGENAS QUALIFICADAS

As mulheres indígenas que saem do mundo das aldeias estão sujeitas a mudanças e é natural que adotem alguns comportamentos e estilos que fogem do tradicional. Essas mudanças têm impacto também no interior das comunidades indígenas, porque as mulheres passam a ter um outro olhar sobre suas culturas, algumas delas chegando ao extremo de sentir vergonha de suas origens e abandonar a sua cultura.

Esse é o desafio que enfrentam as mulheres indígenas que saem das suas aldeias para serem "educadas" nos moldes da sociedade não indígena: se qualificar sem perder suas origens, o compromisso e o vínculo com seu povo – o que muitas conseguem manter de forma heroica.

Sair da aldeia muitas vezes é uma decisão da família, ou da comunidade, que designa alguém para estudar e se preparar para defender os direitos e interesses do seu povo – nesses casos, a volta é muito esperada e cobrada. Em casos em que a decisão é mais pessoal, o membro do grupo que saiu pode até voltar, mas não tem uma garantia de trabalho e apoio para desenvolver atividades em prol da coletividade.

Muitas vezes, quem sai da aldeia depois não quer voltar, porque acaba conhecendo o mundo de fora e criando raízes em outra cultura. Existem casos, por outro lado, em que a opção pela volta é um compromisso pessoal com seu povo.

O conforto das tecnologias pode conviver em plena harmonia com tradições e costumes milenares e isso não nos torna menos indígenas. Entrar no mercado de trabalho muitas vezes significa o afastamento físico de seu povo, mas não significa nunca deixar de ser indígena.

As mulheres, quando se qualificam, não encontram muito espaço para atuar em suas comunidades, já que tudo é muito político, e os espaços são manipulados por aqueles que sempre falaram pelos índios e os tutelaram ao longo de séculos, e também pelos compadrios que fazem parte das relações entre lideranças e famílias não indígenas.

Frequentemente, as lideranças indígenas são manipuladas por não indígenas que vivem nas divisas das áreas reservadas, por funcionários governamentais não indígenas, por famílias que arrendam terras indígenas, por políticos ou por ONGs. Enquanto isso, temos inúmeras profissionais nas áreas de Saúde e Educação com formação superior, que poderiam contribuir muito mais, porém isso não lhes é permitido.

Pelo menos até agora, os homens sempre estiveram à frente das negociações com as autoridades (ministérios, secretarias especiais etc.) para a criação e efetivação de políticas sociais. Questões importantíssimas, como a saúde indígena, a educação e o etnodesenvolvimento, não estariam no caos em que se encontram se as mulheres indígenas estivessem sendo consideradas no processo de discussão com os governos pela implantação de políticas sociais específicas para as comunidades.

Sabemos o quanto é difícil a luta pela superação dos inúmeros obstáculos. Mas teimosamente sobrevivemos a mais de cinco séculos de discriminação e de exclusão, lutamos contra a cruz e a espada. Não será difícil, se nos unirmos, deixarmos definitivamente para trás o machismo e a negação de espaços que são nossos, que nos pertencem como mulheres indígenas. Porém, cabe a nós assumirmos a responsabilidade pela conquista desses espaços.

Em armas

AMAZONAS, SOLDADAS, SERTANEJAS, GUERRILHEIRAS

Cristina Scheibe Wolff

As armas e a guerra têm sido associadas à masculinidade. É como se a violência fosse uma exclusividade masculina, uma forma de "provar que é homem", e como se as armas só pudessem ser usadas por homens. A participação direta de mulheres em lutas violentas é geralmente esquecida, dificilmente reconhecida. Entretanto, apesar disso, de alguma maneira, as mulheres sempre estiveram envolvidas em guerras, revoltas e guerrilhas. E muitas vezes pegaram em armas.

AMAZONAS BRASILEIRAS

As raízes do pensamento que associa características masculinas às mulheres em armas são muito antigas, e remontam pelo menos ao mito grego das amazonas, aquelas guerreiras que, para melhor manejar o arco e flecha, chegavam a amputar o seio direito. Numa interpretação da lenda, elas abdicavam de parte de sua "feminilidade" para poder guerrear.

No tempo da Conquista da América, século XVI, muitos pensaram que a terra das amazonas ficasse fisicamente ao sul do rio Amazonas (num território que hoje pertence ao Brasil), pois a expedição espanhola que o explorou no ano de 1541 relatou ter encontrado uma tribo de mulheres guerreiras que lideravam com grande coragem os índios da região na luta contra os espanhóis. Foi assim que o rio ganhou seu nome.

Frei Gabriel de Carvajal, no relato que fez da viagem do explorador espanhol Francisco de Orellana, o primeiro a descer todo o curso do rio, contou que: "Estas mulheres são muito brancas e altas, e têm cabelo muito longo e trançado e enrolado na cabeça, e têm membros grandes e andam nuas em couros, com as vergonhas tapadas, com seus arcos e flechas nas mãos, fazendo tanta guerra como dez índios". Ainda segundo Carvajal, que teve um dos olhos atravessado por uma flecha supostamente arremessada por uma amazona, essas guerreiras fortes e ferozes dominavam os outros grupos indígenas, que lhes pagavam tributos. Quando algum índio desertava da luta, matavam-no.

Muitos autores que escreveram depois comprovaram que mulheres que guerreavam não era novidade no Novo Mundo. De fato, era relativamente comum, entre os grupos indígenas que habitavam as terras brasílicas, índias usarem armas e participarem da defesa como também de expedições guerreiras. Num tempo em que as mulheres que apresentassem comportamentos estranhos, rebeldes e fora dos padrões podiam ser acusadas de bruxaria e queimadas nas fogueiras da Inquisição na Europa, essas índias guerreiras, que agiam com liberdade e desenvoltura, causaram forte impressão nos marinheiros espanhóis e no padre que os acompanhava.

SOLDADAS, VIVANDEIRAS, ENFERMEIRAS

No início do século XIX, nem bem o Exército brasileiro se formava, tivemos uma soldada famosa: Maria Quitéria de Jesus Medeiros. Ela lutou como voluntária (ou melhor, voluntário, já que disfarçada de homem) no batalhão denominado Voluntários do Príncipe D. Pedro, mais conhecido por Periquitos por conta dos detalhes verdes nas fardas. Como membro do novo exército, bateu-se contra tropas portuguesas que estavam na Bahia por ocasião da declaração da Independência, em 7 de setembro de 1822, as quais não aceitaram o novo *status* e, seguindo instruções de Portugal, procuraram manter o domínio sobre o território brasileiro. Nas batalhas que se estenderam até 1823, Maria Quitéria respondia como soldado Medeiros.

Não se sabe ao certo quais foram suas motivações pessoais para lutar. As biografias existentes até agora a seu respeito mencionam apenas "patriotismo". Por outro lado, é conhecido que Maria perdera a mãe aos 9 anos e que, mais tarde, durante um bom período, ela assumiu o comando da casa e dos irmãos mais novos até seu pai casar-se novamente e a nova madrasta desaprovar seus "modos independentes" e seus hábitos de montar a cavalo e caçar como um homem. Em setembro de 1822, o Conselho Interino do Governo da Província da Bahia instalou-se em Cachoeira, a cidade mais próxima da fazenda onde vivia Quitéria, e passou a recrutar voluntários para a luta contra os portugueses. Talvez por estar descontente com seu novo papel na casa do pai, agora que a madrasta era a "dona da casa", Quitéria apresentou-se com o nome de seu cunhado, José Medeiros, e partiu com as tropas. Mesmo depois de descoberta, Maria Quitéria se manteve no exército. Vista como exemplo de coragem, acabou sendo convidada à Corte em 1823 e condecorada pessoalmente pelo imperador.

Com alguma frequência, conforme as exigências do momento, o fato de uma mulher aventurar-se a portar armas e lutar em uma rebelião não é mal recebido, pelo contrário, é usado como um incentivo aos homens para fazerem o mesmo: se até uma mulher é capaz de tamanha impavidez, como ficam os homens reticentes? Naquele momento da constituição do Brasil, em que se estava tentando formar um exército e o voluntariado era necessário, a figura de Maria Quitéria foi explorada pelas autoridades como uma maneira de atrair voluntários: uma mulher disposta a morrer pelo Brasil incentiva os "filhos da pátria" a também demonstrarem bravura.[1]

Maria Graham, preceptora inglesa presente no Rio de Janeiro na época da condecoração de Maria Quitéria, anotou em seu diário:

> 29 de agosto – Recebi hoje uma visita de Dona Maria de Jesus, jovem que se distinguiu ultimamente na Guerra do Recôncavo. Sua vestimenta é a de um soldado de um dos batalhões do Imperador, com a adição de um saiote escocês, que ela me disse ter adotado da pintura de um escocês, como um uniforme militar mais feminino. Que diriam a respeito os Gordons e os Mac Donalds? O traje dos velhos celtas, considerado um atrativo feminino?! [...] Foi enviada para aqui, creio eu, com despachos, e para ser apresentada ao Imperador, que lhe

deu o posto de alferes e a ordem do Cruzeiro, cuja condecoração ele próprio impôs em sua túnica. Ela é iletrada, mas inteligente. Sua compreensão é rápida e sua percepção aguda. Penso que, com educação, ela poderia ser uma pessoa notável. Não é particularmente masculina na aparência; seus modos são delicados e alegres. [...] Uma coisa é certa: seu sexo nunca foi sabido até que seu pai requereu a seu oficial comandante que a procurasse. Não há nada de muito peculiar em suas maneiras à mesa, exceto que ela come farinha com ovos ao almoço e peixe ao jantar, em vez de pão, e fuma charuto após cada refeição, mas é muito sóbria.[2]

"Muito sóbria", apesar de fumar charuto e usar um uniforme estilizado, Maria Quitéria chamou mesmo a atenção por *ser mulher*. Na Corte, foi vista por muitos como "uma original", pessoa excêntrica, mas ficou para a História brasileira como uma heroína digna de nota. E não foi só a História oficial a lhe prestar homenagem. Em 1977, o Movimento Feminino pela Anistia, que reunia mulheres de todo o Brasil num esforço de resistência e contestação a prisões políticas, tortura, exílio e morte dos opositores da ditadura civil-militar, chamou seu jornal de *Maria Quitéria*. "Por que lhe demos o nome de Maria Quitéria? Por ser ela uma mulher que dedicou sua vida à liberdade. Em 1823, em seu uniforme de soldado, lutou lado a lado com os homens do exército de libertação pela Independência do Brasil." Em 1992, ao mesmo tempo que o Exército abria a primeira turma de mulheres na Escola de Administração do Exército em Salvador (BA), Maria Quitéria foi nomeada Patrono do Quadro Complementar de Oficiais do Exército.

O reconhecimento posterior de Maria Quitéria como uma "heroína da pátria" e do Exército faz refletir sobre como noções de gênero (ou seja, construções culturais relativas a ser homem ou ser mulher) podem ser modificadas e usadas de forma estratégica de acordo com as exigências do momento. Como tantas outras mulheres que lutaram, Quitéria poderia ter sido simplesmente esquecida ou desqualificada por conta de seu sexo, mas é lembrada como um ícone da Guerra da Independência já a partir da segunda metade do século XIX, pois contribuiu para justificar a ideia da existência de um "povo brasileiro que se opôs ao colonizador português", um povo "patriota". Em um contexto de criação da nacionalidade, quando a ideia de patriotismo começava a ser forjada, o exemplo de Maria Quitéria ajudou a esquecer, por exemplo, que nas batalhas pela Independência, escravos chegaram a ser recrutados ou usados como substitutos dos seus senhores.[3]

Anita (foto provável) acompanhou Giuseppe Garibaldi em suas lutas no sul do Brasil, no Uruguai e na Itália e foi reconhecida como combatente destemida.

Outra grande figura feminina do passado lembrada até hoje por feitos militares, no Brasil e na Itália, é Anita Garibaldi. Ana Maria de Jesus Ribeiro, a futura Anita Garibaldi, vivia em Laguna (sc) quando a cidade foi tomada pelos revoltosos da Revolução Farroupilha (1835-1845), em 1839, com a ajuda de muitos habitantes locais. Anita, casada com um sapateiro que havia sido recrutado pelas tropas imperiais, apaixonou-se por Giuseppe Garibaldi, republicano italiano que se unira aos farroupilhas. Anita passaria a acompanhar o amado em suas lutas no sul do Brasil, no Uruguai e, mais tarde, na Itália – nos combates pela Unificação –, onde morreria em 1849.

Anita fez o que muitas mulheres faziam na sua época (e haviam feito em épocas anteriores): colocou-se ao lado de seu companheiro eleito, nas batalhas e fora delas. A grande diferença de Anita com relação a outras esposas ou companheiras de soldados foi o grande reconhecimento que teve ao falecer, partindo primeiramente do próprio Garibaldi, que a incluiu em suas Memórias e a fez sepultar com honras na Itália. Garibaldi reconheceu Anita não somente como mãe de seus filhos e companheira, mas também como combatente destemida, o que destoa da forma como geralmente as mulheres são representadas em contextos de guerra.

Além de companheiras, esposas e mães, vivandeiras (mulheres que cozinhavam, lavavam e remendavam roupas para os soldados e cuidavam dos doentes) também eram vistas com frequência seguindo os combatentes, como, aliás, era comum nos exércitos por toda a parte. Um número grande de mulheres que acompanhavam as tropas se ocupava do abastecimento e da preparação de comida, executava serviços de costura e lavanderia e, especialmente, cuidava dos feridos e enfermos. Às vezes, essas mulheres também eram prostitutas. Em várias ocasiões, elas tinham também que pegar em armas e participar do conflito, seja para defender-se, para poder recolher feridos no campo de batalha ou, em alguns casos, por desejo ou necessidade de participar ativamente nos ataques. A Guerra do Paraguai, ou Guerra da Tríplice Aliança, que ocorreu entre 1864 e 1870, foi um dos palcos da atuação anônima de muitas mulheres. Testemunha da guerra, Alfredo D'Escragnolle Taunay as incluiu em seu relato:

> Eram as mulheres que nos acompanhavam setenta e uma, contadas à entrada da ponte. Iam todas a pé, exceto duas, montadas em bestas; carregavam quase todas crianças de peito ou pouco mais velhas. Por heroína passava uma e todas a apontavam. Havendo-se encarniçado um paraguaio em lhe arrancar o

filho, tomara ela de um salto uma espada largada no chão, e num ápice matara o assaltante. [...] Traziam todas no rosto, aliás, os estigmas do sofrimento e da extrema miséria. Ainda vinham algumas carregadas de objetos provenientes do saque; mantas, ponchos, pesadas espadas paraguaias, baionetas e revólveres.[4]

Azevedo Pimentel, outro militar que deixou relatos sobre a guerra, menciona Florisbela, uma das vivandeiras, que participou de combates de carabina nas mãos: "E, no entanto... quem hoje fala em Florisbela, ignorada, desconhecida, quando merecia uma epopeia?". O fato é que eram muitas as mulheres em meio aos combatentes: o Corpo Expedicionário que chegou ao Mato Grosso em 1865, por exemplo, contava com 2.203 soldados e oficiais, e 1.300 civis entre mulheres, crianças e homens como carreteiros e bagageiros.[5]

Como nas Guerras da Independência, na do Paraguai também houve uma soldada que ganhou fama nacional: Jovita Alves Feitosa, peça importante no recrutamento de "voluntários da pátria". Para enfrentar as tropas paraguaias e juntar-se aos exércitos da Argentina e Uruguai, o Brasil necessitava de um exército numeroso. A campanha de recrutamento, portanto, atingiu todo o país. Jovita Feitosa vivia no Piauí, na fazenda de um tio, e tal como Maria Quitéria, vestiu-se de homem e apresentou-se como voluntário em Teresina. Algumas das biografias a seu respeito afirmam que ela fugiu da fazenda em que vivia por ter se desentendido com o tio, mas todas são unânimes em afirmar que se alistou "por seu patriotismo". Entretanto, logo foi descoberta. Ao invés de ser imediatamente descartada, tornou-se curiosidade nacional, percorrendo vários estados conclamando os homens a apresentarem-se como voluntários. Chegou a ser promovida a sargento. Sobre seu destino, há várias versões: uma delas afirma que Jovita teria se suicidado no Rio de Janeiro depois da frustração de ser mandada para o Paraguai, mas impedida de lutar no *front* por ser mulher e relegada ao serviço nos hospitais, outra informa que ela nem teria ido ao Paraguai; e ainda outra diz que a jovem teria, sim, lutado e morrido na Batalha de Acusta Ñu, em 1867. O fato é que causou grande polêmica na imprensa da época. Um dos articulistas do *Jornal do Commercio* de 1865 criticou a presença da "jovem Jovita" no exército: "a ofensa mais grave à dignidade dos homens que se prezam e à daqueles que militarão...".[6]

Jovita Feitosa e Maria Quitéria não foram as únicas mulheres envolvidas nas respectivas guerras que as transformaram em heroínas da pátria. Foram apenas as que ficaram conhecidas. Isso se deu especialmente por terem, num primeiro momento, se vestido como homens, e, depois de descobertas, acabarem sendo aceitas – até certo ponto – formal e publicamente, com direito a uniforme, patente, soldo e condecorações. Essa aceitação foi propiciada pelo reconhecimento da importância de figuras como as delas como veículo de propaganda, quando havia uma grande necessidade de voluntários.[7] Para mostrar que elas eram diferentes dos outros soldados, tanto Maria Quitéria quanto Jovita Feitosa foram obrigadas a usar um saiote sobre a farda, deixando claro que o exército não seria o lugar ideal para as mulheres e que estas "soldadas" eram exceções.

Figura unanimemente louvada por sua participação na Guerra do Paraguai foi a enfermeira Ana Nery. Ela chegou inclusive a ganhar fama nacional, possivelmente por ser a viúva de um oficial, o oficial de marinha capitão de fragata Isidoro Antonio Nery. Ana acompanhou seus três filhos ao campo de batalha e organizou um serviço de enfermagem nos hospitais de sangue do exército. Passou à História como a precursora da Enfermagem no Brasil. Entretanto, Ana Nery e as demais enfermeiras da Guerra do Paraguai não foram consideradas integrantes do exército.[8]

A presença de mulheres e de civis em geral que acompanhavam os exércitos – essenciais ao funcionamento dos quartéis e batalhões, pois cuidavam de aspectos como o abastecimento das tropas e cuidados com a saúde – era vista por observadores internacionais, desde o século XIX, como um aspecto arcaico do exército brasileiro.[9] No início do século XX, mudanças na forma do recrutamento e em toda a estrutura do Exército, bem como nas outras armas (a Marinha e mais tarde, a Força Aérea), levaram à exclusão sistemática das mulheres. Elas poderiam até estar presentes como esposas dos soldados e oficiais, mas não podiam mais atuar como vivandeiras e muito menos como guerreiras. Casos famosos de troca de identidade como os de Jovita e de Maria Quitéria não mais ocorreram, possivelmente porque foi instituído o exame médico obrigatório anterior ao engajamento do soldado, além de outras medidas que visavam transformar o exército brasileiro, modernizando-o e melhorando sua reputação.[10]

Em 1942, porém, quando o Brasil entrou na Segunda Guerra Mundial, junto com a Força Expedicionária Brasileira (FEB) foi formada a Organização Feminina Auxiliar de Guerra (OFAG) composta por mulheres uniformizadas, entre 17 e 50 anos de idade, que prestavam os serviços (tradicionalmente considerados femininos) de secretária, telefonista, recepcionista, enfermeira, datiloscopista, datilógrafa, entre outros. Ao entrar na organização, a recruta

A abertura para a participação feminina nas Forças Armadas brasileiras tem relação com a progressiva inserção das mulheres em amplas áreas do mercado de trabalho.

fazia um juramento que incluía termos que lembravam características do modelo de feminilidade dominante na época (afeição, bondade), como a dizer que, embora estivessem se associando ao Exército, uma instituição masculina em princípio, elas não deixariam de lado os "valores femininos":

> Inscrevendo-me na Organização Feminina Auxiliar de Guerra, da 2ª Região Militar, assumo o sagrado compromisso de cumprir rigorosamente as ordens das autoridades a que estiver subordinada; respeitar os superiores hierárquicos; tratar com afeição e bondade minhas companheiras de Ideal; zelar pelo bom nome da Organização; dedicar-me inteiramente ao serviço da Pátria, servindo-a com desinteresse, votando-lhe, toda a minha afeição e, de ânimo forte, si preciso for, sacrificar minha própria vida.[11]

Aos campos de batalha na Europa foram enviadas 73 enfermeiras brasileiras que, ao final da guerra, foram condecoradas, promovidas a oficial e licenciadas do serviço ativo militar. Porém, muitas outras mulheres da OFAG trabalharam aqui no Brasil durante o período da guerra, auxiliando inclusive no policiamento de cidades como São Paulo e Rio de Janeiro. Essa experiência do período da guerra seria, mais tarde, utilizada como exemplo pelas defensoras da criação da Polícia Feminina, uma polícia que trabalharia idealmente na proteção de mulheres, crianças e atuaria nas chamadas "questões sociais".

As polícias femininas foram criadas em diferentes momentos em cada estado do Brasil. A primeira corporação foi a de São Paulo, que surgiu em 1955, após longa luta para que fosse implantada. As primeiras policiais formavam um corpo à parte na Polícia de São Paulo e, apesar de aprenderem tiro, defesa pessoal e outras habilidades ligadas ao uso da força, em princípio, não podiam portar armas. Sua função seria justamente oferecer um contraponto à polícia "masculina", violenta, repressora, oferecendo ajuda a migrantes, mulheres e crianças que precisavam da benemerência do Estado.[12]

Regular e oficialmente, as mulheres somente passaram a ser incorporadas às Forças Armadas brasileiras a partir da década de 1980, começando pela Marinha (1980), seguida pela Força Aérea (1982) e, finalmente, o Exército (a partir de 1992).[13] A abertura para a presença de mulheres nas Forças Armadas – mesmo que inicialmente apenas em cargos de apoio com atividades burocráticas e serviço de saúde e formação – tem relação com a progressiva inserção das mulheres em amplas áreas do mercado de trabalho, mais intensamente a partir de meados do século XX. A partir dos anos 1960 também cresceu muito o movimento feminista, que reivindicava, entre outras coisas, a igualdade de direitos entre homens e mulheres e a possibilidade de as mulheres exercerem qualquer profissão. O reconhecimento internacional das demandas do movimento feminista, especialmente a partir de 1975 com a declaração da Década da Mulher pela Organização das Nações Unidas (ONU), também ajudou na incorporação de mulheres às Forças Armadas. Na maioria dos países da Europa e América do Norte, essa incorporação se deu na década de 1980, e o Brasil certamente também não quis ficar numa posição considerada "atrasada" a partir de então. Diferentemente do que ocorre com os homens no Brasil, o alistamento no serviço militar para as mulheres não é obrigatório e o ingresso se faz por seleção, como para um emprego público, colocando-se algumas vezes mais como uma alternativa de emprego do que necessariamente como um ato patriótico. Além disso, outras motivações podem estar presentes na escolha de mulheres pela profissão militar. Em entrevistas realizadas pela revista *Veja* para ilustrar duas reportagens dedicadas ao tema, algumas das soldadas e oficiais mencionam: a inspiração dos filmes do cinema americano, o poder dado pelo uso do uniforme, a organização existente no exército. Apesar da aceitação oficial, as recrutas ainda enfrentam preconceitos por parte de familiares, conhecidos e, por vezes, de pessoas da própria instituição. Uma delas contou que perdeu o namorado quando se alistou: "Ele disse que queria *uma mulher normal* e não uma que ficasse marchando com revólver na cintura".[14] A incorporação de mulheres nas Forças Armadas ainda é restrita a setores específicos, de apoio. Exercícios de tiros de guerra na Amazônia, por exemplo, só foram permitidos pelo Exército às mulheres (como recrutas, isto é, através de alistamento e não concurso) a partir de 1998. Na Marinha, as mulheres já podem chegar a ser capitães de mar e guerra, patente equivalente à de coronel no exército, mas não podem integrar a tripulação de navios nem participar de simulações de combate. Na Aeronáutica, em 2006, foi formada a primeira turma de aviadoras que podem ocupar posições de combate. Isso é extremamente importante se levarmos em conta que somente os oficiais que vão para posições de combate é que podem ser promovidos aos cargos mais altos. Numa instituição em que a guerra e o combate são os principais objetivos, o prestígio liga-se justamente a essas posições.

"VIRGENS" E CANGACEIRAS

A chamada Guerra do Contestado ocorreu numa região disputada pelos estados de Santa Catarina e Paraná entre os anos de 1912 e 1916. Envolveu aproximadamente sete mil soldados do Exército Brasileiro engajados na derrota de grupos de sertanejos organizados em torno de uma crença messiânica e de reivindicações relativas à posse de terras.[15] Esse conflito teve várias particularidades, entre elas a presença de mulheres, não somente como parte da população envolvida afetada, mas também como combatentes e líderes rebeldes.

Os sertanejos rebelados se organizaram inicialmente em torno de um líder conhecido como monge José Maria, que morreu na primeira batalha contra a força policial do Paraná. Sem o monge, em diferentes momentos ao longo do conflito, várias outras pessoas assumiram a liderança nos redutos em que os sertanejos se organizaram, inclusive duas jovens mulheres: Teodora e Maria Rosa, cada uma a seu tempo, que eram chamadas de "Virgens". Elas diziam ter visões com o monge nas quais recebiam as orientações do falecido. Também reuniam o "conselho de anciãos e chefes de guerra", que decidia os passos a serem tomados pelos rebelados, as regras da comunidade de sertanejos e as penalidades cabíveis aos infratores.

A liderança de Teodora, possivelmente, vinha da ligação com seu avô, o comerciante Eusébio Ferreira dos Santos, que fazia parte do conselho de anciãos, e durou poucas semanas, nas quais teve várias visões com José Maria, sendo logo substituída por um menino que também passou a ter visões do mesmo tipo. É diferente do caso de Maria Rosa, que realmente exerceu um papel de liderança, inclusive em dois momentos-chave da guerra: a Batalha de Caraguatá (1914) e a transferência do reduto de Caraguatá para Santa Maria. Correia de Freitas, um político local, descreveu a atuação de Maria Rosa para um jornal da época:

> Essa sertaneja, tida desde logo como profetiza e santa, pelas suas ligações com o mundo misterioso dos fenômenos sobrenaturais, adquiriu domínio absoluto sobre os crentes. Ela designa os chefes, comandantes de briga e de reza, da forma de piquetes destinados a arrebanhar gado, convencer vizinhos recalcitrantes, efetuar prisões, expedir bombeiros junto aos peludos ou pés redondos. Os cabalares e espiões eram sumariamente fuzilados.[16]

Conta uma trova, que se refere ao reduto de Caraguatá para onde os sertanejos foram guiados por Maria Rosa numa retirada estratégica após a Batalha de Taquaruçu (1913):

Lá a "Virgem" Maria Rosa
No reduto é que mandava,
Ninguém mais intrometia
Pois, só ela comandava;
Nomeou todos cabeças
Os que mais considerava.[17]

Ao longo dos cinco anos da Guerra do Contestado, surgiram várias outras lideranças, em sua maioria homens, reconhecidos por suas habilidades políticas ou militares. Porém, o respeito pelas Virgens se manteve. Maria Rosa destacou-se nesse contexto, pois, além de ter obtido a consideração dos sertanejos em função de seu papel místico, também se envolveu diretamente nas atividades de guerra e de organização do reduto.

Relatos conservados na tradição oral ou registrados por militares que atuaram na repressão ao movimento do Contestado contam sobre mulheres que participavam das lutas de arma em punho (arma de fogo ou a espada de pau, que era usada como último recurso pelos sertanejos). O próprio general Setembrino de Carvalho, que comandou as forças militares que foram finalmente vencedoras, depois de 5 anos de luta, escreveu em suas memórias: "O exército não enfrentaria apenas homens em idade de lutar. Lutavam velhos e crianças, lutavam até mulheres. Bandos de mulheres emboscadas tinham trucidado batalhões".[18]

Uma dessas combatentes, meio lenda, meio memória, é Chica Pelega – hoje um ícone do movimento de mulheres camponesas no oeste de Santa Catarina. Francisca Roberta, a Chica Pelega, teria sido uma moça simples que se envolveu na guerra após a morte de seu pai e do noivo, atuando como curandeira, além de guerreira "empedernida":[19] "Quem viu Chica Pelega, viu fogo no céu e viu sangue no chão", nas palavras do trovador Vicente Telles.[20]

Outro importante movimento que envolveu populações rurais no Brasil e chegou a armar mulheres foi o cangaço. Os cangaceiros eram bandos de foras da lei que se multiplicaram no sertão nordestino entre os anos de 1870 a 1940, aproximadamente. Constituído por sertanejos envolvidos em disputas de terras, ou que haviam cometido crimes como assassinatos "em defesa da honra", muitas vezes vinganças, mas invariavelmente considerado pelas autoridades uma forma de banditismo, o cangaço tinha um apelo popular e seus protagonistas são até hoje cantados em versos na literatura de cordel. Nessa visão positiva, o maior herói da "epopeia" foi Lampião

(Virgulino Ferreira da Silva) e a heroína Maria Bonita (Maria Gomes de Oliveira), sua companheira.

Algumas vezes, os bandos agiam sob "contrato" de algum "coronel" ou fazendeiro da região, mas também atuavam autonomamente, sequestrando pessoas, saqueando propriedades e combatendo a polícia. Geralmente, começavam com um grupo de homens e, na medida em que se tornavam bandos mais permanentes, passavam a receber mulheres em suas hostes. Como a polícia não dava trégua aos cangaceiros, elas acabavam por também se envolver nos combates.

A cangaceira mais conhecida, especialmente por sua associação com o "rei do cangaço", foi Maria Bonita. Ela juntou-se ao bando de Lampião em 1929 e morreu em 1938, degolada pela polícia, como os outros membros do grupo. Não existem muitos relatos da existência de cangaceiras antes de Maria Bonita, mas o fato é que, depois que Lampião incorporou sua companheira ao seu grupo, outras mulheres passaram a ser aceitas pelos cangaceiros. Ao acompanhar o grupo, elas costumavam cozinhar, costurar e cuidar dos feridos. Embora normalmente não participassem dos combates de maneira ativa – com a exceção sempre lembrada de Dadá (Sérgia Ribeiro da Silva) –, elas andavam armadas para poder se defender e usavam roupas características dos grupos cangaceiros adaptadas para as mulheres.

Muitas vezes, foram baleadas por estarem presentes nos tiroteios. Sila, companheira de Zé Sereno, uma das poucas sobreviventes do Massacre de Angicos (1938), em que o bando de Lampião foi derrotado, contou sua história em uma entrevista e dois livros. Ela teria sido praticamente obrigada, por medo de represálias a sua família, a acompanhar Zé Sereno, o cangaceiro que gostara dela numa passagem do grupo pela fazenda de seu irmão. Porém, depois de algum tempo, conformou-se e foi capaz de demonstrar lealdade ao "marido" em muitas ocasiões. Segundo ela, "naquele tempo marido era um só".

> Apesar do sofrimento, entrei no espírito do grupo. Andava com um punhal e uma pistola "máuser" pequenininha, que dava cinco tiros, igual à de Maria Bonita. Mas só usei uma vez, para libertar o Zé. Ele entrou em uma casa e um homem o derrubou no chão. Por causa do peso do armamento, quando um cangaceiro caía, era difícil levantar. Eu cheguei na hora, peguei minha pistola e falei: "Se não soltar ele agora, eu mato". Depois Zé falava para todo mundo que, se não fosse eu, ele tinha morrido.[21]

Maria Bonita, assim como outras que acompanhavam os cangaceiros, andava armada e usava roupas características dos bandos adaptadas para as mulheres.

Mas é Dadá, a companheira de Corisco (Cristino Gomes da Silva Cleto), que ficaria conhecida como a primeira mulher a portar um fuzil no cangaço e liderar o bando em algumas das batalhas com as "volantes" da polícia, os destacamentos policiais montados especificamente para perseguir os cangaceiros. Embora Dadá tenha entrado no cangaço à força, raptada por Corisco quando tinha apenas 13 anos, contam as histórias do cangaço, ela acabou se apaixonando por ele e ficou ao seu lado até o episódio do tiroteio com a polícia que o mataria em 1940. Como Corisco já vivia, desde 1939, com uma perna e um braço paralisados, em consequência de ferimentos à bala, quem empunhava o fuzil e liderava de fato o seu bando era Dadá. Ela era admirada por seus homens que diziam: "Dadá vale mais que muito cangaceiro." Mas, com certeza, não foi nem a primeira nem a última das sertanejas a usar uma arma, seja para se defender, caçar, roubar ou lutar.

GUERRILHEIRAS

Depois da Revolução Cubana (1959), espalhou-se pela América Latina a ideia de que um grupo de jovens poderia iniciar uma revolução social que, num segundo momento, ganharia respaldo popular. Ao mesmo tempo, o medo de novas revoluções insuflado pela Guerra Fria levou à adoção, no governo de vários países, da doutrina de Segurança Nacional e a implantação de ditaduras de cunho conservador. No Brasil, uma ditadura civil-militar instalou-se em 1964 e permaneceu no poder até 1985, quando se deu uma lenta "abertura", como ficou conhecido o processo gradual de redemocratização do país.

No período entre 1967 e 1974, vários foram os grupos de esquerda que buscaram uma revolução socialista e que tentaram oferecer resistência armada à ditadura.[22] Tais grupos eram formados por pessoas originárias de diversos estratos sociais, em sua maioria jovens estudantes provenientes de movimentos estudantis, trabalhadores fabris e camponeses.

Ao mesmo tempo, o mundo vivia a "revolução das mulheres". O feminismo de "Segunda Onda", chamado assim para diferenciá-lo do movimento sufragista do início do século xx, começava a se fazer ouvir e angariar muitos adeptos. No Brasil, o movimento feminista que ressurgira timidamente após o término da Segunda Guerra Mundial, acompanhando uma tendência mundial, ganhou força nos anos 1960 ao lutar para garantir o acesso das mulheres às

Grupos armados de oposição ao governo militar abrigavam mulheres entre seus militantes. (Cartaz do governo com imagem da guerrilheira Iara Iavelberg entre os procurados.)

profissões de classe média, às universidades e ao reivindicar para elas salários iguais aos dos homens, além de uma maior participação na política. A partir de 1968, principalmente, outras bandeiras passaram a ser incorporadas com vigor pelas feministas: o direito das mulheres sobre o próprio corpo (anticoncepção, aborto), o fim da violência doméstica e da violência sexual e a possibilidade de frequentar todos os lugares públicos.[23] Porém, nesse momento, o Brasil estava mergulhado em uma ditadura, sistema que não propiciava a mudança social nem mesmo a discussão, o debate. Os movimentos de contestação ao regime, por sua vez, estavam mais preocupados com o que chamavam de "questões gerais" do que com os direitos das mulheres. (Para eles, primeiro deveria acontecer uma transformação no sistema econômico, eliminando-se a exploração de classe nos moldes capitalistas, para depois serem realizadas mudanças que atingissem a cultura e outros tipos de desigualdade, como as ligadas às questões raciais e de gênero). De qualquer forma, os avanços do feminismo, no Brasil e no mundo, e as conquistas políticas das mulheres em vários países contribuíram para que muitas brasileiras optassem por se engajar em organizações de resistência ao regime ditatorial no país, inclusive, em movimentos que pregavam a luta armada.

As universidades brasileiras, que até bem pouco tempo atrás tinham um público majoritariamente masculino, passaram a receber mais e mais mulheres.[24] Como o movimento estudantil foi um dos focos de resistência a alimentar os quadros das organizações clandestinas de esquerda, é possível pensar que a entrada de um número importante de mulheres na universidade explique por que as organizações da esquerda armada e da nova esquerda em geral tiveram um número maior de mulheres participantes do que os partidos tradicionais de esquerda, como o PCB (Partido Comunista Brasileiro) ou o PSB (Partido Socialista Brasileiro) naquele período.[25] Era uma questão geracional, pois nesse momento dos anos 1960 parecia para os jovens que tais partidos seguiam uma política reformista, sendo que os novos grupos políticos propunham uma revolução mais imediata, ou pelo menos a construção de uma revolução socialista em outras bases. Os grupos armados pareciam ser a alternativa mais ousada, e atraíram mais jovens, homens e também mais mulheres.

Mas não era fácil para as mulheres serem tratadas como iguais, mesmo nas organizações que propunham a construção de um "mundo novo" e um "novo homem". A discriminação de gênero podia vigorar até em movimentos ditos revolucionários. Nas palavras de Che Guevara,[26] uma das grandes inspirações dos grupos guerrilheiros que se formaram em muitas partes da América Latina, na guerra de guerrilha:

> A mulher tem um papel importante em questões médicas como enfermeira, e até mesmo como médica, com uma gentileza infinitamente superior à de seu rude companheiro de armas, uma gentileza que é tão apreciada em momentos em que um homem está desamparado, sem conforto, talvez sofrendo dor severa e exposto aos muitos perigos de todos os tipos que fazem parte deste tipo de guerra.

Ele ainda cita os papéis de professora, de mensageira (já que elas poderiam passar pelas linhas inimigas mais facilmente que os homens), de cozinheira, entre outros. Ou seja, para ele, assim como para tantos líderes guerrilheiros da época, as mulheres deveriam manter-se concentradas nas tarefas de cuidado, extensão daquelas tradicionalmente realizadas no âmbito familiar, ou, se fosse o caso, utilizar sua suposta "fraqueza" para enganar os inimigos. Onde estaria então a "nova mulher" no mundo do Novo Homem? O fato de ela não aparecer nos escritos de Che não deixou, entretanto, as mulheres de fora da luta revolucionária; as condições criadas ao longo do século XX – no movimento sufragista, na disputa feminina por postos no mercado de trabalho, na inserção crescente das mulheres nas universidades, nos meios de comunicação de massas e na vida política – já lhes haviam aberto caminhos.

Helenira Rezende, por exemplo, nascida em 1944, foi líder estudantil nos tempos de escola secundária em Assis (estado de São Paulo) e, mais tarde, participou do movimento dos estudantes de esquerda da Faculdade de Filosofia da Universidade de São Paulo (USP). Militante do Partido Comunista do Brasil (PCdoB), chegou a ser presa duas vezes em 1968: a primeira durante uma passeata e a segunda junto com outros 800 estudantes que participavam do congresso da União Nacional dos Estudantes (UNE) em Ibiúna, proibido pelo governo. Como foi considerada uma liderança, acabou separada dos outros presos e torturada pela polícia no Departamento de Ordem Pública e Social (Dops), divisão especializada na repressão política, em São Paulo, e, depois, enviada para o Presídio do Carandiru. Conseguiu sair da prisão por meio de um *habeas corpus* logo antes de ser instituído o Ato Institucional de número 5 (AI-5), quando então passou a viver na clandestinidade.[27] Helenira foi uma das escolhidas para fazer parte do grupo que iniciaria a Guerrilha do Araguaia.[28] Dos 69 guerrilheiros que para lá foram, 12 eram mulheres.

Segundo uma delas, Crimeia Alice Schmidt de Almeida, a experiência da guerrilha rural do Araguaia foi de "igualdade e de superação para todos", já que as mulheres participavam do "trabalho pesado" e os homens aprenderam a cumprir as tarefas domésticas que eram escrupulosamente divididas entre todos. Se as "companheiras" mulheres podiam empunhar um fuzil ou uma enxada ou machado, os "companheiros" homens certamente também podiam aprender a cozinhar, limpar e lavar a louça.

> Na cabeça de alguns companheiros, existia subjetivamente a atitude de diferença entre homem e mulher. Mas, a prática das mulheres lá não permitiu que isso se concretizasse em divisão de tarefas "masculinas" e "femininas". De certo modo, a situação favorecia isso, porque lá iam aprender tanto o trabalho doméstico como a viver na mata, combater. Houve mudanças no estilo de vida de todos. No início, alguns homens diziam: "não sei cozinhar". Então, dava-se atenção maior a eles para aprenderem o que não sabiam fazer. E iam cozinhar.[29]

Em 1971, os militares descobriram a localização do grupo e montaram uma grande operação para destruí-lo. Os guerrilheiros, por sua vez, ofereceram muita resistência, auxiliados pela população local que também sofreu represálias dos militares. Nessa luta, Helenira Resende destacou-se como combatente armada.

Os militares deram por encerrada sua missão em 1975, tendo matado, em combate, na tortura ou através de execuções, mais de 50 guerrilheiros, muitos dos quais até o presente ainda são considerados desaparecidos políticos. A jovem Crimeia foi a única guerrilheira a sobreviver.

Apesar de não falarem sobre ideias feministas, os guerrilheiros do Araguaia, em particular, e os grupos de esquerda, em geral, tinham acesso a informações sobre o que acontecia no mundo com relação às reivindicações femininas e vários deles tiveram que fazer concessões aos desejos femininos de igualdade. No entanto, na Guerrilha do Araguaia, assim como em várias outras experiências do tipo, a discriminação de gênero podia aparecer de forma sutil e até imperceptível naquele momento histórico em que se considerava natural que as tarefas domésticas e ligadas ao cuidado com as crianças, idosos e doentes fossem realizadas prioritariamente por mulheres e as tarefas consideradas "pesadas", por homens. Ou que os papéis de liderança fossem geralmente assumidos pelo sexo masculino. Em certos casos, apenas depois de alguns anos, tendo vivido outras experiências de vida e conhecendo o discurso do movimento feminista, ex-militantes puderam repensar seu passado e perceber as diferenças de tratamento entre homens e mulheres que havia no interior dos grupos de esquerda. Isso ocorreu, por exemplo, com Helena Hirata, que havia sido militante do Partido Operário Camponês (POC) e, por conta disso, foi obrigada a se exilar no Chile e na França após 1971:

> [...] naquela época [...] as mulheres ficavam, fundamentalmente, em papéis de apoio [...] Eu, por exemplo, ficava numa célula [...] [em] que fazia as tarefas internas [...] cuidar de papéis, cuidar de dinheiro, cuidar de mimeógrafos, datilografar os jornais e os panfletos que [...] nós produzíamos e divulgávamos em bairros operários de São Paulo [...] E eu acho que as organizações de esquerda no Brasil eram muito machistas mesmo.[30]

Vários testemunhos de mulheres que participaram das organizações de esquerda armada revelam algum ressentimento contra essas organizações por não darem a elas as mesmas chances de reconhecimento de capacidade política dadas aos homens. Contudo, apesar de o número de mulheres nos postos de liderança ser muito menor que o de homens, os grupos de luta armada foram, muitas vezes, um canal relevante para a (até então inusitada) participação política das mulheres que podiam, inclusive, surpreender seus "companheiros" de militância com sua capacidade de argumentação. Ottoni Fernandes Jr., ex-militante da Ação Libertadora Nacional (ALN), por exemplo, deixou registrado em suas Memórias a admiração que sentia pelas habilidades políticas da "companheira" de codinome Lola (Aurora Maria Nascimento Furtado).

> Suave e tranquila, Lola estudava Psicologia na Filosofia da USP e tinha uma outra qualidade: a capacidade de surpreender. Nas reuniões da Dissidência costumava prestar atenção aos debates sem falar muito. Analisava cuidadosamente as pessoas e tudo o que escutava. Suas poucas intervenções eram recebidas com reverência por uns e temor por outros, principalmente pelos mais desatinados, pois costumavam recolocar a conversa no eixo correto.[31]

É bom lembrar que, até os anos 1960, as oportunidades políticas para as mulheres eram muito pequenas, e basta ver até hoje quão poucas mulheres – se compararmos com a proporção de homens – se candidatam a cargos políticos.

Nos grupos da luta armada, muitas vezes, os homens se espantaram também com a coragem e mesmo a destreza com as armas por parte das "companheiras" mulheres. Ottoni Fernandes contou da morte de Lola, sob tortura, após ter sido presa, e que ela havia resistido à prisão "atirando" para cobrir "a fuga de um companheiro". Essa atitude certamente aumentou a raiva dos policiais que, após capturá-la, fizeram-na sofrer barbaramente até que finalmente morresse. O guerrilheiro comentou também que, quando estava viva e atuante, por ocasião de um exercício de tiro ao alvo,

> Lola pediu o "38". Na primeira rodada, enquanto se acostumava ao peso do revólver, errou dois dos seis tiros. Na segunda, encaçapou todos os alvos. Num típico sentimento machista, fiquei com vergonha de errar, de enfrentá-la, pois certamente iria perder, e desisti de atirar com o "38", dando preferência à carabina. Não ousei perguntar se Lola já fizera algum treinamento com armas, pois estava envergonhado de minha prepotência, achando que era o bambambã do gatilho.

NOVAS NARRATIVAS

Mulheres armadas desafiam o estereótipo da mulher como um ser frágil e delicado que deve necessariamente ser protegido pelo homem. Talvez seja por isso que a História escrita muitas vezes "esquece" as mulheres em suas narrativas sobre guerras, guerrilhas e conflitos armados. No máximo, elas aparecem como vítimas da violência, mães de soldados ou enfermeiras dedicadas. Mas, graças a novas pesquisas e novos olhares, como os que procuramos mostrar aqui, fica cada vez mais evidente a participação feminina de arma nas mãos em momentos críticos para a história do Brasil.

NOTAS

[1] Ela não foi a única mulher envolvida na Guerra da Independência. Outros nomes aparecem volta e meia, reavivados pelas pesquisas históricas, como o de Maria Felipa, uma negra liberta da ilha de Itaparica que organizou um grupo de quarenta pessoas para queimar os navios portugueses que ali aportaram preparando-se para atacar Salvador. Ver: Eny Kleyde Vasconcelos Farias, *Maria Felipa de Oliveira: heroína da Independência da Bahia*, Salvador: Da autora, 2010.
[2] Maria Graham, *Diário de uma viagem ao Brasil e de uma estada nesse país durante parte dos anos de 1821, 1822 e 1823*, trad. Américo Jacobina Lacombe, São Paulo: Edusp, 1956, p. 329-331. Também disponível em: <http://www.brasiliana.com.br>, acesso em: 19 jul. 2011.
[3] Hendrik Kraay, "Em outra coisa não falavam os pardos, cabras, e crioulos": o "recrutamento" de escravos na guerra da Independência na Bahia, em *Revista Brasileira de História*, v. 22, n. 43, 2002, p. 109-126.
[4] Visconde de Taunay (Alfredo D'Escragnolle Taunay), *A retirada da Laguna: episódio da Guerra do Paraguai*, São Paulo, Ediouro/Biblioteca Virtual do Estudante Brasileiro, USP, s/d, p. 103.
[5] Citado por Francisco Doratioto, *Maldita Guerra*, São Paulo, Companhia das Letras, 2002, p. 190-191 (para Azevedo Pimentel) e p. 123 (para os números).
[6] Maria Teresa Garritano Dourado, *Mulheres comuns, senhoras respeitáveis: a presença feminina na Guerra do Paraguai*, Campo Grande, Editora da UFMS, 2005, p. 97-98.

[7] Fazer parte do exército não era algo bem-visto pela sociedade; a prática dos castigos físicos para punir faltas cometidas pelos soldados, o uso frequente da força para persuadir "voluntários" e soldados, o soldo baixo e irregular, os problemas com a alimentação e as inúmeras doenças adquiridas nas guerras, além do risco de morrer, eram fatores que repeliam os ingressos espontâneos.
[8] Já suas congêneres, durante a Segunda Guerra Mundial, em meados do século xx, o foram.
[9] Luc Capdevila, "Genre et armées d'Amerique Latine", em *Clio, Histoire, femmes, societés*, n. 20, 2004, p. 2-14.
[10] Sobre as transformações no Exército ver Peter Beattie, *The tribute of blood. Army, honor, race, and nation in Brazil, 1864-1945*, Durham & London, Duke University Press, 2001 e Celso Castro, Vitor Izecksohn e Hendrik Kraay (orgs.), *Nova história militar brasileira*, Rio de Janeiro, Editora FGV, 2004.
[11] Ministério da Guerra. 2ª Região Militar. *Regulamento Interno da Organização Feminina Auxiliar de Guerra*. 28 de julho de 1943. Cap. VII. Art. 54º. Acervo BMP/PMESP. Informação da pesquisa de Rosemeri Moreira para sua tese de doutorado inédita, gentilmente cedida para elaboração deste capítulo.
[12] Sobre a criação da Polícia Feminina de São Paulo, ver a tese de Rosemeri Moreira, *Sobre mulheres e polícias: a construção do policiamento feminino em São Paulo (1955-1964)*, Florianópolis, 2011, Tese de Doutorado em História, UFSC. Disponível também em: <www.bu.ufsc.br>. Acesso em: 14 abr. 2012.
[13] Maria Celina D'Araujo, "Mulheres, homossexuais e Forças Armadas no Brasil", em: Celso Castro, Vitor Izecksohn e Hendrik Kraay (orgs.), op. cit., p. 439-459
[14] Depoimento de Rosilda Rodrigues, 22 anos. Citado em Alexandre Secco e Daniela Pinheiro, "Na linha de frente", em *Veja*, 11 nov. 1998, p. 150-152. A outra reportagem mencionada é Heloísa Joly, "As pioneiras da caserna", em *Veja*, 6 dez. 2006, p. 112-114.
[15] Como acontecia sempre, o deslocamento das tropas era acompanhado de um grande grupo de mulheres e crianças. Ver Paulo P. Machado, *Um estudo sobre as origens sociais e a formação política das lideranças sertanejas do Contestado, 1912-1916*, Campinas, 2001, Tese de Doutorado em História, Unicamp, p. 401-404.
[16] Apud Nilson Thomé, *Os iluminados: personagens e manifestações místicas e messiânicas no Contestado*, Florianópolis, Editora da UFSC, 1999, p. 192.
[17] Trovas de Neném Schefer anotadas por Euclides Philippi, publicadas em Alda Dolberth, "Maria Rosa é homenageada pela Rádio Comunitária", em Aldo Dolberth, *Maria Rosa. A virgem comandante da guerra sertaneja do Taquaruçu*, Curitibanos, Thipograf, 2005. Apud Natalia Ferronatto da Silva, As "Virgens Messiânicas": participação e influência das "Virgens" Teodora e Maria Rosa no Contestado (1912-1916), em *Revista Santa Catarina em História*, v. 1, n. 1, 2010, disponível em: <http://seer.cfh.ufsc.br/index.php/sceh/article/view/331/168>, acesso em: 14 abr. 2012
[18] Fernando Setembrino de Carvalho, apud Heloísa Perreira Hübbe Miranda, *Travessias pelo sertão contestado: entre a ficção e a história, no deserto e na floresta*, Florianópolis, 1997, Dissertação de Mestrado em Literatura, UFSC, p. 97.
[19] Adiles Savoldi, Josiane Geroldi e Arlene Renk, "Presença da 'luta' com Chica Pelega: narrativas caboclas nas experiências cotidianas", em *Anais eletrônicos do Seminário Internacional Fazendo Gênero 9: Diásporas, Diversidades, Deslocamentos*, 2010. Disponível em: <http://www.fazendogenero.ufsc.br>, acesso em: 14 abr. 2012.
[20] Versos da música "Chica Pelega", de Vicente Telles e Cirila M. Pradi, do disco *Contestado* de Vicente Telles, 1987.
[21] Ilda Ribeiro de Souza (depoimento a Rozane Queiroz), Eu, leitora, "Fui cangaceira do bando de Lampião", em *Marie Claire*, 114, set. 2000, disponível em: <http://marieclaire.globo.com/edic/ed114/eu_leitora1.htm>, acesso em: 29 jul. 2011. Livros lançados por Ilda Ribeiro de Souza: *Sila – memória de guerra e paz* (editora da Universidade Federal de Pernambuco, 1995) e *Angicos, eu sobrevivi* (Oficina Cultural Monica Bonfiglio, 1997).
[22] Entre os principais grupos estavam: Ação Libertadora Nacional (ALN), Vanguarda Popular Revolucionária (VPR), Movimento Revolucionário 8 de Outubro (MR8), Vanguarda Armada Revolucionária Palmares (VAR-Palmares), Partido Comunista do Brasil (PCdoB), Partido Operário Camponês (POC).
[23] Era comum naquela época que certos lugares públicos, como bares e restaurantes, por exemplo, negassem acesso a mulheres "desacompanhadas", ou seja, que não estivessem acompanhadas por um homem.
[24] Entre 1956 e 1971, a proporção de mulheres nas universidades brasileiras passou de 26% para 40%, ao mesmo tempo que o próprio número de universidades e de estudantes crescia muito.
[25] Segundo Marcelo Ridentti, aqueles partidos tinham no máximo 10% de seus militantes mulheres, enquanto a esquerda armada chegou a ter entre 15% e 20% de militantes mulheres (os números citados foram calculados com base em pesquisas nos processos localizados no acervo Brasil Nunca Mais).

²⁶ Che Guevara, argentino, médico e escritor foi um revolucionário de visão internacionalista que, depois da Revolução Cubana, engajou-se em guerrilhas no Congo e na Bolívia, onde foi executado em 1967. Seus diários da guerrilha e, principalmente, o seu manual de guerrilha eram lidos e citados em muitos panfletos escritos pelos grupos de esquerda armada no Brasil e em toda a América Latina. Ernesto Che Guevara, *Guerrilla Warfare*, New York, Marc Becker, 1961, p. 51. Tradução livre.
²⁷ O AI-5 foi o quinto de uma série de decretos do governo instituído pelo Golpe de 1964. Entre outras medidas, dava poderes extraordinários ao presidente da República, que podia cassar mandatos de parlamentares, colocar o poder legislativo em recesso, nomear interventores nos estados e municípios; instituía a censura dos meios de comunicação e suprimia o direito de *habeas corpus* em "crimes contra a segurança nacional", entre outras medidas de cunho autoritário.
²⁸ A Guerrilha do Araguaia foi uma das poucas tentativas de criação de uma guerrilha rural no Brasil. Um grupo de pessoas ligado ao PCdoB, algumas com treinamento na China, estabeleceu-se às margens do rio Araguaia, na região entre Marabá (PA) e Xambioá (TO). Na região, atuavam no pequeno comércio e em propriedades rurais e estabeleceram laços com a população local, proporcionando atendimento médico, alfabetização de adultos e outras formas de solidariedade, ao mesmo tempo que organizavam sua militância e faziam treinamento militar.
²⁹ Depoimento oral citado por Olivia Rangel Joffily, *Esperança equilibrista: resistência feminina à ditadura militar no Brasil (1964-1985)*, São Paulo, 2005, Tese de Doutorado em História, PUC.
³⁰ Helena Hirata, entrevista concedida a Cristina Scheibe Wolff, Florianópolis, Brasil, 28/8/2008. Acervo do LEGH/UFSC. Transcrita por Adriano Luna de Oliveira, revisada por Sergio Luis Schlatter Junior.
³¹ Ottoni Fernandes Júnior, *O baú do guerrilheiro: memórias da luta armada urbana no Brasil*, Rio de Janeiro, Record, 2004, p. 237.

BIBLIOGRAFIA

CARVAJAL, Gabriel de. *Descubrimiento del río de las Amazonas según la relación hasta ahora inédita de Fr. Gaspar de Carvajal, con otros documentos referentes á Francisco de Orellana y sus compañeros*: publicados á expensas del Excmo. Sr. duque de T'Serclaes de Tilly. Impr. de E. Rasco, 1894.

CARVALHO, Luiz Maklouf. *Mulheres que foram à luta armada*. São Paulo: Globo, 1998.

CHANDLER, Billy Jaynes. *The Bandit King Lampião of Brazil*. College Station: Texas A&M University Press, 1978.

COLLING, Ana Maria. *A resistência da mulher à ditadura militar no Brasil*. Rio de Janeiro: Record/Rosa dos Tempos, 1997.

DOURADO, Maria Teresa Garritano. *Mulheres comuns, senhoras respeitáveis*: a presença feminina na Guerra do Paraguai. Campo Grande: EDUFMS, 2005.

FERNANDES JÚNIOR, Ottoni. *O baú do guerrilheiro*: memórias da luta armada urbana no Brasil. Rio de Janeiro: Record, 2004.

GRAHAM, Maria. *Diário de uma viagem ao Brasil e de uma estada nesse país durante parte dos anos de 1821, 1822 e 1823*. Trad. Américo Jacobina Lacombe. São Paulo: Edusp, 1956. (Coleção Brasiliana).

JOFFILY, Olivia Rangel. *Esperança equilibrista*: resistência feminina à ditadura militar no Brasil (1964-1985). São Paulo, 2005. Tese (Doutorado em História) – Pontifícia Universidade Católica.

MARKUN, Paulo. *Anita Garibaldi*: uma heroína brasileira. 5. ed. São Paulo: Senac, 2003.

PEDRO, Joana M.; WOLFF. Cristina S.; VEIGA, Ana Maria (orgs.). *Resistências, gênero e feminismos contra as ditaduras no Cone Sul*. Florianópolis: Mulheres, 2011.

RIBEIRO, Bruno. *Helenira Resende e a Guerrilha do Araguaia*. São Paulo: Outras Expressões, 2007.

RIDENTI, Marcelo. *O fantasma da revolução brasileira*. São Paulo: Editora da Unesp, 1993.

SCHUMAHER, Schuma; BRAZIL, Érico Vital (orgs.). *Dicionário das mulheres do Brasil*: de 1500 até a atualidade. Rio de Janeiro: Zahar, 2000.

SILVA, Natalia Ferronatto da. As "Virgens Messiânicas": participação e influência das "Virgens" Teodora e Maria Rosa no Contestado (1912-1916). *Revista Santa Catarina em História*, v. 1, n. 1, 2010. Disponível em: <http://seer.cfh.ufsc.br/index.php/sceh/article/view/331/168>. Acesso em: 14 abr. 2012.

TAUNAY, Alfredo D'Escragnolle (Visconde de). *A retirada da Laguna*: episódio da Guerra do Paraguai. São Paulo: Ediouro/Biblioteca Virtual do Estudante Brasileiro, USP, s/d.

Imprensa feminina

MULHER EM REVISTA

Tania Regina de Luca

As atividades ligadas à impressão somente foram permitidas no Brasil após o desembarque da Família Real portuguesa (1808). Entretanto, não foi preciso esperar muito para que uma imprensa adjetivada de *feminina* fizesse sua aparição entre nós: basta lembrar *O espelho diamantino* (RJ, 1827), *O espelho das brasileiras* (Recife, 1831), o *Relator de novelas* (Recife, 1838), o *Correio das Modas* (RJ, 1839) ou o *Jornal das Senhoras* (RJ, 1852), para citar alguns exemplos. Desde então, a lista não cessou de aumentar e hoje as frequentadoras das bancas, revistarias e livrarias dispõem de um cardápio variadíssimo, cada vez mais segmentado por idade, grau de escolaridade, renda, perfil profissional e interesses específicos (adolescentes, noivas, mães, decoração, beleza, moda, culinária, dietas, exercícios...) e que é responsável por fatia das mais consideráveis do mercado de periódicos.

Essa imprensa particulariza-se por dirigir-se *para* o público feminino, ainda que nem sempre tenha sido produzida *por* mulheres.[1] Trata-se de um tipo de produção jornalística que não é movida pela necessidade de registrar o fato novidadeiro do dia anterior, matéria-prima por excelência do jornalismo. Pelo contrário, a imprensa feminina orbita em torno de temas mais perenes, não submetidos à premência do tempo curto do acontecimento. Moda, beleza, casa, culinária ou o cuidado com os filhos comportam uma abordagem circular, ligada à natureza e às estações do ano: afinal, receitas, recomendações e conselhos indicados para o inverno ou verão podem ser retomados em anos subsequentes, desde que revestidos de ar de atualidade e apresentados como a última palavra no assunto.

Atraentes e diversificadas, as revistas são procuradas e apreciadas por propiciarem momentos de entretenimento e prazer, bem conhecidos por quem folheia uma publicação colorida, com imagens bem cuidadas e que abordam questões do cotidiano, de maneira leve e interessante. Dentre as marcas distintivas desse gênero de impresso está a linguagem que se particulariza pelo tom coloquial, de alguém próximo e que aconselha, ampara, aplaca angústias, resolve dúvidas, sugere, fazendo as vezes de uma amiga e companheira à qual sempre se pode recorrer. Não por acaso, o tom cerimonioso, ainda presente em algumas revistas dos anos 1940, foi abandonado em prol do intimista "você", como se a revista se dirigisse apenas àquela que a tem nas mãos. Tal proximidade, que carrega as marcas da emoção e da afetividade, pode atuar como um importante elo no processo de transmissão da informação, mas também de convencimento e mesmo imposição, apoiados em enunciados prescritivos e normativos, que ordenam o que fazer e como fazer. Não por acaso, o tempo verbal mais frequente é o imperativo, configurando um discurso bastante próximo do publicitário.

Médicos, psicólogos, advogados, pedagogos e especialistas das mais diversas áreas ocupam com frequência as páginas dessas publicações e colaboram para legitimar seus conteúdos, não raros também endossados por alguma celebridade do momento. A proliferação dos testes, com seus resultados padronizados e que valorizam o socialmente aceito e consagrado, as receitas de autoajuda, o recurso a depoimentos e exemplos concretos de força de vontade e superação, completam o quadro e conferem verossimilhança ao que se quer destacar.

A trajetória dos títulos, por seu turno, é em si mesma instrutiva: das referências florais (*A camélia, A violeta, O lírio, A grinalda*), passando por objetos que carregam a marca do feminino (*O leque, O espelho*) ou a ele fazem alusão (*Esmeralda, Crisálida, Borboleta, Beija-Flor, Primavera, Bello Sexo*), chegou-se aos nomes próprios, que parecem aludir a uma personalidade específica. Essa prática, que na Europa remonta aos anos 1930, entre nós data da década de 1960. É o caso de *Claudia* (SP, 1961), uma das primeiras, seguida por *Marie Claire* (RJ, 1991), *Bárbara* (SP, 1996), *AnaMaria* (SP, 1996), *Malu* (SP, 1998), *Joyce Pascowitch* (SP, 2006), única que remete, de fato, a uma pessoa, e *Lola* (SP, 2010). Na mala direta enviada aos possíveis assinantes desta última, produto da Editora Abril que chegou ao mercado em outubro de 2010, a publicação foi descrita nos seguintes termos: "*Lola* é aquela amigona bacana, superantenada, que viaja muito, está ligada nos mesmos interesses de você – e com quem você adora sentar para conversar e dar boas risadas." Como se vê, trata-se da consagrada fórmula do diálogo entre confidentes, devidamente atualizada no âmbito da temática, linguagem e estilo, o que confere ar de modernidade à proposta.

Em relação ao conteúdo, a predominância de rubricas tidas como naturalmente constitutivas do universo feminino (lar, beleza, questões do coração) somaram-se, a partir dos anos 1970, a questões ligadas à atividade profissional e, sobretudo, ao sexo, e tornam-se dominantes. Essas características não se constituem em particularidades brasileiras, mas são observadas em âmbito internacional. De fato, sobretudo a partir da segunda metade do século passado, vários dos periódicos disponíveis no mercado brasileiro foram diretamente inspirados em exemplos norte-americanos e europeus ou publicados sob licença, o que significa que se trata da versão local de títulos estrangeiros, tal como *Nova/Cosmopolitan* (SP, 1973), *Vogue* (SP, 1975) e seus vários derivados (*Casa Vogue, Vogue Noivas*), *Elle* (SP, 1988), *Marie Claire* (RJ, 1991), *Caras* (SP, 1995) ou *Hola Brasil* (SP, 2010).

É comum que títulos mudem de mãos, o que nem sempre é percebido pelos leitores. Veja-se o caso de *Vogue*, cuja licença de publicação no Brasil passou, em 2010, para a Condé Nast, depois de haver permanecido por 35 anos nas mãos da Carta Editorial. Essa editora, por seu turno, lançou no final de 2011 a *Harper's Bazaar Brasil,* principal concorrente da *Vogue* no mercado internacional.

Os periódicos em geral – e não somente os femininos – estão em constante transformação: novos títulos surgem, outros deixam de circular ou conhecem alterações, às vezes radicais, em relação às suas características iniciais. As modernas formas de comunicação, possibilitadas pela internet e redes sociais, só tornaram ainda mais evidentes as conexões e as intensas trocas que particularizam o mundo dos impressos que, por sua vez, também são cada vez mais divulgados e lidos em ambientes virtuais.

É certo que as revistas femininas conheceram, desde o século XIX, alterações que evidenciam os diferentes lugares e papéis sociais atribuídos às mulheres. Justamente por dialogarem com o seu tempo, os periódicos permitem acompanhar as mudanças em temáticas, ênfases e expectativas como se fossem termômetros dos costumes de uma época.[2] Assim, para o olhar contemporâneo parece surpreendente que *O Jornal das Moças* (RJ, 1914), uma das revistas com maior vendagem nas décadas de 1940 e 1950, publicasse afirmações do tipo:

> A desordem no banheiro desperta no marido a vontade de ir tomar banho na rua. (1945)

> Toda esposa que deseja conservar seu marido deve dedicar uma boa parte do seu tempo ao estudo e aperfeiçoamento da arte culinária. (1957).

Revistas de grande circulação, como *O Cruzeiro* (RJ, 1928), endossavam o coro ao destacar que

> [...] seu marido está no direito dele quando clama falta de ordem dentro de casa; se não tem jeito para seus serviços domésticos, procure adquiri-lo. A mulher que relaxa a ordem dentro de casa dá prova não somente de estar menosprezando o conforto do marido, mas até demonstrando falta de consideração por ele. (1960).

Em 1962, *Claudia* estampou matéria sugestivamente intitulada "Para ler na viagem de núpcias", na qual se alertava que

> Aos homens não agrada ver uma mulher, *mesmo sendo uma cozinheira de mão cheia* [...], embrulhada num roupão desbotado. Um aventalzinho elegante sobre um vestido simples pode dar um toque de agradável coqueteria.[3]

Esses exemplos, que poderiam ser facilmente multiplicados, deixam patentes as mudanças nas expectativas com relação aos papéis das mulheres na sociedade. Entretanto, é preciso não perder de vista a força das permanências, como evidencia o fato de as mulheres seguirem atadas, ainda no século XXI, sobretudo, à esfera privada, à domesticidade. Trata-se de um jogo bastante complexo, no qual a imprensa nem sempre desempenhou o

Nova surgiu na época em que aos assuntos como lar, beleza e coração somaram-se questões ligadas a sexo e atuação profissional.

papel de guardiã da ordem, como atestam não apenas as publicações que se insurgiram contra modelos vigentes, mas a própria tensão observada no interior de certos veículos, capazes de abrigar posturas contraditórias e até mesmo excludentes.

No primeiro caso, tem-se a imprensa feminista, cujas origens remontam ao século XIX, momento em que surgiram folhas comprometidas com a luta em prol do direito à educação, ao exercício profissional e ao voto, já sob a batuta de mulheres, caso do pioneiro *Jornal das Senhoras*, fundado e inicialmente dirigido pela argentina Joana Paula Manso Noronha, e de *O Bello Sexo* (RJ, 1862), editado por Júlia de Albuquerque Sandy Aguiar, *O Echo das Damas* (RJ, 1875), de Amélia Carolina da Silva Couto ou, ainda, *A Família* (SP, 1888), de Josefina Álvares de Azevedo, entre várias outras que se constituíram em raras oportunidades para a expressão de opiniões e dotes literários das mulheres.[4]

Já nas décadas de 1970 e 1980, num contexto muito diverso e no qual as revistas femininas tinham em mira a consumidora, circularam periódicos sem fins comerciais, ligados aos movimentos sociais e comprometidos com a luta pela igualdade entre homens e mulheres. Entretanto, divisões nítidas e rígidas nem sempre são suficientes de dar conta da questão, como atesta o paradigmático exemplo de *Claudia*, em cujas páginas figuraram, por anos a fio, os textos de Carmen da Silva, que destoavam do tom geral da publicação.

No que respeita aos periódicos femininos integrados ao segmento empresarial, chama atenção a estreita vinculação que esses títulos mantêm com a publicidade, aspecto já observado naquela que é reconhecida como uma das pioneiras no gênero magazine feminino, tal como entendido atualmente: a *Revista Feminina*.

REVISTA FEMININA

A *Revista Feminina*, lançada por Virgilina Salles de Souza, pertencente aos altos círculos da sociedade paulistana, foi publicada entre 1914 e 1936. O sucesso do periódico, integralmente dedicado à mulher – diferentemente de contemporâneas que tinham apenas algumas seções voltadas para o público feminino, como *Cigarra* (SP, 1914) e *O Cruzeiro* (RJ, 1928) – deveu-se aos incansáveis esforços de Virgilina para angariar assinantes bem como à associação com seu irmão, Cláudio de Souza, médico e escritor com assento na Academia Brasileira de Letras, criador do creme Dermina e da tintura Petalina, fartamente anunciados nas páginas da publicação e que alcançaram grande sucesso.

Nessa época, a beleza integrava o campo de preocupações médicas e era associada à posse de boa saúde, obtida e preservada por intermédio de hábitos adequados de higiene, vida disciplinada, cuidados com a alimentação, o corpo e a moradia, capazes de assegurar vigor físico, aparência saudável e evitar enfermidades. Não admira que cosméticos e remédios compartilhassem espaços muito próximos. Nas páginas da *Revista Feminina* também se difundiam ideais e valores morais em harmonia com os apregoados pela Igreja Católica, aspecto devidamente salientado pela redação. O casamento e a maternidade eram tratados como os pontos culminantes da vida da mulher, razão mesma de sua existência,[5] posicionamento bastante próximo ao adotado pela grande maioria das publicações que antecederam a revista. Ao mesmo tempo que se aferrava à ordem e pretendia orientar e colaborar para a sã educação feminina, a revista não deixava de acolher críticas aos crimes que vitimavam mulheres e declarações favoráveis à sua participação social mais ampla e ao direito de voto.[6]

Não se tratava, porém, de afrontar ou questionar o modelo socialmente consagrado, e é significativo que tenha cabido à principal cronista da revista até junho de 1922, Ana Rita Malheiros, a defesa "da moral, da religião, da tradição, do nacionalismo, dos deveres da esposa e mãe". Também era por intermédio da revista que a articulista criticava, enaltecia, advertia, reivindicava. Sua cultura e seu estilo literário, consagrados por figuras respeitáveis na época, eram motivo de orgulho da revista, um ideal reverenciado pelas leitoras e um testemunho da capacidade intelectual da mulher, ainda tão desacreditada.[7]

A colaboradora, cujo perfil foi cuidadosamente construído nas páginas da *Revista Feminina*, não existia: tratava-se do médico Cláudio de Souza, que, sob pseudônimo, assumia a missão de expressar e compartilhar crenças, valores, expectativas e comportamentos que também deveriam ser os da leitora, fato por si só bastante ilustrativo.

Outros títulos, contemporâneos da *Revista Feminina*, também se dirigiam às mulheres. É o caso da revista *O Cruzeiro* (que, apesar de não se voltar exclusivamente a esse público, lhe dedicava seções específicas), do já citado *Jornal das Moças* (que circulou entre 1914 e 1965), de *Querida* (RJ, 1954; que perdurou até 1971 e teve como um de seus ingredientes principais contos de conteúdo romântico, considerados ousados para a época)[8] e, ainda, de uma grande variedade de títulos de fotonovelas, que também

Jornal das Moças foi uma das revistas femininas de maior vendagem nas décadas de 1940 e 1950. (Capa de 1955.)

exploravam as questões do coração. Mas a novidade, em termos de formato e conteúdo, ficou mesmo por conta de *Claudia*.

CLAUDIA

O surgimento da revista *Claudia* no Brasil dos anos 1960, que se tornava urbano e industrial, causou impacto. Inicialmente dirigida por Luis Carta, inspirava-se em similares estrangeiras e chegou às bancas em edição de 164 mil exemplares, número bastante significativo para a época. Seu público privilegiado sempre foi a mulher casada e mãe, que consagra(va) seu tempo, sobretudo, aos cuidados da família e com poder para decidir ou, pelo menos, influir na escolha e no consumo de vasta gama de produtos – alimentos, produtos de higiene e beleza, roupas, remédios, móveis, utensílios e eletrodomésticos. Não por acaso, a publicidade invadiu suas páginas desde o início, exibindo as vantagens dos artigos industrializados, as linhas retas e funcionais que deveriam imperar no mobiliário das residências, em consonância com princípios da arquitetura e do *design* modernos, e proclamando o reinado da praticidade, facilidade e modernidade, ao qual a leitora/consumidora deveria se conformar. Talvez nada expresse melhor o espírito que presidiu a empreitada do que a maneira como a Editora Abril apresentou o projeto aos anunciantes:

> Por que *Claudia?* O Brasil está mudando rapidamente. A explosiva evolução da classe média torna necessária uma revista para orientar, informar e apoiar o crescente número de donas de casa que *querem (e devem)* adaptar-se ao ritmo da vida moderna. *Claudia* será dirigida a essas mulheres e dedicada a encontrar soluções para seus novos problemas. *Claudia* não esquecerá, porém, que a mulher tem mais interesse em polidores do que em política, mais em cozinha do que em contrabando, mais em seu próprio mundo do que em outros planetas... *Claudia*, enfim, entenderá que o eixo do universo da mulher é o seu lar.[9]

Se, nos momentos iniciais, grande parte das reportagens sobre moda e decoração era composta por material adaptado de publicações estrangeiras, prática até então bastante corrente em toda a imprensa feminina, *Claudia* inovou ao produzir, de fato, o seu conteúdo integralmente no país. Isso demandou a especialização de profissionais de imprensa nesses campos e também nos relativos à beleza e culinária, com destaque para a cozinha

Ao surgir com impacto no mercado editorial brasileiro, *Claudia* elegeu como público-alvo a mulher casada e mãe capaz de consumir a vasta gama de produtos exibidos em suas páginas de publicidade.

experimental, um dos aspectos que distinguia a publicação, pois as receitas propostas eram de fácil realização – em sintonia com o discurso geral da revista – e previamente testadas, o que garantia que dariam certo nas mãos da leitora. A revista deu origem a diversos subprodutos: *Claudia moda*, *Claudia cozinha*, *Casa Claudia* – fenômeno coerente com o processo de modernização por que passava o Brasil de então. Em relação à indústria de tecidos, por exemplo, lembre-se de que data de 1955 a produção de fios sintéticos (náilon) pela Rodhia, enquanto em 1958 foi promovida a primeira Feira Internacional da Indústria Têxtil (Fenit), que reunia matéria-prima, maquinário e vestuário. Atenta aos novos nichos de mercado, a Editora Abril lançou *Manequim* (SP, 1959), revista consagrada tão somente à moda e cujo atrativo estava em substituir os desenhos por moldes, que explicavam passo a passo o processo de confecção da roupa.

É justamente no início dos anos 1960 que a relação entre imprensa feminina e consumo, aspecto já presente na *Revista Feminina*, aprofundou-se a ponto de ser cada vez mais difícil distinguir entre o conteúdo jornalístico – apresentado sob a capa da prestação de serviços (onde encontrar e comprar, como buscar, fazer, solucionar, quanto custa, quais as vantagens e desvantagens) – e o publicitário, que já tendiam a se confundir, numa mescla que, nas décadas seguintes, se aprofundaria a ponto de as revistas mais se parecerem com um catálogo de vendas.

Claudia abrigou entre 1963 e 1985 textos assinados pela psicóloga e escritora Carmen da Silva, que cumpriu papel dos mais relevantes nas discussões sobre a dinâmica das relações entre homens e mulheres, a condição feminina e o feminismo. A mesma revista que recomendava recato e virgindade antes do casamento, fidelidade feminina, paciência e resignação diante do marido adúltero – conselhos distribuídos ao longo dos exemplares e reforçados por Dona Letícia, a antecessora de Carmen na coluna *A arte de ser mulher* – estampou o texto intitulado "Uma pequena rainha triste". Foi um dos primeiros escritos pela nova articulista, que investia contra a dupla moral sexual e lembrava às leitoras que sua personalidade e identidade estavam nelas e não no marido, nos filhos ou na casa.[10]

A contraposição entre *Jornal das Moças*, *Querida* e *Claudia* contribui para matizar rupturas, a despeito das inegáveis novidades em termos de conteúdo, abordagem, linguagem e das transformações de ordem material – qualidade gráfica, diagramação e lugar ocupado pela imagem. Nos anos iniciais de *Claudia*, que tanto se esforça por parecer moderna, era frequente a defesa da manutenção do casamento, independentemente do argumento apresentado pela leitora, e isso sempre em prol da estabilidade familiar.[11] Veja-se o seguinte excerto, no qual se tenta, em tom de alerta, chamar a esposa insatisfeita à razão: "[...] pense bem. Além de seus interesses pessoais, por mais sérios que sejam, existem dois filhos, que muito sofreriam com a dissolução da sociedade conjugal. Pense neles" (1964),[12] conselho que não destoaria se publicado no *Jornal das Moças*. Entretanto, as demandas das leitoras extrapolavam o mundo ordeiro defendido e difundido pela revista. A seção "Direito, mulher e lei", por exemplo, estava repleta de cartas angustiadas que permitiam entrever um mundo no qual as uniões informais, os filhos ilegítimos, os preconceitos contra desquitadas (vale lembrar que a Lei do Divórcio é de 1977), as disputas em torno da guarda das crianças, as dificuldades do segundo casamento já eram parte integrante do cotidiano do seu público. Novos e velhos valores mesclavam-se num balé sutil que, ao mesmo tempo, atava-se ao passado sem, contudo, ignorar as mudanças em curso, sob pena de levar a destinatária a não mais se reconhecer na mensagem.

Frente às mudanças cada vez mais aceleradas de meados do século passado, as revistas femininas também se alteraram e precisaram acertar o passo com o mundo social no qual estavam inseridas. Assim, em 1991, *Claudia* sugeria: "Se você precisa [só] de sexo, procure alguém com o qual não queira um relacionamento a longo prazo [...]. Tome a decisão lembrando que se trata apenas de uma experiência agradável (e faça disso uma experiência segura: exija camisinha)."[13] Não resta dúvida de que, por meios das páginas das revistas, podem-se acompanhar alterações em termos de valores, padrões e comportamentos socialmente aceitos, tendo em vista que as revistas femininas dialogaram com diferentes perspectivas e projetos, compartilhados coletivamente.

FRAGMENTAÇÃO DO MERCADO OU A MULTIPLICIDADE DE MULHERES

A dimensão empresarial da imprensa ganhou contornos mais nítidos no transcorrer do século passado e no interior do qual as publicações dirigidas ao público feminino firmaram-se como setor altamente lucrativo. A revista, ou melhor, a mercadoria revista, deve apresentar-se como capaz de interessar e satisfazer necessidades de possíveis consumidores. Projeto gráfico, diagramação, dimensões, conteúdo, linguagem, capa, enfim, cada aspecto do impresso deixou de ser fruto da sensibilidade do(a) editor(a), de circunstâncias fortuitas ou de ensaios ocasionais e passou a ancorar-se em resultados de pesquisas e sondagens, que definem o público e ajudam a convencer os anunciantes, que deverão se valer das suas páginas para atingir consumidores preestabelecidos. As vantagens da especialização, que otimiza os resultados das verbas destinadas à publicidade, impuseram-se. Vale notar, ainda uma vez, que se trata de uma tendência mundial, que também se expressa na multiplicação de títulos licenciados no mercado nacional.

Especialmente a partir das três últimas décadas do século xx, a lógica do mercado passou a encarar as mulheres como sujeitos segmentados e plurais, que compõem parcelas crescentes da força de trabalho, desenham horizontes outros que não necessariamente o casamento e a maternidade e cultivam novos hábitos de consumo. Os avanços do movimento feminista, a maior participação das mulheres no espaço público, o reconhecimento e o exercício de um rol ampliado de direitos e o impacto, não menos importante, de métodos contraceptivos contribuíram para alterar padrões socioculturais vigentes, em relação aos quais o mundo dos impressos periódicos não permaneceu alheio.

Enquanto *Claudia* continuava a ter em mira a mulher casada, cujo mundo organizava-se em torno da casa, do marido e dos filhos, *Nova/Cosmopolitan*, também da Editora Abril, e *Mais* (sp, 1973), da Editora Três, que circulou até 1982, visavam atingir outra mulher, pouco preocupada com a rotina doméstica, interessada na carreira e em questões profissionais e para a qual o sexo não se restringia ao casamento. Nas capas, modelos sedutoras, que encaram o leitor com ar determinado, autoconfiante e satisfeito. Aliás, satisfação tornou-se uma ideia-chave, em torno da qual se articula o conteúdo desse tipo de publicação que insiste na fórmula do esforço e perseverança individuais como receitas para o sucesso, seja no âmbito do trabalho, das finanças ou das relações amorosas, o que se repete em *Mulher de hoje* (rj, 1980), da Bloch, publicada até 1998. A tão propalada independência da nova mulher não vai muito além da capacidade de consumir para seduzir: as revistas não poupam receitas para "conquistar o gato", "sair por aí e deixar os homens babando", "ter *looks* irresistíveis" desde que possa adquirir "modelos supersexy", "acessórios poderosos", "lingerie ideal para tirar o sono e fazer a noite esquentar", valer-se de cremes e cosméticos para ressaltar olhos, alongar cílios, destacar lábios, tratar cabelos, ou seja, empenhar-se para ser desejada. Observe-se que todo esse dispêndio de energia e capital é feito a partir da perspectiva, opinião e gosto masculinos, uma vez que é esse o personagem que comanda todo o enredo.¹⁴

Apesar de *Nova* vender mais de 300 mil exemplares a cada edição, por vários anos foi encarada pelo mercado publicitário de forma pejorativa, preconceituosamente denominada "revista de secretárias" e associada à noção de "mulher fácil", enfim um produto que não entrava em "casa de família", situação que revela a convivência complexa de padrões associados à moralidade e às representações em torno do que é considerado próprio do feminino.¹⁵ Feminino este cada vez mais partilhado e adjetivado, numa miríade de propostas: *Marie Claire*, para a mulher inteligente, sofisticada e com alto poder aquisitivo; *Bárbara*, para as que se encontram na casa dos quarenta anos e estão dispostas a se reinventar; *Elle*, que confere especial destaque à moda; *AnaMaria*, para as que dispõem de orçamento modesto; ou *TPM* (SP, 2001), para as insatisfeitas com o tratamento que lhes é dispensado pelas demais revistas.¹⁶

O PÚBLICO JOVEM

Atualmente, *Capricho* ocupa lugar de destaque entre as publicações voltadas para o público jovem. Contudo, nem sempre foi assim. De fato, a trajetória da revista é das mais interessantes. Inicialmente, integrou o segmento das fotonovelas, histórias ilustradas, primeiro com desenhos e depois com fotos, dotadas de enredos românticos, com muitas aventuras e segredos revelados no último momento, que contrapunham heróis e vilões ao longo de mais de um exemplar, no melhor estilo folhetim. Dentre as pioneiras, merece destaque *Grande Hotel* (RJ, 1947), da Editora Vecchi. O gênero, importado da Itália, contou com legiões de fiéis leitoras, mas foi perdendo o encanto no decorrer dos anos 1970, quando a televisão adentrou os lares de grande parte dos brasileiros, que podiam entreter-se com as novelas televisivas. Por outro lado, o novo veículo abriu oportunidades para a multiplicação de títulos, dirigidos, sobretudo, às mulheres, que davam conta das peripécias das personagens e da vida dos artistas, como exemplifica *Contigo!* (SP, 1963), que abandonou as fotonovelas e se consolidou como revista dedicada aos ídolos da cultura de massa. No período áureo das fotonovelas, as revistas multiplicavam-se – *Encanto* (SP, 1949), *Sétimo Céu* (RJ, 1958), *Ilusão* (SP, 1958), *Destino* (RJ, 1959), *Noturno* (SP, 1959), *Sentimental* (RJ, 1959),

Romântica (RJ, 1960), *Fascinação* (RJ, 1960), *Ternura* (RJ, 1966), *Carícia* (SP, 1975), entre muitas outras. A inovação de *Capricho* foi apresentar histórias completas, que não demandavam a angustiante espera pelo próximo número. A revista chegou a vender 500 mil exemplares em 1956, tiragem que atesta sua enorme popularidade. Continha, ainda, contos e tratava de moda, beleza, comportamento e questões sentimentais.

Em agosto de 1982, as fotonovelas deixaram as páginas da *Capricho* e, desde então, a revista passou por muitas idas e vindas, com mais de uma dezena de sucessivas reformulações. O foco, porém, manteve-se inalterado: desejava-se atingir um público mais jovem, isso depois de a revista haver estampado em suas capas alertas que desaconselhavam a leitura para menores de 16 e mesmo 18 anos. Em 1985, finalmente, a publicação transformou-se na autointitulada "revista da gatinha", num processo de reinvenção da imagem associada ao título, comandado pela agência de publicidade DPZ, de Washington Olivetto. Em 1987, a publicação comemorou os 300 mil exemplares vendidos e os seus dois (em vez dos 35!) anos de existência.[17] Apostava-se num novo segmento, o consumo adolescente que, naquele momento, ainda despertava o ceticismo dos anunciantes, sob o argumento de que adolescentes não consumiam,[18] afirmação paradoxal para interlocutores contemporâneos.

O mundo *teen*, até então praticamente inexplorado, ganhou corpo nos anos subsequentes, como atesta o lançamento de *Atrevida*, da Editora Símbolo, e, posteriormente, de *Atrevidinha* (SP, 2004), versão dirigida às pré-adolescentes; de *LoveTeen*, da Abril, destinada a leitoras a partir dos 10 anos, com poder aquisitivo modesto, razão pela qual foi colocada no mercado com preço menor que *Capricho*, a líder de venda no segmento; *Smack!*, que se tornou virtual a partir de dezembro de 2007; *TodaTeen* e *TeenMania*, ambas da Editora Alto Astral, sendo a última voltada, sobretudo, para assuntos do mundo das celebridades. Esta leitora volátil, difícil de apreender e em constante mudança, exige contato permanente, tarefa facilitada pelas possibilidades abertas pelos meios virtuais (e-mails, sites, blogs e Twitter), mas também perseguida de maneira mais estruturada pelas redações, que constituem grupos para comentar as matérias, opinar, propor temas e testar produtos.

No espaço ocupado por esse tipo de publicação no cotidiano das jovens leitoras, as revistas podem desempenhar múltiplas funções (educativa, formativa, informativa, entretenimento); as temáticas, as concepções, os comportamentos e as práticas difundidas por suas páginas, sempre coloridas, atraentes, cuidadosamente diagramadas para assemelharem-se a cadernos, agendas e

A partir de 1985 a revista *Capricho* apostou no consumo adolescente e reinventou-se como "a revista da gatinha".

bloquinhos, povoados por bilhetinhos, corações, bichinhos e outros objetos que fazem parte do cotidiano das meninas antes e durante a adolescência.[19]

A análise da linguagem utilizada em *Capricho*, seja na década de 1970, quando ainda publicava fotonovelas, ou no final dos anos 2010, quando dialoga com um público bastante diverso, permite concluir que, a despeito das muitas transformações na aparência, temática, conteúdo e maneira como se configuram a mulher e o amor, a conquista do parceiro persiste como tônica dominante, cabendo às leitoras compreender o que os homens desejam e corresponder a essas expectativas. Assim, permanece a preocupação de ditar à leitora um conjunto de regras que precisam ser seguidas em relação ao corpo, vestuário, comportamento, gostos e preferências que garantiriam o tão almejado sucesso junto ao sexo oposto. O importante, tanto antes como agora, é apresentar-se de uma determinada maneira, esforçar-se por corresponder ao que se espera dela, num jogo no qual a aparência vale mais do que a essência e no qual se investe muita energia e tempo.[20] A recompensa está em "fisgar" o objeto desejado, ser "reconhecida" e "notada", "admirada" e "aceita pela galera".

ACOMPANHANDO O MERCADO

O mercado brasileiro de revistas conheceu um florescimento significativo na segunda metade da década de 1990 e não apenas em função da incorporação das adolescentes. A estabilidade econômica e os ganhos efetivos que se seguiram ao Plano Real (1994) incentivaram o lançamento de produtos destinados às camadas mais humildes. Entre 1996 e 2002, o montante de exemplares vendidos no país passou de 300 para 600 milhões, para o que foi decisiva a contribuição de periódicos de baixo custo voltados para o público feminino.[21] No início deste século, o fenômeno chamava a atenção dos especialistas e desde então não deu sinais de arrefecimento. A incorporação ao mercado da chamada "classe C" embalou os lucros da Abril, Alto Astral, Ediouro, Símbolo e Escala, editoras que apostaram nesses novos consumidores. Pesquisas realizadas pela Abril com leitoras de *AnaMaria*, lançada em 1996, e *Viva!Mais*, em circulação desde 1999, indicaram que antes 50% das consumidoras não cultivavam o hábito de comprar esse tipo de produto. Entre outros títulos desse segmento pode-se citar *TiTiTi* (SP, 1998), *Mais Feliz* (SP, 2002) e *Chega Mais* (SP, 2003), todas lançadas pela Símbolo. Já *Sou mais*

Eu (SP, 2006) particulariza-se por publicar textos das próprias leitoras, que relatam experiências pessoais, a chamada *real life*, e são remuneradas em caso de publicação.[22]

Profissionais envolvidos com esse segmento tiveram que se dirigir a novos públicos, em termos etários e socioculturais. Assim, é importante notar que são mundos diversos que entram em contato por meio dessas publicações: de um lado está a leitora – que se dirige à revista para compartilhar seus interesses, problemas, desejos, frustrações e visões de mundo – e, de outro, os/as responsáveis pela confecção da revista – que possuem suas próprias ideias a respeito dessa consumidora cuja vivência social difere bastante da deles. E é justamente essa diferença, em seus diferentes aspectos, que merece atenção, pois novos segmentos passaram a compor o leque de preocupações dos editores: meninas muito jovens, a partir dos 9 ou 10 anos, e mulheres que não tinham acesso a essas publicações, mas que, desde o final dos anos 1990, dispõem de pequenas quantias para despender em publicações de baixo custo. A sintonia com o público expressa-se nos conteúdos e mesmo no subtítulo das publicações: *Viva!Mais* se apresenta como a revista "para a mulher que quer vencer" e traz sugestões para garantir ou aumentar a renda que não requerem formação específica e tampouco investimento educacional prolongado (confecção de doces e salgados e de produtos artesanais), temática que se repete em outras revistas do mesmo seguimento.[23]

CONDUTA, CONSUMO E POLÍTICA

As revistas ensinam, aconselham, propõem, indicam condutas (o que fazer ou vestir, como agir ou se portar, do que gostar, o que é de bom ou mal tom em situações específicas). Cumprem, dessa maneira, funções pedagógicas e podem influir no processo de constituição do indivíduo, na maneira como este se autopercebe e se relaciona com o mundo a sua volta. Assim, nem sempre a leitora percebe que o destinatário ideal dos periódicos femininos é, no mais das vezes, a mulher branca, com capacidade de consumo e heterossexual, a quem se atribui como objetivo máximo buscar ou manter seu *príncipe encantado*, para o que deve se preocupar com a manutenção da juventude e de um corpo esbelto, esforçar-se por estar em sintonia com as tendências da moda e beleza, regimes e tratamentos alternativos, isso para ficar nos tópicos dominantes. A revista, amiga que acompanha a mulher, desde a pré-adolescência até a maturidade, oferece modelos de conduta, formas de viver a feminilidade e a masculinidade, tidas como "normais".[24]

O consumo ocupa lugar estratégico na imprensa feminina como um todo e poucos assuntos são tão onipresentes como o corpo, preocupação compartilhada por todas as publicações, independentemente do segmento a que se destinem. É notável a presença de cirurgiões plásticos, nutricionistas, treinadores, professores de Educação Física, esteticistas, maquiadores, fisioterapeutas e estilistas cujas opiniões e conselhos mesclam-se às sugestões de dietas, receitas saudáveis, programas de atividade física, fichas de controle de peso, novidades das indústrias de cosméticos e alimentos – tudo em busca de uma aparência bela, saudável e, sobretudo, capaz de despertar o interesse e o desejo do "outro". Nas publicações, o corpo é apresentado como matéria plástica, moldável, passível de ser esquadrinhado e tratado de forma separada (rosto, lábios, cabelo, seios, braços, pernas, barriga, bumbum...) e que parece independer de características individuais. A beleza, tomada como padrão único e universal, comparece como algo a ser conquistado e/ou adquirido via força de vontade, rigor e disciplina capaz de vencer estrias, celulite, quilos a mais. É certo que disponibilidade de recursos entra na contagem, sobretudo para as que estão dispostas a se valer de cirurgias invasivas para corrigir, retirar, preencher ou acrescentar o que se considera inadequado.

A cada novo verão, aumenta o espaço dedicado à estética corporal, a ponto de se instituir o "corpo-verão", que deve ser preparado para exibição ao longo da estação.[25] As fórmulas "você pode", "você consegue", "o sucesso – ou o fracasso – está em suas mãos" são a tônica dominante das matérias que remetem as soluções para o âmbito individual e privado e chegam a resvalar em julgamentos de ordem moral. Assim, por exemplo, são frequentes as proposições de exercícios localizados para corrigir posturas, eliminar gordura localizada, fortalecer determinados músculos, tudo demonstrado, passo a passo, com muitas imagens e explicações detalhadas, para que sejam feitos em casa. O pressuposto é a existência de um modelo ideal – aquele que toda a leitora deve perseguir – e que poderia/deveria ser atingido por qualquer um, a partir de ações específicas para cada região do corpo, que é descontextualizada do seu todo. Detectado o "problema", que nunca é referido à situação particular, física e emocional de cada um, sugere-se a "correção". Só resta, portanto, esforçar-se e perseguir a solução, nos moldes sugeridos. Os relatos de sucesso e exemplos edificantes têm a função de estimular, ao mesmo tempo que evidenciam que a falta de empenho é uma grave fraqueza.

Sem negar a estratégia persuasiva desses impressos, a insistência no individualismo e a ausência quase absoluta do debate de questões políticas, econômicas ou sociais, é preciso alertar para o fato de as leitoras não serem meras receptoras de mensagens, que absorvem passiva e mecanicamente o que se lhes apresenta.[26] De outra parte, a mídia não atua sempre no sentido de preservar valores e padrões dominantes, antes se constitui num espaço de debates e disputas, veículo da ordem e também da mudança e da transformação. A análise mais detida dos conteúdos das revistas femininas evidencia a presença de tensões e posturas contrastantes, articuladas a demandas e contextos sociais. *Capricho*, por exemplo, tida como revista que incita o consumo e comportamentos padronizados, levou a cabo uma campanha a respeito do uso da camisinha, informando e advertindo suas jovens leitoras a respeito do vírus HIV, suas formas de transmissão e prevenção, fazendo coro à luta contra a disseminação da doença.

PARA ALÉM DA IMPRENSA FEMININA

Apesar de as mulheres terem conquistado igualdade formal de direitos políticos e se fazerem presentes no mundo da política, prevalece, ainda no final da primeira década do século XXI, não apenas um profundo desequilíbrio entre a presença de figuras públicas masculinas e femininas no noticiário, como também um conjunto de estereótipos que continuam a acompanhar as mulheres que adentram a arena do poder. Segue em voga a ideia de que o espaço público, no qual se debatem as questões relevantes para a coletividade, é um domínio essencialmente masculino, enquanto o mundo privado, socialmente menos valorizado, é o reino do feminino. Se o primeiro é o lugar da argumentação, do confronto de ideias e da disputa do poder, o outro é lugar da afetividade, onde a razão pode ceder ao sentimentalismo e à insensatez do coração. Essas referências começam a ser perturbadas a partir do momento em que as mulheres conquistam o direito de participar no campo da política.

A grande imprensa, a que se ocupa do fato jornalístico, não pode deixar de registrar essa nova situação, porém o faz de maneira a reforçar concepções tradicionais, ou seja, tomando as interlocutoras femininas como aptas a se posicionar apenas sobre os "seus" temas – cuidado com a infância, família, educação dos filhos. Espera-se que tragam para a política os "seus" atributos – sensibilidade, emoção, compreensão – e que não ocupem o centro da cena, que deve continuar em mãos masculinas. No momento em que não correspondem a esse modelo, ou seja, não se limitam ao papel subordinado que delas se espera, frustram expectativas e enfrentam a grave acusação de haverem perdido sua própria essência, a feminilidade. Um político não pode ser emotivo, mas uma mulher que na política não se distinga pela emotividade já não é mais mulher...[27]

Os pertencimentos cristalizados, as convenções e as rotinas, os lugares consagrados não são, portanto, exclusividade da imprensa feminina, ainda que aí se manifestem com especial vigor.

NOTAS

[1] As características das revistas femininas aqui descritas estão ancoradas em: Dulcília Schroeder Buitoni, *Imprensa feminina*, São Paulo, Ática, 1986 e, da mesma autora, *Mulher de papel: a representação da mulher pela imprensa feminina*, 2. ed. rev. ampl. atual., São Paulo, Summus, 2009.
[2] Na feliz expressão de Dulcília Buitoni.
[3] Apud Carla Bassanezi, *Virando as páginas, revendo as mulheres: revistas femininas e relações homem-mulher (1945-1964)*, Rio de Janeiro, Civilização Brasileira, 1996, p. 87, 266 e 268, respectivamente.
[4] Sobre o tema, ver: Constância Lima Duarte, "Feminismo e literatura no Brasil", em *Estudos Avançados*, São Paulo, v. 17, n. 49, p. 151-172, 2003 e Zahidé Lupinacci Muzart, "Uma espiada na imprensa das mulheres no século xix", em *Revista de Estudos Feministas*, Florianópolis, v. 11, n. 1, jun. 2003.
[5] Consultar: Sandra Lúcia Lopes Lima, *Espelho da mulher: Revista Feminina (1916-1925)*, São Paulo, 1991, Tese de Doutorado em História Social, FFLCH/USP e Sônia de Amorim Mascaro, *A Revista Feminina: imagens de mulher (1914-1930)*, São Paulo, 1982, Dissertação de Mestrado em Ciências da Comunicação, ECA/USP.
[6] Aspectos perceptíveis em: Marina Maluf e Lúcia Mott, "Recônditos do feminino", em Nicolau Sevcenko (org.), *História da vida privada – República: da Belle Époque à era do rádio*, São Paulo, Companhia das Letras, 1998, v. III, p. 367-421.
[7] Sandra Lúcia Lopes Lima, "Imprensa feminina, Revista Feminina: A imprensa feminina no Brasil" em *Projeto História*, São Paulo, n. 35, p. 237, dez. 2007.
[8] Sobre *Querida*, ver: Laura Peretto Salermo, Querida *ensina: preceitos de comportamentos femininos em páginas da revista* Querida *(1958-1968)*, Florianópolis, 2009, Dissertação de Mestrado em Educação, UDESC.
[9] Apud Carla Bassanezi, op. cit., p. 38, grifo meu.
[10] A longa trajetória da escritora na revista, as alterações no âmbito das temáticas e abordagem registradas na sua seção, os embates com a redação, que nem sempre publicava seus textos sem alterações e cortes, bem como sua constituição enquanto importante liderança feminista são temas do trabalho de Ana Rita Fonteles Duarte, *Carmen da Silva: o feminismo na imprensa brasileira*, Fortaleza, Expressão, 2005.
[11] Sobre *Jornal das Moças, Querida* e *Claudia*, ver Carla Bassanezi, op. cit.
[12] Apud Carla Bassanezi, op. cit., p. 317. Trecho da seção "Direito, mulher e lei".
[13] Apud Carla Bassanezi, "A revista *Claudia* e a sexualidade", em *Anais do VIII Encontro Nacional de Estudos Populacionais*, Brasília, 1992, v. 2, p. 122.
[14] Consultar: Pierre Bourdieu, *A dominação masculina*, Rio de Janeiro, Bertand Brasil, 1990.

[15] Maria Celeste Mira, *O leitor e a banca de revistas: a segmentação da cultura no século xx*, São Paulo, Olho d'Água/Fapesp, 2001, p. 129-130.
[16] Sobre *TPM*, ver: Maria Cristina Tanio, *Mulheres de TPM: construindo modelos de identificação*, São Paulo, 2003. Dissertação de Mestrado em Semiótica, puc, e Gabriela Boemler Hollenbach, *Sexualidade em revista: as posições do sujeito em* Nova *e* tpm. Porto Alegre, 2005, Dissertação de Mestrado em Comunicação e Informação, ufrgs.
[17] Maria Celeste Mira, op. cit., p. 175.
[18] Aspecto destacado por Marília Scalzo, *Jornalismo de revista*, São Paulo, Contexto, 2003, que integrou a redação entre 1989 e 1992.
[19] Há um conjunto significativo de trabalhos que analisaram esse tipo de revista. Ver, por exemplo, Michelle Muniz Bronstein, *Consumo e adolescência: um estudo sobre as revistas femininas brasileiras*, Rio de Janeiro, 2008, Dissertação de Mestrado em Comunicação Social, puc; Márcia Luiza Machado Figueira, *Representações do corpo adolescente feminino na revista* Capricho: *saúde, beleza, moda*, Porto Alegre, 2002, Dissertação de Mestrado em Educação Física, ufrgs; Cláudia Nandi Formentin, *O mito nosso de cada dia: a linguagem utilizada na revista* Capricho *na mitificação do jogador Kaká*, Tubarão, 2006, Dissertação de Mestrado em Ciência da Linguagem, Unisul; Luciane Cristina Eneas, *Como se constrói uma mulher: uma análise do discurso nas revistas brasileiras para adolescentes*, Brasília, 2009, Dissertação de Mestrado em Linguística, UnB; Raquel de Barros Pinto Miguel, *De moça prendada à menina superpoderosa: um estudo sobre as concepções de adolescência, sexualidade e gênero na revista* Capricho *(1952-2003)*, Florianópolis, 2005, Dissertação de Mestrado em Psicologia, ufsc.
[20] Segundo a análise de Raquel Torres Gurgel, "A mulher de Capricho: uma análise do perfil da leitora através dos tempos", em *Estudos Semióticos*, v. 6, n. 1, p. 94-106, junho de 2010. Disponível em: <http://www.fflch.usp.br/dl/semiotica/es/eSSe61/2010esse61-rtgurgel.pdf>, acesso em: maio 2011. Para conclusões semelhantes, ainda que a partir de outros referenciais, ver Tania Swain, "Feminismo e recortes do tempo presente. Mulheres em revistas 'femininas'", em *São Paulo em Perspectiva*, São Paulo, v. 15, n. 3, p. 67-81, 2001.
[21] Dados em Marília Scalzo, op. cit., p. 48.
[22] Não se trata de uma novidade brasileira, cabendo lembrar, por exemplo, a inglesa *Pick up me* e a argentina *Contá Ganá*. Ver Juliana Duarte de Souza Costa, *Revista Sou mais Eu da Editora Abril: da revista impressa para o on-line. Um estudo de caso*, Brasília, 2011, Dissertação de Mestrado em Comunicação, UnB; a autora compara a interação das leitoras com as versões da revista no suporte papel e no ambiente virtual. A pesquisa evidencia a crescente importância das páginas e sítios na rede mundial.
[23] Para o estudo da redação de *Viva!Mais*, ver Ana Teles da Silva, *Mulher e diferença cultural em uma revista feminina popular*, Rio de Janeiro, 2004, Dissertação de Mestrado em Antropologia Social, ufrj. Sobre o crescimento das revistas populares na década de 1990, consultar Maria Otilia Bocchini, "*Ana-Maria* e *Viva!Mais*: um aspecto do modelo de jornalismo de revistas populares da Editora Abril", em *I Encontro Nacional de Pesquisadores em Jornalismo*, p. 7. Disponível em: <http://www.intercom.org.br/papers/regionais/nordeste2010/resumos/R23-1258-1.pdf>, acesso em: mar. 2011.
[24] Consultar Constantina Xavier Filha, "Imprensa feminina — entre bordados, cuidados com a prole e o casamento: dispositivos pedagógicos", em *Instrumento. Revista de Estudo e Pesquisa em Educação*, Juiz de Fora, v. 12, n. 2, p. 33-43, jul./dez. 2010. A autora estudou *Capricho*, *Claudia* e a publicação portuguesa *Modas e Bordados*, entre as décadas de 1950 e 1980. Para análise de *Capricho* como instância pedagógica, consultar Márcia Luiza Machado Figueira, op. cit.
[25] As dissertações de Sandra dos Santos Andrade, *Uma* Boa Forma *de ser feliz. Representações de corpo feminino na revista* Boa Forma, Porto Alegre, 2002, Dissertação de Mestrado em Educação Física, ufrgs, dedicada aos programas da revista *Boa Forma* entre 1999 e 2001, e de Adriana Braga, *Corpo-verão: estratégias discursivas e agendamento corporal na imprensa feminina*, São Leopoldo, 2003, Dissertação de Mestrado em Comunicação, Unisinos, além das já citadas de Figueira e Bronstein, analisam, de forma detida, o corpo-máquina, construído pelo saber biomédico.
[26] Rosyane Cristina Rodrigues da Costa, *Um armazém sortido e agradável: discursos e representações de gênero em* Nova *e* Marie Claire, Belém, 2004, Dissertação de Mestrado em Antropologia, ufpa, realizou entrevistas com leitoras e ex-leitoras das revistas estudadas com o objetivo de enfrentar a questão do distanciamento entre o discurso do impresso e a vivência das consumidoras.
[27] Luis Felipe Miguel e Flávia Biroli, *Caleidoscópio convexo: mulheres, política e mídia*, São Paulo, Unesp, 2011, analisam as matérias sobre mulheres que ocuparam cargos públicos, veiculadas nos principais órgãos de imprensa brasileiros que, ao longo das últimas décadas, cobriram o mundo da política.

BIBLIOGRAFIA

Bassanezi, Carla. *Virando as páginas, revendo as mulheres*: revistas femininas e relações homem-mulher (1945-1964). Rio de Janeiro: Civilização Brasileira, 1996.

Braga, Adriana. *Corpo-verão*: estratégias discursivas e agendamento corporal na imprensa feminina. São Leopoldo, 2003. Dissertação (Mestrado em Comunicação) – Unisinos.

Buitoni, Dulcília Schroeder. *Imprensa feminina*. São Paulo, Ática, 1986. (Série Princípios, n. 41).

_____. *Mulher de papel*: a representação da mulher pela imprensa feminina. 2. ed. rev. ampl. atual. São Paulo: Summus Editorial, 2009 (1ª ed. 1986).

Duarte, Ana Rita Fonteles. *Carmen da Silva*: o feminismo na imprensa brasileira. Fortaleza: Expressão, 2005.

Duarte, Constância Lima. Feminismo e literatura no Brasil. *Estudos Avançados*. São Paulo, v. 17, n. 49, p. 151-172, 2003.

Figueira, Márcia Luiza Machado. *Representações do corpo adolescente feminino na revista* Capricho: saúde, beleza, moda. Porto Alegre, 2002. Dissertação (Mestrado em Educação Física) – ufrgs.

Mascaro, Sônia de Amorim. *A Revista Feminina: imagens de mulher (1914-1930)*. São Paulo, 1982. Dissertação (Mestrado em Ciências da Comunicação) – eca/usp.

Miguel, Luis Felipe; Biroli, Flávia. *Caleidoscópio convexo*: mulheres, política e mídia. São Paulo, Unesp, 2011.

Mira, Maria Celeste. *O leitor e a banca de revista*: a segmentação da cultura no século xx. São Paulo: Olho d'Água/Fapesp, 2001.

Scalzo, Marília. *Jornalismo de revista*. São Paulo: Contexto, 2003.

Schpun, Mônica Raisa. *Beleza em jogo*: cultura física e comportamento em São Paulo nos anos 20. São Paulo: Senac/Boitempo, 1999.

Silva, Ana Teles da. *Mulher e diferença cultural em uma revista feminina popular*. Rio de Janeiro, 2004. Dissertação (Mestrado em Antropologia Social) – ufrj.

Swain, Tania. Feminismo e recortes do tempo presente. Mulheres em revistas "femininas". *São Paulo em Perspectiva*. São Paulo, v. 15, n. 3, p. 67-81, 2001.

IMAGENS E REPRESENTAÇÕES 1

A ERA DOS MODELOS RÍGIDOS

Carla Bassanezi Pinsky

Solteira e grávida! A situação levou a garota ao desespero: como explicar aos pais que manchara a "honra familiar" e que traria vergonha a todos de casa? Como conviver com o fato de não poder ser mais respeitada como uma "moça de família" diante da evidência de ter "dado o mau passo", "cedido às tentações", "se desviado do caminho"? Sem um casamento em vista, que "reparasse a situação", o que lhe reservava o futuro? Seria, como tantas outras, expulsa de casa? Mesmo que a deixassem ficar, nunca mais encontraria um "bom partido", pois ninguém que preste aceitaria se casar com uma "doidivana", uma "desclassificada" que não soube "dar-se ao respeito". O certo é que, tendo se igualado às "prostitutas", "cairia na boca do povo".

Solteira e grávida 60 anos depois. Uma gravidez indesejada ainda pode angustiar as jovens, mas não como no passado. As diferenças na maneira de encarar a situação são sintomas das conquistas femininas na intimidade e no espaço público. São também reveladoras de grandes mudanças nas imagens femininas e nas expectativas com relação às mulheres ocorridas nas últimas décadas.

*

Mulher é assunto. Todos falam dela – como é, como deveria ser – e são muitas as representações que envolvem a figura feminina em todas as épocas. Dentre elas, há as dominantes, tomadas como modelo e referência, identificáveis com maior clareza em cada período. Algumas persistem no tempo, enquanto outras envelhecem a ponto de provocar riso, estranhamento ou não serem sequer reconhecidas pelas novas gerações.

Nessa trajetória, *grosso modo*, podemos identificar dois momentos: um em que modelos de feminilidade se consolidam (do começo do século xx ao início dos anos 1960) e outro, de maior fluidez (de meados dos anos 1960 aos dias de hoje), quando ideais do período anterior são questionados e passam a conviver com novas referências.

É certo que nem sempre as mulheres se espelharam nas imagens construídas sobre elas. E é evidente que os modelos não descrevem a realidade, esta muito mais rica e cheia de possibilidades. Entretanto, é importante conhecer as representações que prevalecem em cada época, pois elas têm a capacidade de influenciar os modos de ser, agir e sentir das pessoas, os espaços que elas ocupam na sociedade e as escolhas de vida que fazem. Os discursos sobre o que é "próprio da mulher" ou qual o "seu papel" afetam também as políticas públicas, o valor dos salários, a oferta de empregos, as prescrições religiosas, os procedimentos jurídicos, a educação oferecida e até o trabalho dos cientistas em cada época. Vamos, pois, a elas.

A "NATUREZA FEMININA"

Na primeira metade do século xx, parecia não haver dúvidas de que as mulheres eram, "por natureza", destinadas ao casamento e à maternidade. Considerado parte integrante da essência feminina, esse destino surgia como praticamente incontestável. A família era tida como central na vida das mulheres e referência principal de sua identidade: uma moça solteira era, sobretudo, "a filha", uma senhora casada, "a esposa". A dedicação ao lar, decorrência óbvia e inescapável, fazia do papel de "dona de casa" parte integrante das atribuições naturais da mulher.

Ainda em termos ideais, a masculinidade era associada à força, racionalidade e coragem, enquanto eram "características femininas" o instinto maternal, a fragilidade e a dependência.

A "MULHER CASTA"

Ao longo da história, as mulheres foram identificadas com o seu sexo, confundiram-se com ele, e a ele se reduziram. "A mulher é útero" chegou a registrar, como crítica, a anarquista Maria Lacerda de Moura.[1]

De fato, a sexualidade feminina, as funções biológicas e as secreções a elas ligadas costumavam ser matéria-prima para definir as imagens de mulher mais marcantes e recorrentes. E estas vinham aos pares – a "casta" e a "impura", a "santa" e a "pecadora", "Maria" e "Eva" – como polos opostos que ajudam a definir um ao outro. No Brasil não foi diferente. Mesmo a chegada do século XX não provocou grandes rupturas: permaneceram as heranças europeias do medievo que valorizavam a pureza sexual das mulheres e condenavam as que se deleitavam no sexo. Mas houve transformações sutis e paulatinas no conteúdo de cada evocação e nos usos que delas se fizeram.

A distinção dos tempos coloniais antepondo a "puta" à "santa mãezinha" abnegada e pura permanecia como referência. A necessidade de garantir a virgindade das "moças de bem" até o casamento e distinguir as "mulheres honestas" das que sucumbem aos "pecados da carne" também atravessou os séculos. O hímen continuava a ser o capital precioso das jovens casadoiras e a honra sexual feminina ainda era assunto de família, já que comprometia diretamente os parentes próximos.[2] As mulheres deveriam ser vigiadas e seu sexo protegido dos sedutores, dos estupradores... e, às vezes, de si mesmas.

Mas os tempos mudavam, as cidades cresciam e os espaços de sociabilidade se multiplicavam: salões, cafés, confeitarias, restaurantes, teatros, óperas, passeios públicos, escolas, lojas, bondes e trens. Não havia mais como trancar as mulheres em casa evocando hábitos das elites de um passado já distante. A palavra de ordem era *modernidade*. A escravidão acabara, imigrantes chegavam de muitos lugares e a mistura marcava as feições do brasileiro. A industrialização criava novos empregos, necessidades e hábitos de consumo. Abriam-se perspectivas de trabalho e de atuação cultural. Os grupos sociais se diversificavam. O operariado e a classe média cresciam com ímpeto, borrando as fronteiras tradicionais entre ricos e pobres. Novas elites econômicas surgiam – industriais, comerciantes, empresários – e procuravam abrir seus espaços políticos. Para deixar claras as hierarquias sociais, era então preciso delimitar bem o que é "distinto", "civilizado", "digno", "honrado"; os que se enquadrassem nos modelos prescritos teriam direito a certos privilégios na sociedade.³ Os olhos, então, se voltaram para *a mulher,* importante referência.

Um grande esforço teve que ser feito no sentido de enquadrar, por meio de normas, as condutas femininas, demarcar o "lugar da mulher" e definir claramente que tipo de mulher seria alvo do respeito social. Médicos, juristas, religiosos, professores e demais autoridades preocupadas com a ordem pública alegavam questões de moralidade e uniam-se no coro das vozes hegemônicas a esse respeito. A imprensa, como caixa de ressonância, dedicava-se a descrever os contornos desta mulher, a "mulher ideal" do novo século.

Embora circule pelas ruas, por conta de obrigações sociais e domésticas, atividades culturais e beneméritas, o lar é seu espaço privilegiado e a domesticidade, sua razão de viver. Satisfeita ou submissa à sua condição, não procura mudá-la, mesmo porque sabe que os espaços públicos e o mundo da política são apanágio apenas dos homens. Mantém a virgindade até o casamento e depois de casada é fiel ao marido. Filha obediente, esposa submissa, mãe dedicada, é temente a Deus, virtuosa e recatada. E não faz nada que comprometa essa reputação.

O perfil ainda parece um tanto abstrato? O mais fácil é fazer como à época: destacar o oposto do ideal, o que a mulher não deve ser ou fazer. Aqui, a imagem da prostituta serve para educar; se a mulher "de família" não quer ser identificada com tal figura, não deve parecer-se com ela sequer no modo de falar, caminhar, vestir ou perfumar-se, além de evitar os ambientes por onde esta circula. Para não "ficar falada", deve andar sempre acompanhada quando sai de casa, para compras ou passeios. Ao contrário da meretriz ("mulher da vida", "mulher alegre"), a mulher "de bem" não eleva a voz, não comete excessos verbais nem fala palavrões. Cultiva hábitos sadios e boas maneiras: não fuma em público, não toma pinga ou frequenta bodegas. Também não faz arruaças, passeia em trajes impróprios ou se desmoraliza em namoros escandalosos como fazem as "meninas perdidas". Acima de tudo, ela não se mistura com a "escória".

Se a prostituta é o outro extremo, que ressalta o contraste com a mulher "respeitável", próximas a ela existem várias outras figuras do desvio. A *femme fatale*, por exemplo, fazia muito sucesso na literatura e no teatro da época. Ousada e poderosa, é capaz de seduzir os homens "de bem" e levá-los à perdição. Muitas vezes confundida com a meretriz ou a cortesã, não tem pudores em dar vazão a seus instintos e mostrar-se sensual. Arrastando maridos (das outras) para o abismo moral (e talvez para a morte), é capaz de destruir lares, ricos e humildes, com a mesma naturalidade com que abusa da maquiagem e demais artifícios de beleza. Um pouco mais tarde, a *vamp*, do cinema norte-americano dos anos 1920, concorreria com ela. Faria parte das fantasias masculinas e atrairia a atenção das jovens inquietas.

Além das barreiras simbólicas, que deixavam nítidas as diferenças entre a mulher "de família" e "as outras", membros da elite procuraram delimitar mais claramente os espaços sociais de cada uma delas. Diferentemente do mundo rural de outros tempos, em que as senhoras conviviam com as escravas amantes de seus maridos, nas cidades da *Belle Époque* brasileira, que se pretendiam higiênicas e modernas, as zonas de prostituição deveriam ficar longe dos bairros residenciais, evitando contaminá-los com suas perversões. Dentro das casas, fossem elas casarões burgueses ou habitações operárias, os espaços da intimidade deveriam ser preservados, separados dos locais de convívio social.[4]

Salvaguardada a moral das "mulheres de bem", materiais eróticos e pornográficos podiam circular livremente entre os homens, bordéis eram pontos de encontro, de festa e até de aprendizado (com as "francesas" e "polacas", as cobiçadas putas estrangeiras). A relação sexual com prostitutas (mas também com amantes ou moças "desclassificadas", obviamente mais pobres) era reconhecida como válvula de escape legítima para o homem que queria preservar a pureza de sua noiva e a virtude da mãe de seus filhos. Claro, porque havia sempre perigo em dar asas à sexualidade feminina. Sobre isso, as representações também iam de um extremo a outro: ou a mulher é "ávida", "voraz" e "insaciável" ou é "passiva" e "frígida", indiferente ao prazer sexual. Pelo sim pelo não, o melhor era convencer as moças a não brincar com fogo e fazê-las acreditar que o erotismo é antinatural nas mulheres.

A "MOÇA DE FAMÍLIA"

Para os pais, ter filha era dor de cabeça. Bebês meninos eram muito mais desejados. Além de vigiadas, as garotas deveriam ser educadas para bem cumprir no futuro os "naturais" papéis femininos. Esperava-se que fossem pudicas e prendadas, mais do que verdadeiramente instruídas, ainda que as novas necessidades da nação e do mercado de trabalho as levassem aos bancos escolares.

Moças letradas e cultas podem ser donas de casa mais eficientes, companheiras valorizadas e um trunfo para suas famílias, desde que não queiram competir com os homens ou trocar de posição com eles. Mães com alguma instrução podem cuidar melhor dos filhos. Solteiras qualificadas podem ser professoras, secretárias, balconistas, ganhando honestamente seu sustento ou contribuindo com o orçamento familiar.

Porém, nada de saber demais! Temas como menstruação, relações sexuais ou gravidez, por exemplo, não são assuntos adequados para se falar abertamente com garotas, nem dentro, nem fora das escolas.

Obviamente, os estilos de vida das jovens variavam conforme a classe social. Meninas ricas contavam com serviçais, tinham melhores professores (dentro de casa ou em conceituados estabelecimentos particulares), frequentavam festas e viajavam nas férias. Jovens de menos posses ajudavam suas mães nos afazeres domésticos e cultivavam prendas e talentos desejáveis em moças casadoiras. Se a família podia se permitir, dedicavam-se apenas ao lar e aos estudos já que, nessa época, nos meios urbanos "distintos", era desejável que as mulheres não participassem dos negócios da família ou exercessem atividades remuneradas. As garotas de famílias pobres, por sua vez, cedo começavam a atuar em atividades produtivas, dentro de casa (como costureiras e lavadeiras) ou fora (como operárias, vendedoras de doces, cigarros e charutos, floristas, garçonetes). Para elas, era impossível cumprir todos os preceitos da nova moralidade já que, ao tentar obter algum ganho, eram obrigadas a se deslocar pela cidade, conversar nas ruas, aproximar-se dos homens, conviver com todo o tipo de gente. Vira e mexe eram incomodadas pela polícia, julgadas e reprimidas pelas autoridades com base no ideal de mulher que obviamente não seguiam. Se fossem negras era pior. O racismo da época as identificava frequentemente com promiscuidade, atrevimento e ociosidade.

As campanhas destinadas a moldar o comportamento das mulheres no Brasil que se queria "moderno e civilizado" do início do século partiram dos centros urbanos e encontraram eco nas menores localidades por todo o país e também em jornais operários, que se preocupavam com a boa reputação das mulheres trabalhadoras. Mesmo entre os grupos negros organizados houve alguma adesão a esses preceitos, na busca por uma maior aceitação social. O fato é que, embora muitas mulheres – por dificuldades econômicas ou valores diferenciados[5] – vivessem de maneira distinta do ideal, nas décadas de 1920 e 1930, todas conheciam as noções correntes de honra. Aliás, mesmo que individualmente as interpretações variassem, era senso comum que o homem que roubasse a virgindade de uma "moça honesta" tinha a obrigação de reparar o mal com o casamento; nesses casos, até a polícia podia intervir. Para não ter que chegar a tanto, os pais eram chamados a vigiar os namoros das filhas e descobrir as "verdadeiras intenções" dos rapazes que lhes faziam a corte, pois, como era também amplamente sabido, a honra da jovem dependia da submissão à vigilância de seus protetores.[6]

Mesmo depois que a prática de tentar obrigar o sedutor ao casamento reparador caiu em desuso (por volta de cinco décadas depois!), a ideia se manteve como referência em charges e piadas e nas encenações do casamento caipira que divertem as festas juninas ainda hoje: o noivo acuado, em pé diante do padre, sob a mira do trabuco do pai da moça, unindo-se a contragosto com a noiva grávida.

As "jovens modernas" dos anos 1920 e 1930

Nos anos 1920, mudanças importantes afetaram as imagens femininas. As oportunidades de trabalho assalariado cresciam juntamente com a escolaridade das jovens, fazendo com que mais mulheres passassem a encontrar emprego em lojas, escritórios e escolas primárias, por exemplo. Com isso, "moças respeitáveis" começaram a ser vistas cada vez mais circulando pelas ruas, num desfile que inspirava poetas e compositores e ajudava a transformar o significado de antigos ideais de recato.

A popularidade do cinema americano e as modas vindas da França apresentavam às brasileiras novos ideais estéticos e comportamentais que também contribuíam para mudar concepções do que era ou não apropriado à "mulher de família", aos casais e aos relacionamentos amorosos.

Compatíveis com a necessidade de mobilidade no trabalho, nos passeios e nas atividades de compras, as saias ficaram mais curtas e as vestes, um pouco mais soltas, livres da rigidez de espartilhos e anquinhas e das várias camadas de tecido a cobrir o corpo. O prático corte de cabelo à *la garçonne* também ganhou adeptas, denotando ainda a maior aceitação de uma atitude que incluía pitadas de ousadia, decisão e malícia. *Juventude* e *modernidade* passaram a ser rótulos que agregavam valor. *Saúde* completava a tríade.

Nas classes privilegiadas, a "matrona sisuda" e a "sinhazinha frágil" afeita a desmaios, ambas pálidas já que avessas ao sol, não eram mais referências; bonito agora era ter o rosto corado pelas atividades ao ar livre (ou um tantinho de pintura) e corpo ágil e esguio (mas não tanto quanto no exterior, graças à famosa preferência nacional por curvas definidas e generosas). A maquiagem, antes tão criticada, passou a constar nas penteadeiras e bolsinhas femininas. Ainda que se quisesse manter a dicotomia entre as "honestas" e "as outras", já eram aceitas socialmente com maior facilidade as manifestações inofensivas de uma leve sensualidade por parte das garotas que se espelhavam nas celebridades do momento. A *coqquetterie,* contudo, mais do que um sinal de autonomia, denotava uma imensa vontade de agradar aos homens sem transpor limites comprometedores. Uma bela aparência e algum poder de sedução agora ajudavam a arrumar casamento. Assim, aprimorar tais encantos femininos passou a ser um bom investimento.

Para médicos e higienistas, mulher que se preze precisa ser saudável, sair de casa e fazer exercícios físicos adequados a sua "natureza", como uma ginástica leve, um joguinho de tênis, natação sem excessos, passeios a pé ou de bicicleta. Tais hábitos combatem o ócio e os excessos mundanos da juventude, assim como a tendência ao adultério das esposas entediadas – defendiam os doutores diante dos antiquados que ainda criticavam o acesso das mulheres a essas atividades e a outras que, na esteira, ganhavam popularidade no Brasil, como frequentar praias, clubes de campo e sociedades recreativas dançantes.

As garotas que usavam *maillot,* dançavam tango, maxixe e *charleston* ou frequentavam bailes de carnaval podiam fazer torcer o nariz, mas também abriam caminhos. É claro que houve críticas dos que consideravam tudo isso frívolo ou mesmo imoral. É evidente que vozes reclamaram maior vigilância sobre as moças, agora "mais expostas" e alvo ampliado das atenções. Porém, lentamente, a mudança se instaurou e uma nova imagem, a da "jovem moderna", que circula com mais independência, manifesta gostos pessoais, consome determinadas modas e emite opiniões, passou a ocupar, com os devidos ajustes nas balizas morais dominantes, a galeria dos modelos aceitáveis.

Os novos hábitos das "moças de família", como ir sozinha às compras ou à escola tinham, como contrapartida, submeter-se aos olhares controladores não só dos familiares, mas também ao escrutínio de vizinhos, professores, patrões, além do julgamento moral de médicos, políticos e autoridades judi-

Garotas que dançavam tango, maxixe, *charleston* e pulavam carnaval podiam fazer torcer o nariz dos moralistas, mas abriam caminhos para a aceitação social da imagem da "jovem moderna".

ciais. Os advogados da moral e dos "bons costumes" lembravam-nas sempre de que, embora as personagens femininas ousadas das telas ou dos romances causem impressão, apenas as "mulheres boas e puras" estão destinadas ao casamento. As que fogem do modelo – as "descaradas", as "escandalosas", as "mundanas" (afeitas à gandaia) e as "artificiais" (que recorrem a cosméticos e demais artimanhas para iludir os homens) –, diziam, são mulheres descartáveis.

Outra inovação ancorada no desenvolvimento urbano, a prática do *footing*, deu às "garotas de bem" maiores chances de conhecer rapazes e de se fazer notar pelos pretendentes. O passeio pelas ruas do comércio elegante ou pela praça principal era aproveitado pelos jovens como ocasião para observar o sexo oposto e estabelecer, em caso de interesse por alguém em especial, um contato discreto constituído por troca de olhares, gestos de cabeça e sorrisos comedidos – o chamado "flerte". Nesse momento, era importante evitar mostrar-se excessivamente disponível. O flerte podia desembocar em namoro se, percebendo sinais de receptividade, o rapaz se aproximasse para conversar com a moça e, a partir daí, o casal resolvesse estreitar relações. Ao chegar ao conhecimento da família da jovem, o namoro passava a depender do aval dos pais para sua continuidade. Nessa etapa, redobrava-se a vigilância sobre as donzelas. Com o noivado, ao rapaz, que pedira oficialmente a moça em casamento a seus pais, era permitido frequentar a casa da noiva. O par ganhava um pouco mais de liberdade para passear e ir a sorveterias, cafés, *matinées* de cinema e espetáculos de teatro sem que necessariamente um acompanhante ouvisse todas as suas conversas. Mesmo assim, as moças tinham horários rígidos para chegar em casa.

Numa época em que, em suas leituras e idas ao cinema, os jovens se deparavam com narrativas em que o par amoroso tem legitimidade e autonomia e o amor é retratado como uma força capaz de enfrentar qualquer obstáculo, os impulsos da libido deveriam ser controlados com regras bem claras para que os relacionamentos se mantivessem nos patamares socialmente aceitos. No momento em que as classes privilegiadas passaram a almejar a modernidade de inspiração estrangeira, o amor no casamento já era desejável, mas não imprescindível. Nos arranjos conjugais, os interesses das famílias continuavam a ser determinantes, embora as questões de "sangue" (relevantes no século anterior) tenham dado lugar aos interesses econômicos como critério fundamental para o estabelecimento das uniões. Por isso, pais e mães estimulavam ou até coagiam seus filhos para que se comprometessem com pessoas consideradas convenientes. Ao mesmo tempo, uma forte campanha para domesticar ou "civilizar" o amor e desqualificar as paixões ganhou corpo em nome dos relacionamentos adequados e das uniões duráveis e "decentes" que fundam as "famílias de bem".

Os filhos rebeldes (especialmente as filhas) não eram o único alvo dessa pedagogia. As classes baixas também deveriam ser educadas para que as desordens amorosas não desembocassem em desordem social. A população pobre, de trabalhadores, imigrantes, negros e mulatos, passou a ter seu comportamento fiscalizado, criticado e, na medida do possível, submetido a intervenções por parte de autoridades religiosas, intelectuais e do Estado. Relacionamentos que fugiam aos padrões estabelecidos, em especial os que não levavam ao casamento nos moldes burgueses, foram classificados como imorais, ilícitos, promíscuos – adjetivos que respingavam diretamente nas mulheres envolvidas.

O fato é que o relacionamento dos casais nas classes baixas era determinado em grande parte pelas condições concretas de existência e seguiam regras próprias, mais flexíveis e igualitárias que as definidas nos matrimônios das elites. Entre a população pobre, as pessoas se uniam em concubinato e, com frequência, davam origem a crianças bastardas. Dadas às dificuldades com moradia, compartilhavam com outras famílias habitações em cortiços e favelas num ambiente de grande intimidade entre os que viviam sob o mesmo teto. As mulheres em geral exerciam ocupações remuneradas, o que lhes dava uma certa independência. Os casais se desfaziam com alguma facilidade por conta da ausência de propriedade, das necessidades econômicas que levavam à procura por trabalho em outras paragens ou simplesmente devido a maior liberdade das mulheres no sentido de poder descartar companheiros que não mais as agradavam. Como essa conduta diferia da propagandeada pelos valores dominantes, tais mulheres eram retratadas como sendo "vadias", "cheias de vícios", pessoas com "baixos padrões morais".[7]

Entretanto, as certezas ficavam arranhadas diante de uma minoria destoante de mulheres que teimavam que sua conduta liberada era apenas moderna e não imoral.[8] As primeiras décadas do século XX foram também a época das "melindrosas" (ansiosas por gozar a vida; apreciadoras do flerte, da dança e do sorriso fácil), das *suffragettes* (que reivindicavam abertamente direitos políticos e educacionais iguais para homens e mulheres), das artistas e intelectuais modernistas (afeitas à boemia, ao comportamento sexual mais livre e a formas alternativas de relacionamento afetivo). Apesar das críticas dominantes, tais figuras "mais liberadas" conquistaram alguns admiradores entre homens e mulheres.[9]

A "boa moça", a "garota fácil" e as rebeldes dos anos 1950

Os tempos eram outros lá por meados do século xx. Ainda que lembrassem o passado, as representações e imagens femininas guardavam várias diferenças.

O país mudara em muitos aspectos: as cidades cresceram e se multiplicaram, incrementando os entretenimentos, as atividades profissionais e os pontos de encontro. Os perigos... A liberdade de ir e vir das mulheres das classes média e alta aumentara na mesma medida em que a capacidade de pais e maridos manter filhas e esposas sob estrita vigilância havia declinado. Agora era preciso confiar nelas, algo não muito fácil para homens acostumados a ditar ordens e tê-las cegamente acatadas.

As moças ganharam mais autonomia, o que implicava, por sua vez, um nível maior de responsabilidade com relação ao próprio corpo, sua virgindade, aquilo que se definia como seu comportamento moral, enfim. Papai, mamãe ou titia, com exceção dos "antiquados", não acompanhavam mais a garota ao cinema, à lanchonete, às boates e festas dançantes, aos passeios (de automóvel!) com o namorado. "Segurar vela" para a amiga ou a prima também começava a cair de moda.

Os jovens passavam grande parte do dia com pessoas de sua faixa etária, pois – uma grande novidade – várias de suas atividades eram exclusivas da juventude, não se misturavam com as dos adultos. Assim, além de tentar submeter a "moça de família", com maior ou menor sucesso, às formas tradicionais de vigilância social, havia a necessidade de incutir-lhe a autovigilância, era o tal do "dar-se ao respeito" e cuidar de manter a honra intacta.

Sim, a velha ideia da honra feminina vigorava firme e forte nesses tempos de otimismo pós-guerra, ascensão da classe média, democracia política e aumento de possibilidades educacionais e profissionais para os brasileiros. O modelo de família propalado desde o início do século ganhara bastante espaço em corações e mentes e era agora *a* grande referência: nuclear, com uma nítida divisão de papéis femininos e masculinos (aos homens, a responsabilidade de prover o lar; às mulheres, as funções exclusivas de esposa, mãe e dona de casa) e baseada na dupla moral, que permite aos homens se esbaldar em aventuras sexuais ao mesmo tempo que cobra a monogamia das esposas e a "pureza sexual" das solteiras. Esses valores chegavam aos jovens como se fossem naturais, desqualificando quem não quisesse ou pudesse segui-los. As famílias de classe baixa que aspiravam ostentar uma aura de respeitabilidade também procuravam segui-los, esforçando-se por destacar a virtude moral e a domesticidade de suas mulheres.[10]

Entretanto, as perspectivas das garotas haviam se ampliado. A escolaridade da população feminina crescera significativamente. Não havia mais questionamentos escancarados sobre o direito das mulheres de receber educação formal (com exceção de ressalvas à formação universitária) e já existiam instituições capazes de oferecê-la. Embora ainda houvesse tópicos curriculares diferenciados para as moças e grandes dificuldades de ingressar em cursos ou profissões considerados "masculinos", um avanço notável ocorrera.

A Igreja Católica continuava a orientar condutas e impingir modelos, mas suas mensagens concorriam com as dos meios de comunicação, da educação laica e dos ecos sutis de vozes estrangeiras favoráveis à emancipação feminina. No Brasil de então, o prestígio cultural norte-americano ultrapassava de vez a influência europeia e ajudava a superar antigos formalismos no tratamento pessoal. Agora, mais do que antes, os personagens de Hollywood eram referência para modas e comportamentos, principalmente entre os jovens que "aprendiam a beijar" e porta-se mais informalmente com os filmes americanos.[11] O cinema nacional também tinha algum peso nisso, com suas narrativas românticas, mas bem-comportadas, ou suas chanchadas marotas, mas incapazes de comprometer os "valores da família brasileira". As populares artistas de rádio (cuja vida amorosa era acompanhada com interesse pelo público), as vedetes do teatro rebolado, as modelos de corpo violão que se deixavam fotografar com pouca roupa também não chegavam a abalar os padrões reservados às "moças de família"; seu estilo de vida e suas atitudes eram vistos como "coisas de artista", gente pertencente a "outro ambiente", excentricidades vetadas às jovens respeitáveis e casadoiras. Para estas, já havia uma imprensa exclusivamente feminina pronta a ensinar o que "fica bem" e o que não é socialmente aceito.[12]

As garotas desde cedo aprendiam que o casamento feliz coroado pela maternidade e um lar impecável é negado às "levianas", as que se permitem ter intimidades físicas com homens. Na atualizada classificação moral das imagens femininas, a "leviana" está a meio caminho entre a "moça de família" e a "prostituta". Pode até "fazer sucesso com os rapazes", mas nunca se casa, pois nenhum homem honesto vai querer alguém como ela para "mãe de seus filhos". Segundo a regra, é o homem quem escolhe a esposa, preferindo as dóceis e recatas e repudiando as "defloradas" por outro sujeito ou mesmo as de comportamento suspeito, com fama de "emancipada" ou "corrompida", "garota fácil", "vassourinha" ou "maçaneta" (que passa de mão em mão, namoradeira, promíscua).

A "moça de família" dos Anos Dourados porta-se corretamente, tem gestos contidos e "boas maneiras", mantém-se no "bom caminho", não abusa de bebidas alcoólicas, não se envolve em conversas picantes nem compreende piadas impróprias; obedece aos pais e se prepara adequadamente para cumprir o destino feminino, desenvolvendo prendas domésticas e guardando as intimidades sexuais para o futuro marido. E, embora as manifestações públicas de carinho discreto entre jovens namorados sejam agora comuns no cenário das cidades, a "moça de família" nunca é vista aos abraços e beijos intensos com alguém.

Como no passado, nos Anos Dourados não faltou quem retratasse as garotas como "cabecinhas ocas", ingênuas e vulneráveis às "más influências".

O ideal do "casamento por amor" havia triunfado como um dos "ícones da modernidade"[13] e não era mais abertamente contestado: o indivíduo mais do que a família é dono de seu destino e a escolha do cônjuge agora não cabe aos pais. Contudo, a influência familiar ainda era forte e a autoridade paterna mantinha poder de veto, especialmente em namoros considerados inadequados por questões (preconceitos) de classe, "raça" ou religião. Portanto, não se apostava no sucesso de uniões desaprovadas pela família. Se "as mulheres vivem para o amor", como se dizia, devem evitar a paixão, "a efervescência do juízo", as escolhas insensatas e condenáveis. Homens casados, desquitados ou "aventureiros" (que não pretendem constituir família ou não são capazes de sustentá-la) estão, pois, fora de questão.

Inaugurar um flerte, "pedir em namoro", oficializar um noivado devem ser todas iniciativas masculinas. Porém, já se aceitavam artifícios femininos que levassem os homens ao "próximo passo", contanto que fossem discretos e sutis, mantendo as aparências da supremacia masculina.

Como a honra do "pai de família" em boa parte ainda dependia da reputação das filhas, os namoros das meninas continuavam cercados por regras impostas de cima. Mesmo que prefiram os atrevidos, bonitões e de boa lábia, as garotas devem optar corretamente: namorar um "bom partido", capaz de manter a futura esposa com conforto. A duração de um namoro não pode ser longa a ponto de denotar a falta de "intenções sérias" (vontade de se casar), estas evidenciadas pelo noivado. Por sua vez, um noivado que demora a desembocar em matrimônio leva a crer que a moça tenha feito algo moralmente condenável, levando o pretendente a perder o respeito por ela. É preferível "frear os impulsos" e deixar que o noivo se satisfaça "nos braços de mercenárias", a "comer o lanche antes do recreio", pois, todos sabem: "laranja chupada ninguém mais quer".

A maior autonomia das moças nos Anos Dourados implicou maior responsabilidade com relação ao corpo, à virgindade, àquilo que se definia como seu comportamento moral, enfim.

As "biscates" e as prostitutas eram as alternativas para o prazer dos homens diante da impossibilidade de acesso sexual à "mulher para casar". Como geralmente eram de outro meio social, mais pobre, acabavam, de maneira indireta, reforçando preconceitos de classe e discriminações sociais.

Em meados do século XX, bem mais que no seu início, as regras sobre o que era apropriado ou não para uma "moça de família" eram de conhecimento geral, embora houvesse variações (cosmopolitas ou provincianos; cariocas, paulistas ou baianos; diferenças de classe social ou de formação cultural).

Porém, ventos de mudança sopravam em outras direções. Ser jovem no tempo das lambretas e do *rock'n'roll* era bem diferente de ser moçoila ou rapaz na época das carroças e das modinhas. Se, nas décadas anteriores, a beleza e a aparência "jovem" já eram bastante valorizadas, nos anos 1950, especialmente na segunda metade, a opinião e o gosto juvenil passaram a ser levados em conta. A juventude ganhava, então, um destaque social nunca visto, diferenciando-se do mundo adulto nas maneiras de se vestir, na linguagem usada entre amigos, em boa parte dos ambientes frequentados e no consumo de filmes, discos e livros. Era a vez do *blue jeans*, do *Sunday* no *snak bar*, do cuba-libre, do biquíni, da música alta na vitrola e dos livros açucarados dedicados a fazer sonhar as mocinhas, ou melhor, os "brotos".

Os jovens, particularmente os de classe média, viviam em uma cultura que, em geral, aprovava sua vitalidade, tolerava pequenas excentricidades como comportamentos "próprios da idade", e acreditava com otimismo que, se protegidos, disciplinados e educados corretamente seriam "o futuro promissor da nação". Para garantir tal previsão, as instituições investiam na divulgação de valores como o respeito aos mais velhos, o amor aos estudos, além da relevância de, no futuro, se "construir um lar" por meio do matrimônio. A palavra "transviada" rotulava uma minoria insignificante e muito mais masculina.[14]

Na medida do possível, comportamentos desviantes eram reprimidos. Mas eles existiram. Mesmo entre as garotas havia rebeldes. Em meados do século XX, a própria dinâmica social poderia fomentar as dúvidas e questionamentos (*Qual o comportamento mais adequado? O ensinado por meus pais ou o que vi no cinema? Ou o que meus amigos valorizam?*). Avanços sociais desiguais poderiam gerar frustrações (*Por que estudei tanto a ponto de me sair tão bem quanto qualquer rapaz da escola se meu futuro profissional e meus ganhos serão necessariamente diferentes por eu ser do sexo feminino?*). Discursos contraditórios poderiam levar a interpretações perigosas (*Se o amor é importante, por que não posso viver de acordo com meus sentimentos? Por que não posso escolher livremente meu(s) namorado(s)?*).

Que fizeram as moças que fugiram às regras? Leram livros proibidos, entregaram-se a carícias eróticas, esbaldaram-se nos bailes, abriram mão da virgindade ou apostaram em um futuro profissional. Algumas se aventuraram até as fronteiras mais distantes do comportamento aceitável, ganhando certa autonomia; outras se bateram de modo deliberado contra elas, adotando explicitamente novas posturas. Aquelas que conseguiram manter as aparências e escapar às más línguas continuaram sendo consideradas "de família", com direito a todas as benesses e promessas de felicidade. Muitas, porém, sofreram as consequências propaladas para comportamentos desviantes: estigma social, discriminação e abandono. De todo modo, seus questionamentos e contestações, colocando em perigo os modelos vigentes, contribuíram para a ampliação dos limites estabelecidos para o feminino. Modificaram trajetórias pessoais, definiram novos estilos e serviram de herança para gerações futuras. E é também assim que as coisas mudam.[15]

A "BOA ESPOSA"

> Quem é aquela figura sublime, terna companheira do homem [...] que o aconselha; que o guia; que o suaviza; que o anima; que o retém; que o ama; que toda vive nele; que toda se desata em dedicação? É a mulher esposa.
> *Mercantil* (1894) (jornal de Porto Alegre)

> 1) ama teu esposo acima de tudo na terra [...]; 2) trata teu esposo como um precioso amigo; como a um hóspede de grande consideração e nunca como uma amiga a quem te contam pequenas contrariedades da vida; 3) espera teu esposo com teu lar sempre em ordem e semblante risonho; mas não te aflijas se ele não reparar nisso [...].
> "Decálogo da esposa" – *Revista Feminina* (1924)

> [A esposa ideal é a que] procura compreender o gênio do marido, a que se alegra com as alegrias dele, a que lhe aplaina o caminho escabroso da vida diária, a que se mostra sempre contente ou ao menos resignada, dócil às suas exigências, a que sabe cativar o marido com meigos sorrisos [...].
> *Diário da Tarde* (1926) (jornal de Curitiba)

> Acompanhe-o nas opiniões [...] quanto mais você for gentil na arte de pensar, tanto maior será a importância de seu espírito no conceito dele. Esteja sempre ao seu lado, cuidando dele, animando-o [...] reconhecendo seus gostos e desejos.
> "Siga estes 10 mandamentos para ser feliz no casamento" –
> *Jornal das Moças* (1955) (revista feminina)

[a mulher] tem uma missão a cumprir no mundo: a de completar o homem. Ele é o empreendedor, o forte, o imaginoso. Mas precisa de uma fonte de energia; a mulher o inspira, o anima, o conforta [...] [A arte de ser mulher] exige muita perspicácia, muita bondade.

O Cruzeiro (1958) (revista de interesse geral)

A esposa ideal, e feliz o mortal que a encontra, tem a capacidade de transformar-se segundo o homem com o qual se casou [...] há caprichos que eles [os homens] detestam; qualidades que apreciam quase unanimemente.

"Você é uma boa esposa?" – *Claudia* (1962) (revista feminina)[16]

Décadas passam, mas a insistência em transformar a mulher em esposa agradável ao marido permanece. Quanta responsabilidade sobre os ombros femininos! A "boa esposa" é o segredo imutável da felicidade conjugal, da harmonia no lar, da estabilidade do casamento ("a verdadeira estrutura da sociedade"), da paz na família ("o mais importante suporte do Estado", "a base do esplendor de um povo moralmente sadio")... e da ordem social com suas hierarquias estabelecidas. Enquanto ao marido basta o esforço para sustentar a família com dignidade, à esposa cabe desdobrar-se em cuidados para que ele fique satisfeito.[17]

Na união conjugal, a mulher ocupa um lugar subordinado ao homem, o chefe da casa, que é quem decide sobre a educação e o futuro dos filhos, os gastos importantes, o local de moradia. Juristas, padres, cientistas e articulistas da imprensa faziam coro com o senso comum. Para o Código Civil de 1916, o marido é o representante legal da família e a esposa, sem plena capacidade civil, precisa de autorização do cônjuge para trabalhar e negociar. Para a Medicina, a mulher, por razões biológicas, é um ser frágil, dependente, maternal, mais afetivo que intelectual, e pouco interessado em sexo; o homem é mais forte, racional, empreendedor e interessadíssimo em sexo. Destinada a ser passiva e submissa, nada mais resta à esposa que se colocar sob a proteção do marido, a quem deve amar sem impor condições. Se não corresponder às expectativas, poderá, de acordo com o costume e sem que ninguém meta a colher, receber uma boa surra daquele com quem se casou e, por isso, tem autoridade para aplicar-lhe corretivos. Apanhar do marido por desobediência, indiscrição, insolência, desleixo nas tarefas domésticas é perfeitamente aceitável, desde que não haja excessos – mas quem vai definir tais limites? – e que a sova não seja testemunhada por pessoas do mesmo nível (o que exclui filhos e empregados domésticos), algo um tanto embaraçoso, não muito mais do que isso.

Homem e mulher eram vistos como seres opostos, com palcos de atuação bem delimitados. O horizonte feminino não deveria ir além do mundo doméstico, o masculino estendia-se aos espaços públicos, ao mercado de trabalho, à política institucional. Embora considerados imprescindíveis, o certo é que a papéis femininos e a masculinos eram atribuídos valores desiguais, levando o homem a ter mais poder.

Um marido que trabalha tem todo o direito de mandar e desmandar em casa. Uma mulher que trabalha (fora) envergonha o marido perante a sociedade, pois denota sua incapacidade de sustentar sozinho a família. Essa mesma esposa com emprego também pode constranger o companheiro no sentido de expor-se demais, comprometendo sua honra; só em casa é que ela pode preservar sem riscos sua honestidade sexual. O correto é, pois, a esposa economicamente dependente e satisfeita com o que lhe é dado para as despesas pessoais e domésticas.

A fidelidade do esposo não é contrapartida da sua (esta sim obrigatória). A afinidade sexual entre os cônjuges não é fundamental. Importa mesmo é constituir família, crescer e multiplicar. A "boa esposa" não foge ao "dever conjugal", que a levará a ser mãe – realização plena da feminilidade –, de filhos legítimos, claro. E não se importa se o marido satisfizer seus incontroláveis desejos de macho nos braços de outras. Amor contido, regrado, higiênico é o do leito conjugal. Depois de anos de ignorância e repressão sexual, as mulheres, ao se casar, deveriam aprender rapidamente o melhor modo de comportar-se na cama (e de nada adiantava recorrer às leituras açucaradas, que, além de não informar, podiam suscitar expectativas românticas inadequadas à realidade conjugal), cumprindo suas obrigações ao mesmo tempo que refreavam os impulsos sexuais do casal em nome da constituição de uma família saudável e estabilizada.

O respeito mútuo e a amizade condescendente são sempre bases melhores que os arroubos de prazer. A "boa esposa" faz tudo para manter o relacionamento nos trilhos. Talvez, embora não seja um objetivo importante, até consiga evitar que o marido se envolva com prostitutas, como ensinava um manual de economia doméstica publicado em 1916: "quando há o que prenda a atenção em casa, ninguém vai procurar fora divertimentos dispendiosos ou prejudiciais".[18]

Conselhos é que não faltavam para as candidatas, voluntárias ou constrangidas, à "boa esposa", destacando suas qualidades morais, sua imensa paciência, sua capacidade de satisfazer os desejos do esposo (mesmo os não explicitados) e cumprir com abnegação a missão atribuída pelo casamento. Nem o abandono as livra de suas responsabilidades; "se teu esposo se afastar de ti, espera-o; ainda mesmo que te abandone, espera-o! Porque tu não és somente a sua esposa; és a honra do seu nome. E quando um dia ele voltar, há de abençoar-te" – ensinava a *Revista feminina* em 1924.[19]

A partir dos anos 1930, os valores dominantes de família das décadas anteriores ganharam mais reforços do Estado, que, além de ajudar a propagar a ideia tradicional de honra (que legitimava a hierarquia entre homens e mulheres), atrelou-a à "honra nacional", assegurando a autoridade do governante (Vargas, o centralizador "pai dos pobres") e a manutenção da ordem num momento importante de transformações econômicas.[20] Porém, nada absoluto, nada definitivo. Nos anos 1940, ficaram famosas as letras de samba em que o homem se esforça para dar à mulher um bom padrão de vida, mas a "ingrata" se queixa, abandona ou trai o "otário" – atitudes muito diferentes da saudosa Amélia, a "que era mulher de verdade".[21]

A "esposa feliz"

Nos anos 1950, ainda que com pinceladas de modernidade, o ideal da "boa esposa" seguia como um grande farol. As leis que regiam a sociedade conjugal continuavam as mesmas, a violência doméstica permanecia prática comum e socialmente tolerada e a Igreja não mudara de opinião quanto à submissão da esposa e a indissolubilidade do casamento. Contudo, uma das novidades da época era o *american way of life* – o ideal do papai que trabalha fora, da mamãe que cuida do lar com a ajuda de eletrodomésticos, da família toda que passeia de carro e tem acesso a bens de consumo "indispensáveis à vida moderna" –, muito atraente para a classe média brasileira. Se, por um lado, esse modelo ajudava a manter os padrões tradicionais da mulher doméstica, por outro, incentivava o consumismo que só pode se realizar com entradas maiores no orçamento doméstico. *E aí? Uma esposa deve ou não ter um emprego assalariado?*

Outras mensagens contraditórias chegavam do exterior: avanços na questão da emancipação feminina por conta da maior participação das casadas no mercado de trabalho (primeiro, no "esforço de guerra", depois, fruto do desenvolvimento econômico) ao lado de campanhas favoráveis à permanência da mulher no lar (para dar lugar aos soldados que voltavam).

Diante das novidades que podiam seduzir as mulheres casadas e alimentar insatisfações perigosas à ordem social, era preciso ressaltar, para além das ideias de sacrifício e dever, a suprema *alegria* que é ter marido e filhos. Passar o tempo com eles em casa é o lazer por excelência da "boa esposa", satisfeita da vida. Ver a família contente é o seu real prazer.

Queixas de que o casamento não compensava eram minimizadas enquanto o ideal do matrimônio harmonioso ganhava reforços. Ainda que a esposa se mantivesse submissa ao homem, o marido era agora seu "amigo". Ainda que coubesse a ele a última palavra nos assuntos importantes, era bom que o casal agora conversasse, trocasse ideias. Ainda que o prazer sexual da mulher fosse algo secundário e não propriamente um direito, vozes se levantavam na defesa da informação (e até da satisfação) sexual como modo de garantir a estabilidade das uniões conjugais.

O amor conjugal deve ser recíproco, mas a mulher deve amar mais. Dicas práticas e minuciosas para promover a felicidade no casamento pipocavam nos meios de comunicação, aprimorando a verdadeira arte que é ser uma "boa esposa" nessa época. Não exigir que o marido cozinhe, lave, passe, limpe, costure ou cuide das crianças. Colocar ao seu alcance objetos de uso pessoal e ferramentas, para que ele não se irrite ao procurá-los. Evitar condutas que provoquem ciúmes; ser discreta, ter boa reputação e limitar os passeios na ausência do marido. Cuidar da aparência para agradá-lo. Concordar com suas opiniões e interessar-se por assuntos que possam servir de temas para uma conversa amigável, mas calar-se quando o marido não quer conversar. Incentivá-lo, distraí-lo e consolá-lo. Deixá-lo em paz quando ele lê o jornal, fuma, vai pescar ou quer se divertir com os amigos. Não se imiscuir em suas atividades profissionais. Não cobrar atenção e, principalmente, não aborrecê-lo com carências e futilidades femininas. Discutir, nunca; agradar, sempre! E, claro, manter o bom humor. O bem-estar do marido é o termômetro da felicidade conjugal.

A "companheira perfeita" é fiel até em pensamento. Cumpre com boa vontade, mas sem arroubos, seus "deveres conjugais" e fecha os olhos para as infidelidades do marido, algo plenamente justificável por conta da natureza que conduz os homens à poligamia. Se demonstra ciúmes, levanta suspeitas, questiona ou reclama, a mulher corre o risco de ser abandonada – o pior que pode lhe acontecer. Ao contrário, a "boa esposa" procura manter seu homem com muito afeto e pequenos truques femininos para reconquistá-lo e afastar o pesadelo das amantes. Sim, no lugar dos protestos e reivindicações, subterfúgios são permitidos, desde que não comprometam a hierarquia conjugal. Com charme e "jeitinho", a mulher consegue tudo o que quer. E se não conseguir? Paciência.

O oposto da "esposa perfeita" é a "mulher dominadora", a verdugo que manda no marido. A mulher casada deve fugir desse rótulo como o diabo da cruz. Nada mais ridículo (e perigoso) que homem de avental e mulher lhe dando ordens. Nada mais de acordo com "Deus e o Estado" que o homem dirija a família. "Não seja dominadora, lembre-se de que você é mulher" – ensinava o *Jornal das Moças* em 1955.[22] As "temperamentais", as "egoístas", as "voluntariosas" e as "com excessivo espírito de independência" são as verdadeiras culpadas pelo adultério masculino, pois, todos sabem, "a mulher faz o marido".

No dicionário da época, *amante* de um homem casado é "destruidora de lares", "aproveitadora sem escrúpulos", "sirigaita" ou "ingênua seduzida"; *divórcio* é "um veneno para a estabilidade social"; *mulher separada*, uma condenada à solidão e ao desamparo moral; e *a que se une a um homem separado*, alguém que não merece respeito e ainda compromete o futuro dos filhos. *Uniões entre pessoas do mesmo sexo* são uma aberração.[23]

A "solteirona"

"Solteirona" era estigma, sinal de fracasso e esquisitice num tempo em que o casamento era garantia da ordem social e o destino dourado de toda mulher. A expressão designava a que "passou da idade" de se casar. A não moça que perdera a oportunidade de constituir sua própria família com filhos e corria o risco de tornar-se um peso para os parentes já era chamada assim, para desespero das jovenzinhas que desde sempre temiam a solidão, mas também se preocupavam com seu futuro econômico na falta de um homem que as sustentassem.

As "solteironas" são dignas de pena; mulheres incompletas, que falharam em cumprir a vocação feminina. "Ficar pra titia" é algo terrível. Por toda primeira metade do século xx, as celibatárias estão condenadas à abstinência sexual; nada de aventuras sexuais para elas. Devem ainda ser discretas e até um tanto sisudas para evitar as más línguas e contentar a todos que insistem em controlar seus passos. Consideradas uma ameaça aos casamentos constituídos, são temidas pelas "bem casadas" ciosas de seus maridos. A "encalhada" também precisa mostrar-se útil e generosa: cuidar dos pais idosos ou dos sobrinhos e/ou arrumar um emprego "honesto". Nesse caso, uma das profissões consideradas mais convenientes era a de professora, o que acabava por justificar uma dedicação total à função docente, mais doação que profissão a ser remunerada adequadamente.

Assim, convivem no imaginário diversos retratos da "solteirona": a "frustrada"; a "despeitada"; a "caçadora de maridos"; a tia que favorece seus protegidos; a filha que não abandona os pais; a "professora severa", pouco atraente e sem vida social para além dos muros da escola. Celibato por opção? Era preciso muita coragem para assumi-la.[24]

A "BOA MÃE"

Casamento leva a filhos, necessariamente. Essa verdade incontestável até meados dos anos 1960 criava grande expectativa pelo nascimento de uma criança tão logo um jovem casal se unia em matrimônio. A chegada do bebê não só confirmava o sucesso do casamento, mas o êxito da mulher em cumprir seu "destino natural". A ordem social também ficava grata à mão de obra reposta, aos soldados dos exércitos, às engrenagens que moveriam a economia do futuro, ao rebanho das igrejas, aos ocupantes do nosso vasto território nacional. No seio da família de valores patriarcais, um nascimento fazia com que o pai perpetuasse seu nome, tivesse a quem transmitir propriedades e exercesse sua autoridade de "chefe" com mais poder.

Em geral, as mulheres davam à luz em casa, assistidas por uma parteira. A partir daí, ingressavam no rol das mães, promovidas na sociedade Ocidental, desde o século XVII, a seres amorosos por instinto e capazes de qualquer sacrifício pela prole. A maternidade é uma "sagrada missão" da qual não se pode abrir mão. Em se tratando de mulheres casadas, não querer engravidar é quase um ultraje.

Ter filhos significa também cuidar pessoalmente deles, pelo menos essa era uma das ideias que, desde a década de 1870, as elites que pretendiam construir um país "mais civilizado" procuravam incutir na sociedade. São dessa época as primeiras críticas às mães que deixavam suas crianças aos cuidados de escravas, serviçais ou "mãos mercenárias"; às que delegavam a amamentação ou contratavam babás, por exemplo. Surgiam, então, os primeiros esboços da "boa mãe" higiênica e educadora, que, além de ter os filhos "sempre bem arranjados e limpos", acompanha de perto o crescimento dos pequenos e os ensina a rezar e a comportar-se adequadamente, livrando-os de perniciosas influências externas que comprometem o "fortalecimento da raça". Esse modelo, dito universal, só podia ser atingido por mães com condição material para tanto, discriminando aquelas que, levadas a trabalhar para garantir seu sustento, não podiam dedicar-se às crianças no lar com o desvelo prescrito.

Outra ideia que passou a ser difundida nessa mesma época, ligada à imagem em construção da "boa mãe", responsabilizava as mães pelo progresso da nação e a força do Estado, encarregando-as de formar moralmente as novas gerações, incutindo-lhes virtudes cívicas. Com a maternidade politizada, esse novo dever materno levou as autoridades a se preocupar com a melhoria da educação feminina; alguma instrução era necessária para que as mulheres cumprissem bem esse seu papel público. A retórica da "boa mãe" foi, aos poucos, acompanhada pela expansão do sistema educacional e a escolarização das meninas.

Nos anos 1920 e 30, as ideias de que a criança deveria ser cuidada com atenção por sua genitora e a da "mãe cívica" – cujo objetivo era garantir a saúde física, intelectual e moral dos futuros cidadãos – já eram populares. Até mesmo os meios operários as promoviam.[25]

Entretanto, o modelo dominante de maternidade era interpretado e posto em prática de maneiras distintas, dependendo dos recursos econômicos disponíveis e das inclinações pessoais. Em muitas das famílias de posses, as crianças continuaram a ser cuidadas prioritariamente por babás e empregados, porém, esperava-se que as genitoras pelo menos amamentassem e supervisionassem a educação das crianças nos seus primeiros anos. Entre as classes baixas, mesmo que quisesse, não havia como a mulher interpretar por inteiro esse "papel maternal"; não só as mães, mas também as próprias crianças tinham que trabalhar, ficando longe da proteção e do afeto preconizados para a infância. Em alguns meios intelectuais, boêmios ou feministas, havia mulheres que optavam por fugir às regras. Porém, mesmo não se concretizando em todas as casas, a ideologia da "boa mãe" impregnara a sociedade, influenciando o modo como as pessoas viviam, servindo de base para julgamentos morais, reivindicações sindicais (por leis protetoras ou pelo "salário-família"), leis e políticas de governo (incluindo as natalistas). A mulher que se desviasse do padrão era tida como "masculinizada", "desnaturada", "anormal".

Quando as mulheres passaram a ter menos filhos, em razão do desenvolvimento urbano e econômico do país, puderam se dedicar mais a cada um deles. Havia mais tempo para cuidar dos rebentos, mas maiores cuidados passaram a ser exigidos. Assim, individualmente, a criança absorve, agora, muito mais as mães, mesmo aquelas que contam com empregadas. Ao ficar estabelecido que a infância é um período de brincadeiras, as "boas mães" são também encarregadas de arrumar distrações e garantir a diversão dos pequenos. Suas horas de lazer devem ser consagradas às crianças.

O pai continuava a interferir na educação dos filhos e a vigiar sua conduta, mas as mães eram o alvo principal dos discursos pedagógicos que se multiplicaram a partir dos anos 1920. Antes de a escolarização se estender às meninas, esperava-se que ajudassem suas mães a cuidar dos irmãos; porém, até elas seriam liberadas em nome da preservação da infância e do dever materno de responsabilizar-se pelos próprios filhos e estar disponível para eles.[26]

Atualização do "espírito materno"

Em meados do século xx, "o mundo continua, porque a mulher não perde seu espírito de maternidade".[27] A maternidade legitimada é apenas a que ocorre dentro de uma família legalmente constituída. A "mãe solteira" só pode minimizar seu "grave erro" se passar a se dedicar totalmente ao filho, vivendo de maneira respeitável. Mesmo que duramente criticada, ela ganha pontos por sua coragem em abrir mão de uma solução "monstruosa do ponto de vista moral" (o aborto).[28]

Nos anos 1950, mudanças no tratamento das crianças estavam a pleno vapor, respaldadas pelo discurso de pediatras e psicólogos, personagens cada vez mais influentes na definição da "boa mãe". O "bebê reizinho" das décadas passadas começava lentamente a desbancar o todo-poderoso "pai de família" como centro das atenções na casa. Métodos tradicionais de disciplina eram reconsiderados em função de uma flexibilidade maior no relacionamento entre pais e filhos. A maior preocupação com o nível de escolaridade dos filhos e suas (cada vez mais) reconhecidas necessidades de consumo eram compatíveis com os padrões familiares da classe média de então: tipicamente nuclear, com um número reduzido de filhos. Os casais urbanos abandonavam o "crescei e multiplicai-vos" sem restrições e tentavam controlar a natalidade com os métodos conhecidos na época. Entretanto, ter filho continuava nos planos. Também permaneciam as rígidas distinções entre as atribuições do pai e da mãe para com a criança. Num tempo em que papai não troca fralda e recorrer a babás não é lá muito bem-visto, a mulher sabe que "pertence aos filhos", portanto, "não tem o direito de escolher" ou "transferir suas obrigações".[29]

Especialistas se interpunham cada vez mais na relação entre mãe e filho. *Deixar chorar ou consolar? Dar uns tapas no traseiro ou passar a mão na cabeça?* A "boa mãe" ignora os conselhos das parteiras, das parentas ou das vizinhas para prestar atenção ao que dizem os médicos e os jornais e revistas que reproduzem suas opiniões. Até os bebês – que antes não faziam mais que comer, dormir e sujar fraldas – agora precisam ser "psicologicamente estimulados" pela "boa mãe".[30]

A "DONA DE CASA IDEAL"

Em termos ideais, a dedicação da mulher ao lar deve ser exclusiva. Isso denota *status* e sinaliza o sucesso do marido. Para fazer jus ao modelo, esposas, sempre que possível, eram levadas a deixar de participar da economia familiar nos negócios da família, na lavoura, nas oficinas artesanais, nas vendas e lojinhas ou em qualquer outra atividade produtiva que exercessem para serem simplesmente "do lar", suprema ambição das famílias que se queriam respeitáveis.

Nem mesmo as mulheres que engrossavam as fileiras do operariado no início do século xx deixaram de ser afetadas pelo modelo, tanto quando este servia de justificativa para se desqualificar sua capacidade de trabalho e desvalorizar seus salários, quanto quando sustentava reivindicações sindicais a favor de leis protecionistas ou da exclusão da participação feminina em certos tipos de ocupação, por exemplo. Até as colonas, cujo trabalho na terra era fundamental para a manutenção da família, recebiam críticas por não serem apenas donas de casa. Acreditava-se então que o trabalho da mulher fora do lar compromete a maternidade e pode ser um elemento desagregador da família: os filhos cresceriam sem supervisão materna, ficando com a moral comprometida, os maridos poderiam ser desafiados em sua autoridade e – o que não era explicitado, mas certamente considerado – o Estado ou os patrões acabariam tendo que arcar com os custos de fornecer os serviços que são prestados pelo trabalho doméstico "invisível" (não remunerado) das donas de casa, como alimentação, abrigo e cuidado de crianças, doentes e idosos, entre outros.

Conforme as famílias conseguiam melhorar de vida e acumular algum patrimônio, as mulheres ganhavam condições de se aproximar do retrato da dona de casa idealizada: administradora da casa, senhora prendada, responsável pela limpeza, a cozinha, as roupas, os filhos e totalmente alheia às atividades econômicas que proporcionam os rendimentos familiares. É quando as diferenças com os homens ficam ainda mais claras: o mercado de trabalho pertence a eles, tanque e fogão são "coisas de mulher". Dessa clareza surge a "felicidade perfeita" do lar em que cada um cumpre a função que lhe cabe. Pois a mulher sem prendas domésticas "é um membro inútil na sociedade conjugal".[31]

Ao ser definido como "não produtivo", o trabalho doméstico não tinha seu valor econômico reconhecido, embora socialmente as mulheres obtivessem respeito e consideração se apresentadas como "boas donas de casa" perante autoridades policiais e juízes, por exemplo. As moças de prendas domésticas, por sua vez, eram valorizadas no mercado matrimonial.

É também por isso que as mães não abriam mão da participação das meninas na execução das tarefas domésticas. Se, nas famílias com poucos recursos, o trabalho das filhas era imprescindível, levando-as a sair precocemente da escola ou substituir a mãe nos cuidados dos menores, em todas as casas, mesmo nas famílias privilegiadas, as garotas precisavam aprender com suas mães a bem desempenhar o papel de dona de casa. Só o *script* é que variava conforme a classe social.

O desenvolvimento capitalista e a urbanização, que permitiram um aumento na qualidade de vida da população e o crescimento da classe média no país, fizeram com que cada vez mais donas de casa pudessem se identificar com o modelo prescrito e ainda contar com a ajuda de empregadas, o que, mesmo em termos ideais, lhes era permitido (ainda mais no Brasil, onde o trabalho braçal nunca gozou de muito prestígio, por conta da escravidão). Mesmo que para a maior parte da população as condições materiais não permitissem às mulheres abraçar a vida de "rainha do lar", pois a distribuição de riquezas estava longe de ser equilibrada, muitas das moças que não podiam deixar de se esfalfar na roça, no emprego doméstico ou na fábrica, sonhavam com o dia em que trabalhariam "apenas para o marido e os filhos" ou empregariam outras mulheres para ajudá-las com o serviço da casa.

Se o trabalho doméstico nunca é fácil, na virada do século XIX para o XX, era ainda mais pesado. Todas as tarefas cotidianas, mesmo as mais banais, tomavam muito tempo e energia: carregar lenha, acender o fogo, transportar água, processar alimentos, cozinhar, ajoelhar-se para esfregar o chão, esvaziar penicos, lavar toda a roupa (de lençóis a paninhos higiênicos) à mão, ferver, esfregar, bater, quarar, estender, passar a ferro quente com brasas, engomar... Também era preciso fazer sabão e confeccionar as vestimentas mais comuns. O pão, a manteiga, as geleias, as compotas e, frequentemente, os embutidos e os defumados eram produzidos em casa. Mesmo nas cidades, quando havia quintais, as famílias tinham galinhas, porcos e uma horta caseira – fontes importantes de alimento – sob os cuidados femininos. A "boa dona de casa" não tem preguiça, é trabalhadeira e dá conta de fazer (ou administrar) tudo isso com um sorriso nos lábios.

À medida que as casas passavam a contar com eletricidade, gás e água encanada, a vida das donas de casa objetivamente melhorava. Os ambientes ficaram mais limpos, os alimentos e a água livres de contaminação por dejetos, os móveis menos empoeirados, as roupas menos encardidas. Os lares ganharam chuveiros, privadas, descargas, lâmpadas. A pasteurização aumentou a segurança alimentar. Aos poucos, o crescimento da indústria do vestuário e o consequente barateamento da confecção de roupas livraram as donas de casa de terem que produzi-las. Contudo, elas continuavam encarregadas dos remendos, bordados e enfeites que não só diferenciavam as roupas como exibiam, aos olhos de todos, a ventura de se ter em casa uma "mulher prendada".

Com as novidades, a figura da "dona de casa perfeita" adquiriu sutilezas. Não bastava mais ter a casa limpa, era preciso também enfeitá-la com cortinas e almofadas. Já era pouco simplesmente matar a fome dos familiares, era necessário confeccionar pratos variados e mais elaborados. Não era suficiente limpar as panelas, agora elas tinham que brilhar. Louças, tapetes, vasos e bibelôs tomaram o tempo poupado de antigas tarefas domésticas que não precisavam mais ser feitas. O desempenho da dona de casa passou a ser julgado por novos critérios no momento em que a aparência do interior doméstico ganhou maior relevância ao se tornar uma vitrine do *status* da família para as visitas, os hóspedes, os colegas ou sócios do chefe da casa.

Uma das funções mais antigas da dona de casa é administrar as despesas cotidianas, fazendo-as encaixar no orçamento doméstico. Uma grande responsabilidade, que exigia malabarismos para ser cumprida a contento; a dona de casa podia apanhar do marido se falhasse. Se o dinheiro era pouco, esperava-se que fizesse sacrifícios (chegando a comer menos que os outros) ou encontrasse fontes alternativas de renda com a venda de produtos caseiros ou a lavagem de roupa para fora, por exemplo. Tais habilidades cresciam em importância nas famílias mais pobres, em que faziam toda a diferença para a sobrevivência de seus membros. De fato, na sociedade brasileira, apenas uma minoria feminina podia ficar sem alguma atividade que proporcionasse ganho e o tempo devotado às tarefas domésticas dependia da capacidade da mulher de compatibilizá-las com seu "outro" trabalho ou ganha-pão.[32]

A "boa dona de casa" é econômica e criativa, não exige do marido um padrão de vida maior que o que ele pode lhe proporcionar, pesquisa preços e não gasta além do necessário, enfim, controla com punho forte as despesas e a despensa. Com a responsabilidade vem também algum poder para questionar fornecedores e autoridades: a "boa dona de casa" sabe pechinchar e protestar em favor dos seus. Comerciantes ou políticos podem até não gostar disso, mas é considerado legítimo.

Das mulheres de classe alta, espera-se que empreguem com inteligência o orçamento doméstico, para além das tarefas básicas de alimentação e limpeza, em recepções de convidados, festas e jantares. Às vezes, gastar é necessário para cultivar uma aparência de distinção. Manter moradas maiores, com mais quartos, administrar casas de temporada, confeccionar menus, lidar com empregados ocupam as horas das donas de casa de famílias privilegiadas. Se "preocupadas com mil afazeres, desertam do lar", merecem ser admoestadas.

As de classe média, sempre que possível, dividiam o serviço doméstico com uma empregada, que obedecia a suas ordens e se encarregava do trabalho mais pesado. Com o tempo e o aumento dos recursos, essas donas de casa passaram a delegar mais tarefas, passando a contar com maior liberdade para tratar de outros assuntos, como procurar receitas novas, tricotar, decorar a sala, organizar uma festa ou ficar mais tempo com os filhos, por exemplo. Além de supervisionar o serviço doméstico e ensiná-lo à empregada, continuavam encarregadas das compras para a casa, da elaboração dos cardápios e dos botões das camisas.

Era comum que as empregadas morassem na casa dos patrões, dormindo em quartinhos mínimos, por vezes sem janela, ou na própria cozinha. Tanto nas áreas rurais quanto nas cidades, ficavam vulneráveis ao assédio dos homens da casa. A relação entre patroas e empregadas caracterizava-se pela dependência pessoal e a ausência de regras bem definidas quanto ao tipo e a quantidade de serviço, formas de pagamento (e descontos) e horários – esperava-se que estivessem disponíveis a qualquer momento, até mesmo nos domingos. As normas eram diferentes das que regiam o trabalho fabril, por exemplo, e as domésticas não tinham o mesmo grau de liberdade em sua vida particular que as operárias. Uma das funções da patroa "boa dona de casa" é vigiar a conduta moral daquela que trabalha para sua família. Em razão das diferenças sociais e até do contraste entre padrões morais, proliferaram as representações nada lisonjeiras da serviçal: "sapeca", "promíscua", "debochada", "burra", "boçal". Preconceitos raciais tinham grande influência nessas imagens.

Independentemente de classe social, a mulher deve facilitar o lazer do marido e dos filhos. Tanto das anfitriãs da elite que organizam um jantar para os convidados do esposo, quanto das senhoras que gastam horas preparando o almoço especial de domingo ou das lavadeiras que se esforçam por um ganho extra que o companheiro irá torrar no bar, esperava-se que, como donas de casa, fizessem do lar um lugar confortável para os seus. A "boa dona de casa" poupa o homem dos aborrecimentos domésticos e permite que ele encontre em casa o "refúgio precioso" das obrigações do mundo masculino dos negócios, do trabalho e da política. Cabe à mulher garantir que o domicílio seja um espaço íntimo, moral e aconchegante.

Com as residências deixando de ser locais de produção econômica para se tornarem apenas "espaços privados", distintos do trabalho e do comércio, elas passaram a ser vistas como "um paraíso", uma unidade emocional mantida como tal graças ao "anjo da casa", a "dona de casa ideal" também chamada de "rainha do lar". Se, por um lado, essa ideologia limitava os horizontes femininos, atrelando a mulher à casa, por outro, legitimava uma cultura feminina centrada na vida familiar, religiosa e doméstica, em que o bordado e o crochê, o bolo de fubá e os docinhos servidos com café, as flores nos vasos, as maneiras à mesa, o álbum de fotos, o "livro do bebê", as correspondências trocadas com os parentes distantes dando conta de nascimentos e batizados adquiriam grande relevância. O modelo difundiu-se a tal ponto que, mesmo que as mulheres tivessem uma ocupação econômica independente ou contribuíssem financeiramente para a organização familiar, elas eram definidas e avaliadas, acima de tudo, por sua atuação doméstica.[33]

Em razão das diferenças sociais e até do contraste entre padrões morais, proliferaram as representações nada lisonjeiras das serviçais. Preconceitos raciais tinham grande influência na construção dessas imagens.

A "rainha do lar" e as "facilidades da vida moderna"

Em meados do século XX crescera no Brasil o número de casas providas das "facilidades da vida moderna", que modificavam substancialmente o trabalho doméstico: água encanada, fogão a gás (embora o à lenha continuasse muito popular) e aparelhos elétricos como o ferro de passar e a geladeira (que fez desaparecer das ruas os carregadores de gelo). Donas de casa com mais recursos podiam contar também com aspirador, batedeira, enceradeira e, tempos mais tarde, máquina de lavar roupa. O país impregnava-se da ideologia desenvolvimentista e privilegiava um projeto industrial voltado para a produção de bens de consumo, permitindo que parcelas cada vez maiores da população tivessem acesso a essas novidades. E não foram só as máquinas que modificaram a repetitiva jornada do trabalho doméstico, aliviando seu fardo. A disponibilidade de produtos de limpeza industrializados poupava a dona de casa de ter que fabricá-los. Os utensílios de plástico substituíam os antigos, mais pesados e caros. Os tecidos sintéticos, mais "leves e funcionais" que os de algodão, lã ou linho, facilitavam as tarefas de lavar e passar. Os alimentos enlatados e processados industrialmente, adquiridos no mercado, diminuíram o tempo dedicado ao preparo das refeições. As roupas prontas vendidas em lojas e magazines concorriam com vantagens com as confeccionadas em casa, ainda que na máquina de costura.

A melhora nas condições de vida da população, a diminuição das jornadas de trabalho e o aumento da capacidade de consumo ampliaram as casas e modificaram o espaço doméstico. Seguindo preceitos de higiene, os moradores deixaram de fazer a *toilette* na cozinha; alimentos e roupa suja passaram a ser guardados em ambientes separados. As cozinhas ganharam piso frio, armários, pia, exaustor; as que ficavam fora foram transferidas para dentro das casas, diminuindo as visitas de baratas e formigas. Porém, novos hábitos de higiene passaram a ocupar tempo nos serviços domésticos à medida que o discurso médico e a propaganda dos produtos de limpeza responsabilizavam as donas de casa pela guerra contra os ácaros e os germes.

O acesso às modernidades também cobrou delas maior eficiência e racionalidade: aproveitar "cientificamente" o tempo, utilizar com inteligência os eletrodomésticos, ter uma atitude "profissional", planejar as atividades, informar-se em livros e revistas, como o *Jornal das Moças*. Economia Doméstica é matéria de escola.

Entre ser "simples e prática" e preencher a casa com sinais evidentes de suas prendas manuais – toalhinhas de crochê, capas de liquidificador, arranjos

Nos tempos em que os aparelhos elétricos chegavam com promessas de facilitar o trabalho doméstico, a "dona de casa ideal" deveria sentir prazer em cozinhar, cuidar da casa e dos filhos, e ainda manter-se elegante.

florais... – a "boa dona de casa" extrai prazer do trabalho doméstico, tem orgulho de sua cozinha, congratula-se pela sala impecável. Dedicar-se aos filhos ou à costura são para ela formas agradáveis de lazer. A "dona de casa perfeita" ainda encontra maneiras de ser elegante enquanto tira o pó, usa um aventalzinho coquete por cima do vestido alinhado, perfuma-se até para cozinhar.

Nessa época, a mulher de prendas domésticas é considerada a esposa ideal. Conquista o marido pelo coração, mas o conserva pelo estômago, pois "os homens são como peixes, agarram-se pela boca".[34] O marido tem o direito de exigir que a esposa seja uma "boa dona de casa" e mais, poderá abandoná-la se não for. "Uma fatia de queijo e um sorriso luminoso" não substituem um jantar malogrado.[35]

Nem mesmo a feminista mais popular dos anos 1960, Carmen da Silva, retirará dos ombros femininos a responsabilidade pelas tarefas domésticas ou proporá o compartilhamento desse trabalho entre marido e mulher; diante da necessidade de cumprir as "obrigações ingratas, miúdas e sempre iguais", recomenda a contratação de uma empregada, o que exigirá da dona da casa "um mínimo de vigilância e orientação". Porém não admite que as atividades fora do lar sirvam de "pretexto para a mulher negligenciar as ocupações domésticas", largar totalmente os filhos nas mãos de babás, confiar as necessidades do marido à empregada e deixar o orçamento doméstico por conta dos fornecedores.[36]

O controle das despesas domésticas pela boa dona de casa é fundamental, evitando discussões a respeito de dinheiro, reconhecidamente um dos principais motivos de atrito entre os casais. (E não era para menos, num tempo em que por não ter seus próprios rendimentos, a dona de casa era levada à situação difícil e por vezes humilhante de ter de pedir dinheiro ao marido para qualquer despesa.) A "boa dona de casa" amolda-se à mesada estabelecida pelo marido de acordo com os meios de que dispõe o casal e jamais o censura pelo fato de não ganhar o suficiente. O perfil da mulher "gastadeira" contrapõe-se ao da "boa dona de casa", ajudando a defini-la. Outras imagens que fazem o mesmo são: a "dona de casa mal-humorada", a "egoísta" (que solicita a participação do marido no serviço doméstico) e a "preguiçosa".[37]

"TRABALHADEIRA", "TRABALHADORA"

Com a crença do peso negativo do trabalho fora do lar sobre a feminilidade, como ficava a imagem da mulher que efetivamente participava do mercado de trabalho? Uma coisa era ser "trabalhadeira" – epíteto elogioso –, figura feminina desejável em todos os grupos sociais. Outra, bem diferente, era ser "trabalhadora" – considerado o oposto da "dona de casa ideal", ainda que esta se envolvesse em atividades exaustivas e extremamente relevantes (mas subestimadas) para a manutenção dos lares e a construção das economias familiares. A "trabalhadora" só fica realmente nítida quando os rendimentos frutos do labor feminino passam a ser separados dos do pai ou marido – o que não ocorre nos casos em que toda a família está envolvida nas atividades da lavoura, no ofício artesanal ou no pequeno comércio familiar – e, principalmente, quando a mulher deixa o espaço doméstico em função do ganha-pão. Porém, no momento histórico em que isso ocorre, a ideologia dominante caracteriza a experiência feminina no mundo do trabalho como menos importante e de menor valor que a masculina.

No início do século xx, a participação feminina no trabalho fabril era significativa. Porém, embora a operária fosse tida como mais respeitável que a prostituta, não merecia a mesma consideração que a mulher "do lar". Com relação ao trabalhador do sexo masculino, também estava em desvantagem, sendo considerada força de trabalho menos capacitada, recebendo um pagamento menor pelas mesmas atividades e perdendo o emprego ao casar-se ou engravidar.

Não apenas por desviar as mulheres de suas "funções naturais", mas também por conta das longas jornadas, das péssimas condições de higiene e do assédio sexual frequente, as fábricas eram tidas como antros de perdição, que comprometem o caráter, a feminilidade e a virtude de solteiras e casadas. A atividade fabril não é para o sexo feminino, doméstico e maternal por natureza. A fábrica, assim como o bordel, não é local moralmente adequado à "mulher de bem". Até os anos 1930, as operárias, com exceção das "indesejáveis e perigosas" agitadoras (do ponto de vista dos patrões), eram vistas como mulheres "frágeis", "desprotegidas", "infelizes". Médicos e juristas, por sua vez, chegaram a considerá-las "degeneradas", "perdidas" e "anormais".[38]

Com o desenvolvimento do parque industrial brasileiro, especialmente a partir dos anos 1930, a proporção de mulheres entre os operários foi diminuindo, o que contribuiu para caracterizar a indústria como espaço masculino por excelência. E a mulher sem recursos? Ela que fique em casa ou procure ocupações mais condizentes com seu sexo, como aquelas que, no imaginário social, remetem aos papéis femininos consagrados: empregada doméstica, lavadeira, cozinheira, por exemplo.

De fato, além do comércio ambulante e da prostituição, essas eram as atividades remuneradas que mais ocupavam as mulheres pobres na primeira metade do século xx. Ao propiciarem ganhos às mulheres, colaboraram para que elas adquirissem uma relativa independência com relação a pais e companheiros, o que fez com que, nesse meio social, as mulheres valorizassem o fato de trabalharem contradizendo a ideologia dominante. A opção do trabalho em domicílio – como o das costureiras que forneciam peças de roupas para fábricas ou lojas –, embora de suma importância para o orçamento familiar, não se desviava tanto do ideal doméstico preconizado para a mulher, já que, como era feito em casa, dava a impressão de não comprometer a dedicação devida das esposas aos maridos, das mães aos filhos e da dona de casa ao lar. Tal representação ofuscava, contudo, o caráter exaustivo das longas jornadas do trabalho no domicílio ao mesmo tempo que, retratando-o como uma "atividade secundária" (com relação à do homem, mesmo que esse homem de fato estivesse ausente, desempregado ou sequer existisse), contribuía para manter baixos os salários ou os pagamentos por peça recebidos por essas trabalhadoras.

Se, em geral, as trabalhadoras pobres eram consideradas "moralmente vulneráveis", certas atividades, como florista ou costureira, por exemplo, eram ainda mais comprometedoras. Independentemente da origem social, contudo, a mulher que exerce uma ocupação remunerada necessita de proteção e controle, deve submeter-se ao julgamento público, comprovando sua boa conduta.

Na primeira metade do século xx, para as mulheres com escolaridade, as opções mais bem aceitas eram as consideradas uma extensão do feminino por remeter a cuidado, assistência e serviço: professora, enfermeira, telefonista, secretária, balconista. As oposições sociais diminuíam quando, para a mulher, abraçar uma "profissão honesta" era uma necessidade econômica e cresciam quando os argumentos incluíam realização pessoal e independência.

Entre as normalistas, por exemplo, havia as atraídas pelo magistério como uma alternativa para além das tradicionais atribuições femininas. Porém, mesmo estas estavam sujeitas às imposições de todo o tipo (censuras e autocensuras, contenção de gestos e expressões) para que sua profissionalização não comprometesse sua feminilidade e para que elas pudessem servir de exemplo moral para alunos e alunas, que têm na professora uma "mãe espiritual".[39]

Caso vencessem as dificuldades econômicas e os preconceitos ao optar por uma carreira profissional e dedicar-se aos estudos necessários à sua formação, mulheres privilegiadas que se formavam em Medicina, Direito, Biologia ou se tornavam pianistas ou pintoras, por exemplo, enfrentavam outros tantos obstáculos no momento de exercer a profissão. Além das corajosas pioneiras ou rebeldes de visão, apenas as feministas pareciam, na época, encontrar benefícios no trabalho profissional qualificado, exaltando a "mulher ativa profissionalmente" como uma pessoa "socialmente relevante para a pátria e a família".[40]

O começo da virada

A situação já era diferente em meados do século XX. O Brasil era, então, todo otimismo diante do acelerado desenvolvimento econômico, acompanhado de maior industrialização e urbanização. A nova fase levava a melhorias nos serviços e na infraestrutura ligada à energia elétrica, ao transporte rodoviário e às comunicações. Beneficiaram-se também as finanças e o comércio. Isso tudo ampliou o leque de ocupações no mercado de trabalho. Surgiram novas oportunidades, inclusive para as mulheres. Se, por um lado, várias ocupações artesanais e na produção domiciliar desapareciam deixando sem trabalho um número significativo de mulheres, por outro, crescia o interesse pela força de trabalho feminina nos agora multiplicados empregos no setor de serviços: burocracia, magistério, bancos, comércio, mídia, áreas de Saúde e profissões liberais. O nível de escolarização dos brasileiros em geral, e da população feminina em particular, era então bem maior que no passado. A educação escolar das mulheres – apesar da persistência dos valores conservadores – já era bastante valorizada.

Essas transformações ajudaram a modificar as imagens da mulher, de sua relação com os homens e os significados atribuídos ao feminino. Nos anos 1950, embora a integração das mulheres na atividade produtiva ainda fosse proporcionalmente pequena[41] marcou, em termos simbólicos, uma ruptura com o passado, pois exigia qualificação, colocava as profissionais competindo em igualdade de condições com os homens no mercado de trabalho e fazia delas membros remunerados da família. As assalariadas, com direitos trabalhistas, como horários fixos, férias remuneradas, folgas no fim de semana (privilégios que a dona de casa não goza), adquiriam uma noção mais clara da separação entre trabalho e lazer, além de um poder decisório maior nos destinos do orçamento familiar. Trabalhar permitiu à boa parte das mulheres romper com o relativo isolamento vivenciado no mundo doméstico, modificando sua postura com relação ao que ocorria fora das paredes da casa e aproximando sua participação cultural à dos homens. A "mulher trabalhadora" já não é mais a pobre coitada do imaginário de décadas atrás. Tudo isso contribuiu para a emancipação feminina que se intensificaria nas décadas seguintes.

Entretanto, como sempre, a mudança nas mentalidades não acompanhou no mesmo ritmo as alterações nas condições materiais de existência. Além da incapacidade econômica do país em absorver a totalidade da força de trabalho feminina disponível, os preconceitos machistas e as obrigações domésticas impediram muitas mulheres, mesmo educadas e bem preparadas, de ingressar no mercado de trabalho. Quando o ingresso ocorria, concentrava-se em determinadas profissões consideradas "adequadas às mulheres", nos serviços de escritório, na indústria do vestuário, nas atividades ligadas ao Ensino e à Saúde. Em termos de remuneração, a relação entre os salários femininos e masculinos nos anos 1960 aproximava-se das proporções da década de 1920! Poucas mulheres ocupavam as posições mais bem pagas. Ainda assim, entre os anos 1940 e 1970, o envolvimento feminino no mundo do trabalho produtivo não seria desprezível, especialmente daquelas com idades entre 20 e 50 anos (diminuiu o número de meninas e de velhas no mercado de trabalho por conta do aumento da escolaridade e dos esquemas de aposentadoria).[42]

Em meados do século, como os valores atribuíam ao feminino prioritariamente as atividades do lar, era comum que as moças de classe média que estudavam ou trabalhavam deixassem de fazê-lo ao se casar. "O casamento em primeiro lugar", e nada pode atrapalhar tal primazia. Embora tenha diminuído o controle dos parentes masculinos sobre a mulher no trabalho, ela ainda deve evitar que suas atividades manchem sua reputação e reduzam as oportunidades de um bom casamento.

Com o gradativo processo de emancipação feminina em seus calcanhares, vários dos valores tradicionais a respeito dos papéis femininos e masculinos sofreram reformulações para continuarem firmes e fortes. A aceitação moral do trabalho feminino na classe média crescia lentamente graças ao empurrão dado pelo desenvolvimento capitalista, o incremento no consumo, o surgimento de uma nova ideia de "modernidade" e, claro, as exigências impostas por várias mulheres convictas de que trabalhar as favorecia. Porém, quando a tendência a uma maior participação feminina no trabalho

GUARDA-ROUPA DA MULHER QUE TRABALHA

As blusas não podem faltar no guarda-roupa da mulher que trabalha. Apresentamos aqui uma bela coleção de criações de Eliglau.

Algodão estampado — motivos em prêto e branco sôbre fundo verde — é o material com que foi confeccionada esta interessante blusa de mangas compridas.

Graciosa blusa em algodão estampado. Gola alta, tira superposta na frente, mangas três-quartos.

Vermelho é o tom dominante do original estampado desta blusa de mangas semilongas e gola em ponta.

Pull-over em jersey de algodão verde-claro, com gola em jersey listrado, verde-claro e escuro.

No estilo blusão, êste gracioso modêlo tem drapeados partindo do ombro e decote assimétrico.

A mulher que trabalha já começava a receber aprovação social (matéria publicada na revista *Querida* em 1958).

assalariado parecia um fato incontestável, vozes se ergueram para manter a mulher "no seu devido lugar", mostrando os efeitos negativos da emancipação feminina: "Em nome da liberdade econômica ou de algum simples capricho", as mulheres "abandonam o lar", aumentam o desemprego dos homens, "reforçam o luxo e a vaidade". E não é só a sociedade que perde com isso, as mulheres também saem prejudicadas – ao "abraçar as vantagens materiais" de uma profissão, comprometem a feminilidade, o respeito dos homens e os "privilégios de seu sexo"; renunciam aos agrados e carinhos e dão à sua existência "um sentido vão e estéril"; deixam o aconchego do lar para adentrar em "um mundo competitivo e cruel". A "mulher que trabalha", frequentemente, é "infeliz" e "frustrada". Se, de todo modo, a mulher quiser ou precisar de um emprego, deve fazer tudo para "manter-se feminina", com "delicadeza e ternura", "cuidando para que sua integridade não sofra". "Preocupação nenhuma, nem trabalho de qualquer espécie devem obscurecer o que o namorado, o noivo e o marido procuram na eleita do seu coração": a companheira amorosa que governa sua casa e cuida de seus filhos.[43]

Mesmo com a maior aprovação social da "mulher que trabalha", essa figura continuava hierarquicamente inferior à da "boa esposa", mãe e "dona de casa ideal". Para muitos, casamento e trabalho são incompatíveis, não só porque o envolvimento profissional prejudica a dedicação a casa e família, mas também porque "os homens não gostam de mulheres independentes". *Emprego* é para as solteiras; *carreira*, para as "solteironas". A independência feminina obtida com o trabalho mais bem remunerado cria mulheres "duronas", "frias", "altivas", "incapazes de amar", "casadas com o trabalho".

Nessa época, novos medos eram incutidos na cabeça das mulheres que, com maior qualificação, podiam conseguir um emprego: o marido pode trocá-la por outra, sua saúde fica prejudicada e, se não tem empregada para ajudá-la com as tarefas domésticas, "torna-se neurastênica" e faz todos sofrerem com seu mau humor.[44]

Mesmo quando era reconhecido o direito das mulheres de querer um emprego, elas eram avisadas de que: a mulher não nasceu para mandar, falta-lhe o suficiente "espírito de competição, que é um atributo varonil".[45] Assim, nada de sonhar com cargos elevados.

Nessa época, o "futuro da raça humana" em termos ideais continuava dependente da atuação da mulher como mãe e dona de casa, mas a defesa da escolarização feminina esgrimia a necessidade de mão de obra *mais qualificada*. Contudo, ainda não se tratava de preconizar a implantação de currículos exatamente iguais para alunos e alunas ou de encaminhá-los para os mesmos cursos. Nos anos 1950 e 1960, os dois sexos já se aproximavam em termos numéricos no ensino médio. Porém, a maioria das moças seguia trajetórias escolares e atividades profissionais de menor prestígio e remuneração que os rapazes, optando em grande número pelo magistério primário, ainda visto como articulado à "missão da mulher no lar".

O curso universitário é uma possibilidade, desde que não comprometa a feminilidade. A melhoria no grau de instrução era vista com ressalvas, pois se acreditava que "a mulher culta tem mais dificuldade de arranjar casamento". Além de ela ser muito exigente, "marido algum quer ser ofuscado pela esposa".[46]

NOTAS

[1] A constatação é lembrada pela historiadora Michele Perrot, *Minha História das mulheres*, São Paulo, Contexto, 2007. A frase da militante anarquista está em seu texto *Amai e não vos multipliqueis* mencionado por Margareth Rago, "Trabalho feminino e sexualidade", em Mary Del Priore (org.) e Carla Bassanezi (coord.), *História das mulheres no Brasil*, São Paulo, Contexto, 1997.
[2] A má reputação de uma filha ou uma esposa podia manchar o nome de toda a família e, com isso, por em risco o *status* adquirido ou seus planos de ascensão social.
[3] Dessa forma, os padrões de comportamento acabavam por legitimar as desigualdades sociais, já que nem todos podiam ou queriam segui-los.
[4] O fato de as condições econômicas nem sempre permitirem essa distinção não diminuía o peso do novo ideal no imaginário social.
[5] Como mostram as inúmeras uniões informais, separações de casais, famílias chefiadas por mulheres e a ocorrência comum de relações sexuais fora do casamento existentes na sociedade brasileira.
[6] O protetor era normalmente o pai, mas também havia mães sozinhas que se autoatribuíam o título de chefe de família para defender a reputação das filhas. Como mostrou a historiadora Sueann Caulfield, "durante as décadas de 1920 e 1930 a cada ano aproximadamente 500 famílias, a maioria pertencente à classe trabalhadora, recorriam à polícia do Rio de Janeiro porque suas filhas haviam sido defloradas" (*Em defesa da honra: moralidade, modernidade e nação no Rio de Janeiro (1918-1940)*, Campinas, Editora da Unicamp, 2000, p. 24). Embora fosse difícil provar a honestidade das moças e a culpa dos defloradores, eram famosas as histórias de rapazes obrigados a se casar na polícia e mesmo as de "honra lavada com sangue", ou seja, o assassinato do infeliz sedutor.
[7] Sobre as novas modas e hábitos dos anos 1920 e 1930: Mary Del Priore, *História do amor no Brasil*, São Paulo, Contexto, 2005; Monica Schpun, *Beleza em jogo: cultura física em São Paulo nos anos 20*, São Paulo, Senac/Boitempo, 1999; Thales de Azevedo, *As regras do namoro à antiga*, São Paulo, Ática, 1986.
Sobre o amor "civilizado" ou domesticado: Michele Perrot, op. cit.; Mary Del Priore, op. cit.; Marina Maluf e Maria Lúcia Mott, "Recônditos do mundo feminino", em Fernando Novaes (dir.) e Nicolau Sevcenko (org.), *História da vida privada no Brasil – República: da Belle Époque à Era do rádio*, São Paulo, Companhia das Letras, 1998.
Sobre as uniões nas classes baixas: Sidney Chalhoub, *Trabalho, lar e botequim: o cotidiano dos trabalhadores do Rio de Janeiro da Belle Époque*, São Paulo, Brasiliense, 1986; Mary Del Priore, *História do amor no Brasil*, cit.
[8] Sueann Caulfield, *Em defesa da honra: moralidade, modernidade e nação no Rio de Janeiro (1918-1940)*, Campinas, Editora da Unicamp, 2000.

[9] Mais radicais eram as anarquistas, que, além de questionar as desigualdades entre os sexos, na sociedade brasileira em geral e nos meios operários em particular, defendiam o sexo fora do casamento, o direito ao divórcio, as "uniões livres" (em que o casal define o tipo de relação que quer ter) e a liberdade de a mulher escolher se quer ou não filhos. Sobre melindrosas, *suffragettes*, intelectuais e anarquistas: Marina Maluf e Maria Lúcia Mott, op. cit.; Margareth Rago,"Trabalho feminino e sexualidade", cit.; Margareth Rago, *Do cabaré ao lar: a utopia da cidade disciplinar. 1890-1930*, Rio de Janeiro, Paz e Terra, 1985.

[10] Sobre as jovens dos anos 1950: Carla Bassanezi, *Virando as páginas, revendo as mulheres: revistas femininas e relações homem-mulher 1945-1964*, Rio de Janeiro, Civilização Brasileira, 1996, e Carla Bassanezi, "Mulheres dos Anos Dourados", em Mary Del Priore (org.), Carla Bassanezi (coord.), op. cit.; Carla Bassanezi Pinsky, *Pássaros da liberdade: jovens, judeus e revolucionários no Brasil*, São Paulo, Contexto, 2000.

[11] Sobre o cinema americano: Cláudio de Cicco, *Hollywood na cultura brasileira: o cinema americano na mudança da cultura brasileira da década de 1940*, São Paulo, Convívio, 1979.

[12] Sobre os padrões morais e as revistas femininas: Carla Bassanezi, *Virando as páginas, revendo as mulheres: revistas femininas e relações homem-mulher 1945-1964*, cit. Carla Bassanezi, "Mulheres dos Anos dourados", em Mary Del Priore (org.) Carla Bassanezi (coord.), op. cit.

[13] Na expressão de Michelle Perrot, op. cit.

[14] Carla Bassanezi Pinsky, *Pássaros da liberdade: jovens, judeus e revolucionários no Brasil*, op. cit. Ver também: Carla Bassanezi, "Mulheres dos Anos Dourados", op. cit.

[15] Sobre as jovens dos anos 1950, contexto histórico, padrões e rebeldias: Carla Bassanezi, *Virando as páginas, revendo as mulheres: revistas femininas e relações homem-mulher 1945-1964*, cit.; Carla Bassanezi, "Mulheres dos Anos Dourados", cit.; Carla Bassanezi Pinsky, *Pássaros da liberdade: jovens, judeus e revolucionários no Brasil*, cit.

[16] As citações feitas aqui foram extraídas respectivamente dos trabalhos de: Joana Pedro, "Mulheres do Sul", em Mary Del Priore (org.) e Carla Bassanezi (coord.), op. cit; Marina Maluf e Maria Lúcia Mott, op. cit.; Carla Bassanezi, *Virando as páginas, revendo as mulheres: revistas femininas e relações homem-mulher 1945-1964*, cit.; Carla Bassanezi, "Mulheres dos Anos Dourados", op. cit.

[17] Carla Bassanezi, *Virando as páginas, revendo as mulheres: revistas femininas e relações homem-mulher 1945-1964*, op. cit.

[18] *O lar feliz*, apud Marina Maluf e Maria Lúcia Mott, op. cit.

[19] Apud Marina Maluf e Maria Lúcia Mott, op. cit. Mais uma vez é preciso lembrar que falamos de modelos numa realidade que era bem mais plural. Diferenças sociais e até pessoais estabeleciam relacionamentos distintos entre maridos e esposas na intimidade doméstica. É certo que muitas esposas, pressionadas pela realidade econômica ou por impulsos de liberdade, trabalharam fora, meteram-se em negócios, colaboraram com os mais diversos expedientes para o orçamento doméstico (ou mesmo sustentaram a casa como sua verdadeira chefe). Também houve as que desafiaram a autoridade do marido, recorreram à polícia, a parentes e amigos para se proteger da violência dos companheiros e fazer valer sua vontade.

[20] Sueann Caulfield, op. cit.

[21] Referência à composição "Ai que saudades da Amélia", de Mario Lago e Ataufo Alves, datada de 1942.

[22] "Siga estes 10 mandamentos para ser feliz no casamento", *Jornal das Moças*, 27 out. 1955, apud Carla Bassanezi, *Virando as páginas, revendo as mulheres: revistas femininas e relações homem-mulher 1945-1964*, cit.

[23] Sobre os ideais de esposa entre 1945 e 1964 e sobre o "jeitinho feminino": Carla Bassanezi, *Virando as páginas, revendo as mulheres: revistas femininas e relações homem-mulher 1945-1964*, cit., e Carla Bassanezi, "Mulheres dos Anos Dourados", cit.

[24] Sobre a "solteirona": Claudia Fonseca, "Solteironas de fino trato: reflexões em torno do (não) casamento entre pequeno-burguesas no início do século", em *Revista Brasileira de História – A mulher no espaço público*, São Paulo, ANPUH/Marco Zero, v. 9, n. 18, ago./set. 1989; Marina Maluf e Maria Lúcia Mott, op. cit.; Carla Bassanezi, *Virando as páginas, revendo as mulheres: revistas femininas e relações homem-mulher 1945-1964*, op. cit. Sobre a relação entre a figura da professora e a da "solteirona": Guacira Lopes Louro, "Mulheres na sala de aula", em Mary Del Priore (org.) e Carla Bassanezi (coord.), op. cit.

25 Sobre a "mãe cívica": Margareth Rago, "Trabalho feminino e sexualidade", Mary Del Priore (org.) e Carla Bassanezi (coord.), op. cit.; Joana Pedro, "Mulheres do Sul", em Mary Del Priore (org.) e Carla Bassanezi (coord.), op. cit.; Michelle Perrot, op. cit.
26 Sobre a relação das mães com os filhos e o conceito de infância: Patrice Milleron, *La famille autrefois*, Paris, Éditions Hoëbeke, 2008; Marina Maluf e Maria Lúcia Mott, op. cit.
27 *Jornal das Moças*, 16 maio 1957, apud Carla Bassanezi, *Virando as páginas, revendo as mulheres: revistas femininas e relações homem-mulher 1945-1964*, cit.
28 Carla Bassanezi, *Virando as páginas, revendo as mulheres: revistas femininas e relações homem-mulher 1945-1964*, cit.
29 "Falando às mães", artigo de Dr. Werther, *Jornal das Moças*, 12 jun. 1958, apud Carla Bassanezi, *Virando as páginas, revendo as mulheres: revistas femininas e relações homem-mulher 1945-1964*, cit.
30 Sobre as mudanças no ideal de maternidade: Sílvia Lustig, *Mãe, obrigada: uma leitura da relação mãe/filho no Suplemento Feminino d'OESP (1953-1979)*, São Paulo, ECA-USP, 1984; Patrice Milleron, op. cit. Sobre a "boa mãe" nos anos 1950, ver também: Carla Bassanezi, *Virando as páginas, revendo as mulheres: revistas femininas e relações homem-mulher 1945-1964*, cit.
31 Consideração do jornal *Veritas*, de 1920, apud Joana Pedro, "Mulheres do Sul", cit.
32 Os padrões de comportamento e consumo ligados ao modelo de "boa dona de casa" foram entendidos e vividos de maneiras distintas nas diferentes regiões do país e nas diferentes classes sociais. A vida rural ainda era a realidade da maioria da população, que trabalhava em latifúndios monocultores ou pequenas propriedades. Além disso, mesmo com a industrialização, mantiveram-se formas tradicionais de produção (manufaturas, trabalho domiciliar, pequeno comércio) com grande participação de mão de obra feminina. Parte importante das mulheres vivia sem uma presença masculina efetiva em casa ou dividia o teto com um companheiro que não tinha trabalho regular; assim, para prover a subsistência, elas exerciam várias atividades, algumas extremamente pesadas, como derrubar matas e capinar (Marina Maluf e Maria Lúcia Mott, op. cit.)
33 Sobre a dona de casa e o trabalho doméstico: Carla Bassanezi Pinsky e Joana Pedro, "Mulheres: igualdade e especificidade", em Jaime Pinsky e Carla Bassanezi Pinsky (orgs.), *História da cidadania*, São Paulo, Contexto, 2003; Marina Maluf e Maria Lúcia Mott, op. cit.; Rachel Soihet, "Mulheres pobres e violência no Brasil urbano", em Mary Del Priore (org.) e Carla Bassanezi (coord.), op. cit.; Margareth Rago, "Trabalho feminino e sexualidade", cit.; Joana Pedro, "Mulheres do Sul", cit.; Michele Perrot, op. cit.; Tammy Proctor, "Home and away: popular culture and leisure", em Deborah Simonton (ed.), *The Routledge history of women in Europe since 1700*, London e New York, Routledge, 2006.
34 *Jornal das Moças*, 2 out. 1958; 16 maio 1957, apud Carla Bassanezi, *Virando as páginas, revendo as mulheres: revistas femininas e relações homem-mulher 1945-1964*, op. cit.
35 *Claudia*, jul. 1962, apud Carla Bassanezi, *Virando as páginas, revendo as mulheres: revistas femininas e relações homem-mulher 1945-1964*, cit.
36 "Trabalhar para não ser bibelô", publicado em *Claudia*, ago. 1964, apud Carla Bassanezi, *Virando as páginas, revendo as mulheres: revistas femininas e relações homem-mulher 1945-1964*, cit.
37 Sobre as donas de casa e o trabalho doméstico nos anos 1950: Carla Bassanezi, *Virando as páginas, revendo as mulheres: revistas femininas e relações homem-mulher 1945-1964*, cit.; Alice Silva, "Abelhinhas numa diligente colmeia: domesticidade e imaginário feminino na década de cinquenta", em Albertina Costa e Cristina Bruschini (orgs.), *Rebeldia e submissão: estudos sobre condição feminina*, São Paulo, Fundação Carlos Chagas/Vértice, 1989.
38 Ainda que, na prática, muitas trabalhadoras tivessem se recusado a assumir tais caracterizações, seguindo doutrinas políticas que as valorizavam (como o socialismo e o anarquismo) ou lutando bravamente pela ampliação de seus direitos, sofreram assim como as outras as consequências da difusão destas imagens (Margareth Rago, "Trabalho feminino e sexualidade", cit.)
39 Guacira Lopes Louro, op. cit.
40 Sobre o trabalho feminino: Sidney Chalhoub, op. cit.; Margareth Rago, "Trabalho feminino e sexualidade", cit.; Rachel Soihet, op. cit.; Marina Maluf e Maria Lúcia Mott, op. cit.; Carla Bassanezi Pinsky e Joana Pedro, op. cit.
41 A porcentagem da força de trabalho feminina urbana ocupada nos serviços de consumo coletivo é: 9,3% em 1940, 15,8% em 1950 e 18,3% em 1960. Felícia Madeira e Paul Singer, "Estrutura do emprego e do trabalho feminino no Brasil: 1920-1970", em *Cadernos Cebrap*, n. 13, São Paulo, Cebrap, 1973.

[42] Dados de Felícia Madeira e Paul Singer, op. cit., e de Letícia Bicalho Costa, *Participação da mulher no mercado de trabalho*, São Paulo, CNPq/IPE USP, 1984, v. 30, (Série Ensaios Econômicos).
[43] As citações todas são de *Jornal das Moças, O Cruzeiro* e *Querida* – revistas pesquisadas por Carla Bassanezi, *Virando as páginas, revendo as mulheres: revistas femininas e relações homem-mulher 1945-1964*, cit.
[44] *O Cruzeiro*, 23 abr. 1955, apud Carla Bassanezi, "Mulheres dos Anos Dourados", cit.
[45] *Jornal das Moças*, 16 maio 1957, apud Carla Bassanezi, *Virando as páginas, revendo as mulheres: revistas femininas e relações homem-mulher 1945-1964*, cit.
[46] Sobre as representações do trabalho feminino entre 1945 e 1964: Carla Bassanezi, *Virando as páginas, revendo as mulheres: revistas femininas e relações homem-mulher 1945-1964*, cit.; Carla Bassanezi. "Mulheres dos Anos dourados", cit.

BIBLIOGRAFIA

BASSANEZI, Carla. *Virando as páginas, revendo as mulheres*: revistas femininas e relações homem-mulher 1945-1964. Rio de Janeiro: Civilização Brasileira, 1996.

_____. Mulheres dos Anos Dourados. In: DEL PRIORE, Mary (org.); BASSANEZI, Carla (coord.). *História das mulheres no Brasil*. São Paulo: Contexto, 1997.

CAULFIELD, Sueann. *Em defesa da honra*: moralidade, modernidade e nação no Rio de Janeiro (1918-1940). Campinas: Editora da Unicamp, 2000.

CHALHOUB, Sidney. *Trabalho, lar e botequim:* o cotidiano dos trabalhadores do Rio de Janeiro da *Belle Époque*. São Paulo: Brasiliense, 1986.

DEL PRIORE, Mary. *História do amor no Brasil*. São Paulo: Contexto, 2005.

LUSTIG, Sílvia. *Mãe, obrigada*: uma leitura da relação mãe/filho no Suplemento Feminino d'OESP (1953-1979). São Paulo: ECA-USP, 1984.

MALUF, Marina; MOTT, Maria Lúcia. Recônditos do mundo feminino. In: NOVAES, Fernando (dir.); SEVCENKO, Nicolau (org.). *História da vida privada no Brasil* – República: da *Belle Époque* à Era do rádio. São Paulo: Companhia das Letras, 1998.

PEDRO, Joana. Mulheres do Sul. In: DEL PRIORE, Mary (org.); BASSANEZI, Carla (coord.). *História das mulheres no Brasil*. São Paulo: Contexto, 1997.

PERROT, Michelle. *Minha História das mulheres*. São Paulo: Contexto, 2007.

PINSKY, Carla Bassanezi. *Pássaros da liberdade:* jovens, judeus e revolucionários no Brasil. São Paulo: Contexto, 2000.

_____; PEDRO, Joana. Mulheres: igualdade e especificidade. In: PINSKY, Jaime; PINSKY, Carla Bassanezi (orgs.). *História da cidadania*. São Paulo: Contexto, 2003.

RAGO, Margareth. Trabalho feminino e sexualidade. In: DEL PRIORE, Mary (org.); BASSANEZI, Carla (coord.). *História das mulheres no Brasil*. São Paulo: Contexto, 1997.

SCHPUN, Mônica R. *Beleza em jogo*: cultura física em São Paulo nos anos 20. São Paulo: Senac/Boitempo, 1999.

SOIHET, Raquel. Mulheres pobres e violência no Brasil urbano. In: DEL PRIORE, Mary (org.); BASSANEZI, Carla (coord.). *História das mulheres no Brasil*. São Paulo: Contexto, 1997.

STEARNS, Peter N. *A infância*: História Mundial. São Paulo: Contexto, 2006.

Imagens e representações 2

A ERA DOS MODELOS FLEXÍVEIS

Carla Bassanezi Pinsky

A partir da segunda metade dos anos 1960, uma série de transformações levaria a enormes mudanças nas imagens de mulher. Se no período anterior os comportamentos não seguiam à risca os modelos e nem mesmo estes eram tão rígidos como pareciam (admitindo distinções de classe, "raça"...), em contraste com o que viria agora, o passado apresentava grandes limites e pouquíssimas opções. Os chamados Anos Rebeldes marcaram o início da era que chega aos dias de hoje com fronteiras borradas, polarizações desfeitas e identidades reconhecidamente cada vez mais plurais.

MUDANÇAS NA IDEIA DE DESTINO FEMININO

Em 1949, Simone de Beauvoir já havia escrito que não se nasce mulher, torna-se. Em *O segundo sexo*, desafiava a ideia de destino natural feminino e da inevitabilidade dos papéis tradicionalmente atribuídos às mulheres e, mais, destacava o caráter cultural e, portanto, mutável nas definições de feminilidade. Porém, somente uma década e meia depois, essa ideia encontrou terreno fértil para florescer e, muitos anos mais tarde, dar frutos. É porque, agora, as distâncias entre homens e mulheres estão bem menores que antes. Como eles, elas estudam, trabalham, viajam, leem jornais, veem TV, têm acesso a informações sobre o país e o mundo, dirigem automóveis.

As cidades, mais densamente povoadas por conta da migração vinda do campo, aproximavam pessoas e estilos de vida e favoreciam mudanças aceleradas de comportamento. O maior acesso feminino aos empregos remunerados e qualificados, impulsionado a partir de então, proporcionaria às mulheres maior independência econômica, segurança e um *status* mais elevado na sociedade e na família. Tal processo seria acompanhado pelo desenvolvimento de uma consciência crítica das desigualdades sociais com base no sexo e pela vontade de voar mais alto. Não é à toa que, em 1962, as esposas brasileiras obtiveram, no Estatuto Civil da Mulher Casada, o reconhecimento do papel de "colaboradora" do marido na sociedade conjugal.

Em 1961, a pílula anticoncepcional chegou às farmácias. O método mais confiável de controle da natalidade ajudaria a promover uma diminuição no número de filhos, fazendo declinar ainda mais o tamanho das famílias. Essa queda, obviamente, não ocorreu de um momento para o outro, mas foi constante. Ela não só permitiria uma maior participação econômica das mulheres, como ampliaria seu leque de escolhas a respeito do que fazer com suas próprias vidas.

E, para melhor escolher, nada como investir na obtenção de um diploma. Ao longo dos anos 1960 e 1970, as diferenças curriculares entre alunos e alunas se dissolveriam, proporcionando melhores oportunidades às mulheres de concorrer a uma vaga na universidade e, claro, uma mudança de atitude com relação à educação superior da mulher. A escolaridade feminina seria vista como mais um passo na direção da independência financeira para as mulheres, além de uma forma de equiparar homens e mulheres na vida profissional.

Os jovens de então se destacavam na cena pública. Chamavam atenção em manifestações estudantis, políticas e artísticas, mas também por adotarem modos mais informais de se vestir e mais liberais de se comportar. Agora, parecia ser mais importante saber o que eles tinham a dizer que apenas criticá-los ou fingir que eram inofensivos e tentar discipliná-los a todo custo.

Mesmo porque eles se manifestariam de qualquer forma. A *autoridade* – fosse pai, marido, professor, padre ou governante – não estava mais tão firme em seu pedestal. Os conflitos, as diferenças de opinião e comportamento ficariam evidentes. Distintas visões de mundo, marcadas por geração, conviviam nessa época. Em poucos anos, a palavra *diálogo* entraria no vocabulário de pais e filhos e *juventude* viria a ser um ideal unânime, mas, nos anos 1960 e 1970, os jovens surpreendiam ao desafiar os padrões morais e familiares que haviam conduzido a vida de seus pais até então.

Não que os espaços juvenis fossem os únicos a permitir questionamentos, os meios intelectuais e artísticos brasileiros já tinham tradição nesse sentido e continuaram abertos ao debate e a novas ideias. Porém, num tempo de autoritarismo e censura, as inovações culturais juvenis ganharam em importância como símbolos da batalha contra as convenções sociais.

O desabrochar do feminismo, também dessa época efervescente, completava o quadro das influências que contribuiriam para minar as imagens tradicionais de mulher, ampliando perspectivas e multiplicando os destinos individuais.

GAROTAS DE MINISSAIA COM UMA BANDEIRA NA MÃO

No cenário das cidades, moças e rapazes "de família" conviviam nas faculdades, escritórios, repartições, bares e apartamentos onde organizavam "reuniões dançantes" com luzes fracas ou rodas de conversa e violão. Locomoviam-se "trepados em lambretas ou amontoados em grandes grupos ruidosos nos autos conversíveis", fazendo barulho e vestindo-se com as "indumentárias mais incríveis", coloridas, chamativas; as moças, de minissaia ou de calças *jeans* como os rapazes. O biquíni, que provocara algum escândalo anos atrás, desfilava tranquilo pelas praias brasileiras no corpo de garotas de todos os tipos.

Dentre esses jovens urbanos, o Brasil, um tanto espantado, viu surgirem grupos que, como os de outros países (Estados Unidos, França, Inglaterra, Israel), deixavam de lado a passividade e o conformismo em favor do envolvimento com assuntos políticos e/ou uma postura assumida de contestação em relação à ordem sexual e familiar. Esquecendo a velha lição de que "o mundo da política é masculino", várias garotas, especialmente nos meios universitários e intelectuais, procurariam discutir os problemas do país, se uniriam aos nascentes movimentos de esquerda ou aos hippies, abraçariam ideias feministas e romperiam abertamente com os padrões de comportamento que haviam orientado a vida de suas avós e mães.

Ao lado das fórmulas conservadoras, repetidas à exaustão por vozes autoidentificadas como de "cidadãos sérios e responsáveis", conviviam atitudes que denotavam a "evolução dos costumes" num sentido de maior liberdade e igualdade. Nesse cabo de guerra, havia, por vezes, grande discrepância entre os "conceitos admitidos e os preconceitos subterrâneos",[1] havia também adaptações de velhas ideias à nova realidade. Porém, ampliavam-se de fato os sinais de inconformismo com a condição de superioridade masculina na sociedade e a discriminação sexual que vitimava a mulher. Já era possível escutar com clareza reivindicações de "ampla liberdade sexual" para as mulheres e discursos a favor do "amor livre" (sexo sem casamento) ou do "relacionamento aberto" (sexo sem compromisso de fidelidade com um parceiro). E já havia quem passasse do discurso à prática.

Existiam[2] grandes disparidades entre as moças do João Sebastião Bar, a boate dos intelectuais de São Paulo que leem Marx e Eric Fromm, as jovens que fazem "o *footing* na cidadezinha do interior diante da igreja" e as moças de Araguaína, uma vila de barracos à margem da Belém-Brasília, que "aos 10 anos seguem o primeiro homem que aparece". Entretanto, as "garotas zona Sul" (do Rio de Janeiro) ou as "da rua Augusta" (em São Paulo), de classe média ou alta, que colocavam em questão o ideal de virgindade já no início dos anos 1960, abriam caminhos para o que, duas ou três décadas depois, seria um comportamento "normal", quando a obrigatoriedade da virgindade para as solteiras estaria completamente "fora de moda".

Aos poucos e não sem obstáculos de toda ordem, ficaria claro para as garotas que elas podiam ter em sua vida privada a mesma liberdade sexual que os rapazes. Em meados dos anos 1980, os jovens ririam com a brincadeira sobre a "moça de família": "Sabe por que a moça de família vai para a cama às 8 da noite? Porque, às 10 horas, tem que estar de volta em casa!".

A "MULHER LIBERADA"

A pílula anticoncepcional e a revolução dos costumes do final dos anos 1960 mudariam radicalmente as imagens de mulher. Com a possibilidade do sexo com menor risco de gravidez, houve espaço para se questionar publicamente antigos valores como a castidade feminina, a exigência da "integridade física" da futura esposa e a dupla moral sexual, que, entre outras coisas, admitia e incentivava o sexo dos homens com prostitutas. Na nova realidade que se instaurava (não sem traumas e ambiguidades), fazer sexo antes (e mesmo sem) o casamento não seria mais suficiente para comprometer a reputação das mulheres, pelo contrário, aos poucos, o acesso à informação e a busca do prazer passariam a ser considerados "direitos" da mulher.

A informalidade ganhava lugar nos relacionamentos. No namoro, por exemplo, o flerte ("paquera") era mais direto e permitia, mesmo às moças, mostras mais evidentes de atração e desejo. Vários dos antigos rituais – o pedido formal, a aprovação "oficial" dos pais etc. – caiam em desuso. Mãos dadas, beijos e abraços em público, mesmo no início do relacionamento, foram

A pílula anticoncepcional possibilitou o questionamento de valores como a obrigatoriedade da castidade feminina e a dupla moral sexual; o tema do sexo entre solteiros ganhou espaço nos meios de comunicação.

se tornando cenas mais comuns sem que a honra da garota (e de sua família) ficasse prejudicada e sem que esses afetos implicassem automaticamente compromisso do tipo "namoro sério" ou noivado. Com o tempo, as jovens poderiam mostrar-se mais espontâneas e, por vezes, tomar a iniciativa de seduzir um rapaz – isso, apesar de ainda constrangê-lo, já não seria mais tão malvisto. "Ser autêntico" tornou-se palavra de ordem – o que não significa que tudo era permitido, pois sempre houve regras, mas denota mudança.

Com o sexo entre solteiros – assunto que passou a frequentar explicitamente os meios de comunicação e as rodas de conversa –, as atitudes variavam da condenação pura e simples à aceitação irrestrita, que implicava uma verdadeira luta para livrá-lo do estigma do pecado e do proibido. É claro que o problema, novamente, era a mulher, já que a iniciação dos rapazes estava garantida pelos costumes. Ao lado dos homens que não aceitavam como esposa ou nora uma "mulher com um passado" ou nunca namorariam uma "moça que sabe demais", já havia os que pensavam, e o assumiam publicamente, como Jorge Amado ("À mulher a quem se quer bem não se pergunta nada") ou Érico Veríssimo ("Cada mulher é dona de seu próprio corpo, seria um intolerável absurdo achar que a mulher não virgem é menos digna do amor de um homem"),[3] que a virgindade não importava mais. Entre as pessoas que admitiam o sexo fora do casamento para as mulheres – em número cada vez maior –, as posturas variavam e podem ser facilmente reconhecidas pelos motivos apresentados. O casal de noivos "deve praticar" para desfazer dúvidas sobre o ajustamento sexual, evitar traumas femininos na noite de núpcias e impedir que o homem procure prostitutas (essa ideia se baseava em três crenças: a de que a compatibilidade sexual colabora para o sucesso do casamento; a de que o noivado, que demonstra intenção de casar, é uma etapa preparatória para a vida conjugal; e a de que o sexo é uma dimensão inescapável da vida). O sexo "é legítimo se houver amor" (prolongando a tradição romântica de "no amor vale tudo"). E, a mais revolucionária: "o sexo é uma extensão natural da atração entre duas pessoas", sendo, portanto, uma consequência da paquera sem que exista a necessidade de qualquer outro vínculo (A ideia do sexo casual não tinha defensores na mídia, mas já encontrava espaço entre grupos hippies e alguns intelectuais. Porém, também serviu como argumento para levar garotas para a cama sem que, de fato, o preconceito contra elas estivesse eliminado.).

De todo modo, principalmente entre os jovens e universitários, desenvolvia-se uma nova mentalidade que defendia direitos iguais para homem e mulher com relação às experiências sexuais. Nos ambientes em que "careta" era quase um xingamento, "liberada" não seria mais um estigma. No Brasil dos anos 1970, determinadas situações podiam favorecer o sexo sem maiores vínculos, as "relações abertas": os meios do "desbunde" (em que se consumiam drogas ao som de *rock'n'roll* ou música indiana), as comunidades hippies (em que, em teoria, não podia haver sentimento de posse ou ciúmes e tudo o que lembrasse a família tradicional era visto como hipocrisia) e a militância política clandestina (na qual os vínculos podiam ser dissolvidos rapidamente por conta de perseguições, prisões ou desaparecimentos e a noção do perigo, de um modo ou de outro, afetava

A partir dos anos 1970 as ligações amorosas, a sensualidade e o ato sexual seriam retratados em cenas cada vez mais explícitas no cinema e na TV. (Cartaz do filme *Gabriela, cravo e canela*, lançado em 1983, com a atriz Sônia Braga.)

os relacionamentos). A flexibilidade, a subjetividade e a "busca do autoconhecimento" nas relações entre homem e mulher também ganhavam legitimidade nos meios em que a Psicanálise se tornava artigo de consumo. Em termos práticos, a popularização do automóvel e o surgimento dos motéis facilitaram a vida dos amantes.

Porém, houve um espaço em que, mais do que todos os outros, a questão da "liberação sexual" da mulher ganhou os holofotes: os grupos feministas que agitavam o Brasil e o mundo nos anos 1970. Neles, fazer da mulher alguém "dona de seu próprio corpo", com "*direito* ao prazer", ao orgasmo, e a ter filhos "se e quando" quisesse era bandeira de luta. O relacionamento lésbico, em alguns espaços minoritários, também ganhava legitimidade na busca da liberdade de escolha erótica. O acesso à contracepção e o direito de interromper voluntariamente a gravidez eram reivindicações decorrentes do feminismo que propunha a dissolução da hierarquia entre masculino e feminino e a transformação do caráter dos relacionamentos entre homens e mulheres num sentido mais igualitário. Eram projetos verdadeiramente revolucionários que, se não obtiveram naquele momento o sucesso desejado, ajudaram a abalar os tradicionais modelos de mulher.

Acompanhando o clima de mudanças, os meios de comunicação fizeram sua parte. Embora mantendo o modelo heterossexual para os relacionamentos e muitas das diferenças de gênero em que o masculino ainda é referência e o homem detém maior poder, já dissociavam a relação sexual do matrimônio, legitimando socialmente a "mulher moderna", "liberada".[4]

O número 10 da revista *Realidade,* de janeiro de 1967 – edição especial sobre "mulher brasileira" que trazia uma reportagem ilustrada por fotos sobre parto, os resultados de uma pesquisa sobre sexo sem casamento, infidelidade, prostituição e aborto, além de entrevistas com uma atriz de "posições liberais" e com uma mãe solteira – foi proibido de circular por dois magistrados sob a acusação de promover a "obscenidade", a "pornografia" e ofender a "honra da mulher".[5] Pouco tempo depois (em 1973), porém, surgia a revista *Nova,* destinada especialmente às solteiras de classe média urbana, que elegeu o prazer sexual feminino como um de seus principais assuntos, atribuindo à mulher um papel ativo na obtenção de seus próprios orgasmos.

No cinema nacional, multiplicaram-se os filmes eróticos[6] com uma profusão de mulheres peladas que, independentemente de suas mensagens morais (por vezes contraditórias), escancaravam o fato de que a mulher, assim como o homem, tem prazer no sexo.

Nas novelas e seriados de TV, que atingiam um público muito maior, as cenas de beijo na boca condensavam o afeto e o erotismo dos relacionamentos. Mas isso foi no início, pois rapidamente, a partir dos anos 1970, as ligações amorosas seriam representadas por imagens de casais (casados ou não) no quarto ou na cama e gestos que denotavam o orgasmo. Em 1975, Sônia Braga surgiu nua em *Gabriela*. E todo um desfile de personagens femininas "liberadas", "independentes" (financeira e emocionalmente e até separadas do marido) passou a entrar todas as noites nos lares brasileiros com uma televisão ligada.[7]

A "DONA DO PRÓPRIO CORPO" OU EM BUSCA DO EQUILÍBRIO

Se, na década de 1970, para muitos solteiros, fazer sexo adquiria um sentido revolucionário, a partir dos anos 1980, "transar" já era algo "normal". Uma garota que fazia sexo com o namorado não era mais uma jovem "moderna", alguém de vanguarda com a sensação ou a "missão" de romper tabus, mas sim uma pessoa de seu tempo. A atividade sexual das "garotas decentes" (aquelas com quem os rapazes podiam vir a se casar), agora socialmente aceita, em geral, começava mais cedo (por volta dos 16 anos para as meninas) e conduziu ao paulatino desuso da prática de os garotos aprenderem sexo com prostitutas. Em 1985, a revista *IstoÉ* anunciava: "O sexo já não é pecado. A perda da virgindade agora é uma opção. Os adolescentes estão mais livres para escolher sua iniciação sexual".[8] Em 1990, a revista *Claudia* recomendava: "os pais devem aceitar o fato de que os jovens, em sua maioria, irão ter experiências sexuais".[9]

As hierarquias entre masculino e feminino não desapareceram, contudo. No tempo em que chamar uma moça de "gata" (bonita) virou elogio, chamá-la de "galinha" continuava a ser insulto. Mesmo que ele não se relacionasse mais à perda da virgindade, seu uso mostrava que outros critérios (como a quantidade de rapazes com que a garota se relacionava, o modo como exibia sua sensualidade, o grau de discrição com que mantinha seus relacionamentos sexuais) regulavam o comportamento sexual das mulheres aos olhos das pessoas que se sentiam no direito de classificá-las como merecedoras de respeito ou não. Hoje, a fórmula "vadia" é mais corrente, provando que as mulheres, mesmo com maior possibilidade de escolhas eróticas e um individualismo acentuado, ainda têm que considerar os efeitos em sua reputação.

A concepção do sexo como fonte de recreação já sobrepujava a do sexo com fins reprodutivos. O prazer sexual, válido para homens e mulheres, é um componente da "vida feliz" com ou sem casamento ou mesmo um relacionamento amoroso. O sexo é uma prática comum, natural e saudável do campo das opções pessoais, das escolhas de vida.

Embora "dizer não" passasse a ser considerado tão legítimo quanto "dizer sim", em muitos grupos, numa nítida inversão de valores, as mulheres virgens tinham que explicar por que se mantinham assim, correndo o risco de se tornarem alvo de gozação das pessoas próximas. As expressões "ficar" (abraços e beijos sem compromisso) e "dar uns amassos" (carícias pelo corpo) já estavam na boca dos jovens em meados dos anos 1980 e ganhavam legitimidade social à medida que se tornavam práticas comuns entre solteiros jovens e adultos.

"Ficar" não é o mesmo que namorar, embora possa desembocar em namoro (relacionamento que pressupõe exclusividade do par); "amizade colorida" é o nome, leve e divertido, dado então ao relacionamento entre duas pessoas que praticam o sexo eventual com alguma frequência.

Por meio de gírias ou não, nos anos 1980 e 1990, parecia mais fácil do que nunca falar de sexo. Nas escolas havia aulas de Educação Sexual. Quando Madonna fez sucesso com "Like a virgin", Chico Buarque já havia composto "O meu amor" e "Mar e lua". Uma cultura erótica aberta e pública ganhava espaço: homens e mulheres já podiam ler sobre o assunto em livros e revistas, observar imagens com poses sexuais, ver cenas de sexo no cinema e no videocassete. Os filmes e, no Brasil, as novelas tornavam-se cada vez mais picantes e também explícitos ao tratar de assuntos como camisinha, aids, satisfação e insatisfação sexual, num tempo em que tanto o homem quanto a mulher eram chamados a tomar para si a responsabilidade por tornar segura a atividade sexual. Seriados americanos, como *Sex and the city* e *Friends*, promoviam entre os brasileiros com acesso à TV a cabo as imagens da mulher com iniciativa que, a despeito dos envolvimentos românticos, pode separar sexo de amor. O advento da internet incrementou a disseminação do conteúdo sexual e instituiu o namoro ou o sexo "virtual". As censuras e regulamentações governamentais haviam diminuído (com exceção das relativas à proteção das crianças) e as igrejas não eram mais tão poderosas reguladoras de conduta. As revistas femininas passaram a se dedicar cada vez mais aos conselhos sexuais (incluindo sugestões técnicas para melhorar o desempenho) e ao "culto ao corpo" (saúde e aparência), enfatizando o direito feminino ao "prazer sexual com segurança", independentemente de estado civil ou faixa etária (crescia nessa época a tendência, acentuada nos anos 2000, da percepção de que mulheres mais velhas podem ter atividades sexuais).[10]

Tudo é válido em termos de sexo, desde que haja maturidade e consentimento entre os parceiros. "Seja você mesma." Nos textos sobre *comportamento*, as regras fixas e as receitas prontas para um relacionamento afetivo e/ou sexual satisfatório davam lugar ao incentivo da busca do autoconhecimento e às expressões favoráveis à manifestação das tendências individuais e do entrosamento íntimo das pessoas adultas envolvidas. Era a hora de construir uma "mulher real, feliz, capaz, que tem controle sobre sua própria vida".[11]

Do diálogo entre duas mulheres esclarecidas sobre o uso que a mulher faz da liberdade sexual na segunda metade dos anos 2000:

> *Clara Averbuck*: Depende da mulher. Acho que tem algumas que estão andando para trás. [...] Sabe aquela coisa de fazer um joguinho para ganhar o cara? "Ai, eu não vou dar hoje porque ele vai achar que eu sou fácil." Minha filha, se quer dar, dê! Se ele pensar isso, ele é uma besta.
>
> *Soninha Francine*: [...] Posso transar? Ok. Posso transar com várias pessoas se eu quiser? Ok. [...]
>
> *Clara Averbuck*: A pessoa só tem que fazer o que ela quer, não tem que fazer nada que ela não queira.[12]

A "COMPANHEIRA" OU AS MUDANÇAS NOS PAPÉIS FAMILIARES

Um punhado de casais que se formaram nos anos 1960 constituiu a vanguarda na redefinição das uniões conjugais nos moldes que, com pequenas mudanças, são tidos como ideais nos dias de hoje. Para eles, contudo, não havia fórmulas prontas, mas uma certeza: queriam fugir do estilo de relacionamento de seus pais. Quando a geração anterior se casou, o matrimônio era para toda a vida e, ainda que houvesse o que chamavam de "companheirismo" entre marido e esposa, ocorria em uma relação desigual, em que existia uma hierarquia. Já os jovens de classe média dos Anos Rebeldes, em especial nos meios mais cultos, procuraram criar laços igualitários, que pudessem ser, para ambos os cônjuges, fonte de "realização pessoal" e "crescimento individual". "Companheirismo", então, envolveria compreensão mútua em uma relação de responsabilidades compartilhadas. Para a mulher, não haveria mais a exigência de tolerar as infidelidades masculinas e as necessidades sexuais de ambos os parceiros seriam consideradas.

Ser feliz no casamento é então sentir-se bem, pois a "felicidade da esposa" não se confunde mais única e exclusivamente com a "felicidade conjugal". Concessões, se necessárias, devem ser recíprocas. O novo tipo de união não combina com "obrigação social", "resignação", frustração sexual e afetiva... e deve ser capaz de satisfazer homem e mulher. "Entrega", "confiança", "intimidade", "desinibição", "autenticidade" fazem parte desse ideal conjugal. "Dialogar" e, mais tarde, "discutir a relação", entram no vocabulário dos "casais modernos".

Passado o período em que a imagem da "boa esposa" se manteve intacta, a não ser por uma diminuição no grau de timidez sexual (já que prejudica o casamento ser "excessivamente virtuosa", "recatada demais"), a afinidade sexual logo seria considerada, em qualquer tipo de casamento, uma das principais medidas da harmonia conjugal, para além da "amizade", da troca de gentilezas entre os esposos e dos projetos familiares, comuns ao casal. "Amor espiritual" e "amor sexual" se tornariam faces da mesma moeda. Ambos os companheiros devem investir para "acender a chama, esquentar a cama", e sugestões explícitas de como fazê-lo tornavam-se cada vez mais disponíveis nas publicações impressas e nos demais meios de comunicação – ao alcance de homens e mulheres.

O divórcio viraria lei no Brasil em 1977, mas, antes disso, a obrigação de ficar atrelado por toda a vida a um relacionamento infeliz já estava sendo contestada por pessoas de classe média e alta. Contudo, o casamento em si não foi para a lata de lixo; o desejo de se unir a alguém em uma relação monogâmica e estável baseada na atração sexual e com a finalidade de construir uma família permanecia. O que foi posto em questão foi o formato tradicional de relacionamento conjugal. E, por alguns casais, até a necessidade de oficializar a união civil ou religiosa e continuar casado mesmo com o fim do amor. Optaram, pois, pela coabitação, uma forma de união livre de vínculos que não sejam o afeto, a companhia e a compatibilidade sexual. Era uma proposta de vida um pouco diferente do emparceiramento sem formalidades legais e religiosas estabelecido pelos casais mais pobres e que, por tanto tempo na história brasileira, foi estigmatizado pelas elites. Os jovens casais de classe média que optavam por "morar junto", estabelecendo uma

Noiva de míni no início de 1970. Questionamento, até um certo ponto...

união estável, enfeitavam seu gesto com outro significado, que, se foi criticado por muitos na época, acabaria, com o tempo, ganhando legitimidade social. Quer permanecessem até o fim sem o aval do Estado e da Igreja, quer encarassem a coabitação apenas como um estágio anterior ao casamento oficial (uma fase de experimentação do convívio conjugal), esse tipo de união teria cada vez mais adeptos, tornando-se algo normal e socialmente aceito apenas uma ou duas décadas depois.

No tempo em que o Eduardo e a Mônica se apaixonaram,[13] já era comum um casal viver sob o mesmo teto sem, ou antes de, se casar. O casamento é adiado para depois do término dos estudos, da conquista da realização profissional, das viagens dos sonhos de ambos os cônjuges. O número de filhos e a data de seu nascimento são planejados pelos parceiros de modo a não comprometer os planos individuais; as crianças podem vir um pouco mais tarde, ou nunca, se o casal assim preferir. As resoluções são tomadas a dois e tanto o homem quanto a mulher têm poder de decidir, pois, frequentemente, ambos contribuem para as despesas da casa.

O ideal da igualdade na relação de casal deveu muito à emancipação feminina e ao aumento das exigências das mulheres com relação ao companheiro. Claro que, na prática, mesmo que ambos os cônjuges abraçassem o modelo do "companheirismo", as expectativas de cada um podiam ser diferentes, levando a conflitos e frustrações. Homens esperavam (e muitos ainda esperam) que as mulheres se encarregassem de todo o serviço doméstico ou de fazer do lar um local acolhedor. Mulheres monopolizavam (e muitas ainda o fazem) o cuidado com os filhos, acreditando serem as únicas capacitadas para a tarefa, ou aguardavam que todas as iniciativas sexuais partissem do homem. Não foi de uma hora para outra que o relacionamento conjugal em que ambos se comprometem a investir com o mesmo empenho na satisfação mútua se tornou uma referência importante na sociedade brasileira. (Mesmo que, em termos concretos, muito do machismo, das inibições e das desigualdades permaneçam no atual milênio.)

A imagem de mulher associada a esse tipo de casamento de relações mais equilibradas é a da "parceira" do homem, que, embora compartilhe alegrias e tristezas com o companheiro, mantém a sua individualidade. Ambos são "cúmplices", tanto que, para a mulher, investir na união conjugal não é mais garantir o respeito social, a segurança financeira ou mesmo o fim da solidão a qualquer custo. É, sim, dividir com o cônjuge certas dimensões de sua vida. Na "nova família" existe uma ligação afetiva profunda, com espaço para a "realização pessoal e profissional" da mulher e para o desenvolvimento do "lado sensível" do homem. Daí em diante não há caminhos pré-traçados: os casais "buscam sua própria verdade", sem se preocupar em "desempenhar por injunções sociais papéis que não correspondam às suas necessidades".[14] E isso não se restringe mais aos jovens, já que casais maduros também são abarcados pelo modelo, inclusive no que diz respeito a sexo: a menopausa não significa o fim da atividade sexual para a mulher e novos medicamentos podem garantir por um número maior de anos o desempenho do homem.

O planejamento familiar é um "direito do casal"; optar pela esterilização, laqueadura ou vasectomia é uma decisão tomada a dois, sem interferência do Estado. Somente o aborto permanece proibido, mas é praticado clandestinamente. A infidelidade conjugal é desaprovada para ambos os sexos, mas se reconhece a possibilidade de que ela ocorra por conta do temperamento individual ou de frustrações com o relacionamento monogâmico. A possibilidade da traição feminina, antes totalmente negada, é admitida (embora malvista) com base no pressuposto de que a mulher tem necessidades afetivo-sexuais tanto quanto o homem; ter amantes quase se justifica quando o relacionamento com o marido é insatisfatório, mas outros laços, como a existência de filhos pequenos, permanecem unindo o casal.

Mudanças mais estruturais, para além das soluções individuais, nos campos da saúde e da legislação (como a Constituição de 1988, que equiparou homens e mulheres em termos de direitos e obrigações) também colaboraram para o estabelecimento do novo modelo conjugal.

Embora não seja o objetivo deste texto, os modelos devem ser sempre cotejados com a realidade. No caso do ideal de união conjugal aqui exposto, um breve olhar sobre as tendências das últimas décadas pode ajudar a colocá-lo em perspectiva. Grande parte das agressões às mulheres é praticada pelo próprio namorado, marido ou pelo "ex", mostrando a prevalência do machismo em muitas relações. Aumentou, de fato, a autonomia das mulheres nas classes privilegiadas e diminuiu o número de filhos, porém a participação feminina no mercado de trabalho permanece condicionada pela responsabilidade de cuidar da prole, que ainda sobrecarrega mais as mulheres que os homens (levando-as a um investimento menor na carreira, por exemplo). Os trabalhos domésticos continuam a pesar no cotidiano feminino mais do que no masculino, pois grande parte dos homens se recusa a participar deles. Assim, no início do século XXI, as mulheres são responsáveis pela maior parte das tarefas domésticas. Se não as realizam pessoalmente, empregam outra mulher para fazê-las (o que, por vezes, é o único modo de conciliarem trabalho fora de casa e afazeres do lar). A onipresença da empregada doméstica em boa parte das casas brasileiras de classe média – um luxo que as congêneres europeias e norte-americanas não podem se permitir – postergou no país muitas brigas e discussões baseadas na reivindicação da divisão de tarefas do lar entre marido e mulher. Entretanto, como tendência nas relações familiares, detectada recentemente pelos publicitários, os homens têm se mostrado mais disponíveis para banhar o bebê, cozinhar no fim de semana, enxugar a louça, abastecer a geladeira com compras. "O horizonte está ficando mais unissex"[15] – anuncia como tendência uma conhecida revista feminina. Na verdade, só o tempo dirá.

E a mulher que não tem um companheiro: a solteira, a viúva, a divorciada? Ainda que encontrar um homem possa estar em seus planos (algo hoje socialmente aceito), ela não é mais considerada incompleta, incapaz de realizar-se e proibida de se envolver em aventuras sexuais, como se pensava antigamente. Tantos outros projetos podem fazer parte da vida feminina, tantas outras ligações, identidades e papéis legitimados podem atualmente definir cada mulher... A falência de um casamento não é mais a tragédia que obriga a "divorciada" a submeter-se ao ostracismo social, pelo contrário, hoje a figura da mulher que banca uma vida sem um homem ao lado, muitas vezes com filhos pequenos para criar, é vista com simpatia, considerada "uma batalhadora" digna de apoio.[16]

A "MÃE MODERNA"

"Mãe é tudo igual..." – o adágio reforça a percepção de que a imagem de mãe em nada ou pouco se altera. De fato, na segunda metade do século xx, a maternidade continuou sendo vista como fonte de felicidade e realização da mulher. O modelo da "boa mãe" nunca chegou a ser contestado com a mesma intensidade que as outras referências tradicionais.

Algumas mudanças com relação ao passado, porém, começavam a se anunciar na época em que as mulheres ganhavam maior autonomia no controle do processo reprodutivo. Ter filhos deixava de ser uma imposição "natural" ou até social, para tornar-se uma escolha pessoal. Ao mesmo tempo, a maternidade como "motivo de orgulho" ajudava finalmente a aplacar a censura que recaía sobre as mães solteiras de antigamente. Responsabilizar-se pelo cuidado da prole é algo louvável em qualquer circunstância. E os filhos continuam a exigir das mães inegáveis sacrifícios e dedicação constante.

Porém, uma novidade: cuidar de si é quase tão importante quanto olhar pelas crianças. Se, por um lado, em favor dos filhos pequenos, a mulher deve evitar separar-se do pai das crianças, por outro, deve saber que o nascimento de um filho não é solução para um casamento em crise. Além disso, aos poucos, ganhava corpo a ideia de que só uma "mulher realizada", satisfeita consigo mesma, pode ser "boa mãe". Nas concepções mais avançadas,

A maternidade continuou sendo vista como fonte de felicidade e realização da mulher, mas ter filhos deixou de ser uma imposição "natural" ou até social, para tornar-se uma escolha pessoal.

a autorrealização feminina incluiria independência, integração com o mundo por meio de algum tipo de trabalho ou atividade extralar que significasse um comprometimento com uma "causa maior".

Para entender como isso foi possível é preciso lembrar que, pouco tempo antes, a importância do papel da mãe na estabilidade psicológica dos filhos na infância tornara-se amplamente reconhecida. Esse incremento nas responsabilidades maternas conduziria a uma nova definição de "boa mãe", a partir do final dos anos 1960, em consequência de uma dedução simples: para a mãe dar conta do equilíbrio psicológico do filho, ela também precisa estar equilibrada (ou, como se diz hoje, "de bem consigo mesma"). Mais do que bem limpinhos, alimentados e disciplinados, os filhos precisam ser educados para se tornarem pessoas maduras, autônomas, independentes e capazes de lutar pelo seu bem-estar – o que só será possível se a mãe também contar com tais predicados. Com isso, a concretização das eventuais aspirações de uma mulher – tais como realizar-se afetiva, sexual ou profissionalmente – passou a importar para o bom cumprimento do papel de mãe.

O novo ideal, é claro, chocou-se com a realidade. Primeiro, porque demoraria décadas para tornar-se hegemônico no Brasil (se é que de fato se tornou) tendo que conviver com representações arraigadas da "mãe abnegada", aquela que se coloca em segundo plano diante das necessidades familiares. Depois, porque, em termos práticos, continuava difícil conciliar maternidade e trabalho. À medida que a realização profissional, por exemplo, ganhava prestígio social, forjando um novo modelo de "mulher moderna", também aumentavam as angústias pessoais, as discussões domésticas e a exaustão das mães com jornada extralar. Além da maior demanda por creches, nunca satisfeita a contento, as avós foram chamadas a colaborar no cuidado dos netos. Nas classes baixas tais questões não eram novidade, mas só então as contradições decorrentes das diferentes funções femininas chamariam a atenção dos meios de comunicação.

Enfim, trabalhar fora, investir na educação e no aprimoramento cultural, permitir-se usufruir o lazer, cuidar de si mesma, tudo isso é agora aceito, ao mesmo tempo que a maternidade continua central na vida da mulher com filhos. Contudo, o que parecia bonito no papel (e não uma contradição) trouxe muitas dúvidas, problemas e angústias para as mulheres concretas.

Mesmo quando a profissionalização da mulher passou a ser um valor social, o cuidado diário com os filhos não chegou a ser dividido com o pai. Esperava-se que a mulher acumulasse funções e exercesse praticamente com exclusividade essa obrigação. Não que o ideal de paternidade não tenha mudado, mas as alterações não foram suficientes para abalar significativamente as expectativas com relação às mães. No final dos anos 1960, a imagem imponente do pai autoritário, distante e superior abriu espaço para o pai capaz de estabelecer uma relação mais afetiva e coloquial com os filhos e de participar com maior intensidade no cotidiano das crianças, o que podia ser traduzido por "ajudar a mulher" a cuidar dos filhos em certas ocasiões ou determinadas atividades. Nada, é claro, que comprometa sua "virilidade" ou que o leve a substituir a mãe em obrigações "tão femininas" como limpar o bebê ou lhe dar mamadeira! O modelo de pai mais presente e participativo demandava mais conversar e brincar com os filhos do que ter trabalho com eles. O tempo exigido do pai de estar com as crianças era muito menor do que o cobrado da mãe. O novo ideal de paternidade prometia aos homens as alegrias de conviver com os filhos sem as atribulações implícitas no ideal de maternidade.

A partir do final do século xx, ser mãe continuou conferindo *status* para as mulheres. Porém, ter filho já não é mais tão vital para a valorização social da mulher casada como foi no passado. "Ninguém é obrigado a procriar. A obrigação está fora de moda."[17] Direitos e deveres de pai e mãe foram igualados por lei; as mães conquistaram a possibilidade de ter seus filhos reconhecidos, mesmo se nascidos fora do casamento (sempre que o exame de DNA comprovar a filiação, o pai terá que arcar com suas responsabilidades legais). Mães solteiras nem de longe sofrem as discriminações que sofriam no passado, sendo que várias mulheres arriscam-se na "produção independente" (engravidar propositadamente e criar o filho sem um pai por perto) para realizar o sonho de ser mãe. Hoje, as mães não são mais consideradas seres assexuados, que o digam as propagandas que propõem *lingerie sexy* como presente de Dia das Mães.

Nunca faltam creches nas listas de promessas dos políticos em ano eleitoral. Embora em número sempre insuficiente, elas são consideradas um "direito social" no Brasil. Mães com recursos que deixam os filhos com babás ou em berçários e "escolinhas" não causam mais espanto nas classes média e alta (a não ser no momento de se pagar a conta). Conciliar trabalho e maternidade não só é tido como algo possível, mas também desejável.

Na intimidade das famílias, as mulheres ganharam mais poder para negociar com os homens uma divisão maior de tarefas com relação ao cuidado dos filhos, levando em conta habilidades e interesses particulares, o que não significa necessariamente que tenham conseguido compartilhar tais tarefas em igualdade de condições. Em última instância, cuidar de filhos continua sendo "coisa de mulher". Não só porque é grande o número de mulheres chefes de família, que sustentam os filhos sem ajuda de um parceiro, como também porque continua havendo forte resistência masculina em compartilhar os afazeres domésticos, incluindo os relativos às crianças. A esses afazeres, em razão do aumento da violência urbana e da competitividade que exige o desenvolvimento de habilidades extraescolares, somam-se levar e trazer os filhos de cursos de inglês ou natação, por exemplo, assim como proporcionar e supervisionar o seu lazer. E se algum parente é solicitado a ajudar a mãe, pode apostar sem grande risco que é uma tia ou uma avó... Entre casais mais jovens de classe média encontramos pais dispostos a colaborar um pouco mais com as mães, indo além das brincadeiras, dos passeios e das incursões eventuais no terreno da comida e dos banhos. Existe, inclusive, a figura do pai profissional liberal que se dispõe a mudar de horários ou trabalhar em casa para passar mais tempo com o filho ou a filha. Mas trata-se de uma evidente exceção. O próprio emprego do verbo "ajudar" (a mãe a cuidar da criança), referindo-se à atuação do "pai moderno", é significativo do quão distante se está no Brasil de uma divisão sexual de trabalho realmente igualitária no cuidado da prole.

DONA DE CASA E PROFISSIONAL: A "MULHER BATALHADORA"

A partir dos anos 1960, o modelo da dona de casa que não exerce uma ocupação remunerada, dedicando-se às funções domésticas com exclusividade, começou a ser lentamente desvalorizado em função de outro, que representaria melhor a modernidade: a mulher "profissional". Não que ser dona de casa acabasse descartado, as mulheres deveriam agora ser polivalentes. No momento de transição entre os dois modelos, muito do velho permaneceria no novo. Na convivência do trabalho produtivo feminino, então já aceito e legitimado, e as obrigações domésticas, muitas vezes estas sobrepuseram ou comprometeram aquele. Por um bom tempo ainda, vigorariam as exigências de que os cuidados com a casa seguissem os mesmos critérios da época em que a dona de casa não trabalhava fora, sobrecarregando a "rainha do lar". Mas mesmo depois que se aceitou que as tarefas domésticas fossem simplificadas, que as panelas não tivessem que brilhar tanto, que as salas não exibissem tantos enfeites, que as refeições cotidianas fossem simplificadas ou até feitas em lanchonetes ou restaurantes por quilo, permaneceu sobre os ombros femininos a responsabilidade de cuidar da casa. Ser uma "boa dona de casa" persiste como ideal até hoje, ainda que a obsessão por limpeza ou a formalidade na recepção de convidados tenham saído de moda. Se não fosse assim, não seria a mulher o público-alvo das propagandas de produtos de limpeza, esponjas de aço, inseticidas domésticos, aromatizadores de ambiente e papel higiênico, mesmo as mais moderninhas, que ironizam os homens e procuram falar às "mulheres evoluídas".[18]

De todo modo, o modelo tradicional da dona de casa foi sendo aos poucos depreciado, relegado a "mulheres incultas", senhoras mais velhas, "matronas gordas", "esposas bibelô" ou "bonequinhas de luxo", em oposição ao ideal da "mulher realizada profissionalmente", "dona do próprio nariz" e com interesses culturais. Agora, a mulher deve trabalhar mesmo que não haja necessidade econômica, que o marido ganhe bem ou que ela seja uma rica herdeira. O trabalho evita que a mulher seja "sugada pela futilidade" e lhe permite dialogar de igual para igual com o homem construindo relacionamentos pessoais sob novas bases. Capaz de buscar a própria felicidade, a "nova mulher" é bem-sucedida no trabalho e tem orgulho de seus filhos e de sua casa. Integrada à realidade do mundo atual, tem força de vontade e ideias próprias. Goza dos "privilégios que a época lhe outorga" e aceita as responsabilidades deles decorrentes. "Não abre mão das satisfações que pode obter por seus próprios méritos e recursos."[19] Na década de 2000, a "mulher maravilha" – aquela que "sem puxar o breque de mão", corre "feito louca para dar conta da profissão, família e tarefas domésticas"[20] – ainda deve encontrar tempo para frequentar a academia de ginástica e o salão de beleza.

Entre as atribuições da dona de casa atual permanece o cuidado dos parentes idosos; o Estado brasileiro ainda não assumiu adequadamente suas obrigações para com a população idosa, que, nos últimos tempos, tem vivido mais, o que faz com que os velhos sem condições de saúde ou vida independente fiquem por mais anos sob os cuidados de suas parentas mais jovens.

A imagem da "empregada doméstica", por sua vez, mudou. Ela é uma profissional como as outras. Com direitos e deveres estabelecidos por lei, jornada de trabalho definida, salários maiores, sindicatos da categoria, conquistou um respeito social bem maior do que o que tinha no passado.

Foi um longo percurso até que as imagens femininas se descolassem dos estereótipos tradicionais no mundo do trabalho. Boa parte dos empregos ocupados por mulheres, pelo menos até os anos 1980, era identificada com características atribuídas ao feminino e ao doméstico: gentileza, dedicação, propensão a servir, cuidar e ser prestimosa. As concepções sobre os "talentos femininos" também marcaram até então as escolhas educacionais e profissionais das estudantes que procuravam (e eram aceitas), no segundo grau e nas universidades, com maior intensidade cursos das áreas de Humanas e de Ensino, ou na Medicina, por exemplo, em especialidades como Ginecologia e Obstetrícia, enquanto Ciência, Tecnologia ou Administração eram identificadas como carreiras masculinas. Como em outros países, no Brasil também ocorreu o fenômeno da *feminização* de certas profissões (como a de professor); quando exercidas majoritariamente por mulheres, viam-se o *status* profissional e o valor real dos salários diminuírem.

Por outro lado, com mais intensidade a partir dos anos 1960, foram caindo por terra os estigmas relacionados às profissões em que as mulheres conviviam mais de perto com chefes ou colegas do sexo oposto, como atendentes de lojas, secretárias e enfermeiras. Atrizes, modelos e artistas, com o tempo, deixariam de ser confundidas com prostitutas, passando por uma maior aceitação social, até finalmente entrarem para o rol das profissões mais cobiçadas por meninas de todas as classes sociais. E mesmo as prostitutas já têm hoje ferrenhos defensores, que apoiam as "profissionais do sexo" em suas reivindicações de reconhecimento legal da profissão, carteira de trabalho e direitos previdenciários.

A notória escolarização das mulheres desmascarou a falácia da necessidade de estudos diferenciados por sexo, mostrando que as garotas podiam se dar tão bem quanto os garotos. A ultrapassagem numérica das mulheres com relação aos homens no ensino superior coroou com êxito lutas antigas pelo acesso feminino às universidades. A maior qualificação das mulheres abriu portas para a aproximação dos salários e para a valorização da figura da mulher "competente", "empreendedora", e obrigou os brasileiros a se acostumarem a ver mulheres em cargos de chefia ou no comando de seus próprios negócios, em todos os níveis. Ao serem admitidas em territórios considerados "fortalezas masculinas" – tais como administração de empresas, futebol, trabalho policial, de bombeiros, de pilotos, por exemplo –, elas colaboraram para minar preconceitos contra a capacidade da mulher de exercer qualquer profissão. A revolução da informática, a partir dos anos 1980, também teve papel importante na eliminação de fronteiras de gênero no mercado de trabalho; *como esgrimir com velhos estereótipos sexuais diante de um teclado e uma tela de computador?* Por outro lado, características consideradas "femininas" (mais uma vez construções sociais) – tais como in-

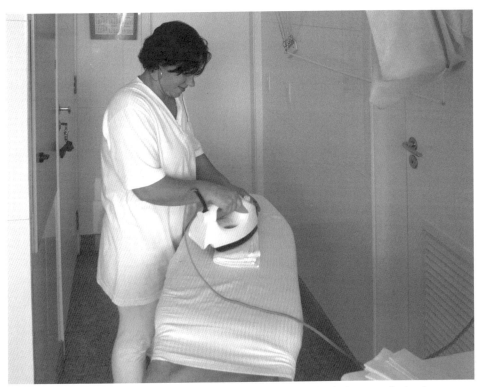

A empregada doméstica vem ganhando *status* diferente: hoje ela é uma profissional, com direitos e deveres estabelecidos por lei, jornada de trabalho definida, salários e respeito social maiores do que no passado.

tuição acentuada, capacidade de agregar, trabalhar em equipe e fazer várias coisas ao mesmo tempo, adaptabilidade, sensibilidade e habilidade no trato pessoal – passaram a ser valorizadas em determinados ambientes de trabalho, facilitando a aceitação de mulheres nesses meios e sua adaptação para poder incorporá-las (flexibilização de horários, permissão para amamentar, creche na empresa etc.).

A imagem feminina positiva, forjada nos anos 1990, da mulher "batalhadora", "guerreira", condensa o ideal da mulher que trabalha e obtém conquistas profissionais sem se descuidar de seus afetos e seus deveres de mãe. O fato de remeter à "luta" não é acidental, mostra a dificuldade de se alcançar tais objetivos.

Realmente, os obstáculos são muitos. Não há como negar que, em muitas famílias, o trabalho da mulher continua sendo considerado complementar ao do homem. Se alguém tem que ficar em casa para cuidar de uma criança doente ou de um parente idoso, invariavelmente é a mulher. Como o salário da esposa é tipicamente considerado secundário para a família (até quando ela ganha mais), acaba tendo "menos direito" ao lazer que o marido. Mesmo a mulher tendendo a alcançar o homem no que diz respeito à participação no mercado de trabalho, a desigualdade salarial em função do sexo e as disparidades entre a presença de homens e mulheres nos cargos mais altos e nas ocupações mais bem remuneradas são comprovadas estatisticamente. O desemprego e a precariedade são maiores entre elas e segregações ocupacionais persistem até hoje.

Porém, não há como negar as evidentes mudanças nas imagens da "mulher que trabalha". Já podemos pelo menos sorrir diante de um texto publicitário de 2011[21] que garante que o papel da mulher mudou: "Ninguém mais pergunta se elas dirigem bem ou mal. Elas dirigem carros cada vez melhores. Elas dirigem grandes empresas. Elas dirigem grandes países. E não é só o Brasil que é governado por uma mulher [...]".

Como nem tudo é perfeito (mesmo em se tratando de modelos), resta apontar três efeitos colaterais do ideal da "mulher superpoderosa" ou o da "mothern" (a "mãe moderna" com ar de heroína de quadrinhos), capazes de dar conta de tudo e mais um pouco. O primeiro é que a contrapartida da desvalorização social da dona de casa impede que as mulheres que se dedicam exclusivamente ao lar sejam reconhecidas (e de alguma forma remuneradas) como produtoras de riqueza para as famílias e o país. O segundo diz respeito à munição dada por esses modelos a ex-maridos que se eximem de contribuir adequadamente para as despesas dos filhos sem demonstrar qualquer sinal daquela vergonha comum em seus antepassados "honrados" nos tempos do "homem provedor". O terceiro é a exaustão provocada pela "busca frenética" por altos padrões. Neste último quesito, entretanto, já se vislumbra uma reação contra as exigências do tipo "'corpo esculpido', 'deusa na cama', 'profissional bem-sucedida' e 'mãe exemplar'": a construção da imagem da "mulher bem resolvida", que não se priva de desejos em razão do que os outros vão pensar, convive bem com suas limitações, valoriza o conforto e respeita sua individualidade.[22] Como essa imagem também é um modelo e que convive atualmente com tantos outros, não é possível determinar ainda qual será sua história.[23]

Nos dias de hoje a mulher "batalhadora", "guerreira", condensa o ideal daquela que trabalha e obtém conquistas profissionais sem se descuidar de seus afetos e deveres de mãe.

A "CONSUMIDORA"

A inserção de um contingente significativo de mulheres no mercado de trabalho provocou mudanças na demanda de consumo, lazer e conforto por parte delas. Não tendo que depender de maridos e companheiros, elas ganharam maior poder de decisão para dispor dos recursos financeiros a seu alcance. As mulheres, que já tinham grande intimidade com o ato de comprar, adquiriram um papel ainda mais relevante, o que modificou a quantidade e o tipo de produtos oferecidos, já que, para além dos indefectíveis cosméticos, materiais de higiene e limpeza, alimentos e peças de vestuário, o mercado feminino passou a exigir conveniência, produtos e serviços que facilitavam a vida (lavanderias, hipermercados, alimentos pré-prontos). As visões simplificadoras, nas quais empresas e publicitários haviam baseado até então suas estratégias de venda, abriram espaço para novos perfis femininos. Algo semelhante ocorreu com os meios de comunicação (novelas, programas de TV, revistas e, mais tarde, sites), que incorporaram e propuseram modos variados e socialmente legitimados de ser mulher.

Nos anos 1970, ao lado de velhos estereótipos, discursos de inspiração feminista já influíam no marketing marcado por *slogans* de liberdade: "o produto x que liberta", "a liberdade de escolher", "maior liberdade de movimentos". Mais para o final do século, bancos se deram conta de que as mulheres investiam dinheiro de modo distinto dos homens. Montadoras anunciaram carros destacando conforto, segurança, economia e *design* sobre as velhas fórmulas que sublinhavam potência e aerodinâmica, tão a gosto dos homens. Fabricantes de cosméticos descobriram as mulheres negras e as da "terceira idade". Alguns deles refizeram suas campanhas publicitárias com base no reconhecimento da multiplicidade (magras, gordas, brancas, negras, amarelas...) e da "beleza real" (apresentada como atributo da individualidade em oposição ao antigo modelo único e praticamente inalcançável da "diva"). O sabão em pó que lavava "mais branco" substituiu essa sua promessa pelo reforço do vínculo entre mãe e filho, baseado na Psicologia: com o tal sabão as mães não precisam se preocupar com a sujeira nas roupas dos filhos decorrente do aprendizado saudável que ocorre na infância. Um fabricante de tubulações mudou sua propaganda: antes estrelada por um personagem masculino e sua assistente "loira burra", foi substituída por outra que tem como protagonista uma mulher que acompanha a obra de sua casa e questiona as decisões do marido e do pedreiro.[24]

É certo que as imposições estéticas – por conta do exagerado culto do corpo e a exploração da vulgaridade que associa mulheres "gostosas", "popozudas", bonitas e sexualmente disponíveis com mercadorias à venda (vide a publicidade de cerveja) – não contribuem para a valorização social das mulheres ou para libertá-las do massacre dos padrões estéticos. Porém, é possível pensar que os historiadores do futuro terão alguma dificuldade em definir claramente as tendências atuais relativas às imagens femininas na cultura de consumo. Sua propagação – que tem como alvo as mulheres ao mesmo tempo que é fruto de suas demandas – divulga modelos *deletérios* (que desembocam na pornografia; fazem apologia ao consumismo; limitam as preocupações femininas à aparência física – tamanho dos peitos ou da bunda, grife da roupa... –, desviando a atenção de outros assuntos; reforçam as hierarquias de gênero) ou modelos *liberadores* (em que as mulheres se dedicam a buscar seu bem-estar; têm grande poder decisório; assumem e desfrutam de sua sexualidade; exprimem sua individualidade; têm meios para enfrentar as adversidades; relacionam-se de modo mais equitativo com os homens)?

A "CIDADÃ"

Outra imagem feminina a ganhar contornos novos e ampliados a partir dos anos 1960 foi a da "mulher cidadã". As lutas políticas, os movimentos sociais e o feminismo colaboraram para a redefinição das representações da mulher no espaço público. Não que essa história tenha começado aqui. É só lembrar das *sufragettes* (caricaturadas como "excêntricas" e "masculinizadas") e das militantes da causa operária do início do século passado. Embora suas reivindicações tenham demorado muito tempo para serem atendidas, já nessa época a crença da sociedade no "poder moral" das mulheres legitimava certas reivindicações femininas por igualdade de direitos legais e educacionais. Porém, com a conquista do voto seguida de restrições na vida política brasileira, o ativismo feminino se retraiu. Nos anos 1930, 1940, a participação cívica feminina bem aceita não ia muito além de costurar para os soldados em tempo de guerra. Nos anos 1950, "feminista" não era palavrão, nem ameaça política ou social, sendo usada até com alguma conotação positiva: mulheres estrangeiras que fazem coisas que comumente cabem aos homens (comandar tropas em Israel, dirigir táxi na França ou estudar em Yale). As mulheres politicamente "perigosas" serão mesmo as feministas dos anos 1970, que buscavam a "liberação" da mulher, e as militantes de esquerda, que combatiam o regime militar e o sistema capitalista. Nos anos 1980, as lutas pela "igualdade na diferença", pela maior penalização da violência sexual (maus-tratos, estupro, assédio, incesto), pelo fim das discriminações, contra o aumento do custo de vida e a favor da democracia e do meio ambiente trouxeram à luz a figura da "mulher politizada", comprometida com as causas de seu tempo. Na virada para o século XXI, as piadas machistas contra esse tipo feminino não eram mais tão engraçadas ou escapavam incólumes de uma resposta contundente. E quando, finalmente, uma mulher chegou à presidência da República no Brasil, as considerações depreciativas e os debates sobre a "calcinha da Luluzinha"[25] (o besteirol político em torno da questão das mulheres no poder) pareceram rançosos e ultrapassados.[26]

De fato, todo o movimento em favor da afirmação dos direitos da mulher e da construção da esfera pública democrática, desenvolvido pelo menos nas quatro décadas anteriores, pavimentara caminhos e abrira portas para a aceitação social da "mulher cidadã", com deveres e direitos correspondentes. Apesar da sub-representação das mulheres nas instituições políticas, das injustiças sociais e dos preconceitos ainda existentes contra sua presença em cargos executivos, posições de liderança e funções de responsabilidade, vai longe o tempo em que a "mãe cívica" foi inventada para manter a mulher quietinha e conformada dentro de casa. As mulheres na política institucional, nas ONGs e nos meios de comunicação, formando opiniões e participando ativamente no mundo político e na produção cultural e científica do país, definem hoje as várias faces da "mulher cidadã" no Brasil.[27]

Contudo, é bem verdade que chegar ao poder não redime a mulher, nem a política. A velha crença na "superioridade moral da mulher" caiu por terra assim que mulheres concretas puderam ser finalmente vistas em ação no poder. Ao mesmo tempo que nos orgulhamos de muitas delas, não é menos verdade que não há afinal um "jeito feminino de fazer política". Elas também estão nos noticiários da corrupção do país, literalmente embolsando propina em cenas divulgadas em rede nacional, perseguindo inimigos políticos, liderando negociatas escusas e repetindo o fisiologismo do toma lá da cá. Assim como muitos políticos homens.

CONCLUSÃO

Há muito mais a dizer sobre a trajetória das imagens femininas no Brasil. É de grande relevância uma História das transformações da representação da mulher negra, da execração ao resgate orgulhoso. Também as diferentes concepções que envolvem a figura da "mulata", habitual símbolo feminino do "paraíso tropical". Ou os distintos modos de encarar a mulher do campo nos séculos XX e XXI. E por que não uma História das imagens da mulher brasileira que fizeram nossa fama no exterior, algo que poderíamos chamar de "brasileira tipo exportação", que, desde os tempos de Carmem Miranda ou os de *Gabriela* (a do cravo e da canela), identifica a brasileira com irreverência e sensualidade? Fartamente corroborada por campanhas publicitárias, fotos e filmes de nossas praias ou dos desfiles de carnaval, e talvez pela atuação de prostitutas brasileiras no exterior, a "brasileira" é internacionalmente famosa por seus atributos físicos e ausência dos pudores puritanos que marcam, por exemplo, as representações da mulher nas sociedades anglo-saxãs.

Também caberiam, num retrato histórico mais completo das imagens femininas no Brasil, considerações a respeito do ideal do "corpo perfeito" como um valor superior e também da reação a essa tendência que inspirou Rita Lee a entoar que "nem toda brasileira é bunda [...] meu peito não é de silicone, sou mais macho que muito homem". Tratar de como as mudanças nas imagens femininas afetaram as masculinas e de que maneiras as mulheres concretas vivenciaram as representações sociais da mulher se coloca obrigatoriamente na sequência de tudo o que foi dito aqui.

O que me pareceu fundamental, contudo (e acredito ter deixado claro ao longo desses dois capítulos), foi estabelecer o processo histórico de configuração das imagens femininas e o contraste entre dois períodos caracterizados, um, como o de modelos rígidos e outro, de modelos mais flexíveis. Claro, o tradicional insiste em conviver com o moderno, mas os modelos são fruto de seu tempo, podem sofrer mudanças e ser controlados por diferentes sujeitos históricos. Compreender a criação, a divulgação e a manipulação das imagens é muito importante. Dominá-las confere poder.

NOTAS

[1] Nas palavras de Carmen da Silva em "A arte de ser jovem", publicado em *Claudia*, maio 1964, apud Carla Bassanezi. *Virando as páginas, revendo as mulheres: revistas femininas e relações homem-mulher 1945-1964*, Rio de Janeiro, Civilização Brasileira, 1996.
[2] Como observou Mino Carta na matéria "O que desejam as jovens?", publicada em *Claudia* de abril de 1964, apud Carla Bassanezi, op. cit.
[3] Em matéria de Alexandre Porro para a revista *Claudia*, fev. 1963, apud Carla Bassanezi, op. cit.
[4] Sobre sexualidade nos anos 1960 e 70: Carla Bassanezi, op. cit.; Michelle Perrot, *Minha História das mulheres*, São Paulo, Contexto, 2007; Isabella Cosse, *Pareja, sexualidad y familia en los años sesenta*, Buenos Aires, Siglo Veintiuno, 2010.
[5] Marcos Stefano, "A edição proibida", em *Jornal da ABI*, n. 366, edição extra, maio 2011.
[6] Aqui não se trata do filão pornográfico produzido na Boca do Lixo.

[7] Sobre novelas: Esther Hamburguer, "Diluindo fronteiras: a televisão e as novelas no cotidiano", em Fernando Novais (dir.) e Lilia Schwarcz (org.), *História da vida privada no Brasil – contrastes da intimidade contemporânea*, São Paulo, Companhia das Letras, 1998, v. 4.

[8] Apud Peter Stearns, *História da sexualidade*, São Paulo, Contexto, 2010.

[9] "Falar de sexo com minha mãe? Nem pensar" *Claudia*, out. 1990, apud Carla Bassanezi, "A revista *Claudia* e a sexualidade (anos 1960 e anos 1990)", em *Anais do VIII Encontro da Abep*, Brasília, 1992, disponível em: <www.abep.nepo.unicamp/br/docs/anais/pdf/1992/T92VA06.pdf>, acesso em: jan. 2012.

[10] Não foi em todos os sentidos que a maré sexual da cultura favoreceu a mulher com imagens positivas e emancipadoras – que o digam as letras das músicas de *funk* e *rock*, na moda em certos círculos, que exaltam a violência sexual e chamam a mulher de "cachorra". Ainda é cedo para saber os efeitos da imagem da mulher "gostosa, que troca de parceiro como troca de bolsa" e repete de maneira estereotipada os comportamentos machistas, mas não parece que sirva para promover socialmente as mulheres.

[11] "7 erros fatais para afastar um homem", *Claudia*, out. 1991, apud Carla Bassanezi, "A revista *Claudia* e a sexualidade (anos 1960 e anos 1990)", cit.

[12] Da matéria "Poder feminino", publicada no Suplemento Feminino do jornal *O Estado de S. Paulo*, 04 mar. 2007.

[13] Referência à composição "Eduardo e Mônica", de Renato Russo, lançada em disco em 1986.

[14] "O novo homem: a invasão dos mutantes", *Claudia*, ago. 1991, apud Carla Bassanezi, "A revista *Claudia* e a sexualidade (anos 1960 e anos 1990)", cit.

[15] Marcia Kedouk, "Para viver um grande amor", em *Claudia*, jun. 2011.

[16] Sobre as mudanças nas expectativas e nos papéis familiares: Carla Bassanezi, "A revista *Claudia* e a sexualidade (anos 1960 e anos 1990)", cit.; Isabella Cosse, op. cit.; Maria Lygia Quartim de Moraes, "Brasileiras: cidadania no feminino", em Jaime Pinsky e Carla Bassanezi Pinsky (orgs.), *História da cidadania*, São Paulo, Contexto, 2003; Lynn Abrams, "At Home in the Family: Women and Familial relationships", em Deborah Simonton (ed.), *The Routledge History of Women in Europe since 1700*, London and New York, Routledge, 2006.

[17] Frase de "A ameaça da canção de ninar", artigo de Beth Milan publicado na revista *Veja*, 24 ago. 2011.

[18] Referência à campanha publicitária da agência DPZ para a Bombril que, em 2011, escalou três mulheres comediantes para falar de seus produtos de maneira bem-humorada, "como se fosse a guerra dos sexos", retratando a "mulher autoafirmativa, que sabe que tem poder e que manda em casa".

[19] Nas palavras de Carmen da Silva em "Trabalhar para não ser bibelô", *Claudia*, ago. 1964, apud Carla Bassanezi, *Virando as páginas, revendo as mulheres: revistas femininas e relações homem-mulher 1945-1964*, cit.

[20] Ciça Vallerio, "Mulher maravilha", em Suplemento Feminino, *O Estado de S. Paulo*, 3 jul. 2006.

[21] Extraído de campanha do Banco Itaú na internet datada de 25 de fevereiro de 2011. Disponível em: <http://www.youtube.com/watch?v=i7lwst49a5g&feature=youtube_gdata_player>, acesso em: jan. 2012.

[22] Ver, por exemplo: "(Des)complicada e (im)perfeitinha", reportagem de Tathiane Forato e edição de Fernanda Colavitti, em *Nova*, jul. 2011.

[23] Sobre mulher e trabalho a partir dos anos 1960: Isabella Cosse, op. cit.; Carla Bassanezi, *Virando as páginas, revendo as mulheres: revistas femininas e relações homem-mulher 1945-1964*, cit.; Joana Pedro, "Mulheres", em Jaime Pinsky (org.), *O Brasil no Contexto (1987-2007)*, São Paulo, Contexto, 2007; *GV executivo*, Especial Mulheres, FGV-EAESP, v. 5, n. 2, maio/jun. 2006.

[24] Sobre mulher e consumo: Tania Vidigal Limeira, "Marketing: revolução feminina", em *GV executivo*, Especial Mulheres, FGV-EAESP, v. 5, n. 2, maio/jun. 2006 – de onde foram retirados os exemplos de mudança de estratégia de marketing; Luisa Passerini, "Mulheres, consumo e cultura de massas", em Georges Duby e Michelle Perrot (orgs.), Françoise Thébaud (dir.), *História das mulheres no Ocidente – o século XX*, Porto/São Paulo, Afrontamento/Ebradil, 1991, v. 5; Anne Hionnet, "Mulheres, imagens e representações", em Georges Duby e Michelle Perrot, op. cit.; Peter Stearns, *História das relações de gênero*, São Paulo, Contexto, 2007.

[25] Expressão usada por Ruth de Aquino em artigo do mesmo nome publicado na revista *Época*, em 20 de junho de 2011.

²⁶ Na disputa eleitoral que levou Dilma Roussef à presidência, havia ainda outra mulher concorrendo e contando com apoio significativo do eleitorado brasileiro – um sinal importante de avanço democrático no país. Antes dessa eleição, mulheres já tinham ocupado, com maior ou menor competência e lisura, importantes cargos políticos em ministérios e prefeituras de cidades poderosas do país.

²⁷ Sobre mulher e participação política: Maria Lygia Quartim de Moraes, "Brasileiras: cidadania no feminino", em Jaime Pinsky e Carla Bassanezi Pinsky (orgs.), *História da cidadania*, São Paulo: Contexto, 2003; Joana Pedro, op. cit.; Carla Bassanezi, *Virando as páginas, revendo as mulheres: revistas femininas e relações homem-mulher 1945-1964*, cit.

BIBLIOGRAFIA

ABRAMS, Lynn. At home in the family: women and familial relationships. In: SIMONTON, Deborah (ed.). *The Routledge history of women in Europe since 1700*. London and New York: Routledge, 2006.

BASSANEZI, Carla. A revista *Claudia* e a sexualidade (anos 1960 e anos 1990). *Anais do VIII Encontro da Abep*. Brasília, 1992. Disponível em: <www.abep.nepo.unicamp/br/docs/anais/pdf/1992/T92VA06.pdf>. Acesso em: jan. 2012

_____. Mulheres dos Anos Dourados. In: PRIORE, Mary Del (org.); e BASSANEZI, Carla (coord.). *História das mulheres no Brasil*. São Paulo: Contexto, 1997.

_____. *Virando as páginas, revendo as mulheres*: revistas femininas e relações homem-mulher 1945-1964. Rio de Janeiro: Civilização Brasileira, 1996.

COSSE, Isabella. *Pareja, sexualidad y familia en los años sesenta*. Buenos Aires: Siglo Veintiuno, 2010.

GV EXECUTIVO. Especial Mulheres. FGV-EAESP, v. 5, n. 2, maio/jun. 2006.

HAMBURGER, Esther. Diluindo fronteiras: a televisão e as novelas no cotidiano. In: NOVAIS, Fernando (dir.); SCHWARCZ, Lilia (org.). *História da vida privada no Brasil – contrastes da intimidade contemporânea*. São Paulo: Companhia das Letras, 1998, v. 4.

LUSTIG, Sílvia. *Mãe, obrigada*: uma leitura da relação mãe/filho no Suplemento Feminino d'OESP (1953-1979). São Paulo: ECA-USP, 1984.

MORAES, Maria Lygia Quartim de. Brasileiras: cidadania no feminino. In: PINSKY, Jaime; PINSKY, Carla Bassanezi (orgs.). *História da cidadania*. São Paulo: Contexto, 2003.

PASSERINI, Luisa. Mulheres, consumo e cultura de massas. In: DUBY, Georges; PERROT, Michelle (orgs.). THÉBAUD, Françoise (dir.). *História das mulheres no Ocidente – o século XX*. Porto/São Paulo: Afrontamento/Ebradil, 1991.

PEDRO, Joana Maria. Mulheres. In: PINSKY, Jaime (org.). *O Brasil no contexto (1987-2007)*. São Paulo: Contexto, 2007.

PINSKY, Carla Bassanezi; PEDRO, Joana. Mulheres: igualdade e especificidade. In: PINSKY, Jaime; PINSKY, Carla Bassanezi (orgs.). *História da cidadania*. São Paulo: Contexto, 2003.

PROCTOR, Tammy. Home and Away: Popular Culture and Leisure. In: SIMONTON, Deborah (ed.). *The Routledge History of Women in Europe since 1700*. London and New York: Routledge, 2006.

STEARNS, Peter N. *História da sexualidade*. São Paulo: Contexto, 2010.

_____. *História das relações de gênero*. São Paulo: Contexto, 2007.

Agradeço a Camila Mayer e a Margareth Rago, pelas sugestões de temas e fontes.

ICONOGRAFIA

FAMÍLIA: O CALEIDOSCÓPIO DOS ARRANJOS FAMILIARES

pág. 19: Acervo particular de Maria Sílvia Bassanezi. pág. 22: Foto do livro *100 anos da Melhoramentos: 1890-1990*, Hernâni Donato, 1990, p. 109. pág. 29: Propaganda de leite em pó – revista *Realidade*, abr. 1968. pág. 37: Acervo particular de Vanessa Cuzziol Pinsky.

MULHERES DA ELITE: HONRA E DISTINÇÃO DAS FAMÍLIAS

pág. 45: *Retrato de Senhora* (1895), obra de Henrique Bernardelli – acervo da Pinacoteca do Estado de São Paulo. pág. 51: *Dança de negros* – acervo do Museu Histórico Nacional. pág. 55· *A caridade* (1872), obra de João Zeferino da Costa – acervo do Museu Nacional de Belas Artes. pág. 63: *Cena de família de Adolfo Augusto Pinto* (1891), obra de José Ferraz de Almeida Júnior – acervo da Pinacoteca do Estado de São Paulo.

MENINAS: TRABALHO, ESCOLA E LAZER

pág. 69: Acervo particular de Maria Sílvia Bassanezi. pág. 74 e 75 : Acervo particular de Jaime Pinsky. pág. 79: Acervo particular de Jaime Pinsky.

MULHERES VELHAS: ELAS COMEÇAM A APARECER...

pág. 91: Propaganda de leite de magnésia – revista *Querida*, mar. 1960, n. 140. pág. 96: Acervo particular de Olívia Bassanezi. pág. 101: Acervo particular de Jaime Pinsky.

CORPO E BELEZA: "SEMPRE BELA"

pág. 109: Capa da revista *Cruzeiro*, 1929. pág. 113: Propaganda de sabonete – revista *Querida*, ago. 1959, n. 125. pág. 118: Propaganda de açúcar – revista *Realidade*, fev. 1969. pág. 121: Capa do livro *Jane Fonda: meu novo programa de boa forma e redução de peso*. São Paulo: Best Seller, 1986.

TRABALHO: ESPAÇO FEMININO NO MERCADO PRODUTIVO

pág. 131: Acervo particular de Jaime Pinsky. pág. 135: Propaganda de absorvente – revista *Querida*, jun. 1958, n. 97. pág. 137: Acervo particular de Maria Sílvia Bassanezi. pág. 143: Acervo particular de Jaime Pinsky.

LAZER: "PROGRAMA DE MULHER"

pág. 153: Capas da revista *Capricho*. Em sentido horário: jun. 1955; mar. 1959; mar. 1954; jun. 1953. pág. 155: Propaganda de televisor – revista *Realidade*, out. 1966. pág. 163: Foto de Thomás Camargo Coutinho, acervo particular da família Pinsky Coutinho.

MIGRAÇÕES INTERNACIONAIS: MULHERES QUE VÊM, MULHERES QUE VÃO

pág. 171: Guilherme Gaensly, Fundação Patrimônio da Energia de São Paulo – Memorial do Imigrante, c. 1890. pág. 177: Acervo particular de Maria Sílvia Bassanezi. pág. 183: Acervo particular de Jaime Pinsky. pág. 189: Acervo particular da família Senoi.

CULTURA E POLÍTICA:
PARTICIPAÇÃO FEMININA NO DEBATE PÚBLICO BRASILEIRO

pág. 197: *Maria Quitéria* (1920), obra de Domenico Falutti – acervo do Museu Paulista. pág. 199: Autor desconhecido, c. 1870.

MOVIMENTO DE MULHERES: A CONQUISTA DO ESPAÇO PÚBLICO

pág. 223: *O Brasil*, Rio de Janeiro, mar. 1925. pág. 227: Caricatura assinada por Raul, publicada na *Revista da Semana*, n. 40, 15 set. 1934.

O FEMINISMO DE "SEGUNDA ONDA": CORPO, PRAZER E TRABALHO

pág. 243: Capa da revista *Realidade*, jan. 1967. pág. 253: Capa do livro *Mulher objeto de cama e mesa*. Petrópolis: Vozes, 1974.

VIOLÊNCIA CONTRA A MULHER: DA LEGITIMAÇÃO À CONDENAÇÃO SOCIAL

pág. 295: Capa da revista *Sétimo Céu*. pág. 299: Capa da revista *Manchete*, n. 1291, jan. 1977.

ABORTO E CONTRACEPÇÃO: TRÊS GERAÇÕES DE MULHERES

pág. 314: Acervo da Pinacoteca do Estado de São Paulo. pág. 323: Capa da revista *Veja*, n. 1513, 17 set. 1997. pág. 326 e 327: Imagens do documentário *Uma História Severina*, direção e roteiro de Debora Diniz e Eliane Brum. Brasília: ImagensLivres, 2005. 1 DVD (23 min.), color.

ICONOGRAFIA

EDUCAÇÃO: MULHERES EDUCADAS E A EDUCAÇÃO DE MULHERES

pág. 335: *Nova Cartilha Analytico-Synthética*, de Mariano de Oliveira, publicada em 1916 por Weiszflog Irmãos. pág. 339: Acervo particular de Jaime Pinsky. pág. 347: Acervo particular de Jaime Pinsky. pág. 353: Acervo particular de Jaime Pinsky.

ESCRAVAS: RESISTIR E SOBREVIVER

pág. 367: *Negro e negra na plantação* (1845), obra de Johann Moritz Rugendas. pág. 371: *Viagem pitoresca e histórica ao Brasil*, obra de Jean-Baptiste Debret. pág. 373: *Castigos domésticos* (c. 1830), obra de Johann Moritz Rugendas. pág. 377: *Viagem pitoresca e histórica ao Brasil*, obra de Jean-Baptiste Debret.

MULHERES NEGRAS: PROTAGONISMO IGNORADO

pág. 391: Jornal *O Clarim d'Alvorada*, n. 30, set. 1930. pág. 393: Jornal *O Novo Horizonte*, set. 1954. pág. 395: Acervo particular de Jaime Pinsky. pág. 399: Cartaz produzido em Cataguases, MG.

INDÍGENAS: DEPOIMENTO DE UMA MILITANTE

pág. 413: Fotografia de Elza Fiuza, do acervo particular de Azelene Kaingáng. pág. 417: Acervo particular de Azelene Kaingáng.

EM ARMAS: AMAZONAS, SOLDADAS, SERTANEJAS, GUERRILHEIRAS

pág. 427 : Fotógrafo desconhecido, c. 1842-49. pág. 431: Acervo particular de Alessandra Bassanesi.

IMPRENSA FEMININA: MULHER EM REVISTA

pág. 451: Capa da primeira revista *Nova*, 1973. pág. 453: *Jornal das Moças*, n. 2313, 15 out. 1955. pág. 455: Capa da primeira revista *Claudia*, 1961. pág. 461: Capa da revista *Capricho*, nov. 2011.

IMAGENS E REPRESENTAÇÕES 1: A ERA DOS MODELOS RÍGIDOS

pág. 477: Capa da revista *Para todos*, n. 447, 9 jul. 1927. pág. 483: Propaganda de pó de arroz – revista *Querida*, n. 140, mar. 1960. pág. 499: Propaganda de loja de louças e alumínios – *Almanhaque* de 1955. pág. 501: Propaganda de eletrodoméstico Walita. pág. 507: Imagens da matéria "Guarda-roupa da mulher que trabalha" – *Querida*, n. 97, jun. 1958.

IMAGENS E REPRESENTAÇÕES 2: A ERA DOS MODELOS FLEXÍVEIS

pág. 517: Imagem da matéria "A juventude diante do sexo" publicada na revista *Realidade*, ago. 1966. pág. 519: Cartaz do filme *Gabriela cravo e canela*, lançado em 1983, dirigido por Bruno Barreto. pág. 525: Acervo particular de Paulina Pinsky. pág. 529: Acervo particular de Jaime Pinsky. pág. 535: Acervo particular de Jaime Pinsky. pág. 537: Foto de Gustavo Ferraz, acervo particular da família Duarte.

AS AUTORAS

Carla Bassanezi Pinsky (org.)
Historiadora e editora. Doutora em Ciências Sociais (Família e Gênero) pela Universidade Estadual de Campinas (Unicamp), mestre em História Social pela Universidade de São Paulo (USP). Autora de *Pássaros da liberdade* (Contexto) e *Virando as páginas, revendo as mulheres*. Coautora de *História das mulheres no Brasil; História da cidadania* (ambos pela Contexto), entre outros livros. Organizadora de *Faces do fanatismo; História da cidadania; Novos temas nas aulas de História; Fontes históricas; O historiador e suas fontes* (todos pela Contexto).

Joana Maria Pedro (org.)
Historiadora. Doutora em História Social pela USP, com pós-doutorado pela Université d'Avignon et des Pays de Vaucluse. Professora titular em História Social do Departamento de História da Universidade Federal de Santa Catarina (UFSC). Pesquisadora do Instituto de Estudos de Gênero (IEG/UFSC). Autora de *Mulheres honestas, mulheres faladas; Nas tramas entre o público e o privado*. Coautora de *Gênero, feminismo e ditaduras no Cone Sul; História das mulheres no Brasil; O Brasil no Contexto; História da cidadania* (os últimos três pela Contexto).

Ana Silvia Scott
Historiadora. Doutora em História e Civilização pelo Instituto Universitário Europeu (Florença, Itália). Professora no Programa de Pós-graduação em História da Universidade do Vale do Rio dos Sinos (Unisinos-RS). Pesquisadora do Nepo (Núcleo de Estudos de População/Unicamp). Foi professora na Universidade do Minho (Braga, Portugal). Entre outros, é autora de *Os portugueses* (Contexto).

June E. Hahner
Historiadora. Doutora pela Universidade de Cornell. Professora titular do Departamento de História da Universidade Estadual de Nova York (Albany), onde foi a primeira diretora do Programa de Estudos sobre a Mulher. Entre os seus livros, destacam-se: *Emancipação do sexo feminino*; *Pobreza e política*; *A mulher brasileira e suas lutas sociais e políticas*; *A mulher no Brasil* e *Relações entre civis e militares no Brasil, 1889-1898*.

Silvia Fávero Arend
Historiadora. Doutora em História pela Universidade Federal do Rio Grande do Sul. Professora da Universidade do Estado de Santa Catarina (UDESC). Coordenadora do Laboratório de Relações de Gênero e Família da UDESC. É uma das editoras de entrevistas da *Revista Estudos Feministas*. Autora de diversas publicações, entre as quais *Histórias de abandono*.

Alda Britto da Motta
Socióloga. Doutora em Educação, mestre em Ciências Sociais. Professora dos Programas de Pós-graduação em Ciências Sociais e em Estudos Interdisciplinares sobre Mulheres, Gênero e Feminismo da Universidade Federal da Bahia (UFBA). Pesquisadora do Núcleo de Estudos Interdisciplinares sobre a Mulher (NEIM/UFBA). Autora de diversos livros e artigos.

Denise Bernuzzi de Sant'Anna
Historiadora. Doutora pela Universidade de Paris VII (França), mestre em História pela PUC/SP. Professora livre-docente de História da Pontifícia Universidade Católica de São Paulo (PUC/SP). Autora de *O prazer justificado: história e lazer*, *Políticas do corpo*, *Corpos de passagem* e *Cidade das águas*, entre outros.

Maria Izilda Matos
Historiadora. Doutora em História pela USP com pós-doutorado pela Université Lumière Lyon 2 (França). Professora titular da PUC/SP e da Universidade Presbiteriana Mackenzie. Entre outras obras, publicou: *Cotidiano e cultura* e *O corpo feminino em debate*.

Andrea Borelli
Historiadora. Doutora em Ciências Sociais pela PUC/SP. Professora titular da Universidade Cruzeiro do Sul e docente do *lato senso* da PUC/SP. Pesquisadora do Núcleo de Estudos da Mulher da PUC/SP. Autora de *Matei por amor!* e *Uma cidadã relativa*.

Raquel de Barros Miguel
Psicóloga. Doutora em Ciências Humanas, mestre em Psicologia pela UFSC. Pesquisadora do IEG e do Laboratório de Estudos de Gênero e História (LEGH), na UFSC. Faz pós-doutorado na Université Paris Diderot (França).

Carmen Rial
Jornalista e antropóloga. Professora do Departamento de Antropologia da UFSC. Coordenadora do Núcleo de Antropologia Visual e Estudos de Imagem (NAVI) e pesquisadora do IEG. Coeditora da revista *Virtual Brazilian Anthropologie* – VIBRANT, que ajudou a estruturar.

Maria Sílvia Bassanezi
Historiadora. Doutora pela Universidade Estadual Júlio de Mesquita Filho (Unesp/Rio Claro). Professora do Programa de Pós-graduação em Demografia na Unicamp. Pesquisadora do Nepo. Coordenadora e coautora de *Atlas da imigração internacional em São Paulo; Roteiro de fontes sobre a imigração em São Paulo*. Coautora, entre outros, de *O historiador e suas fontes* (Contexto).

Maria Ligia Prado
Historiadora. Doutora em História Social pela USP. Professora titular de História da América Independente do Departamento de História da USP. Autora, entre outras obras, de *América Latina no século XIX: telas, tramas e textos* (também traduzido para o espanhol); *O populismo na América Latina*. Coautora de *Reflexões sobre a democracia na América Latina*, entre outros.

Stella Scatena Franco
Historiadora. Doutora pela USP. Professora de História da América Independente do Departamento de História da Universidade Federal de São Paulo (Unifesp/Guarulhos). Entre outros, é autora de *Peregrinas de outrora: viajantes latino-americanas no século XIX* e coautora do *Dicionário de datas da História do Brasil* (Contexto).

Rachel Soihet
Historiadora. Doutora em História Social pela USP com pós-doutorado pela Université de Paris VIII (França). Professora titular da Universidade Federal Fluminense (UFF). Professora do Programa de Pós-graduação em História da UFF. Autora de *Condição feminina e formas de violência*, entre outros. Coautora de *História das mulheres no Brasil* (Contexto).

Iáris Ramalho Cortês
Advogada e feminista. Cofundadora do Centro Feminista de Estudos e Assessoria (CFEMEA), integrante do Conselho Deliberativo do Centro.

Lana Lage
Historiadora. Doutora em História Social pela USP, mestre em História pela UFF. Foi professora do Departamento de História da UFF. Professora titular de História Social da Universidade Estadual do Norte Fluminense Darcy Ribeiro (UENF), onde coordena o Núcleo de Estudos de Exclusão e da Violência (NEEV). Pesquisadora do Instituto de Estudos em Administração Institucional de Conflitos (INCT-InEAC) da UFF. Entre outros, é coautora de *Família, mulher e violência.*

Maria Beatriz Nader
Historiadora. Doutora em História Econômica pela USP com pós-doutorado em Sociologia Política pela Universidade Estadual do Norte Fluminense. Professora do Programa de Pós-graduação da Universidade Federal do Espírito Santo. Membro da Academia Feminina Espírito-santense de Letras (AFESL). Autora de trabalhos publicados no Brasil e no exterior.

Debora Diniz
Professora do Programa de Pós-graduação em Política Social da Universidade de Brasília. Atua no Programa de Pós-graduação em Bioética, Ética Aplicada e Saúde Coletiva da Fiocruz/UFF/UERJ/UFRJ. Autora de diversos artigos, capítulos de livro, livros e de seis filmes sobre temas relacionados aos direitos humanos e à bioética que já foram exibidos em 136 festivais, em 27 países. Seu filme, *A casa dos mortos*, recebeu 25 prêmios e foi finalista para o Grande Prêmio do Cinema Brasileiro.

Fúlvia Rosemberg
Professora titular de Psicologia Social da PUC/SP, onde coordena o Núcleo de Estudos de Gênero, Raça e Idade (Negri). Pesquisadora sênior do Departamento de Pesquisas Educacionais da Fundação Carlos Chagas (FCC), onde coordena o Programa Internacional de Bolsas de Pós-graduação da Fundação Ford. Autora, individual ou em colaboração, de vários livros e artigos sobre os temas: educação e relações raciais, de gênero e idade. Ativista feminista, atua principalmente na luta por creches.

Maria Odila Dias
Professora titular da USP e professora da PUC/SP. Doutora em História Social pela USP. Realizou estágios de pesquisa no British Museum, na Universidade de Yale e na Library of Latin American Studies da Universidade do Texas, em Austin. Foi bolsista pesquisadora da John Simon Guggenheim Foundation e Visiting Professor da Fundação Tinker. Autora de *Quotidiano e poder*.

Bebel Nepomuceno
Historiadora e jornalista. Doutora em História Social pela PUC/SP, com especialização em História da África (CEAA/UCAM). Foi bolsista do Programa Internacional de Bolsas da Fundação Ford e Fulbright Visiting-Researcher junto ao African and African American Studies Center at Boston University. Atua com formação de professores em História e Cultura Africanas.

Azelene Kaingáng
Socióloga. Mestranda em Políticas Sociais da UnoChapecó de Santa Catarina, formou-se em Sociologia na PUC do Paraná. Trabalha na Fundação Nacional do Índio (Funai) e atua no Warã Instituto Indígena Brasileiro. Recebeu o Prêmio Nacional de Direitos Humanos (2006) e é membro da Ordem do Mérito Cultural desde 2010.

Cristina Scheibe Wolff
Historiadora. Doutora pela USP com pós-doutorado na Universidade Rennes 2 (França) e na Universidade de Maryland (EUA). Professora do Departamento de História da UFSC, onde coordena o LEGH. Coordenadora editorial da revista *Estudos Feministas*. Autora de *Mulheres da floresta*. Coautora de *Resistências, gênero e feminismos contra as ditaduras do Cone Sul*, entre outros.

Tania Regina de Luca
Historiadora. Doutora em História Social pela USP e livre-docente em História do Brasil Republicano. Professora de graduação e do Programa de Pós-graduação em História da Universidade Estadual Paulista (Unesp/Assis). Ganhadora do prêmio Jon M. Tolman, da Brazilian Studies Association em 2008. Entre outros, é autora de *Indústria e trabalho na história do Brasil*, organizadora de *O historiador e suas fontes* e coautora de *História da imprensa no Brasil*; *História da cidadania*; *Fontes históricas* (todos pela Contexto).

HISTÓRIA DAS RELAÇÕES DE GÊNERO

Peter N. Stearns

História das relações de gênero é uma exploração fascinante do que ocorre com as ideias estabelecidas sobre homens e mulheres quando sistemas culturais distintos entram em contato. Valendo-se de uma grande variedade de exemplos, da pré-história ao século XXI, e abarcando diferentes sociedades, o historiador Peter N. Stearns delineia o quadro dos encontros culturais internacionais mais significativos e seus efeitos sobre as relações de gênero.

HISTÓRIA DA SEXUALIDADE

Peter N. Stearns

Falar de sexo usando a História, este é o projeto deste livro escrito por Peter N. Stearns. Sua preocupação principal é a de lançar luz sobre aspectos da sexualidade ligados à maioria das pessoas. "O público leitor brasileiro nao precisa de lembretes acerca da importância da sexualidade", considera Stearns, em sua introdução escrita especialmente para o leitor brasileiro. Contudo, até agora não havia em nossa língua uma única obra abrangente, no tempo e no espaço, como esta *História da sexualidade*.

Cadastre-se no site da Contexto
e fique por dentro dos nossos lançamentos e eventos.
www.editoracontexto.com.br

Formação de Professores | Educação
História | Ciências Humanas
Língua Portuguesa | Linguística
Geografia
Comunicação
Turismo
Economia
Geral

Faça parte de nossa rede.
www.editoracontexto.com.br/redes

GRÁFICA PAYM
Tel. [11] 4392-3344
paym@graficapaym.com.br